U0942008

天喜文化

从声音到文字，分享人类智慧

黄帝内经精讲

张其成 著

图书在版编目（CIP）数据

黄帝内经精讲 / 张其成著 . -- 北京 : 华夏出版社有限公司，2025. -- ISBN 978-7-5222-0854-1

Ⅰ. R221.09

中国国家版本馆CIP数据核字第2024X6B497号

黄帝内经精讲

作　　者　张其成
责任编辑　张　平　王业云
责任印制　周　然　王学锋

出版发行　华夏出版社有限公司
经　　销　新华书店
印　　装　河北尚唐印刷包装有限公司
版　　次　2025年3月北京第1版
　　　　　　2025年3月北京第1次印刷
开　　本　710mm×1000mm　1/16开
印　　张　38.5
字　　数　562千字
定　　价　108.00元

华夏出版社有限公司　地址：北京市东直门外香河园北里4号　邮编：100028
网址：www.hxph.com.cn　电话：（010）64618981

若发现本版图书有印装质量问题，请与我社营销中心联系调换。

目录

第四章　如何推算五运六气

《黄帝内经》与生命的智慧

一、我与《黄帝内经》的缘分

《黄帝内经》和《易经》一样，也是一部对中华民族产生巨大影响而又充满神秘色彩的经典。也许你会问：《黄帝内经》不就是一部医书吗，为什么要把它和《易经》联系在一起？它在当代社会有什么用？它能解决当代人什么问题呢？不要着急，请允许我先说一说我与《黄帝内经》的缘分，也许你就可以从其中找到答案了。

我出生在“张一帖”中医世家。“张一帖”之名始于明嘉靖年间，已传承460余年，“张一帖内科疗法”入选国家级非物质文化遗产名录。我父亲李济仁是首届“国医大师”，是全国第一批七个《黄帝内经》硕士点研究生导师之一，一直以《黄帝内经》指导中医临床。在我小的时候，父亲就让我背《黄帝内经》的一些精彩原文，渐渐地我喜欢上了《黄帝内经》。我发现《黄帝内经》太博大了，不单纯是讲治病的，它还讲了天文、地理、历法、音律、哲学、心理、五运六气。比如第三篇《生气通天论》，讲人是可以和天相通的，人的九窍、脏腑、十二节都可以和天地之气一一相通。太神妙了！我经常向父亲请教问题，父亲说，要真正搞懂《黄帝内经》，必须先学习《易经》，药王孙思邈说："不知易，不足以言太医。"当然，还要学习《道德经》《论语》，不懂这些国学经典，也就读不懂《黄帝内经》。父亲常跟我说："秀才学医，笼中捉鸡。"只要打好了文科基础，再学中医就太容易了。

父亲对我的影响是巨大的。1977年恢复高考，我就选择了中文系，先打好中国传统文化的底子。1985年我考取了北京中医学院医古文专业的研究生，在我的导师钱超尘教授指导下，研究《黄帝内经》的语言文字，我的硕士论文就是日本丹波父子有关《黄帝内经》的训诂研究。1994年我在前后工作十年以后，考取了北京大学哲学系博士研究生，师从朱伯崑教授，虽然我的博士论文是《易经》象数哲学，但涉及大量的《黄帝内经》象数内容。所以1997年北大毕业后，我继续报考北京中医药大学博士后流动站，我有幸成为全国第一个研究《黄帝内经》的博士后，师从《黄帝内经》泰斗王洪图教授。王教授和我的父亲曾经是1965年全国《黄帝内经》师资班的同学，私交很好。王教授主编的《黄帝内经研究大成》是一部里程碑式的著作，我有幸也参与了其中的写作。在做博士后的两年中，在王教授倾心指导下，我专注于从《易经》出发研究《黄帝内经》的五行生命观。我博士后出站后，留在北京中医药大学一直从事以《黄帝内经》为代表的中医文化的教学科研工作。

另外我还要提一件事，2016年，我有幸获得一个国家社科基金重大项目"以中医药文化助推中华优秀传统文化复兴研究"。作为首席专家，我决定从中华文化的大背景上探讨《黄帝内经》，因为《黄帝内经》不仅能护佑人体生命的健康长寿，而且能够助推中华优秀传统文化的伟大复兴。

讲完了我和《黄帝内经》的缘分，就可以回答大家的问题了。首先，《黄帝内经》和《易经》有什么关系？借用明代医学家张景岳（介宾）的说法：《易经》为外易，《黄帝内经》为内易。意思就是，《易经》讲天地宇宙外在变化的大规律，《黄帝内经》讲人体生命内在变化的大规律。这两种规律是什么关系？

其实是一回事，是统一关系。《易经》是起源，《黄帝内经》是落地，《黄帝内经》说的人体生命规律其实就是《易经》天道规律的反映。第二，《黄帝内经》究竟是一本什么书？当然是本医学书，但又千万不能把它仅仅看成一部医学书，它还是一部教我们怎么养生、怎么生活、怎么看待生命、怎么看待天地万物的养生书、哲学书，是一部教我们健康快乐生活的大百科全书。第三，《黄帝内经》在当代社会有什么用？当代社会节奏加快，人们工作压力加大，抑郁情绪蔓延，年轻时以命换钱，年老时以钱换命。年轻人瞧不起养生，更不懂养生，觉得养生就是要吃什么补品、补药，以为健康、美丽就在于吃什么东西或者用一种什么美容方法。其实这一切都是外求。《黄帝内经》告诉我们，健康、美丽不在外求而在内求，治病最主要的方法其实不是吃药，“治未病”比“治已病”更重要。

看到这里，你一定明白我讲《黄帝内经》和其他人不一样的地方了吧？概括一下，我讲《黄帝内经》主要有三个特点。第一，我是在中华文化的大背景、大视野下解读《黄帝内经》，揭示《黄帝内经》与《易经》、与老庄孔孟等诸子百家以及与天文、历法、地理的关系，展现《黄帝内经》作为一部国学经典的文化魅力。第二，忠实于《黄帝内经》原典。我会按照原典对原文一一进行讲解。不过有的是精讲，有的是略讲；有的是分开讲，有的是合起来讲。我会尽量把每篇的精华都提炼出来，努力还原《黄帝内经》的真相。第三，我会结合当代人在养生、健康方面的困惑和误区，把我自己习练《黄帝内经》“治未病”的方法和儒、释、道的养生功法介绍给大家。另外，我还会把“张一帖”家族尤其是我父母亲的临床经验，分享给各位朋友，希望大家身体力行、知行合一，找到并养成一种适合自己的、健康快乐的生活方式，最终能够不得病、少得病。

日出日落时，人生天地间。

让我们一起走入《黄帝内经》，走入自己的生命世界吧！

二、《黄帝内经》是养生宝典

我想从三个方面简要介绍一下《黄帝内经》这本书，然后再解开它的奥秘。

先介绍一下《黄帝内经》究竟是一本什么书。我在前面已经说了，它既是一本医学书，又不能被简单看成一部医学书。我想用三个“第一”、两把“钥匙”来做一下概括。三个“第一”是指，《黄帝内经》是第一部中医学的经典，是第一部养生学的宝典，是第一部生命的百科全书。这是我在2008年出版的《黄帝内经养生大道》一书中首次提出来的。下面我就简单做一下说明。

其实《黄帝内经》并不是最早的医书，因为在它以前就已经有医书了，比如1973年湖南长沙马王堆出土的十四种医书，2013年成都老官山出土的九种医书，这些都比《黄帝内经》早。但这些书都是讲治法和药方的，还没有形成一个医学的学术体系。中医作为一个学术体系是从《黄帝内经》开始的，所以《黄帝内经》被公认为中医理论体系也就是中医学的奠基之作，排在中医四大经典的首位。这部著作第一次系统讲述了人的生理、病理、疾病、治疗的原则和方法，几千年来护佑着我们中华儿女战胜疾病、灾难，一直绵延至今，还在发挥重要作用。

当然它也并不是最早讲养生的，在它以前的先秦诸子百家中就有很多养生的论述，比如孔子提出“智者乐，仁者寿”“食不语，寝不言”，还有“八不食”的饮食方法；老子提出“长生久视”“涤除玄览”“致虚守静”的养生之道。但这些都还不够系统。《黄帝内经》第一次系统地阐述了养生理论与方法。《黄帝内经》了不起的地方是，不仅讲了怎样治病，而且讲了怎样不得病，这就是——“治未病”，即在没有得病的时候就预防它，最终能够不得病。“治未病”不仅是一种非常重要的思想，而且还有具体的原则和方法。如果能做到“治未病”，那么我们就可以在不吃药的情况下，轻轻松松活到一百岁。《黄帝内经》

第一次全方位地提出了养生攻略，直击当代人的养生痛点。

千万不要把《黄帝内经》简单看成一部医学书。其实它里面除了医学，还有天文学、地理学、历法学、音律学、物候学、气象学、哲学、心理学、社会学等，是一部百科全书。你可能会问："怎么这么庞杂啊？难道没有一个中心吗？"不错，虽然《黄帝内经》内容很庞杂，但杂而不乱，多而不散。它有一个中心，那就是"生命"。它不是为了讲天文而讲天文，也不是为了讲地理而讲地理，它的全部内容都是为了讲人的生命。它是一部围绕"生命"而展开的百科全书，是一部教人快快乐乐不得病的人生大百科！

关于《黄帝内经》的价值和文化地位，我还要用两把"钥匙"进一步来说明一下。

世界上有一样东西是最公平也是最不公平的，是所有人最珍惜也是最不珍惜的，那就是人的生命！生命对所有人来说都只有一次，无论贫富、贵贱、美丑，所有人这辈子都只有一次生命，多么公平！可是有的人生命的质量很高，有的人很低；有的人生命的长度很长，有的人很短。你看这又是多么不公平！所有的人都觉得生命最重要、最珍贵，可是一忙起来，第一个忘掉的就是生命，好像什么东西都比生命重要。

那么我们究竟应该怎么对待生命？应该怎样提高生命的质量、延长生命的长度呢？《黄帝内经》为我们提供了一把解开生命密码的钥匙。生命是复杂而神秘的，有了这把钥匙，你会觉得生命原本并不复杂，也不神秘。这把钥匙是什么呢？我认为就是"气—阴阳—五行"！《黄帝内经》用"气—阴阳—五行"建构了人的生命系统，将复杂的生命简单化、功能化，人体那么复杂的结构就被分为"五脏"这五大功能系统。实践证明，"气—阴阳—五行"是天人合一的功能结构模型，这个模型将人体的生理、病理，与天文、地理有序地联系在一起，遵循这个模型，掌握了这把钥匙，生命就得以修复，得以健康、长寿，我们就可以做一个健健康康、快快乐乐的正常人！

我曾说过："中医是中华文化伟大复兴的先行者。"中医学不仅是中华传统文化的重要组成部分，而且是中华优秀传统文化的杰出代表，中医文化一直传承到今天，仍然活在人们的日常生活中，是一种最落地、与现代人的生命生活最为接近的文化形态。虽然现在很多国人已经不了解《易经》，不了解儒、释、道，但中医总听说过，或者一生中总去看过中医吧？如果你了解了中医，实际上就了解了中国传统文化，中医的价值观就是中华文化的价值观，中医的命运就是中华文化的命运。所以，用中医这把钥匙就可以打开中华文明宝库的大门！

那么这把钥匙是什么呢？就是中医神奇技术背后的文化，就是中医的价值观念和思维方式，这当然是《黄帝内经》奠定的。《黄帝内经》很好地继承了由《易经》开创的"阴阳中和、天人合一"的价值观和思维方式。"中和"正是中华文化的本质，正是中华文明的核心价值。儒、释、道都讲"中和"，儒家叫"中庸""仁和"，道家叫"中道""柔和"，佛家叫"中观""圆和"。

只是从"阴阳"角度看，儒家偏于阳，道家偏于阴。儒家崇尚阳刚精神，自强不息、刚健坚毅、奋发有为；道家崇尚阴柔精神，厚德载物、柔弱虚静、自然无为。而《黄帝内经》开创的中医则主张阴阳不能偏颇。现在有人攻击我们中医，说中医除了"阴阳"什么都没有，说一个人为什么有病？叫"阴阳失调"；怎么治病？"调和阴阳"；病治好了呢？叫"阴阳调和"了。太简单、太原始了！我说：对了。因为越简单、越原始的东西，往往越接近事物的本质！

所以掌握《黄帝内经》这把钥匙，打开了中华文明宝库，你不仅会看到《易经》的价值观和思维方式，还会看到先秦儒家、道家还有其他各家的思想精髓，你会发现中华文明原来是这么"美"！

三、《黄帝内经》被列入联合国《世界记忆名录》

上面我讲了《黄帝内经》是一本什么书，我用三个"第一"、两把"钥匙"

做了概括：《黄帝内经》是第一部中医学的经典，是第一部养生学的宝典，是第一部生命的百科全书；《黄帝内经》是打开生命密码的钥匙，是打开中华文明宝库的钥匙。下面，我来说一说《黄帝内经》这本书是谁写的，是怎么形成的，又是怎么流传的。说起来，这里面还有一段充满传奇色彩的经历。

首先我们来看一看《黄帝内经》是谁写的。是不是轩辕黄帝写的？当然不是！黄帝距今已将近五千年了。司马迁写的《史记》第一篇《五帝本纪》，记载了五帝的事迹。哪五个帝王？就是黄帝、颛顼、帝喾、尧、舜。其中的第一个帝就是黄帝，我们现在说的中华文明有五千年的历史，就是从黄帝算起的。目前还没有发现五千年前有文字，那时候的黄帝是不可能亲自写下这部洋洋洒洒十几万字的巨著的，显然《黄帝内经》是后人写的。但也不能说这本书和轩辕黄帝一点关系都没有，我的猜想，可能是后人把从黄帝开始的有关思想，先是口耳相传，一代一代传下来，然后慢慢丰富，最后汇集成书的。什么时候汇集成书的呢？我的师爷、中医泰斗任应秋先生认为，是战国时期成书的。不过根据我的考证，《黄帝内经》虽然有一些内容形成于战国时期，但其主体部分最后汇编成书是在西汉中期，也就是汉武帝之后，距今两千多年。当然这还不包括《素问》的七篇大论，七篇大论是唐代加上去的。我的导师钱超尘先生曾考证过《黄帝内经》的用字，发现一些字用的不是战国时的字义，而是汉代人的字义，如大豆、小豆的“豆”这个字，在《黄帝内经》就是作植物的豆子讲，而并没有从甲骨文一直到战国时期所指的盛食物的高脚器皿的意思。我曾考证过《黄帝内经》中引用司马迁《史记》的话，发现其受到了《淮南子》和董仲舒《春秋繁露》的巨大影响，而这几本书都是在西汉中期写成的，所以《黄帝内经》成书不可能早于西汉中期。

《黄帝内经》这本书的书名在现存最早的一部目录文献《汉书·艺文志》中就有记载。《汉书·艺文志》将所有图书分为六类，其中第六类书叫《方技略》，就是中医图书。中医图书分了四类，其中第一类叫“医经”，共有七种书：《黄帝内经》《黄帝外经》《扁鹊内经》《扁鹊外经》《白氏内经》《白氏外经》《旁篇》。遗憾的是，除了《黄帝内经》，其他六种都失传了，只剩下《黄帝内经》十八卷。究竟是哪十八卷呢？《汉书·艺文志》中并没有记载。东汉医圣张仲景没有提到《黄帝内经》这一书名，但提到了《素问》和《九卷》的名称，到西晋皇甫谧才第一次提出《黄帝内经》就是《素问》和《针经》两个部分。《针经》也就是《九卷》，后来改名为《灵枢》。两部分各为九卷，加起来就是《黄帝内经》的十八卷。

晋代以后，《素问》和《灵枢》的流传命运实在是太坎坷了。先看《素问》，从汉代一直到南北朝时期，《素问》在民间还是流行的，南北朝时期有一个叫全元起的医家还给《素问》做过注释，可惜这个注释版本后来消失了。到了唐代，《素问》这本书已经残缺不全了。幸亏在唐玄宗时出了一位喜好《易经》、老庄和医学的大学者，叫王冰，他从他的老师那里得到了一个秘本，于是用了十二年的时间，注成《素问》二十四卷。王冰对运气学说很有研究，特地把运气七篇大论补入《素问》中，合为八十一篇。这个版本经过了北宋官方设立的校正医书局的整理，就是我们今天看到的《素问》的通行版本。本书解读《素问》用的就是这个版本。

我们再来看一看《灵枢》。《灵枢》的命运就更不平顺了。到了北宋时期，这本书在中国已经失传了，所以校正医书局没能够校正这本书。好在这本书被保存在高丽国（今朝鲜）。当时高丽国提出，他们可以把这本书进献给我国，但必须和我国交换购买一本叫《册府元龟》的书和其他历代史书。《册府元龟》可是一部了不起的书，居宋代四部大书之首，记载了从上古到五代的君臣事迹，是一部政治历史百科全书。高丽国的这个条件太苛刻了，所以遭到大名鼎鼎的苏东坡的坚决反对。当时苏东坡是礼部尚书，他给皇帝宋哲宗写了一个奏本，陈述了换购的五大危害，但宋哲宗没有采纳苏东坡的意见，这样《灵枢》就被传回了中国。我们得感谢宋哲宗，否则有可能我们再也见不到《灵枢》了。我们还得感谢一个人，南宋初年的史崧，他家里秘藏了这个《灵枢》版本。他不仅下功夫进行校对整理，而且将其公布于世。只可惜后来史崧的原刻本也不存在了。幸好元代和明代的一些刻书家根据史崧的版本重新翻刻了，这才保留下来。

除了《素问》和《灵枢》，我还要再说一个版本，叫《黄帝内经太素》，是唐代初年杨上善编撰的。这是《黄帝内经》的早期传本之一，他将《素问》和《灵枢》两部分的内容按照不同的主题做了重新分类并加以注释。不过这本书后来在国内失传了。感谢唐代高僧鉴真和尚，他在六十六岁高龄且双目失明的情况下，在五次东渡失败后，终于第六次东渡到了日本，他随身带去的书籍中就有这本书。这本书一直藏在日本京都的皇家寺院——仁和寺里，直到十九世纪中叶才被发现。我们还要感谢一个叫杨守敬的中国人，是他花重金买了这本书的影印本，并带回了中国。

最后我要特别提到《黄帝内经》的另一个版本，这个版本在2011年5月在联合国教科文组织的专家投票中，成功列入了《世界记忆名录》，这是目前保存最完整、最早的版本，现藏于中国国家图书馆。请大家记住，这个版本就是元代胡氏古林书堂刻本，距今将近六百八十年。

四、《黄帝内经》书名隐藏养生秘诀

现在我们来说一说《黄帝内经》这本书的书名蕴藏有什么秘密。

前面我们已经说过，《黄帝内经》不是黄帝写的，是西汉中期最终汇编成书的。那为什么书名中有“黄帝”二字呢？注意“黄帝”的黄是黄色的黄，不是“皇”。有一次我在一个地方讲《黄帝内经》，看到他们打出的宣传横幅上写着《皇帝内经》，把我吓一跳。我说我是老百姓，我哪懂皇帝是怎么养生的，应该是“黄帝”。因为汉代人最崇尚黄帝，尊奉黄帝为中华民族的人文始祖，所以托名“黄帝”显得这部书有最高的神圣性、权威性。当然这本书与轩辕黄帝也不是一点关系都没有，很可能是黄帝的思想经过口耳相传、不断补充、不断丰富，最终形成了这部伟大的经典。

再看这本书的内容和体例。这是一部问答式、对话体的著作，基本上是黄帝和其大臣之间的问答，大部分是黄帝问，大臣回答。他有六个医臣（掌管医药的大臣），如岐伯、伯高、雷公等，其中最重要的一位叫岐伯。黄帝在统一天下之后，就“问道于岐伯”。他把岐伯称为天师。黄帝是何等人物？是古代的帝王，但是他仍然很谦虚地询问比他地位低的人，还尊其为天师。这不仅说明黄帝胸怀博大，更说明生命问题的重要。为了搞清楚生命的秘密，黄帝甘愿屈尊，不耻下问。

《黄帝内经》大部分篇章都是黄帝问、岐伯答，所以后来人们就用岐伯和黄帝这两个名字的开头“岐黄”表示《黄帝内经》，将《黄帝内经》称为“岐黄之书”，中医也称为“岐黄之术”“岐黄之道”“岐黄之业”，以此纪念岐伯和黄帝这两位中医药学的开创者和奠基者。

很有意思的是，人类历史上那些伟大的原创著作，很多都是采用对话体的，比如古希腊哲学家柏拉图的《理想国》，还有我国记录孔夫子和弟子们的对话集《论语》。《黄帝内经》也是黄帝和大臣的对话集。

说完了“黄帝”，再说说“内经”。有“内经”，那么有没有“外经”呢？有！《汉书·艺文志》记载：《黄帝内经》十八卷，《黄帝外经》三十七卷。有人就问了：《黄帝内经》是不是讲内科，《黄帝外经》是不是讲外科？不瞒你们说，我虽然是第一个研究《黄帝内经》的博士后，但我没见过《黄帝外经》，所以《黄帝外经》是不是讲外科，我也不知道。当然有人说不是，我同意你们的观点。为什么？因为当时的医学没有分科。我要告诉大家的是，现在所流传的《黄帝外经》，实际上是清代陈士铎传出来的，叫《外经微言》，应该不是原本的《黄帝外经》。

为什么要分内经和外经呢？按照古书的体例，同样一本书如果分内和外，比如《庄子》就分为内篇、外篇，还有杂篇，那么至少有两个意思：一是作者不同，“内”往往是作者自己写的，“外”往往是作者的弟子写的；二是重要性不同，“内”往往是主体部分，“外”往往是辅助部分。我想《黄帝内经》《黄帝外经》可能也有这样的意思。但我认为内经的“内”字还隐藏着一个秘密：那就是善待生命的方法，一定要“内求”。现在我们一提起养生或者治病，你第一个想到的是什么？是吃！吃什么营养品、吃什么药。这是外求！《黄帝内经》告诉我们：生命健康最重要的是“内求”，是要找内在的原因、内在的方法。《黄帝内经》有一篇虽然叫《外揣》，就是通过揣测体外的声音和颜色的变化，去了解内脏的病变，但目的还是内求。《黄帝内经》就是用“内求”以及其他多种方法去激发人体内部的潜能，激发体内本来就有的自我修复、自我抗病、自我免疫的能力，从而达到与天地相应的健康、快乐的境界。

然而现代人对“内求”却表现为三个“不”：不愿意内求；不敢去内求；不屑于内求。为什么？因为内求毕竟太困难了，太辛苦了。比如内观，是要闭着眼睛往自己体内观察，观察气血流动。有的人一闭上眼睛往里面一看，黑黑的，什么都没有。内求很容易出现幻觉，心中一紧张，就有点害怕，有点恐惧，所以不敢内求。更多的人是觉得内求是虚的，神神秘秘的，能有什么效果啊？有的人在打坐以后，马上就想见到效果，一旦没有效果，立即就否定它。这真是太可惜了，太遗憾了！所以我在书中会尽力让大家找回这种内求的方法，在内求中体悟生命的奥妙。

我们再来看《黄帝内经》两个部分《素问》和《灵枢》，这两个书名是什么意思？先看“素问”，一般都把“素”当作平常、平素，“素问”就是平常的发问；也有人将“素”理解为根本，“素问”就是询问根本。其实我们只有了解了古人对宇宙生成的认识，才能明白“素问”的真正含义。在先秦时期有一位与老子、庄子并称的道家人物叫列子，他在《列子·天瑞》中将天地宇宙的生成过程分为四个阶段：太易、太初、太始、太素。“太易者，未见气也；太初者，气之始也；太始者，形之始也；太素者，质之始也。”“太易”是第一个阶段，这就是《易传》说的“易，无思也，无为也，寂然不动”的状态，这时元气还没有出现；到了第二阶段“太初”，元气开始出现；第三阶段“太始”，形状开始出现；第四阶段“太素”，质量开始出现，所以后来有了一个词叫“素质”。“素问”的“素”就是“太素”，就是“素质”，也就是人体生命的本质。《素问》就是指对生命本质、本原的追问，所以《素问》主要讲人体生命的基本理论问题。

再看《灵枢》，“灵枢”又是什么意思？繁体字的“靈”上面是一个“雨”字，中间是三个“口”字，下面是一个“巫”字，本义是指能用咒语与天神沟通并能求雨的巫师，后来与“神”连用成“神灵”。神灵是主宰人的生命的，这个神灵在人体里面，就是灵气、神气；“枢”是枢纽，枢纽用今天的话说就是关键，泛指道路。灵枢，意思就是主宰生命的枢纽和关键，也就是神气、灵气运行的通道，这个通道就叫经络，经络是生命的枢纽和关键。《灵枢》原来称为《针经》，主要是讲经络和针灸的。

《黄帝内经》原本是十八卷，《素问》和《灵枢》各九卷，后来通行版本一共有一百六十二篇，其中《素问》八十一篇，《灵枢》也是八十一篇。八十一是两个九的乘积，“九九八十一”，“九”为阳数之最。这里又有一个秘密，表明人体生命中最重要的是阳气。明代一位了不起的医学家叫张景岳，他写过一篇文章叫《大宝论》，他说：“天之大宝，只此一丸红日；人之大宝，只此一息真阳。”

《黄帝内经》揭示了人体生命的各种秘密，我将在本书中为大家解开《黄帝内经》所蕴含的生命的秘密。

第一章

熟记养生的法则

长寿有长寿的秘诀

保全生命的秘诀

我们很多人小时候都问过一句话，长大了却再也没有问过，是什么话还记得吗？是“妈妈，我是从哪里来的”。这一篇《宝命全形论》就回答了这个问题。篇名里的“宝”和“全”都是动词，“宝”是珍惜的意思，“全”是保全的意思，“宝命全形”就是说珍惜生命、保全形体。

黄帝问曰：天覆地载，万物悉备，莫贵于人。人以天地之气生，四时之法成。君王众庶，尽欲全形，形之疾病，莫知其情，留淫日深，著于骨髓，心私虑之。余欲针除其疾病，为之奈何？

黄帝问道：天在上覆盖着，地在下载负着，天地之间万物全备，没有什么比人更宝贵的了。人依赖天地的精气而生存，顺应四季阴阳变化的规律而成长。无论是君王还是百姓，都希望可以保全自己的身体。但是身体生病，却无人及时察觉病情，致使病邪在体内停留蔓延，日益深入，附着于骨髓，我内心暗自忧虑。我想用针刺的方法来祛除病人的疾病，应该怎么做啊？

“天覆地载，万物悉备，莫贵于人”，按照《周易》的说法，乾为天，坤为地。“天尊地卑，乾坤定矣”，天在上是尊贵的，地在下是卑微的，天地乾坤也就确定下来了。天地之间，人是最为尊贵的。这体现了以人为本、以人为核心的人本思想。

人究竟是从哪里来的？这是一个哲学问题，没有标准答案。《黄帝内经》提出“人以天地之气生，四时之法成”，气是天地万物的本原，是生命的基本条件，人是天地四时、阴阳两气相感、相互作用而产生的。岐伯连用三个比喻来回答黄帝的问题，盐罐子渗水、琴弦断掉、树叶枯萎，都是自然生活中常见的现象，说明人体内在的疾病一定会通过外在的症状表现出来，这叫“坏腑”，就是脏腑败坏，这里主要是指中腑（脾胃）败坏了。这时药物和针刺就无法治疗了。

黄帝听了之后心中悲痛、烦躁不安，想以自身去替代百姓受苦，可是又无法做到，怎么办呢？岐伯没有直接回答，而是进一步说明人的来源——

夫人生于地，悬命于天，天地合气，命之曰人。人能应四时者，天地为之父母；知万物者，谓之天子。

人的形体出生在地上，人的生命悬挂在天上，天地之气相互感应和合，才产生了人。——这是从本体论层面说明“气”是人的总体来源，这与西方的神创论是非常不同的，是《易经》阴阳思想的发展。人如果能顺应四季阴阳的变化，那么天地的阳气阴精就能养育人类；只有通晓万物变化规律的人，才可被称为“天之子”。

天有阴阳，人有十二节；天有寒暑，人有虚实。能经天地阴阳之化者，不失四时；知十二节之理者，圣智不能欺也；能存八动之变，五胜更立；能达虚实之数者，独出独入，呿（qū）吟至微，秋毫在目。

自然界有阴阳之分，人有左右手足共十二处大关节——包括左右上肢的肩、肘、腕和下肢的股、膝、踝关节；自然界有寒暑的变化，人体有虚实的消长。能够效法天地阴阳变化的人，就不会违背四季变化的规律；通晓十二经脉原理的人，即使是圣人智者也不能超越；能够洞察八节之风的变动，五行之气相胜交替主时；能够通晓人体虚实变化道理的人，就能具有独立的见解和行动，即使是极细微的呼吸、吟叹之声也能感知，即使是如秋毫般细微的东西也能历历在目（“呿”为开口呼喊，“吟”为闭口低哼）。

接下来黄帝和岐伯讨论了“宝命全形”的方法。非常有意思的是，黄帝询问的时候，并没有局限于人体，而是涉及天地、九野、四时、月份、日子、万物等现象，黄帝问——

人生有形，不离阴阳，天地合气，别为九野，分为四时，月有小大，日有短长，万物并至，不可胜量，虚实呿吟，敢问其方？

人出生就有形体，形体离不开阴阳的变化。天地阴阳之气和合，在地域上分为九州，在时令上分为四季，月份有小有大，白昼有短有长，万物并存在世上，它们的阴阳变化不可能一一进行估量，根据细微的声音来判断人体的虚实，请问其道。

岐伯的回答，也不是直接讲述治病的方法，而是先论述了五行相克的道理，说明万事万物都是一样的，人体内的五行（即五脏）与自然界的五行（四季变化）的运动规律是一致的。从功能上讲，人体就是一个小天地，这一思想后来成为中医学的核心，中医学家就是以此为依据来认识人体的生理、病理现象，指导养生、治疗整个过程的。然后岐伯引出了针灸的五个原则——

一曰治神，二曰知养身，三曰知毒药为真，四曰制砭石小大，五曰知腑脏血气之诊。

第一是调养精神，第二是懂得养生，第三是辨识药物的真伪，第四是掌握制作针具的尺寸，第五是懂得脏腑气血的诊断。——这不仅是针灸五大原则，也是宝命全形的五大法则。

五法俱立，各有所先。今末世之刺也，虚者实之，满者泄之，此皆众工所共知也。若夫法天则地，随应而动，和之者若响，随之者若影。道无鬼神，独来独往。

这五个原则确立之后，选择运用时还应当根据需要有所先后。当今的医生运用针刺方法，虚证用补法，实证用泄法，这些是一般医生都知晓的道理。如果能够效法天地阴阳消长的规律，随机应变地运用各种治法，那么就能取得如响应声、如影随形的疗效。医道并不神秘，只要掌握规律，针法就能运用自如。

最后，黄帝和岐伯讨论了针刺的方法。岐伯说："凡刺之真，必先治神。"大凡针刺的正确方法，首先必须安定神志。要做到尽管周围众目睽睽却视而不见，众口喧哗却听而不闻。然后要分清是虚证还是实证，"五虚勿近，五实勿远"，对于五种虚证的病人不可以用近的刺法——不可快速、轻易用针；对于五种实证的病人不可以用远的刺法——不可以慢慢地或者放弃用针。"刺虚者须其实，刺实者须其虚"，针刺虚证要等到经气实时才出针，针刺实证要等到经气虚时才出针。总之，医生在针刺时要"如临深渊，手如握虎，神无营于众物"，如同面临深渊，犹如手握虎符，精神不能被外界事物所扰乱。

这里虽然只是说了针刺的方法，其实它也正是养生的方法。

延长寿命的秘诀

我们每一个人都想知道自己的寿命究竟有多长。我们在已经学过的篇章中曾陆续提到预测寿命的方法。在《灵枢》中有两篇是专门讲寿命问题的，一篇是《寿夭刚柔》，另一篇就是我们接下来要学习的《天年》。"天年"就是天然的寿命。本篇主要讲了决定寿命长短的因素，还有一个人从生长、发育，到衰老、死亡，各个阶段的主要生理特征。

黄帝问于岐伯曰：愿闻人之始生，何气筑为基，何立而为楯（shǔn），何失而死，何得而生？岐伯曰：以母为基，以父为楯，失神者死，得神者生也。黄帝曰：何者为神？岐伯曰：血气已和，荣卫已通，五脏已成，神气舍心，魂魄毕具，乃成为人。

黄帝向岐伯发问说：我想知道人在生命形成之初，是用什么作为基础，是靠什么建立护卫的？——“基”是指地基，是地表以下的部分，是看不见的，这是最根本的部分，所以它是从“土”的。“楯”，原义为栏杆，引申为防御、护卫。失去了什么就会死，得到了什么就会生？

岐伯说：一个人生命开始是以母亲为基础，以父亲为护卫的，失去神的人就会死，得到神的人就能生。

黄帝问：什么是神？

岐伯说：血气和谐，营卫（原文中的“荣”通“营”，指营血）通畅，五脏皆已形成，神气居于心中，魂魄全部具备，才能成为人。——怎样才能成为人呢？这里说了要有五步，血气调和是第一步，营卫通畅是第二步，五脏形成是第三步，这时才有了肝心脾肺肾，对应五行。也就可以说，血气调和的时候是太极，营卫贯通是两仪，五脏形成是五行，太极生两仪，两仪生五行。“神气舍心”是第四步，五脏都藏神，但心神是最重要的。然后是第五步“魂魄毕具”，魂为阳，魄为阴；肝藏魂，肺藏魄。总之，一个人的出生是以父母提供的精血为基础，血气、营卫、五脏、神气、魂魄都具备以后，才能成为人。

黄帝曰：人之寿夭各不同，或夭寿，或卒死，或病久，愿闻其道。岐伯曰：五脏坚固，血脉和调，肌肉解利，皮肤致密，营卫之行，不失其常，呼吸微徐，气以度行，六腑化谷，津液布扬，各如其常，故能长久。

黄帝说：人的寿命长短各不相同，有的人夭折，有的人长寿，有的人猝死，有的人得病但是能活很久，我想听听其中的道理。

岐伯说：五脏坚固藏精不泄，血脉和谐，肌肉畅通调达，皮肤细密，营卫之气运行正常而不乱，呼吸微细而和缓，体内之气运行有规律，六腑正常运化水谷，津液正常布散周身，各部分都运行正常，所以生命就能长久。

黄帝曰：人之寿百岁而死，何以致之？岐伯曰：使道隧以长，基墙高以方，通调营卫，三部三里起，骨高肉满，百岁乃得终。

黄帝说：有的人活到一百岁才去世，是怎么做到的呢？

岐伯说：人中沟深长，面部轮廓高大方正——耳边四周的骨骼高而且端正，营卫调和通畅，上中下三庭隆起没有塌陷，骨骼高大，肌肉丰满，就可以活到百岁。

《寿夭刚柔》里讲过，“使道隧以长”，是指人中沟深而且长，人中沟是任督二脉交会之处，也就是人体的阴阳之气交会之处。这个地方深而长，说明这个人的阴阳之气很足、很和谐，这个人肯定长寿。但深和长不是用尺子量的，而是从视觉上、从感觉上觉得它长了、深了。为什么能觉得它深而长？因为人中沟这个地方有光泽、发亮，就代表这个人神气足，神气足的人肯定就长寿。再看“基墙高以方”，基墙的“基”就是指耳门前方这个骨头，“墙”是指颧骨这一块，也泛指耳朵四周以及面颊、下颌部位的骨骼和肌肉。骨头是由肾主管的，肌肉是由脾主管的，面部骨头高、肌肉饱满，说明这个人的肾气和脾气都很足，肾为先天之本，脾为后天之本，这个人的先天和后天的根本都很足、很旺，当然就能长寿了。再看“三部三里”，后世对它有不同的理解，我认为它就是后来面相学所说的“三庭”。三庭包括上中下三庭：上庭是从额头发际线一直到眉毛，为天；中庭是从眉毛到鼻子，为人；下庭是从鼻子到下巴，为地。三庭都要隆起，这个隆起不是说在外形上要高起来，而是说要饱满，骨高肉满，表示此人的脾胃好。脾居中央运化四方，是后天之本，脾胃好的人身体才能好，气色才能好，也就能长寿。

黄帝曰：其气之盛衰，以至其死，可得闻乎？岐伯曰：人生十岁，五脏始定，血气已通，其气在下，故好走。二十岁，血气始盛，肌肉方长，故好趋。三十岁，五脏大定，肌肉坚固，血脉盛满，故好步。四十岁，五脏六腑十二经脉，皆大盛以平定，腠理始疏，荣华颓落，发颇斑白，平盛不摇，故好坐。五十岁，肝气始衰，肝叶始薄，胆汁始减，目始不明。六十岁，心气始衰，苦忧悲，血气懈惰，故好卧。七十岁，脾气虚，皮肤枯。八十岁，肺气衰，魄离，故言善误。九十岁，肾气焦，四脏经脉空虚。百岁，五脏皆虚，神气皆去，形骸独居而终矣。

黄帝说：人体之气的盛衰，从生到死，可以讲给我听吗？

岐伯说：人十岁的时候，五脏开始安定，血气也通畅了，人的气在下部，所以喜欢跑。二十岁，血气开始充盛，肌肉正在发育，所以喜欢快走。三十岁，五脏基本都已经平定了，肌肉强健，血脉盛满达到顶峰，所以喜欢走路。四十岁，五脏六腑、十二经脉都已经非常旺盛而平定不再增长，腠理开始疏松，脸色开始失去光泽，头发开始变白，血气发展到顶峰不会再增加，所以喜好坐着。五十岁，肝气开始衰惫，肝脏开始变薄，胆汁分泌变少了，眼睛开始看不清。六十岁，心气开始衰败，常常苦恼忧愁伤感，血气开始分散、运行迟缓，所以喜欢躺着。七十岁，脾气虚，皮肤枯槁。八十岁，肺气衰败，魄就离散了，所以说话容易说错，词不达意。九十岁，肾精枯竭，肝心脾肺四脏的经脉的气血也都空虚了。一百岁，五脏都虚极了，神气也都一同离散了，只有一副躯壳空空地存在。

这是把一个人的寿命——天年，定为一百岁，以十年为一个周期来讲述的。这和《上古天真论》女子以七为周期，男子以八为周期是不同的，七和八的周期是按照天癸——人的生育周期，来划分的，而在《天年》中以十年为周期是按照人的气血盛衰来划分的，是人的整体生理周期。如果按照每个阶段的行动特征，可以简单概括为：十岁好跑，二十岁快走，三十岁慢走，四十岁好坐，五十岁眼花，六十岁好卧，七十岁皮肤枯槁，八十岁容易说错话，九十岁精气空虚，一百岁神气去而终。从人一生周期看，从十岁到四十岁，是人气血逐渐旺盛的阶段，到四十岁血气最旺，然而盛极必衰，所以从四十岁开始慢慢衰退了。到五十岁肝气开始衰，六十岁心气衰，七十岁脾气衰，八十岁肺气衰，九十岁肾气衰，一百岁死亡。这是什么顺序？这是五行相生的顺序，木生火、火生土、土生金、金生水，肝生心、心生脾、脾生肺、肺生肾，五脏相继而衰，最后五脏全衰。当然，通过修炼，使气血不衰，有的人也可以活到一百二十岁。

最后黄帝问——

黄帝曰：其不能终寿而死者，何如？岐伯曰：其五脏皆不坚，使道不长，空外以张，喘息暴疾，又卑基墙，薄脉少血，其肉不石，数中风寒，血气虚，脉不通，真邪相攻，乱而相引，故中寿而尽也。

黄帝说：那些不能活到一百岁就去世的人是怎么回事？

岐伯说：那些人的五脏都不坚固，人中沟不长，鼻孔外翻——“空”指鼻孔向外翻着，则肺气容易外泄，呼吸气粗而急促，面部的骨骼和肌肉薄弱，脉搏细弱，血少，肌肉不坚实，常常感受风寒，气血亏虚，脉道不畅，真气和邪气两相交攻，气机混乱，因此不能尽享天年而提前去世。

人的寿命主要取决于什么？是气血！一个人气血旺盛肯定就长寿，气血不足就短命。而想要气血旺盛，首先是要调神，也就是调心，心神是第一位的，心调好了，再通过导气，就会使气血通畅，然后度尽天年，百岁乃去。

人生有哪五个阶段

《黄帝内经·素问》的第一篇叫《上古天真论》，请大家注意“天真”两个字。《上古天真论》告诉我们，只要保持“天真”就可以健康、快乐地活过一百岁。

那么什么是“天真”呢？我们先来读一下原文，你就知道了。先读开头一段——

昔在黄帝，生而神灵，弱而能言，幼而徇齐，长而敦敏，成而登天。

过去有一个黄帝，他出生时就很神奇，很小时就能说话，幼年时行动迅速快捷，长大了敦厚敏捷，成年登上天子之位。

这一句的主语是黄帝——轩辕黄帝，一句话讲了黄帝的一生。分几个阶段？五个。其实这句话是引用了《史记》的第一篇《五帝本纪》的开篇：“黄帝者，少典之子，姓公孙，名曰轩辕。生而神灵，弱而能言，幼而徇齐，长而敦敏，成而聪明。”五个阶段只改动了最后两个字。这一句话太重要了，由此我们搞清楚了轩辕黄帝一生的五个阶段，也就明白了人的生命过程的奥秘。让我细致地来给大家分析分析。

首先我们看黄帝的第一个阶段“生而神灵”，就是说，黄帝生下来就有神灵。黄帝究竟是哪一年出生的呢？按照道教的历法，公元2018年道历是4715年，这是轩辕黄帝纪年。黄帝在4715年以前统一天下，当了天子，于是派手下两个大臣，一个叫容成的制定历法，一个叫大挠（náo）的制定甲子（天干地支）。而这一年黄帝二十岁，这样推算起来，黄帝就是在4735年以前的阴历三月三这一天出生的。请大家注意，世界上历法很多，我们中国古代是黄帝纪年，直到今天，道教历法还是黄帝纪年。

现在再来看这一句，黄帝一生出来就有神灵。大家听说过释迦牟尼佛降生的故事吗？释迦牟尼也是一生下来就有神灵，向四方各走了七步，然后一手指天，一手指地，说了一句话："天上天下，唯我独尊。"请问这是真还是假？假的，你怎么知道是假？真的，你怎么知道是真？究竟是真还是假，不知道！对了！所以孔子赞美你："知之为知之，不知为不知，是知也。"那这里说的黄帝一生下来就有神灵是真还是假？这是真的！你会问了：你怎么知道是真的？我要告诉你，这不仅仅是说黄帝生下来就有神灵，而且是指我们所有的人生下来都有神灵。

大家想一想，所有的人生下来做的第一件事是什么？哭！为什么哭？人在娘胎里是胎息，一生下来在哭之前会做什么？是吸气，然后是第一声啼哭，接着就变成口鼻呼吸了。如果按照佛家的说法，就是"苦"啊。但这并没有说到生而神灵。大家再想想，人一出生除了哭还会做什么？想想生出来的时候，手是什么样子？对了，握着拳头。大家握起来，看看是什么样子。大拇指是不是放在外面？那就错了！大拇指是放在里面的。把四指打开，拇指别动，你会发现拇指尖压着一个穴位，在无名指和小指的下方，这个穴位叫少府穴，是心经的穴位。这条经是从心中开始的，属于心系统。《黄帝内经》说心主神明、心藏神，说明所有人出生时神气都是很足的。这一点老子也说过，老子发现婴儿四大秘密，其中第二个秘密就是"骨弱筋柔而握固"，婴儿的筋骨最柔弱，可是握起拳头最坚固。请大家现在把左手的大拇指握在四指里面，然后用右手把左手掰开，试试看能不能掰开。是不是掰不开？所以我现在教大家一个养神的小窍门，是我老父亲教我的，就是没事的时候，像婴儿那样两手拇指含在另外四指里面，四指反复捏大拇指，拇指则不断按摩手掌中心经、心包经、肺经的穴位，从而养神健身。大家想一想，这是不是和在手里滚核桃或者滚球的原理是一样的？两手这么捏就不用滚一个实物了。

第一个阶段，所有人都是攥着拳头来到世上的，后来我们手松开了。想一想这一辈子我们在干什么？就干一件事，两手不停地抓，不停地在求。求什么？

有的求财，有的求权，有的求名，然而到头来所有人都是撒手而归。手里求到了什么？什么也没有！一个台湾的女企业家曾经对我说："我外公去世的时候，手就是握着的。"我说："不可能！"她说："真的！"我说："你外公的手想握起来，但是没握紧，对不对？"她说："对了！"为什么？如果真握紧了，说明神气还没有断，怎么会死呢？所以从某种意义上说，生命的过程就是神气逐渐消亡的过程。生命最重要的是什么？是神气！养生最重要的是养什么？养神气！

这是生命的第一个阶段"生而神灵"，不仅黄帝是这样，我们所有人都是这样，一生下来都是神气十足的。可以说人从生到死就是一个神气从兴盛到衰亡的过程。

现在我们再来看生命的第二个阶段"弱而能言"，意思是年纪很小的时候会说话。什么意思？难道长大了就不会说话了？对，是的。我请大家想一想，小时候我们会说的一句话，可是长大了再也没说过了，是什么话？认真想一想。想起来了吗？有人说是"我要抱抱"，不对！长大了，不拥抱吗？"我要吃奶"，不对！早上喝牛奶不就是吃奶吗？"我要尿尿"，不对！上厕所不就是尿尿吗？我提示一下，小时候说得最多的一类话是什么话？是问话！小孩子会追问。大人说："孩子，你要吃饭。""为什么要吃呢？""不吃身体不好。""为什么不好呢？"他会一直追问下去。其中有一种问话，我们长大了再也没有说过了。哪一种？"妈，我从哪里来的？"当他知道人会死的时候，他又会问："妈，我会死吗？我死了到哪里去了？"有时他还会问："妈，我是谁啊？"这种问题，长大了你还会问吗？再也不问了。

小孩子问的是什么问题？是哲学问题！人生有三个哲学问题：我从哪里来？我往哪里去？我是谁？小孩子思考这三个问题，我们长大了，再也不问这样的问题了。我们现在问的是什么问题？"你吃了吗？""你一个月拿多少钱？"这是什么问题？是物质问题。人越来越物质，越来越现实，也就越来越老了，幸福感越来越低了！

有人会说，长大了再问这种问题，不是太怪异了吗？不信的话，今天晚上你回家问你妈，你妈一定会认为你神志不正常。有人说了，不对！长大了，当然还有人问这三个问题。谁？小区保安！小区保安一天到晚就问这三个问题："你从哪里来？你到哪里去？你是谁？"请问，小区保安问的是不是哲学问题？当然不是！为什么不是？有人回答了，小孩问的是"我"，保安问的是"你"。还是不对！不是主语不同，而是他们要的那个答案是不同的，小区保安要的是具体答案，小孩要的是终极答案："我从哪里来"问的是"生"的问题，"我到哪里去"问的是"死"的问题，"我是谁"问的是本质问题。

人只有像小孩子那样经常追问人生的哲学问题，保持初心，保持童真之心，不为物质所左右，那才是幸福的。前几年中央电视台记者调查一个问题："你幸福吗？"问到你，你怎么回答？会开玩笑地说一句"我不姓付，姓赵"吗？后来问到普京总统那里："普京总统，你幸福吗？"普京回答："这是个哲学问题。"你看普京多有智慧！普京的意思是，"幸福"这个哲学问题是没有标准答案的。其实我认为，人只有多考虑哲学问题、终极问题、精神世界的问题才幸福！不要一天到晚总想到钱、想到物质。人离物质越近，就离幸福越远；人离物质越远，就离幸福越近。其实人的幸福和物质从终极上说是没有什么关系的。历史上有一个非常贫穷但非常幸福的人，是谁？颜回！"一箪食，一瓢饮，在陋巷，人不堪其忧，回也不改其乐。贤哉，回也！"颜回吃的是一小筐饭，喝的是一瓢白水，住在简陋的房子里，别人都不能忍受这种苦，可是颜回却自得其乐。我认为幸福和快乐不是一回事，幸福是一种深层次的、持续的、不可改变的快乐！所以颜回是幸福的！再比如说，你今天挣了一百万，幸福不幸福？照样会不幸福！你会想，为什么不是两百万？所以说到底，幸福是与人的精神相关的，当然，健康也是与人的精神有关的。

我们再来看第三个阶段"幼而徇齐"，"徇"就是"迅"，"齐"就是"疾"，这句话意思是说，幼年的时候行动迅速、快捷。你看，第一个阶段是刚生下来，第二个阶段是会说话，第三个阶段是会做事。小孩子做任何事都比大人迅速、快捷。比如一个孩子看到远处有一朵花，他会不顾一切，直接跑过去，他不管路上有什么东西绊着他，也不管花上有没有刺、有没有毒，他会直奔目标，一把把花摘下来，非常迅速。可是长大以后呢？我们会左看看右看看，看看周围有没有人，路上有没有东西挡着，花上有没有刺、有没有毒，然后再把它摘下来，就没有那么迅速、快捷了。

人生这前三个阶段谁都一样，就是“天真”，天真就是我们婴幼儿、童年的那种天然、率真，那种单纯、质朴。人只有保持这份天真，才能健康、长寿。大家想一想所有的高寿老人，他的生活方式、养生方法虽然可能不相同，但哪一位不是充满了天真，不是老小孩？你们看见过一天到晚怒气冲天、怨声载道、愁苦满面的高寿老人吗？这是第一篇的标题“上古天真论”中“天真”的第一个意思。“天真”还有一个更重要的意思，我们后面会讲到。

人生的前三个阶段人人都一样，可是到了第四个阶段就不同了，黄帝是“长而敦敏”，字面意思是长大了敦厚、敏锐，实际意思是长大了还能保持儿时的天真，所以第五个阶段就能够“成而登天”，成年登上天子之位。古代“女子十五而笄，男子二十而冠”，就是说女子十五岁、男子二十岁就要行成人礼了。男子成年是二十岁，这一年轩辕黄帝一统天下，登上了天子之位。我们现在长大了吧，过了第四阶段了吧？那我们能不能保持这份天真？如果可以，我们也能“登天”。你说，不可能！我们都能当天子吗？错了，从生命的角度看，这个“天”就不是天子的意思，而是指后文提到的“天年”，就是人超过百岁的正常寿命，这是时间的、长度的“天”。还有一个意思，是空间的、高度的“天”，就是人生健康、快乐的最高境界。当然，关键就在于是不是保持这个“天真”。

活过百岁的秘诀

黄帝到了二十岁“成而登天”，登上了天子之位。那他当了天子以后，最关心什么问题呢？当然是民生问题，而在所有的民生问题中，健康、快乐、长寿又是第一位的问题。于是黄帝——

乃问于天师曰：余闻上古之人，春秋皆度百岁，而动作不衰；今时之人，年半百而动作皆衰者，时世异耶？人将失之耶？

黄帝向天师发问：我听说上古的人，都能活过一百岁但动作还不衰退；可是现在的人，五十岁动作就衰退了，这是时代环境不同了，还是人失去了养生之道了？

《黄帝内经》中一共问了近千个问题，这是排在第一位的问题，我把它称为人生第一问。这个问题可以简化为“人怎么活过百岁”。问谁呢？问“天师”。天师是谁？就是岐伯。岐伯是黄帝手下掌管医药的大臣。他不仅是位高明的医生，而且是一位上知天文、下知地理、中通人事的大师，所以被称为“天师”。

黄帝的这个问题，包含三层意思，在今天的人看来都是值得怀疑的：第一，上古之人真的都能活过一百岁吗？第二，现在人究竟是不是五十岁就衰退了？第三，这究竟是什么原因？我们来分析一下。

首先，上古之人是不是真的能活过一百岁？我前几年常在电视上讲《黄帝内经》，有一次，我收到一封邮件，是一个观众给我发来的，他说：“你讲错了！怎么可能古人活一百多岁，后来的人五十岁就衰老了，这不符合客观事实。人的寿命总是越来越长。”这封邮件我没有回他。我原来讲课时是这样说的，上古之人能不能活一百多岁，我也不知道。别说我不知道，就是黄帝他也不知道，他说“余闻”，就是“我听说”，还是没法证实。所以这可能是想象也可能是事实，历史记载彭祖活了八百岁，老子活了一百六十多岁或者二百多岁。原来我都是这么说的，可是后来我去了一个地方，我才发现《黄帝内经》说的“上古之人，春秋皆度百岁，而动作不衰”是对的。

我去的这个地方就是广西的巴马。那里被称为“世界长寿之乡”，有很多百岁老人。巴马人为什么长寿？研究的人可是太多了，有人说是那里的山好（喀斯特地貌），水好（盘阳河），空气好，吃的食物好（吃蔬菜为主，也吃肉）；人们爱劳动，心态好，很快乐，早睡早起，等等，什么问题都研究到了，研究得那叫一个彻底，但有一个问题谁也没说到。我去到那里，突然发现了，我就感叹《黄帝内经》中讲的这句话原来是真的！什么问题？就是他们都生于斯、长于斯、老于斯、归于斯，从来没有离开过居住地。什么意思？就是他们生活的这种环境和上古之人生活的环境一样，是相对封闭的，也就是老子《道德经》中说的“小国寡民”“邻国相望，鸡犬之声相闻，民至老死，不相往来”。你看，在这种封闭的、原始的环境当中不是照样长寿活到一百岁吗？当然现在巴马百岁老人越来越少了，为什么？搞旅游了，外面的人蜂拥而至，这里的封闭状态被打破了。

所以不要轻易否定《黄帝内经》，对古代经典记载的东西我们可以怀疑，但最好不要轻易否定！当然上古之人能不能活一百岁的问题我们且不管它了。

我们来看第二个问题：现在人究竟是不是五十岁就衰退了。黄帝那个时候“年半百而动作皆衰”，就是五十岁就衰退了、衰老了，从黄帝那个时期到现在接近五千年了，那我们现代人衰老的时间是提前了还是推后了？也就是说，现代人是不到五十岁就衰老了，还是过了五十岁才衰老的？你可能会说了：当然是推后了！我告诉你：错！是提前了！我在上课时经常问这个问题，我让女同胞回答，男同胞不许说话。结果好多年轻的女同胞举手说推后了。我说不对，是提前了！何以见得？因为女性的更年期、绝经期提前了。女性应该多少岁绝经？这一篇《上古天真论》后面说“七七四十九岁”，也就是五十岁左右，可是现代女性绝经期普遍提前了。

我们再来看第三个问题：这究竟是什么原因？“时世异耶？人将失之耶？”这句中的“将”不是“将要”，而是“还是”的意思，“人将失之耶”应该是“将人失之耶”。这句话是一个选择题，衰老提前的原因，是时代环境不同了，还是人失去了养生之道？前者是外在的原因，后者是内在的原因。答案当然是两者都有。你看现在环境破坏、水资源污染、生态失衡，还有严重的雾霾，还有更加严重的是食品安全问题。

这些都是外在原因，当然还有内在的原因。究竟内在原因是什么？我们又应该怎么应对呢？请看下一讲岐伯的回答。

养生和养神的法则

一大养生总则

上一讲我讲到《上古天真论》中黄帝向岐伯问了人生第一个问题：人怎么才能活过百岁？具体说就是：为什么上古之人能活过百岁而现代人五十岁就开始衰老了？岐伯作了回答。他的回答分两个部分，第一部分，他是这么回答的——

上古之人，其知道者，法于阴阳，和于术数，食饮有节，起居有常，不妄作劳，故能形与神俱，而尽终其天年，度百岁乃去。

这是回答上古之人为什么能活一百多岁。岐伯这一段回答提出了养生的两大问题：第一，养生的总原则；第二，养生的四大方法。我们先来看这总原则，就是“道”。上古之人因为“知道”，所以活到一百多岁。

这个“知道”不是今天所说的“知道不知道”的“知道”，在古代它是两个词“知”和“道”，也就是了解、掌握“道”。什么“道”？就是养生之道——养生的总原则。但光“知道”是不行的，还要“做到”。“知道”和“做到”相差十万八千里。只有“知道”并且“做到”，才可以活过一百岁。那么这个

“道”，也就是养生的总原则，是什么呢？就是八个字：“法于阴阳，和于术数。”请大家记住这八个字。意思就是“效法阴阳的大规律，与术数相和谐”。这里有两个主题词，一个是“阴阳”，一个是“术数”。

“阴阳”是《黄帝内经》的总纲领。“阴阳”当然来源于《易经》，虽然《易经》的原文没有提到“阴阳”两个字，但《易经》通过两个符号表达了阴阳思维却是不可否定的。这一点我在《张其成讲易经》一书里已经说过了。要想养生，首先要搞清楚“阴阳”。现在出现了各种各样养生的说法。几年前有一个所谓“养生大师”说养生就是要吃绿豆，结果大家纷纷吃绿豆，把绿豆吃得涨价、缺货；又有一个“大师”说你们都要吃生泥鳅，结果好多人吃了以后得了寄生虫病，到医院去抢救。还有很多稀奇古怪的说法，这些说法都犯了一个基本错误，就是没有分阴阳！人的体质是分阴阳的，人的健康情况、疾病情况是分阴阳的，食物、药物都是分阴阳的，得不同疾病的人不能都吃同一种药物。还有，人的日常生活一定要和天地日月的阴阳变化相符合，比如人的作息、起居、饮食、运动都要效法一天的昼夜旦夕、一个月的晦朔弦望、一年的春夏秋冬等这些阴阳变化规律。不能违背，一旦违背，必定生病。

再看术数，前一个字是技术的“术”，后一个字是数字的“数”，意思就是方法、技术，而这些方法、技术都可以用数字来表示。“和于术数”，就是说养生的各种方法都要与阴阳大规律相吻合、相和谐。

如果把“法于阴阳，和于术数”这八个字压缩成四个字，是哪四个字？“阴阳”两个字一定要有。再加“术数”两个字？不对！术数其实就是阴阳的具体体现，以数字为例，古代有几个数字？十个。哪十个？不是零到九，而是一到十。其中五个阳数、五个阴数，一三五七九为阳数，二四六八十为阴数。所以数字就是阴阳的体现，说了“阴阳”就可以不用再提“术数”了。

“和于术数”中的“和”字非常重要，一定要有。还差一个字，有人说和谐、有人说调和，都不错。但我认为应该是“中”字，合起来，养生的一大基本原则就是“阴阳中和”。我曾在《张其成讲易经》里面提到过中华民族的核心价值就是“阴阳中和”。从儒、释、道三家来说，都讲“中和”。儒家讲“中庸之道”，道家、佛家讲“中道”“中观”；儒家讲“仁和”，道家讲“柔和”，佛家讲“圆和”。中医更是讲调和致中。所以我要说：中医养生其实就是中华文化在日常生活中的应用，中医养生的原则其实就是中华文化核心价值的体现。

一个人要想身体健康，要想快乐，要想长寿，最重要的就是要“阴阳中和”。

先说说阴阳的“和”——和谐，可以分为三个层面。

第一，要与自然和谐，这叫天人合一。天和人这一对关系中，谁是阳，谁是阴？天是阳，人是阴。也就是说，人为阴，是处于从属地位的，人要服从自然；自然为阳，是起主导作用的。人不能破坏自然环境，那是我们赖以生存的基础。可是大家看看现在的情况，由于人不尊重自然、破坏自然，结果怎样？遭到报复了吧？生态失衡、环境恶化、雾霾肆虐，导致各种恶性疾病出现。这都是天人不和的必然结果。

第二，要与社会和谐、与其他人和谐，这叫人我合一。在人与我这一对关系中，谁是阳，谁是阴？有人说了人是阳，我是阴。如果从所处的空间位置来说是对的，别人是外面，我是里面，外面是阳，里面是阴。但如果从作用上看就错了，在人和我这一对关系中谁起主导作用？当然是自己，自己和别人的矛盾是谁造成的？是自己。人生最大的敌人就是自己，战胜了自己就战胜了世界。

第三，自己的身体和心理要和谐，也就是形体与精神要和谐，这叫形神合一。在形体与精神这一对关系中，谁是阳？有人说身体，有人说精神。按照《黄帝内经》的说法是精神，前面我们说过人一生下来神气充足，后来长大了神气慢慢衰退了，神气全部衰尽的时候，人就死了。养生说到底就是养神。精神好、心态好、神气足，人就不会得病。

就儒、释、道三家而言，都注重这三个层面的和谐，但相比较而言，道家更偏重于人与自然的和谐，儒家更偏重于人和社会、人与人的和谐，而佛家则偏重于个人内心的和谐。

再说说“中”，就是要做到不偏不倚，既不太过，也无不及。但“中”不要简单看成就是“中间”，“中”主要是适中、恰到好处的意思。“中”就是“唯变所适”“惟义所在”。唯变所适，只有随机应变才能适应各种不同环境的意思。惟义所在的“义”就是适宜、合适，就是只要合适了就行，不要拘泥于各种各样的条条框框。养生正是如此，不同的人宜采用不同的养生方法。我给养生下过一个定义：养生就是养成一种适合自己的、健康快乐的生活方式。

养生的总原则要落实在养生的四大方法上，哪四大方法呢？请看下一讲。

四大养生方法

上一讲我讲到《上古天真论》岐伯提出的养生的一大总原则，就是“法于阴阳，和于术数”，简单地说就是“阴阳中和”。这个总原则要落实到养生的各个方面。那么养生有几个方面呢？岐伯提出养生有四个方面，就是饮食、起居、运动、情志；有四大方法，就是“食饮有节，起居有常，不妄作劳，形与神俱”。上古之人就是按照这一大总原则、四大方法来做的，所以能够“尽终其天年，度百岁乃去”。意思就是能达到正常的生命寿限，度过一百岁才离开这个世界。

这里有一个词“天年”，就是天然的寿命，即正常的生命寿限。人的正常寿命究竟是不是一百岁或者一百二十岁？计算寿命的方法有很多，有一种是用细胞分裂来计算的，人的寿命等于细胞分裂的次数乘以细胞分裂的周期，细胞分裂的次数是50次，分裂的周期是2.4年，$50 \times 2.4=120$岁。岐伯认为人可以活到一百二十岁，但必须在这个总原则指导下按照四大方法来做。现在我就来说说这四大方法。

第一大方法：食饮有节。就是说吃东西、喝酒都要节制。大家想一想，《黄帝内经》说的是几千年以前的人，那个时候的人基本上都吃不饱、穿不暖，都营养不良吧？但还要“食饮有节”。再来看看我们现代人，都吃得饱、穿得暖吧？不是吃得饱，是太饱了，营养过剩了。大家发现了吗？现代人都不是饿死的，都是撑死的！所以在饮食上更要节制。我们都知道吃饭要吃七八分饱，七八分饱啥感觉？就是胃里还没觉得满，但进食欲望已经明显下降，进食的速度也明显变慢，在还能再吃几口的时候就不吃了。我们都听说过这句话：早上吃得好，中午吃得饱，晚上吃得少。还有另一个说法：早晨吃得像皇帝，中午吃得像平民，晚上吃得像乞丐。为什么？这就是“法于阴阳，和于术数”，吃饭也要顺应人体的代谢规律，要顺应一天阴阳的变化规律。因为早上是人体代谢率最高的时段，也是各种细胞最需要能量的时候，所以早餐一定要吃好；中午人体代谢率处于平稳的中间阶段，此时需及时补充能量，维持人体正常运转；晚上人体各个器官开始进入休息状态，代谢速度明显减慢，代谢率大概只有白天的一半，所以只需适量饮食，维持一定的能量就可以了。

但是现在很多人却做不到，甚至恰恰相反，有的上班族早晨匆匆忙忙起床，或者不吃饭，或者拿上一个面包边赶路边吃，中午吃个盒饭，晚上狠狠吃一顿，由于要熬夜，晚上还要加餐。大家想一想，我们的宴会是不是都安排在晚上？长此以往，身体怎么能不垮？

我这里重点要说一说晚上多吃的危害。晚上人体代谢速度明显减慢，如果晚餐吃得太饱会加重胃肠道负担，易引发肠胃疾病，导致胃液无法消化大量的食物，也会破坏肠道菌群，引起胃痛，导致各种胃炎，久而久之会增加患胃癌、肠癌的风险。晚餐吃得太多会超过消化道的消化能力，如果再不运动，倒头就睡，导致食物不能被完全消化、吸收，代谢不掉，就容易脂肪堆积，导致肥胖。如今，肥胖被称为“健康的头号杀手”。晚餐吃得太多或过于油腻，会导致胰岛素过度分泌。如果胰脏长期负担过重，就会被“累坏”，致使它不能很好地调节血糖，继而引发糖尿病。晚饭吃得太多、太油腻，容易使人体内血脂升高，导致肝脏合成的血胆固醇明显增多。人体的血液在夜间经常保持高脂肪含量，脂肪逐渐堆积在血管壁上，形成动脉硬化，最终可能发展成冠心病。吃得太多还会使血液集中于胃肠道，导致心脏供血相对不足，也可能诱发心绞痛。

总之，晚餐吃得太多、太饱有百害而无一利，所以佛家讲究“过午不食”是有一定道理的。按照佛家的说法：早晨是菩萨吃的，中午是人吃的，晚上是畜生吃的。当然不是说晚上一律不能吃，但少吃是必须的。

我们都不想死吧？“若想不死，肠中无屎。”我们都想长生吧？“若想长生，肠中长清。”我们一定要控制“进口”、鼓励“出口”。

这第一种方法“食饮有节”，前面我们只讲了“食”。

我再来讲讲“饮”。中国人有三大饮：饮酒、饮茶、饮水。岐伯这里讲的“饮”是指饮酒，饮酒也要节制。孔子说过“唯酒无量”，不少人理解为只有酒可以不限量地喝，这样理解是错的。这句话的意思是说，只有喝酒是没有统一限量标准的，因为不同的人酒量有大有小。那无法限量，是不是可以随便喝呢？当然不是，我们要注意这四个字后面还有三个字“不及乱”，就是不要达到乱性的程度，也就是不要喝醉。岐伯在后面讲到现代人早衰的原因之一就是有酒必喝、一喝必醉。所以饮酒要“阴阳中和”，要根据自己的体质、酒量，少喝为好。

我们再来看饮茶。我们都知道茶分为六种：绿茶、红茶、青茶、白茶、黄茶、黑茶。我按照五行把茶分为五类，五类茶和五行一一相配，特别有意思。上次我和浙江大学茶学系一个博士讨论茶和五行，他觉得很有道理，以后在讲到五行和食物相配的时候我再跟大家详细介绍。我这里要强调的是，饮茶也要按照“阴阳中和”的总原则，按照《黄帝内经》将人分为五种体质，配上五行，不同体质的人要按照五行原理喝不同的茶。

最后说饮水。有专家说：每人每天应该喝八杯水。这个说法没错，但太绝对了，还是要按照养生总原则，因人而异。水为生命之源，水分主要用于补充细胞内液和细胞外液，喝水是维持人体新陈代谢的重要一环。不要等到口渴了再喝，缺水对人体危害很大。要经常喝水，当然也不能过量，过量甚至会导致水中毒，不过这种情况正常人极少出现，一般多见于肝、肾、心功能异常的人。那我怎么知道喝水多了还是少了？这里有个小窍门，可以根据自己尿液的颜色来判断。一般来说，人的尿液为淡黄色，如果颜色太浅，则可能是水喝得过多；如果颜色偏深，则表示需要多补充一些水了。

这是养生的第一大方法“食饮有节”。

第二大方法：起居有常。就是说起居要有规律。广义的起居指一切日常生活作息，包括一年春夏秋冬、一个月晦朔弦望的生活起居；狭义的起居专指一天的起床与睡觉。起居同样遵循“法于阴阳，和于术数”的总原则，要按照太阳升降的规律来作息，千万不要违背。

就一天而言，有二十四个小时，古代分为十二个时辰，也就是两个小时为一个时辰。按照中医哲学天人合一的原理，人体十二条经脉、十二脏腑正好对应着一天的十二个时辰。时辰在变，不同的经脉中的气血在不同的时辰也就有盛有衰。所以人一天的起床、睡觉、劳动、工作应该遵循一天十二个时辰的变化规律，如果顺应了这个规律，身体就健康；如果违背了这个规律，身体就生病衰亡。

这里我重点介绍一下十二个时辰中的四个时辰——子午卯酉的起居特点，也就是半夜十一点到次日一点的子时、上午十一点到下午一点的午时、上午五点到七点的卯时、下午五点到七点的酉时。那应该怎样起居呢？要按照时辰阴阳变化的规律。

先从子时说，子时是一天中最黑暗的时候，是阴气最旺盛，也就是阴气到了尽头、阳气马上要生发的时候。这个时候万籁俱寂，夜深人静，到了深度睡眠的时候。子时五行属水，水是万物滋生的源泉，此时是元气开始生发的时候，如果这个时候还在用神不宁，劳作不息，就会干扰阴阳交合，使元气生发受到损伤。按照中医子午流注的说法，半夜子时是胆经当令，“当令”就是当班、值班的意思。《黄帝内经》里有一句话叫作“凡十一脏皆取决于胆”，也就是说五脏六腑都取决于胆的生发。胆气生发起来，全身气血才能随之而起。所以子时必须深度睡眠，注意是深度睡眠，也就是说子时之前就是晚上十一点以前必须入睡，才能保证子时深度睡眠。

到了卯时也就是早晨的五点到七点，这个时候，天基本上亮了，天门开了，五点醒是正常的。这个时候是大肠经当令，所以起床后要正常地排大便，把垃圾毒素排出来。天亮是天门开，所以这个时候地户也要开，就是要养成早上排大便的习惯。

到了午时也就是上午十一点到下午一点，这个时候阳气最盛，我们都知道经过一上午的劳作，到中午时就疲惫了，觉得有点犯困。这时是心经当令。西班牙和美国的一项研究表明，早晨六点到中午十二点是心脑血管病的危险期，是魔鬼时间，所以午时要睡午觉。有人说了，我睡不着或者没有条件睡，睡不着闭一会儿眼睛都有好处。

到了酉时也就是下午五点到七点，这个时候是肾经当令。肾主藏精。什么是精？人的肾精，是生命的本源，就像水，它可以滋润万物。人体哪里出现问题，“精”就会出现在哪里帮它修复。你需要什么，“精”就可以变出这个东西。比如你缺红细胞，“精”就会变出红细胞。所以这个时候需要补充肾精，使肾水不要枯竭、不要静止。应该怎么做呢？需要运动。这里教大家一个简单的按摩方法，就是按摩两个穴位，一个是关元穴，一个是命门穴。关元在肚脐眼下三寸，四个手指并拢横放在肚脐眼下，正好是三寸宽；命门在肚脐眼正对的后背位置。两手掌心搓热，左手竖着放，手掌心对准关元穴；右手横着放，手掌心对准命门穴。然后两手同时搓，将这两个穴位搓热，搓得很热。希望大家坚持做，必有好处。

我们简单总结一下，子时阴气最盛，午时阳气最盛，所以这两个时辰要以静为主，要睡眠，这叫“睡子午觉”。为什么？因为子时和午时都是阴阳交接的时候，是天地气机的转换点，人体也要适应这种天地之气的转换，不要干扰天地之气，不要打搅它，只有在安静中才能完成好阴阳交接。卯时阳气上升了一半，酉时阴气下降了一半，所以这两个时辰要以动为主，适当运动或者做动功。

因为这两个时辰阴阳之气各升降了一半，是运动到了一个节点，所以人体也要跟着运动。

第三种方法：不妄作劳。“作劳”就是“劳作”，劳动工作，对养生而言就是运动。“不妄”就是不要太过分，运动量不要太大，按照现代的说法就是不要做无氧运动，要做有氧运动。无氧运动是指人体肌肉在“缺氧”的状态下剧烈运动，运动强度太高、运动量过大，会让人肌肉酸痛，累得气喘吁吁、大汗淋漓、精疲力尽。这种运动对人体是不利的。要做有氧运动，即在氧气供应充分的情况下进行运动锻炼。有氧运动的特点就是强度低、有节奏、持续时间较长。这种运动可以提升氧气的摄取量，能更好地消耗体内多余的热量、脂肪，增强和改善心肺功能。常见的有氧运动项目有：走路、慢跑、游泳、骑自行车，以及跳健身舞、韵律操等。当然打太极拳、八段锦、五禽戏，练瑜伽，不仅是很好的有氧运动，而且是形神合一的高级锻炼。

我要再强调一下，运动量的大小也要“法于阴阳，和于术数”。怎样判断运动量是不是合适呢？以运动时的心率作为判断依据，不同年龄段合适的运动心率是不同的。告诉大家一个公式，合适的运动心率是“170－年龄”，如一个50岁的人，运动心率控制在120次/分钟为宜，若过快，则说明运动量过大，达不到好的效果。

我还要提醒大家一下，养生是自己的事，不是集体行为，是因人而异的，不是所有人都适合一种运动，比如现在不少地方提倡暴走，暴走不是人人都适合，千万不能在体力不支的情况下为了赶上大部队勉强坚持，要量力而行。总之运动量不能太大。

就运动时间而言，一般以半个小时到一个小时为好。不低于半小时，否则起不到作用；一般不要超过一个小时。有上班族问：我天天上班哪有时间锻炼啊？其实我们可以利用上下班的时间，尽量多走路，能走路就不要坐车。管住嘴，迈开腿，健康全靠你自己。

以上讲了岐伯提出的养生三大方法，下一讲单独讲第四大方法。

一个养生关键

上一讲我们讲到养生有四大方法，按岐伯的说法就是“食饮有节，起居有常，不妄作劳，形与神俱”。前三种方法，也就是饮食要节制、起居有规律、运动不过度，我已经讲了。

那么第四种方法“形与神俱”是什么意思呢？就是要形神合一，这是养生最重要的方法！前面讲的都是在“形”的层面，所有有形的东西都要和精神、情志相结合，不能分离，比如前面讲的饮食、睡觉，要“食不言，寝不语”，吃饭和睡觉时不要说话，要安心、全神贯注。

历史上活得最久的皇帝乾隆皇帝，活了八十九岁，他的养生之道有四个字，叫“十常四勿”（十件事经常做，四件事不做）。哪四勿？就是食勿言、寝勿语、酒勿醉、色勿迷。

现在我们吃饭很少有人安安心心地吃，吃饭时要聊天，要谈生意。对今天的人来说，睡觉时不说话这一条我改了一下：睡觉时不看手机。只有以一颗平静的心入睡，才能及时入睡，保持子时的深度睡眠。运动也是如此，做任何运动都要形神合一、全神贯注，不要一边运动一边聊天，因为这时，身体的运动和思想神志完全是分开的。

有一次我给一个企业家班上课，听到他们班主任在下午上课之前对学员们说：“我们先来做一下上午张老师教我们的健身操。”我一下冲进去：“什么操？不是操，是功。”操和功的区别是什么？操是形神分离，功是形神合一。就“形”与“神”而言，“神”是最重要的，神志要安宁，精神要集中、专注，要用“神”指挥所有有形的东西。

这就是《黄帝内经》提出的养生四大方法：食饮有节、起居有常、不妄作劳、形与神俱。饮食有节制、起居有规律、运动不过度、精神要专注，表现在饮食、起居、运动、精神四个方面。

我们来比较一下世界卫生组织（WHO）提出的健康四大基石：合理膳食、适当运动、心理平衡、戒烟限酒。和《黄帝内经》对比一下，我们会发现《黄帝内经》全部都讲了，而且还多了一个起居。可见《黄帝内经》说得更加全面。你会说《黄帝内经》没有讲戒烟限酒。其实限制饮酒讲了，就是“食饮有节”。戒烟当然没讲，为什么？因为香烟是明代才从菲律宾的吕宋岛传过来的，所以最早香烟叫“吕宋烟”，距今才四百多年。我们再来看一下世界卫生组织提出的健康四大基石所占百分比：合理膳食25%，适当运动15%，心理平衡50%，戒烟限酒10%。可见心理平衡是最重要的，《黄帝内经》讲的四大方法中，“形神合一”“以神统形”才是最重要的。

以上是岐伯对上古之人为什么能活一百岁的解释。那后来的人为什么五十岁就衰退了呢？岐伯回答——

今时之人不然也，以酒为浆，以妄为常，醉以入房，以欲竭其精，以耗散其真。不知持满，不时御神，务快其心，逆于生乐，起居无节，故半百而衰也。

岐伯说：现在的人不是按照上古之人坚持的一大总原则、四大方法来做的，而是把酒当成水。“浆”是什么？本来指浓一点的液体，比如喝的汤，还有我们现在喝的饮料，这里指水。把不正常当成正常——这是最可怕的，如果能意识到这样做是不正常的，还有救；如果觉得这样做是正常的，就没救了。有酒必喝，一喝必醉，醉了之后就到房间里去，去干吗？不是睡觉，而是酒后乱性，结果因放纵的欲望把肾精给耗枯竭了，用贪色的喜好把真气给散失了。若不知道满足，不知道保持肾精的盈满，不按时驾驭自己的精神，只追求心中的快乐，实际上就违背了生命的真道，加上起居作息没有规律，所以五十岁就开始衰老了。

这一段回答，提出了一个重要问题，就是生命的三大要素——“精气神”。

精气神号称生命三宝：天有三宝日月星，地有三宝水火风，人有三宝精气神。精气神又是人生最重要的三味药物：上药三品，精与气神。说到底，养生就是养精气神。我曾经专门写过一本书就叫《精气神养生法》。

“精气神”三者并称最早出现在西汉皇族淮南王刘安及其门客编写的《淮南子》一书中，一开始是“形气神”，《淮南子·原道训》：“夫形者生之舍也，气者生之充也，神者生之制也。一失位则三者伤矣。”而明确提出“精气神”的是东汉时期一部道教的开创性经典——《太平经》：“三气共一，为神根也。一为精，一为神，一为气，此三者共一位也，本天地人之气。神者受之于天，精者受之于地，气者受之于中和……故人欲寿者，乃当爱气、尊神、重精也。”（《太平经钞·癸部》）道教重视生命、炼养生命显然受到了《黄帝内经》的影响，所以《黄帝内经》还被收入道教著作总集《道藏》中。

岐伯说的这一段话，明确提出“今时之人”因为伤害了“精气神”，所以五十岁就衰了。岐伯说的“精”是指肾精，性生活过度会耗散肾精，耗散真气，原文“以耗散其真”的“真”太重要了，“真”就是真气，就是这一篇篇名《上古天真论》中“天真”最主要的意思。我在这一篇开头讲了“天真”的第一个意思，就是婴幼儿时期天然、率真、单纯的那种天性和状态。这里讲的是第二个意思：先天的真气。这一点更加重要。想要活过一百岁，就要保持先天的真气。先天的真气就藏在肾精中，但精和气又受到神的支配。

精气神三者相辅相成，构成生命的三大要素。我琢磨了几十年，才琢磨出三句话：“精”是生命最精微的物质，“气”是生命的原始能量，“神”是生命的最高主宰。三者体现了阴阳关系，“精”是阴，“神”是阳，狭义的“气”在阴阳之间，广义的“气”充满了生命，精里面有气叫精气，神里面有气叫神气。《庄子》有一句话：“通天下一气耳。”养生就是养精气神，三者的关系，我琢磨出三句话：养精是养生的基础，养气是养生的途径，养神才是养生的关键。

从某种意义上说，把精气神学明白了，一部《黄帝内经》也就学通了。

关于什么是“精气神”，我们后面还会深入地讲。

如何才能不得病

前面我已经介绍了岐伯提出来的养生一大总原则、四大方法、三大要素，接下来，岐伯又说了一段非常重要的话——

夫上古圣人之教下也，下皆为之。虚邪贼风，避之有时，恬惔（dàn）虚无，真气从之，精神内守，病安从来？

上古那些圣人们，就是精通养生之道的人，教育老百姓都要说：对于虚邪贼风，一定要按时加以回避。再加上恬淡虚无，真气顺从而运行，精和神在体内都守住了。如果能这样，疾病还能从哪里来呢？

这几句话太重要了，这是教人不得病的方法。

首先要回避虚邪贼风，即一切可以致病的外在邪气，特别是六淫邪气，就是风、寒、暑、湿、燥、火，要尽量躲开它们，不要触犯它们。有时候回避不了，比如现在的雾霾，也要尽量采取防范措施，戴防雾霾口罩。“避之有时”的“时”很重要，要知道时节的变化，早早采取回避措施。

其次要内守，这是最重要的方法。什么是“恬惔虚无”？“恬惔”就是淡泊，少欲望，不追求名利。老子说过“恬淡为上，胜而不美”，恬淡是上等做法，争强好胜并不美好。其实恬淡是可以做到的，但“虚无”却难以做到，“虚无”是最高境界，是道家所说的“道”的境界。老子说“致虚极，守静笃”——要达到极度的虚无，守住极度的宁静；“无名天地之始”——“无”是天地万物的开始、本原。《庄子·刻意》说：“夫恬惔寂漠，虚无无为，此天地之平而道德之质也。”——“虚无”是天地的本来面目，也是道德的本质。但也不是完全达不到，只要明白了天地万物的本体、本质，然后按照内守的功夫不断修炼就可以达到。

怎么修炼？首先是精神内守，就是在体内守住精气和神气，不让其外泄。然后是真气从之，就是真气顺从它运行。顺从什么？“从之”的“之”指什么？后人有很多理解，我认为首先是人体的两条大脉——任脉和督脉，然后是十二经脉。最后要吸收天地万物的真气于体内，达到天人合一。如果能做到这一点，那肯定就不会得病了。“病安从来”，病还能从哪里来？病还怎么能来呢？这个“安”是哪里、怎么的意思，比如苏东坡说：“固一世之雄也，而今安在哉？”李白说：“安能摧眉折腰事权贵，使我不得开心颜？”

岐伯接着说——

是以志闲而少欲，心安而不惧，形劳而不倦，气从以顺，各从其欲，皆得所愿。故美其食，任其服，乐其俗，高下不相慕，其民故曰朴。

所以情志能控制并且欲望很少，心安宁而不恐惧，身体劳动但不疲倦，正气调顺畅了，那么每个人的欲望就会都得到满足，每个人的愿望也都能实现。所以不管吃什么样的食物都觉得甘美，不管穿什么样的衣服都觉得合适，不管遵从什么样的习俗都觉得快乐，不管地位是高还是低都不羡慕，这个时代的人民真是朴实啊。

上古之人“志闲而少欲，心安而不惧”，这个“闲”字不是休闲的意思，这个字外面是个“门”，里面是个“木”字，就是栅栏，表示把自己的情志、思想挡住、控制住，不让它随意发展。只有心安才能无所畏惧，不悲不喜，即使劳累、辛苦也不知疲倦。可见“心安”是多么重要。

我想起慧可为了向达摩大师求得安心之法，竟用刀砍断自己的左臂，奉献于达摩座前。慧可说：“我心未宁，乞师与安。”祖师回答道：“将心来，与汝安。”慧可禅师沉吟了好久，回答道：“觅心了不可得。”祖师于是回答道：“我与汝安心竟。”慧可禅师听了祖师的回答，当即豁然开悟。原来并没有一个实在的心可以安，当你领悟到心本来是虚空的，不安的心也就安住了。早在《黄帝内经》时代，岐伯就意识到心安的重要性。

后面说的“故美其食，任其服，乐其俗，高下不相慕，其民故曰朴”，这里是引用了老子《道德经》的话，《道德经》第八十章有：“甘其食，美其服，安其居，乐其俗。”第一个字都是意动词，觉得食物很甘甜，觉得衣服很美，觉得住房很好，觉得生活很快乐。“朴”也是老子倡导的：“见素抱朴，少私寡欲”“复归于朴”，本义指没有加工的木材，表示自然而然的、无智无欲的本真状态，其实就是得道状态。所以，养生的最高境界其实就是回到最原始、最淳朴、最本真的状态。

岐伯最后说——

是以嗜欲不能劳其目，淫邪不能惑其心，愚智贤不肖，不惧于物，故合于道。所以能年皆度百岁而动作不衰者，以其德全不危也。

正因为如此，所以各种感官享受也不能吸引他的耳目，各种淫乱邪行也不能迷惑他的心智，无论是愚蠢还是聪明，是有才能还是没有才能，都不被外物所干扰，因此符合生命之道。之所以他们都能活到一百岁而动作如常不显衰老，是因为他们真德健全而没有危害啊。

因为“心安”，所以各种感官刺激、各种淫乱邪行都无法干扰他。这里提出的“德全不危”四个字很重要。

什么是“德”？我们常说道德，“道”和“德”究竟什么关系？“德”有人解释为“十四人一条心”，这是望文生义、胡解一气。“德”这个字从甲骨文的形体来看，它的左边是“彳”（chì），它在古文字中多表示“行走”之义；右边是一只眼睛，眼睛上面有一条直线，表示眼睛要看正；要直视所行之路、所前往的方向，有“行得正，看得直”的意思。金文的形体与甲骨文的形体基本相似，只是在右边的眼睛下加了“一颗心”，表示不仅要“行正、目正”，还要

“心正”。可见“德”字的本义是指正确的标准，后来指人们的行为准则、道德规范。

那么“德”和“道”是什么关系呢？按照《道德经》的解释，“道”是看不见、听不到、摸不着的，而“德”是看得见、摸得着的；“道”是本体，“德”是“道”的具体体现。“道”只能通过我们的心去领悟它，“德”是我们领悟之后所进行的行为。“道”不分高低上下、全面还是不全面；“德”可以分高低上下、全面还是不全面。这里岐伯说只有返璞归真，保持“心安”，才能“德全不危”。

可见《黄帝内经》反映了深刻的道家思想。那么得了“道”、保全了“德”的人生命轨迹是怎样的呢？我们下一讲接着说。

男人和女人的生命周期

女人的天癸周期

前面几讲我们都是在讲黄帝向岐伯问的第一个问题：人怎样才能活过一百岁？岐伯的回答可以说把养生的所有问题都讲到了，这些问题可以概括为一条总原则、四大方法、三大要素。这一讲我们来讲黄帝提出的第二个问题。

帝曰：人年老而无子者，材力尽邪？将天数然也？

黄帝问：一个人年老了不能再生孩子了，这是因为精力耗尽了，还是自然生长规律决定的呢？

这一句中的“材力”是指精力，因为生孩子跟肾精有关。“天数”就是老天的命数、定数，是一种人所不能改变的上天的安排，这里讲的就是人生老病死的自然规律。黄帝问的第一个问题是关于自身的长寿问题，这第二个问题马上涉及繁衍后代的问题：为什么年纪大了就不能生孩子了？生育有没有规律？生育期能不能延长？

岐伯对此作了回答，他第一次提出“天癸”一词。天癸的“天”是指先天，人出生以前叫先天，说明是从父母那里遗传来的，从出生就存在，自身本来就有的。天癸的“癸”是十天干中最后一个，我在《张其成讲易经》一书中讲了十天干和五行是怎么相配的，其中癸五行属水。“癸”这个字，《说文解字》的解释是“象水从四方流入地中之形”。在《易经》中是坎卦，外阴内阳，是阳中之阴、天一之阴气。五脏中肾是属水的，所以“天癸”就是先天的肾水，是肾精的一部分。

天癸的一个重要功能，就是主管生孩子，一个人有了天癸就能生孩子，没有天癸就不能生孩子。它是一种促进人体生殖功能成熟、具备生育功能所必需的物质。人可以没有天癸，大不了不能生孩子，但人不能没有肾精，没有肾精这个人就活不了。肾精是人一生下来就有的，但天癸却不是一生下来就有的，它是肾中精气充盈到一定程度才产生的。因此，天癸来源于先天之肾精，具有化生精血的作用，从而使男女具有生殖能力。

我们来看岐伯的回答，他先回答了女子天癸的周期，是以七岁为周期的。

岐伯曰：女子七岁，肾气盛，齿更发长。

女子七岁的时候，肾气旺盛，表现为牙齿更换了，头发长得茂盛了。

牙齿和头发都是肾主管的，女同胞回忆一下，你是不是七岁左右换牙齿的。

二七而天癸至，任脉通，太冲脉盛，月事以时下，故有子。

十四岁，天癸来了，这个时候任脉通畅，太冲脉旺盛，月经开始按时来潮，这时就有生育能力了。

这里说了十四岁女子来天癸，任脉和太冲脉都气血通畅旺盛。我们都听说过任督二脉，这里又提到太冲脉，也叫冲脉。这三条脉我称为“一源三流”，一个来源就是肾水，三条河流就是任脉、督脉、冲脉。这三条脉都起源于胞中（女子的子宫、男子的精室），然后从会阴出来，会阴在前后阴之间，也就是生殖器和肛门中间。一条叫任脉，从前面走，沿着腹部、胸部正中线到达咽喉部（天突穴），再上行到达下唇内，环绕口唇，与督脉相交；一条叫督脉，从会阴出来后向后面走，沿着腰部、背部、头部的正中线从下往上走，到头顶百会穴，继续往前往下一直到上嘴唇里面与上齿龈相接的地方（龈交穴），在这里与任脉接上了；第三条叫冲脉，从会阴出来后分为三条路线，其中一条，沿腹中线两侧0.5寸、胸中线两侧二寸，散布于胸中，所以女子十四岁第二性征乳房隆起，再向上行，经咽喉，环绕口唇，所以男子十六岁（男子天癸以八岁为周期）第二性征胡子长出来。这里我们主要提任脉和冲脉，因为这两条脉都与女人的生殖功能有关。任脉主要有调节阴经气血、调节月经的作用，冲脉又称血海，有调节月经的作用，冲脉和任脉旺盛了，月经才能正常排泄。

现在好多人解释“天癸”就是“月经”，有的大学老师上课也是这么讲的，这就错了！月经只是天癸的一种外在表现，它本身不是天癸，因为天癸是要保持的，而月经是要定期排泄的。大家想一想，我们现在的女孩子是不是十四岁来月经？不是，大部分都提前了，有的是大大提前了。什么原因？主要是因为现在孩子都喜欢吃高热量、高脂肪的食品，生活太享受，营养过剩而导致早熟。

三七，肾气平均，故真牙生而长极。

二十一岁，肾气充满了，表现为智齿长出来，人的身高也长到极点，发育到极点了。

智齿是哪颗牙齿？就是从正中的门牙往里数刚好第八颗牙齿。女同胞想一下，你是不是二十一岁左右长智齿的？如果你超过这个岁数还没长智齿，那要恭喜你，你还在发育。当然这是开玩笑的。

四七，筋骨坚，发长极，身体盛壮。

二十八岁，筋骨坚实，肌肉丰满，头发长得最茂盛，身体最强壮。

这也是天癸最盛时期，是怀孕生子的最佳时期。

五七，阳明脉衰，面始焦，发始堕。

三十五岁，阳明脉衰退了，面部开始憔悴，头发也开始脱落。

阳明脉要经过头面部，阳明脉的气血衰退，面部肯定要憔悴，头发也开始掉了。

六七，三阳脉衰于上，面皆焦，发始白。

四十二岁，三条阳脉气血都衰弱，整个面部都憔悴了，头发开始变白。

三条阳脉除了阳明脉外，还有太阳脉、少阳脉，这三条阳脉都经过头面部，所以面部全都憔悴，头发也变白了。那么怎样才能保持面部美丽、头发又不掉呢？当然要使这三条阳脉气血旺盛。教大家一个小方法，两个动作：第一，干洗脸，将自己的双手搓热，然后用整个手掌从下往上搓脸，然后往下，注意往上要用力，往下不要用力，反复做五分钟；第二，干梳头，弯曲十指插入头发，从前往后、从里往外梳头，做五分钟。坚持下去，能使头面部的气血旺盛。

七七，任脉虚，太冲脉衰少，天癸竭，地道不通，故形坏而无子也。

四十九岁，任脉气血虚弱，冲脉的气血也衰少了，天癸枯竭了，月经断绝了，所以形体衰老，失去了生育能力。

四十九岁左右正是女人的更年期。可是现在女人更年期普遍提前了，天癸枯竭时间提前了。天癸一枯竭，当然就不能生孩子了。

这是女人的天癸生理周期，而男人的天癸周期又有什么规律呢？请看下一讲。

男人的天癸周期

上一讲我们讲到黄帝向岐伯问的第二个问题：人生育孩子、繁衍后代有没有规律？岐伯回答：有。但男人和女人的生殖功能周期是不同的，女人以七岁为周期，男人以八岁为周期。这个周期的变化都是由“天癸”决定的。“天癸”是《黄帝内经》提出的一个重要概念，是一种主管人体生殖、像水一样的物质。上一讲我讲了女人的天癸周期。现在我们来看一下男人的天癸周期。

岐伯说——

丈夫八岁，肾气实，发长齿更。

男子八岁的时候，肾气充实，表现为头发长得茂盛、牙齿更换了。

男同胞回忆一下，你是不是八岁左右换牙齿的？

二八，肾气盛，天癸至，精气溢泻，阴阳和，故能有子。

十六岁，天癸产生了，精气盈满外泻了，遗精了，这个时候如果男女交合，就可以生孩子。

三八，肾气平均，筋骨劲强，故真牙生而长极。

二十四岁，肾气充满，筋骨强劲有力，智齿长出来，人的发育到极点了。

智齿，我上一讲说过就是从正中的门牙往里数第八颗牙齿。我问一下男同胞们，你是不是二十四岁左右长智齿的？如果你还没长，说明你还处于青春期，还在发育呢。当然这还是个玩笑，有人一辈子也不长智齿。

四八，筋骨隆盛，肌肉满壮。

三十二岁，筋骨丰隆坚实，肌肉丰满健壮。

这也是天癸最盛时期，是男人和女人交合生子的最佳时期。

五八，肾气衰，发堕齿槁。

四十岁，肾气衰退了，头发开始脱落，牙齿开始枯槁。

比较一下，女人第五个阶段，是说阳明脉衰，男人是肾气衰。男人的衰老从肾虚开始。

六八，阳气衰竭于上，面焦，发鬓颁白。

四十八岁，人体上部的阳气开始衰竭，面部枯焦，鬓发斑白。

还有一个说法是“花不花，四十八”，意思是四十八岁是人开始眼花的年龄，因为这个时候人体头面部的阳气都开始衰竭了，所以不仅面部枯焦、头发斑白，而且眼开始花了。

七八，肝气衰，筋不能动，天癸竭，精少，肾脏衰，形体皆极。

五十六岁，肝气衰退，筋骨活动不便，天癸枯竭了，肾脏精气衰少，形体疲惫不堪。

五脏中肝是主管筋的，肝气不足，则不能养筋，筋骨活动就不便利，动作迟缓。这里还有一个说法，也就是女人没有的、男人特有的那根筋也失养，就会导致阳痿。男人和女人一样，到了第七个阶段，天癸也枯竭了。不过男人还可以再持续一个周期。

八八，则齿发去。肾者主水，受五脏六腑之精而藏之，故五脏盛，乃能泻。今五脏皆衰，筋骨解堕，天癸尽矣。故发鬓白，身体重，行步不正，而无子耳。

六十四岁，牙齿头发都脱落了，说明这时肾气大衰了。肾是主管水的，肾处在五脏最下方，接受五脏六腑的精气并且储藏它，肾藏精，所以五脏精气旺盛，肾脏的精气才能盈满溢泻。（因为精气除了与生俱来的“先天之精”外，还需要其他脏腑“后天之精”的补充。）而这个时候五脏的精气都衰竭了，筋骨懈惰无力，天癸竭尽了，因此鬓发斑白，身体沉重，走路不稳，更不能生育子女了。

男人和女人天癸竭尽的时间是“七七八八”，女人四十九岁、男人六十四岁，天癸没有了。我想起我上中学的时候，我们班上有一个男同学，他有个外号叫“八八”，就是因为他父亲是六十四岁生的他。大家肯定会质疑：难道男人六十四岁以后就不能生孩子了吗？这也是当年黄帝的疑问——

帝曰：有其年已老而有子者何也？

黄帝问：有的人年纪已经很老了但仍然能生孩子，这是什么原因呢？

岐伯曰：此其天寿过度，气脉常通，而肾气有余也。此虽有子，男不过尽八八，女不过尽七七，而天地之精气皆竭矣。

岐伯回答：这是因为他的先天禀赋很好，经脉气血仍然通畅，肾气有余，肾脏功能还没有完全衰退的缘故。但总体来说能生孩子的时间，男人一般不超过八八六十四岁，女人一般不超过七七四十九岁，因为过了这个时候体内的阴精和阳气都已经枯竭了。

这句中的“天地之精气”，“天地”就是阴阳，天为阳、地为阴；“精气”分开来看，精是属阴的，气是属阳的。

说到这里，男同胞们一定不服气吧，有的男人怎么八九十岁还能生孩子？不要急，你看黄帝已经替我们问了——

帝曰：夫道者年皆百数，能有子乎？

黄帝问：那些得道之人年纪到了一百岁还能生孩子吗？

岐伯曰：夫道者能却老而全形，身年虽寿，能生子也。

岐伯回答：那些得道之人不仅能做到防止衰老，并且还能保持身体的健康，所以年纪虽然老了，但还能生孩子。

所以能不能生孩子的关键就在于是不是得道。什么道？一般都理解为养生之道，这是不够的。按照《周易》的说法应该是三才之道，三才就是天、地、人，三才之道就是天道、地道、人道，人的养生之道，必须符合天地自然之道，人只有按照天地自然之道来养生，只有吸收天地自然的精气，才能延长天癸的周期。

对于天癸的周期“为什么女人以七为周期、男人以八为周期”这个问题，后人有很多解释，其中唐代著名医家王冰用《易经》阴阳和合的原理做了解释：七是少阳之数，八是少阴之数。女人为什么用少阳之数？因为女人本体是阴的，但只有阴而没有阳是不行的，所以要配一个阳数，这样就阴中有阳了。男人为什么用少阴之数？因为男人本体是阳的，但只有阳而没有阴是不行的，所以要配一个阴数，这样就阳中有阴了。我认为，这样解释有一点牵强。其实按照《周易》的说法，少男是艮卦，少女是兑卦，在九宫洛书中，少男艮卦所配的数字就是八，少女兑卦所配的数字就是七。可见《易经》象数义理已经揭示了男女“天癸”周期变化的秘密。

你想不想延长“天癸”周期？这并不是为了生孩子，而是为了延缓衰老、健康快乐地生活。

得道有四大境界

现在我们来看《上古天真论》的最后一段。这一段是黄帝的总结。他听岐伯说女人和男人的“天癸”周期是有定数的，也就是女人到了七七四十九岁、男人到了八八六十四岁，“天癸”这种主管生孩子的物质就消失了，但通过修炼是可以延长的，修炼功夫的高低决定了延长时间的长短。之后，黄帝按照得道的程度，把得道的人分为真人、至人、圣人、贤人四个等级、四层境界。下面我们就来看黄帝提出的四层境界。

第一层境界是“真人”——

黄帝曰：余闻上古有真人者，提挈（qiè）天地，把握阴阳，呼吸精气，独立守神，肌肉若一，故能寿敝天地，无有终时，此其道生。

黄帝说：我听说远古的时候有真人，能够掌握天地变化，把握阴阳规律，呼吸天地阴阳的精气，不凭借外物而独立守神，肌肉筋骨达到高度协调，所以他们能够像天地一样长寿，没有终结的时候，这就是因为得道而长生不衰。

我不知道大家看了这一段话有什么感受。如果大家熟悉《庄子·逍遥游》，一定会马上联想到《逍遥游》中“藐姑射（yè）山”上的“神人”：“藐姑射之山，有神人居焉。肌肤若冰雪，绰约若处子。不食五谷，吸风饮露，乘云气，御飞龙，而游乎四海之外。”在遥远的姑射山上，住着一位神人，皮肤洁白像冰雪，体态柔美如处女，不食五谷，吸清风饮甘露，乘云气驾飞龙，遨游于四海之外。这个神人就是“真人”。“真人”这个词也是《庄子·大宗师》最早提出来的，指洞悉和把握宇宙和人生本真本原，真正觉悟、觉醒的人。“真人”是道家的最高人格形象，好比儒家所说的圣人，佛家所说的觉者（佛）。很明显《黄帝内经》深深受到先秦道家的影响，按照这一篇的标题《上古天真论》中“天真”的说法，真人就是保持“天真”之人。“真人者，体洞虚无，与道合真，同于自然，无所不能，无所不知，无所不通。”这是道教古书上给真人下的定义。

“呼吸精气，独立守神”成为后世练功的重要方法，练功首先就是要三调：调身，调息，调神。独立就是调身，可采用站桩方式；呼吸精气，就是调息，吸天地之精气，然后体内呼吸。我有一个师父是道教全真派的传人，他告诉我呼吸有二十一种，当然最主要是两种，就是顺呼吸、逆呼吸。

我这里先教大家一种顺呼吸的方法：全身放松，舌尖轻轻顶住上腭，先用鼻子吸气呼气，然后不要再注意鼻子，将所有的注意力集中在腹部，自然呼吸，不要用力。请大家先体会一下吸气时肚子是鼓起还是收缩。吸气的时候肚子是鼓起来，呼气的时候肚子是收缩。大家就这么关注腹部，你的所有意念、注意力不要离开腹部，意念随着它隆起而隆起，随着它收缩而收缩，慢慢体会。这种方法在小乘佛教叫“安那般那”，就是出息入息。只要关注呼吸就可以了，关注呼吸时腹部的隆起收缩，这样就会抛掉杂念，你的心就会慢慢静下来。

第二层境界是“至人”。“至”就是至高无上的“至”。

中古之时，有至人者，淳德全道，和于阴阳，调于四时，去世离俗，积精全神，游行天地之间，视听八达之外，此盖益其寿命而强者也，亦归于真人。

到了中古时代（中古比上古近一些），有了至人（“至人”这个词也是出自《庄子》，《庄子·天下》：“不离于真，谓之至人。”“至人”在一定程度上和“真人”差不多），他们德性淳朴，保全大道，与天地阴阳相和谐，与春夏秋冬四时相协调，避开世俗的喧闹（原本指离开世俗，到深山老林中去隐修，这在今天对大多数人来说是不现实的；只要思想上离开世俗、超凡脱俗、保持宁静虚无的心态也是可以的），积累精气保全神气，神游于天地之间，视觉与听觉能达到八方的极点，这些人能够延年益寿而且保持身体健壮，获得与真人差不多的效果。

第三层境界是“圣人”。这个“圣人”和儒家所说的圣人是不同的，儒家的“圣人”是最高人格形象，这里的“圣人”是道家第三层境界的人格形象。

其次有圣人者，处天地之和，从八风之理，适嗜欲于世俗之间，无恚嗔（huì chēn）之心。行不欲离于世，被服章，举不欲观于俗，外不劳形于事，内无思想之患，以恬愉为务，以自得为功，形体不敝，精神不散，亦可以百数。

其次有圣人，能够生活在天地和谐的环境中，顺从八风的变化规律，使自己的嗜好适应世俗的习惯，没有恼怒怨恨之心。行为不离开世俗的一般准则，穿着和其他人一样的普通衣服，举止不让世俗之人嫉妒，在外不让忙碌的事务劳伤身体，在内没有患得患失的思想纷扰，以恬淡乐观为追求，以悠然自得为满足，形体不衰老，精神不散失，也可以活到一百岁。

第四层境界是“贤人”——

其次有贤人者，法则天地，象似日月，辩列星辰，逆从阴阳，分别四时，将从上古合同于道，亦可使益寿而有极时。

其次有贤人，可以效法天地大道，遵循日月运行，辨别星辰位置，顺从阴阳法则（“逆从”就是顺从，这个“逆”字原本既有抵触、不顺从的意思，又有迎接、顺从的意思），分别四时变化，追随远古真人的养生之道，他们的寿命也可以延长，但却有一定的限度。

比较一下这四层境界得“道”的程度。第一，从对待天地阴阳变化规律上看，真人是能够掌控，叫“提挈天地，把握阴阳”；至人是能够调和，叫“和于阴阳，调于四时”；圣人是顺从，叫“处天地之和，从八风之理”；贤人是效法，叫“法则天地，象似日月”。第二，从对待自己的行为处世上看，真人是

"呼吸精气，独立守神，肌肉若一"，至人是"去世离俗，积精全神"，圣人是"外不劳形于事，内无思想之患，以恬愉为务，以自得为功"，贤人是"将从上古合同于道"。第三，从寿命的长短上看，真人是"寿敝天地，无有终时"，至人是"益其寿命而强者也，亦归于真人"，圣人是"形体不敝，精神不散，亦可以百数"，贤人"亦可使益寿而有极时"。

从这里可以看出，《黄帝内经》深受道家思想的影响，"真人""至人"都是《庄子》首次提出来的对得道之人的称呼，恬淡虚无、真气从之，呼吸精气、独立守神、积精全神、淳德全道等都是道家提出来的修炼方法。

《上古天真论》这一篇排在《黄帝内经》的第一篇，这是唐代王冰整理时挪动的。王冰本身就是个道家，道家重视生命，重视长生、养生，把《上古天真论》放在《黄帝内经》的开篇，表明它的重要性。对于道家，《黄帝内经》起到了承上启下的作用，继承并且发挥了老子、庄子、淮南子的生命思想和养生方法，成为汉代黄老道家的重要著作之一，被后世收入道教著作总集《道藏》中。

对于不同的季节又应该怎么养生呢？请看《黄帝内经·素问》第二篇《四气调神大论》。

如何做好四季养生

春天如何养生

我用了九讲向大家介绍了《黄帝内经·素问》的第一篇《上古天真论》，讲得比较仔细。我在解读原文的前提下，加上了自己的感悟和发挥。在以后的原文解读中，我会尽量尊重原文，简要说出自己的理解。

从这一讲开始，我们就来学习第二篇《四气调神大论》。“四气”就是春夏秋冬四季之气，这一篇是讲四季养生的，但题目立足点在“调神”上。其实看了原文，你会发现讲“养神”的并不多，那为什么要用“调神”作为标题呢？我们看了原文就知道了。

春三月，此谓发陈。天地俱生，万物以荣。夜卧早起，广步于庭，被发缓形，以使志生，生而勿杀，予而勿夺，赏而勿罚，此春气之应，养生之道也。逆之则伤肝，夏为寒变，奉长者少。

春天三个月就是阴历的正月、二月、三月，也就是孟春、仲春、季春，大约是阳历的2月、3月、4月。春天这三个月，叫“发陈”，就是推陈出新，“发”就是启发、生发，“陈”就是陈旧，把陈旧的东西打发掉，新鲜的东西生发出来。春天是生命又一次轮回的开始。“天地俱生，万物以荣”，天地的阳气开始生发，世界万物开始欣欣向荣。

这时候应该怎样养生呢？

要“夜卧早起，广步于庭，被发缓形，以使志生”，首先就是要晚一点睡，早一点起床。为什么？因为春天阳气生发，万物兴起、舒展了，开始活动了，所以人也应该让气血活动起来，要多活动筋骨，早一点起床，不要懒惰。白天是劳动、活动的时候，晚上是休息入睡的时候，日出而作，日落而息。春天比起冬天，白天长了，夜晚短了，所以人劳动、活动的时间也要长一点，休息入睡的时间也要短一点，所以“晚睡早起”。

早起之后做什么？要“广步于庭”，就是在庭院里面大踏步地走。“广步”就是迈开大步，然而现在城市里的人不可能都有那么大的庭院，怎么办？到公园去迈开大步走。对上班族来说，也可以在上班的路上大踏步地走。走路是最简便、最有效的运动方式。我如果问你会走路吗，你一定会说：谁还不会走路？我指的是运动走路，不是平时普通走路。运动走路要迈开大步走，两只手要甩起来，手抬起来的时候要超过头，走路的速度要适当加快。当然我上次讲过“不妄作劳”，不要累得气喘吁吁、大汗淋漓，要适可而止，交替地走，时而快走，时而慢走。

再看后面“被发缓形，以使志生”，“被”通“披”，“被发”就是要披散开头发，不要束发、扎起头发，不要把头发束缚得紧紧的。古代男人也是束发的，今天是女人束发。冬天的时候要把头发扎起来，春天就要放下来。为什么？因为春天阳气生发了，万物舒展了，所以人也要舒展，要把头发松掉，让它吸收春天的阳气。“缓形”的“形”是形体的形，不是行动的行，不是慢慢行动，而是舒缓形体，就是不要穿紧身衣服，不要穿得紧绷绷的，要使形体放松。早上锻炼的时候也要穿宽松的练功服、灯笼裤，如果把身体束缚得紧紧的怎么锻炼？

春天披发缓形，目的是“以使志生”，就是可以让神志生发。神志就是精神、意志，这和我们今天讲的“神志不清”的神志不太一样，神志不清的神志偏于意识感觉，而《黄帝内经》讲的“神志”主要指精神意志、情志，有五种情志，我在以后篇章中再细讲。一年四季，阳气的变化规律是，春生、夏长、秋收、冬藏。“一年之计在于春”，春天是人的神志和情志生发的时候，所以不要压抑，要舒发。

“生而勿杀，予而勿夺，赏而勿罚，此春气之应，养生之道也。”意思是要使万物生发而不要伤害它，要给予不要夺取，要奖赏不要惩罚，这就是适应了春天阳气生发的变化规律，是调养人体生发之气的大法则。春天是生发的、向上的，所以对待万物也要生发、向上，要促使万物生机勃勃。有一句老话：“劝君莫打三春鸟，子在巢中盼母归。”春天这个季节尤其要注意，不要伤害鸟儿，因为鸟儿的孩子还在窝里等着母亲归来，我们千万不要去伤害小生命。

春天，在五行属木，在五德属仁，木是温暖的，我们要保持一颗温暖、仁爱、慈悲的心。对于别人，我们要像春天一样温暖，要用鼓励的态度，不要去惩罚他人，更不要伤害别人。举个例子，春节之后，员工们过完节回到各自单位，单位领导这个时候应该以鼓励为主，如果这个时候劈头盖脸地一顿训斥：“你看看你去年这么简单的事情都出错，今年可不能这样。再这样你这岗位就保不住了。”可以想象这个员工会有多郁闷，工作肯定受影响。所以春天做任何事情都应该“生而勿杀，予而勿夺，赏而勿罚”。

可能大家都听说过这样一句话：“女子伤春，男子悲秋。”这是什么意思呢？就是冬去春来，冬天属阴，春天属阳，从阴过渡到阳，是阳气开始发动的时候。这个时候，不管是男性、女性，心情都开始“发动”了，女性更容易“伤春”或者叫“怀春”。春天有一个节日，三月三，也就是上巳节。这一天男男女女要到水边清洗、沐浴。上巳节又称女儿节。杜甫《丽人行》有诗句：“三月三日天气新，长安水边多丽人。”这一天男女是可以合法私奔的，后来三月三演变成男女相会的节日，男女聚会，谈情说爱。所以这一天才是中国的情人节。

如果春天没有按照生发之气来养生，那会出现什么后果呢？请看原文：“逆之则伤肝，夏为寒变，奉长者少。”违背了这个法则，就会使肝脏之气受到伤害，到了夏天就会演变为寒性疾病，提供给夏天的阳长之气就减少了。春天对应五脏中的肝脏，或者说肝气与春天之气相通，春天是木旺的时候，要注意养肝。如果春天没有按照生发之道来养生，必然影响到肝。肝的功能就像春天的树木，肝气的特征就像春天一样，要求调达、上升、舒发。所以这个时候气机要升发、精神要畅快，这样才有利于肝气的舒展。如果精神不畅快，气机不升发，人就容易抑郁、烦闷、焦虑。中医讲肝在志为怒，心情郁闷就容易发怒，怒则伤肝，发怒还会引起各种疾病。怒气可以使气血上涌，严重的时候会引起吐血，甚至昏厥。所以春天是抑郁症的高发期。

春天的养生还关系到下一个季节。春天是阳气刚开始生发，叫少阳，少阳之气如果没有养好，不能正常上升，不但产生肝的疾病，还会影响到下一个季节，会使夏天阳气不足，所以就会发生寒性病变。夏天为太阳，本来应该是阳气最足的，如果阳气不够，阳虚了，当然就产生寒性病了，比如腹泻。如果用五行相生的原理来解释，春天属木，夏天属火，木能生火。现在木没有养好，就会影响到下一阶段的火，火一旦弱了，就会引起寒性的病变。

那么到了夏天又应该怎样养生呢？请看下一讲。

夏天如何养长

上一讲我讲了《四气调神大论》中的春天养生，春天养生的基本原则就是调养“生发”之气，那夏天又应该怎样养生呢？

夏三月，此为蕃秀。天地气交，万物华实。夜卧早起，无厌于日，使志无怒，使华英成秀，使气得泄，若所爱在外，此夏气之应，养长之道也。逆之则伤心，秋为痎（jiē）疟，奉收者少，冬至重病。

夏天三个月为阴历的四、五、六这三个月，叫作孟夏、仲夏、季夏，大约是阳历的5月、6月、7月。夏天这三个月，叫“蕃秀”，“蕃秀”就是万物繁荣秀丽，比起春天，夏天的阳气更加旺盛了，万物更加繁荣茂盛了。天地之气开始上下交合，天气下降，地气上升，阴阳之气相交，树木开花、结果。“华”通“花”，“华实”就是开花、结果实，一派繁荣美丽的景象。

在这种自然气候里，应该怎样养生呢?

要“夜卧早起，无厌于日”，就是晚一点睡，早一点起。春天是“夜卧早起”，夏天也是“夜卧早起”，都是晚睡早起，那么这两者有区别吗？有！夏天比春天要更晚一点睡，更早一点起。为什么呢？因为到了夏天，白天更长、夜晚更短了，所以人的养生也要与这种阴阳变化规律相呼应，要睡得再晚一些，起得再早一些。

当然这里的晚睡早起，是就古人的作息时间而言的，古人“日出而作，日落而息”，不是指现在大部分人晚上十一点左右睡觉，再晚一点睡，到晚上十二点、凌晨一点再睡，那肯定是不行的。我在讲《上古天真论》时说过：必须在晚上十一点，也就是子时之前入睡，要保证子时的深度睡眠。当然我要强调一下，一定要根据当地的时间，而不能一概用北京时间，比如夏天北京五点左右日出天亮，黑龙江三四点就日出了，新疆要六七点才日出；北京晚上七点多日落，黑龙江晚上八点左右日落，新疆晚上九点甚至十点才日落。

夏天是炎热的，赤日炎炎似火烧。这个时候，要“无厌于日”，有两种解释。一种是不要讨厌夏天的太阳。夏天虽然比较热，但不要老躲在家里，害怕阳光。最好还是采用自然的避暑方法，在户外阴凉的地方乘凉。尤其是现代人总是待在空调房里，待在那种人工营造出来的冷环境中，这样反而对人体不好。要自然避暑，可以到树荫下面、小河旁边。在这种自然的环境下出点汗，对人体是有利的。如果你总是躲在空调房子里面，不断地吹着冷风，喝着冷饮，这种阴寒之气就会伤害阳气，把汗都闷回去，体内的浊气发泄不出来，这样毛病就出来了。第二种解释：不要厌恶白天。夏天是炎热的，白天的时间又很长，容易产生厌倦、厌恶心理，要保持心情的愉快。

要“使志无怒，使华英成秀”。夏天最容易使人发火，夏天阳气上升，人气也上升，夏天属火，炎热的天气使人容易激动、发怒、发火。发怒容易使阳气过盛，气血上冲，所以应该戒怒，保持心情平静，使人精神充沛、精力旺盛。“华英”本来的意思是开放的花，“华”通“花”，“英”也是花。大家还记得陶渊明《桃花源记》里有一句“芳草鲜美，落英缤纷”吧，落英就是落花。“使华英成秀”意思是使鲜花开得美丽，这里是比喻的说法，“华英”比喻人的精神，使精神之花开放得更加秀美，意即夏天要保持精神充沛、精力旺盛。

接下来说“使气得泄，若所爱在外”，让过剩的气泄掉一些，因为夏天自然界的阳热之气太过了，人体内的阳热之气也太过了，所以得往外散掉一些，该出汗时，就要出汗。现在不少年轻人一到夏天就喜欢躲在空调房里，二十四小时开着空调，空调温度设得很低，不愿意出汗，这对身体是不利的。另外，我们还要适当地把自己的情绪发泄出来，使得体内的阳气能够向外宣通、发泄出来，不要把阳气憋在身体之内。但发泄也不能太过分，如果过分的话，阳气就会亏损。我们采用的养生方法是适应自然而不是逆自然而行，要注意阴阳的平衡，宣泄适度。要注意情绪不要激动，要让它慢慢释放。有一个词“苦夏”，就是说夏天的时候很苦，原因就是阳气太盛，天气太热。这个时候，既要让阳气生发，又要注意不能让阳气过度发散。

“若所爱在外”就是对外在事物要喜爱，这是说心情问题，到了夏天，人们一般不爱出门了，封闭自己，这是不对的。对外面的世界还是要保持浓厚的兴趣，要有爱，要使自己的情绪舒展、精神愉悦，不要抑郁，这样阳气才能生长，精力才能旺盛。

“此夏气之应，养长之道也。”这是适应夏天气候的变化，是调养人体盛长之气的大法则。春天是“生”，生发；夏天是“长”，盛长，在程度上比春天更进了一步。

“逆之则伤心，秋为痎疟，奉收者少，冬至重病。”如果违背了这个养生的法则就会伤害心气，到了秋天就会发生痞疾，提供给秋天收敛的能力就减弱了，到了冬天还会重复发病。按《黄帝内经》的理论来说，夏天对应的是心，或者说心气通于夏。所以夏天要注重养心，如果心气没有养足的话，就会伤“心”，伤害心气。这个季节心气没养好就会影响到下一个季节，春天没养好会影响到夏天，夏天没养好会影响到秋天，秋天是要收敛的，收敛的功能就会减弱。夏天阳热之气要适当地发散掉，如果没有发散掉，郁积在体内，到了秋天和秋凉之气交集在一起，就容易得寒热交替的疾病，一会儿觉得冷，一会儿觉得热。夏天是火热的，秋天转凉了，自然界寒热交替，人体内也寒热交替，到了冬天还可能会重复发病。

总结一下，夏天阳气比春天更往外生发了，所以人的气息也要向外宣发，人体的养生也要更加伸展，达到天人合一的和谐状态。这就是夏天的养生原则——“养长之道”。夏天人的精神要和旺盛的自然阳气一样保持积极活跃和充沛的状态，但是又不能过分亢奋。要保持良好的、平衡的心态，适当地释放自己的精力。

夏天重在养心，心在志为喜，心气容易亢奋，要注意避免情绪波动，不要大喜或者大悲。情绪激动往往会导致心脏病、心脑血管疾病的发作，重者会有生命危险。所以夏天更要注意保养心气，不要大喜大悲，避免伤心。

夏天养生就讲到这里。下一讲我们讲秋天的养生。

秋天如何养收

前面两讲我讲了《四气调神大论》中春天和夏天的养生，下面我们来讲秋天的养生。

秋三月，此谓容平。天气以急，地气以明，早卧早起，与鸡俱兴，

使志安宁，以缓秋刑，收敛神气，使秋气平，无外其志，使肺气清，此秋气之应，养收之道也。逆之则伤肺，冬为飧（sūn）泄，奉藏者少。

秋天三个月就是阴历七月、八月、九月，叫孟秋、仲秋、季秋，相当于阳历的8月、9月、10月。秋天叫“容平”，也就是万物已经成熟了，各种事物开始归于平静、平定了，不再长了。春天和夏天都是生长的季节，到了秋天开始转变了。从阴阳属性来说，春夏都是属阳的，秋冬是属阴的。秋天“天气以急”，是指天气开始变得峻急了，不像春天那么柔和，也不像夏天那么炎热、潮湿了，天气峻急、转凉；“地气以明”指大地上的万物开始清肃、清明。这时候天高云淡，暑湿之气一扫而光，万物变得清爽起来。秋天是清爽的，也是肃杀的，秋风扫落叶：“无边落木萧萧下，不尽长江滚滚来。”但秋天又是绚丽、五彩斑斓的，秋天是收获的季节。

这时候要怎样养生呢？

要“早卧早起，与鸡俱兴”，早睡早起，和鸡活动的时间大体一致。这点和春夏大不相同，春夏都要“夜卧早起”，就是晚睡早起，秋天却是早睡早起。为什么？这是为了适应秋天的变化，因为秋天属于“阴气开始长，阳气开始衰”的季节。春夏基本上都是白天长一些，晚上短一些，过了夏至白天越来越短，晚上越来越长，秋分之后晚上长了，白天短了，所以作息安排上也应该增加睡眠的时间，减少工作的时间，这样才能与天地自然之气保持统一，早一点睡就是为了养气。

那么早睡早起的标准是什么呢？这里提出可以以鸡的起居时间为标准，要像鸡一样活动。鸡有一个特征，天一黑就要休息，天不亮就要起来。它白天的视力很好，到了晚上视力就不行了，因此鸡只要一天黑就蹲到鸡窝里去休息了。大家都知道有个成语叫“闻鸡起舞”，是说东晋时期名将祖逖（tì）年轻时和他朋友在半夜听到鸡鸣，他朋友觉得不吉利，祖逖说干脆我们起床舞剑吧。以后，他们每天都是半夜鸡鸣就披衣起床，拔剑练武。鸡鸣应该是什么时候？是丑时，也就是一至三点。到了秋天我们也应该在丑时至寅时，也就是三至五点起床，这叫“寅兴亥寝”。这样就和鸡的起居规律一样了。

“使志安宁，以缓秋刑，收敛神气，使秋气平，无外其志，使肺气清，此秋气之应，养收之道也。”在情志调养上，秋天也应该是收敛的，“使志安宁，以缓秋刑，收敛神气”，要使得我们的情志安逸宁静。按照天气规律，春夏为阳，秋冬为阴。阳气上升，所以在春天、夏天，我们的情绪要往上升；阴气下降，所以到了秋天、冬天，我们的情绪就要往下降。情志往下降，我们的心态就逐渐获得安宁和安逸，以此缓和秋天肃杀之气对人体的影响。秋天要收敛人的神气，不要让神气往外泄，这样可使秋天的肃杀之气得到缓和，使得肺气保持清净。这就是秋天的养生原则，也就是秋天要“养收”。

“逆之则伤肺，冬为飧泄，奉藏者少。”如果违反了这个道理，就会损伤肺气，秋天肺气损伤了，就会在下一个季节——冬天受到影响，导致冬天容易患上一种叫“飧泄”的病。“飧”原是指傍晚吃东西，后来引申为“完谷不化”，也就是吃进去的食物不消化。不消化之后就容易发生腹泻。这是为什么？因为秋天要收，冬天要藏，收是藏的基础，秋天的阳气应当收但没有收住，到了冬天阳气要藏也藏不住，这是因为“奉藏者少”——提供给冬天潜藏的能力减少了，所以就会出现阳虚腹泻的病证。

总结一下，秋天养生要注意两点。

第一，收敛神气。秋天阳气开始收敛，神气要收敛，精神要安宁，思维要平静，精神不要向外张扬，这样才能适应秋天肃杀、阳气收敛的气候变化。

我们都听说过一个词叫“秋后问斩”，秋天是古时候行刑的季节，为什么要选择在秋天？因为秋风萧瑟，万物凋落，有一种肃杀之气，这个时候最适合对罪犯用刑、惩罚。还有一个词叫“秋后算账”，也有类似的意思。

我在讲春天养生的时候说过一个谚语“女子伤春，男子悲秋”。其实男女到了秋天都容易“悲秋”。在古代，往往是在秋天的时候征兵，这时候，男子阳气也随着秋天之气往下降，若是此时出征奔赴远方战场，更充满了悲凉之情。

“秋风秋雨愁煞人”，秋天容易使人情绪低沉，多愁善感，尤其是老年人，常有萧条、凄凉、垂暮之感，如果遇上不称心的事，极易导致心情抑郁。所以在精神调养上以“收”为要，做到“心境宁静”，这样才会减轻肃杀之气对人体的影响。如何才能保持心境清静呢？简单地说，就是要“清心寡欲”。私心太重、嗜欲不止会破坏神气的清静。在现实生活中，人们则要把精力多用在工作上，而不要“争名在朝，争利于市”，多做好事，多做奉献。以一颗平常心看待自然界的变化，或外出秋游，登高赏景，心旷神怡；或静练气功，收敛心神，保持内心宁静；或多接受阳光照射，改善低落的情绪。

第二，养肺养阴。秋天是肺气当值的时令，肺的功能在秋季表现最强，但秋季又是肺最容易受伤的时候，所以要注意保护肺脏，预防慢性支气管炎等肺部疾病。秋天的主气是“燥”，气温开始降低，雨量减少，空气湿度相对降低，气候偏于干燥。秋天干燥的气候极易损伤肺阴，从而产生口干咽燥、干咳少痰，皮肤干燥、便秘等症状，重者还会咳中带血，所以秋季养生要防燥。

立秋之后应尽量少吃寒凉食物，也不宜生食大量瓜果，尤其是脾胃虚寒者更应谨慎。应少吃辛辣刺激油腻类食物，要多喝水，以补充夏季丢失的水分。运动时避免大汗淋漓，汗出过多会损人体之“阴”。秋天可以多吃一些养肺滋阴的食物，如银耳、蜂蜜、燕窝、芝麻、核桃、藕、秋梨等。

冬天如何养藏

我们已经了解了《四气调神大论》中春天、夏天、秋天三个季节的养生方法，现在我们来看一看冬天的养生。

冬三月，此谓闭藏。水冰地坼（chè），无扰乎阳，早卧晚起，必待日光，使志若伏若匿，若有私意，若已有得，去寒就温，无泄皮肤，使

气亟夺，此冬气之应，养藏之道也。逆之则伤肾，春为痿厥，奉生者少。

冬天三个月分别为孟冬、仲冬、季冬，就是阴历的十、十一、十二这三个月，相当于阳历的11月、12月、1月。冬天三个月，是万物生机潜伏封藏的时候，河水结冰、大地冻裂。描绘冬天的唐诗名句有“千山鸟飞绝，万径人踪灭”“千里黄云白日曛，北风吹雁雪纷纷”等。

在这种环境里怎么养生呢？

要“无扰乎阳，早卧晚起，必待日光”，就是不要扰动阳气，因为冬天阳气最弱，阳气是闭藏的，所以人也要随着阳气的闭藏而闭藏，不要扰动阳气。

应该“早卧晚起”，早一点睡，晚一点起床。秋天是“早卧早起”，冬天和秋天虽然都是早卧，但要比秋季的睡眠时间还要早一点。起床时间和秋天不同，也和春天、夏天不同，那三个季节都要求“早起”，唯独冬天要晚起，晚到什么时候呢？“必待日光”，一定要等到太阳出来再起床。为什么这个季节要“早卧晚起”呢？因为这个时候跟秋天比，夜晚还要长一些，白天还要短一些。所以我们要适应气候的变化，要等到太阳出来的时候再起床。

日出时间指太阳每天从东方地平线升起的时间，各地是不同的，一定要根据当地的时间。古人对一天十二时辰有特殊的称呼，比如：子时（晚上11：00—凌晨1：00）叫夜半；丑时（凌晨1：00—3：00）叫鸡鸣，秋天“早卧早起，与鸡俱兴”就是指鸡鸣丑时起床；冬天“早卧晚起，必待日光”，日出是卯时（早上5：00—7：00）。其余还有几个带“日”的称呼，如日中是午时（中午11：00—下午1：00），日昳（dié）是未时（下午1：00—3：00），日入是酉时（下午5：00—7：00）。冬天日出卯时起床，可以避免寒气的侵袭。

冬天调神的原则是“使志若伏若匿”，伏是潜伏，匿是隐藏，就是说要使自己的神志、意志、情绪埋伏在那里，安安静静，不要扰动，不要张扬。什么叫潜藏呢？这里打了两个比喻，用了两个“若”——“若有私意，若已有得”，就好像有隐私一样，又好像获得了珍宝一样。我们有了隐私、私情是不可能轻易告诉别人的，有了稀世珍宝也不肯轻易示人。这两个比喻既是说要把情志潜伏隐藏在那里，又隐含有自得其乐的意思。冬天天气冷，阳光少，人们基本上都待在家里，如果还不保持一个好心态，就容易生病。现代研究表明，抑郁症和阳光有反向关联，阳光越少，光线越阴暗，阴暗时间越长，抑郁症发病就越多；而晒太阳对抑郁症患者有良好的作用。所以冬天虽然情绪要平静，但不能悲观，要平和、知足常乐、自得其乐，保持乐观心态。

冬天要“去寒就温，无泄皮肤，使气亟夺”，就是要避免严寒，保持温暖，不要让皮肤毛孔舒张、出汗，否则就会使得闭藏的阳气散失掉。冬天气候寒冷，寒气凝滞收引，容易导致人体气机、血运不畅（阴阳调和才是最好的健康、快乐、长寿的“圣度”——神圣法则），而使许多旧病复发或加重，特别是中风、心肌梗死这些疾病，在寒冷季节发病率明显增高，死亡率急剧上升，所以要特别注意保暖。

“此冬气之应，养藏之道也。”这就是适应冬天的阴阳变化规律，是“养藏”之道。（冬天要收藏，所以是“养藏”之道。）

如果违背了这个养生原则，会产生什么后果呢？“逆之则伤肾，春为痿厥，奉生者少。”违背了就会损害到肾脏，那么到了来年春天就会出现一种叫“痿厥”的病，提供给春天生发的能力就减少了。《黄帝内经》认为，肾主水，冬天属水。因此这个时候要保养肾气。肾是藏精的，一个人的肾精是人体强壮的根本，如果在冬天肾精养护得不好，那么在来年就会发生“痿厥”之病。什么叫“痿厥”呢？就是手脚软弱、发冷，气血厥逆，主要表现为足痿弱不收，就是脚痿弱无力，伸在那里收不回来，不能随意运动。这个病就是冬天肾脏的阳气没有养好，春天阳气虚造成的。按照五行相生的原理，冬天为水，春天为木，水生木，现在冬天的水不足，那么滋养树木的能力也就减弱了，春天一定会得病。

总结一下冬天的养生，主要注意两点。

第一，神志要潜藏。大家都知道，有一些动物在冬天的时候会冬眠，对于我们人类来说，机体本身不用冬眠，但我们的精神在冬天的时候是要“冬眠”

的，我们的精神要处于一种休息、静养的状态，要平静，不要妄动。但平静不等于低沉，更不等于悲观，而是要保持一个好心态，要平和，要以静为乐、自得其乐、知足常乐，总之是要平静乐观。

第二，要注意养肾。肾藏精，“精者，生之本也”。精是生命的根本，人体的健康、人的衰老与寿命的长短在很大程度上取决于肾气的强弱。精气流失过多，会有碍“天命”。所以要养精保肾，节制性生活，防止纵欲过度，伤了肾精。冬天气温较低，肾又喜温，所以可以多吃一些温性的补肾食品，比如核桃、枸杞、黑芝麻、龙眼肉、羊肉等。

有一种说法叫“冬令进补，三春打虎”。冬天是体虚之人进补的大好季节。冬令进补的传统习俗，源自《易经》。冬天有个重要的节气叫冬至，在每年阳历的12月23日左右，这一天，白天最短，夜晚最长，是一年中阴气到了尽头，阳气开始发动的时候。“冬至一阳生”，在《易经》中是复卦，表示一阳来复，正是补阳气、补虚的大好时机。但“虚”的原因各不相同，有的人气虚，有的人血虚，有的人阴虚，有的人阳虚，因此进补时要因人而异。就肾虚而言，又分为肾阴虚、肾阳虚等多种类型，所以一定要了解自己该不该补、属于什么体质，千万不要胡乱进补。

最后，我教大家一种养肾的方法：肾俞按摩法。肾俞这个穴位在什么地方呢？很好找，在后腰，在命门穴的两侧，命门穴在肚脐眼正对的后方，在它两侧旁开1.5寸的地方就是肾俞穴。1.5寸也就是两个手指并拢横放的距离。这个穴位是肾气输注于背部的穴位。按摩时先将两手搓热，两手竖着放，两手掌心劳宫穴分别对准一左一右两个肾俞穴，然后上下搓，搓五分钟，将肾俞搓热。坚持每天去做，对保肾养肾必有好处。

总结一下四季养生总原则：春天是养生——生发，夏天是养长——盛长，秋天是养收——收敛，冬天是养藏——潜藏，春夏秋冬对应生长收藏。

四季每一个季节的养生讲完了，那么四季养生有什么总体规律？又有什么哲学智慧呢？请看下一讲。

治未病的秘诀

现在我们继续讲《四气调神大论》，在分别讲完春夏秋冬四季养生以后，自然要做一个总结。总结分为两段，第一段是天气对人的总体影响，第二段是四时阴阳的总体法则。

先看第一段——

天气，清净光明者也，藏德不止，故不下也。

天气是清净光明的，天德是藏而不露又运行不止的，所以才能永远保持它内蕴的力量而不会下泄。

这里强调了天本来是大光明的，这种大光明自然存在，不必彰显，如果太明亮了，那么一定会盖过太阳、月亮的光明，这就叫“天明则日月不明”，这样邪气就会乘虚而入，阳气闭塞不通，地气就会上冒而遮蔽光明，云雾弥漫，使得雨露不能下降，天地之气不交，万物的生命就不能绵延，自然界高大的树木也会死亡。恶劣的气候发作，风雨不时而作，雨露当降而不降，草木不得滋润，生机堵塞，茂盛的禾苗也会枯萎。由于天地四时的变化失去了秩序，违背了正常的规律，万物的生命未及一半就夭折了。怎么办呢?

唯圣人从之，故身无奇病，万物不失，生气不竭。

只有圣人能适应自然变化规律，注重养生之道，所以身体不会有大病，自然万物不会有损失，人的生机也不会衰竭。

就四季养生而言——

逆春气则少阳不生，肝气内变。

违背了春生之气，那么少阳就不会生发，就会导致肝气内郁而发生病变。

逆夏气则太阳不长，心气内洞。

违背了夏长之气，太阳就不能盛长，就会导致心气内虚（“洞”就是空洞、空虚）。

逆秋气则太阴不收，肺气焦满。

违背了秋收之气，太阴就不能收敛、不能清肃，就会导致肺热叶焦而胸部胀满。

逆冬气则少阴不藏，肾气独沉。

违背了冬藏之气，少阴就不能潜藏，就会导致肾气消沉。

如果按照阴气的多少来看，这里讲的秋天之气应该是少阴，冬天之气应该是太阴。但如果按照经络和脏腑相互对应来看，手太阴是肺经，足少阴是肾经。前面的少阳是足少阳胆经，胆和肝是表里配合的关系，叫肝胆相照；太阳是手太阳小肠经，小肠和心是表里配合关系。

这段话把天之气和人之气做了比较，天之气是含而不露、藏而不彰，如果彰显，日月就会暗淡无光，万物就会枯萎夭折；人的真气也应该收藏而不能泄漏，如果泄漏，那么虚邪就会侵入人体，人就会得病甚至死亡。所以人的真气运行也应当与天气的运行相合，天地之气要上下相交，人的阴阳之气也应该上下相交。天地之气表现为春夏秋冬四时，分别对应人的肝心肺肾四脏，四时之气影响到四脏之气，所以人要顺应四时之气的变化来养生，否则就会发生病变。

我们再来看第二段——

夫四时阴阳者，万物之根本也。……故阴阳四时者，万物之终始也，死生之本也。

这里两次对“四时阴阳”作出判断，用了“……者，……也”的判断句式，春夏秋冬四时阴阳是万物的根本，是万物从开始到终了、从生到死的根本。这两个判断句是两个哲学命题，哲学是研究终极问题、根本问题的。《黄帝内经》将阴阳四时看成万事万物周期变化、万事万物生存和死亡的决定性因素、最根本的原因，所以人只能按照四时阴阳规律来生活。

所以圣人春夏养阳，秋冬养阴，以从其根，故与万物沉浮于生长之门。逆其根，则伐其本，坏其真矣。……逆之则灾害生，从之则苛疾不起。

所以圣人春夏时节养阳气，秋冬时节养阴气，顺从了万物发展的根本规律，就能与万物一同经历生、长、收、藏的生命过程。如果违背了这个规律，就会砍伐生命的根本，破坏身体的真气。……违背它就发生灾害，顺从它就不会发生疾病。

“春夏养阳，秋冬养阴”是四季养生的总原则，究竟怎么养？有人说是春夏要增加阳气、秋冬要增加阴气，但这样一来，不是春夏阳气过分旺盛、秋冬阴气过分旺盛了吗？于是又有人说是春夏要减阳补阴、秋冬要减阴补阳，这样就阴阳平衡了。其实这些说法都没有领会《黄帝内经》的本意。结合前面说过的四季养生，我们应该看到，“春夏养阳”其实就是春天养生——生发、夏天养长——盛长，“秋冬养阴”其实就是秋天养收——收敛、冬天养藏——潜藏。

这才叫“得道”（“道”就是四时阴阳的大根本、大规律、大法则）。

道者，圣人行之，愚者佩之。

圣人按照道来实行，愚蠢的人违背道、不按道来实行（注意原文中“佩”

不是佩服，而是通“背”字，是违背的意思）。

从阴阳则生，逆之则死，从之则治，逆之则乱。反顺为逆，是谓内格。

顺从阴阳的消长规律就能生存，违背了它就会死亡；顺从了它就会平安，违背了它就会紊乱。如果背道而行，把正常的变成不正常的，就叫“内格”。

内格就是身体内部与外部自然环境相格拒、相阻隔，也就是内脏之气和四时阴阳之气相阻隔，不能交流，不能协调，那当然就是一种严重疾病了，会有生命危险。

这一篇的最后总结说——

是故圣人不治已病治未病，不治已乱治未乱，此之谓也。夫病已成而后药之，乱已成而后治之，譬犹渴而穿井，斗而铸锥，不亦晚乎？

所以圣人——真正高明的医生，不治已经得的病而治还没有得的病（就是不等病已经发生再去治疗，而是在疾病发生之前就治好了），如同不等到混乱已经发生再去治理，而是在混乱发生之前就治理好了。如果疾病已发生再去治疗，混乱已经形成再去治理，那就如同已经口渴了再去挖井，已经进入战斗了再去制造兵器，那不是太晚了吗？

这里提出了一句至理名言：“不治已病治未病。”“治未病”就是让你不得病，不是说中医不能治疗已经得的病，而是说中医的伟大之处在于，在你的病还没有形成的时候就让你不得病。

大家都听说过古代有个神医叫扁鹊，《史记》曾记载他以神奇医术为齐桓侯诊病的故事，使虢（guó）太子“起死回生”的故事。《鹖冠子》记载，有一次魏文侯曾求教于扁鹊：“你们家兄弟三人，都精通医术，谁是医术最好的呢？”扁鹊：“长兄最善，中兄次之，扁鹊最为下。”（“大哥最好，二哥次一些，我是三人中最差的一个。”）魏文侯很纳闷地说：“请你介绍得详细些。”扁鹊解释说：“我大哥治病，是在病情发作之前就铲除了病因，所以他的名气无法传出去，只有我们家的人才知道。我二哥治病，是在病情初起之时就把病人治好了，所以他的名气只有本乡的人知道。而我治病，是在病情严重之时，一般人都看到我在经脉上扎针、放血，在皮肤上敷药，做大手术，所以以为我的医术高明，名气因此响遍全国。”魏文侯大悟。

扁鹊三兄弟其实代表了医者的三个层次，大哥治未病叫“上医”，二哥治欲病（刚刚发作还在苗头阶段的病）叫“中医”，扁鹊治已病叫“下医”。所以有一句话叫“上医治未病，中医治欲病，下医治已病”。

“治未病”不仅是一个伟大的哲学观念，而且是一个伟大的工程！“治未病”包含有三层意思：第一是未病先防，没有病的时候要预防它；第二是已病防变，已经有病了，那么就防止它进入下一个阶段；第三是病后防复发，即病人的病治好了以后，防止复发。这都属于治未病的范围。

据中国社会科学院的一项调查研究：目前我国主流城市的白领亚健康比例高达76%，处于过劳状态的白领接近六成，真正意义上的健康人比例不足3%。你看针对亚健康人群，“治未病”显得多么重要！

第二章

了解生命的秘密

生命的两个维度：身体和精神

我们的身体就是一个王国

我们人人都想知道自己身体内部的秘密，可又不能随意打开来看，只能借助解剖学的知识，可是解剖知识对非专业的老百姓来说又太复杂、太高深了。有没有一种简便的方法来认识人体五脏六腑的秘密呢？有！《素问》的《灵兰秘典论》就用一种非常简单又形象的方法告诉我们，身体内部的结构其实并不复杂，身体就像一个国家，一个个脏器就像国王和一个个官员，它们各负其责，一起捍卫我们的身体。灵兰，指灵台兰室，是古代帝王收藏典籍的地方。秘典，即秘藏典籍。珍藏于灵台兰室的秘密典籍，是多么重要、多么珍贵！

这一篇的开头，黄帝就直截了当地问了这个问题——

黄帝问曰：愿闻十二脏之相使，贵贱何如？岐伯对曰：悉乎哉问也，请遂言之。心者，君主之官也，神明出焉。肺者，相傅之官，治节出焉。肝者，将军之官，谋虑出焉。胆者，中正之官，决断出焉。膻（dàn）中者，臣使之官，喜乐出焉。脾胃者，仓廪之官，五味出焉。大肠者，传道之官，变化出焉。小肠者，受盛（chéng）之官，化物出焉。肾者，作强之官，伎巧出焉。三焦者，决渎之官，水道出焉。膀胱者，州都之

官，津液藏焉，气化则能出矣。凡此十二官者，不得相失也。故主明则下安，以此养生则寿，殁世不殆，以为天下则大昌。主不明则十二官危，使道闭塞而不通，形乃大伤，以此养生则殃，以为天下者，其宗大危，戒之戒之！

黄帝问：我希望听您讲解一下人体十二个脏器的职能分工、高低贵贱是怎么回事。

岐伯回答说：您问得很详细啊，请允许我详细地讲解一下这个问题。

接下来岐伯就用了形象的比喻介绍了人体十二个脏器。为什么是十二个脏器？我们平常总说五脏六腑，加起来不是十一个吗？其实要从阴阳相配的角度看，五脏配的是五腑，六脏配的是六腑。这里的十二脏就是六脏六腑。脏为阴，腑为阳。

十二脏相使、贵贱是什么意思？相使，就是辅相、臣使，就是十二脏在功能活动上哪一个是宰相、哪一个是臣使。什么是贵贱？就是指君臣上下职位高低，就是十二脏功能的主次分工。岐伯的回答非常有趣，他把我们的身体比喻为一个国家，这个国家里有国王，有宰相，有将军，还有其他大臣，各负其责，各司其职。各个部门、各个官员把自己的工作做好，把自己应该完成的任务完成好，彼此之间协调得和谐、有序，那么这个国家就能够抵御外邪的侵略，就强大，人体这个国家就长治久安；否则外邪就会攻入体内，人就会生病，严重时人体就“国破家亡”。

在人体这个国家中，心是最重要的，是国王。所以岐伯第一个就说：“心者，君主之官也，神明出焉。”心，是君主之官，好比一个国王、一个皇帝，主宰全身脏腑百骸，人的精神、意识、思维活动都是由此而出。也可以说心主管神明，主管人的精神、意识、思维活动。

从字形上看，“心”在甲骨文中就是实体解剖的“心脏”，处于身体上部。为什么说心就是君主呢？因为心掌管人体中最重要的东西，就是人的“神明”，也就是精神、意识、思维活动。人最重要的当然是“神明”，也就是精神意念、思想意识，所以心就是君主。君主掌管一个国家最重要的权力。中医认为人的精神意识是心主管的，这一点是西医所不能接受的。西医说：“人的精神、意识、思维活动应该是大脑主管的，怎么是心呢？”我就和他们说：“我们中医所说的‘心’包括了大脑。”中医的五脏绝不能等同于西医解剖学中的五种脏器，中医的五脏是五大功能系统，我们所说的“心”就包括了大脑。先秦大多数思想家都认为心主管神明、意识、情志。比如《孟子·告子上》说“耳目之官不思……心之官则思”，肯定心具有思维的功能。《管子·心术上》说“心之在体，君之位也。九窍之有职，官之分也”，认为治心和治国是一致的。《荀子·解蔽》说“心者形之君也，而神明之主也，出令而无所受令”，强调心为人体最高的主宰。东汉字书《释名》解释“心，纤也。所识纤微，无物不贯心也”，说心认识事物细致入微，人的任何思想活动都要通过心来实现。

《黄帝内经》沿用了这一说法，认为人的思维、情感、记忆乃至智慧等都是由心主管的，后世两千多年的历代医家都继承了这一观点。例如，明代医学家张介宾说“心为一身之君主，禀虚灵而含造化，具一理以应万几，脏腑百骸，惟所是命，聪明智能，莫不由之”（《类经·藏象类》），心藏神，神统帅形体，协调人体脏腑，统帅四肢百骸，人的聪明才智、智慧能力都由心主导。

人生三宝精、气、神，其中的神就是由心来主管的，神明在人生中是最重要的，神可以主宰精和气，当然五脏都有神，但心神是老大，位置最高。心主血脉：推动血液在脉管内运行。从解剖学上可以看到，心就像一个泵，把血送到全身各个地方。另外，脉搏跳动的频率和心跳动的频率也是基本一致的。心有这么重要的功能，如此位高权重，在人体五脏六腑中是最重要的，当然就是君主之官，就是身体这个国家的国王了。

有了国王，必须有大臣。我们再看其他大臣：“肺者，相傅之官，治节出焉。”肺，是相傅之官，好比宰相，主宰一身之气而调节全身的活动。宰相是最接近国王的，官位最高，在国王身边辅佐国王。肺位于身体上部，和心紧挨着，上通呼吸，下调诸脏，主宰一身之气，调节人体内外上下的生理活动。在一个国家里，宰相的地位是仅次于国王的，一人之下，万人之上，人的肺脏也处于这么个地位。宰相是处理国家各种事务的，起到辅佐治理的作用，我们的肺也起到同样的作用，它要辅佐心这个国王协调各个脏腑的功能。肺最大的功能是主气，主管一身之气，肺不仅是呼吸器官，还可以把呼吸之气转化为一种正气、清气，然后传达全身。全身气血营卫的正常运行，脏腑、四肢百骸的功能活动，都依靠肺气来维持调节，因此说“治节出焉”。

宰相是百官之首，是文官。有文官，就必须要有武官。武官是谁？是肝。“肝者，将军之官，谋虑出焉。”肝，是将军之官，像一个大将军，英勇威武，人的谋略由此而出。在一个国家，将军是主管军队的，是力量的象征，肝脏在人体里也是主管力量的。肝主管全身筋膜，与肢体运动有关，肝的气血充足，筋膜就强健，肢体运动就灵活。肝为刚脏，刚强暴急，容易亢怒引起气逆，能捍卫机体抵抗外来邪气，而且英勇，能够决断，是将军之官。肝属木，可以藏血，善于谋虑，在志为怒，怒气一发，精神就不能平静，影响正常思维，因此肝功能正常，人才能正常谋略思考。

一个国家，有了国王，有了宰相，有了将军，还有其他的大臣吗？我们看一看岐伯的回答：“胆者，中正之官，决断出焉。”胆，是中正之官。中正，就是刚正果断、不偏不倚。中正之官是什么官？应该是检察官、法官。人的决断由此而出。检察官、法官处理案件必须秉持公正，果断判案，不可拖泥带水、优柔寡断。胆就是这么一个官。胆呈囊形，附于肝之短叶间，与肝相连，肝和胆之间有经脉相互络属，互为表里，有一个成语就叫肝胆相照。肝主谋虑，胆主决断，因此只有肝与胆功能正常，人才善于思考，才能作出正确决断，所以胆被称为中正之官。

“膻中者，臣使之官，喜乐出焉。”膻中，是臣使之官，是国王的使臣，奉行和传达国王的命令，心这个国王的喜乐由此而出。注意这里的“膻中”不是指膻中穴，膻中穴是在两乳之间、胸口的地方。这里的膻中是指心包，也叫心包络，顾名思义就是包在心脏外面的包膜，具有保护心脏的作用。膻中是臣使之官，好像国王的使臣，又像国王身边的太监，它的主要职责有两个：一个是代君行令，代表心这个国王传达命令，表达了心的意志；另一个是代君受邪，它要保护心脏这个国王，当外邪侵犯心脏时，它要挺身而出，要先承受邪气，保护国王不受侵犯。因为心包络是心的外围，所以邪气犯心，总是先侵犯心包络，这样就保护了心脏不受邪气的侵害。心包这个使臣、太监是最接近于心这个国王的，所以情绪总是通过心包表达出来。心在志为喜，膻中就传达心的喜乐情绪，因此说喜乐从此而出。如果心的阳气不舒展，情志就不安，也会通过膻中表达出来。

"脾胃者，仓廪之官，五味出焉。"脾和胃，是仓廪之官，就是管仓库的官，仓廪简单地说就是仓库，分开来说，储藏未去壳的谷物称为仓，储藏已去壳的谷物称为廪。但脾胃这个管仓库的不仅要管储藏，还要管加工和运输，相当于"后勤部部长"。脾胃既要接受、容纳饮食水谷，还要化生精微、把营养成分输送到全身，总的来说脾胃要负责饮食五味的消化、吸收和运输，所以说饮食五味由此而出。这里的五味，指水谷精气。脾的最大功能就是运化，可以运化水液、运化水谷，把吃进去的食物所含的精微物质以及水液输送给其他脏器，起到一个传输官的作用。脾的这种传输作用对生命来说是非常重要的，中医把它称为后天之本。先天的根本在于肾，后天的根本就是脾。脾和胃是互为表里的，脾主管上升（升清），胃主管下降（降浊）。脾把吃入的食物进行加工，其中的精微物质也就是营养部分通过脾的"升清"送到心肺、头和眼睛，通过心肺的作用化生气血以营养全身；胃则负责降浊，把没有用的糟粕部分下灌入肠，从体内排出。

"大肠者，传道之官，变化出焉。"大肠，是传道之官，负责传送食物的糟粕，并把它化为粪便排出体外。传道，传就是传送，道就是"导"，导出糟粕的东西。"变化出焉"，指变化成糟粕之物从这里排出来。水液可输送至膀胱，糟粕转化为大粪。大肠在小肠的下面，传化糟粕腐秽之物，称为传道之官。水谷经小肠吸收后传至大肠，再由大肠将水液输至膀胱，有形的糟粕之物化为粪便排出体外。六腑以通为用，大肠排泄功能的正常，对于身体健康至关重要。有两句谚语“若想不死，肠中无屎”“若想长生，肠中长清”就是说大肠要保持畅通，要清爽、干净，这能使身体保持健康。

“小肠者，受盛之官，化物出焉。”小肠，是受盛之官，变化之物从这里出来。“受盛”就是接受、容纳。小肠在胃的下面，接受从胃传下来的食物，然后进行分化、甄别，分出清还是浊，也就是将食物分为精华和糟粕，精华依靠脾之升清传输到全身，糟粕靠小肠的下降传导入大肠，这就是“化物出焉”。小肠升清降浊的功能，其实是脾的升清和胃的降浊功能的具体体现。大肠、小肠是主管交通运输的，它们的功能有一点像交通部部长。

“肾者，作强之官，伎巧出焉。”肾，是作强之官，人的各种技巧都从这里出来。“作强”是什么意思？字面的意思是创作、强大，这是个什么官？各家有各家的说法，没有统一。我认为“作强”可能跟工匠有关系，肾的“官职”是主管技巧，主管发明创造的。各种技巧、各种发明创造都从它这里出来。工匠是创造器物的，肾脏是创造生命的，所以肾脏就好比是一个创造生命的工匠，它具有创造力，是生命的原动力。肾的作用是强大的。为什么？因为肾藏精，主管生殖。肾精充足，才能生孩子，人类才能繁衍。肾精还和大脑相通，肾精足人就聪明，有智慧，所以肾主智慧。人聪明、有智慧，当然可以发明创造了。

“三焦者，决渎之官，水道出焉。”三焦，是决渎之官，负责通利水道。决，是通调；渎，是指水道；决渎，就是通调水道，就是疏通水道。决渎之官，相当于古代的总督河道之职，有点像现代的水利部部长。“决渎之官”非常形象地比喻了三焦的功能。三焦有疏通水道、运行水液的作用，是人体水液升降布散及浊液排泄的通道，所以说水道出焉。三焦就是上焦、中焦、下焦。明代医学家吴崑说过：“上焦不治，水滥高原；中焦不治，水停中脘；下焦不治，水蓄膀胱。故三焦气治，则为开决沟渎之官，水道无泛滥停蓄之患矣。”因此，三焦功能正常，则水液输布顺畅，浊液外泄通利；如果三焦功能失常，水道不通、堵住了，那么水流就会受阻，浊液外泄就困难，就会出现小便不利、肌肤水肿、小腹胀满等症状。

“膀胱者，州都之官，津液藏焉，气化则能出矣。”膀胱，是州都之官，负责蓄藏津液，通过气化作用将尿液排出体外。州，是水中的陆地；都，通“渚（zhǔ）”，水中小块陆地；州都，也就是水流汇集的地方。膀胱，位置在人体的最下方，形状是中空的袋子，具有气化作用。全身代谢后的水液汇聚在这里变成尿液，然后排出体外。膀胱有主导开合的作用，维持着贮尿和排尿的协调平衡，所以称为州都之官。而膀胱的气化，实际属于肾的气化作用，所以说肾与膀胱相表里。如果肾的气化功能失常，那么膀胱的气化作用也就大大下降。开合就不灵了，就会出现小便不利或癃（lóng）闭以及尿频、尿急、遗尿、尿失禁等。

这十二个器官，虽然分工不同，但其作用应该彼此协调而不能相互脱节。六脏六腑十二种官职，在心这个国王的领导下，把身体这个国家治理得井井有条，这个国家就是一个功能齐全的网络系统，牵一发而动全身。其中最重要的当然是国王、君主，其他都是大臣、属下。心是这个身体的君主、国王，关系到全身所有器官的安危。“故主明则下安，以此养生则寿，殁世不殆，以为天下则大昌。”这句话的意思是君主如果明智顺达，下属就会安定，用此养生之道就能够长寿，终生都不会生重病，用这个道理来治理天下，国家就会繁荣昌盛。如果让昏聩不明的君主来治理天下，“其宗大危，戒之戒之”！那么政权就危险了，所以千万要警戒再警戒啊！

黄帝听了岐伯的这番话特别感动，说——

善哉！余闻精光之道，大圣之业，而宣明大道，非斋戒择吉日，不敢受也。黄帝乃择吉日良兆，而藏灵兰之室，以传保焉。

太好了！我听到了如此精要明彻的道理，这真的是圣人才能建立的事业，如此宣畅明白的宏大理论，如果不诚心诚意沐浴斋戒，选择良辰吉日，实在不敢接受这样高深的理论。于是黄帝就选择良辰吉日，把这些理论著作珍藏于灵台兰室，以便很好地保存、流传后世（所以这一篇就叫《灵兰秘典论》）。

精神是我们生命的主宰

我们都知道《黄帝内经》十分重视人的精神作用，这里要学习的这一篇可以说是讲人的精神活动最系统、最深刻的一篇，它就是《灵枢》中的《本神》。一看这个题目就知道，是探求精神的根本。这一篇将人类精神活动的内涵作了详尽的分析，重点阐述了与精神有关的十大名词术语，以浅显易懂的方式娓娓道来，并利用五行把这些精神活动和脏腑建立起一个有机的系统，又进一步论述了精神活动失常的表现以及相应的诊治法则。这一篇对我们普通人的养生同样具有重要的指导作用。总之，这一篇的基本观点是，无论是人的生命还是治病养生都应该“本于神”，所以“本神”又有“本于神”——以神为本的意思。

先看黄帝的发问——

黄帝问于岐伯曰：凡刺之法，先必本于神。血、脉、营、气、精、神，此五脏之所藏也。至其淫泆离脏则精失，魂魄飞扬，志意恍乱，智虑去身者，何因而然乎？天之罪与？人之过乎？何谓德、气、生、精、神、魂、魄、心、意、志、思、智、虑？请问其故。

黄帝向岐伯询问：凡是针刺的方法，首先必须以神为根本。血、脉、营、气、精、神，这些都是藏在五脏中的，如果它们过于紊乱，脱离五脏，便会导致精气损耗，魂魄飞离，神志恍惚，正常思考的能力就会失去，这是什么原因引起的呢？是大自然带来的祸害呢，还是人的过错呢？什么是德、气、生、精、神、魂、魄、心、意、志、思、智、虑？请问其中的缘由。

这里黄帝一连问了十三个名词术语。岐伯一一作了回答——

岐伯答曰：天之在我者德也，地之在我者气也，德流气薄而生者也。

岐伯回答说：天在我身上的体现是德，也就是天赋予我们的是德——“德”在这里相当于道，也就是天地自然的规律；地在我身上的体现是气，也就是大地赋予我们的是气。天德和地气上下交感、阴气和阳气相互交合便有了生命。

这一思想特别重要，与《易经》的思想一脉相承。《周易·系辞传》说：“天地氤氲，万物化醇。男女媾精，万物化生。”《黄帝内经·宝命全形论》也说：“人生于地，悬命于天，天地合气，命之曰人。”这里的天地、男女指的就是阴阳二气，氤氲、媾精指阴阳二气的交接合和状态。岐伯讲到产生生命之后，也就是人有了身体之后，是十个判断句——

故生之来谓之精，两精相搏谓之神，随神往来者谓之魂，并精而出入者谓之魄，所以任物者谓之心，心有所忆谓之意，意之所存谓之志，因志而存变谓之思，因思而远慕谓之虑，因虑而处物谓之智。

所以伴随生命而来的精微物质就叫作精，阴阳二精相互交合而形成的生命活力叫作神（先精后神，所以有个词叫精神）。伴随着神而往来活动的叫作魂，伴随着精而运行出入的叫作魄（先魂后魄——魂魄）。用来指使外物、认识客观事物的叫作心，心有所记忆、有所判断的叫作意（先心后意——心意）。意所留存下来、坚定不变的想法叫作志（先意后志——意志）。借助志而意图求得变化叫作思，借助思而遥想未来目标叫作虑（先思后虑——思虑）。借助虑而处理外物叫作智。

故智者之养生也，必顺四时而适寒暑，和喜怒而安居处，节阴阳而调刚柔，如是则僻邪不至，长生久视。

所以有智慧的人的养生之道，一定会顺应四时、调适寒暑，中和喜怒——喜怒得当，安于当下，调节阴阳刚柔，这样就会使病邪不能侵犯身体，可得长生久视——“长生久视”是老子说的，就是长生、不易衰老。

这一段是《黄帝内经》中对生命诞生及精神活动的连续性的定义，人生命诞生后有十种精神活动——精、神、魂、魄、心、意、志、思、虑、智，可见当时的医家对于人的精神活动已有十分细致的观察。

人到底为什么会生病呢？这个问题被古今中外无数学者研究与讨论过，至今仍未有一个明确的共识，在不同的医学体系下，对致病原因的论述千差万别。在《黄帝内经》时代，黄帝也向岐伯提出了这个疑问。岐伯虽然没有正面回答这个问题，但从对精神活动的详尽分析中可以看出精神因素是导致疾病最重要的因素，调节精神活动也是养生最重要的方法。

是故怵惕思虑者则伤神，神伤则恐惧流淫而不止。因悲哀动中者，竭绝而失生；喜乐者，神惮散而不藏；愁忧者，气闭塞而不行；盛怒者，迷惑而不治；恐惧者，神荡惮而不收。

因此惶惶不安、思虑过多的人会伤神，神受伤了就会恐惧害怕，并使精气流失不止。因为悲哀太过而扰动脏腑的人，精气会耗尽而失去生机；过于欢喜快乐的人，神就会涣散而不归藏；过于忧愁的人，气机闭塞而运行不畅；大怒的人，迷惑而不能正常思维；恐惧的人，心神游荡而无法收敛。

那么这些精神活动、情志变化对人的五脏有什么影响呢？岐伯接着说——

心，怵惕思虑则伤神，神伤则恐惧自失，破䐃（jùn）脱肉，毛悴色夭，死于冬。脾，愁忧而不解则伤意，意伤则悗（mán）乱，四肢不举，毛悴色夭，死于春。肝，悲哀动中则伤魂，魂伤则狂妄不精，不精则不

正，当人阴缩而挛筋，两胁骨不举，毛悴色夭，死于秋。肺，喜乐无极则伤魄，魄伤则狂，狂者意不存人，皮革焦，毛悴色夭，死于夏。肾，盛怒而不止则伤志，志伤则喜忘其前言，腰脊不可以俯仰屈伸，毛悴色夭，死于季夏。恐惧而不解则伤精，精伤则骨酸痿厥，精时自下。

心藏神，如果担惊受怕、思虑过多便会伤神，神伤便容易恐惧害怕、失去自我控制力，筋肉消脱，毛发枯萎，面色无华，死于冬天。脾藏意，如果忧愁不解便会伤意，意伤便心胸烦闷，四肢无力，毛发枯萎，面色无华，死于春天。肝藏魂，如果悲哀扰乱脏腑便会伤魂，魂伤便发狂善忘，失去理智，失去理智便不能正常地应对他人，人就会阴茎回缩，筋脉拘挛，胸胁处活动无力，毛发枯萎，面色无华，死于秋天。肺藏魄，如果喜乐没有节制便会伤魄，魄伤便会发狂，发狂的人意识丧失、不认识人，皮肤焦干，毛发枯萎，面色无华，死于夏季。肾藏志，如果暴怒不止便会伤志，志伤便容易忘记以前说过的话，腰脊无法俯仰屈伸——转动困难，毛发枯萎，面色无华，死于长夏。如果恐惧不止便会伤精，精伤便骨头酸软无力甚至萎缩，精微物质经常向下流失，也就是遗精、滑精。

本节主要描述情志无度所引发的各种病证。要理解本节，我们首先应该知道五行—五脏—五志—七情的对应关系。对应关系如下表。

五行	木	火	土	金	水
五脏	肝	心	脾	肺	肾
五神	魂	神	意	魄	志
五志	怒	喜	思	悲	恐

七情五志一定要掌握适当，如果掌握不当，例如大喜大悲、过分惊恐等，就会使阴阳失调、气血不周，首先是精神上的错乱，然后就会影响到身体，出现各种疾病。不知道大家注意到没有，几乎所有情志失常都提到了“毛悴色

夭”。毛指皮毛，悴是憔悴、枯槁的意思；色指面色，夭是无华即没有光泽的意思。这表明情志问题不仅影响到人的内脏，而且还会对外在的毛发、皮肤产生不好的影响，因此学会管理情绪、控制情绪不仅对维持身体健康十分重要，而且对保持容颜美丽同样非常重要。

是故五脏主藏精者也，不可伤，伤则失守而阴虚，阴虚则无气，无气则死矣。是故用针者，察观病人之态，以知精神魂魄之存亡得失之意，五者以伤，针不可以治之也。

因此五脏是负责贮藏人体精微的，不可以损伤，损伤了便会失去收藏的功能而导致阴虚，阴虚就不能化生正气，正气没有了便会死亡。因此善于用针的人，必须谨慎观察病人的神态，把握精神魂魄存亡得失的情况，如果病已深入五脏，就不能用针刺治疗了。

最后，岐伯总结了五脏的虚实导致神志的变化——

肝藏血，血舍魂，肝气虚则恐，实则怒。脾藏营，营舍意，脾气虚则四肢不用，五脏不安，实则腹胀，经溲不利。心藏脉，脉舍神，心气虚则悲，实则笑不休。肺藏气，气舍魄，肺气虚则鼻塞不利，少气，实则喘喝，胸盈仰息。肾藏精，精舍志，肾气虚则厥，实则胀，五脏不安。必审五脏之病形，以知其气之虚实，谨而调之也。

肝藏血，血是魂的宿舍——血中居住着魂，肝气虚则容易惊恐，肝气太盛则容易发怒。脾藏营气，营气居住着意，脾气虚则四肢无力、五脏失常，实则腹胀、二便不利。心藏脉，脉中住着神，心气虚则容易悲伤，实则大笑不止。肺贮藏一身之气，气中住着魄，肺气虚则鼻塞不通、气息弱，实则喘息、胸中胀满、要仰头呼吸。肾藏精，精中住着志，肾气虚则气机上逆而突然晕倒，实则腹胀、五脏不得安和。所以治病一定要审察五脏的症状表现，识别脏气的虚实，谨慎小心地调治它。

五脏和神志的关系是密不可分的，五脏的虚实盛衰可以导致神志的变化，而神志的变化又可以导致五脏的虚实盛衰。这就是“五脏藏神，形神合一”。

最高明的医道是什么

这一篇叫《著至教论》，意思就是阐明最高明、最重要的教导。什么才是最高明的教导呢？当然就是中医学的那些最高明、最重要的、流传于后世的道理，也就是为医之道。请看黄帝的发问——

黄帝坐明堂，召雷公而问之曰：子知医之道乎？

黄帝坐在明堂之上，召见雷公问道：你知道医学的道理吗？

明堂，是古代帝王用来上通天象、下统万物、朝会诸侯、发布政令、举行祭祀的场所，是非常神圣的地方。为什么叫明堂？《周易·说卦传》说：“圣人南面而听天下，向明而治。”南方代表离卦，离卦就象征日与火，有光明的意思。就是说圣人治理天下要施行明政，这里的“向明而治”实际上就是后来“明堂之教”的由来。黄帝在这么一个重要的地方召见雷公，可见讨论的问题多么重要。雷公是个什么人呢？是黄帝手下的大臣，又是一个医术精湛，尤其是精研医学之道、擅长针灸之术的大医家，所以黄帝问他一个关于医道的问题。

雷公对曰：诵而未能解，解而未能别，别而未能明，明而未能彰，足以治群僚，不足治侯王。愿得受树天之度，四时阴阳合之，别星辰与日月光，以彰经术，后世益明，上通神农，著至教疑于二皇。

雷公回答：我诵读医书但还未能理解，有的理解了但还未能鉴别，有的能鉴别但还不能明晰其中的道理，有的明晰了其中的道理，但又不能取得很好的疗效，只能够治疗一些官吏的疾病，还没有能力治疗诸侯帝王的疾病。希望能够从您这里知道天地运动的法度、四时阴阳、日月星辰的运行规律，从而使经典理论昭明于天下，使后世医家更加明白，可以往上通晓远古神农的思想，从而与伏羲、神农二皇的言说功德相媲美。

帝曰：善。无失之，此皆阴阳表里上下雌雄相输应也，而道上知天文，下知地理，中知人事，可以长久，以教众庶，亦不疑殆。医道论篇，可传后世，可以为宝。

黄帝说：好。千万不要忘记了，医道涉及阴阳、表里、上下、雌雄相互贯通的道理，所以必须上知天文，下知地理，中知人事，只有这样才能够长久流传，用来教导百姓，也不至于产生疑惑。这样的医道典籍，才可以流传后世，并成为宝贵的文献。

这里黄帝提出了医道两方面的内涵，一是要知晓人体生命阴阳、表里、上下、雌雄之间相互联系、相互感应的道理，二是要上知天文、下知地理、中知人事。这就是《周易·说卦传》说的："是以立天之道，曰阴与阳；立地之道，曰柔与刚；立人之道，曰仁与义；兼三才而两之，故《易》六画而成卦。"这才是真正的"至教"啊。

大家看了黄帝和雷公的这一段对话之后，有什么感觉？是不是觉得和黄帝与岐伯的对话不同？黄帝和岐伯的对话都是黄帝问，岐伯回答；而黄帝与雷公的对话则是雷公问黄帝回答。第一句黄帝问："子知医之道乎？"不是真正问问题，而是为了引出话题，所以这是雷公向黄帝请教，然后黄帝回答。

雷公听了黄帝的高论之后，又问——

雷公曰：请受道，讽诵用解。帝曰：子不闻《阴阳传》乎？曰：不知。

雷公说：请允许我接受您讲的医学道理，以便我好好地诵读理解。

黄帝说：你没听说过《阴阳传》这本书吗？

雷公答：没有听说过。

《阴阳传》是一部古书，已经失传了。《素问·阴阳应象大论》开头记载："黄帝曰：阴阳者，天地之道也，万物之纲纪，变化之父母，生杀之本始，神明之府也。"可见"阴阳"不仅是天地之大道，也是医之大道。

曰：夫三阳天为业，上下无常，合而病至，偏害阴阳。

黄帝说：手足三阳经之气在人体中的作用，好比天在万物中的作用一样，如果上下经脉运行失常，身体内外邪气相互和合就会导致疾病，阴阳有所偏盛就会伤害身体。

这里黄帝强调了阳气在生命中的作用，三阳指手足三阳经，也可以看成太阳经。

雷公曰：三阳莫当，请闻其解。帝曰：三阳独至者，是三阳并至，并至如风雨，上为巅疾，下为漏病。外无期，内无正，不中经纪，诊无上下，以书别。

雷公说："三阳之气到来不可阻挡"这句话该如何解释呢？

黄帝说：太阳经单独到来，其实标志着三条阳经之气合并到来。合并到来就像风雨交杂，如果侵犯到上部就会引起头部的疾病，如果侵犯到下部就会大小便失禁。在外没有明确的征象可以预期，在内没有确切的规则可以依据，并且疾病发展没有明确的变化规律，无法诊查病位是在上还是在下，对于这种情况就可以按照《阴阳传》上的方法进行鉴别。

这里强调了三阳发病的特殊性，外无脉象可察，内无征兆可知，通过三阳之气引起的疾病，可以知晓人与天地相应的关系，明白如何辨别阴阳，顺应四时，合于五行。这里黄帝回答了“医道”的深层次内涵。将医道的“阴阳”深化为“三阴三阳”，又以“三阳”病为例深入分析了它的病理病机。

雷公曰：臣治疏愈，说意而已。帝曰：三阳者，至阳也，积并则为惊，病起疾风，至如礔砺，九窍皆塞，阳气滂溢，干嗌（ài）喉塞。并于阴，则上下无常，薄为肠澼（pì）。此谓三阳直心，坐不得起，卧者便身全，三阳之病。且以知天下，何以别阴阳，应四时，合之五行。

雷公说：由我治疗的这类疾病，很少有能痊愈的，请求您点明其中的原因，以解除我的疑惑。

黄帝说：太阳经是阳气最旺盛的，再加上三条阳经的阳气积聚到太阳经，就会发生令人惊骇的疾病，这样的疾病变化就像风一样迅速，就像霹雳一样剧烈，人体九窍就会闭塞不通。阳邪之气就会损伤阴液，导致咽喉干塞。如果过盛的阳气侵犯阴经，就会导致上下运行失常，侵犯到大肠就会变成肠澼——暴痢、突发性痢疾。如果三阳的邪气直冲心膈，就会不能坐起，只能卧下，这就是三阳积聚合并而导致的疾病。根据这一原理就可以知道天下的道理，就知道如何分别阴阳，如何应对四季变化，符合五行变化规律。

雷公曰：阳言不别，阴言不理，请起受解，以为至道。帝曰：子若受传，不知合至道以惑师教，语子至道之要。病伤五脏，筋骨以消，子言不明不别，是世主学尽矣。肾且绝，惋惋日暮，从容不出，人事不殷。

（听了黄帝的回答）雷公感叹说：对于您直白的讲解，我还不能完全辨别；您隐晦的讲述，我更不能好好理解，请允许我起立接受您进一步的解释，我一定把它当成至理名言。

黄帝最后说：你在接受老师的教导时，如果不能领会其高深重要的理论，就会对老师所传授的道理产生疑惑，现在我就告诉你至道的要点所在。疾病如果损伤五脏，那么筋骨就会日渐瘦削，就像你说的一样，如果对医道不明不白，那么世上的医学就要失传了。肾气绝尽时，心中惋闷不舒，在日落后加重，神态懒惰懈怠，人就不想外出，也没有精神应酬人事。

由此可见医道就是阴阳之道，就是天地人三才之道。我们尤其要重视三阳之道。

生命与自然规律

日月运行的规律：阴历和阳历

前面讲过的《灵兰秘典论》告诉我们：我们的身体就像一个国家，心是国王，其他脏腑就是一个个大臣。如果把身体放在一个更广阔的空间，那么人的整个身体、人体的各个脏器和天地日月运行又有什么秘密呢？

这一讲我们讲一讲《素问》的《六节藏象论》。这个题目中的“藏象”两个字非常重要，这里的“藏”是“收藏”的“藏”，藏象就是“内藏外象”。内藏就是藏在身体里面的东西，包括脏腑、气血、津液、精神、经络等。现在很多书上写成“六节脏象论”其实是不对的。身体内藏的脏腑经络和外面的天地万物现象合在一起，叫“藏象”。这是《黄帝内经》认识人体生命的最重要的方法，也叫“取象比类”或者“取类比象”的方法。现代也有人把它称为“黑箱”的方法，身体好比一个黑色的箱子，可以通过观测这个箱子输入和输出的信息，来探索这个黑箱的内部构造和机理。这种方法注重整体和功能。“藏象”就是用外面的“象”来观测身体这个黑箱的秘密。外面最大的“象”就是天象、天文，那么《黄帝内经》是怎样用天象（天文之象）来推测人体内在秘密的呢？

我们先来看这一篇的开头，黄帝就提了这样的问题——

黄帝问曰：余闻天以六六之节，以成一岁，人以九九制会，计人亦有三百六十五节以为天地久矣。不知其所谓也。岐伯对曰：昭乎哉问也，请遂言之。夫六六之节，九九制会者，所以正天之度、气之数也。天度者，所以制日月之行也；气数者，所以纪化生之用也。天为阳，地为阴；日为阳，月为阴；行有分纪，周有道理。日行一度，月行十三度而有奇焉，故大小月三百六十五日而成岁，积气余而盈闰矣。立端于始，表正于中，推余于终，而天度毕矣。

黄帝问道：我听说天是按照“六六之节”而构成一年，人是按照“九九制会”而构成身体，一年有三百六十五日，所以人体也有三百六十五个穴位，人体与天地相应的说法由来已久，但我不明白为什么是这样。

岐伯回答说：您的提问很高明啊，就请让我讲一讲这个问题。所谓“六六之节”和“九九制会”，是用来确定天体运行的尺度和万物气化的度数的。

“六六”和“九九”这两个数字很有意思，如果大家听过我讲的《易经》，马上就会联想到乾卦和坤卦。乾卦用九，坤卦用六。但这里说天的数字是六六，地的数字是九九，是从天地阴阳交合的泰卦来说的，就是六六阴气在天上，九九阳气在地下，那么阴气必定要下降，阳气必定要上升，于是阴和阳就互相交通了、交合了，阴阳发生作用，万物就和谐，这样就通泰了。

“六六之节”的“节”，是古代纪年单位。六节，即一年六个甲子。六六就是6×60=360，正好是一年三百六十天，这是从整数来说的。“六六之节”是说六个甲子为一年。六十甲子，就是十天干和十二地支相配，完整地配一轮下来刚好是六十。甲为天干之首，天干有十个：甲、乙、丙、丁、戊、己、庚、辛、壬、癸，所以叫十天干。子为地支之首，地支有十二个：子、丑、寅、卯、辰、巳、午、未、申、酉、戌、亥，所以叫十二地支。古代以干支纪时，干支相配一轮为一甲子就是六十日，即为一节，六个甲子为一年，也就是三百六十日，当然准确地说是365.2422天，这些古人早就发现了，不是现代人发现的，玛雅人就发现了，他们已经精确到小数点后四位了，这多了不起！考古发现玛雅历法和中国历法非常相似，我们中国人早就发现一年是三百六十五又四分之一天，这也很厉害。

明末清初伟大的思想家顾炎武就说过“三代以上，人人皆知天文”，我们应该感到惭愧，我们现在有几个人知道天文？中国古代有没有阳历？答案是：中国古代有阳历！什么叫阳历，什么叫阴历？阴就是太阴，就是月亮，月相变化一个周期为一“月”（现代叫作朔望月），以朔望月为单位的历法是“阴历”。阳就是太阳，阳历就是根据太阳的运动周期确定的历法。古人觉得太阳每天都是从东方升起，又在西方落下，从而认为是太阳绕地球运动，后来才发现这是不对的，应该是地球绕着太阳转，哥白尼最早提出了“日心说”。这毕竟是后来的事。我们还是回到先秦时代，回到《黄帝内经》的时代。当时人看到太阳东升西落一个周期就是一天；看到太阳沿着天球上的轨迹——黄道运行一个周期就是一年，其实就是地球绕太阳公转一周的时间。以太阳年为单位的历法是“阳历”。现在我们大家都以为西方人采用阳历，我国古代用的是阴历，其实这是一个大大的错误。中国古代是有阳历的，我们的历法是既有阳历又有阴历，叫阴阳合历。我们的阳历当然不是用阿拉伯数字表示的，而是用天干地支、用二十四节气表示的。大家知道吗？我们的“二十四节气”在2016年被联合国教科文组织列入《人类非物质文化遗产代表作名录》了。

讲到这里，我不禁要告诉大家我们用的是阴阳合历，我们的文化是和谐的，既能融合西方，又能融合东方。所以，中华文明成为唯一流传到今天也没有消亡的文明，而且也一定能够成为消解东西方文明冲突的伟大精神力量！这一点我们应该有文化自信！

我们接着看岐伯的回答——

天为阳，地为阴；日为阳，月为阴；行有分纪，周有道理。

天在上为阳，地在下为阴；白天太阳的运行为阳，晚上月亮的运行为阴。

天地日月的运行有各自的轨迹，它们运行的周期也有一定的度数。

什么度数呢？——

日行一度，月行十三度而有奇焉，故大小月三百六十五日而成岁，积气余而盈闰矣。

太阳一昼夜运行一度，月亮一昼夜运行十三度还要多一些。多多少呢？多7/19。所以大的月份和小的月份加起来一共365天，形成一年。这里说的是阳历，阳历大月31天，小月30天，但2月份只有28天（平年）或29天（闰年），加起来365天多一点。阴历大月是30天，小月是29天，平均一个月为29.5天，一年十二个月就是354天多一点。但阳历是三百六十五又四分之一天，阳历的天数比阴历的天数就多了，每年要多出十一天多，三年要多出三十多天，就是一个多月了。这样积累下去，阴历和阳历的纪年时间就会越差越大，就会脱节了。怎么办，怎样使得阴历和阳历的天数协调起来呢？古人很聪明，想了一个办法，就是闰月，在阴历上加一个月，这就是“积气余而盈闰矣”，就是把每年多余的天数累积下来，盈余的部分就产生了闰月。每两至三年加一个闰月，五年差不多两个闰月，十九年设七个闰月。这样阴历和阳历就能够对应起来、协调起来了，就不脱节了。这就是阴阳合历。

那么，一年从什么时候开始呢？——

立端于始，表正于中，推余于终，而天度毕矣。

是以冬至日作为一年开始的，这是用圭表测量日影长度的变化来校正中气。圭表，是古代的一种天文仪器。表是直立的竿子，圭是和表相连的底座。用圭表测定时令节气，推算出从一年开始到一年结束所盈余的天数，然后累积成闰月，用闰月来协调阴历与阳历的平衡和对应。你看古人多有智慧。《黄帝内经》独创了一种“五运六气历”，属于阴阳合历，我们后面会详细地讲。从这里我们可以看出中医学实际上来源于天文学，《黄帝内经》其实就是天文和人文相结合的生命健康学！

日月的运行又是怎么影响人体变化的呢？我下一讲再讲。

人为什么分为九藏？

上一讲我讲到了中国古代的历法是既有阴历，也有阳历，纠正了一个基本错误，那就是“中国古代没有阳历”。这一点《六节藏象论》早就说过了。上一讲我重点讲了“天以六六之节”，就是天以六十日为一节，六节为一年。一年的整数为六六三百六十天。这一讲我们接着讲“九九制会”。

这个“九九制会”是从人这个角度说的，我们先来看原文——

帝曰：余已闻天度矣，愿闻气数何以合之。岐伯曰：天以六六为节，地以九九制会；天有十日，日六竟而周甲，甲六复而终岁，三百六十日法也。夫自古通天者，生之本，本于阴阳，其气九州、九窍，皆通乎天气。故其生五，其气三。三而成天，三而成地，三而成人，三而三之，合则为九，九分为九野，九野为九脏，故形脏四，神脏五，合为九脏以应之也。

黄帝问：我已经知道了天度的计量，还想了解气数，还有气数和天度是怎样相互配合的。

岐伯回答的时候，并没有马上回答什么是“九九制会”的气数，而是先说出它们两者的关系：天以六十日为一节，六节为一年；地以九九之数配合天道运行。然后又进一步解释了“六六之节”的天度：“天有十日，日六竟而周甲，甲六复而终岁，三百六十日法也。”“天”指天干，天干有十个，代表十日，十天干循环六次构成一“周甲”，也就是一个甲子六十天，一甲子重复六次形成一终年，这是计量一年三百六十天的法则。古人将太阳的视运行转化为气的运行，气的运行按照《周易·系辞传》所说“变动不居，周流六虚”分为六步。岐伯强调说：“夫自古通天者，生之本，本于阴阳。”从古到今懂得天道的人，都知道这是生命存在的根本，而生命存在的根本就是天地阴阳的变化。这句话在《素问》的第三篇《生气通天论》一开篇就说过了，这里进一步强调了生命的根本就是来自天地间的阴阳之气。

接下来岐伯就解释“九九制会”了：“其气九州、九窍，皆通乎天气。”无论是地划分出的九州，还是人体的九窍，都与天气相通。

“故其生五，其气三。”天地阴阳之气相通衍生出五行，又根据阴阳之气消长变化分为三阴三阳。

阴阳怎么分出五行？我在前面已经说过了，阴阳按照程度不同分出太阳、太阴、少阳、少阴，再加上中间的土，就是五行。这一点大家已经明白了，那么阴阳怎么变成三阴三阳的呢？也就是怎么从二变成三的呢？

其实这就是老子《道德经》所说的“道生一,一生二,二生三,三生万物”。“三”在这里表示中和。这一句的“道”是无，好比零，一是气，二是阴阳，三是“冲气”，是阴阳二气的中和、相交合，由此产生万物。我曾经写过一篇文章，如果说西方文化是“二”的文化，那么中国文化就是“三”的文化。“二”是二元分离、二元对立，“三”是二元的统一、二元的相和。

“三而成天，三而成地，三而成人，三而三之，合则为九,九分为九野，九野为九脏。”三气和合形成天，三气和合形成地，三气和合形成人，天地人三才各分三气，三乘以三，就是九气。九气在大地上划分为九州，在人体上划分为九脏。这里解释了“九九制会”。

上面提到了“地之九九”，又提到了“人之九九”，大地的九就是九州。九州这个概念最早出现在先秦典籍《尚书·禹贡》中，是中国汉族先民提出的一个地域概念。汉族先民自古就将汉族原居地划分为九个区域，即所谓的“九州”。九州是：冀州、兖州、青州、徐州、扬州、荆州、豫州、梁州和雍州。自战国以来，“九州”即成为古代中国的代称。

人体的“九”就是九窍、九脏。哪九脏呢？

“故形脏四，神脏五，合为九脏以应之也。”也就是有形的脏有四个，藏神的脏有五个，合成九脏与天地之气相应。

中医有五脏、六脏的概念，这里又提出“九脏”的概念。九脏，指心、肝、脾、肺、肾、胃、大肠、小肠、膀胱。合称九脏，就是五个神脏与四个形脏的合称。五个神脏指心、肝、脾、肺、肾，四个形脏指胃、大肠、小肠、膀胱。这四个形脏是储藏有形之物的，“皆受不净”；五个神脏是收藏无形之神气的：肝藏魂，心藏神，脾藏意，肺藏魄，肾藏志。西医说的内脏全是形脏，是解剖学中的内脏器官，不研究内脏是怎么藏神的。中医则特别重视内脏所具的藏神的功能。

讲到这里，岐伯已经把为什么天是“六六之节”、大地和人是“九九制会”都讲清楚了，黄帝听了以后又问了一个问题——

帝曰：余已闻六六九九之会也，夫子言积气盈闰，愿闻何谓气。请夫子发蒙解惑焉。岐伯曰：此上帝所秘，先师传之也。帝曰：请遂闻之。岐伯曰：五日谓之候，三候谓之气，六气谓之时，四时谓之岁，而各从其主治焉。五运相袭，而皆治之，终期之日，周而复始，时立气布，如环无端，候以同法。故曰：不知年之所加，气之盛衰，虚实之所起，不可以为工矣。

黄帝说：我已经知道了六六和九九相互配合的道理，先生之前提到过累积下来的气盈余部分构成闰月，我希望听您讲解一下什么叫作气。请先生为我开启蒙昧，解答疑惑吧。

岐伯回答：这是前代帝王秘而不传的学问，先师传授给我的。

黄帝说：请将这些内容讲给我听听。

岐伯说：五日称为一候，三候（3×5=15）共十五日称为一气，六气（6×15=90）九十日称为一时，四时（4×90=360）三百六十日称为一岁，并且它们各自顺从五行中的一行，主管当时的气候变化。一年的周期是三百六十日，一时的周期是九十日，一气的周期是十五日，一候的周期是五日，不同周期循环往复“如环无端”，我们应知晓在大小自然周期中五运六气的变化，这对于医生来说是必须掌握的。

这里提到五运主岁，即当年的气候变化是由五行中的一行所主宰的。甲、己年是土运所主宰的，乙、庚年是金运所主宰的，丙、辛年是水运所主宰的，丁、壬年是木运所主宰的，戊、癸年是火运所主宰的。按照五行相生的顺序沿袭，每一年都有各自的主运，五年为一循环，周而复始。

五行之气按照木、火、土、金、水的次序相互传递下去，这样五运更替，各行都有主管的时候，到终结时，又按照这样的循环周期重新开始，先确立一年中的四时，再根据四时分布相应的节气，像圆环一样没有尽头，并且按照同样的方法再在节气中分候，五天为一候，三候为一气，全年二十四气，七十二候。所以说，如果不知道当年所加临的主、客气是什么，不知道主、客气盛衰变化的情况，不知道由此引起人体虚实的起因，就不能成为一个好医生。

《黄帝内经》运气历的主要目的是根据气候变化规律推知其对人体的影响。那么五运之气是怎样影响人体的呢？请看下一讲。

一年中季节的太过与不及

“春有百花秋有月，夏有凉风冬有雪。若无闲事挂心头，便是人间好时节。”

这首宋朝无门慧开禅师的诗，是大家所熟悉的。一年四季虽然每个季节都有每个季节的气候变化，但每个季节都有每个季节的美。如果能没有闲事、烦恼、是非挂在心头，那么每一天、每一季都是人生最好、最美的时节。

天和人是相应的、相合的，这种相应、相合又都是按照阴阳五行的规律进行的，《黄帝内经》阐释了这种规律，那就是“五运六气”。《黄帝内经》将一年分为五季，又分为六季，五季对应五运，六季对应六气。这里我先说说五运，六气以后再说。五运对应五季。哪五季？那就是春、夏、长夏、秋、冬。长夏是指什么时候？长夏有两个意思，其中一个意思是指阴历的六月，大约相当于阳历的7月。五季对应五行就是木、火、土、金、水，对应的五气就是风、暑、湿、燥、寒。什么是五运？五运，就是五气的运行。五气的运行变化影响到人体的新陈代谢、生理功能、疾病状况。

五运六气学说是《黄帝内经》的一大发现，黄帝和岐伯发现不同年份的天气变化是不同的、气候是不同的，天气、气候的变化是有规律的，这个规律可以从记载这个年份的天干地支上表现出来。具体说就是从天干上可以确定五运，从地支上可以确定六气。

不同年份的天气、气候不同，对人体的影响也不同，气候太过或者不及都会使人生病。所以黄帝就问了——

帝曰：五运之始，如环无端，其太过不及何如？岐伯曰：五气更立，各有所胜，盛虚之变，此其常也。帝曰：平气何如？岐伯曰：无过者也。帝曰：太过不及奈何？岐伯曰：在经有也。帝曰：何谓所胜？岐伯曰：春胜长夏，长夏胜冬，冬胜夏，夏胜秋，秋胜春，所谓得五行时之胜，各以气命其脏。

黄帝问：五运循环，周而复始，好像一个圆环没有终端，那么五运之气的太过与不及分别是怎么样的呢？

岐伯回答：五运之气更迭交替主宰时令，各自有它所胜的季节。胜就是克制，因为一个季节旺盛了就会加倍克制另一个季节，因此会出现太过和不及的盛衰的变化，这是它们的常态。

黄帝问：平气是怎样的呢？

岐伯答：就是没有太过和不及的情况。

黄帝问：太过和不及是什么样呢？

岐伯答：这些内容在经书中都有记载。

黄帝问：什么叫作所胜？

岐伯答：春胜长夏即木克土，长夏胜冬即土克水，冬胜夏即水克火，夏胜秋即火克金，秋胜春即金克木，这就是时令的五行相胜情况，也根据四时各自主气来命名相对应的五脏。

岐伯阐述五行之间的相生相克的关系，以及主气太过和不及对人健康的影响。这段按季节来描述自然之气的变化、不同季节的相应之气是如何相胜相克，有重要临床意义，使医生可以预料病人发病与痊愈情况，并配合时令节气调整出更有效的治疗方案。

那么究竟什么是太过，什么是不及呢？怎么知道它们之间相胜、相克的情况呢？黄帝替我们问了这个问题——

帝曰：何以知其胜？岐伯曰：求其至也，皆归始春，未至而至，此谓太过，则薄所不胜，而乘所胜也，命曰气淫。至而不至，此谓不及，则所胜妄行，而所生受病，所不胜薄之也，命曰气迫。所谓求其至者，气至之时也。谨候其时，气可与期，失时反候，五治不分，邪僻内生，工不能禁也。

岐伯回答：先推求出气候到来的时间，一般是从立春开始推算，如果时令未到而气候提前到来，称之为太过。比如春天还没有到的时候，气候就温暖了，这就是木气太过了。这样就会侵侮自己所不胜之气，这叫薄所不胜，“薄”就是欺侮、欺负的意思；比如木气太过，反而欺侮金气，本来是金克木，现在反过来木克金了；“所不胜”就是“所不能克制”的。什么东西是我所不能克制的，肯定是克制我的东西，比如木的“所不胜”肯定是金，因为金克木，木不能克金。但现在木反过来克金了，表明木的力量太强了。由于自己太强大，还可以加倍克制自己所胜之气，这叫“乘所胜也”，“乘”也是欺负的意思，“所胜”就是所克，比如木气太旺了，就会加倍地克制土气，即木克土。反克和加倍克制这种情况被称为“气淫”，就是气太过。本来五行的相生相克是正常现象，既有生助的，也有克制的，从正反两个方面共同维持了事物的平衡。但这里却提出了五行相克的两种反常情况，一种叫相乘，一种叫相侮。“相乘”是乘虚侵袭的意思，也就是加倍地相克，超过正常的制约程度；“相侮”是恃强凌弱，就是反克的意思，反过来对克我的一方进行反克、反抑制。

如果时令已到而气候还未到，称之为不及，比如春天已经到了，可是温暖之气还没有到，还是寒冷，这叫不及。这样就“所胜妄行”，所克之气克制不住，就会妄行，“而所生受病”，所生之气无法滋养，就会生病，“所不胜薄之”，所不胜之气也就是克我的气就会加倍地侵犯我、克制我，这种情况被称为“气迫（逼迫）”。比如木气不及，木所克的土气就会妄行，春天里温暖之气迟迟到来，那么长夏六月的湿气就会加重妄行；木所生的火气就会生病，也就是夏天热气不足，心脏就容易生病；克制木的金气就会加倍地克制，秋燥之气就会加倍克制春天的温暖之气。

岐伯进一步说：要推求正常气候到来的时间，知道太过与不及，就需要用正常的气候作为标准来衡量季节气候到来的早晚。要谨慎观察时令气候的变化，预测气候到来的时间，假如实际气候与时令正常气候相反，不能分辨出五运之气，就会邪病内扰，医生也无法控制病情。

帝曰：有不袭乎？岐伯曰：苍天之气，不得无常也。气之不袭，是谓非常，非常则变矣。帝曰：非常而变奈何？岐伯曰：变至则病，所胜则微，所不胜则甚，因而重感于邪，则死矣。故非其时则微，当其时则甚也。

黄帝问：五运之气有不按次序更替的情况吗？

岐伯答：自然界的气候，应该按照常规更替。如果五运之气不按次序更替，就叫作反常，反常就会使人体产生病变。

黄帝问：气候反常会造成怎样的病变呢？

岐伯答：如果反常气候是这个时令气候所胜之气——所能克制的气，那么病情就轻微，比如春天出现湿气太盛了，春木能够克湿土，那么病情就轻微，可以很快治好；但如果反常气候是这个时令气候所不胜之气——所不能克制的气，那么病情就严重，如春天出现燥气，燥金克春木，那病情就严重了。如果再感受其他邪气，就会死亡。

五色之变与五味之美

世间万物，千姿百态，色彩斑斓，纷纭复杂，离我们很近，又离我们很远。这么庞杂的世间万物难道真的没有办法把握吗？我们的伟大先祖轩辕黄帝替我们向天师岐伯问了这个问题——

帝曰：善。余闻气合而有形，因变以正名，天地之运，阴阳之化，其于万物，孰少孰多，可得闻乎？

黄帝说：讲得好。我听说天地之气相合而生成有形的万物，又因为天地之气变化多端，所以万物形态各异，并依据各自差异确定它们的名称。天地间五运之气和阴阳的变化，在万物生成过程中，哪个作用大，哪个作用小呢，可以说给我听听吗？

黄帝这里说的“气合而有形”非常重要。在《宝命全形论》里，说到人是怎么产生的，岐伯就提出：“夫人生于地，悬命于天，天地合气，命之曰人。”《庄子·知北游》中说：“人之生，气之聚也。聚则为生，散则为死。”万物都是由气相聚而成的。

岐伯曰：悉哉问也；天至广不可度，地至大不可量，大神灵问，请陈其方。草生五色，五色之变，不可胜视；草生五味，五味之美，不可胜极，嗜欲不同，各有所通。天食人以五气，地食人以五味。五气入鼻，藏于心肺，上使五色修明，音声能彰。五味入口，藏于肠胃，味有所藏，以养五气，气和而生，津液相成，神乃自生。

岐伯回答：您问得很详细啊！只是天极其广阔，不可以推测；地极其博大，不可以计量。不过，既然您提出了这么一个神秘又深奥的问题，那就请让我陈述其中的道理吧。自然界的草木生有五种颜色，但五种颜色的变化，是不可能看尽的；草木生有五种味道，但五种味道的醇美，是不可能尝完的。

五色的变化“不可胜视”是什么意思呢？这里要按照五行来理解。五色是青、赤、黄、白、黑，这五色可以组合成各种不同的颜色，永远也看不完。五味鲜美“不可胜极”，就是酸、苦、甘、辛、咸这五种味道可以调和成各种各样的味道，是我们永远也尝不完的。

这种观点在《孙子兵法·势篇》中已经说过了：“声不过五，五声之变，不可胜听也。色不过五，五色之变，不可胜观也。味不过五，五味之变，不可胜尝也。战势不过奇正，奇正之变，不可胜穷也。”意思是，声音不过五种：宫、商、角、徵、羽，这就是五声音阶，相当于1、2、3、5、6，但五声的变化却听之不尽；颜色不过五种：青、赤、黄、白、黑，但五色的变化却观之不尽；味道不过五种：酸、苦、甘、辛、咸，而五味的变化却尝之不尽。战势不过奇正两种，但奇正的变化却无穷无尽。

战势的“势”，是物质在运动中所产生的一股潜在力量，包括气势、声势、态势、趋势等。《孙子兵法·形篇》讲了军队的形，就是存在的状态，偏于静态。这一篇讲了军队的势，表现为它战斗的能量，偏于动态。怎么取得战争的胜利？很简单六个字：“以正合，以奇胜。”大凡用兵作战，总是以正兵当敌，以奇兵取胜，所以叫“出奇制胜”。正奇是什么？就是阴阳，正为阳，奇为阴。五声、五味、五色是什么？就是五行。阴阳和五行是一回事，阴阳的细分就是五行，五行的整合就是阴阳。大家发现了没有？中医治病、处方用药就像用兵打仗，所以有一句话叫“用药如用兵”。

岐伯接着说：“嗜欲不同，各有所通。”人们的嗜好欲望不同，但各种颜色、味道是分别与人体相通的。当然人的欲望也分五类，中医上的五欲主要是说眼、耳、鼻、口、身的欲望，在佛学中指色、声、香、味、触五境所引起的五种欲望，民间一般指财、色、名、食、睡五种欲望。五色、五味、五欲它们各有所通，跟谁相通呢？跟人体内的五脏相通。

岐伯说：“天食人以五气，地食人以五味。”这个“食人”是什么意思？这个“食”是不是吃的意思？如果理解为“吃”，那就变成“天吃人以五气，地吃人以五味”，那就大错特错了。怎么会是吃人的意思呢？这个“食人”是“给人吃”，“食”是使动词，让人吃，意思是天用五气来让人吃，地用五味来让人吃。天用五气供人们生存，地用五味供人们食用。天供养人的五气是哪五种气味呢？是指臊、焦、香、腥、腐这五种气味，《素问》第四篇《金匮真言论》中提到过这五种气味，臊气入肝，焦气入心，香气入脾，腥气入肺，腐气入肾。五味就是酸、苦、甘、辛、咸这五种味道。总的来说，五气、五味的饮食进入脾胃，然后化生精微物质以充养身体；分而言之，饮食因为五味的不同又偏向作用于不同的五脏。根据五气、五味入五脏的道理，我们就可以按照不同的身体情况选择适合自己的食物。

五行	木	火	土	金	水
五脏	肝	心	脾	肺	肾
五窍	目	舌	口	鼻	耳
五味	酸	苦	甘	辛	咸
五气	臊	焦	香	腥	腐

五气入鼻，藏于心肺，上使五色修明，音声能彰。五味入口，藏于肠胃，味有所藏，以养五气，气和而生，津液相成，神乃自生。

五气由鼻吸入人体，贮藏在心肺中，上升使面色明润，使声音洪亮。五味由口进入人体，贮藏于肠胃中，被肠胃所消化吸收，来滋养五脏之气，五脏之气调和就具有生化能力，津液随之生成，精神也就自然产生了。

胃肠产生的营养物质是从哪里来的呢？来源就是我们吃的五谷粮食。饮食经过脾胃的运化变化成对人体有用的精微物质，这些精微物质再被运输到全身，有的濡润五脏六腑，有的滋养四肢百骸，所以人就身体健康，精神充沛。

“气和而生”这四个字非常重要。阴阳之气、五行之气只有调和才能产生万物，使万物生生不息。大家知道最早“和”的思想是怎么来的吗？就是从日常生活中的饮食、声音、音乐中体会出来的。早在西周末年，太史伯阳父（史伯）就提出“和实生物，同则不继”的思想，就是如果和谐，那么万物就能生长繁衍；如果完全一致，那么万物就无法继续发展下去。他举例子说，如果只有一种声音，就会单调得没办法听；如果只有一种物品，就会单调得没办法看（没有文采）；如果只有一种口味，就会单调得令人生厌；如果只有一种事物，就会单调得无事可说。过了两百多年，春秋时期齐国上大夫晏婴完全继承了这一思想，他说：“和如羹焉。”“和”就像做肉羹，要用水和醋、酱、盐等来烹调，要各种佐料调和在一起才味美。

这一篇提到“气和而生，津液相成，神乃自生”，调和食物、五气就能够滋养生命，首先生成津液，津液有多么重要，口中的津液，道家称它为琼浆玉液，也称为“神水”，“神水九吞咽”，津液一定不能吐掉，要反复吞咽，到达下丹田，然后生出“神”。“神”的内涵非常丰富，这里既有精神、意识的意思，又有活力的意思。一个人有活力了，两眼炯炯有神，神明就出来了。

人体五脏的功能

我们在前面学的《灵兰秘典论》中讲到了人体是一个国家，心是国王，其他脏腑就像一个个官员，比如肺是宰相、肝是将军，等等。在这一篇《六节藏象论》中岐伯在讲了一大段五气、五味和五脏的对应关系之后又讲了五脏的功能。

因为五脏太重要了，是《黄帝内经》也是整个中医学的核心理论，所以黄帝就又追问下去——

帝曰：藏象何如？岐伯曰：心者，生之本，神之处也，其华在面，其充在血脉，为阳中之太阳，通于夏气。肺者，气之本，魄之处也，其华在毛，其充在皮，为阳中之太阴，通于秋气。肾者，主蛰，封藏之本，精之处也，其华在发，其充在骨，为阴中之少阴，通于冬气。肝者，罢极之本，魂之居也，其华在爪，其充在筋，以生血气，其味酸，其色苍，此为阳中之少阳，通于春气。脾胃大肠小肠三焦膀胱者，仓廪之本，营之居也，名曰器，能化糟粕，转味而入出者也，其华在唇四白，其充在肌，其味甘，其色黄，此至阴之类，通于土气。凡十一脏，取决于胆也。

黄帝问：“藏象是什么呢？”“藏象”这个词太重要了，藏象就是“内藏外象”，中医认为“有诸内必形诸外”，人体内在的脏腑、气血、经络，可显象在人体的外面，比如证象、舌象、脉象，我们可以用外面的这些“象”来推测内在的脏腑功能、气血活动、病理变化等。

岐伯作了回答，他的回答从内脏出发，讲了心、肝、脾、肺、肾五脏的功能，但在讲到脾脏的时候又连带提到了胃、大肠、小肠、三焦、膀胱，最后又提到了胆，加起来一共是十一脏。

我们先看心——

心者，生之本，神之处也，其华在面，其充在血脉，为阳中之太阳，通于夏气。

心，是生命的根本，神明的居处，它的荣华表现在面部，并充实和温煦血脉，心是阳中的太阳，心与夏天之气相通。

岐伯这里指出了心的两大生理功能，一个是心主血脉，一个是心藏神。心主血脉包括心主血和心主脉两个方面，心气可以推动和调节血脉循行，然后周流全身，发挥营养和滋润作用，所以心也被称为“脉之宗”；另一个是心藏神，是指心主宰精神、意识、思维、情志活动，神、魂、魄、意、志五神，以及喜、怒、思、忧、恐五志，都由心神所统领。人的精神、思维和意识应该是大脑的功能，怎么是心主管的呢？我在讲《灵兰秘典论》的时候说过中医的心包括大脑。因为精神、思维、意识是一个人生命中最重要的东西，所以说心是生之本，生命的根本。

五脏和外表的四肢百骸一一相连，或者说五脏主管外面的四肢百骸，心主管外面的什么呢？这里说了，“其华在面，其充在血脉”。“华”有荣华外露的意思，也就是说心脏的功能状态可以通过面部是红润还是枯萎表现出来。一个人的面部肌肤红润有光泽，表明这个人心气足，血气充盈，并充实和温煦血脉。心为什么是“阳中之太阳”？因为心的位置在人体上部胸腔，属阳，它的性质火热，也是阳，所以心是阳中的太阳，“心为火脏，烛照万物”。心为什么“通于夏气”？因为夏季是四时中阳气最旺盛的季节，心属火，火也是阳气中最旺盛的，所以心与夏季相应，夏天养生应该注重养心。

肺者，气之本，魄之处也，其华在毛，其充在皮，为阳中之太阴（少阴），通于秋气。

肺，是气的根本，魄的居处，它的荣华表现在皮毛上，充养的部位在皮肤，是阳中的太阴（实为少阴），与秋天之气相通。

肺的第一个功能是主气、司呼吸，“肺主一身之气”，肺吸入的自然清气和脾胃运化的水谷精气结合形成宗气，宗气积聚于胸中，通过肺的作用出入咽喉以司呼吸，贯通心脉以行气血，并通过心脉周流全身，从而维持各脏腑组织器官的功能活动；肺的呼吸运动还调节着全身气的升降出入运动。肺的第二个功能是藏魄，肝藏魂，肺藏魄。魂魄是人的精神灵气。魂在外面，魄在里面，我们都知道两个成语，一个叫“魂飞魄散”，一个叫“丧魂落魄”，都是魂在前，魄在后。这说明魂为阳，魄为阴。魂是轻清的阳气，构成人的思维才智；魄是重浊的阴气，构成人的感觉形体。如果魂魄（阴阳）协调，人体就健康。人死魂（阳气）归于天，魄（阴气）归于地下。魂是阳神，魄是阴神，道教有“三魂七魄”之说。肺藏魄。“魄”是与生俱来的、本能性的、较低级的神经精神活动，如新生儿啼哭、吮吸、非条件反射动作和四肢运动，以及耳听、目视、冷热痛痒等感觉。这些本能的反应与动作是由肺主管的宗气所推动的。

肺“其华在毛，其充在皮”，肺主管皮毛。肺的生理病理与皮肤、汗腺的功能以及毫毛的润泽荣枯密切相关。肺的生理功能正常，则皮肤健康、毫毛光泽，抵御外邪的能力较强。肺为什么是“阳中之太阴”？其实这里有错误。根据《黄帝内经太素》和《针灸甲乙经》，这里应该是“阳中之少阴”，这就好理解了。因为肺位于胸腔，在胸膈以上，左右各一，所以居阳位，但是其性清凉，其气主收敛、肃降，生理特性属阴，所以肺是“阳中之少阴”。为什么“通于秋气”？因为秋天阳气衰弱，阳气开始下降，阴气渐增，天气转凉，草木枯萎，正好与肺金属性相符，人体肺脏属于金，主肃降下行，清凉肃杀，所以与秋气相通。

肾者，主蛰，封藏之本，精之处也，其华在发，其充在骨，为阴中之少阴（太阴），通于冬气。

肾，主蛰伏，是封藏真气的根本，精的居处，它的荣华表现在头发上，它充养的部位在骨骼，是阴中的少阴（实为太阴），与冬天之气相通。

蛰，藏也。我们知道有一个节气叫惊蛰，这个节气在每年的阳历3月6日左右。这时候开始打雷，天上的春雷惊醒蛰居的动物。蛰就是蛰居、冬眠的动物。例如《周易·系辞传》提到“龙蛇之蛰，以存身也”。肾处在五脏的最低位置，它要收藏、要封藏。封藏什么东西呢？“精之处也”，就是藏精，所以它要封藏五脏六腑的精气。肾脏所藏的精包括先天之精和后天之精两部分。先天之精也叫生殖之精，禀受于父母，主人的生育繁殖；后天之精也叫脏腑之精，由脏腑化生水谷精微而成，主人的生长发育。

“其华在发，其充在骨”“发为血之余”，毛发的生长有赖于精血的滋养，肾藏精，精能生血，所以毛发的生长与脱落、润泽与枯槁，可以反映出人体的肾气是否充足。精还可以生骨髓，肾的精气旺盛，那么就骨髓充实，骨骼强壮，运动捷健。肾为什么是“阴中之少阴”？这里同样是搞错了，肾应该是“阴中之太阴”。在新校正全元起本及《针灸甲乙经》和《黄帝内经太素》中，都写着肾是“阴中之太阴”，都与本文不同，所以应该改过来。肾位于人体下部腹腔中，在五脏的最下方，收聚五脏六腑之精气再把它藏起来，所以是太阴。肾为什么“通于冬气”？因为冬天草木凋零，万物封藏，阴气最旺盛，阳气闭藏，正好与肾的封藏功能相符，从五行来说肾属水，所以说通于冬气。

那么肝脏和脾脏又有什么功能呢？我们先看肝，岐伯说——

肝者，罢极之本，魂之居也，其华在爪，其充在筋，以生血气，其

味酸，其色苍，此为阳中之少阳，通于春气。

肝是耐受疲劳的根本，是魂的居处，它的荣华表现在爪甲上，它充养的部位在筋膜，可以生化气血，它的味道是酸，颜色是苍青色，是阳中的少阳，与春天之气相通。

肝为什么是“罢极之本”？先看“罢极”这两个字，《说文解字》“罢，遣有罪也”，就是遣散有罪的人，可见“罢”的本义是“遣散”，由此引申为“解除、消除”。那么“极”是什么意思呢？极，有穷极之义，引申为疲劳、疲乏。因为肝主筋，筋管运动，所以说疲劳的根本在肝，疲劳过度了就损伤筋、损伤肝。肝还贮藏血液，可以根据人的活动需要及时调节血量。肝血如果充足，人就不容易疲劳。

为什么肝是“魂之居”？魂魄是人的精神灵气。肝藏魂，肺藏魄。魂在外面，魄在里面；魂为阳，魄为阴。“魄”是本能性的、较低级的精神活动，“魂”则是一些非本能性的、较高级的精神心理活动，如感情、情志活动，梦幻、想象等都是魂的功能。魂是神所变出来的，是神所派生的，所以魂是伴随心神活动而作出反应的思维意识活动。魂与神一样，都是以血为物质基础的。心主血，故藏神；肝藏血，故藏魂。肝的藏血功能正常，则魂有所舍。若肝血不足，心血亏损，则魂不守舍，就会惊骇多梦，卧寐不安，梦游梦呓等。

肝为什么“其华在爪，其充在筋，以生血气”？肝的荣华表现在爪甲，它充养的部位在筋膜。爪就是爪甲，包括手指甲和脚指甲。“爪为筋之余”，爪是筋延伸到体外的部分。爪甲的荣枯，可反映肝血的盛衰。比如指甲颜色苍白，往往说明贫血或营养不良，可多吃大枣、黑芝麻等补气补血的食品；若指甲黯黄，可能是肝胆疾病或其他慢性疾病的先兆，需进一步检查才能确诊；指甲青紫，暗示有寒证，或是血瘀、缺氧。再看指甲纹路，如果指甲出现纵纹，多为过度疲劳、神经衰弱、免疫力低下或有其他慢性疾病，平时应注意休息；如果出现横沟，一般是营养不良，或有慢性消化系统疾病。再看指甲根部的“月牙”

（又称半月痕），也能反映身体的气血健康状况。如果半月痕大小适中，呈灰白色，表明身体健康；如果没有半月痕，多是气血不足的表现；如果半月痕过大，则易患高血压、甲亢等疾病。指甲是“筋”的一部分，肝主筋，肝主管全身的筋膜，筋膜要依赖肝血的滋养，才能强健有力，活动自如。肝为什么是“阳中之少阳，通于春气”？我们知道，在四季中，少阳属春，阳气还不是很旺盛，五行为木；而肝主生发，肝气不能郁结，肝气一郁结，人就容易抑郁，所以肝是“阳中之少阳”，好比是阳气初升的春气，所以春天重在养肝。

再看脾，注意脾不是单独说的，而是和胃、大肠、小肠、三焦、膀胱一共六个脏腑合起来一起说的——

脾胃大肠小肠三焦膀胱者，仓廪之本，营之居也，名曰器，能化糟粕，转味而入出者也，其华在唇四白，其充在肌，其味甘，其色黄，此至阴之类，通于土气。

脾、胃、大肠、小肠、三焦、膀胱，是粮仓的根本，是营气的居处，好像盛贮食物的器皿，能够消化吸收水谷精微，传化糟粕，调控饮食五味的转化、吸收和排泄，它们的荣华表现在嘴唇四旁的白肉，充养的部位在肌肉上，它们的味道是甘甜的，颜色是黄色，它们都属于至阴之类，与湿气最盛的长夏土气相通。

脾、胃、大肠、小肠、三焦、膀胱，这六个脏腑属于人的消化排泄系统，主要负责受盛、运化水谷，排泄糟粕，所以都被称为“仓廪之本”。前面《灵兰秘典论》说过：“脾胃者，仓廪之官，五味出焉。”脾胃还是营气居住的地方，“营气”是水谷精微所化生的精气，是血液的组成部分，有营养全身的作用。水谷主要贮藏在六腑中，是营气的居所，所以叫作器。《周易·系辞传》说“形乃谓之器”，这里具体是指有受盛作用的器官，它们的功能主要就是生成五味以养五脏，转化糟粕从二阴排出。肾为先天之本，而脾则是后天之本，是气血生化之源。脾就像一个中转站，食物、水等东西送进来之后，应该先分类，然后按不同的类传送出去，有用的传送到身体的各个部位，没用的往下送到小肠、大肠、膀胱排泄出去。

为什么“其华在唇四白，其充在肌”？“唇四白”，是嘴唇四周的白肉；脾开窍于口，主肌肉，所以可以通过唇四白和肌肉是否丰厚来了解脾胃的状况。脾开窍于口，脾的功能可以从嘴反映出来：脾气足则食欲旺盛，想吃东西，能够辨别食物的味道；脾虚则无味，不想吃东西，也辨别不了食物的味道；脾气失调会出现口腻、口苦、口中出现异味等现象，脾热则会出现口中甘甜。有的人口气重、口臭，除了口腔不干净、食物残留在口腔中发酵或者口腔中有炎症外，就要考虑脾胃的问题了，因为“肠胃热、胃火旺”也能造成口气重、口臭。脾胃的情况怎么从“唇四白”反映出来呢？“唇四白”，就是嘴周围一圈黄白无毛的部位，大约1毫米宽。如果唇四白不明显了，那脾胃功能肯定衰退了；如果唇四白的颜色特别干黄，说明脾胃功能衰退严重；如果唇四白发黑发青了，说明这个人有危险了。

为什么说脾胃“其充在肌”？脾胃主管肌肉，这个应该好理解，一个人如果脾胃不好，就不想吃东西，最后面黄肌瘦。人的肌肉要靠水谷精微、气血津液等物质来营养，而这些营养物质都要靠脾这个中转站的运输、传送。因此，脾气运输能力强，营养就充足，肌肉肯定就丰满壮实，四肢活动就有力。反之，脾气运输能力弱，营养缺乏，则肌肉消瘦或萎缩，四肢乏力。脾胃为什么是“至阴之类，通于土气”？先看什么是“至阴”，至阴就是从阳到阴。脾在人的腹部，按位置来说属阴，脾对应长夏，而长夏是春夏之阳转入秋冬之阴的季节，也就是从阳到阴的时候，所以把脾称为“至阴”。脾属土，所以对应的味道是甘甜之味，对应的颜色是黄色。

最后岐伯总结：“凡十一脏，取决于胆也。”十一脏其实是五脏加六腑，为什么说十一个脏器功能都取决于胆呢？胆为什么这么重要呢？古往今来，众说纷纭，莫衷一是。我赞同金元四大家之一的李东垣的观点，因为“胆者少阳春升之气，春气升则万化安。故胆气春升，则余脏从之”，胆具有“主生发，通阴阳”的特殊作用，具有阳气初升的功能。这个初升的阳气是人体其他脏腑阳气上升的开始和源头。胆属于阳木，对应的是春天，春天阳气上升，万物萌发生机，胆的阳气带动人体其他脏腑也像万物一样开始欣欣向荣。在子午流注中，胆经在子时是最旺盛的，子时是一阳来复之时，所以说“凡十一脏，取决于胆也”。

生命与人体经脉

十二经脉的分布与作用

我们来学习《灵枢》的《经脉》。这一篇主要讲了十二经脉的分布和循行路线，还有十五络脉的分布和循行路线，以及每条经脉发病的情况、治疗的方法。这是《黄帝内经》有关经络学说十分重要的文献。经络将我们全身上下、左右、内外用网络联系起来，从而使人体不再是分割的，而是一个有密切联系的统一整体。学完这一篇，我们就能知道十二经脉在我们自己身上的分布和作用。我会介绍每条经脉上可以用来养生保健的一个重要穴位，我们自己可以有针对性地按摩这个穴位，另外我还会告诉大家一个拍打十二经络的养生功法。

《经脉》通过雷公发问、黄帝回答的形式，一开篇就说出经络的作用——

黄帝曰：经脉者，所以能决死生，处百病，调虚实，不可不通。

黄帝说：经脉是能用来决断生死、治疗百病、调理虚实的，不可以不通晓。（经脉有三大作用：决死生，处百病，调虚实。）

“不可不通”，可以有两种理解，一种是不可不通晓，另一种是不可不通畅，也就是经络的气血一定要通畅。这话告诉我们，如果经络不通了，人就会得病，严重的，病就治不好了，就会死。如果通了，病就能治好，人也就有活力了。

雷公问，经络到底是什么呢？它是怎样分布的呢？黄帝回答，经络实际上就是气血的通道，如环无端。气血的运行是有道路的，是一个循环的道路，这个道路就叫作经络。接下来黄帝对十二经脉一一作了介绍。十二经脉就是十二正经，这十二条经脉和人体的十二个脏腑是一一对应的。首先是手太阴肺经——

肺手太阴之脉，起于中焦，下络大肠，还循胃口，上膈属肺，从肺系横出腋下，下循臑（nào）内，行少阴、心主之前，下肘中，循臂内上骨下廉，入寸口，上鱼，循鱼际，出大指之端。其支者，从腕后直出次指内廉，出其端。

手太阴肺经，起始于中焦胃脘，向下与大肠相连接，向上与肺相连接，然后走到腋下，从腋下沿着大臂内侧、小臂内侧一直往下走，从前缘往下走，进入寸口，到鱼际，最后到达大拇指尖端。它有一条支脉到达食指尖端（与手阳明大肠经相连接）。

为什么叫肺经呢？是因为它和肺有关系。这条经脉发生异常变化，就会引起肺部的疾病；针刺这条经脉上的穴位，就可以治肺气不足、气血虚的毛病。那么，为什么十二经脉当中要把肺经排在第一位呢？因为肺经循行最旺盛的时候是在寅时，也就是早晨的3点到5点的时候。我们知道阴历的年是从寅月开始的，按照夏代的历法，每年的正月就是寅月，一年从寅月开始，人的经脉也是从主寅时的肺经开始。

我们来看这条经脉发病的情况和治疗的方法——

是动则病肺胀满，膨膨而喘咳，缺盆中痛，甚则交两手而瞀（mào），此为臂厥。是主肺所生病者，咳，上气喘喝，烦心胸满，臑臂内前廉痛厥，掌中热。气盛有余，则肩背痛，风寒，汗出中风，小便数而欠。气虚，则肩背痛寒，少气不足以息，溺色变。为此诸病，盛则泻之，虚则补之，热则疾之，寒则留之，陷下则灸之，不盛不虚，以经取之。

盛者寸口大三倍于人迎，虚者则寸口反小于人迎也。

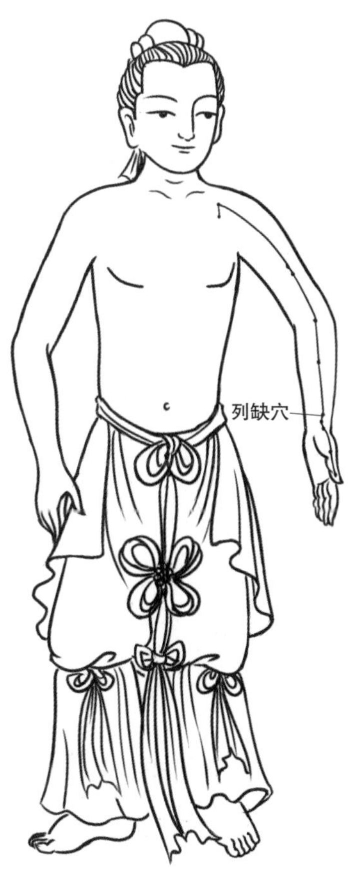

手太阴肺经走向示意图

这条经脉发生异常变动，就会导致肺部胀满，气不宣畅且咳嗽气喘，缺盆部位疼痛——缺盆在锁骨上窝的中央，严重时病人两手交叉按住胸部，视物模糊，这叫作臂厥。本经所主的肺部的病证有：咳嗽，呼吸急促，气喘，心烦，胸部满闷，臑臂内侧前缘作痛，厥冷，掌心发热。本经气盛有余，便会出现肩背部痛，怕风，出汗，小便频繁但量少等症状。本经气虚，便会出现肩背部痛，怕冷，呼吸气短，小便颜色异常。治疗这些病证，邪气壅盛的要用泻法，虚损的要用补法，属热用疾刺法，属寒用留针法，有陷下之处用灸法，不盛不虚的，从本经施治（按照这条经脉的穴位进行治疗——这是针刺治疗十二经脉总的法则）。

那么什么是盛？什么是虚呢？“盛者寸口大三倍于人迎，虚者则寸口反小于人迎也。”盛和虚是指这条经的经气是邪气壅盛还是虚损，邪气壅盛就是寸口脉比人迎脉要大三倍，虚损就是寸口脉反而比人迎脉小。这也是每条经脉对盛和虚作出的解释，不过盛的情况略有不同，都是寸口脉比人迎脉大，但有的是大三倍，有的是大两倍，有的是大一倍。

肺经上的一个穴位非常有名，叫列缺穴。把两只手的虎口交叉，一只手的食指按在另一只手上，食指端按下去的位置就是列缺穴。这个穴位很重要，是四个总穴之一。有一首《四总穴歌》："肚腹三里留，腰背委中求，头项寻列缺，面口合谷收。"其中"头项寻列缺"，就是说列缺穴可以治头部和颈部的毛病，还可以治感冒、气喘、咳嗽等等，是清肺热、补肺气的，可以经常按摩。

列缺穴位置示意图

在讲完手太阴肺经之后，接着就是手阳明大肠经。为什么？因为肺与大肠相表里——

大肠手阳明之脉，起于大指次指之端，循指上廉，出合谷两骨之间，上入两筋之中，循臂上廉，入肘外廉，上臑外前廉，上肩，出髃（yú）骨之前廉，上出于柱骨之会上，下入缺盆，络肺，下膈，属大肠。

手阳明大肠经起始于食指的尖端，经过合谷穴上行到前臂外侧前部，一直走到肩，经大椎穴（位于第7颈椎棘突下凹陷中），再往前行到了缺盆（锁骨上窝中央），进入

手阳明大肠经走向示意图

了胸腔，和肺相连接，再往下行连接大肠。

是动则病齿痛颈肿。是主津液所生病者，目黄口干，鼽衄（qiú nǜ），喉痹，肩前臑痛，大指次指痛不用。气有余则当脉所过者热肿，虚则寒栗不复。

这条经脉发生异常变动而发生的病证有：牙齿疼痛，颈部肿。这条经异常还会引起眼睛发黄，口干，鼻塞或流鼻血，咽喉部肿痛，肩前和上臂痛，拇指、食指疼痛不灵活。如果大肠经气盛有余，经脉所到之处就会发热、肿大；如果大肠经气虚，便会畏寒战栗，不能回暖。

大肠经有一个穴位叫合谷穴，在虎口的位置。《四总穴歌》中说“面口合谷收”，意思是脸上和口中的病证都可以通过合谷穴来取穴扎针，比如牙齿疼、面瘫、面部痉挛等等。平时经常按摩此穴也是有好处的。

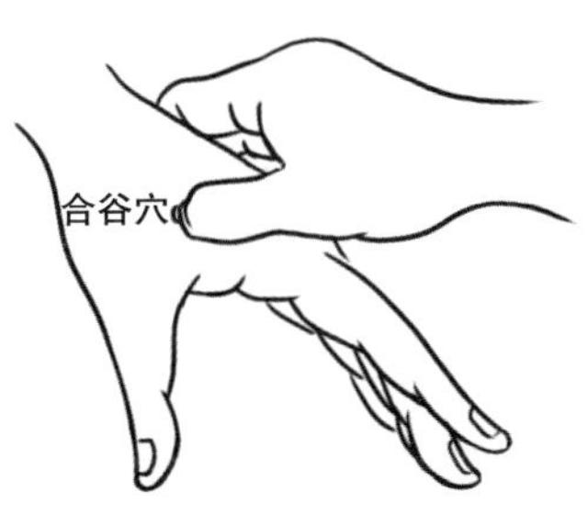

合谷穴位置示意图

手阳明大肠经讲完后，就是足阳明胃经。也就是说，手上相表里的两条经脉走完之后，就要转到足上的经脉了，手阳明就要转入足阳明了——

胃足阳明之脉，起于鼻之交頞（è）中，旁纳太阳之脉，下循鼻外，入上齿中，还出挟口环唇，下交承浆，却循颐后下廉，出大迎，循颊车，上耳前，过客主人，循发际，至额颅；其支者，从大迎前下人迎，循喉咙，入缺盆，下膈，属胃络脾；其直者，从缺盆下乳内廉，下挟脐，入气街中；其支者，起于胃口，下循腹里，下至气街中而合，以下髀关，抵伏兔，下膝膑中，下循胫外廉，下足跗（fū），入中指内间；其支者，下廉三寸而别，下入中指外间；其支者，别跗上，入大指间，出其端。

足阳明胃经，起始于鼻旁，交会于鼻梁。这条经脉的运行路线非常复杂，简单地说，从鼻梁两侧往上行进入眼睛内，再向下经过嘴唇两侧，继续往下到人迎穴（人迎脉的位置在喉咙两旁），继续往下到了缺盆，深入到体腔内，下行经过膈肌连接到胃，所以就叫胃经。另外还有一个分支从缺盆出来，到体表，沿着乳房中间往下行，往下绕肚脐的两旁，在肚脐的两边往下行到了腹股沟，再沿着大腿的外侧前缘继续往下行，到小腿外侧前缘，一直到脚中趾的外侧端。它的分支很多，线路非常复杂。

足阳明胃经走向示意图

是动则病洒洒振寒，善伸，数欠，颜黑，病至则恶人与火，闻木声则惕然而惊，心欲动，独闭户塞牖而处，甚则欲上高而歌，弃衣而走……

这条经脉发生异常变动而发生的病证有：怕冷发抖，频繁伸腰呵欠，额部发黑，病发时，讨厌见人和火，听到木头的声音便担惊受怕，心跳不安，喜欢独自关上门窗待着，病情严重时会登上高处唱歌，扔掉衣服奔跑，等等。

足阳明胃经里面有一个著名的穴位，叫足三里穴，沿着膝盖下方，在膝盖窝处往下三寸的地方，也就是四指横放，胫骨的侧方就是。足三里穴是一个长寿穴，要经常按摩、敲击。《四总穴歌》说“肚腹三里留”，只要是腹部的所有疾病，比如肚子疼，还有胃痛、胃寒，西医讲的胃下垂、胃痉挛都可以用针刺足三里来治疗，我们自己也可以用大拇指按摩。平常养生可以用两手握拳敲打两腿上的足三里穴。

足阳明胃经走完就和足太阴脾经相连接，胃与脾互为表里，胃经循行到脚上大拇指的内侧，就跟脾经相交了——

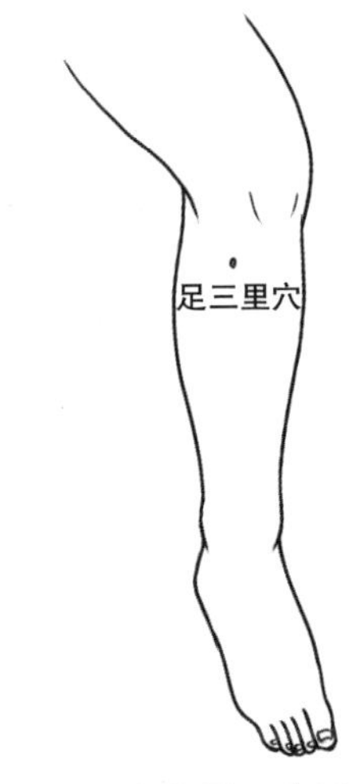

足三里穴位置示意图

脾足太阴之脉，起于大指之端，循指内侧白肉际，过核骨后，上内踝前廉，上踹内，循胫骨后，交出厥阴之前，上膝股内前廉，入腹属脾络胃，上膈，挟咽，连舌本，散舌下；其支者，复从胃，别上膈，注心中。

足太阴脾经起始于足的大趾内侧端，沿着内侧往上走，过了内踝，沿着小腿内侧的正中线往上行，到了内踝上八寸的地方，就沿着大腿内侧的前缘往上行，进入腹部，联络到脾，又联络到胃，然后继续往上，穿过膈肌，沿着食道的两旁，往上与舌根相连。它有一个分支注入心，交于手少阴心经。

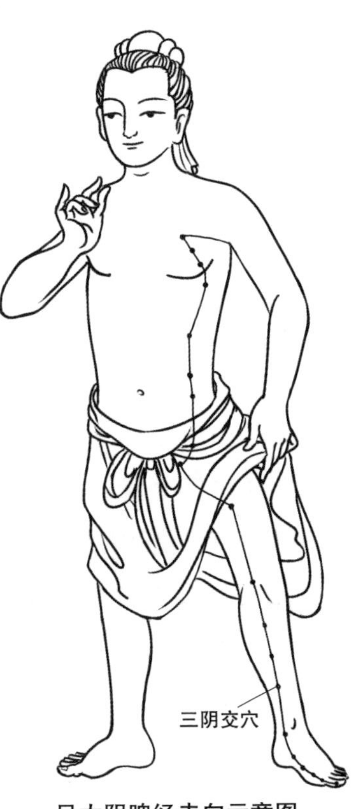

足太阴脾经走向示意图

脾经对治疗脾胃的疾病有效果，所以我们要养脾胃，可以经常按摩这条经脉。

是动则病舌本强，食则呕，胃脘痛，腹胀善噫（yī），得后与气，则快然如衰，

身体皆重。是主脾所生病者，舌本痛，体不能动摇，食不下，烦心，心下急痛，溏（táng），瘕（jiǎ）泄，水闭，黄疸，不能卧，强立股膝内肿厥，足大指不用。

这条经发生异常变化导致的病证有：舌根强硬，吃完就呕吐，胃脘部疼痛，腹胀，经常嗳气，大便或矢气后会觉得症状减轻，身体沉重。本经所主的脾的病证有：舌根痛，身体无法转动，吃不下东西，心中烦，心下突然疼痛，大便稀薄，下痢，小便不通，黄疸，不能躺下，勉强站起就会出现股膝内肿大厥冷，足大趾无法动弹。

这条经脉上有一个穴位，叫三阴交。在内踝的上边，内踝骨尖往上三寸的位置，有一个凹陷的地方就是。它是治妇科病的特效穴位，一般妇科病按摩这个穴位都是有效果的。

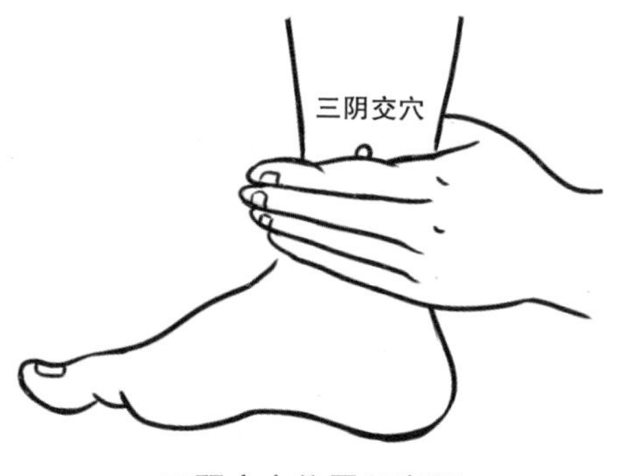

三阴交穴位置示意图

经络是神秘的，更是有用的。经络可以用来“决死生，处百病，调虚实”，经络的作用不仅是用来治已病，而且还用来治未病、强身健体。

在足太阴脾经之后就是手少阴心经——

心手少阴之脉，起于心中，出属心系，（中略）复从心系却上肺，下出腋下，下循臑内后廉，行太阴心主之后，下肘内，循臂内后廉，抵掌后锐骨之端，入掌内后廉，循小指之内出其端。

手少阴心经，起始于心中，从心中出发而联系着心的脉络，（中略）从心系向上经过肺，又到了腋下，再沿着上臂内侧后方下行，到肘部，继续向下行，沿着下臂内侧后方，进入手掌内，再沿着小指内侧到达小指尖。

简单地说，手少阴心经是从心开始，沿着手臂内侧的后方走的，一直到小指的指尖。

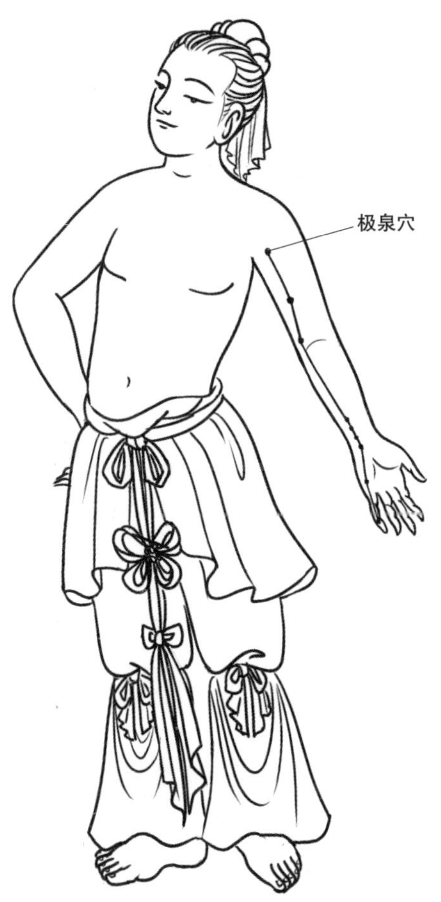

手少阴心经走向示意图

是动则病嗌（yì）干心痛，渴而欲饮，是为臂厥。是主心所生病者，目黄胁痛，臑臂内后廉痛厥，掌中热痛。为此诸病，盛则泻之，虚则补之，热则疾之，寒则留之，陷下则灸之，不盛不虚，以经取之。

这条经脉发生异常变动就会导致喉干，心痛，口渴想喝水，这叫作臂厥。本经所主的心的病证有：眼睛发黄，胸胁疼痛，手臂内侧后方疼痛厥冷，手掌发热疼痛。治疗这些病证，同样也要采用“盛则泻之，虚则补之，热则疾之，寒则留之，陷下则灸之，不盛不虚以经取之”的治疗原则。

心经上有一个穴位叫极泉穴，极泉穴在腋窝下边正中的位置，一拨动就会觉得很麻，它可以治一些心脑血管方面的疾病，如冠心病、肺心病、高血压等等。拨动这个穴位，经常按摩这个穴位，对心脏是有好处的。

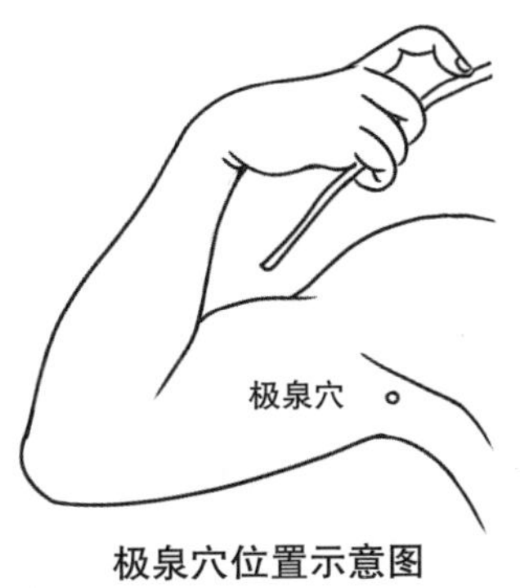

极泉穴位置示意图

手少阴心经走完之后，又和手太阳小肠经相连接，因为心和小肠相表里——

小肠手太阳之脉，起于小指之端，循手外侧上腕，出踝中，直上循臂骨下廉，出肘内侧两筋之间，上循臑外后廉，出肩解，绕肩胛，交肩上，入缺盆，络心，循咽，下膈，抵胃，属小肠。

手太阳小肠经的循行路线是起于小指的外侧，沿着手背、手臂——小臂、大臂的外侧后方一直向上走，到达肩关节的后面，绕过了肩胛骨交于肩上，前行经过缺盆，进入体内联系到心，沿食管通过膈肌一直往下行就到了胃，属于小肠（所以叫小肠经）。

手太阳小肠经走向示意图

是动则病嗌痛颔肿，不可以顾，肩似拔，臑似折。是主液所生病者，耳聋，目黄，颊肿，颈、颔、肩、臑、肘、臂外后廉痛。

这条经脉发生异常变化而发生的病证有：咽痛，颌部肿，无法回头，肩痛得像被拉扯，臂痛得像被折断。本经所主的液的病证有：耳聋，眼睛发黄，颊部肿，沿颈、肩、肘、臂等部位外后方痛。

手少阴心经和手太阳小肠经这对表里经脉之后，就到足太阳膀胱经了——

膀胱足太阳之脉，起于目内眦，上额交巅，（中略）从巅入络脑，还出别下项，循肩髆（bó）内，挟脊抵腰中，入循膂，络肾属膀胱；其支

者，从腰中下挟脊贯臀，入腘中，（中略）以下贯踹内，出外踝之后，循京骨，至小指外侧。

足太阳膀胱经（这条经脉非常有名，也非常重要，我们按摩时趴在床上开背，主要就是疏通这条经脉，它的主要运行路线在人体的后背、在脊柱的两旁，一直往下走，直到脚后跟），是从眼内角起始的，上行至额头，交会于头顶，（中略）一条支脉从头顶入内联络于脑，复出下行至头项部，沿着肩胛骨内侧，在脊柱的两旁一直往下，抵达腰部，沿着肌肉深层，络于肾，属于膀胱；又一支脉，从腰中下行穿过臀部，进入大腿、大腿的腘窝，（中略）下行穿过小腿肚，行于外踝后方，一直行到脚上的小趾端的外侧（在这里和下一条经脉也就是足少阴肾经相接）。

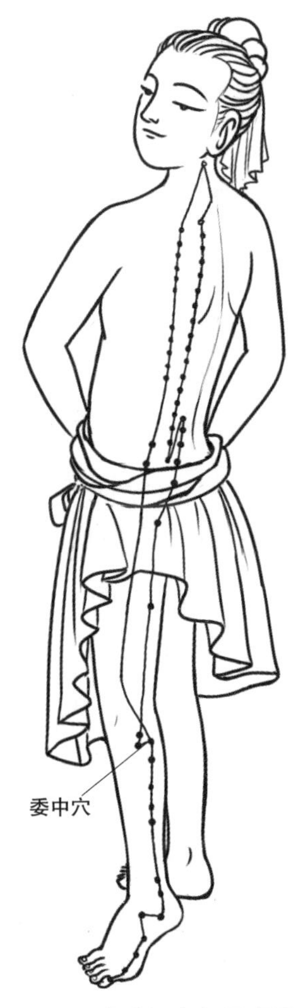

足太阳膀胱经走向示意图

是动则病冲头痛，目似脱，项似拔，脊痛，腰似折，髀不可以曲，腘如结，踹如裂，是为踝厥。

这条经发生异常变动就会导致以下病证：气往上冲而头痛，眼珠像要脱出，项部像被拉拽，脊柱疼痛，腰像被折断，大腿无法弯曲，腘部像被扎紧，小腿肚像要裂开，这叫作踝厥。

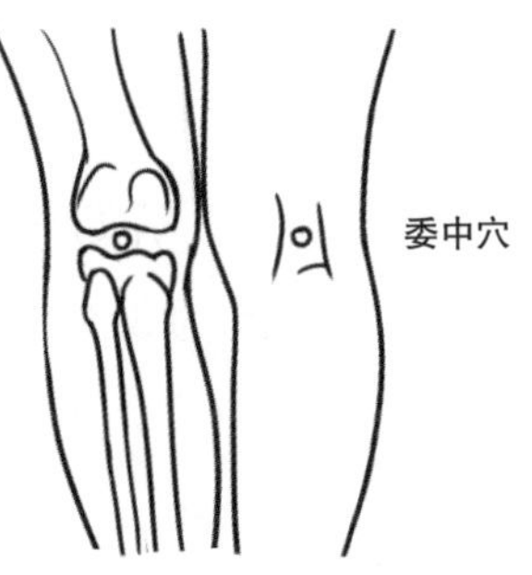

委中穴位置示意图

膀胱经整个的走向是从头部一直向下行到后面脊柱两边，往下行。在膝盖的后方叫腘窝的位置，有一个有名的穴位叫腘中，又叫委中。只要是肩背上有毛病的，都可以按揉这个穴位，就是《四总穴歌》里说的“肩背委中求”。

足太阳膀胱经和足少阴肾经相连接——

肾足少阴之脉，起于小指之下，邪（斜）走足心，出于然谷之下，循内踝之后，别入跟中，以上踹内，出腘内廉，上股内后廉，贯脊，属肾，络膀胱；其直者，从肾上贯肝膈，入肺中，循喉咙，挟舌本；其支者，从肺出络心，注胸中。

足少阴肾经（主要是沿着小腿、大腿的内侧往上走的），起始于脚小趾，沿着内踝的后方上行到小腿肚，继续上行到大腿内侧后缘，贯穿脊柱进入腹腔属于肾，络于膀胱，一条分支接着从肾上行进入胸腔入肺中，另一分支上行络于心，注入胸中，和心包经相接。

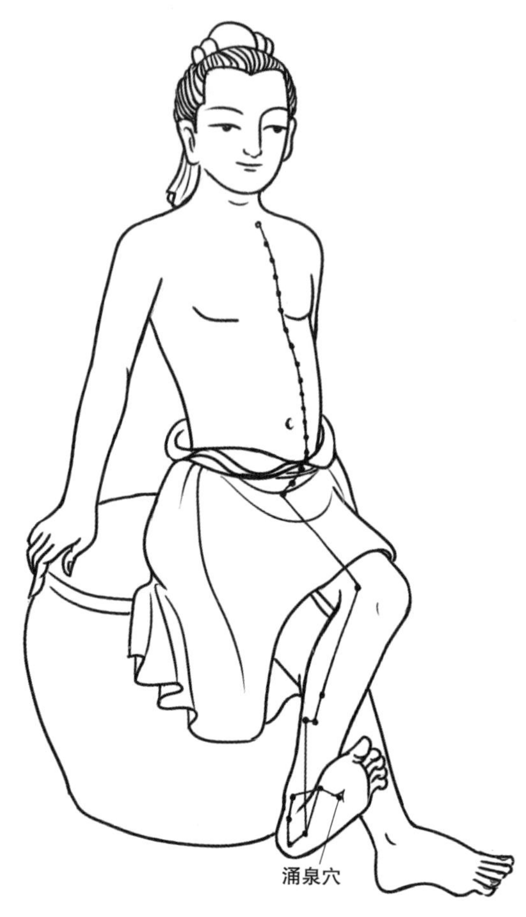

足少阴肾经走向示意图

是动则病饥不欲食，面如漆柴，咳唾则有血，喝喝而喘，坐而欲起，目𥆧（huāng）𥆧如无所见，心如悬若饥状，气不足则善恐，心惕惕如人将捕之，是为骨厥。

这条经脉发生异常变动导致的病证有：饥饿但不想吃东西，面色晦暗呈现黑色，咳吐带血，喘息有声，坐下又想站起来，双眼视物不清，心如同悬在半空，气虚不足，容易产生恐惧，心中不安像有人要来抓捕他一样，这叫作骨厥。

肾经上有一个非常有名的穴位叫作涌泉穴。它在脚板心正中稍前一点的位置。涌泉穴可与劳宫穴——就是手掌心的穴位——互相按摩：左手劳宫穴按右脚的涌泉穴，右手劳宫穴按左脚的涌泉穴，能起到心肾相交的作用，也可以治失眠。涌泉穴也被称为长寿穴，经常按摩它，对延年益寿有好处。

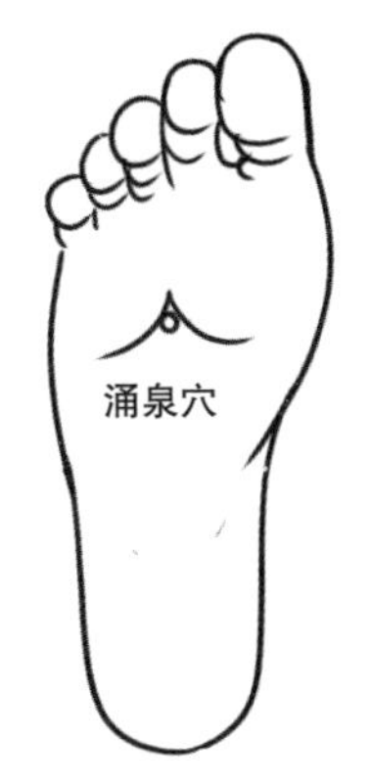

涌泉穴位置示意图

足少阴肾经走完以后，又和手厥阴心包经相连接——

心主手厥阴心包络之脉，起于胸中，出属心包络，下膈，历络三焦；其支者，循胸出胁，下腋三寸，上抵腋，下循臑内，行太阴少阴之间，入肘中，下臂行两筋之间，入掌中，循中指出其端；其支者，别掌中，循小指次指出其端。

手厥阴心包经，从胸中开始，连接着心包络，然后下行穿过膈膜，联络于三焦。有一条支线，沿胸腔一直上行到达腋窝，向下穿行到上臂，沿着上臂内侧进入肘关节，沿下臂内侧继续下行，进入手掌中，一直到中指指端；另一分支到达无名指末端（与下一条经脉——三焦经相接）。

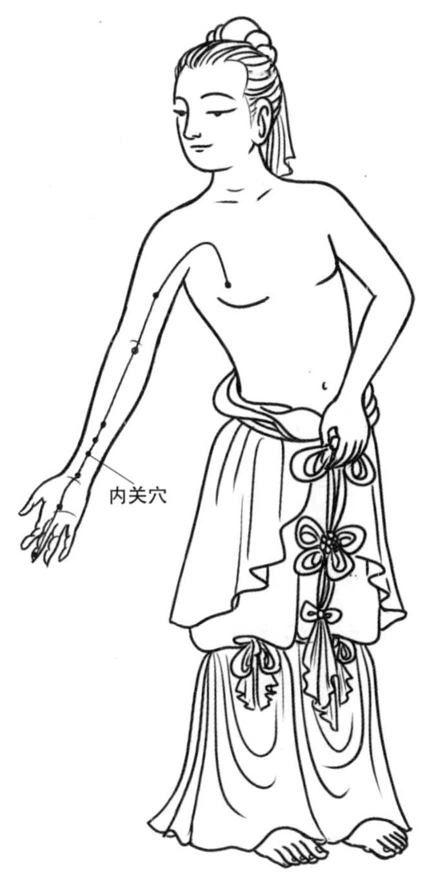

手厥阴心包经走向示意图

这条经大部分是在手臂内侧的中线运行。

是动则病手心热，臂肘挛急，腋肿，甚则胸胁支满，心中憺（dàn）憺大动，面赤目黄，喜笑不休。

这条经脉发生异常变动导致的病证有：手心发热，手肘拘挛，腋下肿，严重时则胸胁胀满，心中动荡不安，面色发红，眼睛发黄，嘻笑不止等。

内关穴位置示意图

心包经上有一个劳宫穴，就在手掌心。再继续往上行，有一个内关穴，在手腕横纹上面两寸的位置，有一个凹陷的地方就是。经常按摩这个穴位，有利于气血的流畅、体力的恢复。它还是治疗心脏病、高血压的一个很有效的穴位，同时也是个急救穴。

手厥阴心包经走完之后，又和手少阳三焦经相连接，心包和三焦互为表里——

三焦手少阳之脉，起于小指次指之端，上出两指之间，循手表腕，出臂外两骨之间，上贯肘，循臑外上肩，而交出足少阳之后，入缺盆，布膻中，散络心包，下膈，循属三焦；其支者，（中略）交颊，至目锐眦。

手少阳三焦经，从无名指尖开始，沿着手背、手臂外侧两骨之间，向上穿过肘部，沿着手臂外侧上行至肩（基本上是在小臂、大臂外侧的中线行走），然后进入锁骨上窝的缺盆，散布于腹腔中部，从胸到腹属于三焦。有一条支脉，（中略）上行到面颊部，到达外眼角（与下一条经脉

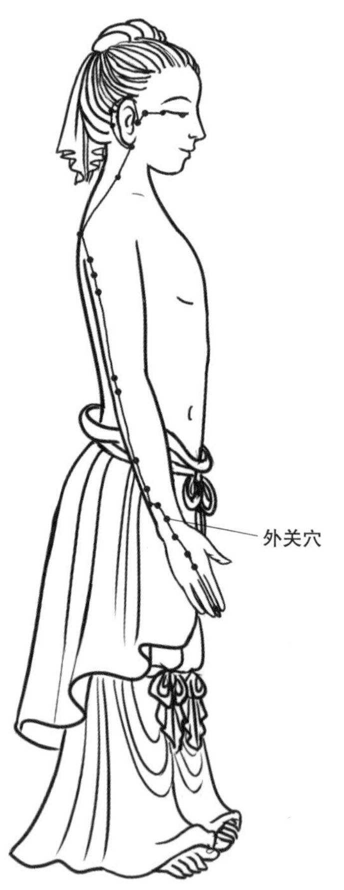

手少阳三焦经走向示意图

胆经相交）。

是动则病耳聋浑浑焞焞，嗌肿喉痹。

这条经发生异常变动导致的病证有：耳聋轰轰作响，咽部肿，喉咙闭塞等。

三焦经上面有一个穴位叫外关穴，与内关穴相对应，在内关穴正对的手背位置。同样地，外关穴和内关穴互相对着按压，可以治心脑血管疾病，对治头痛、头晕、失眠、焦虑等病都有效果。

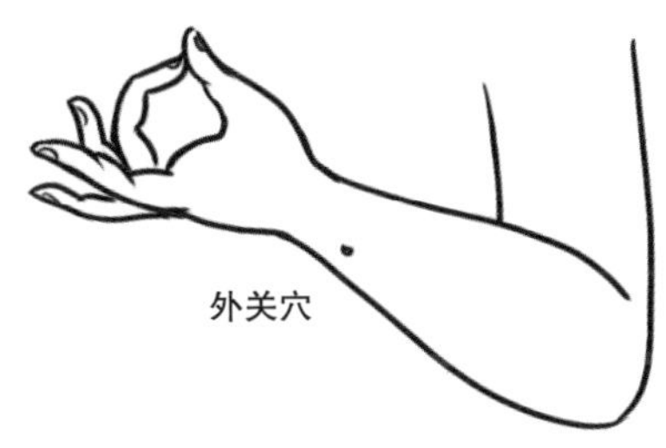

外关穴位置示意图

我们已经学习了十二经脉中的十条经脉，不知道大家发现了经络分布和走向的秘密没有。我们来回顾一下。十二经脉是从手太阴肺经开始的，从手太阴肺经传到手阳明大肠经（肺和大肠是表里关系）；然后到足——足阳明胃经、足太阴脾经（胃和脾是表里关系）；然后到手——手少阴心经、手太阳小肠经（心和小肠是表里关系）；然后到足——足太阳膀胱经、足少阴肾经（膀胱和肾是表里关系）；然后到手——手厥阴心包经、手少阳三焦经（心包和三焦是表里关系）；最后到足——足少阳胆经、足厥阴肝经，肝经走完又回到手太阴肺经。就这样周而复始。

可见十二经脉是手足阴阳表里一一连接、逐经相传的，构成了一个周而复始、如环无端的网络系统。经脉是气血运行的通道，通过经脉可以把气血向内送达脏腑，向外送达肌表，这样气血运行全身，使全身从里到外、从上到下都被气血所濡养。

那么十二经脉的走向和交接有没有一个整体规律呢？有。这个规律就是：手三阴经从胸走手，在手指末端交会于手三阳经；手三阳经从手走头，在头面部交会于足三阳经；足三阳经从头走足，在足趾末端交会于足三阴经；足三阴经从足走腹，在胸腹腔交会于手三阴经。

那么三阴三阳的分布有没有规律呢？有。三条阴经是在手和足的内侧走的，三条阳经是在外侧走的，内侧为阴，外侧为阳。一般来说，三条阴经在手足内侧的分布按照从前到后的次序是太阴、厥阴、少阴，简单记就是“太厥少”；三条阳经在手足外侧的分布按照从前到后的次序是阳明、少阳、太阳，简单记就是“阳少太”。

我在后面会教大家一个十二经脉拍打功法，就是按照这个运行路线来拍打。拍打的目的就是疏通十二经脉，保持身体健康。

这一讲我先把剩下的两条经脉讲完。先看足少阳胆经——

胆足少阳之脉，起于目锐眦，上抵头角，下耳后，（中略）其直者，从缺盆下腋，循胸过季胁，下合髀厌中，以下循髀阳，出膝外廉，下外辅骨之前，直下抵绝骨之端，下出外踝之前，循足跗上，入小指次指之间；其支者，别跗上，入大指之间，循大指歧骨内出其端，还贯爪甲，出三毛。

足少阳胆经（是接着手少阳三焦经之后的，在十二经脉中它是循行路线最长的一条经脉），起始于眼外角，向上行至额角，向下行于耳后。（中略）（在头上的循行路线比较复杂，有三条支脉。）它的直行支脉，从锁骨上窝的缺盆下行至腋窝部，沿着胸部经过两侧肋骨，一直往下运行，到臀部外侧的环跳穴、大腿的外侧、小腿的外侧（基本上是沿着大腿、小腿外侧的中线循行），一直到足背，最后到第四趾末端的足窍阴穴；又有一条支线最后到达脚

足少阳胆经走向示意图

大趾端（和下一条经脉——足厥阴肝经交接）。

是动则病口苦，善太息，心胁痛不能转侧，甚则面微有尘，体无膏泽，足外反热，是为阳厥。

这条经脉发生异常变动导致的病证有：口苦，经常叹气，心胁部疼痛，无法转身，严重者面部像有灰尘一样，肌肤没有光泽，足外侧反而发热，这叫作阳厥。

养生要经常敲打足少阳胆经，因为少阳是阳气初生的经络，按照子午流注的说法，胆经在一天中的半夜子时走得最旺，子时是一阳来复的时候，所以敲打足少阳胆经有助于提升阳气。注意不是敲打某一个穴位，而是整个胆经，两边的胆经，都要敲打。要注意胆经的环跳穴，在臀部外侧凹进去的位置，这个穴位比较敏感，一敲下去敏感的人会感到胀麻，气会上下窜，窜的路线就是胆经的路线。

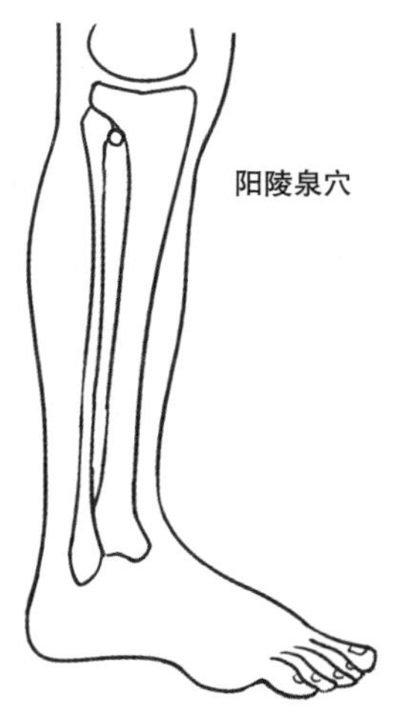

阳陵泉穴位置示意图

胆经上还有一个穴位叫阳陵泉，在膝关节以下，在小腿的外侧，在腓骨小头前下凹陷的位置。从名字可以看出，此穴是阳气像泉水般汇集之地，可以治胆经上的疾病，肝胆不好像有胆囊炎的，要经常按摩这个穴位。

足少阳胆经走完以后，就是足厥阴肝经，也就是十二经脉中的最后一条经脉——

肝足厥阴之脉，起于大指丛毛之际，上循足跗上廉，去内踝一寸，上踝八寸，交出太阴之后，上腘内廉，循股阴，入毛中，过阴器，抵小腹，挟胃，属肝络胆，上贯膈，布胁肋，循喉咙之后，上入颃颡（háng sǎng），连目系，上出额，与督脉会于巅。（中略）其支者，复从肝别贯

膈，上注肺。

足厥阴肝经从脚大趾开始，沿着脚背上行到内踝骨，接着沿小腿内侧往上行，到内踝骨上八寸的地方开始往小腿的后方运行，然后沿着大腿内侧进入阴毛，绕过生殖器，上行抵达小腹，联络到肝和胆，继续上行穿过膈膜，布散于胁肋，沿着喉咙后方，一直到头顶与督脉交会。（中略）有一分支上行到肺（和手太阴肺经相交接）。

足厥阴肝经走向示意图

是动则病腰痛不可以俯仰，丈夫㿗（tuí）疝，妇人少腹肿，甚则嗌干，面尘脱色。是主肝所生病者，胸满，呕逆，飧（sūn）泄，狐疝，遗溺，闭癃（lóng）。

这条经脉发生异常变动导致的病证有：腰痛，无法前俯后仰，男子阴囊肿大，女子小腹肿，严重者喉咙干，面部如有灰尘没有光泽。本经所主的肝的病证有：胸部满闷，呕吐，气逆，腹泻完谷不化，狐疝，遗尿，小便不通等。

肝经上有个穴位，叫太冲穴，又名“消气穴”。在脚背的第一、第二趾骨之间。生气时按摩此穴位有助于消气，经常按摩还能起到平肝清热的作用。现代研究证明这个穴位对治疗高血压有效果，高血压患者可以经常按摩这个穴位。

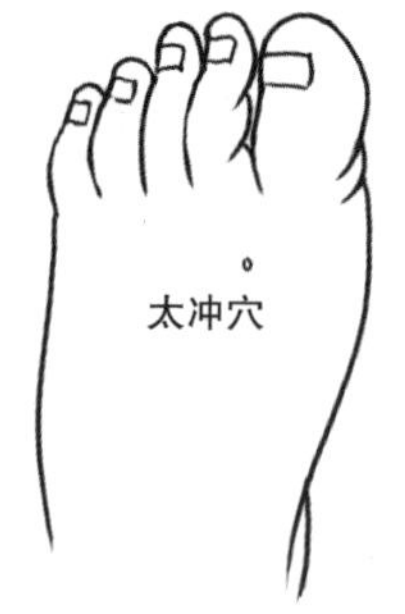

太冲穴位置示意图

走完肝经，十二经脉就全部走完了。接下来就又要回到手太阴肺经，十二经脉就是这样如环无端，运行不止的。

在讲完十二经脉以后，雷公又向黄帝请教什么是络脉。经络经络，有经有络，我们前面说过经络是气血的通道，其中经是主干道，是纵行分布的，位置较深；络犹如网络，是经脉的分支，其特点是纵横交错，遍布全身，位置要浅一些。

雷公曰：何以知经脉之与络脉异也？

黄帝曰：经脉者常不可见也……脉之见者皆络脉也。……诸络脉皆不能经大节之间，必行绝道而出，入复合于皮中，其会皆见于外。故诸刺络脉者，必刺其结上，甚血者虽无结，急取之以泻其邪而出其血，留之发为痹也。

雷公说：怎样才能知道经脉和络脉的不同之处呢？

黄帝说：经脉一般情况下看不见……能够看见的脉都是络脉。……所有的络脉都无法通过大骨节的部位，所以要经过经脉所不到的地方，也就是要出于皮表，越过大关节后，再和经脉会合并显现在皮表。所以针刺络脉，一定要刺在它聚结的地方，血瘀严重处虽然没有络脉聚结，也应急刺此处来放出瘀血，泻出邪气，否则瘀血留在体内，就会发展为痹证。

接下来黄帝就详细介绍了十五络脉的名称、循行路线和所主的疾病症状。络脉一共十五条，都是从经脉上别出的，也就是从经脉上另外走出一条脉。哪十五条络脉呢？就是十二经脉各别出一条络脉，加上任脉、督脉各自别出一条络脉，这是十四条，再加上脾之大络，共计十五条。这十五条络脉是怎么命名的呢？是以十五络所发出的腧穴命名的。十五络所发出的腧穴就叫络穴。比如——

手太阴之别，名曰列缺，起于腕上分间，并太阴之经直入掌中，散入于鱼际。

手太阴肺经别出的络脉，名字叫列缺（这条络脉是从列缺穴发出的，列缺穴就是络穴。列缺穴的取穴有一个简便的方法，就是两手的虎口交叉，食指尖压在手腕上部的地方，就是列缺穴），它起始于手腕上分肉之间，与手太阴经脉并行进入手掌中，散布于鱼际。

十二经脉别出的络穴都位于四肢肘膝关节以下，它们的名称是：手太阴经的络脉叫列缺，手少阴经的络脉叫通里，手厥阴经的络脉叫内关，手太阳经的络脉叫支正，手阳明经的络脉叫偏历，手少阳经的络脉叫外关，足太阳经的络脉叫飞阳，足少阳经的络脉叫光明，足阳明经的络脉叫丰隆，足太阴经的络脉叫公孙，足少阴经的络脉叫大钟，足厥阴经的络脉叫蠡沟。

还有三条络脉，任脉的络脉叫尾翳（也就是鸠尾），督脉的络脉叫长强，脾之大络叫大包。这些名称其实也就是十五络穴的名称，是十五络脉的起始点。

最后黄帝总结说——

凡此十五络者，实则必见，虚则必下，视之不见，求之上下，人经不同，络脉异所别也。

这十五条络脉，属实证时（也就是脉气盛大拥堵时）是明显可见的，属虚证时（也就是脉气不足时）是下陷而不容易看见的，这时应在络脉的上下循行处仔细观察寻求征象，每个人的经脉不同，络脉也一定有所差别。

我已经把《经脉》十二经脉和十五络脉作了简要的介绍，那么这些经络还有哪些支脉呢？请看下一讲。

十二经脉的支脉和经筋

我们通过上一篇《经脉》的学习，已经知道了人体十二经脉的走向，也大体知道了十五络脉的分布，但是人体不仅仅是十二经脉和十五络脉，还有很多与十二经脉相关的支脉，这一讲我们就来讲一讲和十二经脉有关的《经别》《经筋》。

先看《灵枢》的《经别》，顾名思义，经别就是从十二经脉别出来、分出来的支脉，所以也有十二条。十二经别循行的部位深而且距离长，是十二经脉从四肢的肘、膝以上分别出来的支脉，循行于胸部、腹部和头部。经别不同于络脉，络脉有十五条，其中十二条也是从十二经脉分别出来的，但走得比较浅，行走的路线和经别也不相同。

《经别》开头黄帝向岐伯发问——

黄帝问于岐伯曰：余闻人之合于天道也，内有五脏，以应五音、五色、五时、五味、五位也；外有六腑，以应六律，六律建阴阳诸经而合之十二月、十二辰、十二节、十二经水、十二时，十二经脉者，此五脏六腑之所以应天道。夫十二经脉者，人之所以生，病之所以成，人之所以治，病之所以起（中略）。请问其离合出入奈何？

黄帝问岐伯：我听说人是与天道相符合的，在内有五脏，用来对应五音、五色、五时、五味、五位；在外有六腑，对应六律；六律又分为阴阳，所以有十二律（十二律就是十二种音高，标志乐音高低的标准，比如黄钟、大吕、太簇、夹钟等）。所以人体和它对应就有十二经络，十二经络又对应十二个月、十二个时辰（是指沿天赤道从东向西将周天等分为十二个部分）、十二节气、十二条主要河流、十二个时辰，这就是五脏六腑与天道的相应。十二经脉啊，人凭借它活着，病凭借它而产生，人凭借它来治疗，疾病也凭借它得以痊愈（中略）。请问经脉的离合、出入是什么样的？

岐伯恭恭敬敬地做了回答。岐伯逐一介绍了十二经别的循行路线，十二经别都是从十二经脉在四肢肘、膝以上部位分别出来的，然后由浅入深，进入体腔内部，同各经所归属的脏腑相联系，再浅出于体表。其中六条阳经的经别浅出体表到头部、颈部时，仍归入同名的经脉；但六条阴经的经别在浅出体表后，则与其互为表里的阳经相会合。这就和十二经脉的其他支脉不同，一般的支脉别出以后往往还会与本经的经脉相合。这也和十二经脉的络脉不同，十二络脉从本经的络穴别出后，全部都是走向相表里的经脉，即阴经别走于阳经，阳经别走于阴经。

岐伯在讲十二经别时，特别提到了“离合出入”的概念。十二经别从四肢肘膝以上的正经别出（即另外分出来，叫作“离”），经过躯干深入体腔与相关的脏腑联系（叫作“入”），再浅出于体表、上行到头项部（叫作“出”），在头项部，阳经的经别合于本经的经脉，阴经的经别合于相表里的阳经的经脉（叫作“合”）。

总结一下十二经别。足太阳、足少阴的经别，从膝盖后面的腘窝部位分出来，进入肾与膀胱，上出于项，交合于足太阳膀胱经；足少阳、足厥阴经别，从下肢分出，走到生殖器上方的阴毛边缘，进入肝胆，上系于目，交合于足少阳胆经；足阳明、足太阴经别，从髀部（大腿前面）分出来，进入脾胃，上出鼻梁，交合于足阳明经；手太阳、手少阴的经别，从肩部、腋窝分出，进入心与小肠，上出目内眦，交合于手太阳小肠经；手少阳、手厥阴的经别，分别从本经分出，进入胸中，行走于三焦，上出耳后，交合于手少阳三焦经；手阳明、手太阴的经别，从本经分出，进入肺与大肠，上出缺盆，交合于手阳明大肠经。因为阳经的经别合于本经的经脉，但阴经的经别不再归入本经，而是和与其互为表里的阳经相会合，六条阴经的经别交合于六条阳经，一共是“六合”。

十二经别进一步密切了十二经脉与脏腑的内外联系，使得十二经脉的分布和联系部位更加周密广泛。

我们再来看一下《灵枢》的《经筋》。经筋是附属于十二经脉的筋膜系统，也就是十二经脉之气“结、聚、散、络”于筋肉、关节的系统。本篇主要介绍了十二经筋的循行路线、病变症状以及治疗方法等问题。

十二经筋都起源于四肢末端指爪，即十二经脉的阴阳交接处，沿四肢上行于颈项，终结于头面部，并不与内脏相连，位于浅表部的筋肉间。十二经筋的循行部位与十二经脉分布大致相似。但是十二经脉都络属于脏腑，经筋却不络属于脏腑而以四肢为主，所以其循行又与十二经脉不完全相同。这也说明经脉和经筋的功能是有差异的，十二经脉是人体内运行气血的道路，它的功能是沟通表里、上下，联系脏腑器官，使人体各个部分形成一个统一的整体。十二经筋的功能主要是维系骨骼、肌肉，主管周身四肢百骸的运动，具有联络四肢百骸、主管关节运动的作用。

由于十二经筋起于四肢末端的指甲旁，聚集于四肢关节处，与内脏的关系不大，因此它出现的病证也与经脉的不同，大多集中在关节、肢体，以“痹证”为主要表现。除此以外，筋脉还有一个特点是会于“前阴”——生殖器。这是因为生殖器是宗筋之汇。又因为肝主筋，如果筋脉出现问题，就会出现拘挛、痿废、屈伸不利，甚则抽搐、口眼歪斜、痉挛等症状。

所以对经筋的病证，在针刺治疗上有一个统一的原则就是：“治在燔针劫刺，以知为数，以痛为输。”也就是用火针迅速进针出针，要以病人有针感为标准，一旦病人感到灼热就要立即停止；以疼痛点为穴位，就是阿是穴——哪里痛就刺哪里。

为什么叫阿是穴？相传古代有一个医者在给一个病人治病时，不知道取什么穴位，于是在病人身上摸索，摸到一个痛点时，病人就大叫：“啊，是这里，是这里了。”于是医者就在这里扎针，结果后来病果然好了。所以叫阿是穴。

人体部位的测量和经脉的长度

很多人认为中医是不讲解剖的，是不讲数量的。这种观点其实是不准确的。《灵枢》有一篇《经水》就明确提出“解剖”这一词汇：“外可度量切循而得之，其死可解剖而视之。”中医也不是不讲数量的，这一讲我们要学习的两篇《骨度》和《脉度》就是讲骨头关节数量和经脉长短数量的。

先看《灵枢》的第十四篇《骨度》——

黄帝问于伯高曰：脉度言经脉之长短，何以立之？

伯高曰：先度其骨节之大小广狭长短，而脉度定矣。

黄帝曰：愿闻众人之度，人长七尺五寸者，其骨节之大小长短各几何？

伯高曰：头之大骨围二尺六寸，胸围四尺五寸，腰围四尺二寸。发所覆者，颅至项尺二寸，发以下至颐长一尺，君子参折。

黄帝问大臣伯高说：《脉度》里说到人经脉的长短，是怎么确定的呢？

伯高回答说：先测量出各个骨节的大小、宽窄、长短，然后按照它就可以把脉的长短确定出来。

黄帝说：我想了解大众骨度的情况，如果这个人身高七尺五寸，他的骨节的大小、长短各是多少呢？

伯高说：头骨最大地方的周长是两尺六寸，胸围四尺五寸，腰围四尺二寸。头发所覆盖的地方，也就是头颅前发际线到后颈后发际线的长度为一尺两寸，前发际线到腮帮的下缘长一尺，君子（有才德的人，这里指长相端正的人）面部上、中、下的长度相等。

这一篇讲的尺寸究竟是多少呢？现代不少学者都在研究这一篇是用的哪个朝代的“尺寸”，这里讲的尺制是什么标准？这其实是不对的，这里讲的尺寸不是绝对的尺寸，而是相对的尺寸，也就是同身尺寸、比例尺寸。因为人的身高是不等的，有人长得高，有人长得矮，如果用同一把绝对的尺子来量身体就会闹笑话。比如说下丹田关元穴是肚脐下三寸，如果你用一把尺子来量，那就麻烦了，大高个的三寸和小矮个的三寸量出来的穴位能一样吗？所以古人很聪明，他用的是同身寸，就是按比例的尺寸。这一篇首先确定所有人的统一尺度也就是“众人之度”，无论男女老少、高矮胖瘦，都参照标准身高七尺五寸来确定比例，一寸就是一等分，七尺五寸就是七十五等分。比如所有人从手腕横纹至肘横纹都是十二寸，也就是将这段距离都划分成十二等分，这样一来每个人都是十二寸，也就是比例是相同的，但实际长度每个人肯定是不同的。比如刚才说的下丹田在肚脐下三寸，怎么量的？中医用同身寸，就是用自己的手指，四个指头并排的宽度就是三寸。用自己的手指作为尺寸，那么大高个和小矮个量出来的穴位就都是准确的。

接下来伯高又说了人体中线的比例尺寸——

结喉以下至缺盆中长四寸，缺盆以下至髑骬（hé yú）长九寸，过则肺大，不满则肺小。髑骬以下至天枢长八寸，过则胃大，不满则胃小。天枢以下至横骨长六寸半，过则回肠广长，不满则狭短。

从结喉（喉结突出）至缺盆中（指天突穴，在颈部前正中线上，胸骨上窝中央）是四寸，从缺盆到胸骨下端的剑突是九寸。如果超过九寸，则肺脏大，不足九寸则肺脏小。从剑突至天枢穴之间（与肚脐眼平齐）是八寸，超过八寸的则胃大，不足八寸的则胃小。从天枢穴至横骨（耻骨的最上方）是六寸半，超过的则大肠粗而长，不足的则大肠细而短。

横骨长六寸半，横骨上廉以下至内辅之上廉长一尺八寸，内辅之上廉以下至下廉长三寸半，内辅下廉下至内踝长一尺三寸，内踝以下至地长三寸。

横骨（耻骨）的长度是六寸半，从横骨（耻骨）上端到股骨内侧下端的长度是一尺八寸，胫骨上端到下端长度是三寸半，胫骨突起的下端到足内踝骨的长度是一尺三寸，从内踝到地面的高度是三寸。

接下来伯高还介绍了头面、颈部、胸腹、四肢等部位的骨骼长度、大小、宽窄。这些尺寸基本上被后世采用，有个别的骨度分寸后代的针灸书籍做了修改，比如两乳之间的距离从九寸半改为八寸。原本《骨度》测量的尺寸是为了确定脉度，而我们现代人却把骨度尺寸主要用在临床上的选取穴位上。

那么什么是脉度呢？《灵枢》第十七篇《脉度》就讲了这个问题。所谓脉度就是经脉的长度。这一篇介绍了二十八条经脉的长度和测量方法，进一步说明了二十八脉对应的生理、病理情况和治疗方法。哪二十八脉呢？就是手三阴三阳、足三阴三阳，加起来是十二脉，这是身体一侧的，左右两侧就是二十四脉，再加上任脉、督脉是二十六脉，再加上两条跷脉（左右各一条），一共是二十八脉。它们各自的长度是多少呢？

黄帝曰：愿闻脉度。

岐伯答曰：手之六阳，从手至头，长五尺，五六三丈。手之六阴，从手至胸中，三尺五寸，三六一丈八尺，五六三尺，合二丈一尺。足之六阳，从足上至头，八尺，六八四丈八尺。足之六阴，从足至胸中，六尺五寸，六六三丈六尺，五六三尺，合三丈九尺。跷脉从足至目，七尺五寸，二七一丈四尺，二五一尺，合一丈五尺。督脉任脉各四尺五寸，二四八尺，二五一尺，合九尺，凡都合一十六丈二尺，此气之大经隧也。

黄帝说：我想知道人体经脉的长度。

岐伯回答说：手上的六条阳经（阳少太，左右各三条），从手到头，其每条长度为五尺，六条一共是三丈长。手上的六条阴经（太厥少，左右各三条），从手到胸中，每条的长度是三尺五寸，一共两丈一尺长。足六阳经，从脚到头，每条八尺长，一共四丈八尺。足六阴经，从脚到胸中，每条长六尺五寸，一共三丈九尺长。左右跷脉从脚到眼睛的长度是七尺五寸，一共一丈五尺长。督脉和任脉各自都有四尺五寸，一共是九尺。所有的经脉总长加起来是十六丈二尺，这就是脉气流行的较大的经脉通路。

本段对经脉的总长进行了描述与计算。要注意的是，这里说的尺寸同样不是绝对尺寸，不是按照经脉的实际循行长度计算出来的尺寸，而是按照人体从手到头、从手到胸中、从足至头、从足至胸中的距离计算出来的，也是一个比例数字。

这里提到了跷脉，以前没有说过。跷脉和任脉、督脉都属于奇经八脉。跷脉又分为阳跷脉和阴跷脉，都是从脚走到头的。其中阳跷脉是足太阳膀胱经的别脉，起源于脚后跟的外侧，循外踝骨一直往上行，沿着小腿外侧、大腿外侧、胸部后外侧，经肩部、颈外侧，经过口角，到达眼内角。而阴跷脉则是足少阴肾经的别脉，起源于脚后跟的内侧，通过内踝骨一直往上行，沿小腿内侧、大腿的内侧进入前阴部生殖器，沿躯干腹部、胸部一直往上，经过喉结旁，最后也到达眼内角，在这里与阳跷脉、足太阳脉会合而上行。阳跷主一身左右之阳气，阴跷主一身左右之阴气。跷脉还有濡养眼目，控制眼睛开合和肌肉的运动、下肢运动的作用。

这一篇的最后说——

黄帝曰：跷脉有阴阳，何脉当其数？

岐伯答曰：男子数其阳，女子数其阴，当数者为经，其不当数者为络也。

黄帝说：跷脉有阴阳之分，哪一条是前面所说的一丈五尺的长度呢？

前面说了跷脉长度是七尺五寸，左右两条加起来是一丈五尺，那是两条阳跷脉相加还是两条阴跷脉相加呢？

岐伯回答说：男子要计算阳跷脉，女子要计算阴跷脉，计算的那条跷脉就是经，不计算的那条跷脉就是络。

也就是男子以阳跷为经，阴跷为络；女子以阴跷为经，阳跷为络。

这一篇还阐述了五脏和七窍的关系，五脏精气的盛衰都可以从七窍中反映出来，五脏六腑阴阳失调，阴阳之气的过盛、过衰都会导致各种病变。

第三章

窥破阴阳的奥秘

阴阳之气与我们的健康

天地之气与人相通

这一讲我们来学习《黄帝内经·素问》的《生气通天论》。让我们看一下这一篇的题目，“生气”就是生命之气，“生气通天”就是说人的生命之气可以与天地自然相贯通、相感应，那么怎么贯通、怎么感应呢?

黄帝曰：夫自古通天者生之本，本于阴阳。天地之间，六合之内，其气九州、九窍、五脏、十二节，皆通乎天气。其生五，其气三，数犯此者，则邪气伤人，此寿命之本也。

黄帝说：从古以来，那些通晓天道的人就认为，人的生命是与天地自然息息相通的，生命的根本就是阴阳。在天地之间、六合之内，人的九窍、五脏、十二节，都是和天之气相通的。

“六合”就是“东南西北”四方加上“上下”形成的空间，泛指天地宇宙。李白《古风》诗：“秦王扫六合，虎视何雄哉！”“九州”本来是指古代中国的地理区域划分，这里就是指九窍。“州”和“窍”古音是相同的。九窍指眼、耳、鼻、口和前后二阴。“五脏”就是心、肝、脾、肺、肾。“十二节”就是人体的十二经脉，也指人体的十二个大关节。上肢有三个：肩、肘、腕，下肢有三个：髋、膝、踝，左右各有六个，加起来十二个。其实这里是指整个人体都与天地之气相通、相应。天地之间的所有事物，不管是外在的“六合”“四时”，还是人体内在的“九窍”“五脏”“十二节”都与自然界之气相通，构成一个有机的整体。

“其生五，其气三。”这个“其”是指天地自然界的阴阳根本，化生为五行，又化生为三阴三阳之气。天之阴阳化生地之五行——木、火、土、金、水。其实阴阳也是从天之气中化生而来的，唐代杨上善解释《黄帝内经》第一次提出：“阴阳者，一分为二也。”这是“一分为二”这个哲学命题的第一次出现。“一分为二”就是说气分出阴阳。大家都知道老子《道德经》的名言：“道生一，一生二，二生三，三生万物。”这句中的“一”就是气，“二”就是阴阳，“三”是指阴阳的交合，只有阴阳交合才能产生万物。而这一句“其生五，其气三”中的“三”则是指三阴三阳，这是《黄帝内经》了不起的地方。阴阳的思维来源于《易经》。《易传》中讲了“太极生两仪，两仪生四象，四象生八卦”，太极就是气，两仪就是阴阳，四象是二阴二阳，八卦是四阴四阳，没有讲到三阴三阳。《黄帝内经》第一次提出三阴三阳，很了不起。

“数犯此者，则邪气伤人，此寿命之本也。”如果屡次违背人与天地自然之气相通的根本规律，那么邪气就会伤到自己，这就是寿命的根本。为什么邪气能侵害人体？因为人体正气不足了，人体的正气只有和天地正气不断沟通才能充足。天气生化为五行和三阴三阳，这些都是定数，违背了这个定数，寿命就不能延续，所以说天人之气相通相应是寿命的根本。

黄帝接着说——

苍天之气清净，则志意治，顺之则阳气固，虽有贼邪，弗能害也，此因时之序。故圣人传精神，服天气，而通神明。失之则内闭九窍，外壅肌肉，卫气散解，此谓自伤，气之削也。

如果苍天的气很清净，人的意志就会平和（苍天又叫青天，“苍”表面上是指天的颜色，其实是表示天的幽远。苍天之气清净，是指自然环境清净不乱、无疾风暴雨，指自然规律正常，那么人的精神就正常、情绪就平和。“志意治”的“治”就是安定、平安的意思。所以人能顺应自然，不要让自己心情起伏过大，像苍天一样清净，心胸开阔，阳气就可以起到固护人体的作用）。顺应这个规律，人的阳气就会充足，尽管会有虚邪贼风，也不会侵害到人体。这是因为顺应了天时的次序。因此圣人集中精神、运行阳气，从而能够与神明相通（“传精神”的“传”应该是“抟”，抟精神即聚集精神，聚精会神。“服天气”的“服”是顺从的意思，就是顺从自然规律。只有聚精会神、顺从自然，才能通达神明，通达阴阳的神妙变化）。如果违背这个规律，内部的九窍就会闭塞，外部的肌肉就会臃肿，产生病变，外在保卫之气也会受到损伤，这样就使自己受到了伤害，阳气会受到很大的削弱。

这段话承接上面一段话继续讲顺应大自然变化规律的重要性，主要从阳气的角度来谈。要使阳气充足，就要与天地自然之气相通。相通的前提是精神聚集、专一，不能散乱，也就是要做到《上古天真论》所说的“恬淡虚无”，这样就可以与神明相通。

究竟什么是阳气呢？

阳气者若天与日，失其所则折寿而不彰，故天运当以日光明。是故阳因而上，卫外者也。

人体的阳气，就像天上的太阳一样。如果太阳不能正常运行，万物就不能生存；如果人体的阳气不能正常运行，人的寿命就会缩短而不能生长壮大。所以天之所以能够运动不息，是因为有太阳的光明，人的阳气就像太阳一样向上向外，保护身体，抵御外邪侵犯。

这段话用太阳来比喻人体的阳气，让我们对阳气有了一个直观的认识。太阳照亮大地，温暖万物，给万物生长的能量。世间万物都离不开太阳，没有太阳，万物就无法生长。人体同样离不开阳气，有了阳气才能保持温暖，才能使气血津液输布全身，才能使脏腑经络功能保持正常。

我们学习了《易经》就知道，阳和阴是相对相反，又是相辅相成、缺一不可的，有阴必有阳，有阳必有阴，《黄帝内经》重视阳气，也重视阴精，还重视阴阳的协调和平衡。要特别指出的是《黄帝内经》更加重视阳气，阳气是生命最重要的动力，是人体生命的主导，好比自然界中有太阳也有月亮，相比较而言，太阳更加重要。明代大医学家张景岳说："天之大宝，只此一丸红日；人之大宝，只此一息真阳。"人的生命从旺盛到衰亡的过程就是阳气逐渐消失的过程，所以养生从某种意义上说就是保持阳气的不衰亡。一个人得病也与阳气相关，比如遇到寒邪，一个阳气不足的人，马上就会感冒得病；而一个阳气足的人，就不会感冒生病。

那么，阳气失常以后会发生什么变化呢？请看下一讲。

生命的主导是阳气

上一讲我们讲到，人的生命与天地之气是相互贯通的。无论是天地之气还是人之气，都可以分为阴和阳两类，阴阳是生命的根本，"生之本，本于阴阳"。相比较而言，阳气是起主导作用的，是人体生命最重要的动力，阳气就像天上的太阳。

那么阳气受损伤会有什么情况发生呢？请看原文——

阳气者，烦劳则张，精绝辟积，于夏使人煎厥。目盲不可以视，耳闭不可以听，溃溃乎若坏都，汩汩乎不可止。

人体的阳气会在活动的时候扩张、旺盛，但如果太过烦劳，最终会导致阴精耗竭。如果这种现象积累到了夏天，就会出现“煎厥”之病。夏天天气炎热，阴精被火煎着，慢慢就被煎干了，所以叫煎厥。这种病的主要症状是：眼睛昏蒙看不清东西，耳朵闭塞听不到声音。这是一种什么病呢？这里打了一个比喻：“溃溃乎若坏都，汩汩乎不可止”，意思就是像溃决的洪水冲破了堤坝一样，汩汩洪流不可遏止。“都”通“渚”字，这里指防水的堤坝。这个比喻形容“煎厥”病来势凶猛，无法控制。

阳气者，大怒则形气绝，而血菀（yùn）于上，使人薄厥。有伤于筋，纵，其若不容。

人在发怒的时候，阳气的形和气就隔绝了，血就会郁结在头部，就会出现“薄厥”之病。怒则气上，血随着气也往上涌，瘀积在头部就会使人昏厥，这就是“薄厥”。不仅如此，怒还会伤到筋。气血上涌，不能正常循行，筋就不能得到濡养，就受伤了。筋一受伤，肌肉就得不到约束，就会变得松弛，肢体就不能自如运动了，严重时还可能会出现瘫痪。

汗出偏沮（jù），使人偏枯。汗出见湿，乃生痤疿（cuó fèi）。高粱之变，足生大丁，受如持虚。劳汗当风，寒薄为皶（zhā），郁乃痤。

人体阳气虚，气不能在周身流动时，就会“偏沮”。“沮”是湿润的意思，偏沮就是半身出汗、半身无汗。这是阳气受损的结果，阳气保卫于外，阳气特别是卫阳之气是主管汗孔开合的，现在阳气不足了，不能温暖全身了，所以就半边有汗，半边无汗。严重的就出现偏枯，就是半边身子枯萎，半身不遂。有的人阳气受伤之后，“汗出见湿”，汗出之后，毛孔张开，此时容易感受湿气，汗孔马上闭上，这样就产生“痤疿”，生痤疮、生痱子（痤为小疖，疿为疹子之类）。“高粱之变，足生大丁。”“高粱”就是膏粱，膏粱厚味，肥甘油腻的食物，吃多了，就容易生疔疮。“足生大丁”，不一定是脚生疔疮，脸上、脖子上、身上也容易生疔疮，“足”是一个副词，指容易，足以。多吃肥甘油腻的食物，会生湿、生热、生痰。体内的湿热、痰热，表现在外面就是疔疮。“受如持虚”，好像拿了个空的器物一样，特别容易感受外邪。“劳汗当风，寒薄为皶，郁乃痤。”劳动出汗，加上受风，寒气迫近皮肤，汗毛孔堵住了，不能正常开合，积郁在里面化成热，就会变成酒糟鼻子。“皶”意思是鼻尖有暗红色疱点。郁积久了，就会出现粉刺，或者痤疮、疖子。这是吃肥肉或者油腻太重的东西导致阳气受损的结果。

阳气者，精则养神，柔则养筋。开阖不得，寒气从之，乃生大偻。

阳气在人身体里，既可以养神使精神充足，又可以养筋使得筋骨柔韧。“精则养神，柔则养筋”是倒装句，是指养神则精、养筋则柔——养神则使神精明，养筋则使筋柔韧。如果阳气不足，皮肤腠理、汗孔就不能正常开合，寒邪之气就乘虚而入，就会使人体筋脉拘紧，不能伸展，背脊弯曲、不能直立。“大偻”是曲背俯身的意思，也是我们通常讲的佝偻（gōu lóu）病，北方叫罗锅。因阴阳开合不正常了，寒气入内，背为阳，阳虚导致寒气藏于背部且陷于脉中，出现背部的佝偻。

故风者，百病之始也，清静则肉腠闭拒，虽有大风苛毒，弗之能害，此因时之序也。故病久则传化，上下不并，良医弗为。故阳畜积病死，而阳气当隔，隔者当泻，不亟正治，粗乃败之。

“风为百病之始”是《黄帝内经》一个重要的观点，在不同的篇章中多次提到。风是六淫之首，六淫就是六种外感病邪，包括风、寒、暑、湿、燥、火，第一位是风，风是引起各种疾病的最初原因。但是只要人体能保持精神安定，保持阳气的正常运行，就能使腠理密闭，汗孔关闭，抵御外邪的侵入，使风邪进不来。这里的"清静"就是本章开始说的"苍天之气清净，则志意治"的"清净"，意思都是指阳气正常运行。即使有大风苛毒的侵袭，也不会对人体造成伤害，这就是能够顺应四时，做好养生调节的结果。

"故阳畜积病死，而阳气当隔，隔者当泻，不亟正治，粗乃败之。"人体的阳气累积过多，也会导致死亡。如果阳气阻隔、闭塞住了，这时就需要泻法消积散阳来治疗，如果得不到及时治疗，一日之内就会死亡。阳气本来是生命中最重要的能量，应当正常运行，现在被阻隔住了，热量慢慢郁积起来，就会导致火热证，引起阳热实证，如果不及时治疗，就有生命危险。如果遇到"粗工"，也就是下等医生，就会送命。可见阳气既要充足，又要正常流动，不能被阻隔，才能抵御风邪，保持身体不受伤害。

那么怎样才能使人体的阳气充足并且正常运行呢？其实整本《素问》都在讲如何使人体养足阳气。这一篇提出了一种重要方法，就是"因时之序"，顺应四时的顺序。中国哲学有一个根本性命题就是天人合一，人与四时之序相合就是天人合一的具体体现。明代新安名医吴崑解释说："御风之道何如？在清净而已。……然此清净之道，在于因时之序而为调摄，不得逆于四序可也。"吴崑认为人顺应四时之序可以使内在清净，清净就能使阳气充足，阳气充足就可以抵御外邪。要按照四时的次序、规律来养生，千万不要违背四时的次序、规律。

那么阳气在一天之内的运行次序有什么规律呢？

故阳气者，一日而主外，平旦人气生，日中而阳气隆，日西而阳气已虚，气门乃闭。是故暮而收拒，无扰筋骨，无见雾露，反此三时，形乃困薄。

人体的阳气一天的盛衰和外部自然界一天的盛衰情况是同步的。一天分早中晚三个时间。日出天亮的时候，人体的阳气开始生发；到了中午的时候，阳气最旺盛；日落时分，阳气渐渐衰退，汗孔也就随之关闭了。《四气调神大论》中说过，一天十二个时辰，其中平旦就是日出，是卯时（5：00—7：00），日中是午时（11：00—13：00），日落（也叫日入）是酉时（17：00—19：00）。到日落的时候，阳气已经内收了，阳气虚、阴气盛，所以应该休息，阳气收藏于内，就能抵御外在邪气。不要扰动筋骨，不要冒犯雾露，要保持安静的状态，不要做剧烈的运动。如果违反了早中晚三段时间阳气变化的规律，就会生病，使身体憔悴。古人日出而作、日落而息的生活方式是顺应天地之道的，现在，尤其是大都市里的人很喜欢通宵熬夜，这其实是在耗散自己的阳气、减损自己的寿命啊！

辩证地看待阳阴关系

上一讲我讲了阳气的重要性和怎么保持阳气的充足不衰，这些都是黄帝说的，接下来是岐伯的应答，他认为光说阳气还不够，阳和阴是相对而言的。阴和阳究竟是什么关系呢？岐伯说——

阴者，藏精而起亟也；阳者，卫外而为固也。

对于“阴者，藏精而起亟也”这个命题怎么理解，历代说法不一，分歧很大。对前半句没有争议，阴是储藏精的，但对后面这个“亟”字却有不同的理解，大部分人都认为是多次、频繁或者急切的意思。其实这个“亟”是气的意思，“亟”和“气”音近相通，《阴阳应象大论》说“精化为气”，所以这一句的意思是说：阴是藏精而化气的。后一句“阳者，卫外而为固也”，阳是保卫人体外部而使阴精坚固的。这两句讲了阴和阳的辩证关系，阴精藏于内，化生阳气，阳气卫于外，固守阴精。两者相互依存、相互作用，缺一不可。

阴不胜其阳，则脉流薄疾，并乃狂。阳不胜其阴，则五脏气争，九窍不通。

如果阴不能制约阳，那么阳气过盛，阴气不足，就会使阳热之气迫近血脉，血液流动加快，力道强劲，进而会使人发狂。如果阳不能制约阴，那么阴精就过盛，阳气不足，五脏的气就会相争，就不和谐，以至于九窍不通畅。

这句中的“薄”通“迫”，是接近的意思，如成语“日薄西山”就是说太阳接近于西山。

是以圣人陈阴阳，筋脉和同，骨髓坚固，气血皆从。如是则内外调和，邪不能害，耳目聪明，气立如故。

所以圣人使阴阳平衡，不使任何一方偏胜，这样筋脉就舒缓平和，骨髓就坚固，气血就畅通，这样就使内外调和，邪气不得侵犯，耳聪目明，气机的运行也能正常了。

岐伯十分重视阴阳的和谐关系，他说——

凡阴阳之要，阳密乃固，两者不和，若春无秋，若冬无夏，因而和之，是谓圣度。

阴阳的要害、关键之处就在于阳气要密闭，要保住不能外泄，这样才能使阴精固守住。虽然阴阳是相辅相成、缺一不可的，但在阴和阳这一对关系中，阳还是起决定性作用的。很多人问我，既然阳决定阴，那为什么不说“阳阴”而说“阴阳”呢？这其实是用了道家的说法，在道家看来阴比阳重要，阴是第一位，阳是第二位，《道德经》四十二章说“负阴而抱阳”，就是阴在前、阳在后。在儒家看来是阳比阴重要，阳是第一位，阴是第二位的。当然两者应该是平衡关系，“两者不和，若春无秋，若冬无夏”，如果阴阳任何一方偏胜，失去平衡协调，就像一年之中只有春天而没有秋天、只有冬天没有夏天。所以阴阳调和才是最好的健康、快乐、长寿的“圣度”——神圣法则。

故阳强不能密，阴气乃绝。阴平阳秘，精神乃治；阴阳离决，精气乃绝。

如果阳气过盛，就不能固密，阴气就会亏耗。最后岐伯说：“阴平阳秘，精神乃治；阴阳离决，精气乃绝。”这两句话太重要了，希望大家能背下来。如果阴气平和、阳气固密，精神就正常、旺盛；如果阴阳二气分离、决裂了，那么人体的所有精气也就会耗竭了，生命也就终止了。

“阴平阳秘”是《黄帝内经》对待生命的基本思想。有人说你们中医太简单、太原始了，什么都归结到阴阳上。我说：大道至简啊，中医的真理就在这里。《周易》中用阴阳论天地万物，《黄帝内经》继承并发扬了这一思想。我要强调一点，“阴平阳秘”是阴阳平衡的表现，但不是指阴阳的绝对平衡，而是指阴阳双方要达到动态的平衡、动态的和谐。

“阴平阳秘，阴阳调和”是中医核心价值观，也是中医治病的根本方法，这一点和西医的对抗性治疗是不同的。对西医而言，要是高血压，就吃降压药，把血压降下来；高血糖，就吃降糖药，把血糖降下来，采用的是对抗性治疗。但中医的调和性治疗却不是这样，它不是以直接杀灭病毒、病菌为目的，而是调整人的阴阳不平衡状态，从而提高人自身的免疫力和抗病的能力，是调动和激发人的正气的。这就是《黄帝内经》说的“正气存内，邪不可干”，正气保存在身体里面，邪气就进不来，人就能健康。比如癌症，打个比方，癌细胞就像毒草，西医采用化疗、放疗等方法就是要把癌细胞这棵毒草给割掉，可是没有去治理产生毒草的这块土壤，结果毒草割掉了，过了不久这块土壤上的其他地方又长出新的毒草——癌细胞转移了。中医治疗癌症主要是治理这块土壤而不是割毒草，结果土壤治好了，不再长新的毒草了，旧的毒草也不再起作用了。这就是“阴平阳秘，精神乃治”“正气存内，邪不可干”。

接下来，岐伯说了违背这一原则带来的后果——

因于露风，乃生寒热。

阴阳不和，感受风邪侵袭，就会发生寒热之病。

“露”是冒犯的意思。“寒热”就是指恶寒发热的外感病。然后岐伯具体说了春夏秋冬四季感受外邪的不同情况。

是以春伤于风，邪气留连，乃为洞泄。

春天感受风邪，邪气就会留存在那里，到了夏天就会发生泄泻。

为什么？因为春夏秋冬是一个生长收藏的时间序列，反映了阴阳相互消长的规律，春天感受风邪，应该及时去除掉，如果没有及时去掉，春天阳气就不足，生发能力就不够，到了夏天盛长的能力肯定就受到影响，阳气不足，阳虚，导致消化功能减弱，完谷不化，泄泻。“洞泄”就是《四气调神大论》中说的“飧（sūn）泄”。

夏伤于暑，秋为痎（jiē）疟。

夏天感受暑邪，到了秋天会发生疟疾。

秋伤于湿，上逆而咳，发为痿厥。

秋天感受湿邪，到了冬天就会发生气逆咳嗽，进而发生筋脉、骨骼的萎缩、痿软。

冬伤于寒，春必温病。

冬天感受寒邪，春天就会发生温热之病。

春夏秋冬四季养生不当，影响到下一个季节的情况，和《四气调神大论》的论述是一致的。这是阴阳的相互转化规律在四时病变上的体现。“四时之气，更伤五脏。”四时的气候失调，会交替伤害五脏。“更”是更换、交替的意思。就是说，不是单纯地伤害一个脏，还会有规律地影响到另外一个脏。这个规律就是阴阳消长、五行生克的规律。比如春天感受风邪，肝就受伤，肝木生心火，夏天心也会受到影响，所以要有预防观念，要采取措施“治未病”。

五味太过危害健康

我们接着讲《生气通天论》。这一篇的开头讲了人是可以和天地之气相通的，这个相通当然是靠“气”完成的，气分为阴气和阳气，相比较而言阳气更加重要，人身上的阳气就好比太阳。这样比喻，大家马上就知道阳气对于一个人的重要性。接下来用了很大篇幅讲了阳气的作用，讲了阳和阴的辩证关系，阴精藏于内，化生阳气，阳气卫于外，固守阴精。其中，“阴平阳秘，精神乃治；阴阳离决，精气乃绝”这两句非常重要的话强调了阴阳二气的和谐统一是生命的基础。

前面已经讲了“阳”、讲了阴和阳的关系，现在还缺对“阴”的论述，所以这一篇的最后专门讲了“阴”的作用，讲了五脏阴精和饮食五味的关系。我们先看原文——

阴之所生，本在五味，阴之五宫，伤在五味。

人体阴精化生的本源就在于饮食五味。也就是说，人体五脏的阴精是由五味化生的，反过来五味太偏了也会伤害五脏。

这句中的“五宫”就是五脏，五脏是属阴的，所以称阴之五脏。五脏是肝、心、脾、肺、肾，五味是酸、苦、甘、辛、咸，两者一一对应。这种对应是根据五行来的。五脏肝、心、脾、肺、肾分别对应五行的木、火、土、金、水。

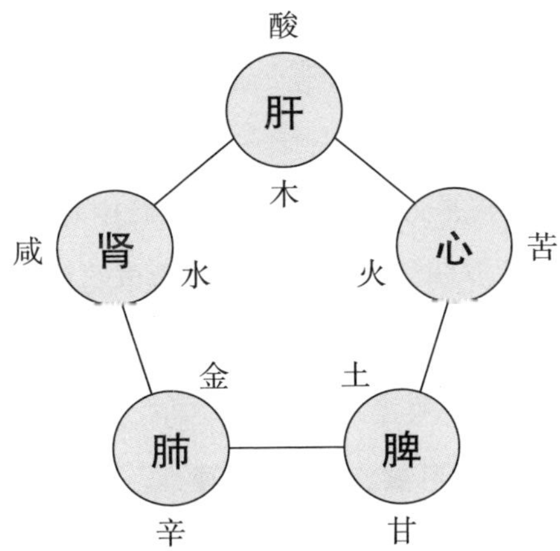

中国古代有句俗语说“百病皆从口入”，所以饮食是否清洁、口味有什么偏好是影响身体健康的一个重要方面。五味太过分别影响到所对应的五脏，进一步影响到五行所克的五脏。我们一一来讲。

是故味过于酸，肝气以津，脾气乃绝。

吃过酸的食物，会使肝气过盛，进而导致脾气衰竭。

酸味是入肝的，过多了会使肝气过旺，“津”是满了、外溢，表示过盛了，肝在五行为木，木太旺了，必定克脾土。

味过于咸，大骨气劳，短肌，心气抑。

吃过咸的食物，会使骨骼受到伤害，肌肉短缩，心气也抑郁了。

咸味是入肾的，咸味太过会伤肾，肾主管骨头，所以骨头也会受到伤害，肾在五行为水，水克心火，所以心火被抑制住。

味过于甘（苦），心气喘满，色黑，肾气不衡。

吃过甜的东西，会使心气喘闷，颜面变黑，肾气衰弱。

甜味是入脾的，这里怎么说到心呢？显然说不通。原来是搞错了！查一下《黄帝内经太素》会发现，“甘”写作“苦”，这就对了！这句话应该是吃过苦的东西，会使心气不顺，苦味是入心的，心对应五行中的火。火本来是被水克的，可是火太大了，水反而被克制了，这叫反克，所以脸面变黑，肾气衰弱（肾在五行对应黑色，肾主水），心与肾都受到影响。

味过于苦（甘），脾气不濡，胃气乃厚。

如果吃过苦的食物，脾气就会过燥而不濡润，胃气也就薄弱了。

这一句中的“苦”同样是搞错了，《黄帝内经太素》中“苦”写作“甘”，就是说如果吃过甜的食物，脾就会湿气加重。注意《黄帝内经太素》版本，“脾气不濡”写作“脾气濡”，“濡”就是湿，脾湿就是生病了。你看版本多么重要，一定要找正确的版本。甜味入脾，甜味太过会伤害脾胃。

味过于辛，筋脉沮弛，精神乃央。

吃过辣的食物，会使筋脉松弛，精神也就慢慢涣散了。

“央”通“殃”。辣味是入肺的，肺五行为金，金克木，肝为木，肝主管筋脉，肝木被克制了，筋脉就会松弛，进而使得精和神都受到伤害。

可见酸、苦、甘、辛、咸五味太过都会引起病变，所以要“谨和五味”，谨慎地调和五味。请大家记住这四个字，谨和五味。不偏食、不过分，才能使“骨正筋柔，气血以流，腠理以密，如是则骨气以精，谨道如法，长有天命”。五味调和，五脏之气就旺盛。首先是肾气足、肝气足——肾主管骨骼，所以骨骼坚固；肝主管筋脉，所以筋脉柔韧。然后是肺气足、心气足、脾气足，肺主气、心主血、脾主肌肉，所以气血畅通，肌肉腠理固密、不疏松。如果能做到五味调和，那么五脏功能也就都正常了。“骨气以精”的“骨气”是泛指，指上面说的骨骼、筋脉、气血、肌肉腠理等，“精”在这里是强盛的意思。“谨道如法，长有天命”，只要能严格按照养生之道来做，就可以尽享天年。

这最后一段话，强调了“谨和五味”——调和五味的重要性以及五味失调的危害性。食物有五味，药物也有五味。我们经常说的“药食同源”，是指中药与食物有相同的起源，传说都是起源于神农氏。据《淮南子·修务训》说：“(神农)尝百草之滋味、水泉之甘苦，令民知所避就。当此之时，一日而遇七十毒。”可见神农时代药与食不分，食物和药物之间并没有绝对的分界线，很多食物就是药物，食物和药物都可以分为四气、五味，四气就是寒、热、温、凉四种属性，也叫四性；五味就是酸、苦、甘、辛、咸五种滋味。

这一篇五味和五脏的对应与《黄帝内经》其他篇章不完全一样，应该按照《黄帝内经太素》的版本。当然五味影响五脏是很复杂的，不是一对一那么单纯、简单的，也不是一成不变、铁板钉钉的。比如任何一种味道太过了，都会损伤脾胃，使消化系统功能紊乱。

就五味的主要功能来说，每一种味道可以用一个字来概括，那就是酸收、苦坚、甘缓、辛散、咸软。酸收，是指酸味有收敛固涩的作用，酸味药物可以止汗、止泻、止咳，治疗遗精、月经过多、白带不止等病证。苦坚，是指苦味有泻火、燥湿、坚阴三大作用，比如上火了吃点苦瓜、苦菊可以清火，苦味药物可以治疗热证、火证、湿证，可以使阴精坚固。甘缓，是指甜味有滋养补虚、调和药性、缓急止痛的作用。辛散，是指辣味有发散解表、行气活血的作用。

咸软，是指咸味有泻下通便、软化坚硬、消散结块的作用。

如果结合五脏，那么五味药物的作用分别是：酸味药可以收敛肝阴，苦味药可以泻心火，甘味药可以补脾气之虚，辛味药可以散肺气之郁，咸味药可以补肾虚。

人体内部的阴与阳

八风四时与五脏得病

这一讲我们学习《黄帝内经·素问》的《金匮真言论》。

我们先来看这个题目“金匮真言论”，“匮”同“柜”，是古代用来收藏东西的用具。“金匮”，意思是用金做的柜，其实是铜制的柜子，古时用以收藏贵重文献或文物。关于“金匮”，还有一个感人的故事。西周初年，周武王的弟弟周公尽心尽力地辅佐他的侄儿周成王。有一次，成王生病。周公对上天祷告说：“我那侄子还小，不懂事，老天如果要降罪的话，就冲我来。”事后，他把祷文封存起来装入金匮。有人向周成王告状，说周公祈祷是诅咒国君快点死。周成王很生气，下令打开周公严令封存的金匮。看完之后，成王泪流满面，原来自己的叔叔对江山社稷是如此忠心，自己居然还怀疑他有二心，真是不应该啊！后来金匮就用来存放比较贵重或具有纪念意义的东西，比如古人写的密函、遗诏等，都要放入金匮。

这一篇以“金匮”命名，可见十分重要。“真言”就是至真至要的言论。那究竟什么言论有这么重要呢？从全篇看，是五脏。

其实人体的脏器很多，为什么只说五个脏？五脏和天地四时是什么关系呢？

这一篇的开头黄帝提了一个问题——

黄帝问曰：天有八风，经有五风，何谓？岐伯对曰：八风发邪，以为经风，触五脏，邪气发病。

黄帝问：天有八种风，经络有五种风，这是怎么回事呢？

岐伯回答：八风生出邪气，作用于经络，邪气随经络循行触犯五脏，导致疾病的发生。

“天有八风”指的是什么呢？其实就是八方来风。这在《灵枢·九宫八风》里面有记载，八风各有一个名称，比如从南方来的风叫大弱风，从北方来的风叫大罡风等。八风概念源于八卦，在《周易·说卦传》中，八卦和八方就紧紧联系在一起。八方是对天地相应的空间划分，天地的八风不正常了，就生出邪气，首先就侵犯到人体的经络。那为什么不说“经有八风”而说“经有五风”呢？这是因为经络感受到的八风之邪传到了内在的五脏。经络是人体气血运行的通道，经络是外在的，经络与五脏六腑相互关联、相互联通。所以这里说的“经有五风”其实是说五脏之风。八风生出的邪气，在外界要进入人体的时候先要经过经脉，然后才进入五脏。注意这里用了一个“触”字，很生动，不是接触，而是触犯。外在的经脉感受了邪气，一旦触犯到五脏，就会使人犯病。

岐伯进一步说——

所谓得四时之胜者，春胜长夏，长夏胜冬，冬胜夏，夏胜秋，秋胜春，所谓四时之胜也。

所谓四时的相克次序，春克长夏，长夏克冬，冬克夏，夏克秋，秋克春，这就是四时的相克啊。

大家发现了没有？这里讲的四时其实是五时，在春夏秋冬四时上多了一个“长夏”。关于长夏是什么时间，有很多的解释，这一篇说的长夏就是“季夏”，也就是阴历的六月。五时相胜是五行相克理论的运用。“五行”是《黄帝内经》所有学说的基础。按照五行理论，春天属木，夏天属火，长夏属土，秋天属金，冬天属水。按照五行相克的规律，木克土，所以春克长夏；土克水，所以长夏克冬；水克火，所以冬克夏；火克金，所以夏克秋；金克木，所以秋克春。

那么反映在人的身体上又有什么表现呢？

东风生于春，病在肝，俞在颈项；南风生于夏，病在心，俞在胸胁；西风生于秋，病在肺，俞在肩背；北风生于冬，病在肾，俞在腰股；中央为土，病在脾，俞在脊。

东风在春天生发，容易影响肝，俞在颈项；东风与春气相应，主要是影响肝的功能，肝在五行上来讲是属木的，春天肝木的气机都是往上走的，颈项部恰恰是它的一个反应点。“俞”通“腧”，即腧穴。南风在夏季盛行，容易影响到心，俞在胸胁部位；南风与夏季相对应，与心均属火，而心就在胸腔里面，所以穴位在胸部。西风常在秋季盛行，容易影响到肺，穴位在肩背部；西风与秋季相对应，与肺同属金，肺居上焦，对应肩背部，所以穴位在肩背部。北风常在冬季刮起，容易影响到肾，腧穴在腰部和大腿部；北方与冬季相对应，与肾同属水，而腰股部与肾相连，腰为肾之府，股又通过经气与腰相连，因此说它的腧穴在腰股。但是这里面的“股”指的部位可不是“屁股”，古代说“股”是指大腿。中央为土，容易产生脾的疾病，腧穴在脊部。中央属土，与脾相应，因为脾在五行属土，脊部居于人体的中央，因此说它的腧穴在背脊。

接下来，岐伯说了四时五季得病的不同部位——

故春气者病在头，夏气者病在脏，秋气者病在肩背，冬气者病在四肢。

因此在春天容易引发头部的疾病，夏天易引发心脏的疾病，秋天易引发肩背的疾病，冬天易引发四肢的疾病。

具体是什么病呢——

故春善病鼽衄（qiú nǜ），仲夏善病胸胁，长夏善病洞泄寒中，秋善病风疟，冬善病痹厥。

因此春天人们多患鼻子出血类的疾病，仲夏多患胸胁部不适类的疾病，长夏就比较容易患寒湿腹泻，秋季易患风疟，冬季易患关节僵硬的病。

故冬不按跷，春不鼽衄，春不病颈项，仲夏不病胸胁，长夏不病洞泄寒中，秋不病风疟，冬不病痹厥，飧（sūn）泄，而汗出也。

因此，如果冬季里不去按摩导引身体，春天就不会得流鼻血的病和患颈项部位的病，仲夏不会得胸胁部的疾病，长夏不会得寒中腹泻的病，秋天不得风疟的病，冬天不得关节疼痛肿大、泄泻、出汗的病。

“冬不按跷”，为什么冬天不能按摩导引？大多数注家都认为冬天是主收藏的，冬天不能扰动阳气，按摩导引会扰动阳气、使阳气耗散，所以才带来四季的毛病。但这样的解释其实是讲不通的，因为按摩导引恰恰可以活动筋骨、疏通经络，可以提升阳气，使阳气得到宣发，从而驱散阴寒之气。我认为“冬不按跷”是指冬天不能过度按跷，过度按摩导引以至于大汗淋漓，阳气就会散发，就会耗散。

总之冬天以保养肾精为主，肾精是生命的根本。

夫精者，身之本也。故藏于精者，春不病温。

肾精，是身体的根本。因此贮藏住肾精，春天就不会生温病。

昼夜变化与人体阴阳

上一讲我们讲到黄帝提出一个问题，也就是八风四时与五脏的关系问题，岐伯作了解答，还没有讲完。

岐伯接着说——

故曰：阴中有阴，阳中有阳。平旦至日中，天之阳，阳中之阳也；日中至黄昏，天之阳，阳中之阴也；合夜至鸡鸣，天之阴，阴中之阴也；鸡鸣至平旦，天之阴，阴中之阳也。

因此说，阴中有阴，阳中有阳，阴阳还可以再次划分。平旦到日中为阳中之阳，日中到黄昏为阳中之阴，合夜至鸡鸣为阴中之阴，鸡鸣至平旦为阴中之阳。

这一段主要讲了一天四个时段的阴阳属性。我在前面已经多次讲过：阴阳五行是《黄帝内经》的理论支柱，是打开生命宝库的钥匙。"阴阳"思维是《易经》开创的，一开始含义是很朴素的，就是太阳能照到的地方为阳，不能照到的地方为阴，北半球山的南面被太阳直射，就属阳了；山的北面不能被太阳直射，就属阴了。后来阴阳的含义扩大了。凡是外向的、上升的、温热的、明亮的、剧烈运动的，都属于阳；相对应的，只要是内守的、下降的、寒冷的、晦暗的、相对静止的，就都属于阴。自此阴阳就上升为一个哲学概念。阴阳也是事物相对的属性，没有阴就无从谈阳，没有阳就不能谈阴，而且，阴阳是无限可分的，即使一个事物在大的范围内属于阴或阳，但是它的内部还可以再分阴阳，可以无限分下去。这就如《庄子·天下》中所说："一尺之棰，日取其半，万世不竭。"

这里讲了一天昼夜的阴阳。白天为阳，黑夜为阴。白天是从平旦到黄昏。平旦是什么时候？平旦是寅时，也就是早上3点到5点，平旦比日出要早一个时辰，日出是卯时（5：00—7：00），平旦是寅时，是夜与日的交替之际，白天就从这个时候开始算起。到什么时候结束呢？到黄昏结束。黄昏是戌时（19：00—21：00），黄昏比日落要晚一个时辰。日落也就是日入，是酉时（17：00—19：00），黄昏是指日落以后到天还没有完全黑的这段时间，这个时候太阳已经落山了，天将黑未黑，天地昏黄，万物朦胧，因此称“黄昏”。这一篇认为从平旦至黄昏这段时间在一天之中是属于阳的，然后它又可以进一步细分，以日中午时（11：00—13：00）为界，午时以前为阳，午时以后为阴。也就是从平旦到日中为阳，日中到黄昏为阴。因为白天总的来说是属于阳的，所以从平旦至日中就是阳中之阳，这个时候太阳是上升的，它的趋势是向上的，是一天中阳气最足的时间段。从日中到黄昏，虽然也属阳，但是因为这时候太阳已经西斜了，热量也不像上午那样足了，开始慢慢地转变为黑夜，因此说它是阳中之阴。再看黑夜，黑夜总体上属于阴，但也同样可以细分，一般是以夜半子时为界，而这一篇是以鸡鸣为界，鸡鸣是丑时（1：00—3：00）。鸡鸣以前为阴，鸡鸣以后为阳。也就是从合夜到鸡鸣为阴，合夜就是日暮而合于夜的意思，相当于黄昏，从黄昏到鸡鸣，是一天中阳气最弱、阴气最重的时候，是阴中之阴。从鸡鸣到平旦，总体上也属于阴，但是因为过不久太阳就要升起来了，它的阴气在下降，阳气在上升，所以是阴中之阳。

一昼夜可以分为阴阳四个阶段，那么人体怎么划分呢？岐伯接着说——

故人亦应之。夫言人之阴阳，则外为阳，内为阴。言人身之阴阳，则背为阳，腹为阴。言人身之脏腑中阴阳，则脏者为阴，腑者为阳。肝心脾肺肾五脏皆为阴，胆胃大肠小肠膀脏三焦六腑皆为阳。

所以人与一天昼夜是相应的。一天中白天为阳，黑夜为阴，人体的阴阳划分，大的原则是外面为阳，里面为阴。背部为阳，腹部为阴。讲人体脏腑的阴阳，则脏为阴，腑为阳。肝、心、脾、肺、肾五脏都属阴，胆、胃、大肠、小肠、膀胱、三焦六腑都属阳。

为什么外为阳、内为阴？因为人体外部太阳可以直射，而内部不可直接照到。为什么背为阳、腹为阴？这是因为在农耕社会人在田野里劳作，需要弯着腰耕作，因此太阳直接照射到背部，为阳；腹部因为对着地面，太阳照射不到，为阴。再看一看动物都是四脚着地的，它们的背部就对着太阳，腹部就对着大地，背为阳，腹为阴。其实不管动物还是人，道理都是一样的，人一开始不也是四肢着地然后慢慢直立的吗？

为什么脏为阴、腑为阳？这是由脏腑的不同功能属性决定的，因为五脏以藏为用，“脏”《黄帝内经》原本写作“藏”，藏而不泄，五脏主要是收藏，不能外泄，收藏属阴。六腑以通为用，以降为和，要保持通畅的状态，以大肠、膀胱为例，要排泄大便、小便，向外排泄为阳，因此说六腑是属阳的。

那么还能不能进一步划分呢？可以！岐伯接着说——

所以欲知阴中之阴、阳中之阳者何也？为冬病在阴，夏病在阳，春病在阴，秋病在阳，皆视其所在，为施针石也。

所以如何区分阴中之阴、阳中之阳呢？冬天病在阴，夏天病在阳，春天病在阴，秋天病在阳，都应该观察疾病的病位所在，采用针灸、砭石等治法。

这里“冬病在阴，夏病在阳，春病在阴，秋病在阳”究竟是什么意思？一般认为是指五脏而言，“冬病在阴”指冬病在肾，肾为阴，所以冬天要注意防治肾病；“夏病在阳”指夏病在心，心为阳，所以夏天要注意防治心病。冬和夏是一对阴阳，肾和心是一对阴阳。“春病在阴”指春病在肝，肝为阴，“秋病在阳”指秋病在肺，肺为阳，春和秋是一对阴阳，肝和肺是一对阴阳。为什么肝为阴、肺为阳？这是从位置上区分的，肺高、肝低，肺在上面、肝在下面。所以春天要注意防治肝病，秋天要注意防治肺病。我认为除了这个意思，还有一个意思不能忽视，那就是“治未病”的意思。“冬病在阴”是说冬天的病是因为秋天阴气没有养好，“夏病在阳”是说夏天的病是因为春天阳气没有养好，“春病在阴”

是说春天的病是因为冬天阴气没有养好，“秋病在阳”是说秋天的病是因为夏天的阳气没有养好。

故背为阳，阳中之阳，心也；背为阳，阳中之阴，肺也；腹为阴，阴中之阴，肾也；腹为阴，阴中之阳，肝也；腹为阴，阴中之至阴，脾也。此皆阴阳表里内外雌雄相输应也，故以应天之阴阳也。

因此背部为阳，阳中之阳是心，阳中之阴是肺；腹部为阴，阴中之阴是肾，阴中之阳是肝，阴中之至阴是脾。这都是阴阳表里内外雌雄的相互对应，以对应天的阴阳。

这主要是从功能上划分的，就心和肺来说，虽然肺比心的位置高，但心是生命的主导，好比皇帝，肺要传达皇帝的命令，是辅佐皇帝的，所以心为阳、肺为阴。这里提出了脾为“至阴”，因为脾处于腹部，又处在中焦，以太阴居阴，故称为阴中之至阴。两对阴阳加一个至阴就是五行。

五行和五脏的关系，下一讲再讲。

五脏养生与四时的对应

这一讲我们继续讲《金匮真言论》最后一部分，黄帝在听完岐伯讲解八风四时、一天昼夜和五脏的关系之后，又提问了——

帝曰：五脏应四时，各有收受乎？岐伯曰：有。东方青色，入通于肝，开窍于目，藏精于肝，其病发惊骇，其味酸，其类草木，其畜鸡，其谷麦，其应四时。上为岁星，是以春气在头也，其音角，其数八，是以知病之在筋也，其臭（xiù）臊（sāo）。

黄帝问：五脏与四季的对应，各自还有什么可以归纳的吗？（“收受”这里可以理解为归纳。）

岐伯回答：有。东方与青色相应，与肝相通，开窍于眼睛，精华藏在肝，容易发生惊骇的疾病，对应的五味是酸，五类（五种自然物）是草木，五畜（五种家养的动物）是鸡，五谷（五种粮食）是麦，对应的四时是春天。在天上为岁星，是因为春气在头，在五音是角，在数字是八，因此可知病在筋（五体为筋），五味是臊味（“臭”本义不是香臭的臭的意思，这是一个会意字。从自从犬。“自”意为“鼻子”，“犬”是狗，狗鼻子的嗅觉是最灵的，这里泛指所有气味）。

这一段话从各个方面总结了肝脏所对应的事物，有人体的，有天上的，有地上的，反映了天地人是一个有序的统一体。接下来讲了心、脾、肺、肾和天地人的对应，体例完全一样。

五脏和天地人所有事物为什么要对应起来？这一点不必多说，这是古人天人合一、万物一体思想的体现。关键问题是为什么要分为五类，然后一一对应？这显然是按照五行分类的，是对五行原理的应用。五行是五大功能体系。请大家记一下五行的名称和次序，按照相生次序：木、火、土、金、水。《黄帝内经》的伟大之处就在于将人体这么复杂、众多的组织器官归纳为五类，就是五脏，所以五脏其实就是五大功能系统。这一篇就是以五脏为核心，不仅把人体的官窍、肢体联系起来，而且把方位、季节、颜色、气味、动物、粮食等都一一对应起来。

为了简单明了地讲清楚五脏和四时等事物的对应关系，我列了一张表附在这一讲的后面。现在我按照原文的次序作一个系统归纳。

按照木、火、土、金、水中五大功能划分人的五脏，分别为肝、心、脾、肺、肾，对应的方位（五方）：肝为东方，心为南方，脾为中央，肺为西方，肾为北方。对应的五色：肝为青色（木），心为红色（火），脾为黄色（土），肺为白色（金），肾为黑色（水）。对应的官窍：肝为目，心为耳，脾为口，肺为鼻，肾为二阴。这一篇心、肾与五官的对应跟《阴阳应象大论》不同，《阴阳应象大论》是心开窍于舌，肾开窍于耳。有人问我究竟是五官，是七窍，还是九窍？其实都是指人体外面的官窍，五官是指眼耳鼻口眉；七窍指眼耳鼻口，是孔窍；九窍再加上二阴。

这些都在体表、在外面，那么里面呢？

里面就是内藏的精华，当然就分别藏在自己的五脏中，那就是分别藏精于肝、藏精于心、藏精于脾、藏精于肺、藏精于肾。那五脏容易发生什么疾病呢？肝容易发生惊骇的疾病，因为肝为木，草木容易摇动，肝主管魂，魂不安则表现为惊骇。心容易引发五脏的病，因为心为火，火最高，是皇帝，心脏可以统率其他脏腑。脾容易引起舌本的疾病，舌本就是舌根，脾的经络连接着舌根，所以脾脏有病大多在舌根有反映。肺容易引起背部的疾病，肺的腧穴在后背，所以如果生病大多在后背有所反映。肾容易引起溪谷的疾病，肉之大会为谷，肉之小会为溪，就是说较大肌肉的会合之处叫作谷，较小肌肉的会合之处叫作溪，因为肾为水，水流注在肌肉。

再看五脏对应的五味：肝对应酸味，心对应苦味，脾对应甘味，肺对应辛味，肾对应咸味。这一点在前一篇《生气通天论》里已经说过了。

五脏对应五类，肝对应木，心对应火，脾对应土，肺对应金，肾对应水，这就是五行。这是一种功能的对应。

五脏对应的五畜（五种牲畜，人类饲养的动物）：肝对应鸡，心对应羊，脾对应牛，肺对应马，肾对应彘（就是猪）。为什么？好多人搞不懂了，其实这就是《周易》取象思维的反映。在《周易·说卦传》中将八卦和八种动物相对应，肝为什么对应鸡？因为肝为木，在《周易》中巽为木，巽为鸡，所以肝木对应鸡；心对应羊，和《周易》的说法不同，《周易》说离为雉，就是说离火对应的是野鸡，在《周易》中兑卦为羊，这里是心对应羊。脾为什么对应牛？因为脾为土，在《周易》中坤卦为土，坤卦为牛，所以脾对应牛。肺为什么对应马？因为肺为金，在《周易》中就是乾卦，乾卦为马，所以肺对应马。肾为什么对应猪？因为肾为水，在《周易》中坎卦为水，坎为豕（豕，就是猪），所以肾对应猪。

再看五脏和五谷的对应：肝对应麦（就是小麦），心对应黍（就是黄米），脾对应稷（就是粟米、小米。黍和稷差不多，一般来说黏者为黍，不黏者为稷），肺对应稻（稻米），肾对应菽（豆类）。

五脏对应五时，肝对应春天，心对应夏天，脾对应长夏，肺对应秋天，肾对应冬天。

五脏对应天上的星辰（五星）：肝对应岁星（木星），心对应荧惑（火星），脾对应镇星（土星），肺对应太白星（金星），肾对应辰星（水星）。

五脏对应的疾病之所在：肝病之在筋（肝主管筋），心病之在脉（心主管血脉），脾病之在肉（脾主管肌肉），肺病之在皮毛，肾病之在骨。这是五脏和五体的对应。

再看五脏和五音的对应：肝其音角，心其音徵，脾其音宫，肺其音商，肾其音羽，就是说肝心脾肺肾分别对应角徵宫商羽。角徵宫商羽是五音，五音就是五声音阶，按五度的相生顺序，是从宫音开始到羽音结束，依次为：宫—商—角—徵—羽，相当于1—2—3—5—6，那么角徵宫商羽就是3—5—1—2—6。现在一些音乐研究专家和养生健康专家合作研究发现了不同声音、不同音乐对人体五脏的作用是不同的，证明《黄帝内经》的这种说法是有科学道理的。

再看五脏和数字的对应：肝对应八，心对应七，脾对应五，肺对应九，肾对应六。对于这一点，好多人更是一头雾水了，为什么这么配？其实这就是易学的五行生成数，也就是后来所说的河图洛书的河图数。五行是五个，数字是十个，也就是两个数字配一个五行，按照《尚书·洪范》的说法：一曰水，二曰火，三曰木，四曰金，五曰土，这里只有一至五，那还有六至十怎么配到五行当中去？很简单，六和一相配，七和二相配，八和三相配，九和四相配，十和五相配，那就是一、六为水，二、七为火，三、八为木，四、九为金，五、十为土，各差五个数。一至五这五个数字表示五行的生数，六至十这五个数字表示五行的成数，五行好比一个人，一个人光生下来还不行，还要养大，所以有生数还有成数。

最后是五脏和五臭（xiù）的对应：肝对应臊味，心对应焦味，脾对应香味，肺对应腥味，肾对应腐味。现在有人在研究气味对五脏疾病的调养作用，发现很多有趣的现象。

五行	木	火	土	金	水
五脏	肝	心	脾	肺	肾
五窍	目	耳（舌）	口	鼻	二阴（耳）
五体	筋	脉	肉	皮毛	骨
五病	惊骇	五脏	舌本	背部	溪谷
五方	东	南	中	西	北
五时	春	夏	长夏	秋	冬
五色	青	赤	黄	白	黑
五味	酸	苦	甘	辛	咸
五气	风	暑	湿	燥	寒
五化	生	长	化	收	藏
五畜	鸡	羊	牛	马	猪
五谷	麦	黍	稷	稻	菽（豆）
五星	岁星	荧惑星（火星）	镇星	太白星	辰星
五音	角	徵	宫	商	羽
五数	八	七	五	九	六
五臭	臊	焦	香	腥	腐

这一篇的最后岐伯感慨地说——

故善为脉者，谨察五脏六腑，一逆一从，阴阳、表里、雌雄之纪，藏之心意，合心于精，非其人勿教，非其真勿授，是谓得道。

因此说擅长诊脉治病的人，总是谨慎地观察五脏六腑的顺逆变化，并把阴阳、表里、雌雄的法则牢牢记在心里，在心里体验它的精妙，不是合适的人是不教的，不是真心的人是不传的，这才叫得道啊！

药与食物及阴阳平衡

天地万物的根本是阴阳

这一讲我们来学习《黄帝内经·素问》的《阴阳应象大论》。这一篇在《黄帝内经》中是最能反映中医哲学、中医思维的一篇。这一篇比较长，我会分几次讲完。

先看这个题目中的“阴阳应象”，阴阳和五行是中医哲学最重要的概念，是打开中国文化、打开生命科学的钥匙。“应象”，应是对应、感应的意思，象是形象、现象。这个题目告诉我们，以阴阳为核心将天地万物和人体生命的所有现象、形象一一对应；同时还告诉我们，人体生命活动规律、生命现象可以与自然界的阴阳、四时、五行的消长变化现象相感应、相通应。也就是说天地之阴阳、万物之阴阳与人身之阴阳，所有现象、意象、形象是相互对应、相互感应的。题目中用了“大论”，《素问》中篇名冠以“大论”的不多，除有关运气学说的“七篇大论”外，只有《四气调神大论》和这一篇，所以我们要高度关注。

黄帝曰：阴阳者，天地之道也，万物之纲纪，变化之父母，生杀之本始，神明之府也，治病必求于本。

黄帝说：阴阳是天地宇宙的大道，是万事万物的纲领，是所有变化的来源，是生长和死亡的根本，是主宰万物生息的大本营，所以治病一定要遵从“阴阳”这一根本。

这句话很重要。用了古汉语中最常见的判断句式“……者，……也”对“阴阳”这个主语从不同角度作了界定，阴阳是天地之道、万物纲纪、变化父母、生杀本始、神明之府，强调治病必求于本。其中第一个界定是最重要的，阴阳就是天地之道。《周易》说“一阴一阳之谓道”。“道”是什么？一般都说是规律，其实不全面，“道”不仅是规律，还是本体、本源。阴阳是天地自然的大规律、大本体、大法则。“万物之纲纪”，纲纪就是法则的意思。“变化之父母”，父母比喻来源，我们都是父母生的，阴阳是万事万物发展变化的来源、起源。“生杀之本始”，“生”是生长，“杀”是消亡，从生到杀是事物发展的一个过程，“本始”就是根本、起始，阴阳是万事万物生长消亡的根本。“神明之府”，就是神明所住的地方。“神明”是什么？有人解释为人体的精神活动，有人解释为神奇奥秘、变幻莫测。这些都是不准确的。“神明”一词最早出自《周易》，是说八卦可以“通神明之德”，《淮南子·泰族训》里有详细的解释：“其生物也，莫见其所养而物长之；其杀物也，莫见其所丧而物亡之。此之谓神明。”《淮南子》把神明解释为主宰万物生死的“神”。所以这一句是说阴阳是这个主宰万物之神所居住的地方。“治病必求于本”这一句实际上是说阴阳就是治病之本。现在人们对中医和西医有一种常见的说法就是“中医是治本的，西医是治标的”，至少“中医治本”这一说法是十分正确的。也就是中医无论是诊断还是治疗都是从“阴阳”这个根本出发的。

在从不同的角度对阴阳作了界定之后，黄帝接着说——

故积阳为天，积阴为地。阴静阳躁，阳生阴长，阳杀阴藏。阳化气，阴成形。寒极生热，热极生寒。寒气生浊，热气生清。清气在下，则生飧泄；浊气在上，则生䐜（chēn）胀。此阴阳反作，病之逆从也。

所以阳气积聚于上就成了天，阴气积凝于下就成了地。阴主静，阳主动

（“躁”就是动，躁动）。阳主生发，阴主收藏。阳能化生“气”，阴能构成形体。寒到极点就会生热，热到极点会生寒。寒气可以产生浊阴，热气可以产生清阳。清气在下面，如果得不到上升，就会产生完谷不化的腹泻病；浊阴在上，如果不能下降，就会生胃脘胀满病，这就是违反了阴阳运动的规律，会导致发病（“病之逆从”，指违背了正常情况而得病）。

故清阳为天，浊阴为地；地气上为云，天气下为雨；雨出地气，云出天气。故清阳出上窍，浊阴出下窍；清阳发腠理，浊阴走五脏；清阳实四肢，浊阴归六腑。

因此清阳之气上升成为天，浊阴之气下降成为地。地气蒸发上升成为云，天气凝聚下降就成为雨；雨出自地气，云出自天气。（为什么？这是因为雨虽然是从天上降下来的，却是地气蒸发上升而生成的；云虽然在天上飘，却是地气上升到天上，然后化成了天气。这就是阴阳的相互作用。）人体的变化也是这样，清阳从上窍——眼耳口鼻出来，浊阴从下窍——二阴出来。清阳之气从腠理皮肤发出，浊阴之气内注于五脏六腑。（这里的“浊”没有污浊的意思，而是深厚、厚重、浓重的意思。比如人的卫气为清阳，营气为浊阴，卫气在体表运行，保卫人体，抵御邪气；营气灌溉到五脏六腑，起着营养的作用。）清阳之气充实于四肢，浊阴之气内归于六腑。（意思就是清阳之气在外面运行，充实了四肢，使四肢有了正常的温度，四肢运动就可以轻便灵活；浊阴之气在体内运行，回归六腑，使吃进去的饮食中的营养部分被消化吸收，糟粕部分被排出体外。）

这一段是借由自然界的现象来启发我们认知人体。唐代王冰对这段话的解释是：“气本乎天者亲上，气本乎地者亲下，各从其类也。”王冰在解释《素问》时多从易学的角度，这句话出自《周易·文言传·乾文言》，王冰多加了一个“气”字。意思是依存于天的东西都是亲近上面的、往上走的；依存于大地的东西都是亲近下面的、往下走的。比如鸟儿天生一对翅膀，是“本乎天者”，所以要往天空上飞；兽类天生四条腿，是“本乎地者”，所以要在大地上走。鱼儿天生没有脚，也没有翅膀，所以不可能在地上跑，也不可能在空中飞，只能在水里游。再看一棵树，树根是本乎地的，所以往地下扎；树枝是本乎天的，所以要往上长。这就叫各从其类，各自按照自己的种类、类别聚集在一起。这就叫同声相应，同气相求，同样的声音能产生共鸣，同样的气味会相互求和，同类的事物相互感应。物以类聚，人以群分。这是中国人最重要的思维方式，叫取象比类。当然最重要就是分为阴和阳两类。阴阳是万事万物属性的划分，天地分阴阳，轻而清者上升为天，浊而重者下降为地。天地看似两分，其实是一体的，因为天气下降为雨，地气上升为云，这反映阴阳是互相发生作用的。人立于天地之间，也要遵从自然界的规律，分为阴阳两类，浊阴藏于内，清阳发于外。人之清阳，本乎天而出上窍；人之浊阴，本乎地而出下窍。人体阴阳也不是割裂、不沟通的，也像自然界的云和雨一样要上升下降、互相沟通、互相交流。这就是《周易·泰卦·象传》说的，泰卦是“天地交而万物通也，上下交而其志同也”。泰卦的卦象是天在下、地在上，天气要上升、地气要下降，所以这个卦是上下交通、天地交泰，表现了阴阳互用、互通，因此这个卦是吉利的、亨通的卦。反过来就是否卦，就是阴阳不沟通、不交流了，那就是有病了，所以中医有一个病就叫痞。

这是讲了人体的阴阳划分，那么食物、药物又是按什么来划分阴阳的呢？请看下一讲。

食物和药物的阴阳属性

上一讲我们讲到了阴阳是天地万物的根本：“阴阳者，天地之道也，万物之纲纪，变化之父母，生杀之本始，神明之府也，治病必求于本。”希望大家能将它背下来。

黄帝在对“阴阳”作了界定之后，首先是分析了自然界和人体的阴阳，接下来，黄帝又分析了食物和药物的阴阳，他是这么说的——

水为阴，火为阳，阳为气，阴为味。味归形，形归气，气归精，精归化。精食气，形食味，化生精，气生形。

水属阴，火属阳；气属阳，味属阴。这个好理解，就食物的气味而言，气是无形的，寒、热、温、凉四种气是看不见、摸不着的；味是有形的，可以通过嘴、舌头尝出来。中医把药物分为四气五味，四气又叫四性，就是寒、热、温、凉四种不同的药性，四气再加上平性就是“五气”或“五性”，五味就是酸、苦、甘、辛、咸。

接下来黄帝说了四个“归”：“味归形，形归气，气归精，精归化”。“归”有回归、滋生的意思。饮食五味回归于形体、滋养形体，形体回归于气、滋生气，气回归于精、滋生精，精又回归于化、变化、转化。对这几句历来有争议，有人说“形归气”的“气”为人体之气，而“气归精”的“气”是食物之气。这样解释太复杂、太牵强了，你看这四句用的是顶针的修辞方式，就是前一句结尾的词用作下一句的起头，语气连贯，一气呵成，意思也紧紧相连，不可能同一个词意思不相同。这四句中其实有五个关键词是“味、形、气、精、化”，分别指食物和药物的味道、形状、能量、精华、转化，它们依次作用于人体，使人体发生相应的变化。

接下来说“精食气，形食味，化生精，气生形”，从“精”开始说起，“精食气，形食味”，这两句的“食”是饲养、供养的意思，精供养了气，形体供养了味道。后两句“化生精，气生形”，化育生成精，气生成形体。和前面联系起来，会发现这是一个循环，“气归精，精食气”相当于说气生成精、精生成气；“味归形，形食味”相当于说味生形、形生味；“形归气，气生形”则显然是说形生气、气生形；最后，“精归化，化生精”则是说精生化、化生精。也就是说它们是互相转化的，是阴阳关系，阳可化阴，阴可化阳。就像鸡和蛋的关系，我们不要管是先有鸡还是先有蛋，有一点不可否认，那就是鸡可以生蛋，蛋可以孵鸡。

再看后面，黄帝接着说——

味伤形，气伤精，精化为气，气伤于味。

这里是从不好的一面来说的，如果饮食不当，五味就会伤害形体，食物、药物之气偏胜也会伤害到精。精可以化为气，气可以伤害五味。这是指饮食五味不恰当，食物、药物之气不仅会伤害身体，而且也会反过来伤害食物、药物的味道。

阴味出下窍，阳气出上窍。味厚者为阴，薄为阴之阳。气厚者为阳，薄为阳之阴。

味属于阴，从下窍排出；气属于阳，从上窍发泄。味道属于阴，其中味道浓厚的是阴中之阴，味道淡薄的是阴中之阳。气属于阳，其中气厚的属于阳中之阳，气薄的属于阳中之阴。

味厚则泄，薄则通。气薄则发泄，厚则发热。

味厚的有下泄作用，味薄的有疏通作用。比如大黄味厚，是苦寒的，所以有下泄作用；茯苓是味薄的，是甘、淡，性平的，所以有通利小便的作用。气薄的药物是阳中之阴，有向外发散的作用，比如麻黄微苦，是温性的，可以发汗解表；气厚的药物是阳中之阳，有助阳发热的作用，比如附子、肉桂都是气厚大热的药，可以使人发热。这里将药物和食物先分出气和味，然后气和味又各自分出厚和薄，好比太极生两仪、两仪生出四象。

壮火之气衰，少火之气壮。壮火食气，气食少火。壮火散气，少火

生气。

这里的“壮火”“少火”是就食物、药物的阳火属性而言的，壮火就是大热，少火就是温性，大热会使人的正气衰弱，比如附子、乌头都是热性的，用得太过反而会使人的正气消耗、衰退；温性则使人的正气强壮，如人参、当归都是温性的，可以滋养人体的正气。这两句中的“之”是“则”的意思。“壮火食气，气食少火”，这两个“食”的意思是不同的，可以说恰好相反。前面“食”通腐蚀的“蚀”，是销蚀、消耗的意思，大热会消耗正气；后面的“食”通饲养的“饲”，是供养、滋养的意思，正气有赖于少火的滋养。对这几句话，明代医学家吴崑解释：“火之壮者，壮已必衰；火之少者，少已必壮。壮、少、衰、盛，若循环焉。”他把火分为少、壮、盛、衰四个阶段，其实也是所有事物发展的四个阶段。就一个人而言，少年慢慢成长为壮年，壮年阳气太盛则变衰老，这是大的规律，无法抗拒。

气味，辛甘发散为阳，酸苦涌泄为阴。

气味之中，辛辣、甘甜具有发散功能的属于阳，酸、苦具有通泄功能的属于阴。在五味中辛辣食物发散属于阳，这个很好理解，甘甜食物怎么也发散属于阳呢？甘味食物和药物是入脾的，有滋补作用，脾居中央，是从中央向四方发散，滋养其他四脏，进而滋养全身，这也是一种发散，所以也属于阳。酸味、苦味药物有催吐和泻下作用，“涌”本义是水从下往上冒出来，这里指催吐，把浓痰、积食、不消化的食物吐出来；“泄”是指把大便、小便排泄掉，这些都是有形的东西，所以是属于阴的。这里只讲了四种味道，还有一种咸味呢？在另一篇《至真要大论》中讲了“咸味涌泄为阴”，咸味和酸味、苦味一样也有催吐和泻下的作用，也是属于阴的。

我们以食物五气属性为例，食物五气为寒热温凉平五种属性，一般而言，带苦味的属于寒凉食物，比如苦瓜、苦菜、苦菊、苦芥等，大多数瓜类属于寒凉食物，如冬瓜、西瓜、丝瓜、黄瓜等，水产品大多是寒性的、凉性的，还有莲藕、紫菜、海带、空心菜、豆腐、绿豆、木耳、梨、香蕉、白果等偏于寒凉。哪些食物属于温热性的呢？辛辣食物是热性的，如辣椒、花椒、胡椒、大蒜、干姜、葱、茴香等；有的食物是属于温性的，如胡萝卜、芦笋、荔枝、桂圆、大枣等。在五性中平性的食物很多，像我们平常吃的大米、黄豆、苹果等都属于平性。总体来说，寒凉食物为阴，温热食物为阳，平性食物为中。属寒凉的阴性食物有清热、泻火、凉血、解毒的作用，温热食物有驱寒、助阳、温经、通络的作用。

不同体质的人怎么选择食物呢？人的体质粗略来分也可以分阴阳，阳性体质也就是偏热体质的人要多吃一些寒凉食物，阴性体质也就是偏寒体质的人要多吃一些偏温热的食物，这样就达到阴阳中和、阴阳平衡了。

那么阴阳如果偏胜了，又会出现什么问题呢？请看下一讲。

阴阳不平衡引起什么病

上一讲我讲到了食物和药物的阴阳属性，尤其是最后我结合我们平常吃的蔬菜、水果，分析了它们的阴阳属性，还提到人的阴阳体质。

那人的阴阳属性如果不平衡了，会出现什么情况呢？请看黄帝的回答——

阴胜则阳病，阳胜则阴病。阳胜则热，阴胜则寒。重寒则热，重热则寒。寒伤形，热伤气。气伤痛，形伤肿。故先痛而后肿者，气伤形也；先肿而后痛者，形伤气也。风胜则动，热胜则肿，燥胜则干，寒胜则浮，湿胜则濡泻。

人体的阴阳在正常状态下是平衡的，如果阴偏胜、阴气太过了，阳气必然会受到损害；同样的道理，如果阳偏胜、阳气太过了，阴气也会受到损害。阳气偏胜、太过就会生热性病，阴气偏胜、太过就会生寒性病。

“重寒则热，重热则寒。”寒上加寒、寒到极点就会出现热象，物极必反，本来的寒证反而转化为热证了；热上加热、热到极点就会出现寒象。讲到这里，我想起了北宋理学家周敦颐的《太极图说》：“太极动而生阳，动极而静，静而生阴，静极复动。”这是同一个道理。“重寒则热，重热则寒”，这是阴阳互相转换的表现，跟前面讲到的“壮火之气衰，少火之气壮”是一个道理。如冬至和夏至是标志一年四季阴阳转换的关节点，冬至时太阳的高度最低，夜最长，昼最短；从冬至开始太阳逐渐升高，春分时，昼夜时间相等；太阳继续升高，到最高时就是夏至了，夜最短，昼最长；从夏至开始太阳回落，秋分时，昼夜时间再次相等；继续回落至最低点，又回到冬至。从这一过程可以看出，降极则升，寒极生热，升极则降，热极生寒。举个日常生活中的例子，冬天玩过雪的人都知道，手刚开始接触到雪的时候很冷，但是如果手一直拿着雪玩，过一阵子手会发热，这就是重寒则热的一种表现。某些外感疾病，初期可见发热、口渴、咳嗽、胸痛、舌红、苔黄、脉洪数等热象，如果热邪持续不退，往往会突然出现体温下降、四肢厥冷、遍身冷汗、脉沉微的现象，即是重热则寒在临床上的具体表现。

“寒伤形，热伤气。气伤痛，形伤肿。”寒邪会损害形体，比如损害津液、血液，津液也是一种“形”；热邪会损害气，比如损害阳气。气受伤，人就会因为气脉的阻滞感受到疼痛；形体受伤，会因为肌肉阻滞肿胀起来。那为什么“寒伤形，热伤气。气伤痛，形伤肿”呢？因为寒是属阴的，津液、血液也是属阴的；热是属阳的，气也是属阳的。气无形，所以疼痛；血有形，所以肿胀。这就叫“同声相应，同气相求”，同类东西会受到干扰。

“故先痛而后肿者，气伤形也；先肿而后痛者，形伤气也。”所以凡是先痛后肿的，是因为先伤了气后伤了形体，是气病伤及血；如果是先肿后痛的，是因为先伤了形体后伤了气，是血病伤及气。

“风胜则动，热胜则肿，燥胜则干，寒胜则浮，湿胜则濡泻。”风邪太过，形体会感受到疼痛；热邪太过，肌肉就会红肿；燥气太过，津液就会干枯；寒气太过，形体就会发生浮肿；湿气太过，就会发生泄泻。

天有四时五行，以生长收藏，以生寒暑燥湿风。人有五脏，化五气，以生喜怒悲忧恐。故喜怒伤气，寒暑伤形。暴怒伤阴，暴喜伤阳。

厥气上行，满脉去形。喜怒不节，寒暑过度，生乃不固。故重阴必阳，重阳必阴。故曰：冬伤于寒，春必温病；春伤于风，夏生飧泄；夏伤于暑，秋必痎（jiē）疟；秋伤于湿，冬生咳嗽。

大自然有春、夏、秋、冬四时的变化，形成了生长收藏的规律，有木、火、土、金、水五行的变化，相对应产生了风、暑、湿、燥、寒的气候。人体有五脏，由五脏化生出五气，相对应产生喜、怒、悲、忧、恐五种情志活动。喜怒的变化会伤及气，这里的“喜怒”不仅仅是喜怒两种情绪，而是指前一句中的五种情绪；寒暑的变化会伤及形体，这里的“寒暑”同样也不仅仅是寒暑两种气候，而是指前一句中的五种气候。暴怒会伤及人体阴气，暴喜会伤及人体阳气。

更可怕的“厥气上行，满脉去形”，逆气上冲，厥气就是逆乱之气、不正常的气；血脉阻滞，神气就会离开人的形体。因此说如果喜怒等情志不加以节制，对寒暑等气候不善于调适，就会有生命危险。

“重阴必阳，重阳必阴”，阴气过盛一定会走向反面，变成阳气；阳气过盛也一定会走向反面，变成阴气。这同前面说的“重寒则热，重热则寒”是一个意思。

“故曰：冬伤于寒，春必温病；春伤于风，夏生飧泄；夏伤于暑，秋必痎疟；秋伤于湿，冬生咳嗽。”所以说冬天感受到的寒气过多，春季就很容易发生热性的病；春季受到的风气过多，夏天就很容易发生不消化的腹泻病；夏季受到的暑气过多，秋天就很容易发生疟疾病；秋天受到的湿气过多，冬天就容易发生咳嗽。

风、寒、暑、湿、燥是自然界的五种现象、五种气候，五种气候太过会引发相应的疾病，五种气候不仅会引起春夏秋冬四季当季的疾病，而且会引起下一季的疾病。这一观点在前面几篇里都讲过了。值得注意的是这一篇提到了喜、怒、悲、忧、恐五种情绪会导致疾病。“喜怒伤气”“暴怒伤阴，暴喜伤阳”，这一点特别重要。五种气候不正常是导致人得病的外因，五种情绪不正常是导致人得病的内因。相比较而言，内因更加重要。

儒家有一本经典叫《中庸》，相传是孔子的孙子子思所作，里面就说“喜怒哀乐之未发谓之中，发而皆中节谓之和”，心中的喜欢、愤怒、悲哀、快乐等各种情绪没有表达出来、还放在心里，叫作中；各种情绪表达出来但符合节度、符合常理，叫作和。人人都有喜怒哀乐等各种情绪，对喜怒哀乐等情绪要有一个“度”的把握，如果内心平和，这就叫中，但也不能老是闷在心里，如果把情绪硬憋着是会憋出病来的，所以要发作出来，但发作不能过分、不能没有节制，要把握“度”，要“中节”，这叫作和。“中和”是多么重要！“中也者天下之大本也”，中是天下的根本所在；“和也者天下之达道也”，和是天下最普遍通行的准则。“致中和，天地位焉，万物育焉”，达到“中和”的境界，天地就定位了，秩序井然了，万物就生长发育了。

如果做不到，不能控制情绪，或者任由情绪肆意发泄，那就会得病，“喜怒不节，寒暑过度，生乃不固”，就会影响身体健康，甚至丧失生命。

人的五种情绪究竟怎样影响人的健康呢？我们下一讲再讲。

五行与天地人身的对应

上一讲我讲到了阴阳如果不正常，就会引起相应的疾病。其中有一些重要的话，比如“阴胜则阳病，阳胜则阴病。阳胜则热，阴胜则寒。重寒则热，重热则寒”“重阴必阳，重阳必阴”，这对我们今天的日常生活、行为方式都有重要的指导作用。这些都是阴阳的基本法则，那么五行有没有一些基本法则呢？黄帝替我们提问了——

帝曰：余闻上古圣人，论理人形，列别脏腑，端络经脉，会通六合，各从其经，气穴所发，各有处名；溪谷属骨，皆有所起；分部逆从，各有条理；四时阴阳，尽有经纪；外内之应，皆有表里，其信然乎？

黄帝问：我听说上古时代的圣人，研究人体形态，分别脏腑阴阳，审察经脉终始，联通十二经脉阴阳相合（“会通六合”的“六合”就是十二经按照阴阳相合的法则组成六对），这些经脉各自按照它们的循行路线在运行。穴位所发的部位，各有名称；肌肉和骨骼相连属的部位都有各自的起点（这句中的“溪谷”本来是指溪流、河谷，这里指肌肉缝隙，其中大块肌肉连接的缝隙为“谷”，小块肌肉连接的缝隙为“溪”）。十二经脉的分部也就是皮部，有的顺着运行，有的逆着运行，各自都有自己的条理；四时阴阳的变化，也有它的规律；外在环境与人体内部，都是表里一一对应的。这些说法都是确实的吗？

听了黄帝的提问，岐伯作了详细的回答。岐伯的回答从五行出发，分为东南中西北五个方位，讲天地万物和人体的一一对应。

我们先看对东方的论述——

岐伯对曰：东方生风，风生木，木生酸，酸生肝，肝生筋，筋生心，肝主目。

岐伯回答说：东方生风（因为东方五行属木，对应春天，春天阳气上升，气候温暖，所以春天多刮暖风），风滋养树木，树木之气能生酸味，酸味能滋养肝脏，肝血又能够滋养筋脉，筋又可以养心（因为肝属于木，心属于火，木生火，所以筋生心），肝气向上通于眼睛，肝开窍于眼睛。

其在天为玄，在人为道，在地为化。化生五味，道生智，玄生神。

这六句只有东方有，其他四方都没有，一般认为是衍文，也就是多余的话。我认为不能简单这么看，这是以东方为五方之首，由东方统领其他四方，好比《周易》说的八卦是从东方开始，"帝出乎震"，"帝"就是这里的"神"，"震"就是东方。神气在天上是玄妙的，在人间成为道，在大地成为变化。地上的变化生成五味，人间的道产生智慧，天上的玄妙产生了神。接下来说到"神"——

神在天为风，在地为木，在体为筋，在脏为肝，在色为苍，在音为角，在声为呼，在变动为握，在窍为目，在味为酸，在志为怒。怒伤肝，悲胜怒；风伤筋，燥胜风；酸伤筋，辛胜酸。

神在天为五气中的风，在地是五行里的木，在人体是筋，在五脏是肝，在五色是苍色，也就是青色，在五音是角音，在五声是呼喊，在运动是握拳，在七窍是眼睛，在五味是酸味，在情志是怒。怒会伤到肝，悲伤能够抑制怒；风会伤到筋，但是燥能够抑制风；酸味过多会伤到筋，但是辣味能够抑制酸味。

下面接着讲了南方、中央、西方、北方，体例都是一样的。如——

南方生热，热生火，火生苦，苦生心，心生血，血生脾，心主舌。

南方生热，南方对应夏天，阳气盛而且热，热能够使火气旺盛，火气能生苦味，苦味又能够养心，心能够生血，血充足就能够养脾，心气与舌相互关联，心开窍于舌。

为了让大家有一个清楚的认识，我按照五行把天地人的对应关系一一列出来，这样就一目了然了。其中有的我在讲解《金匮真言论》时已经说过了，这里按照这一篇的次序列出来，便于大家复习——

按照五方、五行的次序，东方为木、南方为火、中央为土、西方为金、北方为水，对应的五脏分别为肝、心、脾、肺、肾；对应的五味分别是酸、苦、甘、辛、咸，就是酸生肝、苦生心、甘生脾、辛生肺、咸生肾；对应的五体、五窍就是肝生筋、肝主目，心生血、心主舌，脾生肉、脾主口，肺生皮毛、肺主鼻，肾生骨髓、肾主耳；对应的五色分别是青、赤、黄、白、黑；对应的五音分别是角、徵、宫、商、羽。

这一篇新的东西是提出了五声、五动、五志。五声是呼、笑、歌、哭、呻，肝在声为呼（呼喊），心在声为笑，脾在声为歌，肺在声为哭，肾在声为呻。五动是握、嚘（yōu）、哕（yuě）、咳、栗，肝在变动为握（握拳），心在变动为嚘（说话吞吞吐吐），脾在变动为哕（呕吐、干呕），肺在变动为咳，肾在变动为栗（战栗、发抖）。五志是怒、喜、思、忧、恐。肝在志为怒，心在志为喜，脾在志为思，肺在志为忧，肾在志为恐。

五方	东	南	中	西	北
五气	风	热	湿	燥	寒
五行	木	火	土	金	水
五味	酸	苦	甘	辛	咸
五脏	肝	心	脾	肺	肾
五体	筋	脉	肉	皮毛	骨
五窍	目	舌	口	鼻	耳
五色	苍（青）	赤	黄	白	黑
五音	角	徵	宫	商	羽
五声	呼	笑	歌	哭	呻
五动	握	嚘	哕	咳	栗
五志	怒	喜	思	忧	恐

这些问题非常重要，下一讲我再详细讲解。

这里先把五方的最后四句讲一下，先看东方肝脏，“风伤筋，燥胜风；酸伤筋，辛胜酸”，肝是主管筋的，风会伤到筋，但是燥能够抑制风；酸味过多会伤到筋，但是辣味能够抑制酸味。为什么？这是采用五行相克的原理，风和酸味五行都属木，而燥和辣味都属金，金克木，所以燥能够抑制风，辣味能够抑制酸味。

再看南方心脏，“热伤气，寒胜热；苦伤气，咸胜苦”，热会伤到气，这个我们前面说过了，叫“热伤气，寒伤形”，但是寒冷能够抑制炎热；苦味过多会伤到气，但是咸味能够抑制苦味。因为热和苦味的五行都属火，寒和咸味都属水，水克火，所以寒冷能够抑制炎热，咸味能够抑制苦味。

再看中央脾脏，“湿伤肉，风胜湿；甘伤肉，酸胜甘”，湿气会伤到肌肉，但是风气能够抑制湿气；过食甘味会伤到肌肉，但是酸味可以抑制甘味。因为湿和甘味的五行属土，风和酸味属木，木克土，所以风气能够抑制湿气，酸味可以抑制甘味。

西方肺脏，“热伤皮毛，寒胜热；辛伤皮毛，苦胜辛”，热会伤到皮毛，但是寒气能够抑制热气；过食辛味会伤到皮毛，但是苦味可以抑制辛味。因为热属火，寒属水，水克火，所以寒气能够抑制热气；辛味属金，苦味属火，火克金，所以苦味可以抑制辛味。

最后是北方肾脏，“寒伤血，燥胜寒；咸伤血，甘胜咸”，前两句，在《黄帝内经太素》版本是“寒伤骨，湿胜寒”，从全文看，《黄帝内经太素》版本更好一些，虽然寒冷是会伤害血，但因为肾主管骨头，所以这里应该是指“寒冷会伤害骨头”，但是湿气能够抑制寒气；咸能伤到血，咸味的确会伤害血，就今天来看，吃得咸直接影响到血压，还会伤害骨头，但是甘味可以抑制咸味。因为寒气和咸味的五行属水，湿气和甘味属土，土克水，所以湿气能够抑制寒气，甘味可以抑制咸味。

至于五脏如何对应五种情绪，五种情绪太过了会造成什么伤害，能不能不吃药就调节情绪，下一讲接着讲。

阴阳离合与“天人合一”

如何调节五种情绪

我们每个人都有喜怒哀乐，都有各种各样的情绪波动。但你知道情绪对一个人的健康影响有多大吗？现代临床医学研究表明，小到感冒，大到冠心病、癌症，有二百多种疾病都与情绪有着密切的关系。而在所有患病的人群中，70%以上的人得病都和情绪有关。所以情绪被称为“生命的指挥棒”“健康的晴雨表”。尤其是现代社会，情绪等心理因素引起的疾病越来越多。

那么我们应该怎样认识情绪，怎样做情绪的主人呢？《阴阳应象大论》给我们作了解答。那么《阴阳应象大论》将人的情绪分成几类，每一类情绪变化对人体内脏有怎样的影响，怎么调节各种情绪变化？因为这些问题太重要了，所以我要分几讲来详细讲一下。

“七情六欲”，七情就是人的七种感情、七种情绪；六欲就是人的六种欲望、六种需求。大家知道“七情六欲”的具体内容吗？哪七情，哪六欲？恐怕要说出来比较困难。这也难怪，因为本来就有多种说法。

七情的说法，各家差别不太大——

儒家：喜、怒、哀、惧、爱、恶、欲。

佛家：喜、怒、忧、惧、爱、憎、欲。

佛教是从古印度传来的，所以它的名词术语都是翻译过来的，七情中的“忧”另一种译法就是“哀”，“憎”另一种译法就是“恶”，这样七情就是：喜、怒、哀、惧、爱、恶、欲。

再说“六欲”。人要生存，生怕死亡，要活得有滋有味、有声有色，于是嘴要吃，舌要尝，眼要看，耳要听，鼻要闻，这些欲望与生俱来，不用人教就会。战国时期杂家的代表作《吕氏春秋》在《贵生》这一篇中首先提出“六欲”的概念，人的“全生”状态，就是“六欲”都得到合理的满足，但它没有说出哪六种欲。东汉时期的高诱作了解释，六欲，就是生、死、耳、目、口、鼻之欲。后来有人把它概括为“见欲（视觉）、听欲（听觉）、香欲（嗅觉）、味欲（味觉）、触欲（触觉）、意欲”。这跟佛家的说法有很大的区别。佛家说的六欲是色欲、形貌欲、威仪姿态欲、言语音声欲、细滑欲、人想欲。不过现代人一般认为六欲就是体现在眼、耳、鼻、舌、身、意六根上的六种欲望。

我们现代人常说“情欲”这个词，其实在现代汉语里，情与欲还不完全是一回事。情主要是指人的情感表现，属于人的心理活动范畴；而欲主要是指人的生存和享受的需要，属于生理活动的范畴。情太切伤心，欲太烈伤身，说明情与欲一个属于“心”，一个属于“身”。当然情与欲是不能分开的，是互动的，还可以互相转化。七情六欲是人类基本的心理情绪和生理要求，也是人间生活的最基本色调。

再来看《黄帝内经》，不提“六欲”，只提“七情”：喜、怒、忧、思、悲、恐、惊。这一篇《阴阳应象大论》实际上是“五情”，但不叫“情”，叫“志”，五志就是五情，也就是五种情志，就是：怒、喜、思、忧、恐。五志分别对应五行，分别影响到人的五脏，那就是肝、心、脾、肺、肾。五种情志激动过度，就导致阴阳失调、气血不和，从而引发各种疾病。这就是前面说过的“暴怒伤阴，暴喜伤阳”“喜怒不节，寒暑过度，生乃不固”。大喜大悲、过分惊恐、忧伤等，都会造成精神上的伤害，进而影响到身体形成各种疾病。

对于“五志”的变化，《阴阳应象大论》按五行五方是这么说的——

第一种情绪是“怒”：东方，肝“在志为怒，怒伤肝”。

东方为木，在情志上是怒——愤怒，愤怒会伤害肝脏，怒气直接影响着肝。人在发怒的时候，气往上冲。大家可能都有过这样的体验，如果遇到令人非常愤怒的事情，这个时候就会觉得血往上涌。所以有心脑血管疾病的人就一定要注意，千万不要发怒。肝脏是藏血的，发怒的时候直接影响到肝脏，肝血、气血往上涌，这时非常危险，有的人就会脑出血。

肝“在声为呼，在变动为握”，是说东方为木，对应肝脏，在声音上是呼喊，在变动是握拳。为什么？肝主怒，愤怒到极点就要呼喊，呼喊是一种发泄。如果不呼喊出来就危险了，就可能会做出危险的举动。有的人晚上做梦也会呼喊，这也是肝出了问题。《黄帝内经》说肝是藏魂的，肝藏魂，肺藏魄。在梦中呼喊是肝没有藏住魂，魂跑出来了，所以大叫。所以治疗的时候要从肝来治。

为什么“在变动为握”？肝主藏血，肝主筋——主管全身筋膜，肝的气血充足，就濡养了筋膜，愤怒伤害了肝的气血，筋太过紧张，手就紧紧握起来，还要挥动拳头，甚至两拳相对，打起来。还有肝是主风的，肝主筋，风邪侵入人体、损害了筋，导致抽搐、僵直，筋收不回去了，人就会颤抖，所以怒则伤肝。

再说一个故事。我们大家都知道《三国演义》里面有一个《诸葛亮三气周瑜》的故事。周瑜是吴国的大将军，才华横溢。而蜀国的诸葛亮更是足智多谋。周瑜心胸狭窄，经常生气，他有句名言：“既生瑜，何生亮？”既然生了我周瑜，何必再生诸葛亮？久而久之，周瑜就积郁成疾。周瑜三次用计都被诸葛亮识破。最后一次他生气到极点，血往上涌，一命呜呼了。当然，这个故事是罗贯中为了美化诸葛亮而虚构的，正史上并无此事。其实周瑜心胸也十分宽广，与《三国演义》中描写的完全不同。不过，这个故事说明的道理却是对的，那就是怒则气上。愤怒的时候，气是往上冲的，“怒发冲冠”就是这个意思。怒则伤肝，肝藏血，血往上涌，会导致脑出血甚至死亡。

这一点请大家一定要注意，要“戒怒”。保持遇事不怒、不生气的心态非常重要。这里特别向大家推荐一首《不气歌》：“他人气我我不气，我本无心他来气；倘若生病中他计，气下病来无人替；请来医生把病治，反说气病治非易；气之为害大可惧，诚恐因病将命弃；我今尝过气中味，不气不气真不气。”

第二种情绪是“喜”：心“在志为喜，喜伤心”。

心在五志对应的是喜，欢喜、高兴。说起来喜是一种好的情绪，怎么会伤心呢？这里是指大喜可以伤害心。大喜过度了，过分高兴、兴奋，大喜过望就会影响到心，损伤心气。因为“喜则气缓”，大喜之后气就缓，缓意思是涣，像水一下子涣散开来。太高兴、太兴奋了，往往气就散掉了，而出现心悸、失眠等症状，严重的甚至会发疯。

心“在声为笑，在变动为嗄”，心对应的声音是笑，这一点好理解，高兴了就笑，很高兴就大笑。笑是人的一种能力，人类能发出各种笑，这是一般动物做不到的。现代研究发现笑有19种，每一种笑都会调动不同的面部肌肉，少的可以调动5块肌肉，最多可以调动53块肌肉。但太过度地笑也是有害的，万事都要有个度。

心变动是嗄，“嗄”有个“口”字旁，《说文解字》说“语未定貌”，就是说话不确定，吞吞吐吐。为什么？因为心主舌，心开窍于舌，我们还听过一句话叫“言为心声”，心有什么想法会通过语言表达出来。心如果大喜过度，说出话来就会不连贯，甚至发疯，说疯话。

《儒林外史》里面有一个故事《范进中举》。范进考举人一直考不中，到五十多岁还考不中，屡考屡败。最后一次，在他自己都不抱任何希望的时候，却突然接到通知考中举人了，这时候他大喜过望，结果没想到，大喜之后就疯了。为什么疯了呢？就是伤心了。因为心藏神，心主神明，心是管思维意识、神志活动的。正常的喜乐，会使精神愉快，心气舒畅。可是狂喜极乐，会使心气弛缓，精神涣散，所以人也就迷失了，丧失神志，乐极生悲了！

加拿大有一位贫穷的鞋匠，在确知自己中了百万元的巨彩后，竟因乐暴亡，直到入殓之时，仍面带笑容。这种因过度兴奋造成的猝死，时常发生在中老年人中。人过中年，全身的动脉都会发生程度不同的硬化，营养心肌的冠状动脉当然不会例外。如果心脏剧烈地跳动，必然增加能耗，心肌将会发生相对的供血不足，从而出现心绞痛甚至心肌梗死，或心搏骤停。这是“乐极生悲”的一个原因。此外高兴过度还可致血压骤然升高，健康的人还可以恢复，如果已患高血压病，过度兴奋就会导致“高血压危象”，表现为突然头晕目眩、恶心呕吐、视力模糊、烦躁不安。有的可以持续几个小时，进而引起脑血管破裂，发生猝死。

第三种情绪是“思”，就是思虑。“在志为思，思伤脾”。

脾对应的情志是思，思则伤脾，思虑过度会伤害脾，会影响脾胃。一个人多愁善感，老是在思考问题，考虑得太多往往不思饮食，或者饮食不和，这就影响到脾胃。脾是主运化的，饮食水谷到了脾胃的时候，就要靠脾胃的运化。运化就是运送和消化的意思。脾胃把吃进去的水谷消化成有营养作用的精微物质和无用的糟粕，并把其中的精微物质运送到全身，没有用的就排泄掉。

脾“在声为歌”，脾对应的声音是唱歌。唱歌是人情绪的抒发，高兴、悲伤、愤怒都可以用歌声表达，为什么这里只说脾对应唱歌呢？这是从不正常的唱歌角度说的，如果一个人在大街上一会儿高声唱歌，一会儿低声唱歌，一会儿这么唱，一会儿那么唱，除了精神失常的原因外，就要从脾上考虑了，脾主思虑，这是思虑不正常了。从另一个角度看，唱歌可以缓解脾的思虑气结，思虑过度，不思饮食，这个时候唱唱歌，可以活跃一下情绪，打开脾的思虑过度的气结，有醒脾的作用。

脾“在变动为哕”，哕就是干呕，呃（è）逆，就是打嗝儿，脾不能运化了，不能对食物进行消化吸收了，就会出现打嗝儿，这是脾气失常导致的。

说一个故事，在《三国演义》中，诸葛亮六出祁山，屯兵在五丈原，想尽办法找曹魏出来决战。但司马懿就一个“拖”字，坚决按兵不动。诸葛亮因此思虑过甚，脾气郁结，运化无力，出现食欲不振、饭量减少的情况。司马懿听到之后，便知道了诸葛亮的病证所在，说：“孔明食少事烦，其能久乎？”史书说诸葛亮“长于巧思”，殚精竭虑，事必躬亲，正是思虑过度损伤了他的身体，致使“出师未捷身先死”，五十四岁就病逝在五丈原。

第四种情绪是“忧”，就是忧愁。肺“在志为忧，忧伤肺”。

肺对应的情志是忧愁，忧则伤肺，忧愁过度、悲伤，会伤害肺。一个人如果老是忧愁，老是悲伤，他的体内之气就会耗散，这叫悲则气消。人的精气神消耗，首先会影响、伤害到肺。肺“在声为哭，在变动为咳”。忧伤、悲痛当然就会哭泣，所以肺在五种声音中就是哭声。肺的病变表现为咳嗽。

《红楼梦》中的林黛玉就是一个典型的例子。她多愁善感，整天愁眉不展，悲悲切切。她看到花儿落地，伤心落泪：“花谢花飞花满天，红消香断有谁怜？”看到花落想到人亡，于是把花儿收拾在篮子里，找到一块清净的地方把它埋了，一面埋，一面哭泣：“尔今死去侬收葬，未卜侬身何日丧？侬今葬花人笑痴，他年葬侬知是谁？试看春残花渐落，便是红颜老死时。一朝春尽红颜老，花落人亡两不知！”今日花落了我埋葬了你，他日我死了谁来埋葬我呢？她成天忧伤，伤害了肺，总是咳嗽。

第五种情绪是“恐”，就是恐惧。肾“在志为恐，恐伤肾”。

肾对应的情志是恐惧，恐则伤肾，恐惧的时候人的气往下走，首先影响到肾。有一句话“吓得屁滚尿流”，就是这个道理。比如在“非典”流行的时候，经常有这样的情况发生，那个时候只要人一发烧，体温上升，就被怀疑是“非典”，如临大敌，大家都十分惊恐。说一个真实的事例：有一个人其实没得“非典”，但他体温升高了，所以他被送到医院里。医生告诉他可能是“非典”，要进一步检查，这个时候他就非常惊恐，两条腿都迈不开步了，大小便失禁了。这是恐惧伤害了肾。“肾司二便”，肾气受损，大小便就失控了。

肾“在声为呻，在变动为栗”，在五种声音中为呻吟，在变动是战栗、发抖。呻吟是因痛苦发出的声音，恐惧一般是大叫。如果没事的时候经常呻吟，总是哼哼唧唧、无病呻吟，这可能就是肾脏不好的表现，可能是肾虚了。

最后，我们总结一下，五志怒、喜、思、忧、恐，对应所伤害的五脏，怒伤肝，喜伤心，思伤脾，忧伤肺，恐伤肾。

那么有没有调节情绪、对治情绪的方法呢？有！《黄帝内经》提出了一整套完善的理论和有效的治疗方法。这一篇提出了十五个字的对治方法："怒胜思，思胜恐，恐胜喜，喜胜悲，悲胜怒。"这叫"一物降一物"。这种方法其实就是五行相克原理的运用。把五种情志——怒喜思忧恐，配上五行——木火土金水，按照五行相克法则，按照肝心脾肺肾的次序，那就是：怒伤肝，悲胜怒；喜伤心，恐胜喜；思伤脾，怒胜思；忧伤肺，喜胜忧；恐伤肾，思胜恐。

这十五个字中的"胜"是"克制"的意思，就是对治。俗话说"心病还须心药医"，不是吃什么汤药，而是把情志当成药。情志可以致病，但也可以治病——用情志克制情志、治疗情志、战胜情志。这十五个字就是典型的情志疗法，可以叫五志相胜法。

我们按照《阴阳应象大论》原文的次序，先说说"悲胜怒"，就是悲伤可以克制愤怒，用悲伤战胜大怒。在五行中，悲为金，怒为木，金克木，所以可以用"悲"来治疗各种由"怒"引起的疾病。我们也可以想象一下，发怒也叫发火，怒火冲天，用泪水可以把怒火浇灭。如果在一个人大怒的时候突然告诉他一个悲伤的消息，他的怒火自然就会熄灭了。举一个例子，《红楼梦》中贾宝玉和薛宝钗举行结婚大礼时，贾宝玉发现与他婚配的不是林妹妹，而是薛宝钗，一下蒙了，不免有愤怒之情，一急之下，旧病陡发，更加昏聩疯傻起来。后来薛宝钗多方规劝宝玉无效，便狠心地说："实话告诉你罢：那两日你不知人事的时候，林妹妹已经亡故了。"此时此语，无异于五雷轰顶。宝玉听了悲从中来，不禁放声大哭，倒在床上，忽然眼前漆黑，辨不出方向，致使贾母、王夫人"深怪她（宝钗）造次"。可是宝钗"自己却深知宝玉之病实因黛玉而起。故趁势说明，使其一痛决绝，神魂一归，庶可治疗"。果然，奇迹发生了，宝玉"浑身冷汗，觉得心内清爽，仔细一想，真正无可奈何，不过长叹数声"。医生诊断结果是：脉气沉静，神安郁散，没问题了。这是曹雪芹笔下"悲胜怒"的一个典型例子。当病人悲伤难忍时，医者因势利导，激起病人痛哭一场，可以化解体内的郁结之气、愤怒之气。

“恐胜喜”，恐惧可以克制、战胜过喜的情绪。根据五行生克的理论，肾主恐，属水，心主喜，属火，水克火，所以恐惧能克制过喜所得的情志病。我在前面说过《儒林外史》范进中举的故事，范进得知自己终于考中举人了，自己把两手拍了一下，笑了一声，道：“噫！好了！我中了！”说着，往后一跤跌倒，牙关咬紧，不省人事，痰涌上来，迷了心窍。后来怎么治好的呢？是他的岳父胡屠户凶神似的走到他跟前，说道：“该死的畜生！你中了甚么？”一个嘴巴打将去。范进挨了这一个大嘴巴，受了惊吓，一下子给打醒了。还有一个医案，清代有一个新中状元也是喜极伤心，痰迷了心窍，请名医徐灵胎治疗，徐灵胎对他说：“你的病已经无药可治，七天内必死。”患者吓得要命，过了七天病却痊愈了。徐灵胎告诉他：“你是大喜伤心，所以用死来吓唬你，这就是治病的方法。”

“怒胜思”，就是愤怒可以克制思虑过度。一个人思虑太过，为什么要用激怒的方法对治？《黄帝内经》认为，思为脾的情志，为土；怒为肝的情志，为木；因木能克土，所以可用肝的情志“怒”来治疗各种脾的情志“思”引起的情志病，让肝气冲破郁结的脾气，使忧思之病得到缓解。用“怒胜思”的方法治病在古代名医中有很多案例。其中有一个就是华佗的故事。据《三国志·华佗传》记载，有一郡守因思虑过度而生病了，吃什么药都没用，于是就请来华佗给他治疗。华佗一看只有用激怒的办法才能治好他的病，于是他就加倍收了郡守的诊费又不及时给他治疗，第二天不辞而别，还留了一封书信把郡守大骂一顿。郡守大怒，派人追杀华佗。由于郡守的儿子事先知道了华佗这是为了治病，所以偷偷地告诉下属不要追赶。郡守愤怒至极，吐黑血数升而后病愈。

华佗是幸运的，躲过了郡守的追杀。历史上另一位名医文挚就没那么幸运了。文挚是战国时期的名医。据《吕氏春秋·至忠》记载：有一位齐王因思虑过度而患病，请宋国名医文挚来诊治。文挚诊断后对太子说：“齐王的病只有用激怒的方法才能治好。如果我激怒了齐王，他肯定要把我杀死。”太子听了恳求道：“只要能治好父王的病，我和母后一定保证你的生命安全。”文挚推辞不过，只得应允。当即与齐王约好看病的时间，却连续三次失约。齐王见文挚老失约，非常恼怒，痛骂不止。过了几天，文挚突然来了，连礼也不行，鞋也不脱，就爬到齐王的床铺上。齐王很愤怒，强忍怒火不理文挚。文挚就用粗话激怒齐王，齐王实在忍耐不住了，便站起身来大骂文挚。一怒一骂，思虑一泻，齐王的病也好了。齐王病好后不能谅解文挚对自己的无礼，太子和王后的百般解释齐王根本不听，最终还是把文挚投入鼎中活活煮死。

“喜胜忧”，也叫喜胜悲，就是高兴能够战胜忧愁、悲伤。这一点很好理解，高兴了当然就不悲伤忧愁了。从五行看，喜是火，悲是金，火克金，所以喜克悲。说一个喜胜悲的故事：金代有一位县令之妻，患不欲进食之病，并有时高声叫骂，凶得很，找了许多名医治疗，终不见效。后请名医张子和诊治，张子和请来两个歌舞艺人，化妆新奇，在病人面前歌舞，患者见了大笑。第二天张子和又让这两个艺人学动物顶角，相互嬉戏，病人见此大笑不止。之后，又找了两个饭量大的妇女，在病人面前一边吃一边夸饭菜可口。病人见此便要来饭菜吃。不久，病人就痊愈了。所以当我们心情感到悲伤的时候，不妨给自己找点乐子，改变一下心情，看看喜剧，听听相声、东北二人转，这些都能缓解悲伤的情绪。

“思胜恐”，就是思虑可以战胜恐惧。在五行之中，肾属水，脾属土，恐则伤肾，怎么办？土克水，脾主思，所以可用思虑来治疗恐伤肾而引起的疾病。说一个明代名医卢不远的故事。当时有一个名叫沈君鱼的病人，整日害怕死亡，常感到自己的时日不多了，后来找到了卢不远诊治。卢不远便把他留住在自己家里，病人觉得医生在身边，便很安心。后来卢不远又介绍他去找和尚练习坐禅，经过一百余日的闭目沉思之后，病人的恐惧心理终于消除了。

总之，这种情志相胜的方法是一种经济有效的方法。自己的心病要用自己的“心药”来治，要善于自我调节情感、情绪。“五情相胜”的目的是通过情绪的调节来达到平和稳定的心理状态，所以要适当使用，一定注意不要在使用某种情绪时太过分了，以免引起副作用。我想起陶渊明的一首诗：“纵浪大化中，不喜亦不惧。应尽便须尽，无复独多虑。”其实人最好的状态不是快乐，而是平和！人生在天地大化中，不过呼吸之间，多么渺小，多么短暂，何必为自己的事一会儿大喜一会儿大悲呢？海那么阔，天那么广，应该放下的就放下吧，应该尽的责任就尽掉吧，何必总要去计较个人的得失成败呢，你说是吗？

男人和女人的“七损八益”

大家都听过“食色，性也”这么一句话，就是说饮食和男女之事是人的本性。好多人都以为这是孔子说的，其实不是孔子说的，而是告子说的。当然，孔子也确实说过类似的话，他在《礼记》里讲：“饮食男女，人之大欲存焉。”饮食和男女，也就是食欲和性欲是人的两大欲望，也是人生的两大基本需求，其中“饮食”是人身体生存的基本需求，“男女”是人延续后代的基本需求。

那么《阴阳应象大论》是怎么讲男女之事的呢？非常有意思，它提出了一个“七损八益”的男欢女爱大法则。我们这一讲就来讲一下什么是“七损八益”。

在这之前，岐伯先对“阴阳”作了一个总结——

天地者，万物之上下也；阴阳者，血气之男女也；左右者，阴阳之道路也；水火者，阴阳之征兆也；阴阳者，万物之能（tāi）始也。

这一段是对“阴阳”含义的概括，用了一系列相对的词语：天地、上下、左右、水火，这些都是阴阳，尤其提到了“阴阳者，血气之男女也”。阴阳就是男人和女人。还提到“阴阳者，万物之能始也”。阴阳是万事万物的本源和开始。这里的“能”通“胎”。“始”是什么意思？《说文解字》说：“女之初也。”这里是用了比喻，阴阳好比万事万物的胎儿和刚生下来的婴儿，比喻本源和开始。阴和阳是互相起作用的，“阴在内，阳之守也；阳在外，阴之使也”。阴在里面，被阳所镇守、保护；阳在外面，被阴所辅佐、驱使。

接下来，黄帝又发问了：那么应该怎样效法阴阳来治病呢？岐伯从两个方面作了回答，一个是阳胜，一个是阴胜——

阳胜则身热，腠理闭，喘粗为之俯仰，汗不出而热，齿干以烦冤腹满死，能（nài）冬不能夏。

岐伯把阳气太过概括为三种表现：一是身体发热；二是皮肤腠理紧闭，不出汗（因为汗出不来，所以体内很热）；三是“能冬不能夏”，“能”通“耐”，经受得住；忍耐。能忍耐冬天但不能忍耐夏天。为什么？因为阳气太过，发热的病遇到冬天就会减轻，可是遇到夏天，热上加热，肯定受不了了。

阴胜则身寒汗出，身常清，数栗而寒，寒则厥，厥则腹满死，能夏不能冬。此阴阳更胜之变，病之形能也。

阴气太过，也有三种表现：一是怕冷，身上冷，打冷战，到最后还会出现手足逆冷的现象；二是出汗，皮肤毛孔是张开的，体内的热量都跑掉了；三是“能夏不能冬”，能忍耐夏天但不能忍耐冬天。这就是阴阳偏胜表现出来的疾病形态。

黄帝问：那怎么调和阴阳呢？——

岐伯曰：能知七损八益，则二者可调，不知用此，则早衰之节也。

岐伯回答说：能够知晓七损八益的道理，就能够使阴阳调和了，否则只能让身体早早衰竭。什么是“七损八益”？这成了一个千古之谜，历代争论不休，直到1973年湖南长沙马王堆汉墓出土了一本医书《天下至道谈》，这才解开了这个谜底。原来是指男女房事、男欢女爱的七种有害的做法和八种有益的做法。

哪七种有害的做法呢？——

一曰闭，二曰泄，三曰渴（竭），四曰弗（勿），五曰烦，六曰绝，七曰费。

第一是“闭”，动作粗暴，精道闭塞；第二是“泄”，虚汗淋漓，精气走泄；第三是“竭”，纵欲无度，气血耗竭；第四是“弗”，阳痿不举；第五是“烦”，心中烦乱；第六是“绝”，无性欲而强求，犹如陷入绝境；第七是“费”，急速图快，浪费精力。

如果有这七种做法，对人体是有很大危害的。那么男欢女爱的“八益”——八种有益的做法又是什么呢？——

一曰治气，二曰致沫，三曰智（知）时，四曰畜气，五曰和沫，六曰窃气，七曰寺（待）赢，八曰定顷（倾）。

第一是“治气”，就是调治精气；第二是“致沫”，就是产生津液；第三是“知时”，掌握合适的时机；第四是“畜气”，蓄养精气；第五是“和沫”，调和阴液；第六是“窃气”，聚积精气；第七是“待赢”，保持盈满；第八是“定倾”，防止阳痿。

男女性生活首先要健康，其次要愉悦。“七损八益”是古人男女性生活的基本要求，也是房事养生保健的重要原则。从中医角度来说，还要遵守一些禁忌，比如有雷雨天气、酗酒、暴怒、感受风寒等情况时切忌行房事。

如果违背了“七损八益”会有什么后果呢？岐伯说那样就会“早衰”——

年四十，而阴气自半也，起居衰矣。年五十，体重，耳目不聪明矣。

年六十，阴痿，气大衰，九窍不利，下虚上实，涕泣俱出矣。

到了四十岁，肾气就衰退一半了，生活起居动作渐渐衰退；到了五十岁，身体就变得笨重，耳不聪目不明；到了六十岁，阴萎不用，“阴萎”是指人的生殖器萎缩、失去功能了，肾气大衰，九窍的功能不利，出现下虚上实的现象，流鼻涕、淌眼泪等衰老的现象也都出现了。

马王堆帛书《天下至道谈》说：“不能用八益、去七损，则行年四十而阴气自半也，五十而起居衰，六十而耳目不聪明，七十下枯上脱，阴气不用，唾泣流出。”和《黄帝内经》的说法基本相同。

所以岐伯说——

故曰：知之则强，不知则老，故同出而名异耳。智者察同，愚者察异。愚者不足，智者有余，有余则耳目聪明，身体轻强，老者复壮，壮者益治。是以圣人为无为之事，乐恬憺（dàn）之能（tài），从欲快志于虚无之守，故寿命无穷，与天地终，此圣人之治身也。

所以说懂得调和阴阳——男女房事的人，身体就会强健；不懂得调和阴阳的人，身体就会很容易衰老。这就叫“同出而名异”，这是引用了老子《道德经》的话“同出而异名”。这里的意思是本来是同一个身体但却出现了强和弱两种不同的名称。

“智者察同，愚者察异。”这八个字太重要了，意思是有智慧的人总是会从表面的不同中观察出本质的相同点，而愚蠢的人总是看不见本质相同，只会观察表面的不同点。你看儒、释、道的那些圣人、真人、觉者，都是察同、求和的，比如孔子就说过“君子和而不同，小人同而不和”，庄子说过“天地与我并生，万物与我为一”，佛家也讲“不二”，这些就是智者察同。智者察同、求同，就会互相包容，求同存异，最终获得共赢；愚者察异、求异，就会制造矛盾，引起斗争，最终导致失败。在这里特指对待身体的强盛和衰弱，有智慧的人，不仅能看出人体强弱和天地阴阳的一致性，而且能看出身体本身强弱的一致性，所以能够在身体还没有开始衰弱的时候，就注意保养；但是愚昧的人，却看不到这种一致性，到了衰弱或者得病的时候才知道保养。对男欢女爱来说也是这样，都是同样的道理。

所以“愚者不足，智者有余”，愚蠢的人经常感到体力不足，智慧的人却经常感觉精力有余。“有余则耳目聪明，身体轻强，老者复壮，壮者益治。”精力有余就会耳聪目明，身体强壮，即便是身体已经衰老，也能够焕发青春容颜；而本来就强壮的人，就会更加强壮了。

“是以圣人为无为之事，乐恬憺之能（态），从欲快志于虚无之守，故寿命无穷，与天地终，此圣人之治身也。”这里用了老子《道德经》中的话，圣人要做“无为”之事，“无为”不是不作为、什么都不做，“无为”是不要妄为、不要人为，是顺应自然地做，要把恬淡平和的状态作为生活的最大快乐和享受，要在守住虚无的心境中无忧无虑、快意人生，只有这样才可以使寿命没有穷尽，与天地长存。

人的寿命能无穷吗？我们马上会回答：不可能！当然是不可能，不过联想起老子《道德经》说的一句话也是有可能的，老子说“不失其所者久，死而不亡者寿”。身体当然会死，但精神可以永不消亡。如果不失去本性本心，不丢弃信念信仰，他的精神就会永久流传。

人体左右有什么奥秘

我们大家对自己最熟悉的东西往往是最不关注的，比如我们自己的左眼睛和右眼睛究竟哪一只视力更好，我们的左耳朵和右耳朵哪一只听力更好，还有我们的两只手、两只脚哪一只更好使，我们平常注意过吗？问过为什么吗？我们太关注外面的世界，忙得没时间关注内在的世界了。这里我就和大家谈谈这个问题。

在《阴阳应象大论》中，岐伯替我们回答了这个问题。岐伯说“人右耳目不如左明也”，也就是说人的右耳朵不如左耳朵好使，右眼睛不如左眼睛好使，就耳朵和眼睛来说是左边的比右边强。为什么呢？因为“天不足西北，故西北方阴也”，西北方阳气、热气不足，所以西北方属于阴。

《黄帝内经》总是将人和天地对应起来，人的耳朵和眼睛长在头上，对应着自然界的天，西北方对应人的右边，东南方对应人的左边。为什么？在北半球，人面向南方站立，东边就是人的左边，西边就是人的右边。你看太阳是从东边升起、西边落下，所以在北半球，东边、南边阳气足，西边、北边阴气足，对应人的耳朵、眼睛，就是左边强一些，右边弱一些。

再看人的手和脚，是左边强还是右边强呢？这一点，大部分人都知道是右边强，所以岐伯说“人左手足不如右强也”。你看我们大多数人都是用右手写字、拿筷子，这又是什么道理呢？岐伯说：“地不满东南，故东南方阳也。”东南方地势低下，阴气不足，所以东南方属于阳。相对于头上的耳朵和眼睛而言，手和脚是在下面的，所以耳朵和眼睛为阳，手和脚为阴，左手和左脚好比是东南方，阴气是不足的，所以左边的手脚不如右边的手脚强。

“天不足西北，地不满东南”其实来源于一个神话寓言。据《列子》记载，很久以前，有一个部落首领叫共工，与黄帝的孙子颛顼争帝，结果被打败了，于是一怒之下，用头撞击不周之山。结果天柱塌了，地维断了，天倾向西北方，所以日月星辰就往西北方移动了；地不满东南，故水流尘埃都流向东南方。

人体的耳朵和眼睛与西北方的天相对应，手和脚与东南方的大地相对应，为什么会这样呢？——

岐伯曰：东方阳也，阳者其精并于上，并于上则上明而下虚，故使耳目聪明而手足不便也。

岐伯回答：东方属于阳，阳气的精华聚合在上部；上部旺盛了，下部就必然会虚弱，所以就会出现耳目聪明但是手脚不便利的情况。

西方阴也，阴者其精并于下，并于下则下盛而上虚，故其耳目不聪明而手足便也。

西方属于阴，阴气的精华聚合在下部，下部旺盛了，上部必然会虚弱，所以就会出现耳目不聪明但是手脚便利的情况了。

故俱感于邪，其在上则右甚，在下则左甚，此天地阴阳所不能全也，故邪居之。

所以说同样是感受外邪，如果是上部受邪，那么身体的右侧就会比较重；如果是下部受邪，那么身体的左侧会比较重。这就是因为天地阴阳是不平衡的，人身体也会有左右阴阳不同，所以邪气就会乘虚而入，留滞在身体比较虚弱的地方。

人体的左右充满了秘密，大家肯定听说过左脑和右脑。有科学研究证明，大脑分为左半球和右半球，也就是左脑和右脑。一般左脑具有语言、概念、数字、分析、逻辑推理等功能，右脑具有音乐、绘画、空间几何、想象、综合等功能。左脑偏于抽象思维，右脑偏于形象思维。也有这样的提法：左脑主管人右边的一切活动，右脑主管人左边的一切活动。对这些说法，最近有人提出反对意见，美国犹他大学科学家通过研究提出：没有找到人们在使用左右脑上有倾向性的证据，任何功能都是左右脑同时参与的。当然这种争论还会持续下去，因为大脑的秘密远远没有解开。

人身体的左侧和右侧是有区别的，这是客观事实。《黄帝内经》早就发现了这一秘密，那《黄帝内经》是怎么发现的呢？那个时候没有现代仪器，没有磁共振成像，怎么就能发现这个秘密呢？我看主要是两个原因。第一个原因是没有科学仪器，没有任何东西可以依靠，只能依靠自己的直觉、感知、联想，所以古人的直觉能力、体悟能力、想象能力比现代人强。举个例子，2004年底印度洋海啸，为什么印度洋岛屿上的原住民没有死？海啸之后人们以为他们肯定都不在了，结果乘直升机去找，发现有人向直升机掷长矛、射箭，说明他们还活着。而当时印度洋岸边的现代城镇居民都遭殃了，死亡或失踪的有29万人。为什么？因为原住民直觉能力强，他们早就感觉到了。那里的原住民没有现代文明，反而保留下那种超越现代人的直觉能力和想象能力。第二个原因是用身体做实验，观察自己身上的变化，也就是“内求”能力强。而我们现代人很少内求，不愿内求，不愿意在自己身上下功夫，一味外求，当然就不会发现人体的各种秘密，包括左右的秘密。

《黄帝内经》依靠直觉体悟，通过内求实验，发现了左右的秘密。用在扎针上，左侧有病扎右边，右侧有病扎左边。这一篇《阴阳应象大论》后面有一段是这么说的——

故善用针者，从阴引阳，从阳引阴，以右治左，以左治右，以我知彼，以表知里，以观过与不及之理，见微得过，用之不殆。

因此擅长用针刺来治疗疾病的医生，刺阴经从而引出阳经的邪气，刺阳经从而引出阴经的邪气；疾病在左者治疗右侧，疾病在右者治疗左侧；从自己正常的状态来推测病人异常的状态；从外在的表现了解内在的病变。观察疾病太过和不及的道理，看到轻微的就可以推测出严重的。有了这种能力，那么再给人治病就不会失败了。

比如左边牙齿痛，用针扎右手的合谷穴，右边牙齿痛，用针扎左手的合谷穴，牙齿马上不痛了。当年我在农村插队的时候，最喜欢做的事就是给人扎针，牙齿痛，左右交叉扎合谷穴特别有效。

当然人体不仅仅是自身左右有秘密，其实全身与自然界都有一一相通的秘密。我们下一讲就来继续探讨这些秘密。

“天人合一”养生之道

上一讲我们讲了人体左右的秘密，发现人的左右耳朵、左右眼睛、左右手脚是不一样的，这与天地方位有关系。那么人的头脚和五脏又有什么秘密，和天地自然又有什么关系呢？让我们来看一看岐伯的回答。岐伯首先从自然界说起——

天有精，地有形，天有八纪，地有五里，故能为万物之父母。清阳上天，浊阴归地，是故天地之动静，神明为之纲纪，故能以生长收藏，终而复始。

天有精气，地有形状，天有八个节气（“八纪”是立春、立夏、立秋、立冬、春分、夏至、秋分、冬至八个节气），地有五个方位（“五里”是指东、南、西、北、中五个方位），因此能够成为万事万物发生和发展的起源。清阳上升于天，浊阴下降于地。

然后就开始说到人——

上配天以养头，下象地以养足，中傍人事以养五脏。

人的头要和天相配，人的脚要和大地相配，而五脏在中央要和人事相配，这是按照天、地、人三才把人体划分为三部分，所以顺应天以保养头，顺应地以保养脚，顺应人事以保养五脏。

怎么保养呢？头配天，天为阳气，要效法天来保养头的阳气，头是阳气聚集的地方，要使阳气充实，可以干洗脸、干梳头。这里再介绍一种“鸣天鼓”的方法：将两手搓热，两手捂住耳朵，手指向后，用手指敲打脑袋的后面，敲打二十四次。这就是坐式八段锦中的“左右鸣天鼓，二十四度闻”。要效法大地来保养双脚。大地为阴，可以用手搓脚底涌泉穴，使得阴气充盈，使双脚像大地一样稳重、坚实。

对头和脚的重视，是我国传统医学的特色，中国人特别注意保养头部和脚部，养成头和脚的保养习惯是非常有利于健康的。比如干洗脸、干梳头、鸣天鼓，还有脚底按摩。脚底有一个穴位——涌泉。这个穴位不在脚底的正中间，而在脚掌人字沟的交点上，这是肾经的第一个穴位，也就是肾经的“根”。什么是根？根就是根本、开始，是肾气的起始、精气的源泉。涌泉就是精气源源不断，像泉水一样涌出来。这个穴位最接地气，它直接贴在地面上，因此我们才总是强调脚部要保暖。入冬后，最好每天晚上用热水泡脚，然后先用手的大拇指在这个穴位上按揉，然后用手心劳宫穴按摩。

那么怎么顺应人事来保养五脏呢？人事以和为贵，要和谐，五脏也应该和谐。人事不和谐就会争斗，甚至发生战争，五脏如果不和谐，也一样会争斗，会损伤身体，严重者会致人死亡。

那么自然界和人的五脏究竟是什么关系呢？——

天气通于肺，地气通于嗌（yì），风气通于肝，雷气通于心，谷气通于脾，雨气通于肾。六经为川，肠胃为海，九窍为水注之气。以天地为之阴阳，阳之汗，以天地之雨名之；阳之气，以天地之疾风名之。暴气象雷，逆气象阳。故治不法天之纪，不用地之理，则灾害至矣。

自然界的天气和肺相通，地气和咽喉相通（“嗌”，咽喉），风木之气和肝相通，雷火之气和心相通，山谷之气和脾相通，雨水之气和肾相通。六条经脉好像大河，肠胃就像大海，九窍就像水所贯注的地方。如果用自然界来比喻人体的阴阳，那么人的汗就好像天在下雨、人的气就好像刮风、人的暴怒就好像打雷、人的逆气就好像久晴不雨。所以养生必须和天地自然的道理相应，否则就会有疾病发生。

故邪风之至，疾如风雨，故善治者治皮毛，其次治肌肤，其次治筋脉，其次治六腑，其次治五脏。治五脏者，半死半生也。故天之邪气，感则害人五脏；水谷之寒热，感则害于六腑；地之湿气，感则害皮肉筋脉。

因此邪风到来，就像有暴风骤雨一样。擅长治病的医生，在病邪刚刚入侵到皮毛的时候，就给予及时的治疗；医术稍差的医生，在病邪入侵到肌肤的时候才给予治疗；再差一点的医生，在病邪入侵到筋脉的时候才给予治疗；更差的医生在病邪入侵到六腑时才给予治疗；最差的医生是病邪已经入侵五脏了才给予治疗。如果病邪已经入侵到五脏，治愈的希望与死亡的可能性各占一半。人们如果感受到了天的邪气，就会使五脏受到伤害；如果感受到饮食的寒热，就会使六腑受到伤害；如果感受到了土地的湿气，就会使皮肉筋脉受到伤害。

我们好多人都听说过扁鹊给蔡桓公治病的故事。扁鹊有一天见到蔡桓公，就说："大王，你的病现在在皮肤，不治疗恐怕会加深。"蔡桓公说："我没病。"扁鹊离开以后，蔡桓公对大臣们说："医生总是喜欢治疗没有病的人来邀功获利。"过了十天，扁鹊见到蔡桓公说："你的病在肌肤了，不治疗恐怕会加深。"蔡桓公不理他。又过了十天，扁鹊见到蔡桓公说："你的病在肠胃了，不治疗恐怕会加深。"蔡桓公仍然不理他，很不高兴。又过了十天，扁鹊见到蔡桓公，二话没说，掉头就走。蔡桓公马上派人去问，扁鹊说："疾在皮肤，热敷就可以治好；在肌肉，针刺就可以治好；在肠胃，用汤药就可以治好；在骨髓，就没有任何办法了。现在大王的病已经在骨髓，我已经无能为力了。"过了五天，蔡桓公身体疼痛，派人寻找扁鹊，扁鹊已经逃到秦国了，蔡桓公于是病死了。这个故事说明疾病由浅入深的过程和治疗疾病要把握的最佳时机。

最后，岐伯说，一个高明的医生总是"以表知里，见微得过"，从外表就可以知道身体里面的病变，看见轻微的情况就可以推测到严重的后果。这里说了一段针刺治疗的方法，我在前面已经说过了。

岐伯接着说到了诊断的方法——

善诊者，察色按脉，先别阴阳；审清浊，而知部分；视喘息，听声音，而知所苦；观权衡规矩，而知病所主。按尺寸，观浮沉滑涩，而知病所生。以治无过，以诊则不失矣。

高明的医生，通过观察病人的脸色和脉搏，就能辨明疾病是属阴还是属阳，是阴虚还是阳虚。怎么观察人的脸色、怎么把脉，我会在后面有关的篇章中再讲。

最后，岐伯重点讲了疾病在不同时间、不同部位要采用哪种治疗方法——

故曰：病之始起也，可刺而已；其盛，可待衰而已。故因其轻而扬之，因其重而减之，因其衰而彰之。形不足者，温之以气；精不足者，补之以味。其高者，因而越之；其下者，引而竭之；中满者，泻之于内；其有邪者，渍形以为汗；其在皮者，汗而发之；其慓悍者，按而收之；其实者，散而泻之。审其阴阳，以别柔刚，阳病治阴，阴病治阳，定其血气，各守其乡，血实宜决之，气虚宜掣引之。

疾病在初起的时候，用针刺的方法就可以治疗；等到疾病发展严重一些，可以等到它衰退的时候再用针刺的方法治疗。疾病较轻的，使用发散清扬的方法治疗；病情较重的，要用攻泄的方法治疗；将要痊愈的时候，要防止疾病复发。对于病人来说，形体比较羸弱的，用味厚的补药；精气不足的，用温补之药；如果病在上焦就用吐法，病在下焦就用泻法；中部胀满的，要用泻下的方法；感受外邪的要用发汗的方法；病情急猛的，要用抑制的方法；如果属于实证，要用发散的方法排泄它。观察病在阴还是在阳，来决定应该用轻柔的方法还是刚强的方法。阳病应该治阴，阴病应该治阳。要辨明疾病是在气还是在血，使得它们不至于相互伤害，血实就用泄血法，气虚就用导引（补气）法。

这里提出了“阳病治阴，阴病治阳”的治病原则，这正是中医诊治疾病的思维方式。我曾说过西医治疗的思维方法是“脚痛医脚、头痛医头”，中医可能是“脚痛医头、头痛医脚”。中医是整体思维，人就是一个整体，上下、左右、前后都是动态关联的，不仅人是动态关联的，病也是动态关联的，所以才可以从阴治阳、从阳治阴，从右治左、从左治右，从下治上、从上治下。时间、空间也都是动态关联的，所以才可以在已病之前就治未病，才能以小见大、防微杜渐。所以说中医不仅仅是医学，而且是与天地之道相关的人生哲学。

人体头脚与南北朝向

通过前面的讲解，我们基本上知道了什么是阴阳，怎么划分阴阳。有朋友问：怎么同一个东西一会儿说是阴，一会儿又说是阳？其实这并不难理解，这说明同一个东西在不同的关系中阴阳属性是不同的。比如我这个人，在我父亲面前，我是儿子，那么父亲为阳，我就为阴；但在我的儿子面前，我是父亲，那么我就是阳，我儿子就是阴。所以，阴阳只是一种关系的划分、功能的划分。

从《易经》开始万事万物被分成了阴阳，那么复杂的事物一下子就有序化、简单化了。按照一分为二的法则，一分为二、二分为四、四分为八，也就是太极生两仪，两仪生四象，四象生八卦。可是在《素问》的《阴阳离合论》中却有一种特殊的分法，不是一分为二，而是一分为三，于是有了一个崭新的概念叫“三阴三阳”。这是很了不起的，是《黄帝内经》的伟大发现！“三阴三阳”不仅指导了人体十二经络理论，而且指导了张仲景《伤寒论》六经辨证体系的建立。那么“三阴三阳”究竟是怎样形成的？有什么内在的秘密呢？我们先来看这一篇的开头——

黄帝问曰：余闻天为阳，地为阴，日为阳，月为阴，大小月三百六十日成一岁，人亦应之。今三阴三阳，不应阴阳，其故何也？岐伯对曰：阴

阳者，数之可十，推之可百，数之可千，推之可万，万之大不可胜数，然其要一也。天覆地载，万物方生。未出地者，命曰阴处，名曰阴中之阴；则出地者，命曰阴中之阳。阳予之正，阴为之主。故生因春，长因夏，收因秋，藏因冬，失常则天地四塞。阴阳之变，其在人者，亦数之可数。

黄帝问了一个问题：我听说天属阳，地属阴；太阳属阳，月亮属阴，大月小月三百六十天为一年，人也是和它相应的。如今你说的三阴三阳，不和一阴一阳相对应，是怎么一回事呢？

岐伯回答："阴阳者，数之可十，推之可百，数之可千，推之可万，万之大不可胜数，然其要一也。"阴阳是可以不断分离的，数出几十个，可推导出几百个；数出几千个，可推导出几万个，直至多到数都数不清，但是其中的精要只有一个。

岐伯的这个回答，重点在说阴阳在自然界和人体上都可以不断划分，是永远也数不尽的，但却可以同归于一阴一阳，一阴一阳最终同归为一气，就是《庄子》说的"通天下一气耳"。这一篇的名称为什么叫阴阳离合？"离"就是分离，"合"就是相合、统合。阴阳好比夫妻，夫妻是相对独立的，是可以分离的，但夫妻是相爱的，他们的心是相合的，是一心一意的。"离"表示阴阳无限可分，这一篇特指分为"三"，就是三阴三阳；无论阴阳怎样分离，但归根结底可以同归于"一"，三阳归于一阳，三阴归于一阴。为什么要分为"三"呢？其实"三"这个数字在我国古代具有非常重要的意义，《老子》说："道生一，一生二，二生三，三生万物。万物负阴而抱阳，冲气以为和。"所以说，万物都是由三推开而去，进行衍化的。《黄帝内经》把《易经》的"一分为二"和《道德经》的"三生万物"结合在一起，创立了"三阴三阳"学说。

"三阴三阳"是怎样分出来的呢？岐伯说："天覆地载，万物方生。"由于天的覆盖，地的承载，万物才能出生。万物还没有从大地冒出头的，还在阴的地方，叫作阴中之阴；刚从大地冒出头的，叫作阴中之阳。这就开始进一步划分了，从阴中又可以进一步分出阴阳，叫阴中之阴、阴中之阳；从阳中又可以进一步分出阴阳，叫阳中之阴、阳中之阳。大家还记得吧，我在讲《金匮真言论》时讲过一天的昼夜变化，总的来说白天为阳，黑夜为阴，但如果进一步划分，白天以中午午时为界，午时之前太阳是上升的，是阳中之阳，午时以后太阳是下降的，是阳中之阴；黑夜为阴，一般以半夜子时为界，子时之前阴气是加重的，是阴中之阴，子时以后阳气开始萌发，是阴中之阳。就一年四季来说，也是这样，春天和夏天天气温热，是属于阳的，但春天和夏天比，春天没有夏天热，所以是少阳，夏天就是太阳；秋天和冬天天气寒凉，比较而言，秋天是凉，冬天是寒冷，所以秋天是少阴，冬天是太阴。

阴阳对万物起什么作用呢？岐伯说“阳予之正，阴为之主”，阳气给予万物生长的热量和正气，阳是万物的父亲；阴是万物的主宰，是万物的母亲。虽然说万物生长靠太阳，但是万物同样离不开大地，要靠大地承载。就像一个人既要有父亲，又要有母亲，父母阴阳相互配合，生命才得以在天地间存活。

岐伯接着总结四季的作用，“生因春，长因夏，收因秋，藏因冬”。万物在春天生发，在夏天盛长，在秋天收获，在冬天封藏。如果天地失常的话，万物就闭塞不通。阴阳的变化，反映在人身上，也是可以推算的。

岐伯这里只是说了二阴二阳，并没有说三阴三阳。所以黄帝就问了——

帝曰：愿闻三阴三阳之离合也。岐伯曰：圣人南面而立，前曰广明，后曰太冲。

黄帝说：请您讲讲三阴三阳的分离与合并。岐伯回答：圣人面向南方站立，前方名叫广明，后方名叫太冲。

古人说“坐北朝南”，其实不管你站着还是坐着，都是面朝南（阳）叫广明，背对北（阴）叫太冲。古人看风水有四句话：“前有照，后有靠，左青龙，右白虎。”这里的“前”就是南方，“后”就是北方。南方是朝阳的，当然明亮、光明，前方要开阔，视野好，光线好，所以叫广明。北方要有靠山。为什么？因为我们北半球，到了冬天，北风、西北风寒风凛冽，所以要有山来遮挡这股寒风，在城市没有山怎么办？后面有高楼，也相当于山。南方为火，北方为水，所以叫太冲。“冲”原来写作“沖”，是三点水，意思是水流摇晃。

为什么岐伯要说自然界的南北方位呢？其实是为了说明人体的结构。大家发现了吧，古人不是在尸体上去解剖人体，而是把人放在自然中去观察。在人身上，南面是头，北面是脚。为什么？因为南方热、北边冷，我指的当然是我们北半球。热是火，火是往上的，所以是头；水是往下的，所以是脚。我们看“太冲”这个词，在自然界是北方，在人身上有一个太冲穴，就在脚上，足背侧，第一、二跖骨结合部之前方凹陷处，足厥阴肝经上的重要穴位之一。前面我们讲了怒伤肝，所以按摩这个穴位可以消气、缓解情绪。还有一条经脉叫“太冲脉”，太冲脉有一个分支就是从脚上内踝骨后分出，走在足背上。

这样一来，自然界的南北方位就成为人的头和脚的坐标，三阴三阳在人体上就很清晰地显示出来了。怎么显示的呢？我们下一讲接着讲。

夫妻经脉的三阴三阳

上一讲我们讲了风水布局的基本法则“前有照，后有靠，左青龙，右白虎”，其中“前有照”就是指南方要透亮、要开阔，这就是《阴阳离合论》所说的“广明”；“后有靠”就是指北方要有靠山，因为北方为水，这就是《阴阳离合论》所说的“太冲”。对应在人身上，南方就是头，北方就是脚。接下来岐伯开始讲人体的“三阴三阳”——

太冲之地，名曰少阴；少阴之上，名曰太阳，太阳根起于至阴，结于命门，名曰阴中之阳。中身而上，名曰广明，广明之下，名曰太阴，

太阴之前，名曰阳明，阳明根起于厉兑，名曰阴中之阳。厥阴之表，名曰少阳，少阳根起于窍阴，名曰阴中之少阳。

岐伯说：在太冲这个地方行走的经脉叫作少阴，在少阴经上面的经脉叫作太阳。这里的少阴是指足少阴肾经。这条经从太冲也就是脚开始运行，起源于脚的小趾头的下面，然后走到脚板心，这里有一个鼎鼎大名的穴位叫涌泉穴；然后沿着小腿内侧、大腿内侧往上走，在内侧走的为阴，所以叫少阴，在外侧走的为阳，叫太阳。所以足少阴肾经和足太阳膀胱经，一个在里面，一个在外面。

如果记不住，我们就想象一下，少阴和太阳是相配的一对夫妻，太阳是丈夫，少阴是妻子，老夫少妻，老少配，男主外女主内，所以太阳在外面，少阴在里面。足少阴起源于脚的小趾头的下面，足太阳的根部在脚的小趾外侧，这里有一个穴位叫至阴，这条经是在外侧、在后背走的，上面的起始穴位叫命门。注意这里的“命门”是指眼睛，在眼睛的内角上有一个穴位叫睛明穴。因太阳是少阴的外表，所以称为阴中之阳。

除了太阳和少阴这一对夫妻经脉，还有两对夫妻经脉。一共是三对夫妻经，也就是六经。

第二对夫妻叫太阴和阳明。太阴是妻子，在里面；阳明是丈夫，在外面。足阳明经下端开始的穴位叫厉兑，就在脚的第二趾的末端，因阳明是太阴的外表，所以称为阴中之阳。这是第二对夫妻，女的叫太阴，男的叫阳明。

再看第三对夫妻，女的叫厥阴，男的叫少阳，当然厥阴在里面，少阳在外面，足少阳经最下端的穴位叫窍阴，就在脚的第四趾末端的外侧，因少阳在厥阴的外表，所以称为阴中之少阳。

这三对夫妻经脉，分别为：少阴和太阳、太阴和阳明、厥阴和少阳。注意不是太阳配太阴，少阳配少阴。

在这三对夫妻的名称中，太阴、少阴，太阳、少阳，我们已经很熟悉了，但厥阴和阳明没听说过，是新名字，是《黄帝内经》第一次提出来的，以前没有出现过，《易经》没有提过，先秦诸子百家也没提到过。不过《易经》虽然没有提到这两个名字，但是却有了“六子”的说法，《易经》八个卦，乾卦和坤卦是父亲和母亲，剩下六个卦就是六个孩子，三个男孩，三个女孩，不就是三阴三阳吗？《易经》对这三个男孩、三个女孩起的名字是卦名，而《黄帝内经》却是阴阳的名称，除了太阳、少阳、太阴、少阴这四个名字外，又加了厥阴和阳明。

那么厥阴和阳明是什么意思呢？我们先看厥阴。厥本来是指昏厥、昏倒，气不顺，闭住了，这里是指阴气发展到末端，开始向阳转化。再看阳明，阳明是指阳气发展到末端，开始向阴转化。

三阴三阳其实就是阴气和阳气运行过程中的三个阶段、三个环节，也是三种状态。岐伯用了一个非常形象的比喻，岐伯先解释三条阳经——

是故三阳之离合也，太阳为开，阳明为阖，少阳为枢。三经者，不得相失也，搏而勿浮，命曰一阳。

三条阳经的分离和合并，就像一扇门，太阳就是门打开了，阳明就是门关上了，少阳呢，就是半开半合。所以太阳为开在外表，阳明为合在里面，少阳介于表里之间为枢纽。虽然是三种状态，其实是一扇门，三者之间，不是各自为政，而是相互紧密联系，互相发生作用，但又不上浮，所以合起来称为一阳。

那么三条阴经呢？黄帝就问了——

帝曰：愿闻三阴。岐伯曰：外者为阳，内者为阴，然则中为阴，其冲在下，名曰太阴，太阴根起于隐白，名曰阴中之阴。太阴之后，名曰少阴，少阴根起于涌泉，名曰阴中之少阴。少阴之前，名曰厥阴，厥阴根起于大敦，阴之绝阳，名曰阴之绝阴。是故三阴之离合也，太阴为开，厥阴为阖，少阴为枢。三经者，不得相失也，搏而勿沉，名曰一阴。阴阳⿱雨重（chōng）⿱雨重，积传为一周，气里形表而为相成也。

黄帝说：请您讲讲三条阴经吧。

岐伯说：三阴中的太阴脉根部起源于隐白穴，隐白穴在脚大趾的内侧，太阴又称为阴中之阴。太阴的后面称为少阴，少阴根部起源于涌泉穴，在脚底，少阴又称为阴中之少阴。少阴之前是厥阴，厥阴根部起源于大敦穴，大敦穴在脚的大趾端外侧，厥阴又称为阴之绝阴（注意这个“绝”是灭绝、绝断的意思，表示阴气到头了，马上要转变成阳气了）。

再看三条阴经的离合，太阴为开，厥阴为阖，少阴为枢纽。就像一扇门，太阴是开门，厥阴是关门，少阴是半开半关，是中间的枢纽。这三条经脉，不可各自为政，而是互相联系，互相发生作用，但又不下沉，合而为一就是“一阴”。阴阳二气相互往来，流传周身，形体气血表里相辅相成，促进身体健康。

大家发现了没有，三阴三阳这六条经起源的地方都在脚的趾头，这就说明这一篇说的是足三阴、足三阳。对这六条经的称呼，都是说“阴中之×”，三条阴经是“阴中之×阴”，三条阳经是“阴中之×阳”。可见阴是依托、是基础，就像母亲，是生育我们的人。我们生下来第一个认识的是母亲，这是人的本能。你并不认识父亲，后来母亲说这个男人是你的父亲，你才认识父亲。再说我们总是说“祖国啊母亲”，不会说“祖国啊父亲”，这都是从直接生育我们的人说的。这里说的六条经也都是从“阴”出发来说的。

“开阖枢”的说法很有意思，也非常形象。三阴三阳中，太阴、太阳都是开门，少阴、少阳都是半开半关的枢纽，两个新名词“厥阴”“阳明”都是关门。从这个比喻可以看出三阴、三阳实际上是阴气和阳气盛衰的不同阶段、不同程度，但究竟哪个强盛、哪个衰弱，它们从盛到衰的次序究竟是怎么排列的，历代医家解释各不相同，尤其是汉代张仲景的《伤寒论》所说的次序和这一篇所说的次序是不同的。不仅如此，就是《黄帝内经》的不同篇章说得也是不一致的。这说明什么问题？说明三阴三阳的运用是广泛的，三阴三阳可以随机应变地解释人体生命的复杂现象。

那么就这一篇来说，它的排列次序是很清楚的，按照《易经》六子卦的说法，我来打一个比喻，大家就清楚了：三阴好比三个女儿，太阴是大女儿，就是巽卦；少阴是二女儿，就是离卦；厥阴是三女儿，就是兑卦。三阳就是三个儿子：太阳是大儿子，就是震卦；少阳是二儿子，就是坎卦；阳明是小儿子，就是艮卦。

那么怎么用三阴三阳来判断人的身体情况？三阴三阳还有什么排列方式呢？我们下一讲接着说。

从脉象预测人的死期

“我从哪里来？我往哪里去？”这是人生的两大哲学问题。“我何时而来？我何时而去？”则是人生的两大科学问题。对于已经来到这个世间的我们来说，人人更关注的是自己离开世间的时间。这一讲我们要讲的这一篇《阴阳别论》就回答了这个问题。对“阴阳”这一核心概念，前面已经讲得很多了，那这一篇有什么特点呢？这一篇主要讲了怎样按照脉象的阴阳来诊断病证、判断死亡的时间。因为这一篇和其他篇章所说的阴阳含义有所不同，所以称为“别论”，“别”就是特别、特殊的意思。

黄帝问曰：人有四经十二从，何谓？岐伯对曰：四经应四时，十二从应十二月，十二月应十二脉。脉有阴阳，知阳者知阴，知阴者知阳。凡阳有五，五五二十五阳。所谓阴者，真脏也，见则为败，败必死也。所谓阳者，胃脘（wǎn）之阳也。别于阳者，知病处也；别于阴者，知死生之期。三阳在头，三阴在手，所谓一也。别于阳者，知病忌时；别于阴者，知死生之期。谨熟阴阳，无与众谋。所谓阴阳者，去者为阴，至者为阳；静者为阴，动者为阳；迟者为阴，数者为阳。凡持真脉之脉者，

肝至悬绝，十八日死；心至悬绝，九日死；肺至悬绝，十二日死；肾至悬绝，七日死；脾至悬绝，四日死。

黄帝问：人有四经十二从，是什么意思呢？

岐伯回答说：四经是指肝、心、肺、肾四脏的脉象，分别对应春、夏、秋、冬四季；十二从就是十二个时辰，分别对应十二个月；十二个月又对应十二经脉。经脉又分为阴脉和阳脉，知道阳脉就可以知道阴脉，知道阴脉也可以知道阳脉。阳脉总共有五种，就是五脏阳脉，但不同季节的五脏阳脉各不相同，因此有二十五种阳脉。为什么是二十五种呢？因为五脏阳脉在五个季节（四季加上长夏共五季）有不同的表现，所以是五五二十五种阳脉。

阴脉就是真脏脉，出现这种脉象就是胃气已经衰败，胃气衰败一定会死亡。真脏脉是在疾病危重期出现的没有胃气的脉象。这个时候病邪深重，元气衰竭，胃气已经败坏了。“阴脉”也叫真脏脉，又叫败脉、绝脉、死脉。阴脉是没有胃气的脉象，阳脉是有胃气的脉象，也就是有胃脘之阳气。“别于阳者，知病处也；别于阴者，知死生之期。”能够辨别阳脉就知道得病的位置，能够辨别阴脉（真脏脉）就知道死生的日期。“三阳在头，三阴在手，所谓一也。”三阳经的情况反映在颈部的人迎脉上，三阴经的情况反映在手部的寸口脉上，它们反映的其实是一致的。

人迎脉，在喉结旁两侧颈动脉的地方，你用手摸一下能感觉这里脉搏在跳动。现代医生一般不摸人迎脉了，我跟我父亲诊病的时候，还经常看到我父亲给病人摸人迎脉。寸口脉，在手的鱼际之后，就是我们经常看到中医把脉的地方。把脉要分别阳脉和阴脉：“别于阳者，知病忌时；别于阴者，知死生之期。”能分辨阳脉，就能知道疾病所忌讳的时间；能分辨阴脉，就能知道死生的日期。谨熟此分别阴阳的方法，就不需要与别人讨论了。

但脉象的阴阳是有多种意思的，“去者为阴，至者为阳；静者为阴，动者为阳；迟者为阴，数者为阳”：比如脉往的属阴，脉来的属阳；脉静的属阴，脉动的属阳；脉慢的属阴，脉快的属阳。

如果诊断发现没有胃气的真脏脉了，那这个人就危险了。具体来说，“肝至悬绝”，这里用了“悬绝”两个字，就像一根线孤立悬挂无依无靠，绷得紧紧的，马上就要断掉一样，如果肝脉来时胃气断绝，那么到了第十八天必死；心脉来时胃气断绝，到第九天必死；肺脉来时胃气断绝，到第十二天必死；肾脉来时胃气断绝，到第七天必死；脾脉来时胃气断绝，到第四天必死。

为什么“胃气”这么重要呢？胃气就是胃脘的阳气，是五脏赖以滋生的能量。脾胃是后天的根本，是气血生化的源头。人为什么要吃饭？因为人体的五脏六腑都需要营养，吃进去的食物都需要胃进行消化。胃气充足，人的机体就健康；胃气不足，人就会生病。胃气没有了，那人当然就活不成了。所以把脉要注意“胃气”。实际上胃气是一个人脾胃功能在脉象上的反映，胃气正常，应该是和缓流利的。一旦胃气不和了，就要根据寸关尺不同脉象来判断生病的性质和部位。

我的母亲曾经给一位七十多岁的老婆婆看病。那是春天三月，天气暖和了。早晨7点多钟，我母亲把老婆婆的脉，发现她的脉已经没有胃气了，两边像断开了一样。本来春天的脉是微弦而长的，现在却非常短，突然断开，五脏脉都没有胃气了，出现真脏脉了。我母亲对病人家属说：“你们准备后事吧，可能活不到明天天亮。”病人家属不相信，这个老婆婆的儿媳妇平常就跟婆婆关系处得不好，听了之后，就到处去告诉村里人说：“老舜说了，我婆婆活不到明天了。”我妈叫张舜华，当地人都叫她“女张一帖老舜”。可是到了晚上，婆婆还是好好的，而且吃了一大碗饭，家属们都说“老舜看错了”！我母亲心想，难道真是看错了？于是她又去把了老婆婆的脉，发现五脏都出现了真脏脉，都没有胃气了，于是肯定地说：“你们准备后事吧。”果然第二天天还没亮，老婆婆就去世了。我母亲就是根据《黄帝内经》真脏脉的脉象来判断的。

接下来，岐伯分析了三阴三阳六经发病的症状，先是说了一阳、二阳、三阳发病的情况，一阳就是少阳，二阳就是阳明，三阳就是太阳。他又提到了一阴、二阴、三阴发病的情况，一阴就是厥阴，二阴就是少阴，三阴就是太阴。

这一篇的三阴三阳和前面《阴阳离合论》次序有所不同。

那么如果阴阳不和谐了，失去动态平衡了，“阴争于内，阳扰于外”，会导致什么情况，什么情况又会导致死亡，能否预测死亡日期呢？岐伯回答——

死阴之属，不过三日而死；生阳之属，不过四日而死。所谓生阳死阴者，肝之心谓之生阳，心之肺谓之死阴，肺之肾谓之重阴，肾之脾谓之辟阴，死不治。结阳者，肿四肢。结阴者，便血一升，再结二升，三结三升。阴阳结斜，多阴少阳曰石水，少腹肿。二阳结谓之消，三阳结谓之隔，三阴结谓之水，一阴一阳结谓之喉痹。阴搏阳别谓之有子。阴阳虚肠辟死。阳加于阴谓之汗。阴虚阳搏谓之崩。三阴俱搏，二十日夜半死。二阴俱搏，十三日夕时死。一阴俱搏，十日死。三阳俱搏且鼓，三日死。三阴三阳俱搏，心腹满，发尽不得隐曲，五日死。二阳俱搏，其病温，死不治，不过十日死。

岐伯先是提到了“死阴”和“生阳”两种情况：“死阴之属，不过三日而死；生阳之属，不过四日而死。”属于死阴的病，不超过三天就会死亡；属于生阳的病，不超过四天就会死亡。什么是死阴，什么是生阳呢？岐伯说：“肝之心谓之生阳，心之肺谓之死阴。”这里的“之”是动词，“到”的意思，就是“传到”，“肝之心”就是肝病传到心，木来生火，称为生阳；心病传肺，火来克金，称为死阴；“五脏相克而传谓之死阴，五脏相生而传谓之生阳”。

除了“生阳”“死阴”，还有“重阴”“辟阴”：“肺之肾谓之重阴，肾之脾谓之辟阴。”肺病传肾，金生水，金为阴，水也为阴，称为重阴；肾病传脾，水来侮土，本来是土克水，现在水反过来克土，脾太虚弱，反而被肾水欺侮，称为辟阴，这是死症不可治。

接着，岐伯又提出“结阳”和“结阴”两类情况。“结”就是气血郁结、不通畅。我们都听说过“通则不痛，痛则不通”这句话，就是说，如果气血通畅就不会疼痛，如果疼痛就是气血不通畅，这就是“结”。“结阳者，肿四肢。结阴者，便血一升，再结二升，三结三升。”阳气郁结，邪气郁结在阳经，四肢肿；阴气郁结，邪气郁结在阴经，就会大便出血，并随“阴结”程度的加深而加重，初结，便血一升；再结，便血二升；三结，便血三升。

接下来岐伯分析了阴阳邪气郁结的各种情况：“阴阳结斜（邪），多阴少阳曰石水，少腹肿。二阳结谓之消，三阳结谓之隔，三阴结谓之水，一阴一阳结谓之喉痹。”比如阴阳邪气郁结，阴气多而阳气少，聚集不散而称为石水（一种水肿病），表现为小腹（肚脐与骨盆之间）肿胀；二阳——阳明经（足阳明胃、手阳明大肠）气结，则会发为消渴病（糖尿病）；三阳——太阳经（足太阳膀胱、手太阳小肠）气结，就会有大小便不通的“隔”症；三阴——太阴经（足太阴脾、手太阴肺）气结，则水气泛滥，发为水肿；一阴一阳——厥阴经和少阳经气结，则发为喉痹（喉咙红肿疼痛，干燥、有异物感，吞咽不利）。

“三阴俱搏，二十日夜半死。”三阴之脉——太阴之脉（手太阴肺、足太阴脾）都搏击于指下，则在第二十日的夜半死亡；二阴之脉——少阴之脉（手少阴心、足少阴肾）都搏击于指下，则在第十三日的夕时死亡；一阴之脉——厥阴之脉（手厥阴心包、足厥阴肝）都搏击于指下，则在第十日死亡；三阳之脉——太阳之脉（手太阳小肠、足太阳膀胱）都搏击于指下且鼓动得很厉害，则在第三日死亡；三阴三阳之脉——太阴、太阳之脉（肺、脾、小肠、膀胱）都搏击于指下，则心腹胀满，阴阳之气发泄已尽，加上大小便不通，在第五天死亡；二阳之脉——阳明之脉（手阳明大肠、足阳明胃）都搏击于指下，又患有温病，无法治疗，不超过十天就要死亡。

当然在临床上去分辨这些脉象、判断死亡日期是不容易的，现代人基本上没有办法做到。这里我要强调一点，就是《黄帝内经》反反复复讲各种诊法，却极少讲方药，一共才讲了十三个方子，目的是使医者能够法从心出、技随手转，要用心去体悟身体情况，及时发现问题，灵活采用各种预防措施，从而使人得不了病。

第四章

如何推算五运六气

变化中蕴涵好“运”和福“气”

天地变化的总根源

从这一讲开始我们要进入《黄帝内经》最神秘的一个世界，那就是运气学说——“五运六气”。这个“运气”和我们平常说的运气是不同的，它是指自然界的五运六气的变化，还有五运六气是怎样影响人体五脏六经的生理病理变化的。《黄帝内经》有七篇是专门讲五运六气的，被称为“运气七篇”。这一讲我们学习运气七篇中的第一篇《天元纪大论》，顾名思义，“天元纪”就是讲宇宙元气运动变化的大规律的，“天”就是天地宇宙，“元”就是元气、本源，“纪”就是纲纪、规律。这一篇讨论了自然界万物的根源及其变化规律，自然气候变化的根源是阴阳和五行，自然界气化的一般规律体现在五运六气的运动变化上。人受到天地自然气候变化的影响。所以本篇介绍了五运六气的一些基本知识，为学习后六篇打下一定的基础。

这一篇开头黄帝发问——

黄帝问曰：天有五行，御五位，以生寒暑燥湿风，人有五脏，化五气，以生喜怒思忧恐，论言五运相袭而皆治之，终期（jī）之日，周而复始，余已知之矣，愿闻其与三阴三阳之候奈何合之。

黄帝问道：天有木、火、土、金、水五行，统领东、西、南、北、中五方，故而产生了寒、暑、燥、湿、风五种气候变化；人有五脏，五脏生化五志之气，故而产生喜、怒、思、忧、恐的情志改变。五运按照次序运行，各有所主的季节，到了一年终结的时候（“期”，一周年），又会重新开始，这种情况我已经知道了。我还想听一下五运和三阴三阳是怎样结合的。

黄帝向谁问这个问题呢？不是向岐伯，而是向另外一个大臣鬼臾区。鬼臾区也是一位名医，尤其精通五运六气，是五运六气的发明者。其实也不是他发明的，是从他祖上流传下来的，传到他是第十代了。听了黄帝的发问——

鬼臾区稽首再拜对曰：昭乎哉问也。夫五运阴阳者，天地之道也，万物之纲纪，变化之父母，生杀之本始，神明之府也，可不通乎！

鬼臾区再次向黄帝叩首说：您提的问题很高明啊！五运和阴阳是天地宇宙的大道（大规律），是万物生长化收藏的总纲领，是宇宙无穷尽的变化所在，是事物发生或毁灭的根本，是神明所在的房子——也就是万物神妙变化内在动力的场所，这些道理难道可以不通晓吗？

大家看了这几句是不是觉得很熟悉？《阴阳应象大论》有一句名言：“阴阳者，天地之道也，万物之纲纪，变化之父母，生杀之本始，神明之府也，治病必求于本。”这一篇开头是“五运阴阳者”，“五运”和“阴阳”并称，强调了五运的重要性，其实五运正是阴阳的具体体现。

后面鬼臾区又说了一段重要的话——

故物生谓之化，物极谓之变，阴阳不测谓之神，神用无方谓之圣。

所以事物的发生叫作化，事物发展到极点叫作变，阴阳变化难以预测叫作神，能掌握神妙功用无穷变化的人叫作圣。

一连说了四个判断句，对“变”“化”“神”“圣”作了界定，其中引用了《周易·系辞传》中的话：“阴阳不测之谓神”“故神无方而易无体”。

那么究竟什么是变化？什么是神呢？鬼臾区进一步作了解释——

夫变化之为用也，在天为玄，在人为道，在地为化，化生五味，道生智，玄生神。

阴阳变化的功用，在天的表现是玄妙，在人的表现是认识事物的大道，在地的表现是万物的变化。万物的变化就产生了五味，对事物的认识产生智慧，玄妙产生“神”。

这个“神”究竟是什么呢？——

神在天为风，在地为木，在天为热，在地为火，在天为湿，在地为土，在天为燥，在地为金，在天为寒，在地为水，故在天为气，在地成形，形气相感而化生万物矣。

“神”在天是风，在地是木；在天是热，在地是火；在天是湿，在地是土；在天是燥，在地是金；在天是寒，在地是水。所以在天是无形之气，在地是有形之质，形和气相互感召就化生万物了。

在天为气，在地为形：

天之气	风	热	湿	燥	寒
地之形	木	火	土	金	水

大家思考一下，这个“神”究竟是什么？为什么有这么大的作用？道教解释“神”就是万事万物的主宰，它主宰着天、地、人和万事万物，当然医家一般解释“神”为“阴阳神妙无穷的变化”。

不管怎么说，“神”是无处不在、无时不有的，它可以存在于天地、左右、水火、金木、形气之中——

然天地者，万物之上下也；左右者，阴阳之道路也；水火者，阴阳之征兆也；金木者，生成之终始也；气有多少，形有盛衰，上下相召而损益彰矣。

天地处于万物的上面和下面——天覆盖在上，地承载于下；左右为阴阳运行的道路——阳从左上升，阴从右下降；水和火是阴阳的征兆——水为阴，火为阳；金和木是万物生成的始终——万物萌生于春天，春属木，成熟于秋天，秋属金。阴阳之气有多少的不同，有形之物也有旺盛和衰老的区别，天上和地下之气互相感召，事物的太过和不及——有余和不足的情形就清清楚楚显示出来了。

鬼臾区论述了这么一大段，还没讲到五运和六气，所以黄帝进一步发问——

帝曰：愿闻五运之主时也何如？鬼臾区曰：五气运行，各终期日，非独主时也。帝曰：请闻其所谓也。鬼臾区曰：臣积考《太始天元册》。文曰：太虚寥廓，肇基化元，万物资始，五运终天，布气真灵，总统坤元，九星悬朗，七曜周旋，曰阴曰阳，曰柔曰刚，幽显既位，寒暑弛张，生生化化，品物咸章。臣斯十世，此之谓也。

黄帝说：我想听听五运分主四时是怎样的。

鬼臾区说：五运各能主管一年，终而复始，不仅仅是主管某一个时令。

黄帝说：请你告诉我这其中的道理吧。

鬼臾区说：臣仔细研究了《太始天元册》。文中记载：广袤无垠的太空是万物生化的本元和基础，万物滋生由此开始，五运更迭，周而复始，布施天地真灵之气，统领大地万物本元，九星在天空中悬照，七曜依据周天之度旋转，因而天道有了阴阳变化，大地有了刚柔生灭，昼夜有了明暗交替，四季有了寒暑更迭，天地宇宙不断演化，万事万物悉数显现。我家已经有十代之久了，都是在研究这个“运气”的大道。

鬼臾区这一段话就像一篇优美的诗文，全由四个字构成，很多是化用了《周易》的话。我们再来欣赏一下“太虚寥廓”，“太虚”就是太空，包括全宇宙。太虚中充满元气，它的聚散变化就有了万物的生灭。“寥廓”通“辽阔”，就是说宇宙广袤无边。肇，开始，初始，意为开始建立基础、打基础。化，意为化生；元，根本所在。“太虚寥廓，肇基化元”意思是万物变化的根本在于广袤无垠的太空。“万物资始”来自《周易·乾卦·彖传》：“大哉乾元，万物资始，乃统天。”就是说一切天地万物的生化都仰赖太空。“五运终天”就是说五行之气风、火、湿、燥、寒五气在天地之间循环运行，没有停歇。“布气真灵”就是说气的循环变换，正常敷布产生了万物之生机变化。“揔统坤元”，揔，古同“总”，即风、火、湿、燥、寒五气的正常布化是大地万物正常生长变化的动力之源。“九星悬朗，七曜周旋”，九星一般指北斗七星加上左辅、右弼两颗星，唐代医学家王冰认为九星是指谓天蓬、天芮、天冲、天辅、天禽、天心、天任、天柱、天英这九颗星，此处九星也可泛指天空中的众多星辰。那七曜又是什么呢？是日月加木星、火星、土星、金星、水星五星。鬼臾区描绘了一幅宏大的宇宙生成图。

通过鬼臾区的描述，我们知道了运气阴阳是宇宙万物生成变化的本源，那么五运、六气究竟是怎么推算出来的呢？请看下一讲。

什么是五运和六气

上一讲讲到，黄帝和鬼臾区讨论了五运之气和宇宙万物变化的关系，强调了运气阴阳是万事万物变化的根本。接下来，黄帝和鬼臾区又讨论了五运和六气的形成和变化规律。

黄帝问天气和地气——五运和六气是怎样感应的？

帝曰：上下相召奈何？鬼臾区曰：寒暑燥湿风火，天之阴阳也，三阴三阳上奉之。木火土金水火，地之阴阳也，生长化收藏下应之。天以阳生阴长，地以阳杀阴藏。天有阴阳，地亦有阴阳。木火土金水火，地之阴阳也，生长化收藏。故阳中有阴，阴中有阳。所以欲知天地之阴阳者，应天之气，动而不息，故五岁而右迁，应地之气，静而守位，故六期而环会，动静相召，上下相临，阴阳相错，而变由生也。

黄帝说：天气和地气的互相感召是怎么样的？

鬼臾区说：寒、暑、燥、湿、风、火是天的阴阳之气，所以六气和它相应。木、（君）火、土、金、水、（相）火是地的阴阳之气，生长化收藏的变化和它相应。一年之中，上半年天气主之，春和夏为阳，主生主长；下半年地气主之，秋和冬为阴，主杀主藏。不仅天之气有阴阳，地之气也有阴阳。所以说阳中有阴，阴中有阳。所以想要知道天地阴阳的变化之道，就要知道五行上应于天而化为五运，不停地运转，所以每五年一个周期，五运循环一次；六气下应于地，运行迟缓，各守其位次，所以每六年循环一次。动和静互相感召，天气和地气相互加临（配合），阴气和阳气相互交错，那么运气的变化就产生了。

为什么要研究运气呢？黄帝说，运气可“上以治民，下以治身，使百姓昭著，上下和亲，德泽下流，子孙无忧”，在上可以解除百姓的疾苦，在下可以保全自己的身体，使百姓后世子孙没有烦忧。医圣张仲景在《伤寒杂病论》序中首先喊出了医者的价值追求：“上以疗君亲之疾，下以救贫贱之厄，中以保身长全，以养其生。”可以说学医是一件利己、利人、利社会的大好事。佛家有云：

"救人一命胜造七级浮屠。"医生治病救人的行为就是无限功德。所以我们对运气要有敬畏之心,"敬之者昌,慢之者亡,无道行私,必得夭殃",敬畏它就可以繁荣昌盛,违背它就会损折夭亡;如果不遵从运气规律,一味地以个人的意志去行事,必定会遭受灾祸不幸。

那么五运的变化规律究竟是什么呢?五运说明两个规律:第一个规律是一年五个季节的气候规律,把一年分为春、夏、长夏、秋、冬五季——五个阶段,每个阶段73天零5刻,五季依次对应木火土金水,也就是春木、夏火、长夏土、秋金、冬水。五气与五行对应:风木、热火、湿土、燥金、寒水。第二个规律是不同的年份呈现出五运的气候变化规律。

那么怎么才能知道一年的五运呢?鬼臾区回答,可以从这一年的天干上推算出来——

臣闻之,甲己之岁,土运统之;乙庚之岁,金运统之;丙辛之岁,水运统之;丁壬之岁,木运统之;戊癸之岁,火运统之。

天干之中,凡是甲、己年都是土运,凡是乙、庚年都是金运,凡是丙、辛年都是水运,凡是丁、壬年都是木运,凡是戊、癸年都是火运。

我们都知道十天干十二地支吧?请大家记住,只要记得很熟,一下就明白五运六气了。为什么很多人学习五运六气觉得很难,学得稀里糊涂,就是因为基本功不扎实,干支没有记熟。现在请大家再记一下:十天干就是甲、乙、丙、丁、戊、己、庚、辛、壬、癸,好比从一到十。十个天干可以分成两组,前面五个是一组,甲、乙、丙、丁、戊是一组,也就是一至五是一组;后面五个是一组,己、庚、辛、壬、癸是一组,也就是六至十是一组。因为五行是五个,天干是十个,所以要两个天干配一个五行,哪两个天干相配呢?一和六配,二和七配,三和八配,四和九配,五和十配。

但有一点要注意,两两相配之后是什么五行呢?这和河图洛书的配法是不同的，河图是一、六为水，二、七为火，三、八为木，四、九为金，五、十为土。五运的配法却是一、六为土，二、七为金，三、八为水，四、九为木，五、十为火，也就是甲己之岁，土运统之；乙庚之岁，金运统之；丙辛之岁，水运统之；丁壬之岁，木运统之；戊癸之岁，火运统之。

五运是从土运开始，按照五行相生的次序，依次相配的。土生金，金生水，水生木，木生火。请大家简单地记一下：甲己土运，乙庚金运，丙辛水运，丁壬木运，戊癸火运。

这是一种特殊的配法，为什么要这么配呢？下一篇会解释。

再看六气，六气即天之六种气候特征，就是风、火、暑、湿、燥、寒，六气和五运一样，也说明了两个规律。第一个规律是一年六种气候特征，把一年平分为六个阶段，每个阶段六十多天，六个阶段依次配木火土金水五行，但五行只有五个，配六个阶段还少一个，怎么办？就把火分为两个，一个是君火，一个是相火。君火好比国王，相火好比宰相，说明君火比相火更厉害一些，热的程度更高一些。按风木、君火、相火、湿土、燥金、寒水的顺序，分别主管一年的六个阶段。

第二个规律是不同的年份呈现出六气的变化规律。那么怎么才能知道一年的六气呢？鬼臾区回答，从这一年的地支上可以推算出来——

鬼臾区曰：子午之岁，上见少阴；丑未之岁，上见太阴；寅申之岁，上见少阳；卯酉之岁，上见阳明；辰戌之岁，上见太阳；巳亥之岁，上见厥阴。少阴所谓标也，厥阴所谓终也。厥阴之上，风气主之；少阴之上，热气主之；太阴之上，湿气主之；少阳之上，相火主之；阳明之上，燥气主之；太阳之上，寒气主之。

鬼臾区说：逢子年、午年是少阴司天（上就是司天），逢丑年、未年是太阴司天，逢寅年、申年是少阳司天，逢卯年、酉年是阳明司天，逢辰年、戌年是太阳司天，逢巳年、亥年是厥阴司天。……“厥阴之上，风气主之”是说厥阴是风气主令，也就是风是厥阴的气候特征，所以厥阴和风木相配，叫厥阴风木，其他依次为少阴君火，少阳相火，太阴湿土，阳明燥金，太阳寒水。

请大家记一下十二地支：子、丑、寅、卯、辰、巳、午、未、申、酉、戌、亥。十二个地支可以分成两组，前面六个是一组，子、丑、寅、卯、辰、巳是一组；后面六个是一组，午、未、申、酉、戌、亥是一组。两个地支配一个六气，哪两个地支相配呢？子和午，丑和未，寅和申，卯和酉，辰和戌，巳和亥，从巳亥开始依次相配，注意不是从子午开始，而是从巳亥开始，巳亥为厥阴风木，子午为少阴君火，寅申为少阳相火，丑未为太阴湿土，卯酉为阳明燥金，辰戌为太阳寒水。请大家辛苦一下，需要下功夫记一下。记住天干配五运，地支配六气之后，后面学起来就很容易了。

五运的起源

这一讲我们进入了《黄帝内经》非常重要又非常神秘的世界——五运行大论，那就是五运六气的世界。"五运行"就是五运六气的运行变化规律。本篇一开篇就描述黄帝——

黄帝坐明堂，始正天纲，临观八极，考建五常。

黄帝坐在明堂上，开始审正天体运行的纲纪，观察八方的地理形势，考校建立五运六气的常理。

明堂，古代帝王宣明政教的地方。朝会、祭祀、庆赏、选士等大典，都会在此举行。例如《孟子·梁惠王下》云："夫明堂者，王者之堂也。"《木兰辞》："归来见天子，天子坐明堂。"

一天，黄帝坐在明堂上和天师岐伯讨论起五运六气——

余闻五运之数于夫子，夫子之所言，正五气各主岁尔，首甲定运，余因论之。鬼臾区曰：土主甲己，金主乙庚，水主丙辛，木主丁壬，火主戊癸。子午之上，少阴主之；丑未之上，太阴主之；寅申之上，少阳主之；卯酉之上，阳明主之；辰戌之上，太阳主之；巳亥之上，厥阴主之。不合阴阳，其故何也？

我从夫子您那里听说了五运的规律，您说五运之气各主管一岁，但没有详细地推算从甲子年开始的六十年的运气。这一点我和鬼臾区讨论过，鬼臾区说：六十甲子年之中，从天干推算五运，那就是土运主甲己之年，金运主乙庚之年，水运主丙辛之年，木运主丁壬之年，火运主戊癸之年。（这就是我上一讲中请大家记住的：甲己土运，乙庚金运，丙辛水运，丁壬木运，戊癸火运。）从地支推算六气：凡子午之年，少阴司天；凡丑未之年，太阴司天；凡寅申之年，少阳司天；凡卯酉之年，阳明司天；凡辰戌之年，太阳司天；凡巳亥之年，厥阴司天。（这就是我上一讲中请大家记住的：巳亥厥阴风木，子午少阴君火，丑未太阴湿土，寅申少阳相火，卯酉阳明燥金，辰戌太阳寒水。）黄帝对岐伯说：鬼臾区说的和您说的阴阳不相符啊，这是什么原因呢？

就十天干的五行对应来说，十天干与五行在方位上的对应是甲乙为木、丙丁为火、戊己为土、庚辛为金、壬癸为水，为什么十天干的五运对应的却是甲己为土，乙庚为金，丙辛为水，丁壬为木，戊癸为火？

岐伯曰：是明道也，此天地之阴阳也。夫数之可数者，人中之阴阳也，然所合，数之可得者也。夫阴阳者，数之可十，推之可百，数之可千，推之可万。天地阴阳者，不以数推，以象之谓也。

岐伯说：这个道理是显而易见的，因为这里讲的是天地五运的阴阳，以前讲的可以推数的阴阳是指人体的阴阳。人体中的阴阳如脏腑、气血、经络都有相合的关系，都能被推数出来。阴阳的变化，可以推演到十，再推演到一百，再进一步能推演到一千，不断推演可以到万事万物。天地浩瀚无垠，它的阴阳变化是不可能用数去推算的，而只能用万物的征象去推求。

我们的古人通过建立天地变化的象数模型来推导人体的正常和异常变化。这个模型就是阴阳五行的模型，进一步就是阴阳五运的模型，它不是单指数量，而是偏向一种取象思维。这就是《天元纪大论》所说的："夫五运阴阳者，天地之道也，万物之纲纪，变化之父母，生杀之本始，神明之府也。"总的来说，万物都可用阴阳五行这个象数思维来进行认识。从不同的角度可以推演出不同的阴阳五行。

帝曰：愿闻其所始也。岐伯曰：昭乎哉问也！臣览《太始天元册》文，丹天之气经于牛女戊分，黅（jīn）天之气经于心尾己分，苍天之气经于危室柳鬼，素天之气经于亢氐昴毕，玄天之气经于张翼娄胃。所谓戊己分者，奎壁角轸，则天地之门户也。夫候之所始，道之所生，不可不通也。

黄帝说：我想知道这一理论的源头。

岐伯说：您提出的问题很高明啊！我看见《太始天元册》一文中记载（注意这里岐伯又说起这本神秘的古书，上一篇中鬼臾区也是引用的这部古书，可见《太始天元册》是一部专论五运六气的古书，可惜已经失传了，不过黄帝时期，鬼臾区、岐伯还能看到部分内容），古人观测天象时发现有五色云气横布在天空特定的区域，其中丹天之气（红色的火气）横布在牛宿、女宿和西北方戊位（也就是奎宿、壁宿），黄色的土气横布在心宿、尾宿和东南己位（也就是角宿、轸宿），青色的木气横布在危、室二宿和柳、鬼二宿之间；白色的金气经过了亢、氐二宿和昴、毕二宿之间；黑色的水气经过了张、翼二宿和娄、胃二宿之间。所说的戊己之位，戊分即是春分二月日入的位置，大约在奎宿、壁宿的位置；己分即是秋分八月日出的位置，大约在角宿、轸宿的位置。春分之后，白昼渐长，天渐暖；秋分之后，黑夜渐长，天渐寒，所以说戊位奎壁是天门，己位角轸是地户。这就是气候的来源、变化之道产生的根源，是不能不通达的。

这里解释了化合五运的起源是五种颜色的气体横于星空，这就是“五运经天”说。要想搞懂这段《黄帝内经》原文，我们需要先简单了解一下二十八宿的相关知识。

我们的古人很早就进行星象观察了，把天空划分为三垣二十八宿。三垣分别为太微垣、紫微垣、天市垣。二十八星宿是星空中分布于黄道、赤道带附近一周天的二十八个星官。黄道就是我们从地球上看太阳一年在天空中移动一圈的路线，其实是地球一年绕太阳转一周的路线。黄道附近有二十八宿，分四个区域，每个区域有七宿，其中东方七宿是角、亢、氐、房、心、尾、箕；北方七宿是斗、牛、女、虚、危、室、壁；西方七宿是奎、娄、胃、昴、毕、觜、参；南方七宿是井、鬼、柳、星、张、翼、轸。二十八宿从角宿开始，自西向东排列，与日、月视运动的方向相同。我们今天说的青龙、白虎、朱雀、玄武，大家都以为是大地上的四个方位，其实是指天上二十八宿的形象，东方七宿像青龙，具体说就是第一个宿到第六个宿，第一个宿角就是龙角，尾就是龙尾。南方七宿像朱雀，西方七宿像白虎，北方七宿像玄武。

知道了以上常识，我们结合五气经天化五运图就能搞清楚天干化合五运了。这张图从内至外的布局：内圈为五气分布，其次为二十八星宿布列，再次为十天干（戊己不在列）、十二地支、艮乾巽坤四卦排列——这就是非常有名的二十四山，最外层为四方和戊、己（天门和地户）。

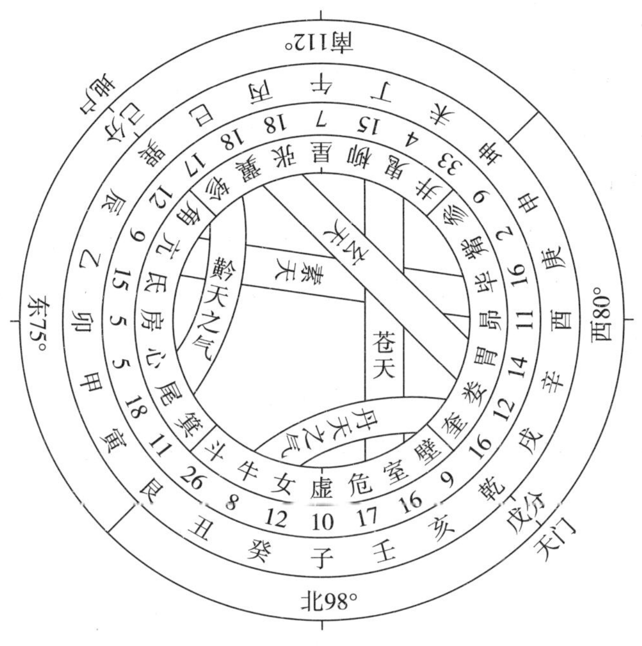

五气经天化五运图

什么是“所谓戊己分者，奎壁角轸，则天地之门户也”？在传统文化和古代天文学中，后天八卦的巽位（辰巳位）称地户；后天八卦的乾位（戌亥位）称天门。天门和地户实际上是冬至点和夏至点的日出方位和日落方位。

古人将十天干化合五运解释为天上五种颜色气象的分布。因为“丹天之气，经牛女戊分”，就是五行的火气（丹，红色）在天体上经过牛、女、奎、壁四宿时，在十天干刚好是戊癸的方位。因此，凡值年天干是戊或癸，便是属火的气象运行主事，这就是“戊癸化火”。

五行土气（黅，黄色）在天体上经过心、尾、角、轸四宿时，在十干刚好是甲己的方位。因此，凡值年天干逢甲或己，便是属土的气象运行主事，这就是“甲己化土”。

五行木气（苍，青色）在天体上经过危、室、柳、鬼四宿时，在十干刚好是丁壬的方位。因此，凡值年天干是丁或壬，便是属木的气象运行主事，这就是是“丁壬化木”。

五行金气（素，白色）在天体上经过亢、氐、昴、毕四宿时，在十干刚好是乙庚的方位。因此，凡值年的天干是乙或庚，便是属金的气象运行主事，这就是“乙庚化金”。

五行水气（玄，黑色）在天体上经过张、翼、娄、胃四宿时，在十干刚好是丙辛的方位。因此，凡值年的天干是丙或辛，便是属水的气象运行主事，这就是“丙辛化水”。

传说，古代有一些特殊人群可以看到天空中的不同颜色气象。但今天的人已经看不到这种颜色分布了，所以这成为一个千古难解之谜。大家明白了五运运行规律的来由，那么六气的运行又有什么规律呢？请看下一讲。

六气的推算

我们已经学习了五运六气最基本的知识，知道了从一年的天干推算五运，从一年的地支推算六气，比如2019年是己亥年，天干是己，甲己之年是土运，所以2019年就是土运，虽然甲和己都是土运，但甲年是土运太过，己年是土运不及，所以2019年是土运不及。为什么？因为甲为奇数，为阳，己为偶数，为阴，阳为太过，阴为不及，所以甲是土运太过，己是土运不足，2019年是土运不足，湿土之气比较少。再看2019年的六气，2019年的地支是亥，巳亥厥阴风木，所以就是厥阴风木司天。这是五运六气最基本、最简单的推算方法。请大家再记一下，从天干推算五运的口诀：甲己土运，乙庚金运，丙辛水运，丁壬木运，戊癸火运。从地支推算六气的口诀：巳亥厥阴风木，子午少阴君火，丑未太阴湿土，寅申少阳相火，卯酉阳明燥金，辰戌太阳寒水。

上一讲我们讲了五运的来源和五运的变化规律，那么每一年六气究竟怎么变化呢？有什么规律呢？黄帝问岐伯——

帝曰：善。论言天地者，万物之上下，左右者，阴阳之道路，未知其所谓也。岐伯曰：所谓上下者，岁上下见阴阳之所在也。

黄帝说：说得好。天和地是万物的上和下，左和右是阴阳运行的道路，不知道这里说的是什么意思。

岐伯回答说：这里说的上下是指这一年的司天之气和在泉之气（左右是指司天、在泉的左右间气）。

这是什么意思？我们前面不是说过一年分六个阶段吗，司天管上半年的气候，在泉管下半年的气候。一年六个阶段，每个阶段六十多天，准确地说是六十日八十七刻半。一年的第一个阶段从哪里算起呢？注意不是从一年的第一个节气立春算起，而是从一年的最后一个节气大寒算起，每四个节气为一个阶段，六个阶段二十四个节气，刚好一年三百六十五天。

我们把一年六个阶段的时间段说一下：

第一阶段：大寒—春分（约1月21日—3月21日）

第二阶段：春分—小满（约3月21日—5月21日）

第三阶段：小满—大暑（约5月21日—7月23日）

第四阶段：大暑—秋分（约7月23日—9月23日）

第五阶段：秋分—小雪（约9月23日—11月23日）

第六阶段：小雪—大寒（约11月23日—1月21日）

可见六气是一种特殊的历法，已经失传了，幸亏被《黄帝内经》传承下来。这得感谢唐代的王冰，是他把七篇大论放进《素问》的。

一年六个阶段也就是六气，有什么气候特征呢？按照一般的规律，从第一个阶段到第六个阶段分别为：厥阴风木，少阴君火，少阳相火，太阴湿土，阳明燥金，太阳寒水。这是总体规律，每年是固定不变的，比如任何一年的第一个阶段都是以风为主，第二、第三个阶段是以热为主，第四个阶段是以湿为主，第五个阶段是以燥为主，第六个阶段是以寒为主，这是基本规律，是不变的，所以叫主气。但是实际情况是每一年的气候变化不可能永远不变的，会有一些特殊的、异常的变化，这叫客气。主气好比主人，客气好比客人。主人是一家之主，是要守家的，不能乱动、乱变；客人是要走动的，不可能永远不动，要常来常往。那么客气是怎么变动的呢？有没有规律呢？有！它是随着这一年的地支而变动的，这就是要大家反复记住的口诀：

巳亥厥阴风木，子午少阴君火，丑未太阴湿土，寅申少阳相火，卯酉阳明燥金，辰戌太阳寒水。

这是什么意思呢？前面已经反复讲过，这是指司天之气。什么是司天之气？司天是在天上，就是上半年，主管上半年的气候情况；比如巳年、亥年就是厥阴风木司天，2019年已亥年地支是亥，所以上半年的天气就是以风木为主，风比较大。跟司天相对的是在泉，在泉就是在地下，就是下半年，主管下半年的气候情况。这里还要说明一点，就是司天之气除了主管上半年的基本气候之外，更重要的是主管上半年第三阶段的气候，它始终在六步中的第三步，固定在主气的三之气上，也就是主管第三阶段的气候。司天之气特别重要，司天之气确定了，其他五个阶段的气候特征就知道了。其他五个阶段叫什么呢？首先和司天相对的叫在泉，司天是第三步气，在泉和它刚好相对，就是第六步气，也就是第六阶段的气候特征。这就知道两个阶段了，那么还有四个阶段叫什么呢？叫间气，就是在司天和在泉之间的气，其中在司天的左和右各有一个间气，在在泉的左和右也是各有一个间气。一共四个间气，加上司天、在泉刚好是六气，六个阶段。这么记有一点麻烦，我把这六气合起来，用数字标识一下就清楚了。六步气从第一步到第六步依次为：

一在泉左间气，二司天右间气，三司天之气，四司天左间气，五在泉右间气，六在泉之气（左间气和右间气中的“左”和“右”，左为后一步，右为前一步）。

刚才讲了不变的主气从第一步气到第六步气（也就是第一个阶段到第六个阶段）的排列次序规律是：一厥阴风木，二少阴君火，三少阳相火，四太阴湿土，五阳明燥金，六太阳寒水。

而每年变动的客气从第一步气到第六步气的排列次序规律是：一厥阴风木，二少阴君火，三太阴湿土，四少阳相火，五阳明燥金，六太阳寒水（仅仅是三和四的位置换一下，其他都相同）。

搞清楚了客气排列次序的规律，推算起来就容易了。只要知道这一年的司天之气，其实不必记在泉和左右间气，就可以很容易推算出这一年的客气六步了。因为司天之气永远是第三步气，按照客气六步的排列次序，就可以排出其他五步气了。

岐伯举例子作了说明："左右者，诸上见厥阴，左少阴右太阳。"

这里的"上"就是司天，第三步气，凡是厥阴司天，左间气就是少阴，右间气就是太阳——比如2019年是己亥年，厥阴风木司天，也就是2019年的第三步气是厥阴风木，左间气也就是第四步气是少阴君火，右间气也就是第二步气是太阳寒水。其他年都可以类推。这样就推算出了以司天为核心的三步气。

"见少阴，左太阴右厥阴；见太阴，左少阳右少阴；见少阳，左阳明右太阴；见阳明，左太阳右少阳；见太阳，左厥阴右阳明。所谓面北而命其位，言其见也。"子午之年少阴君火司天，左间之气是太阴，右间之气是厥阴；丑未之年太阴湿土司天，左间之气是少阳，右间之气是少阴；寅申之年少阳相火司天，左间之气是阳明，右间之气是太阴；卯酉之年阳明燥金司天，左间之气是太阳，右间之气是少阳；辰戌之年太阳寒水司天，左间之气是厥阴，右间之气是阳明。

那么以在泉为核心的三步气又怎么推算呢？

帝曰：何谓下？岐伯曰：厥阴在上则少阳在下，左阳明右太阴。

黄帝问：什么是在泉（这里的"下"就是在泉）？

岐伯说：厥阴司天，少阳就是在泉，在泉的左间之气是阳明，右间之气是太阴。

比如2019年已亥年为厥阴风木司天，也就是第三步气是厥阴风木，那么在泉就是少阳相火，也就是第六步气是少阳相火，右间气就是第五步气是太阴湿土，左间气就是第一步气是阳明燥金。

那么在泉是怎么推算出来的呢？是按照阴阳相应的原则推算出来的，司天之气和在泉之气是一对阴阳平衡，所以它们的组合必定是一阴（厥阴）和一阳（少阳），二阴（少阴）和二阳（阳明），三阴（太阴）和三阳（太阳）。不只司天和在泉存在这样的阴阳对应关系，司天的左右间气和在泉的左右间气也一样存在这样的对应关系：司天的右间气对在泉的右间气，司天的左间气对在泉的左间气。

“少阴在上则阳明在下，左太阳右少阳；太阴在上则太阳在下，左厥阴右阳明；少阳在上则厥阴在下，左少阴右太阳；阳明在上则少阴在下，左太阴右厥阴；太阳在上则太阴在下，左少阳右少阴。”少阴司天，阳明就是在泉，在泉的左间之气是太阳，右间之气是少阳；太阴司天，太阳就是在泉，在泉的左间之气是厥阴，右间之气是阳明；少阳司天，厥阴就是在泉，在泉的左间之气是少阴，右间之气是太阳；阳明司天，少阴就是在泉，在泉的左间之气是太阴，右间之气是厥阴；太阳司天，太阴就是在泉，在泉的左间之气是少阳，右间之气是少阴。

是不是理解起来有点费劲？的确，运气学说的术语太多了，如果抛开这些术语，其实很简单，就是说不同年的六个阶段各有不同的气候特征。至于司天、在泉、左右间气，用第几步、第几个阶段来说就可以了。下面的图把每一年六个阶段的运气变化都反映出来了，一查就清楚了。

在这里，已经把五运六气最重要、最基本的推算方法讲完了，后面我们就要讲具体怎么运用了。

一年六气变化图

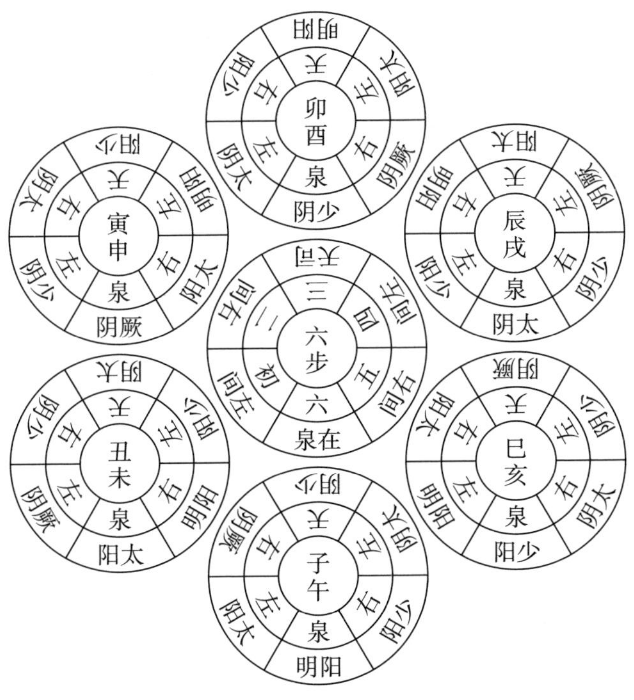

六气六步推算图

那么怎样判断一年六个阶段的气候变化是有利还是不利呢？有一个原则，那就是主气和客气相协调就有利于万物正常生长，一年四季该有正常的气候，春天适度温和，夏天适度炎热，秋天适度凉爽，冬天适度寒冷。司天和在泉相互呼应，阳与阴转换，寒冷和暑热交替，这就是“气相得则和”。同气相得，就能促进万物的正常生长化收藏。

总的来说，如果客气与主气之间是相生关系，这就是气相得，有利于万物正常气化。如果主气和客气是相克关系，又分两种情况：主气克客气为逆，不利于万物的气化；客气克主气为顺，缘由是客气为暂时的，主气主静，故影响较小。如果出现春季应温反冷、夏季应热反寒、秋季应凉反热、冬季应寒反热等太过异常的气候变化，就会导致万物的正常生长化收藏受影响，这就是“不相得则病”。

当然主客气是分析气候的一种总结模式，需要结合当年的气候来实际验证和变通，进而指导我们治病防病，切不可一味地认为气候一定是按照我们认为的模式运行，将每一年的六气运行生搬硬套到实际气候之中。

五运变化与我们的身体

运气学说是我们中国人天人合一思想的一种充满智慧的创造，它揭示了天地宇宙和人体生命的密切关系。那么《黄帝内经》对天地宇宙结构是怎样认识的呢？在《五运行大论》中黄帝和岐伯讨论了这个问题。

帝曰：动静何如？岐伯曰：上者右行，下者左行，左右周天，余而复会也。……天地动静，五行迁复。……天垂象，地成形，七曜纬虚，五行丽地。地者，所以载生成之形类也。虚者，所以列应天之精气也。形精之动，犹根本之与枝叶也，仰观其象，虽远可知也。

黄帝说：天地的动静运行是什么样的呢？

岐伯说：天在上，向右运行（即自东而西。这里的“上”就是指在上的司天之气）；地在下，向左运行（即自西而东。这里的“下”就是指在下的在泉之气）。左右旋转一周就是一年，然后又回到原来的位置。……天是运动的，地是相对静止的。五行运行周而复始。……天显示了高悬的天象（指日月五星二十八宿等的星象），地成就了有形的物质。日月五星分布在苍穹之中，五行附着在大地上。大地承载着各类有形物质，天空散布着日月五星的精气。地之形与天之精交互运动，就像树根和枝叶一样密不可分。抬头观察这些天象，即使它们距离遥远，也是能够被知晓的。

帝曰：地之为下否乎？岐伯曰：地为人之下，太虚之中也。帝曰：冯（凭）乎？岐伯曰：大气举之也。燥以干之，暑以蒸之，风以动之，湿以润之，寒以坚之，火以温之。故风寒在下，燥热在上，湿气在中，火游行其间，寒暑六入，故令虚而生化也。故燥胜则地干，暑胜则地热，风胜则地动，湿胜则地泥，寒胜则地裂，火胜则地固矣。

黄帝问：大地是否处在天空的下面呢？

岐伯说：大地是处在人的下面，处在太虚之中。

黄帝问：大地浮在太虚之中凭借的是什么呢？

岐伯说：是太虚的大气把它托举起来的。用燥气使它干燥，用暑气使它蒸发，用风气使它动荡，用湿气使它滋润，用寒气使它坚实，用火气使它温暖。所以风寒处于下，燥热位于上，湿气在中间，火气游行于中间，一年之内，风、火、暑、湿、燥、寒六气依次进入大地（六入，就是六气进入大地），使得大地受六气的影响而有了变化。因此燥气太过，那么大地就干燥；暑气太过，大地就炽热；风气太过，大地就动荡；湿气太过，大地就湿润泥泞；寒气太过，大地就冻裂；火气太过，大地就坚固。

接下来，黄帝和岐伯讨论了六气变化和脉象的关系，然后就开始逐一讨论六气变化和人体以及万物变化的关系。

帝曰：寒暑燥湿风火，在人合之奈何？其于万物何以生化？

黄帝问：寒、暑、燥、湿、风、火六气，与人体是怎样相应合的呢？六气是怎样影响万物的生长变化的呢？

岐伯回答了黄帝的提问，他是分为五方说的，先是东方——

岐伯曰：东方生风，风生木，木生酸，酸生肝，肝生筋，筋生心。其在天为玄，在人为道，在地为化。化生五味，道生智，玄生神，化生气。神在天为风，在地为木，在体为筋，在气为柔，在脏为肝。其性为暄，其德为和，其用为动，其色为苍，其化为荣，其虫毛，其政为散，其令宣发，其变摧拉，其眚为陨。其味为酸，其志为怒。怒伤肝，悲胜怒；风伤肝，燥胜风；酸伤筋，辛胜酸。

大家看了这一段，是不是觉得很熟悉啊？对了，《素问》第五篇《阴阳应象大论》就讲过这一段，我简单说一下。

岐伯说：东方生风——东方与春季相应，春天风气生发，风使草木萌生成长，木气能产生酸味，酸味补益肝脏，肝濡养筋膜，筋膜集合于心脏。六气的变化在天表现为玄妙深远，在人则是对变化之道的认识，在地则表现为万物的生生化化。生生化化而后有五味，在人掌握变化之道就能产生智慧，在天的玄妙就产生了神机，在地的生化就产生了气。神的具体表现有：在天对应于六气中的风气，在地对应于木，在人体对应于筋，在气对应于柔和，在五脏对应于肝。

下面这一段话是《阴阳应象大论》没有说的，这段话就是：“其性为暄，其德为和，其用为动，其色为苍，其化为荣，其虫毛，其政为散，其令宣发，其变摧拉，其眚为陨。”这段话中的“其”当然是指五行的木，也就是六气的风气，风木的性质是温暖，它的特点是平和，它的功用是运动，它的颜色对应青色，它的生化是繁荣，它对应的虫是毛虫，它的政令是发散，它行使的指令是宣发舒散，它的变动为摧枯拉朽，它的灾变是陨落。接下来这一段话：“其味为酸，其志为怒。怒伤肝，悲胜怒；风伤肝，燥胜风；酸伤筋，辛胜酸。”《阴阳应象大论》中说：“在味为酸，在志为怒。怒伤肝，悲胜怒；风伤筋，燥胜风；酸伤筋，辛胜酸。”意思是一样的，就是说风木对应的五味是酸味，对应的情志是怒。怒能损伤肝，悲哀能够克制怒气——怒为木，悲为金，金克木，所以悲能克怒；风气能伤肝，燥气能克制风气——风为木，燥为金，金克木，所以燥能克风；酸味能伤筋，辛味能够克制酸味——酸为木，辛为金，金克木，所以辛味能克制酸味。

岐伯在讲完东方的风木之气以后，接着讲了南方的火热之气、中央的湿土之气、西方的燥金之气、北方的寒水之气，和《阴阳应象大论》讲的一样。

简单梳理一下：五方化生五脏关系，按照东、南、中、西、北五方的次序，对应的五气就是风、热、湿、燥、寒，对应的五脏就是肝、心、脾、肺、肾，对应的五体就是筋、脉、肉、皮、骨，对应的五味就是酸、苦、甘、辛、咸，对应的五志就是怒、喜、思、忧、恐，对应的五性就是暄（温暖）、暑（暑热）、静（安静兼包容）、凉（凉爽）、凛（清冷），对应的五德就是和（平和）、显（彰显）、濡（濡润）、清（清净）、寒（冷峻），对应的五用就是动（运动）、躁（躁急）、化（化育）、固（坚固）、藏（收藏）。

最后岐伯总结五行之气：“五气更立，各有所先。非其位则邪，当其位则正。”五行之气也就是天之六气（风火湿燥寒，火分为两个，君火、相火，一共是六气）是交替更换的，各自主管时令变化，遵循特定的先后次序。如果没有按照特定的次序，也就是出现异常运行，就会出现邪气，万物就会有灾祸。如果按照特定的次序，也就是五行之气正常运行，就会出现正气，万物的生化就正常。

最后，黄帝又问了——

帝曰：病生之变何如？岐伯曰：气相得则微，不相得则甚。帝曰：主岁何如？岐伯曰：气有余，则制己所胜而侮所不胜；其不及，则己所不胜侮而乘之，己所胜轻而侮之。侮反受邪，侮而受邪，寡于畏也。帝曰：善。

黄帝说：邪气导致病变是怎样的呢？

岐伯说：来气和主时之气相合，或者客气与主气相合，那么病情就轻微；来气和主时之气不相合，客气与主气不相合，那么病情就严重。

黄帝说：五气主岁是什么样的呢？

岐伯说：如果五运之气太过，那么不仅会加重自己所克制的气，还会欺侮本来克制自己的气；如果五运之气不足，那么不仅克制自己的气会加重克制的力量，而且原本自己能克制的气还会轻视并且反克自己。无论是欺侮别人自己反而受邪得病，还是欺侮别人使别人得病，都是失去了对天道的敬畏之心，也就是没有遵循正常的克制关系。

黄帝说：好。

这一段话有点费解。举个例子说明。2018年戊戌年的大运为火运太过，戊癸之年火运主之，戊为阳，阳为太过，所以2018年是火运太过。火运太过的结果不仅会过度制约燥金之气，导致炎火烁金之象，还会反侮克制自身的水之气，导致烈焰熏蒸之象。这是五运之气太过。再看五运之气不足的情况。例如2019年己亥年的大运是土运不及，甲己之年土运主之，己为阴，是土运不足。土运不足的结果不仅湿土之气会被风木之气克制太过，容易出现大风，而且还会被自己所克制的水之气反制，容易出现雨寒之气流行。

当然这是总体趋势。那么一年当中六气的变化还有一些什么规律呢？请看下一讲《六微旨大论》。

年运影响我们的健康

六气分为标本中气

到这里为止，我们已经学习了运气七篇中的两篇，这一讲我们要学习第三篇《六微旨大论》，“六”就是六气，“六微旨”就是风、热、暑、湿、燥、寒六气微妙的旨意。六气其实是天道气候的时空变化，一开篇黄帝对天道先发表了一番感叹——

黄帝问曰：呜呼！远哉！天之道也，如迎浮云，若视深渊。视深渊尚可测，迎浮云莫知其极。……天之道可得闻乎？

黄帝问：呜呼！天道多么深远啊！好像抬头望浮云，又像俯视深渊。俯视深渊尚且可以估测它的深浅，仰望浮云却不能知道它的穷尽之处。……天道的变化究竟能不能被知晓呢？

岐伯稽首再拜对曰：明乎哉问天之道也！此因天之序，盛衰之时也。

岐伯叩首又拜了一次回答说：您问的天道变化的问题很高明啊！这是由于天之气的秩序变化，表现为时位的盛衰变化。

帝曰：愿闻天道六六之节盛衰何也。

黄帝说：我希望听您说一说天道气候六六之节盛衰的情况是怎样的。

“六六之节”就是六气循环变化的规律。主气和客气皆为六步，分为三阴三阳，也就是司天、在泉和各自的左右间气。

岐伯曰：上下有位，左右有纪。故少阳之右，阳明治之；阳明之右，太阳治之；太阳之右，厥阴治之；厥阴之右，少阴治之；少阴之右，太阴治之；太阴之右，少阳治之。

岐伯说：司天和在泉有一定的位置，左右间气有一定的法度。所以少阳的右间，是阳明主管；阳明的右间，是太阳主管；太阳的右间，是厥阴主管；厥阴的右间，是少阴主管；少阴的右间，是太阴主管；太阴的右间，是少阳主管。

它们的运转是按照三阳三阴的次序从左到右进行的，也就是按照少阳（一阳）—阳明（二阳）—太阳（三阳）—厥阴（一阴）—少阴（二阴）—太阴（三阴）的次序运转。

岐伯把三阴三阳称为“气之标”，六气分为标和本。“标”的本义是树梢，“本”的本义是树根，“标本”引申为主次、先后。《标本病传论》中提到过标病和本病，这一篇提出了三个新的概念——气之标、气之本（也就是标气和本气），还有中气（就是介于本气和标气之间的气）。岐伯说三阴三阳“此所谓气之标，盖南面而待也。故曰：因天之序，盛衰之时，移光定位，正立而待之”，就是所谓的六气的标位，是坐北朝南观测天气自身的位置。古代君王坐北朝南（坐明堂）而治理天下，朝臣们是面向君王跪拜，君王为主，臣为客。在九宫八卦方位图中，南方为火，为阳，为光明，为离卦；北方为水，为阴，为阴暗，为坎卦；中央为土，为明堂，为尊位。古代的房屋格局大都坐北朝南，以便房屋通透敞亮。什么叫“移光定位，正立而待之”呢？古代人们确定时间的方法之一就是用圭表。圭表也是面向正南而立，它的影子随着日光的变化而变化，根据日影移动的刻度来确定时间。

我们知道了三阴三阳是气之标——标气，那么什么是气之本——本气，什么是中气呢？岐伯说——

所谓本也，本之下，中之见也，见之下，气之标也，本标不同，气应异象。

风、热、火、湿、燥、寒，为天之六气，是气之本——本气；本气之下，是中见之气；中见之下，是气之标——标气。也就是说，在本标之中为中气，具体来说就是与标气互为表里的阴阳之气为中气。因为本和标是不同的，所以六气会有不同的表象——包括不同的脉象和疾病的征象。

标气、本气和中气有密切的关系。例如："少阳之上，火气治之，中见厥阴。"少阳的上面是火气主管，中气是厥阴。也就是少阳以火为本，以少阳为标，所以称少阳相火；以厥阴为中气，因为少阳与厥阴相表里。阳明以燥为本，以阳明为标，所以称阳明燥金；以太阴为中气，因为阳明与太阴为表里。太阳以寒为本，以太阳为标，所以称太阳寒水；以少阴为中气，因为太阳与少阴为表里。厥阴以风为本，以厥阴为标，所以称厥阴风木；以少阳为中气，因为少阳与厥阴为表里。少阴以热为本，以少阴为标，所以称少阴君火；以太阳为中气，因为太阳与少阴为表里。太阴以湿为本，以太阴为标，所以称太阴湿土；以阳明为中气，因为阳明与太阴为表里。总之，天上风、热、火、湿、燥、寒六气为三阴三阳之本，天下之三阴三阳为六气之标，而居于标本之间的、阴阳表里相对的气为中气。

人生活在六气的交互运动之中，六气有标、本、中气，人的经络脏腑也与其相呼应。怎么相应呢？脏腑和经络也分标本，那就是脏腑为本，居里；经脉为标，居表；表里相络者为中，居中。

六气是有盛衰变化的，这种变化表现在太过和不及上。什么是太过，什么是不及呢？请看黄帝的发问——

帝曰：其有至而至，有至而不至，有至而太过，何也？岐伯曰：至而至者和；至而不至，来气不及也；未至而至，来气有余也。帝曰：至而不至，未至而至如何？岐伯曰：应则顺，否则逆，逆则变生，变则病。……物生其应也，气脉其应也。

黄帝说：就季节和气候的关系而言，有时是季节到了而相应的气候也到了，有时是季节到了但相应的气候还没有到，有时是季节未到但相应的气候提前到了，这是为什么呢？

岐伯说：季节到了而相应的气候也到的，是平和之年；季节到了但相应的气候还没到的，这就是应到之气不及、不足；季节未到但相应的气候提前到的，这就是应到之气太过、有余。

黄帝问：为什么会有这样的情况呢？

岐伯说：季节和气候相应的是平顺，季节与气候不相应的是背逆，背逆就会产生反常的变化，反常的变化就会导致疾病的发生。……万物的生成变化是六气的反映，脉象的变化是六气在人体的反映。

如果六气太过了，会出现什么情况呢？就会出现“亢害承制”。什么意思？就是“亢则害，承乃制”，六气亢盛时就会产生灾害，承袭之气就要克制它，这样才能维持万物保持正常的变化。“亢害承制”是《黄帝内经》非常著名的一个理论：“亢则害，承乃制，制则生化，外列盛衰，害则败乱，生化大病。”六气在每年的运转表现有盛有衰，如果六气制约关系败坏紊乱，就会导致万物的生化之机出现大毛病。承，就是承袭、伴随，也有制约的意思。

通俗地说，六气的每一气主事时，都有一个制约它的气在始终伴随着它，类似我们的检察院，它会时时刻刻伴随着公务员，监督公务员的行为，以防止公务员独断专制、违法乱纪。六气也必须遵循五行制约法则，任何一气都是和己所不胜之气，也就是克制自己的气，相伴而存在的。比如“相火之下，水气承之；水位之下，土气承之”，相火主事的时候，水气就会伴随它——水克火，如果火气亢盛，水就会制约它；水气主事的时候，土气就会伴随，水气太过，土就会制约它。“亢则害，承乃制，制则生化。”正因为有了这种制约的关系，季节气候以及自然万物的正常生成变化才能得到保持。这句话也是指导我们进行疾病预防和治疗的理论基础。人之所以患病也是因为阴阳五行失衡，当一行太过就应该由另一行来克制它，从而恢复人体应有的平衡状态，疾病因此就消失了。

那么一年六气的亢盛和衰弱究竟有什么规律呢？请看下一讲。

六气与一年的大运

通过前面几讲的学习，我们已经基本掌握了从天干推算五运和从地支推算六气的方法，虽然有点烧脑，但如果不管那么多术语，还是比较简单的。比如2019年己亥年，从天干上推算五运，甲己之年土运主之，这一年的大运就是土运，但因为己是偶数，为阴，所以是土运不足，如果是甲什么年就是土运太过。有朋友就问了，这样一来，任何一年要么是太过，要么是不及，难道就没有平和之年吗？这个问题问得很好，说明提问者善于思考。有没有平和之年？当然有！怎么推算出来呢？要从天干和地支的搭配上推算。《六微旨大论》就回答了这个问题。前面两篇大论都是分开来说一年的天干五行和地支五行，这一篇《六微旨大论》开始讲天干五行和地支五行的关系，因为要判断一年的气候情况，仅仅考虑天干或者地支是不够的，还必须考虑它们之间的组合关系。

帝曰：盛衰何如？岐伯曰：非其位则邪，当其位则正，邪则变甚，正则微。帝曰：何谓当位？岐伯曰：木运临卯，火运临午，土运临四季，

金运临酉，水运临子，所谓岁会，气之平也。帝曰：非位何如？岐伯曰：岁不与会也。

黄帝说：一年六气的盛衰情况是怎样的呢？

岐伯说：六气没有处在它的本位上就是邪气，处在它的本位上就是正气。邪气导致的变化会比较严重，正气导致的变化会比较轻微。

黄帝说：什么叫气正好处在本位上呢？

岐伯说：如果年运和年支的五行相同，就产生平气，就有利于万物正常生化；比如木运恰逢卯年，如丁卯年——丁、壬之年木运主之，丁属木，卯五行也属木；火运恰逢午年；土运恰逢辰、戌、丑、未年；金运恰逢酉年；水运恰逢子年。这八年都是年运五行与年支五行相同，所以叫作岁会。“岁会”是一个专有名词，岁就是年，就是这一年的年运五行与年支五行相会，相会就是相同，所以是当位，是运气平和之年。

黄帝说：如果气没有处于恰好的位置是怎样的呢？

岐伯说：那就是年运五行与年支五行之气没有会合，也就是二者不一致，则万物的灾变较为严重。

可见“当位”和“非位”说的是一年的大运五行和这一年的地支五行属性是否一致，一致就是当位，不一致就是非位。六十甲子之中，当位也就是岁会之年，共计八年：丁卯年，戊午年，甲辰年，甲戌年，己丑年，己未年，乙酉年，丙子年。其余五十二年皆为“非位”。

除了一年的天干运气五行和这一年的地支五行相同的情况以外，还有一种是一年的天干运气五行与这一年的司天之气五行相同、相符，叫天符，比如“土运之岁，上见太阴……”，也就是土运之年逢太阴司天，就是这一年的天干是甲、己，甲己之年土运主之，这一年的地支是丑、未，丑未太阴湿土司天，两个都是土，就是“天符”，简单理解就是年运和司天五行相符。六十甲子中，天符之年共计十二年。

还有一种情况，既是岁会又是天符，也就是说这一年的年运（也叫大运、中运）既和这一年的地支五行相同，又和司天五行相同，叫什么呢？岐伯说叫“太一天符之会也”，叫太一天符。在六十甲子中，太一天符共计四年，分别是乙酉、己丑、戊午、己未。

黄帝曰：其贵贱何如？岐伯曰：天符为执法，岁会为行令，太一天符为贵人。帝曰：邪之中也奈何？岐伯曰：中执法者，其病速而危；中行令者，其病徐而持；中贵人者，其病暴而死。

黄帝问：天符、岁会和太一天符这三者有高低贵贱的不同吗？

岐伯说：天符就像秉持法度，好比掌管大权的宰相；岁会就像施行命令，好比诸侯，是地方长官；太一天符好比贵人，好比君主。

黄帝说：这三者在邪气侵犯人体导致发病方面有什么不同呢？

岐伯说：人被执法之邪侵中就会发病快速而危重；被行令之邪侵中就会发病缓慢而持久；被贵人之邪侵中就会发病急剧而死亡。

从这里可以看出，五行之气太过集中某一行就会导致五行之间的正常关系严重失衡，进而可能导致万物之灾。岁会、天符、太一天符这些特殊的年份导致疾病的情况有轻重的程度差别。太一天符最重，天符次之，岁会最轻。

接下来黄帝和岐伯讨论了六气的推步问题。什么是推步？就是推算天象历法。古人认为日月运转在天上，好像人在行步，是可以推算出来的。一步为“六十度而有奇”，就是指六十度有余，余多少？余八十七刻半，每年共六步，也就是六气，$6\times60.875=365.25$日，刚好是一年的天数。“故二十四步积盈百刻而成日也”，所以在二十四步中，也就是四年内，累积四年刻度的余数共为一百刻，就又成了一日。因为天气和地气不相同，所以推求起来也就会存有差异。天气始于天干之甲，地气始于地支之子，子和甲相和合起来，就称为岁立。六十甲子始于甲子年，终于癸亥年。从甲子年开始，通过每一年的干支，我们就能推导出每一年六气每一步的开始和终止的时间。

在听完岐伯讲述不同年份六气的起止时间之后，黄帝问：六步之气有什么作用呢？

岐伯曰：言天者求之本，言地者求之位，言人者求之气交。

岐伯说：谈论天气的变化，是从六气的本元去推求；谈论地气的变化，是从六气的时位上去推求；谈论人体的变化，是从天地之气的交合变化去推求。

天地之气是运动变化的："故高下相召，升降相因，而变作矣。"天气和地气的相互感召，上升和下降相互为因，所以自然万物的运动变化就产生了。气的运动变化主要有四种形式：升、降、出、入——

出入废则神机化灭，升降息则气立孤危。故非出入，则无以生长壮老已；非升降，则无以生长化收藏。是以升降出入，无器不有。

如果气的出入功能废止了，那么"神机"就会毁灭；如果升降的作用停息了，那么气的存在就危险了。所以，如果没有气的出和入，就不会有万物的发生、成长、壮实、衰老与灭亡；没有气的升与降，就不会有万物的产生、成长、变化、收敛与闭藏。所以，气的升、降、出、入，是没有一物不具备的。

此话揭示了万物生化之机的实质，即气的升降出入运动。

帝曰：有不生不化乎？岐伯曰：悉乎哉问也！与道合同，惟真人也。帝曰：善。

黄帝问：有没有不生不化的呢？

岐伯说：您问得太详尽了！有！只有那些与天地合一的"真人"。

黄帝说：好。

这就是《上古天真论》所说："上古有真人者，提挈天地，把握阴阳，呼吸精气，独立守神，肌肉若一，故能寿敝天地，无有终时，此其道生。""真人"是一个最完美、最健康、最幸福的人格形象！成为真人不仅是养生的最高境界，而且是一个人为人处世的最高要求。当然我们不可能人人都成为真人，但人人都可以向真人学习，努力按真人的要求来做，一定要"取法乎上"，只有高要求，才能有大成就。

五运太过引起什么病

我们已经学习了运气七篇中的三篇，运气学说是《黄帝内经》比较难懂的内容，主要是因为有一些特殊的术语，还需要记一些常识。这一讲我们接着学习第四篇《气交变大论》，气交变就是天地阴阳二气相互交合发生变化，也就是说天地阴阳之气的交合变化深深影响着人的身体、人的生活、人的健康，也就决定着人得什么疾病。

这一篇的开头，黄帝和岐伯的问答好比一篇散文诗，很优美——

黄帝问曰：五运更始，上应天期，阴阳往复，寒暑迎随，真邪相薄，内外分离，六经波荡，五气倾移，太过不及，专胜兼并，愿言其始，而有常名，可得闻乎？

黄帝问岐伯：五运相互更替，与天道运行的周期三百六十五度相应，阴阳循环往复，寒暑接续不断，正气与邪气相互斗争，内外表里相互分离，六条经脉动荡不定，五脏之气失衡而病变，五运之气太过与不及，太过导致克制力太强，不及就会被制约自己的力量加倍克制，希望您说说这种变化是怎么开始的和五运变化的规律，可以吗？

岐伯非常恭敬地回答：这是我的先师教我的，古书《上经》说——

夫道者，上知天文，下知地理，中知人事，可以长久。……本气位也。位天者，天文也。位地者，地理也。通于人气之变化者，人事也。故太过者先天，不及者后天，所谓治化而人应之也。

所谓的道就是上知天文、下知地理、中知人事，这样才可以延续长久……（万物自然，离不开天地人三才，所以《周易》早就说了："易者非它也，三才之道也。"）要从本原上推求天地人三气的位置（这里"本"是动词），推求根本。天的位置就是天文学，地的位置就是地理学，通于人气变化的是人事。所以五运太过，气就先天而至，也就是早于时令而到来；五运不及，气就后天而至，也就是晚于时令而到来。所以说一年的运气有常有变，人的生理病理也会随着它的变化而变化，是和它相感应的。

听了岐伯回答之后，黄帝问了五运变化的两个问题，一个是五运太过会发生什么情况，一个是五运不及又会发生什么情况。我们先看第一个问题——

帝曰：五运之化，太过何如?

黄帝说：五运的气化，如果太过会发生什么情况?

岐伯按照五运木火土金水的次序一一作了回答，先是木——

岐伯曰：岁木太过，风气流行，脾土受邪。民病飧（sūn）泄食减，体重烦冤，肠鸣腹支满，上应岁星。甚则忽忽善怒，眩冒巅疾。化气不政，生气独治。云物飞动，草木不宁，甚而摇落，反胁痛而吐甚，冲阳绝者死不治，上应太白星。

岐伯说：如果木运年的木气太过，就会发生风气流行（木与风相应），脾胃中土就会受到邪气侵扰（为什么？因为木克土。哪几年是岁木——木运年呢？丁壬木运，丁壬之年木运主之，其中丁为阴、壬为阳，所以壬年是木运太过，丁年是木运不及。在六十甲子中，有六年是壬年，其实每一个天干都和六个地支搭配，构成六年，十个天干刚好构成六十年，所以是六十甲子。壬构成的六年就是木的属性太强了），人们就会生腹泻、食欲减退的病，四肢困重烦闷，肠鸣，腹胀满。木运之年和天上的岁星——木星相应，木运太过的年份木星显得很亮。肝木之气旺盛，克伐脾土太过，脾土之气就会大大受损，则出现肝风内动的疾病、肝经循行部位的疾病、脾胃虚损类的疾病。严重的会容易生气，发怒，出现头晕、目眩等头部病变——因为木对应肝脏，肝气太盛了。腹泻、食欲减退、肠鸣、腹胀满，是木克土，土气不能发挥正常作用导致的结果。这六年木气独旺，自然界气候变化也会受到影响，天上的云雾飞腾不休，地上的草木摇动不宁，严重的会枝叶掉落，人体会发生胁痛（肝气逆乱）和呕吐（脾胃虚弱）。如果胃经的冲阳脉断绝了，就会不治而亡（冲阳脉，属于阳明胃经的经脉，也叫趺阳脉），这时与它相应的天上的太白星就会很明亮。（为什么？因为木气太过，一定会招来金气的克制，这样才能保持平衡，所以天上的太白金星就很亮。）

这是岁木太过的情况，接下来是岁火太过的情况——

岁火太过，炎暑流行，肺金受邪。民病疟，少气咳喘，血溢血泄注下，嗌（yì）燥耳聋，中热肩背热，上应荧惑星。甚则胸中痛，胁支满胁痛，膺背肩胛间痛，两臂内痛，身热骨痛而为浸淫。收气不行，长气独明，雨水霜寒，上应辰星。上临少阴少阳，火燔焫（fán ruò），水泉涸，物焦槁，病反谵妄狂越，咳喘息鸣，下甚血溢泄不已，太渊绝者死不治，上应荧惑星。

如果火运年的火气太过，那么炎热的暑气就流行，肺金就会受到邪气的侵扰。（哪几年是火运之年呢？戊癸之年，火运主之。其中戊年是火运太过，癸年是火运不及。）六个戊年，火气太过，人容易患疟疾，气短咳喘，口鼻流血，便血，尿血，咽干耳聋，胸中和肩背部发热，与天上的荧惑星——火星相应，火星特别明亮。严重的会出现胸中疼痛，胁肋部胀满疼痛，肩胛间区疼痛，两条胳膊内侧疼痛，身体发热，骨节疼痛，甚至发作为浸淫疮（遍发全身的瘙痒渗出性皮肤病）。这是金气不及、火气独旺的表现，也就是心火亢盛和肺气不足。火气不能正常运行，则水气来乘，所以出现雨水和霜雪的天气，与天上相应的辰星——水星就特别明亮。如果遇到少阴君火或者少阳相火司天，那么火热之气就会更加旺盛，水泉枯竭，万物焦黄枯槁，人就容易神昏谵语，狂躁不安，咳喘，喉中痰鸣，火热之气往下导致大小便下血不止。如果肺经的太渊脉绝断，则会不治而亡。这时与天上相应的火星就特别明亮。

岁土太过，雨湿流行，肾水受邪。民病腹痛，清厥意不乐，体重烦冤，上应镇星。甚则肌肉萎，足痿不收，行善瘈（chì），脚下痛，饮发中满食减，四支不举。变生得位，藏气伏，化气独治之，泉涌河衍，涸泽生鱼，风雨大至，土崩溃，鳞见于陆，病腹满溏（táng）泄肠鸣，反下甚而太溪绝者死不治，上应岁星。

如果土运年的土气太过，那么雷雨湿气就流行，肾水就容易受到邪气侵袭，土克水。（土运年是什么年？甲己之年，土运主之。其中甲年是土运太过。）在六个甲年，人就容易腹痛，手足不温，情绪抑郁，身体困重烦闷。严重的就会出现肌肉萎缩，双足萎弱不能行走，行走容易抽搐痉挛，足底疼痛，或者痰饮，胀满，食欲减退，四肢不能举动。总之，容易出现脾胃中土湿气亢盛的疾病、肾水匮乏的疾病，以及脾经和肾经循行部位的相关疾病。

岁金太过，燥气流行，肝木受邪。民病两胁下少腹痛，目赤痛眦

疡，耳无所闻。肃杀而甚，则体重烦冤，胸痛引背，两胁满且痛引少腹，上应太白星。甚则喘咳逆气，肩背痛，尻（kāo）阴股膝髀（bì）腨（shuàn）胻（héng）足皆病，上应荧惑星。收气峻，生气下，草木敛，苍干凋陨，病反暴痛，胠胁不可反侧，咳逆甚而血溢，太冲绝者死不治，上应太白星。

如果金运年金气太过，则燥气流行，肝木受到邪气侵袭。金运年是什么年？乙庚之年金运主之，其中庚年是金运太过。在六个庚年，肺气太过，肝木受损，出现肝肺同病以及肝经循行部位的相应疾病，比如胸痛放射至背部、两胁肋胀满、疼痛牵引少腹疼痛、眼睛发红疼痛、目眦溃疡，等等。

岁水太过，寒气流行，邪害心火。民病身热烦心躁悸，阴厥上下中寒，谵妄心痛，寒气早至，上应辰星。甚则腹大胫肿，喘咳，寝汗出憎风，大雨至，埃雾朦郁，上应镇星。上临太阳，则雨冰雪，霜不时降，湿气变物，病反腹满肠鸣，溏泄食不化，渴而妄冒，神门绝者死不治，上应荧惑、辰星。

如果水运年水气太过，则寒气流行，心火易受到邪气侵袭。水运年是什么年？丙辛之年水运主之，其中丙年是水运太过。在六个丙年，容易出现心烦、心悸、心胸疼痛、神昏谵语、四肢厥冷、身体发冷等寒水克制心火导致心气受伤的疾病，还容易出现腹胀、下肢水肿、夜间出汗、恶风等肾水、寒水过度亢盛等疾病。

这是五运太过引发的疾病情况，那么五运不及又容易引发什么疾病呢？请看下一讲。

五运不及引起什么病

上一讲我们讲了五运太过引起的自然气候变化和人体的疾病变化，这一讲我们继续讲五运不及引起的自然气候变化和人体的疾病变化。黄帝在听完岐伯说的五运太过的情况之后，又问了——

帝曰：善。其不及何如？岐伯曰：悉乎哉问也！岁木不及，燥乃大行，生气失应，草木晚荣，肃杀而甚，则刚木辟著，柔萎苍干，上应太白星，民病中清，胠胁痛，少腹病，肠鸣溏（táng）泄，凉雨时至，上应太白星，其谷苍。上临阳明，生气失政，草木再荣，化气乃急，上应太白、镇星，其主苍早。复则炎暑流火，湿性燥，柔脆草木焦槁，下体再生，华实齐化，病寒热疮疡疿（fèi）疹痈痤（cuó），上应荧惑、太白，其谷白坚。白露早降，收杀气行，寒雨害物，虫食甘黄，脾土受邪，赤气后化，心气晚治，上胜肺金，白气乃屈，其谷不成，咳而鼽（qiú），上应荧惑、太白星。

黄帝说：您说得好。那么五运不及的情况是怎么样的呢？

岐伯说：您问得很详细啊！

然后，岐伯按照木火土金水的次序一一作了回答。先看岁木之气不及也就是木运不及的年份。哪些年份是木运不及呢？丁壬之年木运主之，六个丁年就是木运不及，就会出现克制它的燥金之气过盛（金克木），春天的生发之气不能和它相应，草木繁荣的时间就会推迟。燥金之气太盛，那么大树容易裂开，坚硬的树木枝条干枯；小草容易枯萎，柔软的树木叶子干卷，天上与它相应的金星就特别明亮。人容易患中焦虚寒、胁肋疼痛、少腹部疼痛、肠道鸣响、大便稀溏泻泄方面的疾病。……如果又遇到阳明燥金司天，也就是丁卯年、丁酉年这两年，那么燥金就更加旺盛，木气就不能发挥作用，草木会再次枝繁叶茂，由于草木茂盛时间晚，所以成熟结果的过程就短了、快了，天上与它相应的金星、土星就很明亮……总之，木气不及的年份，至少有三个脏会受到影响。一个是肝，肝为木，本身受到影响，肝气不足，人就会患胁肋疼痛、少腹部疼痛等肝经的疾病。第二个是肺，肺为金，木气不足，金气就旺盛，因为金克木，木太弱，金克制的力量就加强了。第三个是心，心为火，火本来是木生的，好比木的孩子，现在父母受到金的过分欺负了，所以孩子力量虽然小，但还是会奋力反击，火本来就是克金的，所以就会招来火报复金。岐伯说“心气晚治，上胜肺金”，也就是心火旺盛的时间就推迟，但仍然能克制肺金，就会出现咳嗽、流鼻涕等肺脏的疾病。

再看火运不及的情况——

岁火不及，寒乃大行，长政不用，物荣而下，凝惨而甚，则阳气不化，乃折荣美，上应辰星，民病胸中痛，胁支满，两胁痛，膺背肩胛间及两臂内痛，郁冒朦昧，心痛暴瘖（yīn），胸腹大，胁下与腰背相引而痛，甚则屈不能伸，髋髀如别，上应荧惑、辰星，其谷丹。复则埃郁，大雨且至，黑气乃辱，病鹜溏腹满，食饮不下，寒中肠鸣，泄注腹痛，暴挛痿痹，足不任身。

岁火不及，寒气盛行。（哪几年是火运不及呢？戊癸之年，火运主之。戊年是火运太过，癸年是火运不及。）六个癸年，火气不足，生长之气不能发挥作用，植物就由繁盛转为枯萎，克制它的水就旺盛，寒凉之气盛行，导致阳气不能生化，草木不再繁盛，天上与它相应的水星就很明亮。人就容易患胸中疼痛，胁肋满闷、疼痛，肩背部、肩胛间区和两手臂内侧疼痛，头目眩晕，视物昏花，心区疼痛，突发声音嘶哑，胸腹部胀大，胁肋下与腰背部牵扯疼痛等疾病，严重的会出现能前屈不能后伸，髋关节和股骨像裂开一样，天上与它相应的火星就昏暗，但水星却很明亮。水太过，就会招来土气报复，则湿气上蒸为云，化为大雨降落，水气受到抑制，人容易患大便溏泄、腹部胀满、食欲不振、肠道雷鸣、泄泻不止、腹部疼痛、痉挛萎缩、痹阻疼痛、足部不能支撑身体等疾病。

所以火运不足，也至少涉及三个脏器：一个是心，本身的心火不足；一个是肾，克制火的肾水太过旺盛；一个是脾，脾土就会报复肾水。这三个脏器都会不正常，得病。

再看土运不及的情况——

岁土不及，风乃大行，化气不令，草木茂荣，飘扬而甚，秀而不实，上应岁星，民病飧（sūn）泄霍乱，体重腹痛，筋骨繇复，肌肉瞤（rún）酸，善怒，脏气举事，蛰虫早附，咸病寒中，上应岁星、镇星，其谷黅（jīn）。复则收政严峻，名木苍雕，胸胁暴痛，下引少腹，善大息，虫食甘黄，气客于脾，黅谷乃减，民食少失味，苍谷乃损，上应太白、岁星。上临厥阴，流水不冰，蛰虫来见，脏气不用，白乃不复，上应岁星，民乃康。

岁土不及，风气盛行。因为风为木，木克土，土太弱，克制它的木就加倍欺负它。哪几年是土运不足呢？甲己之年土运主之，己年就是土运不足，比如2019年是己亥年，就是土运不足，土的生化之气不能正常发挥作用，木气就盛行，草木茂盛，枝蔓飘扬飞舞，华秀于外，但果实不饱满，天上和它相应的木星就很明亮、土星就昏暗。人容易患泄泻和霍乱，肢体烦重、腹中疼痛，筋骨僵硬、肌肉酸痛、容易生气，这些都是脾土虚弱、肝木旺盛的症状。

再看金运不及的情况——

岁金不及，炎火乃行，生气乃用，长气专胜，庶物以茂，燥烁以行，上应荧惑星，民病肩背瞀（mào）重，鼽嚏血便注下，收气乃后，上应

太白星，其谷坚芒。复则寒雨暴至，乃零冰雹霜雪杀物，阴厥且格，阳反上行，头脑户痛，延及囟顶发热，上应辰星，丹谷不成，民病口疮，甚则心痛。

岁金之气不及，火气盛行。火克金，金不足，火就加倍欺负金。哪几年是金运不及？乙庚之年金运主之，六个乙年就是金运不足。由于火气盛行，所以万物生发之气就强，庄稼生长茂盛，天气炎热，人容易患肩背酸重疼痛、鼻衄（nǜ）、便血、泄泻，还有口疮、心胸痛等肺金虚弱、心火旺盛的疾病。天上和它相应的火星就很明亮、金星就昏暗。

最后是水运不及——

岁水不及，湿乃大行，长气反用，其化乃速，暑雨数至，上应镇星，民病腹满身重，濡泄寒疡流水，腰股痛发，腘（guó）腨（shuàn）股膝不便，烦冤足痿清厥，脚下痛，甚则跗（fū）肿，脏气不政，肾气不衡，上应辰星，其谷秬（jù）。上临太阴，则大寒数举，蛰虫早藏，地积坚冰，阳光不治，民病寒疾于下，甚则腹满浮肿，上应镇星，其主黅谷。复则大风暴发，草偃木零，生长不鲜；面色时变，筋骨并辟，肉瞤瘛（rún chì），目视䀮（huāng）䀮，物疏璺（wèn），肌肉疹发，气并膈中，痛于心腹，黄气乃损，其谷不登，上应岁星。

岁水不及，湿土之气就盛行。土克水，水不足，土就加倍欺负水。哪几年是水运不及？丙辛之年水运主之，丙年是水运太过，辛年是水运不及，六个辛年就是水运不足。水气不足，不仅湿土之气盛行，而且火气也旺盛，为什么？因为水克火，现在水不足，那么克制火的能力不够了，火就盛行。水运不及，人容易出现腹部胀满，身体沉重，泄泻阴疽流注，腰腿疼痛，下肢关节活动不利，烦闷不适，两足萎缩，四肢逆冷，脚底疼痛，严重者下肢水肿，这是由于冬天封藏之气不能行使正常的功能，肾气不能平衡。天上和它相应的水星就昏暗，土星就明亮。

帝曰：善。愿闻其时也。

黄帝听了岐伯的分析之后，称赞说：说得好，请您再讲讲四时的归类。岐伯作了总结——

岐伯曰：悉哉问也！木不及，春有鸣条律畅之化，则秋有雾露清凉之政；春有惨凄残贼之胜，则夏有炎暑燔烁之复，其眚东，其脏肝，其病内舍胠胁，外在关节。

岐伯说："您问得很详细啊！"如果木运不及，金气不来克制，那么春天就风和日丽，鸟语花香，秋天会有清凉秋霜雾露的正常天气；但是如果木运不及而有金气来克制，那么春天就会出现清凉甚至寒冷的天气，金气太过就会有火气来报复，所以夏天会有炎热如焚的天气，东方容易发生灾害，与肝相应，疾病在内就会表现在胁肋部位，在外就会表现在关节部位。

接着岐伯又分析了火运不及、土运不及、金运不及、水运不及，没有克制之气和有克制之气两种情况。最后岐伯说——

夫五运之政，犹权衡也，高者抑之，下者举之，化者应之，变者复之，此生长化成收藏之理，气之常也，失常则天地四塞矣。故曰：天地之动静，神明为之纪；阴阳之往复，寒暑彰其兆。

五运的运行，是按照五行生克的规律相互制衡的，从而达到平衡状态。（"高者抑之，下者举之"这是引用老子《道德经》的话，是说握弓射箭，如果举得太高了就要压低一点，如果举得太低就要抬高一点，这里是指如果太过就要加以抑制，如果不及就要扶助。）如果生化正常就和它相感，如果异常就会有报复，这就是生长化收藏的道理，是气变化的常态，失常就会出现天地四时闭塞。所以说天地的动静，是以神明为纲纪；阴阳的往复变化，是以寒热为征兆。

那么怎么来推算五运的变化呢？有没有具体方法呢？请看下一讲。

如何推测五运变化

我们已经用了两讲来讲《气交变大论》，讲了五运太过和五运不及会影响到一年气候的变化和人的身体变化，那么有没有什么办法来推测岁运变化呢？有！有两种办法，第一是观察物候变化，第二是观察五星之应。

帝曰：夫子之言五气之变，四时之应，可谓悉矣。夫气之动乱，触遇而作，发无常会，卒然灾合，何以期之？岐伯曰：夫气之动变，固不常在，而德化政令灾变，不同其候也。

黄帝说：您讲的五运之气的变化与四时相应，已经很详细了。气的混乱，有所触犯才会发生，与突发的自然灾害相合，如何预测呢？

岐伯说：气的变化，固然没有什么常规，但是德化政令和灾变，它们的不同变化是可以预测的。

这里讲了“德化政令灾变”六个方面，其中“德化政令”是正常情况，“灾变”是不正常情况，“德”就是德行、特性，“化”就是生化、作用，“政”就是职能、职权，“令”就是时令表现，“灾”就是灾害，“变”就是异常变化。

黄帝追问：“何谓也？”这怎么说呢？岐伯从五个方位的物候变化一一作了回答。先看东方——

东方生风，风生木，其德敷和，其化生荣，其政舒启，其令风，其变振发，其灾散落。

东方生风，风生木气（然后从六个方面论述了风木之气），风木的特性是散布和气，它的生化作用是使万物滋生繁荣，它的职能就是舒展开放，它的时令表现是风，它的变动是大风怒号，它的灾害是使万物凋零散落。

接下来讲的四个方位全是从这样六个方面来说的——

南方生热，热生火，其德彰显，其化蕃茂，其政明曜，其令热，其变销烁，其灾燔焫（ruò）。

南方生热，热生火气，热火的特性是光明显耀，它的生化表现是使万物繁多茂盛，它的职能是光明照耀万物，它的时令表现是炎热，它的变动是销铄煎熬，它的灾害是焚烧万物。

中央生湿，湿生土，其德溽蒸，其化丰备，其政安静，其令湿，其变骤注，其灾霖溃。

中央生湿，湿生土气，湿土的特性是湿热，它的生化表现是使万物丰满完备，它的职能是使万物安静，它的时令表现是湿，它的变动是骤降暴雨，它的灾害是霪雨不止，使堤坝溃败。

西方生燥，燥生金，其德清洁，其化紧敛，其政劲切，其令燥，其变肃杀，其灾苍陨。

西方生燥，燥生金气，燥金的特性是清洁，它的生化表现是使万物收敛紧缩，它的职能是坚韧强劲，它的时令表现是燥，它的变动是肃杀萧条，它的灾害是使万物陨落枯萎。

北方生寒，寒生水，其德凄沧，其化清谧，其政凝肃，其令寒，其变溧洌，其灾冰雪霜雹。

北方生寒，寒生水，它的特性是凄凛寒冷，它的生化表现是使万物清净静谧，它的职能是凝结清肃，它的时令表现是寒，它的变动是严寒，它的灾害是降下冰雹雪霜。

是以察其动也，有德有化，有政有令，有变有灾，而物由之，而人应之也。

所以观察五气的运动变化，有特性有生化，有职能有时令，有变动有灾害，而万物是和它相伴随的，人也是和它相感应的。

所以按照五运的变化和四季的更迭，对每个季节容易发生哪一类灾害、哪一类疾病也是可以大致预测的。

黄帝听了岐伯讲五气的物候变化之后又问：您说五运的太过和不及是和天上的五星变化相应的，那么是怎样相应的呢？岐伯回答——

承天而行之，故无妄动，无不应也。卒然而动者，气之交变也，其不应焉。故曰：应常不应卒，此之谓也。

如果随天道运行，那么就没有突发的变动，和天上五星的变化是相应的。但是如果五运突然变动，那是天地之气相交的偶然变化，因而和天上五星变化是不相应的。所以说：五星对应常规变化而不对应突发变化，说的就是这种情况。

帝曰：其应奈何？岐伯曰：各从其气化也。帝曰：其行之徐疾逆顺何如？

黄帝问：五星和五运的常规变化是怎样对应的呢？

岐伯说：是各自按照气的生化规律对应的。

黄帝说：五星运行有的快，有的慢，有的顺行，有的逆行，这是怎么回事呢？

岐伯分析了这四种情况，举例说——

芒而大倍常之一，其化甚；大常之二，其眚即发也。小常之一，其化减；小常之二，是谓临视省下之过与其德也。

如果天上对应的五星光芒大于正常的一倍，说明气化作用旺盛；如果大于正常的两倍，说明灾害随即会发生；如果小于正常的一倍，说明气化作用减弱；如果小于正常的二分之一，那么有德者就给予福气，有过者就给予惩罚。

故大则喜怒迩，小则祸福远。岁运太过，则运星北越；运气相得，则各行以道。故岁运太过，畏星失色而兼其母；不及，则色兼其所不胜。

所以星象如果光芒大，那么说明喜怒变化的感应期就近；如果光芒小，那么福祸变化的感应期就远。如果岁运太过——一年的大运太过，那么和这一年相对应的星就越出轨道向北而去；如果运气平和，那么和这一年相对应的星就各自按照自己的轨道运行。所以岁运太过，被它克制的星就颜色发暗而且兼见其母星之色（例如木运太过之年，那么被木克制的土星就发暗、光芒减弱，而会同时看见木的母星也就是生木的水星的颜色）；如果岁运不及，那么就会兼见克制它的星的颜色（例如木运太过之年，克制木的星就是金星）。

这是第二种推测五运变化的方法，也就是观察天上五星变化的方法。那么五星的变化对人的身体变化又会产生怎样的影响呢？岐伯回答——

有喜有怒，有忧有丧，有泽有燥，此象之常也，必谨察之。

天上的星象有喜（喜悦）有怒（愤怒），有忧（忧愁）有丧（死亡），有泽（润泽）有燥（干燥），一共六种表现方式，这是星象的正常状态，必须谨慎观察。

人一般见到星象明亮就喜悦，见到星象暗淡就忧伤，见到星象怒行而愤怒，见到星象无光就心死，见到星象润泽心里也滋润，见到星象干枯就急躁。所以人在行为上就表现为有善有恶。对这一点，我们一定要谨慎对待。

同样五运气候的变化对人的影响也是有规律的。就人的疾病而言——

岐伯曰：德化者气之祥，政令者气之章，变易者复之纪，灾眚者伤之始。气相胜者和，不相胜者病，重感于邪则甚也。

岐伯说：五运的特性和生化是五气祥和的表现，五运的职能和时令是五气彰显在外的表现，变动是复气产生的前提，灾害是损伤的开始。如果人体的正气能够抵抗邪气，就身体平和健康；如果不能抵抗邪气，就产生疾病；如果重复感受邪气，那么病情就会加重。

听了岐伯的话，黄帝称赞说——

善。所谓精光之论。

您说得太好了！真是精妙的论述啊！

最后黄帝用了六个“善言”作了总结——

善言天者，必应于人；善言古者，必验于今；善言气者，必彰于物；善言应者，同天地之化；善言化言变者，通神明之理。

善于谈论天地大道的人，一定是和人相对应的；善于谈论古代历史的，一定是能在现实中得到检验的；善于谈论气化的，一定是能透彻认知事物的；善于谈论天人相应的，一定是遵循天地变化规律的；善于谈论生化变动的，一定是能通达自然神妙之道的。

年运影响我们的寿命

五运平和之年

这一讲我们继续学习五运六气，学习运气七篇大论的第五篇《五常政大论》。五常就是五运的常规，“政”就是职责、职权，这里特指影响力，五常政就是五运的常规变化及其对万物变化的影响。五运的常规变化包括五运的平气、太过、不及三种情况。

黄帝问曰：太虚寥廓，五运回薄，衰盛不同，损益相从，愿闻平气何如而名？何如而纪也？

黄帝问：太虚如此广袤无垠，五运循环往复运行不息，既有旺盛和衰弱的不同表现，又有增益和减少的相应变化，我想听听五运之气是如何命名的，又是如何标记的。

“太虚”这个词大家还记得吧？在运气第一篇《天元纪大论》中提到：“太虚寥廓，肇基化元，万物资始，五运终天。”广袤无垠的太虚是万物生化的本元和基础，万物滋生由此开始，五运也由此更迭，周而复始。这里又提到“太虚”，太虚是一种虚空、虚无的最原始状态，是万物的本源。太虚就是《老子》

的“道”，是“无”，也是《易经》中的“太易”，“易有太极”，太易生出“太极”。在运气七篇中“太虚”演化成五运。五运平气，就是平和之气，既不是太过，也不是不及，是怎样命名和标记的呢？

岐伯曰：昭乎哉问也！木曰敷和，火曰升明，土曰备化，金曰审平，水曰静顺。

岐伯回答：您问得真高明啊！木的平气散布温和，火的平气带来光明，土的平气完备生化，金的平气宁静平和，水的平气静谧柔顺。（都是从对万物的作用和影响来说的。）

帝曰：其不及奈何？岐伯曰：木曰委和，火曰伏明，土曰卑监，金曰从革，水曰涸流。

黄帝问：五运之气不及又是怎么样的呢？

岐伯说：木气不及委曲失和，火气不及潜伏光明，土气不及卑下失察，金气不及顺从变革，水气不及干涸无流。

帝曰：太过何谓？岐伯曰：木曰发生，火曰赫曦，土曰敦阜，金曰坚成，水曰流衍。

黄帝问：五运之气太过又是怎么样的呢？

岐伯说：木气太过生长发育——使万物过早生长发育，火气太过则炎势太盛，土气太过敦厚肥坚，金气太过坚实成熟，水气太过流出漫衍。

帝曰：三气之纪，愿闻其候。岐伯曰：悉乎哉问也！

黄帝问：平气、太过、不及三气的年份，希望您讲讲它们各自的物候特征是什么。

岐伯说：您问得真详细啊！

然后岐伯一一作了回答，先是回答了五运的平气之年。哪些年是五运的平气之年呢？在前面的《六微旨大论》中提到过，一年的年运五行和年支五行相同，即岁会之年，就是平气的年份。这一篇的后面又提出了其他判断方法，后面讲到的时候再说。

先看岐伯对木的平气之年是怎么说的——

敷和之纪，木德周行，阳舒阴布，五化宣平，其气端，其性随，其用曲直，其化生荣，其类草木，其政发散，其候温和，其令风，其脏肝，肝其畏清，其主目，其谷麻，其果李，其实核，其应春，其虫毛，其畜犬，其色苍，其养筋，其病里急支满，其味酸，其音角，其物中坚，其数八。

在散布温和之年也就是木的平气年份，木的德化普遍流行，阳气舒展，阴气散布，五行的气化也畅通平和，木气端直，它的性质随和，它的作用能曲能直（能把弯曲变正直），它的变化是生长繁荣，它的物类是草木，它的职能是散发，它的气候特点是温和，它的时令表现是风，它对应的脏腑是肝，肝怕清凉的金气（金克木），它主管眼睛（肝开窍于目），它在五谷是麻，在五果是李，在果实是核，与春天相应，在虫类为毛虫，在畜类是狗，在颜色是青色，在营养为筋脉（它的精气营养筋脉），发生疾病为腹部拘急、胸胁胀满，在五味为酸味，在五音为角音，在物体是中坚，在五行成数为八（三八为木，这就是河图数）。

这里讲述了木的平气的特征，用了二十四个“其”字，也就是从二十四个方面讲了木的平气之年自然界出现的各种相应的现象，还有人相应的各种情况，包括气候、五脏、窍道、谷物、果类、果实、虫类、畜类、颜色、味道、五音、疾病、五行成数，说明五运对万物的影响。木运的平气年份，木气发挥正常的生发、舒展功能，人也相应地发挥正常生理机能。后面都是按照这样的方式对五运平和之年的情况作的论述，再说火运平和之年——

升明之纪，正阳而治，德施周普，五化均衡，其气高，其性速，其用燔灼，其化蕃茂，其类火，其政明曜，其候炎暑，其令热，其脏心，心其畏寒，其主舌，其谷麦，其果杏，其实络，其应夏，其虫羽，其畜马，其色赤，其养血，其病瞤瘛（rún chì），其味苦，其音徵，其物脉，其数七。

火运平气的年份，南方相应的阳气旺盛，火气作用施行遍及四方，五行气化协调发展，其气上升，其性质迅速，其功能在燃烧灼热，其生化在繁荣茂盛，其属类为火，其职能是明亮照耀，其征兆是炎热暑候，其时令为热，其脏腑为心，心脏畏惧寒水，在窍为舌，在谷物为麦，在果类为杏，在果实为络，与夏天相应，在虫类为羽虫，在畜类为马，在颜色为红色，它的精气营养血液，发生疾病为肌肉痉挛抽搐，在五味为苦，在五音为徵，在物体为脉络，河图成数为七。

备化之纪，气协天休，德流四政，五化齐修，其气平，其性顺，其用高下，其化丰满，其类土，其政安静，其候溽蒸，其令湿，其脏脾，脾其畏风，其主口，其谷稷，其果枣，其实肉，其应长夏，其虫倮，其畜牛，其色黄，其养肉，其病否，其味甘，其音宫，其物肤，其数五。

土运平气的年份，在于与自然之气的协调，德化流布四方，五行的气化修备，其气和平，其性质柔顺，其功用是高下变动不居，其气化丰满，其属类为土，其职能安宁静谧，其征兆是湿热熏蒸，其脏腑为脾，脾畏风木，其开窍为口，其谷物为稷，其果类为大枣，其果实为果肉，与季节的长夏相应，其在虫类为倮虫，在畜类为牛，在颜色为黄色，它的精气营养肌肉，发病为痞塞之患，在味道为甘味，在五音为宫，在物体为皮肤，河图成数为五。

审平之纪，收而不争，杀而无犯，五化宣明，其气洁，其性刚，其用散落，其化坚敛，其类金，其政劲肃，其候清切，其令燥，其脏肺，

肺其畏热，其主鼻，其谷稻，其果桃，其实壳，其应秋，其虫介，其畜鸡，其色白，其养皮毛，其病咳，其味辛，其音商，其物外坚，其数九。

金运平气的年份，收敛而不争斗，肃杀而无侵害，五行的气化宣畅明晰，其气清洁，其性质刚烈，其功用零散降落，其气化悭吝而收敛，其政令强劲而肃杀，其征兆清凉急切，其主令为燥气，在脏腑为肺，肺畏惧热火，开窍于鼻，在谷物为稻谷，在果类为桃，在果实为壳，在季节应秋，在虫类为介虫（带有甲壳的虫类），在畜类为鸡，在颜色是白色，它的精气营养皮毛，发病则为咳嗽，在五味为辛味，在五音为商，在物类主外表坚实，河图成数为九。

静顺之纪，藏而勿害，治而善下，五化咸整，其气明，其性下，其用沃衍，其化凝坚，其类水，其政流演，其候凝肃，其令寒，其脏肾，肾其畏湿，其主二阴，其谷豆，其果栗，其实濡，其应冬，其虫鳞，其畜彘，其色黑，其养骨髓，其病厥，其味咸，其音羽，其物濡，其数六。

水运平气的年份，在水封藏万物而无损害，其运行善下走，五行的气化都整备，其气明澈，其性质趋下，其功用满而流溢，其气化凝结坚实，其分类为水，其政令流动不竭，其征兆为凝结清肃，其时令为寒，在脏腑为肾，肾畏惧湿土，在窍主前后二阴（也就是生殖器和肛门），在谷类为豆，在果类为栗，其果实为汁液，在四季为冬季，在虫类为鳞虫，在畜类为猪，在颜色为黑色，它的精气营养骨髓，发病在四肢厥冷，在味道为咸味，在五音为羽，在物体为液体之类，河图成数为六。

在讲完五运平气年份的情况以后，岐伯作了总结：

故生而勿杀，长而勿罚，化而勿制，收而勿害，藏而勿抑，是谓平气。

所以五运平气之年，就会生长万物而不杀伤（木运平和），长育万物而不惩罚（火运平和），生化万物而不制止（土运平和），收敛万物而不残害（金运平和），封藏万物而不压抑（水运平和）。

我们知道了五运的平气之年的情况，那么五运的太过、不及之年又有什么情况呢？请看下一讲。

五运不及之年

上一讲我们讲了《五常政大论》开篇五运平气之年的情况，那么五运不及、五运太过又会发生什么情况呢？这一讲我们就来讲一讲五运不及之年的情况。大家还记得五运不及之年的称呼吗？木运不及叫委和——委曲失和。哪几年是木运不及？丁壬之年木运主之，丁年就是木运不及的年份。

委和之纪，是谓胜生，生气不政，化气乃扬，长气自平，收令乃早，凉雨时降，风云并兴，草木晚荣，苍干凋落，物秀而实，肌肉内充，其气敛，其用聚，其动软戾拘缓，其发惊骇，其脏肝，其果枣李，其实核壳，其谷稷稻，其味酸辛，其色白苍，其畜犬鸡，其虫毛介，其主雾露凄沧，其声角商，其病摇动注恐，从金化也。（少角与判商同，上角与正角同，上商与正商同。）其病肢废痈肿疮疡，其甘虫，邪伤肝也。（上宫与正宫同。）萧飂肃杀，则炎赫沸腾，眚于三，所谓复也，其主飞蠹蛆雉，乃为雷霆。

木运不及的年份，会克制了木的生气（谁来克制？当然是金，金克木）。木的生气不能发挥正常作用，土的化气开始飞扬（因为木克土，木力量不够，不能克制土气），火的长气自然平静（木不能生火），金的收养之气过早到来（金克木，木太弱了），凉雨偶尔下降，风云一同兴起，草木生长就推迟了，容易使树木枯萎凋落，万物繁盛而结实，果肉充满，其气收敛，其功用为聚集，在人体变动为痉挛拘急，发作时为惊恐，在脏腑为肝，在果类为枣李，在果实为核壳，在谷物为稷稻，在味道为酸辛，在颜色为白和青，在畜类为狗和鸡，在虫类为毛虫和介虫，在气候的表现是雾露寒冷。在声音为角（木运）、商（金运），发病为抽搐和暴怒，从金气所化——木运不及，金气就旺盛，这是因为木气随着金气而变化，其实就是金伤害了肝脏而导致的……发病出现四肢痿弱、疮疡、肿痛、虫积等症状——由于金气伤害肝木，它的甘味容易生虫，邪气侵袭肝脏。秋气肃杀，但火气炎盛，灾害发生在东方（“三”在东方，也就是肝脏，注意这里用的是洛书的九宫数字，这和前面说的数字是不同的，前面说五运平和之年中的数字是河图的五行成数；而这里说五运不及是用了洛书的九宫数字，这一点要注意）。金气太过了，就会招来报复之气，这样才能保持自然生态的平衡。什么气来报复、克制金呢？当然就是火，火克金。所以就会出现羽虫、蠹虫、蛆虫、野鸡，还有打雷、闪电这样的现象，这就是火气在报复。

本部分讲述了木运不及之气的特征，一开始描述了木运不及的气候情况，然后用了十八个“其”字，从它的特征、作用以及脏腑、发病、谷物、果类、果实、虫类、畜类、颜色、味道、五音、灾害发生位置等各个方面，讲了木运不及的情况，其中有关五音的情况，我们下一篇会专门讲。

再看火运不及。火运不及叫伏明——潜伏光明。戊癸之年火运主之，癸年就是火运不及之年。

伏明之纪，是谓胜长，长气不宣，藏气反布，收气自政……其气郁，其用暴，其动彰伏变易，其发痛，其脏心……其病昏惑悲忘，从水化也。

火运不及的年份，水就会克制火的长气（水克火）。火的长养之气不能正常发挥作用，水的藏气反而布满各个季节（水克火，火太弱，所以水的力量会增强），金的收敛作用自然更加增强了（火克金，火太弱克不了金）。……它的气机郁滞，所以当其发生时，必然横暴，其变动每隐现多变，无一定之规。在疾病为疼痛，在脏腑为心脏，邪气侵犯心脏……发病则出现头昏、迷惑、悲伤、健忘，这是水伤害了心脏而导致的。

再看土气不及。土气不及叫卑监——卑下失察。甲己之年土运主之，己年就是土运不及。

卑监之纪，是谓减化，化气不令，生政独彰……其气散，其用静定，其动疡涌分溃痈肿，其发濡滞，其脏脾……其病留满否塞，从木化也。

土运不及的年份，土的化气就会减少，土的化气不能正常发挥作用，克土的木气就单独彰显，"其气散，其用静定"，其气散乱，其功能为平静安定，其变动在溃疡、痈疽、肿胀等，其发作为湿气阻滞，在脏腑为脾脏……发病则出现痞满滞塞，这是木气伤害了脾脏而导致的。

再看金运不及。金运不及叫从革——顺从变革。乙庚之年金运主之，乙年就是金运不及。

从革之纪，是谓折收，收气乃后，生气乃扬，长化合德，火政乃宣，庶类以蕃，其气扬，其用躁切，其动铿禁瞀（mào）厥，其发咳喘，其脏肺……其病嚏咳鼽衄（qiú nǜ），从火化也。

金运不及的年份，表现为折收——金收的功能被火所制约而减少了，金的收敛之气要推后才到，金所克制的木气——生气就会昌盛起来，火气和土气合并起来，克制金的火作用开始彰显，植物茂盛。其生气飞扬，其功用燥急，其变动在咳嗽（铿）、喑哑（禁）、眼花（瞀）胸闷、厥逆，发病会出现咳嗽、气喘，在脏腑为肺脏……会出现打喷嚏、咳嗽、鼻子堵塞不通（鼽）、流鼻血（衄）等症状，这是因为火气伤害了肺脏而导致的。

最后看水运不及。水运不及叫涸流——干涸不流动。丙辛之年水运主之，辛年就是水运不及。

涸流之纪，是谓反阳，藏令不举，化气乃昌，长气宣布，蛰虫不藏，土润水泉减……其气滞，其用渗泄，其动坚止，其发燥槁，其脏肾……其病痿厥坚下，从土化也。

水运不及的年份，表现为阳气反而宣扬，水的封藏功能不能正常发挥作用，土的化气开始盛行，火的长养之气开始散发开来，蛰虫不再蛰伏藏养，土质润泽，泉水减少。其气壅滞，在作用为渗漏泄下（水本应收藏，归藏于大海），在变动为坚固不动（水本应流动），其发病容易干燥枯涸，在脏腑为肾……发病表现为萎缩（痿证）、厥逆（四肢发冷，气逆上冲，昏厥）、大小便不通。这是土伤害肾脏而导致的。

以上所讲的就是五运不及之年发生的情况，那么五运太过之年又会发生什么情况呢？请看下一讲。

五运太过之年

前面两讲我们学习了《五常政大论》，了解了五运平气之年和五运不及之年的气候情况、万物变化情况和人的发病情况，这一讲我们接着讲五运太过之年的情况。《五常政大论》所讲的五运不及、五运太过和《气交变大论》所讲的五运不及和五运太过有什么关系，是不是一样的？其实是一样的，两篇都是讲五运不及和太过的年份所发生的气候情况、人体变化情况，只是所讲的内容各有侧重，互为补充，也有交叉，所以要配合起来看。

我们开始讲《五常政大论》中的五运太过的情况，先看木运太过之年。木运太过叫“发生”，这里的“发生”是指过度发生、过早发生。哪几年是木运太过呢？丁壬之年木运主之，六个壬年就是木运太过之年。

发生之纪，是谓启陈，土疏泄，苍气达，阳和布化，阴气乃随，生气淳化，万物以荣。其化生，其气美，其政散，其令条舒，其动掉眩巅疾，其德鸣靡启坼（chè），其变振拉摧拔。其谷麻稻，其畜鸡犬，其果李桃，其色青黄白，其味酸甘辛，其象春，其经足厥阴少阳，其脏肝脾，其虫毛介，其物中坚外坚，其病怒。太角与上商同，上徵则其气逆，其病吐利。不务其德，则收气复，秋气劲切，甚则肃杀，清气大至，草木凋零，邪乃伤肝。

木运太过的年份，表现为阳气过早到来，万物推陈出新，土气得到木气的过度克制就会疏松稀薄，草木之气畅达伸展，阳气温和布散四方，阴气跟随阳气之后发生作用，生气淳厚变化，万物繁荣茂盛。它的生化作用是生，它的气是秀美，它的职能是发散，它的时令表现是调达舒展，它的变动会引起人颤动、眩晕等头部疾病，它的特性是鸟鸣花开、推陈出新，它的变化是大风四起、大树折断。在谷物为麻、稻，在畜类为鸡、狗，在果类为李、桃，在颜色为青、黄、白，在五味为酸、甘、辛，与春天相应，在经络为足厥阴肝经、足少阳胆经，在脏腑为肝、脾，在虫类为毛虫、介虫，在万物为表里坚实，发病容易愠怒。木运太过和阳明燥金之气相同，如果遇到少阴君火司天，火逆上犯，就会出现呕吐泄泻的疾病。木气不能正常发挥作用，收敛之气就会来报复，秋天之气苍劲急切，甚至出现肃杀之气，清凉之气降临，草木枯萎凋零，邪气侵袭肝脏。

从岐伯的论述中可以看出，无论是木运平气，还是木运不及、木运太过，只要是木运的年份，对应的谷物、果类、虫类、颜色、味道，还有脏腑、经络基本上都是相同的，只是气候变化、人体发病有所不同，总的来说木运不及的年份气候变化的特点是生气不足，草木生长推迟，木的温暖之气不足，天气偏凉；而木运太过的年份气候变化的特点是生气太过，草木生长快，木的温暖之气旺盛，风大。就发病而言，都是影响到肝脏以及肝经和胆经发病，不同的是木运不及，会导致肝气不足，肝的正常功能减弱，引起克制肝脏的肺金过于旺盛，加倍克制肝木；而木运太过，则会导致肝气太旺，肝风内动，肝阳上亢，肝木太旺又影响到脾土，出现脾土失调的病证。

其他四运太过的情况，也是按照这种论述方式展开的，比如火运太过——"赫曦之纪，是谓蕃茂"，赫曦之纪就是指火运太过的年份，赫曦就是炎热过盛，叫作繁荣茂盛。哪几年是火运太过呢？戊癸之年火运主之，戊年是火运太过，六个戊年"阴气内化，阳气外荣，炎暑施化，物得以昌"——因为炎热过盛，所以阴气内藏，阳气外现，炎热的暑气蒸腾变化，万物因此昌盛。和人体对应来说："其经手少阴、太阳，手厥阴、少阳，其脏心、肺。"在经络与手少阴心经、手太阳小肠经，手厥阴心包经、手少阳三焦经相应，在脏腑为心、肺。就发病来说："其病笑疟，疮疡血流，狂妄目赤……邪伤心也。"发病多表现为嬉笑不休、疟疾、疮疡肿痛、血流不止、谵妄发狂、眼睛红赤。邪气容易侵犯心脏。这些都是与心肺两脏及其相应的经络循行部位相关的病。

再看土运太过："敦阜之纪，是谓广化。"敦阜之纪就是指土运太过的年份，敦阜就是敦厚肥坚，其表现为广化（化气过于旺盛、广泛散布）。哪几年是土运太过呢？甲己之年土运主之，六个甲年"厚德清静，顺长以盈；至阴内实，物化充成；烟埃朦郁，见于厚土，大雨时行，湿气乃用，燥政乃辟"——由于敦厚清静，所以使万物能顺应四时生长而形体盈满；由于土的精气内部充实，所以万物能生化而完满形成；但由于土气太过，湿气好像烟雾蒙漫，笼罩在厚土之上，大雨时常降临，湿气过盛，燥气退却。"其经足太阴、阳明，其脏脾、肾……其病腹满，四肢不举。大风迅至，邪伤脾也。"在经络与足太阴脾经、足阳明胃经相应，在脏腑与脾、肾相应，脾土太过就会过度克制肾水。发病容易出现腹部胀满、四肢不能升举等症状。大风迅速来临，邪气容易伤害脾脏。

再看金运太过："坚成之纪，是谓收引。"坚成之纪就是指金运太过的年份，坚成就是坚实成熟，主要表现为收敛引退。哪几年是金运太过呢？乙庚之年金运主之，庚年是金运太过，六个庚年“天气洁，地气明，阳气随，阴治化，燥行其政”——天气清洁，地气清明，阳气随生，阴气主事，燥气发挥职能，万物肃杀收敛。“其经手太阴、阳明，其脏肺肝……其病咳……邪伤肺也。”在经络与手太阴肺经、手阳明大肠经相对应，在脏腑与肺、肝对应。在病变为咳逆。邪气容易伤害肺脏。

最后看水运太过：“流衍之纪，是谓封藏。”流衍之年就是指水运太过的年份，流衍就是流出漫衍，表现为封藏——封闭起来、收藏起来。哪几年是水运太过呢？丙辛之年水运主之，丙年就是水运太过，六个丙年“寒司物化，天地严凝，藏政以布，长令不扬”——寒气掌控万物生化，天地严寒凝结，封藏的职能得以敷布，长化的功能不能施行。“其经足少阴、太阳，其脏肾、心……其病胀……邪伤肾也。”在经络与足少阴肾经、足太阳膀胱经相应，在脏腑为肾、心，肾水太盛加倍克制心火。在病发生胀满，比如会出现水肿、腹大等症状。由于肾水太过，心阳就不足，不能下温肾水，就表现为水肿、尿少、畏寒肢冷、面色淡白、心悸怔忡等症状。邪气容易侵犯肾脏。

到此为止，我们已经讲了五运的平气、不及、太过这三种情况。这些都是从时间上讲的，那么人的发病、寿命和地域、空间有没有关系呢？请看下一讲。

地域与寿命长短

我们继续学习《五常政大论》，前面我们讲了五运平气、五运不及、五运太过，这些都是从时间上来说明不同年份对气候、自然环境还有人体会产生什么影响。那么除了时间因素以外，空间因素会不会对气候、人体产生影响呢？黄帝向岐伯问了这个问题——

帝曰：天不足西北，左寒而右凉，地不满东南，右热而左温，其故何也？

黄帝说：天不足于西北，北方寒冷，西方清凉，地气不满于东南，则南方炎热，东方温煦，这是为什么呢？

天不足西北，地不满东南，在前面学过的《阴阳应象大论》中已经提到过。这是源于我国的一个神话传说。从前，共工与颛顼争夺部落天帝之位，共工在大战中惨败，于是愤怒地用头撞击不周山，结果支撑着天的柱子折断了，拴系着大地的绳索也断了，于是天向西北方向倾斜，所以日月、星辰都向西北方向移动了；大地向东南角塌陷了，所以江河积水泥沙都朝东南方流去了。中华大地的地势是西北高、东南低。这里黄帝说“天不足西北，左寒而右凉”，这句中的左和右是相对西北而言的，右为西，左为北——北方寒冷，西方清凉；“地不满东南，右热而左温”，这句中的左和右是相对东南而言的，右为南，左为东——南方炎热，东方温煦。这是什么原因呢？

岐伯曰：阴阳之气，高下之理，太少之异也。东南方，阳也，阳者其精降于下，故右热而左温。西北方，阴也，阴者其精奉于上，故左寒而右凉。是以地有高下，气有温凉，高者气寒，下者气热，故适寒凉者胀，之温热者疮。下之则胀已，汗之则疮已，此腠理开闭之常，太少之异耳。

岐伯说：天的阴阳之气，地的高下之理，都有太过和不及的区别。东南方属阳，阳的精气是从上往下降的，所以南方炎热，东方温暖。西北方属阴，阴之精气是从下往上升的，所以北方寒冷，西方清凉。所以地势有高低，气候有温凉，地势高则气候寒冷，地势低则气候炎热，所以到寒凉地方会出现腹部胀满之病，到炎热的地方会出现疮疡（“适”“之”都是到的意思）。用泻下的方法，腹部胀满就会治愈；用发汗的方法，疮疡就会治愈，这是肌肤腠理开合的常理——人的皮肤肌肉有疏松和细密的区别，就是地域不同，阳气和阴精各有太过和不及造成的。

帝曰：其于寿夭何如？岐伯曰：阴精所奉其人寿，阳精所降其人夭。

黄帝说：不同地域的人，他们寿命的长短又是怎么样的呢？

岐伯说：阴精所奉养的人其寿命长（也就是在西北方的人寿命长。为什么？因为西北方阴精上升，阳气固密不容易外泄，所以寿命长）；阳精所下降的地方人的寿命短（也就是东南方的人寿命短，为什么？因为东南方阳气下降，阳气容易外泄而不能固摄，所以寿命短）。

当然不能一概而论，不能绝对地说西北方位的人就一定比东南方位的人长寿，关键还是看阳气是不是能固守住，只要能守住阳气就能长寿，否则就短寿。

帝曰：善。其病也，治之奈何？岐伯曰：西北之气散而寒之，东南之气收而温之，所谓同病异治也。故曰：气寒气凉，治以寒凉，行水渍之。气温气热，治以温热，强其内守。必同其气，可使平也，假者反之。

黄帝说：好，对不同地域人的病，怎么治疗呢？

岐伯说：西北方天气寒冷，所得之病大多属于外寒内热，所以要驱散外在的寒气、清除内在的热气；东南方天气温热，所得之病大多外热内寒，所以要收敛外在的阳气，温煦内在的寒气。这就是所说的同一种病可以用不同的方法治疗。所以在气候寒冷的地方，得病多为外寒凉内温热，所以要用寒凉的药物祛除体内的郁热，并且用温热的药水浸泡洗浴以驱散体外的寒气。在气候炎热的地方，得病多为外温热内寒凉，所以要用温热的药物治疗其体内的寒凉，增强其体内固收阳气的力量。总之，治疗方法必须和当地的气候相适应，这样才可以使阴阳之气达到平和；如果不是出现这样的情况，那么治法就要相反了（比如西北的人得了病就是寒冷没有里热，东南方的人得了病就是发热没有里寒，就不能按照刚才说的治疗了）。

这里提出了一个非常重要的治病原理——“同病异治，异病同治”，这是中医治病的一大特色。为什么可以同病异治——同样的病可以采用不同的治疗方法，又可以异病同治——不同的病可以采用相同的治疗方法？其实道理很简单，关键在于得病的机理，而不要被表面的疾病症状所迷惑。有的人表面上看疾病症状是相同的，但其实他们的病机——发病的机理是不同的，所以应该采用不同的治疗方法，这就是“同病异治”。当然反过来，有的人表面上看疾病症状是不同的，其实他们发病的机理是一样的，所以要采用相同的治疗方法，这就叫“异病同治”。

相传，有两个人都患了头痛身热的病，来找神医华佗诊治，华佗给他们开方时，一个用了泻下药，一个用了发汗药。这两个人大惑不解地问华佗：“为什么我们得了同样的病，你却开出不同的药方？”华佗笑着说：“你们就按我开的药吃就可以了。”结果到了第二天，两个人头痛发热的病全都好了。这两个人问华佗什么原因，华佗说：“你们两个人一个得的是内实证，一个得的是外实证，所以要用不同的治法。”

再看“异病同治”，比如有的人得了胃下垂，有的人得了子宫下垂，有的人得了脱肛，这些是不同的疾病，但只要他们都是由于中气下陷引起的，说明病机是一样的，那么就都可以用提升中气的方法，都可以用一个著名的方子——补中益气汤。

帝曰：善。一州之气，生化寿夭不同，其故何也？岐伯曰：高下之理，地势使然也。崇高则阴气治之，污下则阳气治之。阳胜者先天，阴胜者后天，此地理之常，生化之道也。

黄帝听了后说：好。同样是一个地方的人，他们的寿命长短为什么不同呢？

岐伯说：这是因为地势高下的道理，是地势高低差异造成的。地势高的地方多寒冷，阴气偏盛，以阴气为主；地势低的地方多温热，阳气偏盛，以阳气为主。如果阳气偏盛，那么时令气候和万物变化就提前到来；如果阴气偏盛，那么时令气候和万物变化就推迟到来，这是地理不同的常规变化，也是万物生长变化的一般规律。

帝曰：其有寿夭乎？岐伯曰：高者其气寿，下者其气夭，地之小大异也，小者小异，大者大异。故治病者，必明天道地理、阴阳更胜、气之先后、人之寿夭、生化之期，乃可以知人之形气矣。

黄帝问：对寿命的长短有影响吗？

岐伯说：地势高的地方元气充足，寿命长一些，地势低的地方元气不足，寿命短一些，这是地势不同的差别。地势差别小的，寿命差别也小；地势差别大的，寿命差别也大。所以治病必须明白天地的规律、阴阳的胜负变化、运气时令的先后、人寿命的长短、生化的时期，才能明白人体的形体和阳气是否协调一致。协调则健康，不协调就得病。

“高者其气寿，下者其气夭”是一个非常重要的地理养生命题。高，注意是指“崇高”，也就是不仅仅是地势高，而且还指空气清新、水源洁净、环境安宁、景色优美。在这样的高山地区，“高者气寒”，气候相对寒冷，植物生长速度缓慢，生长周期长，人的寿命也就长。还有寒冷能使人体温降低，细胞分裂慢，新陈代谢也慢，人的寿命就长。下，是指“污下”。不仅仅指地势低，而且还指空气污浊、水源不干净、环境嘈杂、景色不美。在这样的平原地区，“下者气热”，气候相对炎热，植物生长速度较快，生长周期短，人的寿命也相应短。炎热的环境能使人体温升高，细胞分裂快，新陈代谢也快，人的寿命就短。大家看一看是不是在高山居住的人中长寿老人、百岁老人要比城市里多？

现代研究表明：世界上寿命最长的人大多生活在亚寒带和寒带，比如日本和北欧；生活在寒带的人寿命比热带的人平均要长10～30岁，这就是受益于低温的生活环境。当然有一点要注意，地势高是有限度的，究竟海拔多高的地方适合养生呢？有研究说，海拔800～1200米的地方最适合养生，也有研究说1500～2000米的地方有利于长寿。说法不一，至今还没有定论，还需要进一步研究。

司天之气与人的发病

关于五运六气，我们已经学习了运气七篇中的五篇，其中第五篇《五常政大论》比较长，还没有讲完，我们接着讲。前面我们讲过五运不及、五运太过的年份都会发生气候的异常变化，这些异常变化又会引起人体所对应的脏腑发病，那么是不是五运之气一定会引起相对应的五脏发病呢？其实也不全是这样，也有特殊情况。这一讲我们就来了解一下运气变化和疾病发生的特殊情况。

帝曰：其岁有不病，而脏气不应不用者，何也？岐伯曰：天气制之，气有所从也。

黄帝说：原本一年的五运太过或者不及会发生相应的疾病，可是却没有发生，也就是五脏之气应该相互感应却没有发生感应，这是为什么呢？

岐伯说：这是由于司天之气的制约，人体五脏之气也随之制约。

看一年会不会发病不能仅仅看这一年的岁运——五运情况，还要看这一年的六气，尤其是六气中的司天之气。也就是说，五运之气还受到司天之气的制约。我们已经知道了一年的五运是从这一年的天干上推算出来的，而一年的六气是从这一年的地支上推算出来的，两者一定要结合起来看。所以接下来，岐伯就对一年的六气司天一一作了分析，从中可以了解人体发病的特殊情况。

先看少阳司天。什么是少阳司天？我们前面讲过，寅申之年，少阳相火司天，就是说如果一年的地支是寅或者申，那么这一年就是少阳相火司天，也就是这一年尤其是上半年的气候情况就是少阳相火为主。司天和在泉是相对的，司天主管上半年的气候情况，在泉主管下半年的气候情况，寅申之年，上半年是少阳相火为主，下半年就是厥阴风木为主。岐伯说——

少阳司天，火气下临，肺气上从，白起金用，草木眚。火见燔焫（ruò），革金且耗，大暑以行，咳嚏鼽衄（qiú nǜ）鼻窒，曰疡寒热胕（fú）肿。风行于地，尘沙飞扬，心痛胃脘痛厥逆膈不通，其主暴速。

少阳相火司天的年份，那么火气下降弥漫，火克金，肺金要顺从司天之气而受到制约，“白起金用”，白就是金，金为白色，金就要被火所用，进而金克木，草木就发生灾害。火气炎热，金被克制消耗，暑热流行，容易出现咳嗽、喷嚏、鼻衄、鼻塞、疮疡、寒热往来、肿胀等症状。少阳相火司天，那么厥阴风木在泉，所以大风飞扬，沙粒和尘土飞扬，容易出现心胸痛、胃脘痛、厥逆、胸膈不通等症状，并且发病迅猛。由于风速快，所以发病急、变化快。

再看阳明司天的年份，卯酉之年，阳明燥金司天——

阳明司天，燥气下临，肝气上从，苍起木用而立，土乃眚。凄沧数至，木伐草萎，胁痛目赤，掉振鼓栗，筋痿不能久立。暴热至，土乃暑，阳气郁发，小便变，寒热如疟，甚则心痛。

阳明之气司天，燥金之气降临大地，金克木，所以肝气要顺从司天之气而受到制约，木被金所用，木克土，所以脾土就会受到灾害。尤其金气太旺，清冷之气不停降临，草木受伐枯萎。人体就容易发生胁痛、目赤、震颤、战栗、筋痿不能久站等症状。阳明燥金司天，则少阴君火在泉，所以暴热天气将到来，大地炎热，阳气聚集蒸发，小便黄赤，寒热往来好像疟疾，严重的还会心胸疼痛。

再看太阳寒水司天的年份，辰戌之年，太阳寒水司天——

太阳司天，寒气下临，心气上从，而火且明，丹起，金乃眚。寒清时举，胜则水冰。火气高明，心热烦，嗌干善渴，鼽嚏，喜悲数欠。热气妄行，寒乃复，霜不时降，善忘，甚则心痛。土乃润，水丰衍，寒客至，沉阴化，湿气变物，水饮内稸（xù），中满不食，皮痛肉苛，筋脉不利，甚则胕肿，身后痈。

太阳寒水司天，寒气降临，水克火，所以心气要受到制约；火又克金，所以肺金就要发生灾害。寒凉之气常常出现，寒气太过会出现水结冰的现象。火被水气所使用，而火气炎盛，会出现心烦、咽干、口渴、鼻衄、喷嚏、容易悲伤等症状。热气肆虐，寒凉之气就要来报复，霜雪就常常下降，寒水伤害心火，就会心气虚，出现健忘症状，严重时出现心痛症状。太阳寒水司天，那么太阴湿土在泉，所以土气滋润，水气盛行，客寒之气将至，水与湿相合，二气都属阴，阴气太重，万物因湿气发生变化。在人体，就会水饮内停、腹中胀满，出现不想饮食、皮肤麻痹、筋脉不利——筋不柔和、脉不通畅的症状，严重的会浮肿、后背生痈疮。

再看厥阴风木司天的年份，巳亥之年，厥阴风木司天——

厥阴司天，风气下临，脾气上从。而土且隆，黄起，水乃眚。土用革，体重肌肉萎，食减口爽。风行太虚，云物摇动，目转耳鸣，火纵其暴，地乃暑，大热消烁，赤沃下。

厥阴风木司天的年份，风气降临，木克土，所以脾气要受到制约。土气被木气所使用，反而会隆起，土气昌盛，土克水，水气就发生灾害。脾土发生病变，容易发生体重增加、肌肉萎缩、饮食减少、口不知味等症状。风气在天空流行，浮云飘浮，万物摇动，容易发生目眩、耳鸣之症。厥阴风木司天，那么少阳相火在泉，风助火威，火气横行暴虐，地气炎热，在人体大热烁行、津液减少，出现赤痢下行、小便短赤、大便流血等症状。

再看少阴君火司天的年份，子午之年，少阴君火司天——

少阴司天，热气下临，肺气上从，白起金用，草木眚。喘呕寒热，嚏鼽衄鼻窒。大暑流行，甚则疮疡燔灼，金烁石流。地乃燥清，凄沧数至，胁痛善太息。

少阴君火司天的年份，热气降临，火克金，所以肺气就要受到制约，金被火所使用，进而克制木气，草木发生灾害。在人体上，就出现喘息、寒热往来、喷嚏、鼻衄、鼻塞等症状。炎暑之气流行，甚至出现疮疡、高热，像能销熔金石一般。少阴君火司天，则阳明燥金在泉，所以地气就干燥，清凉肃杀之气就常常降临，人体容易出现胁肋痛、心情悲凉、常常叹息等症状。

最后看太阴湿土司天，丑未之年，太阴湿土司天——

太阴司天，湿气下临，肾气上从，黑起水变，（火乃眚）。埃冒云雨。胸中不利，阴痿气大衰而不起不用，当其时及腰脽（shuí）痛，动转不便也，厥逆。地乃藏阴，大寒且至，蛰虫早附，心下否痛，地裂冰坚，少腹痛，时害于食。

太阴之气司天，湿气降临，肾气就要受到制约，肾水顺从司天之气，水反而被土气所利用，进而又克制心火，火气发生灾害。湿土之气上升，行云布雨，容易发生胸中滞闷、阳痿、气亏等症状；遇到湿土之气旺盛的季节，就会发生腰椎酸痛、不能转动、厥逆等症状。太阴湿土司天，那么太阳寒水在泉，所以阴气凝结封藏，大寒之气降临，蛰虫提前藏伏，人体容易出现心下痞塞、胸闷疼痛、少腹疼痛、不思饮食等症状。

从岐伯的这一段回答可以看出司天之气对一年的自然变化、人体的发病影响是很大的，但这种影响又不是不可把握的，它是按照五行的生克规律进行的。

在讨论完六气对人的五脏的生克制化影响以后，黄帝和岐伯又讨论了六气和虫类的生克制化关系，同样在六气司天的影响下，虫类的消长变化和生存状态也是遵循五行生克制化规律的。

运气规律与治病用药

这一讲我们继续学习《五常政大论》。黄帝和岐伯在讨论完五运太过、不及和六气的司天以后，接着讨论六气的在泉。其实司天和在泉是相对说的，总的来说，司天决定一年的天气；分开来说，司天主管上半年天气，在泉主管下半年天气；再细分开来，司天主管第三步气，在泉主管第六步气。

帝曰：气始而生化，气散而有形，气布而蕃育，气终而象变，其致一也。然而五味所资，生化有薄厚，成熟有少多，终始不同，其故何也？岐伯曰：地气制之也，非天不生，地不长也。

黄帝问：气是万物的开始，有了气就有了万物的生生化化，气散开来就有了万物的形体，气敷布就使得万物繁茂，气终止了事物就变化了，这个过程对万物来说是一样的。然而事物又都是依赖五味来滋生的，它们的生化有厚薄的差异，成熟的程度有多少的不同，其结果和开始是不同的，这是什么原因呢？

岐伯说：这是因为受在泉之气的制约，万物如果不是天气就不能生，不是地气就不能长。

黄帝进一步问岐伯这是什么道理，岐伯说——

寒热燥湿，不同其化也。

寒热燥湿的气化作用是各不相同的。

接下来岐伯就分析了六种在泉之气的情况——

故少阳在泉，寒毒不生，其味辛，其治苦酸，其谷苍丹。

少阳相火在泉的年份，是厥阴风木司天，也就是巳亥之年，因为少阳相火主管下半年，火旺，所以寒毒之物不能长养；凡是辣味之物也不能生长，因为火克金，辣味属于金，被火克制了；它对应的味道是苦味、酸味，它对应的谷物为青色、红色，却能生化。

为什么对应苦味、酸味？因为少阳相火为火，火对应苦味；厥阴风木为木，木对应酸味。为什么对应青色、红色？因为厥阴风木为青色，少阳相火为红色。

岐伯在分析了少阳相火在泉以后，又分析了阳明燥金在泉、太阳寒水在泉、厥阴风木在泉、少阴君火在泉、太阴湿土在泉的情况，也是从在泉的每一气所主管的五味、五谷来分析的。最后岐伯总结说——

故曰：补上下者从之，治上下者逆之，以所在寒热盛衰而调之。

这里的“上下”就是指司天和在泉，如果要补益因司天和在泉之气不足造成的虚证，就要采用顺从其气的方法，如用辛味补肺，辛为金，肺为金，以金补金。如果要治疗司天和在泉之气太过造成的实证，就要采用逆其太过之气的方法，如用酸味治脾，酸为木，脾为土，木克土。这就是用所处的寒热盛衰来调和疾病。

故曰：上取下取，内取外取，以求其过。

所以说治上还是治下，治内还是治外，都要先探求气是太过还是不及，与疾病的上下、内外的不同位置，这样才能确定适合的治疗方法。

在治疗的时候要怎么用药呢？

能毒者以厚药，不胜毒者以薄药。

能耐受剧烈药物的人，就给他性味醇厚、作用峻猛的药物；不能耐受剧烈药物的人，就给予性味淡薄、作用缓和的药物。（这里的“能”通“耐”字，“毒者”是指剧烈的药。）

气反者，病在上取之下；病在下取之上；病在中傍取之。治热以寒，温而行之；治寒以热，凉而行之；治温以清，冷而行之；治清以温，热而行之。故消之削之，吐之下之，补之泻之，久新同法。

病气与气候相反的，或者病情出现假象的，就要用反治法：病在上则从下治疗，病在下则从上治疗，病在中则从两旁治疗。治疗热病用凉药，要用温服法；治疗寒凉病用热药，要用凉服法；治疗温病用清凉药，要用冷服法；治疗清冷的病用温性药，要用热服法。所以用消法、损法、吐法、下法、补法、泻法，不管新病久病，都用这些方法。（总之要根据病情、病性的寒热真假差异采取不同的治疗方法、服药方法。无论采用什么方法，都要遵循“损有余”“补不足”的原则，都要符合阴阳中和之道，不足则顺而补之，有余则逆而损之。）

帝曰：病在中而不实不坚，且聚且散，奈何？岐伯曰：悉乎哉问也！无积者求其脏，虚则补之，药以祛之，食以随之，行水渍之，和其中外，可使毕已。

黄帝说：病如果在内部，但不壅满也不坚硬，有时聚而成块，有时散而无形，应该怎样治疗呢？

岐伯说：您问得真详细。如果没有积聚的就从内脏来寻求病因，如果虚损——虚证就补益它，用药物祛除它，用饮食辅助它，用流水洗浴它，使得内外和谐，则病可痊愈。

最后黄帝和岐伯讨论了用药问题。

帝曰：有毒无毒，服有约乎？

黄帝问：有毒和无毒的药物，服用方法有什么规则吗？

岐伯曰：病有久新，方有大小，有毒无毒，固宜常制矣。大毒治病，十去其六；常毒治病，十去其七；小毒治病，十去其八；无毒治病，十去其九。

岐伯说：疾病有新久的不同，处方有大小的不同，所以有毒和无毒的药物，在应用上一定有它的规范。大毒之药治病，病去十分之六，就要停服；常毒之药治病，病去十分之七，就要停服；小毒之药治病，病去十分之八，就要停服；无毒药物治病，病去十分之九，就要停服。

我在前面已经说过了《黄帝内经》所说的“毒药”有两种意思，一种就是有毒性的药物，第二种意思是指偏性的药物。是药三分毒，关键是要对证下药、对证处方。这里又提出了一点，药千万不可久服，还要配合食物。

谷肉果菜，食养尽之，无使过之，伤其正也。不尽，行复如法。必先岁气，无伐天和，无盛盛，无虚虚，而遗人夭殃。无致邪，无失正，绝人长命。

随后可以用谷物、肉类、水果、蔬菜等食物进行调养。总之不要使用得太过，防止损伤正气。如果病还未痊愈，就按照上面的方法再治疗一遍。必须首先搞清楚这一年的运气特点，不要损伤人体本来的冲和之气，不要使旺盛之气更加旺盛——就是不要对实证采用补法，不要使虚弱之气更加虚弱——就是不要对虚证采用泻法，否则就会留下后患。不要让邪气侵入，不要损伤正气，不然的话就会让人断送性命。

总之——

化不可代，时不可违。夫经络以通，血气以从，复其不足，与众齐同，养之和之，静以待时，谨守其气，无使倾移，其形乃彰，生气以长，命曰圣王。故《大要》曰：无代化，无违时，必养必和，待其来复。

运气变化是人力不能取代的，四时规律是人不能违背的。如果经络通畅，血气就跟着运行，慢慢就会补充它的不足。所以要和大家一样，保养身体，调和经络，静静等待天时，谨慎守护正气，不要使它损耗泄漏，只有这样，形体才会慢慢充实，生气才能慢慢增长起来，这才是圣人的养生法度。所以上古经书《大要》说：不要用人力取代运气的变化，不要违背四时运行，必须调养精神、安和血脉，安心等待正气的恢复。

年运如何推算

五运六气的推算

这一讲我们开始讲运气七篇中的第六篇，叫《六元正纪大论》。“六元”就是指六气：风、热、火、湿、燥、寒。“正纪”就是正常的变化规律。所以这一篇就是讲六气正常变化规律的，不单单是六气本身的规律，还讲了六气和五运相结合的规律，包括六气和五运结合年份的气候、物候变化，人的疾病发作情况以及预防治疗的原则等。这一篇把六十甲子所有年份都讲到了，在运气七篇大论中，这一篇是最详细、最实用的，我们可以把它当成一部运气的辞典，想看哪一年翻开来一查，就知道这一年的运气情况了。

黄帝问曰：六化六变，胜复淫治，甘苦辛咸酸淡先后，余知之矣。夫五运之化，或从天气，或逆天气，或从天气而逆地气，或从地气而逆天气，或相得，或不相得，余未能明其事。欲通天之纪，从地之理，和其运，调其化，使上下合德，无相夺伦；天地升降，不失其宜；五运宣行，勿乖其政。调之正味，从逆奈何？

黄帝问道：六气的正常生化和异常变化，胜气、复气的偏盛和常态，甘、苦、辛、咸、酸、淡六味生化先后的情况，我已经知道了。但五运的变化，有的顺应司天之气，有的与司天之气相违背，有的顺应司天之气却与在泉之气相违背，有的顺应在泉之气却与司天之气相违背，有时主气和客气相符合（相互助长），有时主气与客气不符合（相互制约），我还没有完全明白其中的道理。我想通晓天气运行的纲纪，遵从地上物候变化的道理，调和五运的生成变化，使得司天之气与在泉之气的功用能够相互协调，不要相互破坏了各自正常的秩序；司天之气和在泉之气的升与降，不要失去它正常的运转规律；木、火、土、金、水五运的运行，不要违背它应时的规律。怎样用食物和药物的五味来调治？怎样采用正治或反治的方法呢？

岐伯稽首再拜对曰：昭乎哉问也！此天地之纲纪，变化之渊源，非圣帝孰能穷其至理欤！臣虽不敏，请陈其道，令终不灭，久而不易。帝曰：愿夫子推而次之，从其类序，分其部主，别其宗司，昭其气数，明其正化，可得闻乎？

岐伯听了之后又一次跪拜回答道：您这个问题提得太高明了！这是天地运行的总纲，也是运气变化的本源，如果不是圣明的帝王，还有谁能穷尽这些最高妙的道理呢！我对这个问题研究虽不深入，但是请允许我讲述这里面的道理，希望能使它永远不会灭绝，长久流传而不被更改。

黄帝说：希望先生进一步推演、依次阐明这个至理。根据干支的属类和排列的顺序，分析每一年六气所主的位置，辨别每一年六气所主的气候特点，彰明每一年运气的常数，阐明运气的正常变化和异常变化的规律，这些内容可以听您讲一讲吗？

岐伯曰：先立其年，以明其气，金木水火土运行之数，寒暑燥湿风火临御之化，则天道可见，民气可调，阴阳卷舒，近而无惑。数之可数者，请遂言之。

岐伯说：首先要确立纪年的天干所定的岁运，然后根据纪年的地支明确当年的司天之气，以及金、木、水、火、土五运的运行规律，寒、暑、燥、湿、风、火六气的司天和在泉变化规律，如此，天地的变化规律就可以显现了，人们就可以根据天道规律来调养身体，也就明白原来阴阳盛衰变化的道理是那么浅显易知而不再疑惑了。对于天道变化中那些可以推算的内容，请允许我一一说给您听。

接下来，岐伯对六气司天的运气情况一一作了论述。

帝曰：太阳之政奈何？岐伯曰：辰戌之纪也。

黄帝说：太阳寒水司天的运气情况是怎样的呢？

岐伯说：太阳寒水司天的年份是辰年与戌年。

我们前面说过，辰戌之年太阳寒水司天。在六十甲子中，每一个地支是和五个天干相配的，这样十二个地支刚好配成六十甲子。辰年和戌年同样各配五个天干，岐伯对五个辰年、五个戌年分别作了分析——

太阳，太角，太阴。壬辰，壬戌。其运风，其化鸣紊启拆，其变振拉摧拔，其病眩掉目瞑。太角，少徵，太宫，少商，太羽。

这是说在壬辰年、壬戌年，前面三个词“太阳，太角，太阴”是什么意思？第一个词是指司天，第二个词是指年运，第三个词是指在泉，也就是说，司天之气是太阳寒水，年运是太角，在泉之气是太阴湿土。太角是什么意思？角是五音之一，五音就是五种音调，这五种音调的清浊、高低、长短是不同的。宫、商、角、徵、羽相当于现行简谱上的1、2、3、5、6。从木、火、土、金、水五行次序上看，依次对应的是角、徵、宫、商、羽，角对应的就是木，太角就是木运太过。跟太角相对的是少角，少角也就是木运不及。五音都有太少之分，也就是说五音所对应的五运都有太过和不及的区别。壬年是木运太过，丁壬之年木运主之，壬为阳年，五音为太角。木运太过，所以风气偏胜，风很大。壬辰年、壬戌年主运之气为风，“其化鸣紊启拆”，它的正常生化是和风吹拂，万物鸣响，草木萌芽，绽放生机（鸣，风吹木之声；紊，繁盛；启，萌生；拆，同“坼”，裂开，绽开）；“其变振拉摧拔”，它的灾变是大风振荡，折断、摧毁万物，树木被拔起；“其病眩掉目瞑”，它导致的疾病是头晕目眩、抽搐震颤、视物不清。（掉，《说文解字》：“掉，摇也。”）木运太过，风气偏胜，风气通于肝，故容易导致肝病疾患。《至真要大论》中归纳：“诸风掉眩，皆属于肝。”

后面有五个并列的词：太角、少徵、太宫、少商、太羽。这是什么意思？这是指客运五步：初运太角，二运少徵，三运太宫，四运少商，终运太羽。每年五个阶段是按照五行太少相生的次序排列运行的，五个阶段依次为角、徵、宫、商、羽。如果第一步是太角，第二步就是少徵，第三步就是太宫……如果第一步是少角，第二步就是太徵，第三步就是少宫……

我们前面说过，五运就是把一年分为五个阶段，推算每个阶段的气候特征，五个阶段相当于春、夏、长夏、秋、冬五季，所不同的是五运是从一年的大寒节气算起的，每运主七十三日零五刻，合计三百六十五日零二十五刻。

五运分为主运和客运。什么是主运？主运就是每年五个阶段的运气都是一样的，年年如此，周而复始，也就是初运木，二运火，三运土，四运金，五运水，大约相当于春、夏、长夏、秋、冬五季的气候，春天风木，夏天热火，长夏湿土，秋天燥金，冬天寒水。虽然年年大体上都是这样，但毕竟每年的气候都不太一样，都有它的特殊性。这种特殊性可以从这一年的天干上推算出来，这就是客运。客运，顾名思义，就像个客人，是流动的。客运与主运都分为五步，但是所不同的是，主运的五步是固定不变的，而客运是风水轮流转的。那么，有没有办法推算呢？有。客运的推算方法是以当年的岁运为初运——第一步运，然后以太少相生的规律进行排列，逐年变迁，十年一个周期。

比如这里说的壬年，丁壬之年，木运主之。因为壬年的年运是木，是木运太过，那么壬年的第一步运也是木，是木运太过，第二步运就是火运不及，第三步运就是土运太过，第四步运就是金运不及，第五步运就是水运太过。按照五音建运的说法，第一步运就是太角，第二步运就是少徵，第三步运就是太宫，第四步运就是少商，第五步运就是太羽。其他年份以此类推就可以了。

那么辰年、戌年也就是太阳寒水司天的其他年份，它们的气候变化和人体发病又有什么规律呢？请看下一讲。

辰年和戌年的运气

上一讲我们开始学习《六元正纪大论》，讲到了辰年和戌年的运气情况，只讲了一个开头。我们先复习一下，然后接着讲。这样以后你要想知道辰年、戌年的运气，只需要看一看这一讲，再查一下《黄帝内经》的原文，就清楚了。

上一讲讲了只要是辰年、戌年，就都是太阳寒水司天，太阴湿土在泉。也就是说，在辰年和戌年六气中的第三步气乃至上半年的气候都是太阳寒水为主，第六步气乃至下半年气候都是太阴湿土为主。六十甲子中有五个辰年、五个戌年，都是如此。但由于天干不同，所以这五个辰年、五个戌年的五运是不同的。如果是壬辰年、壬戌年，那么它们的年运就是风木太过——因为丁壬之年，木运主之，壬为阳数，所以是木运太过，也就是太角。从大寒节气算起，每七十三天为一个阶段，壬辰年、壬戌年五个阶段，也就是客运五步的规律是：第一步就是木运太过，第二步是火运不及，第三步是土运太过，第四步是金运不及，第五步是水运太过。

现在我们再看一看，辰年和戌年的其他年份，都是太阳寒水司天，太阴湿土在泉，可是它们的年运是不同的。我们看一下戊辰年、戊戌年——

太阳，太徵，太阴。戊辰，戊戌同正徵。其运热，其化暄暑郁燠(yù)，其变炎烈沸腾，其病热郁。太徵，少宫，太商，少羽，少角。

这两年的年运是太徵，也就是火运太过，因为戊癸之年，火运主之，戊年是阳年，是火运太过。所以这两年的运气特点是炎热，它的正常生化是暑热、郁蒸，它的灾变是炎火酷热，像热水沸腾，它导致的疾病为热邪郁滞。初运太徵（第一阶段火运太过），二运少宫（第二阶段土运不及），三运太商（第三阶段金运太过），四运少羽（第四阶段水运不及），终运太角（第五阶段木运太过）。

再看甲辰年、甲戌年——

太阳，太宫，太阴。甲辰岁会，甲戌岁会。其运阴雨，其化柔润重泽，其变震惊飘骤，其病湿下重。

这两年的年运是太宫，也就是土运太过。这两年的运气特点是阴雨潮湿。它的正常生化是润泽多湿，它的反常变化是雷声惊骇、狂风暴雨，它容易导致的疾病为湿邪侵犯人体下部，造成下肢酸重浮肿。

再看庚辰年、庚戌年——

太阳，太商，太阴。庚辰，庚戌，其运凉，其化雾露萧飋，其变肃杀凋零，其病燥背瞀（mào）胸满。

这两年的年运是太商，金气太过。主运之气为清凉。它的正常生化是雾露萧瑟，它的反常变化为荒凉肃杀、草木凋零，它导致的疾病为津液干燥、胸背胀满烦闷。

最后看丙辰年、丙戌年——

太阳，太羽，太阴。丙辰天符，丙戌天符。其运寒肃，其化凝惨凛冽，其变冰雪霜雹，其病大寒留于溪谷。

这两年的年运是太羽，就是水运太过。主运之气为寒冷，它的正常生化为寒风凛冽、寒气凝聚，它的反常变化为极寒的冰雪霜雹，它导致的疾病是大寒之气留滞于筋肉关节的空隙。

最后岐伯作了总结——

凡此太阳司天之政，气化运行先天，天气肃，地气静，寒临太虚，阳气不令，水土合德，上应辰星镇星。其谷玄黅（jīn），其政肃，其令徐。寒政大举，泽无阳焰，则火发待时……民病寒湿发，肌肉萎，足痿不收，濡泻血溢。

凡是辰年、戌年太阳寒水司天行使职权的时候，它的气化太过，气候常常先于正常时令而到来，太阳寒水司天之气表现为清肃，太阴湿土在泉之气表现为相对安静，寒水之气临驾太空，阳气不能正常散开来。寒水、湿土二气相互配合而发挥作用，在天空上表现为水星辰星与土星镇星的光芒较强。太阳寒水之年，黑色与黄色的谷类生长相对良好。气象清肃，作用缓慢。由于寒水作用太过发挥，阳气就被制约太过，因而湖泽中看不见阳热之气的升腾，火气的升发就只好等待合适的时间……人们容易患寒湿类疾病，如肌肉无力、两足痿软不收、大便泄泻、血液外溢等。

具体到一年六步气，即六个阶段的运气，就是——

初之气，地气迁，气乃大温，草乃早荣，民乃厉，温病乃作，身热头痛，呕吐，肌腠疮疡。

初之气（第一阶段：大寒—春分，约1月21日—3月21日），主气都是厥阴风木，客气是少阳相火，因为上一年的在泉之气少阴君火迁移退位，有余热之气传递下一年的初气，所以气候非常温暖，草木提前萌芽生长，人们容易患疫疠类疾病，温热病也会出现，如身热、头痛、呕吐、皮肤疮疡等。

二之气，大凉反至，民乃惨，草乃遇寒，火气遂抑，民病气郁中满，寒乃始。

二之气（第二阶段：春分—小满，约3月21日—5月21日），主气是少阴君火，客气是阳明燥金，秋燥之凉气压制温热，所以大凉的气候反而出现，阳气不能够舒发，人们感受凄惨之气，草木也因为遇到寒凉之气，不容易快速生长，火气受到抑制，人们容易患肝气郁结不舒展、腹中胀满等病，司天的太阳寒水之气也就开始了。

三之气，天政布，寒气行，雨乃降。民病寒，反热中，痈疽注下，心热瞀闷，不治者死。

三之气（第三阶段：小满—大暑，约5月21日—7月23日），主气是少阳相火，客气是太阳寒水，就是司天之气，司天之气正在发生作用，水克火，寒气大行，雨水就会比较多地降下来。人们容易患寒性疾病，或热积于内，出现皮肤生疮、下痢如注、心热烦闷、神志昏蒙、热郁于内等症状。若不迅速医治，会出现死亡。

四之气，风湿交争，风化为雨，乃长乃化乃成，民病大热少气，肌肉萎足痿，注下赤白。

四之气（第四阶段：大暑—秋分，约7月23日—9月23日），主气是太阴湿土，客气是厥阴风木，风、湿二气相互交争，湿和风交会产生降雨，万物得以生长、化育、成熟，人们容易患大热、气短类疾病，如肌肉萎缩、两足痿软无力、赤白痢疾等病。

五之气，阳复化，草乃长，乃化乃成，民乃舒。

五之气（第五阶段：秋分—小雪，约9月23日—11月23日），主气是阳明燥金，客气是少阴君火，阳气重新发挥作用，草木之类得以再次成长、化育、成熟，人们感觉舒畅。

终之气，地气正，湿令行，阴凝太虚，埃昏郊野，民乃惨凄，寒风以至，反者孕乃死。

终之气（第六阶段：小雪—大寒，约11月23日—1月21日），主气是太阳寒水，客气是太阴湿土，在泉之气正在发生作用，湿气大行，阴寒之气凝集于苍穹，尘雾昏暗，笼罩于郊野，人们感觉凄惨，寒风到来，风木能克制湿土，孕妇会受影响而流产。

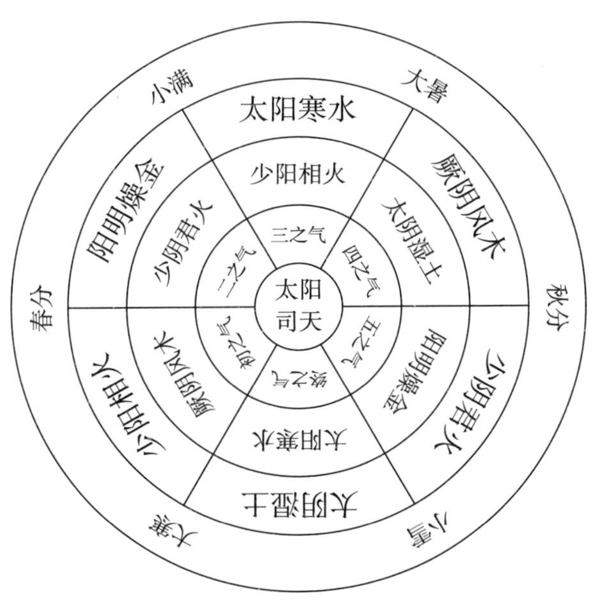

太阳司天的主客气加临图

总的来说，辰年五年、戌年五年，总共十年，都是太阳寒水司天、太阴湿土在泉、五运太过，上半年偏寒，下半年偏湿，所以容易得寒湿性疾病，所以应该选用味苦、性温的药物来燥湿、祛寒——

故岁宜苦以燥之温之，必折其郁气，先资其化源，抑其运气，扶其不胜，无使暴过而生其疾，食岁谷以全其真，避虚邪以安其正。

所以这样的年份适宜用苦味燥湿，用温性散寒。一定要减少它们的偏胜之气，首先要资助受制约之气的生化之源，抑制太过之气，扶持不及之气，不要让偏胜之气太过导致发生相应的疾病。应当食用与岁气相应的谷类（黄色和黑色食物）以保全人体正气，避免虚邪贼风以安护人体健康。

适气同异，多少制之。同寒湿者燥热化，异寒湿者燥湿化。

要根据大运与司天、在泉之气的异同和多少来制定相应的治疗措施，确定药物和用量。在太阳寒水司天之年，如果岁运与岁气相同，气候以寒湿为主，遣方用药应以燥热为主；如果岁运与岁气不相同，气候以湿热为主，遣方用药应以祛湿为主。

故同者多之，异者少之。

所以岁运与岁气六气相同，药物用量就要多一些；岁运与岁气不相同，药物用量就要少一些。

用寒远寒，用凉远凉，用温远温，用热远热，食宜同法。

在寒冷季节要避免多用寒性药，在清凉季节要避免多用清凉药物，在温暖季节要避免多用温性药物，在炎热季节要避免多用热性药物，饮食调养也应当遵循这个原则。（当然，这是就一般情况而言的。）

有假者反常，反是者病。所谓时也。

如果气候出现反常变化，就要用相反的方法；如果违背这些规律，就会导致疾病的发生。这就叫作因时制宜。

这是辰年、戌年十年的运气情况，那么卯年和酉年十年的运气情况是怎样的呢？请看下一讲。

卯年和酉年的运气

这一讲我们接着学习《六元正纪大论》，上一讲讲了辰年和戌年的运气情况，这一讲我们讲讲卯年和酉年的运气情况——

帝曰：善。阳明之政奈何？岐伯曰：卯酉之纪也。

黄帝说：好。阳明燥金司天的运气情况是怎样的呢？

岐伯说：阳明燥金司天就是地支是卯和酉的年份。

卯年和酉年的运气特点都是阳明燥金司天，少阴君火在泉，也就是说在卯年和酉年六气中的第三步气乃至上半年的气候都是阳明燥金为主，第六步气乃至下半年的气候都是少阴君火为主。

再看不同天干的十年。先看丁卯年、丁酉年——

阳明，少角，少阴。清热胜复同，同正商。丁卯岁会，丁酉。其运风清热。少角，太徵，少宫，太商，少羽。

这两年的年运都是少角，也就是木运不及（其中丁卯年，丁的五运是木，卯的五行也是木，所以叫岁会）。金气偏胜，为什么？因为金克木，木运不及则金气偏胜，所以气候清凉，清凉为金。但万物是讲究平衡的，金气太盛了，一定会招来火气克制它，这就是“清热胜复同”，这两年的运气特点是“其运风清热”，年运是风（木），胜气是清（金），复气是热（火）。客运五步：初运少角（木运不足），二运太徵（火运太过），三运少宫（土运不及），四运太商（金运太过），终运少羽（水运不及）。主运五步与客运相同，都是起于少角，终于少羽。

再看癸卯年、癸酉年——

阳明，少徵，少阴。寒雨胜复同，同正商。癸卯，癸酉。其运热寒雨。少徵，太宫，少商，太羽，太角。

这两年的年运都是少徵，也就是火运不及（火运与在泉之气少阴君火相同，所以这两年也叫同岁会）。运气特点是“其运热寒雨”。为什么热？因为这两年的年运为火，但因为火运不及，所以克火的寒水之气就旺盛，寒水太过了就招来湿土报复，所以就雨湿。“热寒雨”，就是说这两年的年运是热，胜气是寒，复气是雨湿。客运五步的第一步就是年运的少徵（火运不足），其余依据五行太少相生的次序排列，就不再说了。

再看己卯年、己酉年——

阳明，少宫，少阴。风凉胜复同。己卯，己酉。其运雨风凉。少宫，太商，少羽，少角，太徵。

这两年的年运是少宫，也就是土运不及。运气特点是“其运雨风凉”。土运不及，克土之木的风气为胜气，胜气太过之后，克木之金的凉气来复。这两年的年运是土雨湿，胜气为风（热），复气为凉。客运五步的初运和年运少宫是一样的，少宫就是土运不及。

再看乙卯年、乙酉年——

阳明，少商，少阴。热寒胜复同，同正商。乙卯天符，乙酉岁会，

太一天符。其运凉热寒。少商，太羽，太角，少徵，太宫。

这两年的年运是少商，也就是金运不及，所以克金之火的热气就旺盛，热火太过了，又要招来克制热火的寒水来报复，所以这两年的运气特点为“其运凉热寒”，即年运之气为凉，胜气为热，复气为寒。

再看辛卯年、辛酉年——

阳明，少羽，少阴。雨风胜复同，同少宫。辛卯，辛酉。其运寒雨风。少羽，少角，太徵，少宫，太商。

这两年的年运是少羽，也就是水运不及，所以克我之土的雨湿之气就旺盛，雨湿胜气太过之后，就招来克湿土之风木来报复。所以这两年的运气特点就是“其运寒雨风”，即年运之气为寒，胜气为雨湿，复气为风。

最后岐伯总结——

凡此阳明司天之政，气化运行后天，天气急，地气明……其政切，其令暴，蛰虫乃见，流水不冰。民病咳嗌塞，寒热发，暴振栗癃闷。

凡是卯年和酉年，也就是阳明燥金司天的年份，气应至而未至，气候比时令晚到，阳明燥金司天之气急切，少阴君火在泉之气光明……司天的燥金之气清肃急切，在泉的君火之气火热爆急，蛰虫本应蛰伏却出现了，流水本应结冰而没有结冰。人们容易患咳嗽、咽喉肿塞、发热恶寒、突然寒战、大小便不通等病。

具体到一年的六步气，即六个阶段就是——

初之气，地气迁，阴始凝，气始肃，水乃冰，寒雨化。其病中热胀，

面目浮肿，善眠，鼽衄（qiú nǜ），嚏欠呕，小便黄赤，甚则淋。

第一阶段，主气是厥阴风木，客气是太阴湿土，是由上一年在泉之气迁转移位而来，阴气开始凝集，天气开始清肃，流水就会结成冰，寒凉雨湿之气布化。人们容易出现内热之证，如腹部胀满，颜面、眼泡浮肿，疲乏嗜睡，鼻塞、鼻腔出血，打喷嚏，呵欠，呕吐，小便黄或赤，更严重的会小便淋漓不畅。

二之气，阳乃布，民乃舒，物乃生荣，厉大至，民善暴死。

第二阶段，主气是少阴君火，客气是少阳相火，二火相合，阳气就能布散，人们会感到比较舒适，万物就会生长茂盛。但这期间疫疠大行，人们容易突然死亡。

三之气，天政布，凉乃行，燥热交合，燥极而泽，民病寒热。

第三阶段，主气是少阳相火，客气是阳明燥金，司天之气发挥作用，清凉之气就会大行，客气之燥气与主气之热气相应合，燥气达到极点之后就会退位，湿气就会来复而润泽万物，人们容易患寒热往来的疾病。

四之气，寒雨降，病暴仆，振栗谵妄，少气嗌干引饮，及为心痛，痈肿疮疡，疟寒之疾，骨痿血便。

第四阶段，主气是太阴湿土，客气是太阳寒水，水土交合气化，寒雨降下。人们容易猝然仆倒，寒战，胡言乱语，狂妄，气短，咽干、口渴，以及患心痛，痈肿、疮疡，寒性疟疾，骨痿，便血等病。

五之气，春令反行，草乃生荣，民气和。

第五阶段，主气是阳明燥金，客气是厥阴风木，这时是秋冬之际，反而会出现春天的天气，比较暖和，草木就会生长而茂盛，人们的气息会相对调和，很少生病。

终之气，阳气布，候反温，蛰虫来见，流水不冰，民乃康平，其病温。

第六个阶段，主气是太阳寒水，客气是少阴君火，在泉之气发挥作用，阳气反而散布，气候本应寒冷反而很温暖，蛰虫出现，流水不易结冰，人们就会相对健康平安，但也容易患温病。

那么在饮食上要注意什么呢?

故食岁谷以安其气，食间谷以去其邪，岁宜以咸以苦以辛，汗之清之散之，安其运气，无使受邪，折其郁气，资其化源。以寒热轻重少多其制，同热者多天化，同清者多地化。用凉远凉，用热远热，用寒远寒，用温远温，食宜同法，有假者反之，此其道也。反是者，乱天地之经，扰阴阳之纪也。

所以应当食用得岁气的谷类（岁谷：与司天和在泉相符合的谷类，如白色、红色食物）来安定人体正气，食用得间气的谷类（间谷：与四间气相符合的谷类）来祛除人体的邪气，应当用咸味、苦味、辛味的药物来发汗、清热、散寒，适应这种年份的运气变化，不要让人体遭受邪气的侵犯，减少偏盛之气，资助被克制之气。应根据寒热的轻重决定药物用量的多少。如果年运与在泉之热气相同，应当多使用与司天凉气相同的药物；如果年运与司天之凉气相同，应当多使用与在泉之热气相同的药物。在清凉季节要避免多用清凉药物，在炎热季节要避免多用热性药物，在寒冷季节要避免多用寒性药，在温暖季节要避免多用温性药物。饮食调养也应当遵循这个原则。这是就一般情况而言。如果出现假象的情况，就需要反其道而行之，这就是治疗的原则。如果违背了它，就会扰乱天地、阴阳的本来规律。

卯年和酉年的运气就讲到这里，下一讲讲寅年和申年的运气情况。

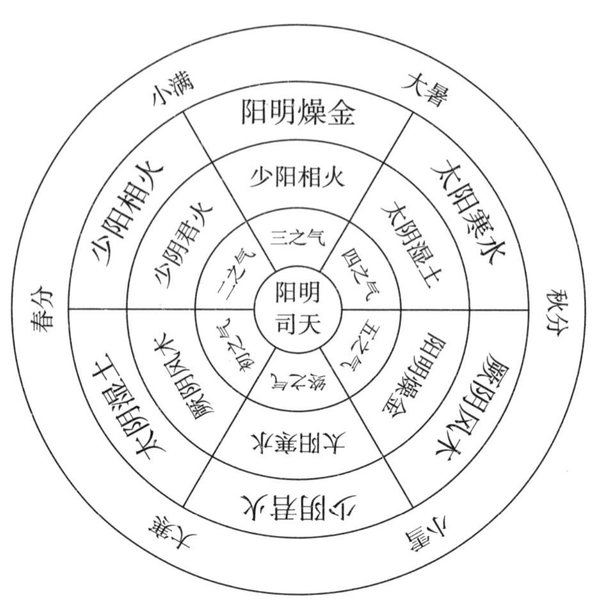

阳明司天的主客气加临图

寅年和申年的运气

这一讲我们继续讲《六元正纪大论》，通过前面两讲我们已经知道了辰年和戌年、卯年和酉年的运气情况，这一讲我们来讲寅年和申年的运气情况。

帝曰：善。少阳之政奈何？岐伯曰：寅申之纪也。

黄帝说：好。少阳相火司天的年份运气情况是怎样的呢？

岐伯说：少阳相火司天之年，就是地支是寅和申的年份。

寅年和申年的运气特点都是少阳相火司天，厥阴风木在泉，也就是第三步气乃至上半年的气候都是少阳相火为主，第六步气乃至下半年的气候都是厥阴风木为主。

那么不同天干和寅、申组合的年份运气情况又是怎样的呢？先看壬寅年、壬申年——

少阳，太角，厥阴。壬寅，壬申。其运风鼓，其化鸣紊启坼（chè），其变振拉摧拔，其病掉眩支胁惊骇。太角，少徵，太宫，少商，太羽。

这两年都是少阳相火司天，厥阴风木在泉，壬年的年运是太角，也就是木运太过。这两年的运气特点是“其运风鼓”，就是风气鼓动，气候偏温。它的正常变化是微风吹拂、摇动鸣响、草木萌芽、破土而出，它的反常变化是狂风大作、拔起树木、摧毁万物，它导致的疾病是肢体颤抖抽搐、头晕目眩、两胁胀满、神魂惊骇。客运五步第一步运是太角（就是木运太过，第一步运都是和主运相同的），后面几步都是按木、火、土、金、水五行太少相生的次序排列的，第二运是少徵（就是火运不及），第三运太宫（就是土运太过），第四运是少商（就是金运不及），第五运是太羽（就是水运太过）。

再看戊寅年、戊申年——

少阳，太徵，厥阴。戊寅天符，戊申天符。其运暑，其化暄嚣郁燠，其变炎烈沸腾，其病上热，郁血溢血泄心痛。太徵，少宫，太商，少羽，少角。

这两年的年运是火运，戊为阳年，为火运太过，叫太徵。“其运暑”，是说这两年运气的特点是暑热。它的正常变化是酷热郁积，它的反常变化是炎热极度流行，它导致的疾病是热盛于上，血郁于下，火热迫血妄行，所以上部溢血，下部泄血，心中疼痛。这两年的第一步运就是年运的太徵，火运太过，后面四步按照五行太少相生的次序排列。

再看甲寅年、甲申年——

少阳，太宫，厥阴。甲寅，甲申。其运阴雨，其化柔润重泽，其变震惊飘骤，其病体重胕肿痞饮。太宫，少商，太羽，太角，少徵。

这两年的年运是土运太过，运气特点是“其运阴雨”，土为湿，阴雨多湿。它的正常生化是柔和湿润，它的反常变化是惊雷、狂风、骤雨，它导致的疾病是身体沉重、足部浮肿、痞满、水饮内停。

再看庚寅年、庚申年——

少阳，太商，厥阴。庚寅，庚申。同正商。其运凉，其化雾露清切，其变肃杀凋零，其病肩背胸中。太商，少羽，少角，太徵，少宫。

这两年是金运太过，叫太商。虽然金运太过，但为司天相火所克制，所以同金运平气之年相似。这两年的运气特点是“其运凉”，即清凉。它的正常变化是雾露清凉急切，它的反常变化为清肃杀伐、凋谢飘零，它导致的疾病是肩背不适和胸中满闷。

再看丙寅年、丙申年——

少阳，太羽，厥阴。丙寅，丙申。其运寒肃，其化凝惨凛冽，其变冰雪霜雹，其病寒浮肿。太羽，太角，少徵，太宫，少商。

这两年的年运是太羽，也就是水运太过。“其运寒肃”，这两年运气的特点是寒，即寒冷、清肃。它的正常变化是寒凝凄惨、寒风凛冽，它的反常变化是冰雪漫天、霜冻冰雹，它导致的疾病是寒病、身体浮肿。

最后岐伯对寅年、申年的运气作了总结——

凡此少阳司天之政，气化运行先天，天气正，地气扰，风乃暴举，木偃沙飞，炎火乃流，阴行阳化，雨乃时应，火木同德，上应荧惑岁星。其谷丹苍，其政严，其令扰。故风热参布，云物沸腾，太阴横流，寒乃时至，凉雨并起。

凡是寅年、申年少阳相火司天的年份，因岁气太过，所以气候早于时令而到来，司天相火之气得其正化之位，在泉厥阴风木之气扰动不宁，大风就会突然刮起，草木卧倒，飞沙走石，少阳相火的火热之气就会大肆流行，下半年气候理应寒冷却因风火之气而变得相对热，雨水应时而降，少阳相火司天与厥阴风木在泉相互发生作用，在天上对应荧惑星（火星）与岁星（木星）的光芒较强。凡是寅年、申年，它对应的谷物是红色和青色，司天之气的性质是严厉，在泉之气的性质是扰动。所以司天之热气与在泉之风气相参而散布，云雾之气翻滚升腾，太阴湿土之气横行，寒气应时降临，那么凉雨也会一起来到。

这时人们容易得什么病呢？——

民病寒中，外发疮疡，内为泄满。故圣人遇之，和而不争，往复之作，民病寒热疟泄，聋瞑呕吐，上怫（fú）肿色变。

人们容易患里寒病，在外会出现疮疡，在内会出现泄泻、胀满等病。寒热之气反复发作，人们容易患疟疾、泄泻、耳聋、目瞑、呕吐、胸部气郁胀肿、肤色改变等病。

具体到一年的六气——

初之气，地气迁，风胜乃摇，寒乃去，候乃大温，草木早荣，寒来不杀，温病乃起，其病气怫于上，血溢目赤，咳逆头痛，血崩，胁满，肤腠中疮。

第一阶段，主气为厥阴风木，客气为少阴君火，风气偏盛就会动摇不宁，木火相生，寒气于是就散去了，气候非常温暖，草木提早生长繁荣，即使有时寒气偶然来临，也不能降低气温。温热病容易发生，导致气郁于上，血液外溢——口、鼻出血，目赤，咳嗽，气逆，头痛，血崩，胁部胀满，皮肤生疮等。

二之气，火反郁，白埃四起，云趋雨府，风不胜湿，雨乃零，民乃康。其病热郁于上，咳逆呕吐，疮发于中，胸嗌不利，头痛身热，昏愦脓疮。

第二阶段，主气是少阴君火，客气是太阴湿土，火气被湿土之气压抑住了，白色云雾四起，云气聚归天空，风气不能克制湿土之气，雨水就会落下，人们的身体会相对安康。这个阶段容易导致的疾病是热郁于上部，如咳嗽气逆、呕吐，疮疡生在内部，如胸中与咽喉不爽、头痛身热，甚至头昏不清、生脓疮等。

三之气，天政布，炎暑至，少阳临上，雨乃涯。民病热中，聋瞑血溢，脓疮，咳呕，鼽衄渴嚏欠，喉痹目赤，善暴死。

第三阶段，主气为少阳相火，客气也是少阳相火，主气和客气相同，火的作用大增，炎暑也就到来了，少阳相火加临，火气太甚，所以雨水就停止了。人们容易患里热、耳聋眼花，血外溢、生脓疮、咳嗽、呕吐、鼻衄、口渴、打喷嚏、打呵欠、喉痹、目赤等病，容易突然死亡。

四之气，凉乃至，炎暑间化，白露降，民气和平，其病满身重。

第四阶段，主气是太阴湿土，客气是阳明燥金，金气清凉，所以凉气就会到来，炎暑之气间隔出现，白露降下，人们会感觉相对舒服平静，容易导致的疾病是胀满、身体沉重。

五之气，阳乃去，寒乃来，雨乃降，气门乃闭，刚木早凋，民避寒

邪，君子周密。

第五阶段，主气是阳明燥金，客气是太阳寒水，阳热之气退却，寒气到来，雨水就会降下，阳气入藏关闭，刚硬的树木早早地凋零了，人们应当避让寒邪之气，使居处周密来规避寒气。

终之气，地气正，风乃至，万物反生，霿（méng）雾以行。其病关闭不禁，心痛，阳气不藏而咳。

第六阶段，主气是太阳寒水，客气是厥阴风木，也就是在泉之气主管的时候，风气就会到来，虽然是寒冬，但万物反而有生发的趋势，雾露时常发生。这时阳气不能收藏，多患心痛、咳嗽等疾病。

怎么调养呢？——

抑其运气，赞所不胜，必折其郁气，先取化源，暴过不生，苛疾不起。故岁宜咸宜辛宜酸，渗之泄之渍之发之，观气寒温以调其过。同风热者多寒化，异风热者少寒化。

应当抑制太过的运气，扶助被制约的气，一定要减少导致郁气的胜气，资助生化的源气，使得猝暴太过之气不能产生，重病不要发生。所以逢寅、申之年应当使用咸味、辛味、酸味药物，使用利尿、通便、水浸、发汗等方法进行治疗，要观察气候的寒热变化来调治药量，以防太过。如果年运之气与司天、在泉之气相同，都是风热，那就应当用寒凉的药物；如果年运之气与司天、在泉之气不相同，那就应当少用寒凉的药物。

最后又说到每一年都要采用的原则——

用寒远寒，用凉远凉，用温远温，用热远热，食宜同法。

在寒冷季节要避免多用寒性药，在清凉季节要避免多用清凉药物，在温暖季节要避免多用温性药物，在炎热季节要避免多用热性药物。饮食调养也应当遵循这个原则。

寅年和申年的运气情况就讲到这里，下一讲讲丑年和未年的运气。

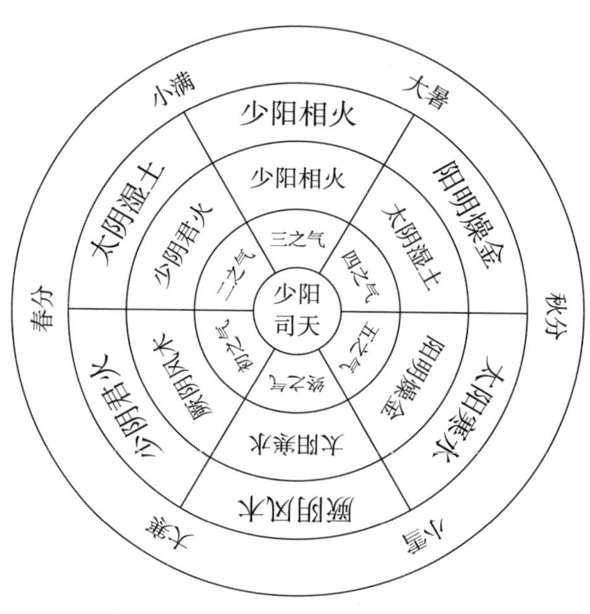

少阳司天的主客气加临图

丑年和未年的运气

我们继续学习《六元正纪大论》。我们已经讲了辰年和戌年、卯年和酉年、寅年和申年的运气情况，这一讲我们讲丑年和未年的运气情况。

帝曰：善。太阴之政奈何？岐伯曰：丑未之纪也。

黄帝说：好。太阴湿土司天之年的运气是怎样的呢？

岐伯说：太阴湿土司天的年份就是地支是丑和未的年份。

凡是丑年、未年，都是太阴湿土司天，太阳寒水在泉。也即是一年的第三步气乃至上半年的气候都是太阴湿土，第六步气乃至下半年的气候都是太阳寒水。

先看丁丑年、丁未年——

太阴，少角，太阳。清热胜复同，同正宫。丁丑，丁未。其运风清热。少角，太徵，少宫，太商，少羽。

这两年天干都是丁，丁壬之岁，木运主之，丁为阴年，为木运不及之年，叫少角。因为木运不及，所以克木之金的清气就很旺，为胜气；清气太胜，那么克金的火热之气就会来报复，为复气。所以这两年的运气特点是“其运风清热”。客运五步：第一步气和年运是相同的，就是少角（木运不及），然后按照五行太少相生的次序依次排列：第二步是太徵（火运太过），第三步是少宫（土运不及），第四步是太商（金运太过），第五步是少羽（水运不及）。

再看癸丑年、癸未年——

太阴，少徵，太阳。寒雨胜复同。癸丑，癸未。其运热寒雨。少徵，太宫，少商，太羽，太角。

这两年是火运不及。戊癸之岁，火运主之，癸为阴年，为火运不足之年。火运不及，故克火之水的寒气就太胜，又招来克水之土的雨湿之气来报复。所以这两年的运气特点是“其运热寒雨”，即又热，又寒，雨湿大。客运五步的第一步运就是年运少徵（火运不及），其他按照五行太少相生的次序排列。

再看己丑年、己未年——

太阴，少宫，太阳。风清胜复同，同正宫。己丑太一天符，己未太一天符。其运雨风清。少宫，太商，少羽，少角，太徵。

这两年的天干是己，年运是土运不及，叫少宫，因为甲己之岁，土运主之，而地支丑和未五行也是土，司天之气又是太阴湿土，也就是说这两年的年运、年支和司天之气的五行属性都相同，所以叫太一天符。这两年的运气特点就是“其运雨风清”，即雨水多，风多，清凉。为什么？因为土不及，所以克土之木的风气就旺盛，而木的胜气太过，又招来克木之金的清气的报复。客运五步的第一步运是少宫（土运不及），其他按照五行太少相生的次序排列。

再看乙丑年、乙未年——

太阴，少商，太阳，热寒胜复同。乙丑，乙未。其运凉热寒。少商，太羽，太角，少徵，太宫。

这两年的年运是少商，也就是金运不及（乙庚之岁，金运主之），所以克金之火的热气就旺盛；而火的胜气太过，又会招来克制火的水的寒气来报复。这两年的运气特点就是“其运凉热寒”，即清凉，火热，寒冷。客运五步的第一步运是少商（金运不及），其他按照五行太少相生的次序排列。

再看辛丑年、辛未年——

太阴，少羽，太阳。雨风胜复同，同正宫。辛丑，辛未。其运寒雨风。少羽，少角，太徵，少宫，太商。

这两年的年运是水运不及（丙辛之岁，水运主之），称为少羽。寒水不及，克水之土的雨气就旺盛，为胜气；胜气太过，所以克制胜气土的风木之气就会来报复，所以这两年的运气特点是“其运寒雨风”。年运是水运不及，在泉是太阳寒水，称为同岁会，所以寒冷；加上太阴湿土司天，所以雨湿；招来风木报复，复气为风木，所以多风。客运五步的第一步运是少羽（水运不及），其他按照五行太少相生的次序排列。

最后，岐伯总结——

凡此太阴司天之政，气化运行后天，阴专其政，阳气退避，大风时起，天气下降，地气上腾，原野昏霿，白埃四起，云奔南极，寒雨数至，物成于差夏。民病寒湿，腹满身䐜愤，胕肿痞逆，寒厥拘急。

凡是丑年、未年太阴湿土司天的运气情况，都是岁运气化不及，气候总是迟于时令到来。太阴湿土司天，太阳寒水在泉，同属阴气，所以阴气取得支配地位，阳气退避，有时会有大风兴起。司天的湿气下降，在泉之寒气上升，田野雾气昏暗，白色云气四起，云气向南方奔赴，寒雨频繁降下，本应该在夏天成熟的作物要到夏末秋初才会成熟。人们容易患寒湿之证，如腹部胀满、身体浮肿、痞满气逆、寒气厥逆、筋脉拘急痉挛等病。

接着岐伯一一分析了丑年和未年每一年六气的情况——

初之气，地气迁，寒乃去，春气正，风乃来，生布，万物以荣，民气条舒，风湿相薄，雨乃后。民病血溢，筋络拘强，关节不利，身重筋痿。

第一阶段的气，主气是厥阴风木，客气也是厥阴风木，客气是上年在泉之气迁移退位而来，太阳寒水之气退去，春天降临，春风吹来，遍布生机，万物因此萌生、繁荣，人们会感到相对顺畅舒适。这时风气和湿气相互作用，降雨会推后。人们容易患血液外溢、筋络拘急强直、关节活动不利、身体沉重、筋痿等病。

二之气，大火正，物承化，民乃和，其病温厉大行，远近咸若。湿蒸相薄，雨乃时降。

第二阶段，主气是少阴君火，客气也是少阴君火，主客之气五行属性相同，所以火气正旺，万物得到火气而生化旺盛，人们也会感觉相对平安健康。它导致的疾病为温热病、疫疠大行，无论远近，患者症状皆同。湿气与热气交集，雨水就会应时降下。

三之气，天政布，湿气降，地气腾，雨乃时降，寒乃随之，感于寒湿，则民病身重胕肿，胸腹满。

第三阶段，主气为少阳相火，客气为太阴湿土，太阴湿土是司天之气，湿气降下，地气升腾，雨水应时降下，寒气随之而来。人们容易感受寒湿之邪，故容易患身体发重、下肢浮肿、胸腹胀满等病。

四之气，畏火临，溽蒸化，地气腾，天气否隔，寒风晓暮，蒸热相薄，草木凝烟，湿化不流，则白露阴布，以成秋令。民病腠理热，血暴溢疟，心腹满热胪胀，甚则胕肿。

第四阶段，主气是太阴湿土，客气是少阳相火，相火加临于主气之上，湿热之气化合，在泉的太阳寒水之地气开始升腾。火水未济，天气阻断不通，早晚都有寒风吹来，热气与寒气相互作用，烟雾凝集于草木之上，湿气的气化不能运行，则出现雾露布满草木，成为秋令的早晚凉。人们容易患皮肤腠理发热、突然大出血、疟疾、心腹胀满烦热、腹壁水肿等病，更严重则会肌肤浮肿。

五之气，惨令已行，寒露下，霜乃早降，草木黄落，寒气及体，君子周密，民病皮腠。

第五阶段，主气是阳明燥金，客气也是阳明燥金，凄惨寒凉之气流行，寒露降下，严霜也早早降下，草木萎黄凋落，寒气入侵人体，所以善于养生的人们就要注意保暖防寒，这时人们容易患皮肤腠理方面的疾病。

终之气，寒大举，湿大化，霜乃积，阴乃凝，水坚冰，阳光不治。感于寒则病人关节禁固，腰脽（shuí）痛，寒湿推于气交而为疾也。

第六阶段，主气是太阳寒水，客气也是太阳寒水，寒气大起，湿气大化，霜就会聚积，阴气就会凝结，水结成坚冰，阳光不能发生作用。人们容易感受寒邪，容易患关节屈伸障碍、活动不灵，腰椎疼痛等病，这是寒气、湿气相交所导致的。

那么，在丑年、未年应该怎样调养呢？——

必折其郁气，而取化源，益其岁气，无使邪胜，食岁谷以全其真，食间谷以保其精。故岁宜以苦燥之温之，甚者发之泄之。不发不泄则湿气外溢，肉溃皮拆而水血交流。必赞其阳火，令御甚寒，从气异同，少多其判也。同寒者以热化，同湿者以燥化。异者少之，同者多之。

凡太阴湿土司天之年，和其他年份一样，总的调养原则是，要减少偏胜之气，补益不及的岁气，要食用得岁气的谷类来保全真气，食用得间气的谷类来保养精气。具体到丑年、未年，适合使用苦味去燥湿，用温性来祛寒，严重的要使用发汗、利小便的方法。假如不用发汗、通泄的方法，那么湿气就要向外溢出，导致肌肉溃烂、皮肤破裂且脓水、血液渗出。所以必须扶持阳热之气，使阳热之气能够防御太盛的寒邪，依据运气之间的同和异，决定药物用量的多少。如果岁运与岁气同为寒性的，应当使用热性药物化寒；如果岁运与岁气同为湿性的，应当使用燥性药物化湿。如果岁运与岁气不相同，就要少用温、燥药物；相反，如果运气相同，就要多用温、燥药物。

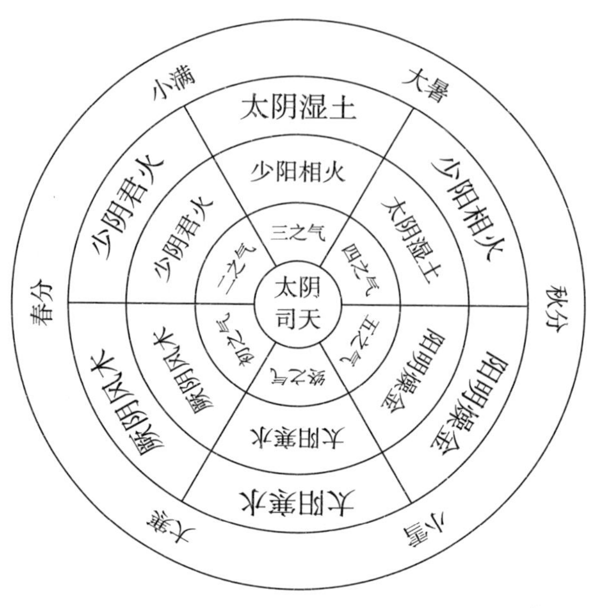

太阴司天的主客气加临图

子年和午年的运气

我们已经讲了八个地支之年的运气，这一讲我们要讲子年和午年这两个地支之年的运气情况。

帝曰：善。少阴之政奈何？岐伯曰：子午之纪也。

黄帝说：好。少阴君火司天的年份运气情况是怎样的呢？

岐伯说：少阴君火司天的年份就是地支是子和午的年份。

子年和午年都是少阴君火司天，阳明燥金在泉。

我们看一看子、午和不同天干组合的年份，先看壬子年、壬午年——

少阴，太角，阳明。壬子，壬午。其运风鼓，其化鸣紊启坼，其变振拉摧拔，其病支满。太角，少徵，太宫，少商，太羽。

这两年都是少阴君火司天，阳明燥金在泉，但这两年的天干是壬，丁壬之岁，木运主之，壬为阳年，所以是木运太过，称为太角。这两年的运气特点是"其运风鼓"，即风气鼓动。它的正常气化为风声鸣响、万物开启，它的反常变化为大风震撼、摧拉拔起，它容易导致的疾病是胸胁胀满。客运五步的第一步运是太角（也就是木运太过，和年运是一样的），第二运是少徵（火运不及），第三运是太宫（土运太过），第四运是少商（金运不及），第五运是太羽（水运太过）。主运五步与客运完全相同。

再看戊子年、戊午年——

少阴，太徵，阳明。戊子天符，戊午太一天符。其运炎暑，其化暄曜郁燠，其变炎烈沸腾，其病上热血溢。

这两年的天干是戊，为火运太过，也就是太徵，刚好和戊子年的司天之气少阴君火相同，两个都是火，所以称为天符，而戊午年则不仅年运是火、司天之气是火，而且年支是午，也是火，三个五行属性都相同，称为太一天符。显然火运太旺了，用五音建运来说就是太徵。这两年的运气特点是"其运炎暑"，即炎火暑热。它的正常气化为酷热、郁蒸，它的反常变化为炎火沸腾，它容易导致的疾病为上部发热、血液外溢。客运五步的第一步运是太徵，后面四步按照五行太少相生的次序排列。

再看甲子年、甲午年——

少阴，太宫，阳明。甲子，甲午。其运阴雨，其化柔润时雨，其变震惊飘骤，其病中满身重。

这两年天干是甲，甲己之岁，土运主之，甲为土运太过，所以是太宫。这两年的运气特点是“其运阴雨”，阴雨绵绵，因为土为湿，湿气大，它的正常气化为濡润、经常下雨，它的反常变化是雷霆震撼、飘风骤雨，它容易导致的疾病是腹中胀满、肢体沉重。

再看庚子年、庚午年——

少阴，太商，阳明。庚子，庚午。同正商，其运凉劲，其化雾露萧飋，其变肃杀凋零，其病下清。

这两年的天干是庚，乙庚之岁，金运主之，庚为金运太过，叫太商，刚好与这两年的在泉之气阳明燥金的五行属性相同，称为同天符。显然金运之气太过了，同时又被司天之气少阴君火所克制，所以这两年的运气和金运平气之年相同。这两年运气的特点是“其运凉劲”，即清凉劲急。它的正常气化是雾露萧瑟，它的反常变化是肃杀凋零，它容易导致的疾病为清气在下、下部清凉。

再看丙子年、丙午年——

少阴，太羽，阳明。丙子岁会，丙午。其运寒，其化凝惨凛冽，其变冰雪霜雹，其病寒下。

这两年的天干是丙，丙辛之岁，水运主之，丙为水运太过，所以是太羽。水为寒冷，所以这两年的运气特点为“其运寒”。它的正常气化是寒凝惨淡、寒风凛冽，它的反常变化为冰雪霜雹，它容易导致的疾病为寒气在下、下部寒冷。

最后岐伯总结——

凡此少阴司天之政，气化运行先天，地气肃，天气阳，寒交暑，热

加燥，云驰雨府，湿化乃行，时雨乃降，金火合德，上应荧惑太白。其政明，其令切，其谷丹白，水火寒热持于气交而为病始也，热病生于上，清病生于下，寒热凌犯而争于中，民病咳喘，血溢血泄，鼽嚏，目赤眦疡，寒厥入胃，心痛腰痛腹大，嗌干肿上。

凡是子年、午年，少阴君火司天之气主政的时候，由于年运之气太过，气候总是先于时令到来，在泉之气阳明燥金是肃杀的，司天之气少阴君火是光明的。寒水和暑气相交，热气和燥气相加。阴云密布，湿气流行，雨水应时而降。这两年的运气特点是“其政明，其令切”，即天气光明，地气急切肃杀。水之寒气与火之热气相互交集，热性疾病发生在身体上部，凉性疾病发生在身体下部，寒热二气在身体中部抗争，人们容易患咳嗽气喘、血液上溢或下部出血、鼻塞喷嚏、眼赤、眼角疮疡、寒气逆入人体胃部、心痛、腰痛、腹部胀大、咽喉发干、上部肿胀等病。

具体到一年的六个阶段，即六步气就是——

初之气，地气迁，燥将去，寒乃始，蛰复藏，水乃冰，霜复降，风乃冽，阳气郁，民反周密，关节禁固，腰脽痛，炎暑将起，中外疮疡。

初之气，主气是厥阴风木，客气是太阳寒水，是上一年的在泉之气迁移退位而来，燥气将要退去，寒气开始到来，蛰虫再次蛰藏，水凝结为冰，寒霜又一次降下，风气凛冽，阳气因寒水之气而郁积，不能宣发，人们反而需要处在密室中避寒气，容易患关节活动不便、腰部疼痛等病。初气之后，炎暑之气将要生发，可能导致内外部疮疡肿胀。

二之气，阳气布，风乃行，春气以正，万物应荣，寒气时至，民乃和。其病淋，目瞑目赤，气郁于上而热。

二之气，主气为少阴君火，客气为厥阴风木，阳气得以散布，风气就会流行。春之气候降临，万物得以繁荣，寒气虽然有时会到来，但为主客火热阳气所克制，所以人们仍然感到气候相对平和。这期间容易导致的疾病是小便淋漓，目视不清、模糊，两眼红赤，阳气郁滞在上部引发热病。

三之气，天政布，大火行，庶类蕃鲜，寒气时至。民病气厥心痛，寒热更作，咳喘目赤。

三之气，主气为少阳相火，客气为少阴君火，也就是司天之气，主客二气皆为火，所以大火流行，万物生长茂盛而鲜亮，但复气之寒气会偶然到来。人们容易患因气机紊乱而心痛、寒热交替发作、咳嗽气喘、目赤等病。

四之气，溽暑至，大雨时行，寒热互至。民病寒热，嗌干黄瘅（dān），鼽衄饮发。

四之气，主气为太阴湿土，客气也是太阴湿土，所以湿气很重，这时又是盛夏，所以湿气和暑气同时到来，大雨时常降下，司天之热气与在泉之寒气相交，所以寒气和热气还会交互而来。人们容易患寒热病、咽喉干燥、黄疸、鼻衄、出血、水饮等病。

五之气，畏火临，暑反至，阳乃化，万物乃生乃长乃荣，民乃康，其病温。

五之气，主气为阳明燥金，客气为少阳相火，由于火气降临，暑气反而再次到来，阳热之气布化，万物再次萌发、生长、繁荣，人们的身体相对安康，这期间容易患温病。

终之气，燥令行，余火内格，肿于上，咳喘，甚则血溢。寒气数举则霿雾翳，病生皮腠，内舍于胁，下连少腹而作寒中。

终之气，主气为太阳寒水，客气为阳明燥金，也就是在泉之气燥气流行，从五步气少阳相火延续而来的火热被格拒于体内，不得外泄，导致人们容易上部肿胀，咳嗽，气喘，甚至血液外溢。如果寒气时常出现，就会烟雾之气弥漫，这时容易导致皮肤受邪发病，邪气内居于胁下，向下牵连少腹，发生内部寒冷的病。

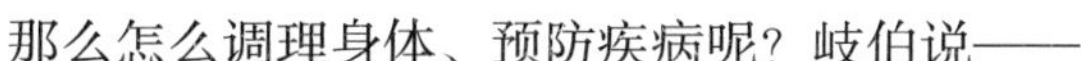
那么怎么调理身体、预防疾病呢？岐伯说——

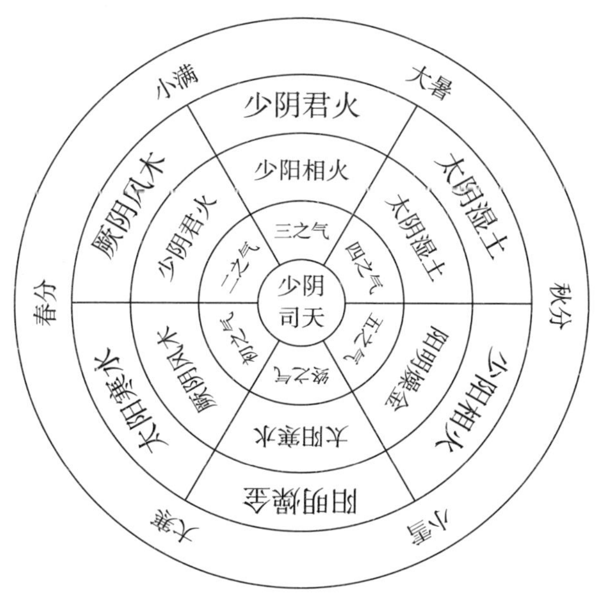

少阴司天的主客气加临图

必抑其运气，资其岁胜，折其郁发，先取化源，无使暴过而生其病也。……岁宜咸以软之，而调其上，甚则以苦发之；以酸收之，而安其下；甚则以苦泄之。适气同异而多少之，同天气者以寒清化，同地气者以温热化。

首先要遵循每一年的调治原则，就是：一定要抑制太过的运气，补助不足的气，减少被抑郁而将要发作之气，调和生化之源头，不要使得运气太过而引发相应的疾病。……在子年和午年，应当使用咸味药物来软坚，以调治君火司天之气，严重的就用苦味来清泄火热；用酸味来收敛，以调治燥金在泉之气；如果司天的火气和在泉的燥气都太过了，那就要用苦寒的药物来清泄它。应当根据岁运与岁气的相同或差异来决定用药以及用量的多少，如果年运与司天的热气相同，就要使用寒凉药物进行调治；如果年运与在泉的凉气相同，就要使用温热药物进行调治。

子年和午年的运气就讲到这里，巳年和亥年的运气情况又是怎样的呢？请看下一讲。

巳年和亥年的运气

十二地支和十天干组合成六十甲子，这样六十甲子年每一年的运气就清楚了，以后你想要知道任何一年的运气，只要一查就明白了。我们已经学习了十个地支年份的运气了，现在还剩下最后两个地支年份，这一讲我们就来学习这最后两个地支年份，也就是巳年和亥年的运气情况。

帝曰：善。厥阴之政奈何？岐伯曰：巳亥之纪也。

黄帝说：好。厥阴风木司天的运气情况是怎样的呢？

岐伯说：厥阴风木司天的年份就是地支是巳和亥的年份。

也就是说巳年、亥年都是厥阴风木司天，少阳相火在泉。巳和亥与不同天干组合成十个年份，这十个年份的司天之气和在泉之气是一样的，但年运是不一样的。先看丁巳年、丁亥年——

厥阴，少角，少阳。清热胜复同，同正角。丁巳天符，丁亥天符。

其运风清热。少角，太徵，少宫，太商，少羽。

这两年的天干是丁，丁壬之岁，木运主之，丁为阴年，是木运不及，叫少角。刚好同这两年的司天之气五行是相同的，巳、亥之年厥阴风木司天，司天之气和年运的五行相同，称为天符。因为年运是木运不及，所以克木之金就旺盛，金的清气为胜气，而胜气太过之后，又一定会招来克金之火的报复，火的热气为复气，所以这两年的运气特点是"其运风清热"。风比较大，年运不是木运不及吗？为什么风还比较大呢？因为虽然年运是木运不及，但得到司天之气厥阴风木相助，所以运气与木运平气之年是相似的。清就是清凉，因为胜气为清。热，因为复气为热。客运五步的初运是少角，木运不及，客运与主运之气相同；然后按照五行太少相生的次序排出其他四运：第二运是太徵（火运太过），第三运是少宫（土运不及），第四运是太商（金运太过），第五运是少羽（水运不及）。

再看癸巳年、癸亥年——

厥阴，少徵，少阳。寒雨胜复同，癸巳，癸亥。其运热寒雨。

这两年的天干是癸，戊癸之岁，火运主之，恰好和在泉的少阳相火的五行属性相同，称为同岁会。年运为少徵，也就是火运不及。因为火运不及，所以克火的水就旺盛，水的寒气就是胜气；因为水的胜气太过，所以又招来克水的土来报复，土的湿气、雨气就是复气。这两年的运气特点是"其运热寒雨"，即年运之气为热气，胜气为寒气，复气为雨湿之气。

再看己巳年、己亥年——

厥阴，少宫，少阳。风清胜复同，同正角。己巳，己亥。其运雨风清。

这两年的天干是己，甲己之年，土运主之，己为阴年，所以五音建运是少宫，也就是土运不及。因为土运不及，所以克土之木就旺盛，木的风气为胜气；因为胜气太过，所以克木的金就来报复，金的凉气就是复气。这两年运气特点是“其运雨风清”，即运气是土，是湿，是雨，雨水多；胜气是风，风大；复气为清，清凉。

再看乙巳年、乙亥年——

厥阴，少商，少阳。热寒胜复同，同正角。乙巳，乙亥。其运凉热寒。

这两年的天干是乙，乙庚之岁，金运主之，乙为阴年，为金运不及，为少商。因为年运是金运不及，所以克金之火就旺盛，火的热气就是胜气；因为火的胜气太过，所以克火的水就会来报复，水的寒气就是复气。这两年运气特点是“其运凉热寒”，即年运之气是凉，胜气为热，复气为寒。

再看辛巳年、辛亥年——

厥阴，少羽，少阳。雨风胜复同。辛巳，辛亥。其运寒雨风。

这两年的天干是辛，丙辛之岁，水运主之，辛为阴年，是水运不及，叫少羽。因为水运不及，所以克水之土就旺盛，土的雨气就是胜气；因为土的胜气太过了，所以招来克土的木的报复，木的风气就是复气。这两年运气特点是“其运寒雨风”，即年运是寒，胜气是雨湿，复气是风。

最后岐伯总结说——

凡此厥阴司天之政，气化运行后天。诸同正岁，气化运行同天。天气扰，地气正，风生高远，炎热从之，云趋雨府，湿化乃行。……风燥火热，胜复更作，蛰虫来见，流水不冰，热病行于下，风病行于上，风

燥胜复形于中。

凡是厥阴风木司天的巳年、亥年的运气情况，因为年运之气都是不及的，所以气候的变化晚于时令而到来。但如果是遇到各平气的年份，气候变化就和时令同步了。因为厥阴风木司天，所以天气扰动；因为少阳相火在泉，所以地气正常。司天的风气在上太过，在泉的火热之气相随，所以地气上升为云，下降为雨，湿土之气大为流行……风之燥气和火之热气、胜气和复气交替出现，蛰虫应藏伏反而出来活动，流水不能结冰，热病容易出现在下半年，风病容易发生在上半年，风气与燥气交会出现在年中。

具体到一年的六步气——

初之气，寒始肃，杀气方至，民病寒于右之下。

第一步气，主气是厥阴风木，客气是阴明燥金，金克木，金气寒凉肃杀，肃杀之气就会到来，人体右下部容易患寒病。

二之气，寒不去，华雪水冰，杀气施化，霜乃降，名草上焦，寒雨数至，阳复化，民病热于中。

二之气，主气为少阴君火，客气为太阳寒水，所以寒冷之气不会离去，雪花飘落，水结成冰，杀伐之气发挥作用，寒霜就会降下，草类的上部枯焦，寒冷的雨水多次降下。因为少阴君火主时，所以阳气又会交替发生作用，这时人们容易患里热病，就是内部发热之病。

三之气，天政布，风乃时举，民病泣出，耳鸣掉眩。

三之气，主气是少阳相火，客气是厥阴风木，三之气就是司天之气，因而大风就会时常刮起，人们容易患流泪、耳鸣、头晕、目眩等病。

四之气，溽暑湿热相薄，争于左之上，民病黄瘅而为胕肿。

四之气，主气是太阴湿土，客气是少阴君火，炎暑之气和湿热之气在司天之气的左间位交争，人们容易患黄疸病，进而导致皮肤浮肿。

五之气，燥湿更胜，沉阴乃布，寒气及体，雨乃行。

五之气，主气是阳明燥金，客气是太阴湿土，燥气与湿气交替互有胜负，天空低沉，阴云凝聚，阴沉之气散布，寒气侵及人体，凉风和寒雨就会流行。

终之气，畏火司令，阳乃大化，蛰虫出见，流水不冰，地气大发，草乃生，人乃舒，其病温厉。

终之气，主气为太阳寒水，客气为少阳相火，即在泉之气，少阳相火克制太阳寒水，阳气就会变得旺盛，蛰虫应藏伏反而出现，流水不能结冰，地之阳气升发，草类就会生长，人们会感到相对舒适，这样的气候容易导致温热、疫疠类疾病，也就是传染病易多发。

最后岐伯总结说——

必折其郁气，资其化源，赞其运气，无使邪胜。岁宜以辛调上，以咸调下，畏火之气，无妄犯之。用温远温，用热远热，用凉远凉，用寒远寒，食宜同法。有假反常，此之道也，反是者病。

凡厥阴风木司天的巳年、亥年，必须减少太过的郁气，资助被克制之气的源头，补充不及的运气，不要使得邪气太胜。适宜使用辛味药物以调治司天之风邪，使用咸味药物以调治在泉之火邪，不要触犯少阳相火之气。最后还要遵循每一年都要遵循的基本原则，即在寒冷季节要避免多用寒性药，在清凉季节要避免多用清凉药物，在温暖季节要避免多用温性药物，在炎热季节要避免多用热性药物。饮食调养也应当遵循这个原则。若气候有反常变化，就不必拘守这一原则，若不遵守这些规律，就会导致疾病的发生。

到这里为止，已经讲完了六十甲子所有年份的运气情况。最后我要说明一点，《黄帝内经》中所讲的运气，是针对当时所说的中国即中原地区而言的。

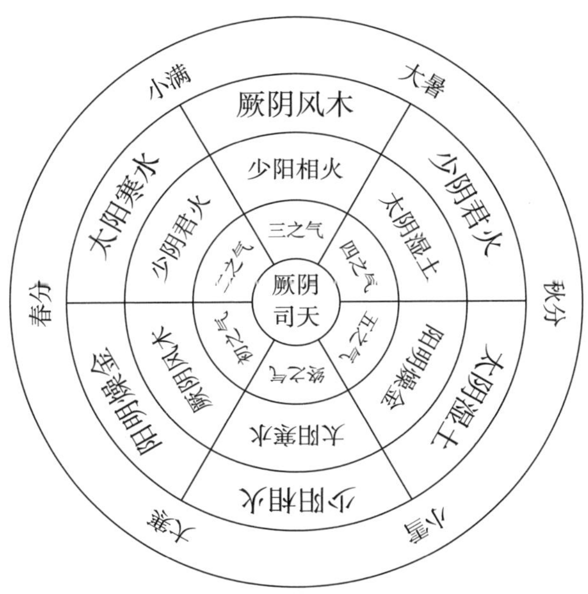

厥阴司天的主客气加临图

年运的各种变数

五运和六气的同化

前面我分六讲将《六元正纪大论》中有关六十甲子所有年份的运气情况作了详细讲解，大家要想了解或者推算哪一年的运气，只要查一下就清楚了。大家不妨试一下，看看准不准。不过，这里我要再强调一下，《黄帝内经》中所讲的五运六气的情况，不可能适合于整个中国的所有区域，也就是《黄帝内经》说每一年的运气情况、气候变化不可能与今天整个中国的所有区域都符合。那么五运六气是针对什么区域而言的呢？或者说符合中国的什么区域呢？当然是指当时的中原地区，五运六气反映了当时中原地区的气候变化、生态变化、人体疾病变化的规律。

就五运和六气而言，有时两者是相应的，有时又是不相应的。这是什么原因呢？

帝曰：善。夫子之言可谓悉矣，然何以明其应乎？岐伯曰：昭乎哉问也！夫六气者，行有次，止有位，故常以正月朔日平旦视之，睹其位而知其所在矣。运有余，其至先，运不及，其至后，此天之道，气之常也。运非有余非不足，是谓正岁，其至当其时也。

黄帝说：好。先生所讲可以说非常详尽了，但是怎样才能知道五运和六气是不是相应呢？

岐伯说：您提的问题很高明啊！六气的运行有一定的次序，它的终止有一定的位置，所以通常以农历正月初一早晨的气候为标准，看它的气位就可以知道运气是应还是不应。如果年运太过，那么这一年的气候就会先于时令而到来；如果年运不及，那么这一年的气候就会晚于时令而到来，这就是天象的一般规律和六气的正常情况。如果年运既不是太过，也不是不及，就把它叫作正岁，也就是正常的年岁。正常年岁的气候就会不早不迟，不提前也不退后，而是到了这个时令就刚好来到。（比如温暖的气候，一进入春天刚好就来到了。也就是一到春天就温暖，一到夏天就炎热，一到秋天就凉爽，一到冬天就寒冷，这就是正岁。）

数之始，起于上而终于下，岁半之前，天气主之；岁半之后，地气主之。上下交互，气交主之，岁纪毕矣。

一年的运气，从司天开始，到在泉终止。一年的前半年，是司天之气主管；一年的后半年，是在泉之气主管；天气和地气相交之处，是气交主管，这样一年运气的规律就全部明白了。

这就是五运和六气的正常关系。值得注意的是五运和六气还有一种“同化”关系，什么是“同化”？就是同类变化、同类化合。

帝曰：愿闻同化何如？岐伯曰：风温春化同，热曛昏火夏化同，胜与复同，燥清烟露秋化同，云雨昏暝埃长夏化同，寒气霜雪冰冬化同，此天地五运六气之化，更用盛衰之常也。

黄帝说：我想知道运气的同化是怎样的？

岐伯说：风、温暖与春季之气化作用相同，炎热、熏蒸与夏季之气化作用相同，胜气和复气的同化也是一样的，干燥、清凉、烟雾、露水与秋季之气化作用相同，多云、雨水、昏暗、尘埃与长夏之气化作用相同，寒冷之气、严霜、下雪、结冰与冬季之气化作用相同，这就是天地的五运六气的化生变化，并且彼此交替作用出现了盛与衰的变化的一般情况。

古人通过长时间观察发现，风、火、热、湿、燥、寒可以代表一年的六个特殊阶段，类似我们现在所说的波峰。人们把一年不同的六气分归于五行，君火和相火同归于五行之火，那么一年的气候波峰也就是五种，也就是一年五季。通过归纳，古人将一年五季各自的气化、天时联系起来，装入了五行。风气（温暖之性），五行归属木，是春天气化；火、热五行属火，是夏天气化；燥凉（清肃、水烟、雾露），五行属金，是秋天气化；湿（阴云、雨水、昏暗、尘埃），五行属土，是长夏气化；寒（霜冻、冰雪），五行属水，是冬天气化。

这是一年五运六气“同化”的一般特点，除此以外还有一些特殊的“同化”年份，这些年份的天干和地支，也就是五运和六气的五行属性是相同的，所以它们的同化作用就会更大，也就是相同五行的气候特征会表现得更加明显。

纵观六十甲子年五运和六气的五行属性，我们会发现五行相同的年份有二十四年，也就是原文所说：“太过而同天化者三，不及而同天化者亦三；太过而同地化者三，不及而同地化者亦三。”就是年运太过而与司天之气的化生作用相同的有三种，岁运不及而与司天之气的化生作用相同的也有三种，岁运太过而与在泉之气的化生作用相同的有三种，岁运不及而与在泉之气的化生作用相同的也有三种。《六元正纪大论》将“同化”的年份作了进一步分析，主要有四种情况，分别取了四种名称，就是：

第一，“天符”。就是主管一年年运的五行属性与客气的司天之气相同。年运之气的五行无论是太过还是不及，只要与客气的司天之气的五行相同就是“天符”。六十甲子中，天符之年共计十二年，其中岁运太过的天符有六年，戊子、戊午、戊寅、戊申、丙辰、丙戌；岁运不及的天符有六年，丁巳、丁亥、乙卯、乙酉、己丑、己未。

第二，“岁会”。就是年运之气（岁运）的五行属性与岁支之气五行属性相同。有四年：丁卯、丙子、辛亥、庚申。这四年《六元正纪大论》没有算进去。为什么呢？因为这四年和平气之年是相同的。

第三，“同天符”。年运天干五行为阳——年运太过而且与客气的在泉之气五行属性相同的，就是“同天符”。同天符有六年：甲辰、甲戌、壬寅、壬申、庚子、庚午。

第四，“同岁会”。年运天干五行为阴——年运不及而且与在泉之气的五行属性相同的，就是“同岁会”。同岁会有六年：癸巳、癸亥、辛丑、辛未、癸卯、癸酉。

除了这四种情况外，还有一种情况：既是天符，又是岁会的年份，也就是年运之气（岁运）与客气的司天之气、岁支之气三者都相同，叫太一天符。

总的来说，运气同化之年比一般年份的运气变化更加强烈，感受邪气发生病变也比较严重。养生治病遵循的大原则就是“用温远温，用热远热，用凉远凉，用寒远寒”，就是用温性药物，不要在温暖之时，也就是在温暖季节尽量不要用温性药物，同样在炎热季节尽量不要用热性药物，在秋凉季节尽量不要用凉性药物，在寒冷季节尽量不要用寒性药物。这就叫四畏。畏就是敬畏，这四种做法表明对自然规律的敬畏之心。“热无犯热，寒无犯寒，从者和，逆者病，不可不敬畏而远之，所谓时兴六位也。”用热性药物之时，不要触犯炎热之时；使用寒性药物之时，不要触犯寒冷之时。遵从此原则就能平和，如果违背这一原则就会导致疾病，因此不能不敬畏大自然的规律，这就是时令兴盛的六步之气的时位规律。一定要根据不同时间段的寒热温凉制定药方。这是一种因时而动的思维。总的原则就是四个字“以平为期”，以达到平和——平衡协调为终极目标。就运气而言，每一年的主气、客气、司天之气或在泉之气都要“以平为期”，要调节不同气之间的性质和力量关系，要调和胜气和复气，使它们达到阴阳五行的平和。具体说就要做到“四无”：“无失天信，无逆气宜，无翼其胜，无赞其复”——不违反天气时令，不违反六气宜忌，不助长太过的胜气，不助长报复的复气，这是治疗的最好方法，也是人与自然和谐的根本要求。

五运之气的郁积

我们已经知道了六十甲子每一年的五运和六气的情况，接下来，黄帝和岐伯又讨论了六十甲子每一年运气的常规数字。

帝曰：善！五运气行主岁之纪，其有常数乎？岐伯曰：臣请次之。

黄帝说：好。五运轮流主管每一年的气候变化、决定每一年的气化作用，有没有一定的数字规律呢？

岐伯说：有。请允许我按次序把它们排列出来。

于是岐伯将六十甲子的年份按照同一个天干和相冲地支组合的次序，把每年的运气规律一一排列出来，比如甲子年和甲午年排在一起，这两年的天干都是甲，地支子和午是相冲的，六气是相同的——

甲子，甲午岁：上少阴火，中太宫土运，下阳明金。热化二，雨化五，燥化四，所谓正化日也。其化上咸寒，中苦热，下酸温，所谓药食宜也。

甲子年、甲午年："上"是指司天，"下"是指在泉，"中"是指中运，也就是一年的年运。在上的司天之气为少阴君火，中运为太宫——土运太过，在下的在泉之气为阳明燥金。司天之气的热化之数为二，中运之气的雨化之数为五，在泉之气的燥化之数为四。这三个数字是五行生成数字，也就是河图数，其中二为火（二七为火），五为土（五十为土），四为金（四九为金）。热、雨、燥就是这两年的正常气化，所以叫"正化日"。对它引起的疾病适合采用什么药物治疗呢？其中对司天之热气所导致的疾病，适合用咸寒的药物；对中运也就是年运的雨气所导致的疾病，适合用苦热的药物；对在泉的燥气所导致的疾病，适合用酸温的药物。这就是这两年应当选用的药物和食物。

后面接着分析乙丑年、乙未年，丙寅年、丙申年，一直到癸巳年、癸亥年。对每一年，都是先指出司天、在泉和中运（年运），然后指出它们对应的三种气候的三个数字。注意这三个数字就是五行生成数字，也就是河图数，我这里再概括地说一下，一六为水，二七为火，三八为木，四九为金，五十为土。其中一、二、三、四、五为五行的生数，六、七、八、九、十为五行的成数。生数表示事物初生，力量还不够；成数表示事物成熟了，力量强大了。所以，如果五运之气不及就用五行的生数，如果五运之气太过就用成数。河图数对应的气候就是一、六为水，为寒，如果是寒水不足就是寒化一，如果是寒水太过就是寒化六；二、七为火，为热，如果是热火不足就是热化二，如果是热火太过就是热化七；三、八为木，为风，如果是风木不足就是风化三，如果是风木太过就是风化八；四、九为金，为燥，为清，如果是燥金不足就是清化四，如果是燥金太过就是清化九；五、十为土，为湿，为雨，雨只说五，不说十，叫雨化五。

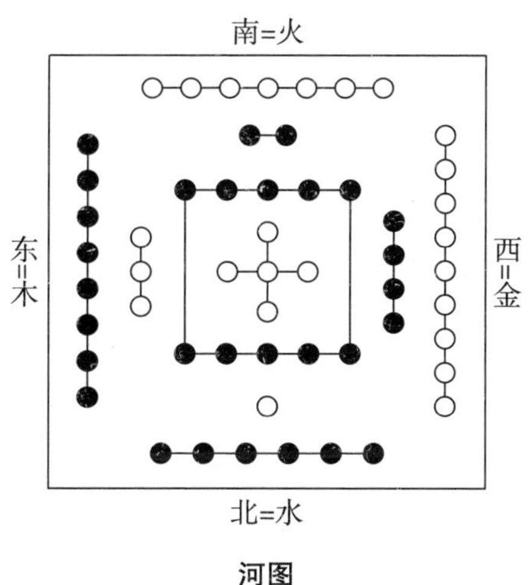

河图

除了五行生成数也就是河图数外，还有一种数字概念要注意，那就是“眚几宫”。这个数字是九宫数，也就是洛书数、文王八卦数，是表示方位的数字，九个数字代表九个方位。洛书数的口诀是：戴九履一，左三右七，二四为肩，六八为足，五居中央。其实这九个数、九个方位代表的就是五脏。戴九履一，九为最上方南方，为火，对应心；一为最下方北方，为水，对应肾；左三右七，三在左边就是东边，为木，对应肝；七在右边也就是西边，为金，对应肺；五在中央，为土，对应脾。比如眚七宫，就是西方受损伤、有灾害，实际上就是指肺部受伤害。

在讲完六十甲子每一年的运气常数之后，黄帝和岐伯又讨论了五运之气被过分抑制而表现出的物候特点和疾病特点，掌握了这些特点有利于预防气候的灾变和疾病的发生。

我们已经知道，从一年的天干可以推算出这一年五运是太过还是不及。太过和不及引起的疾病是不同的。“太过者暴，不及者徐，暴者为病甚，徐者为病持。”就是说：如果五运太过，那么发作就急暴；如果五运不及，那么发作就缓慢。发作急暴，引起的疾病也比较严重；发作缓慢，引起的疾病则缠绵持久。五运之气如果过分郁积，就会发作，从而引起气候灾变和相应疾病的发生。比如——

土郁之发，岩谷震惊，雷殷气交，埃昏黄黑，化为白气，飘骤高深，击石飞空，洪水乃从，川流漫衍，田牧土驹。化气乃敷，善为时雨，始生始长，始化始成。故民病心腹胀，肠鸣而为数后，甚则心痛胁䐜，呕吐霍乱，饮发注下，胕肿身重。

土湿之气郁积而发作，就会招来岩石山谷震动，雷声会震响于运气交会之时，尘土昏黄黑暗，湿气蒸发化为白气，大风骤雨降临高山深谷，石头撞击山涧横飞，洪水随之到来，河流湖泊泛滥湮没，土地破坏，水退田荒来牧畜。土化气敷布，容易降时令之雨，物类开始生长化成。百姓容易心、腹部胀满，肠鸣大便泄泻，严重的出现心痛、胁胀、呕吐、霍乱，水饮发作，大便泄下，身重浮肿等病。

接下来岐伯讲了其他四行郁积而发的情况，都是先说气候变化特征，后说相应疾病发作的特征。我这里只简单地说一下相应疾病的发作情况。刚才讲了土郁，再看金郁——

金郁之发，天洁地明，风清气切，大凉乃举，草树浮烟，燥气以行，霿（méng）雾数起，杀气乃至，草木苍干，金乃有声。故民病咳逆，心胁满引少腹，善暴痛，不可反侧，嗌干，面尘色恶。

金气郁积而发作，总的来说是燥气流行，肃杀之气降临，人们容易咳嗽气逆，心及胁部胀满，牵引少腹，常突发剧痛，不能转侧，咽干，面色如尘难看。

水郁之发，阳气乃辟，阴气暴举，大寒乃至，川泽严凝，寒雾结为霜雪，甚则黄黑昏翳，流行气交，乃为霜杀，水乃见祥。故民病寒客心痛，腰脽（shuí）痛，大关节不利，屈伸不便，善厥逆，痞坚腹满。

水气郁积而发作，总的来说是大寒之气降临，河流湖泊冻结，人们容易因受寒气侵袭而心脏疼痛，腰椎疼痛，髋关节活动不利，屈伸不便，易发厥逆，腹部痞满坚硬。

木郁之发，太虚埃昏，云物以扰，大风乃至，屋发折木，木有变，故民病胃脘当心而痛，上肢两胁，膈咽不通，食饮不下，甚则耳鸣眩转，目不识人，善暴僵仆。

木气郁积而发作，总的特点是大风降临，树木折断，人们容易胃脘当心处疼痛，上撑两胁，咽喉壅塞不通，饮食不能下咽，严重的会耳鸣，头晕目眩，双眼辨不清人，多突发僵直仆倒等病。

火郁之发，大虚曛翳，大明不彰，炎火行，大暑至，山泽燔燎，材木流津，广厦腾烟，土浮霜卤，止水乃减，蔓草焦黄，风行惑言，湿化乃后。故民病少气，疮疡痈肿，胁腹胸背，面首四肢，䐜愤胪胀，疡痱呕逆，瘈瘲（chì zòng）骨痛，节乃有动，注下温疟，腹中暴痛，血溢流注，精液乃少，目赤心热，甚则瞀闷懊憹（náo），善暴死。

火气郁积而发作，总的来说是大热流行，热极生风，人们容易呼吸气短，患疮疡痈肿，胸胁、腹、背、头面、四肢都胀满，生疮疡痱疹，呕逆，抽搐痉挛，骨节疼痛，泄泻无度，得温疟，腹中暴痛，血液外溢，精液减少，眼睛红赤，心中烦热，甚则昏晕烦闷，容易猝死。

总之，五运之气郁积而发作——

水发而雹雪，土发而飘骤，木发而毁折，金发而清明，火发而曛昧……后皆三十度而有奇也。

水郁发作出现冰雪霜雹，土郁发作出现飘风骤雨，木郁发作出现毁坏折断，金郁发作出现清净肃杀，火郁发作出现热气黄赤昏暗……（五运郁气的发作时间，都不在春、夏、长夏、秋、冬五季应当发生的时间，在时间上是有差别的。）一般总是在应当发生的时间之后三十多日。

那么一年的运气变化有没有早于时令而到的呢？请看下一讲。

六气正常和异常变化

上一讲我讲到了五运郁积而发作的气候变化和疾病情况，在时间上总是推迟发生的，一般在应当发生的季节之后三十多天才发生。那么有没有早于时令而发生的呢？有！其实五运主管的气候有的是早于时令而到来的，有的是迟于时令而到来的。在《六元正纪大论》中黄帝替我们问了这个问题——

帝曰：气至而先后者何？岐伯曰：运太过则其至先，运不及则其至后，此候之常也。帝曰：当时至者何也？岐伯曰：非太过非不及，则至当时，非是者眚也。

黄帝问：五运所主管的气候的到来有先有后，这是什么原因呢？

岐伯回答：这是因为五运有太过和不及的不同。五运太过，气候就会提前到来；五运不及，气候就会推后到来。这是气候变化的一般规律。

黄帝又问：有的气候既不早也不晚，是适时到来的，这又是什么原因呢？

岐伯回答：这就是五运既不是太过也不是不及的年份，是平气之年，气候就会准时到来，否则就会产生灾害。

其实五运之气的降临除了有早到和晚到的区别以外，还有“高下左右”的区别——

春气西行，夏气北行，秋气东行，冬气南行。故春气始于下，秋气始于上，夏气始于中，冬气始于标。春气始于左，秋气始于右，冬气始于后，夏气始于前。此四时正化之常。故至高之地，冬气常在；至下之地，春气常在。

春天之气向西运行，夏天之气向北运行，秋天之气向东运行，冬天之气向南运行。所以春气发源在下——从下往上升，秋气发源在上——从上往下降，夏气发源在里面——从里往外散发，冬气发源在外表——从外往里收藏。春气开始于左（东，上升），秋气开始于右（西，下降），冬气开始于后（北），夏气开始于前（南）。这就是四时正常气化现象。所以，高原地带，冬气常在，气候总是寒冷；低陷地带，春气常在，气候总是温暖。

听了岐伯的回答，黄帝接着问——

黄帝问曰：五运六气之应见，六化之正，六变之纪何如？岐伯对曰：夫六气正纪，有化有变，有胜有复，有用有病，不同其候，帝欲何乎？帝曰：愿尽闻之。岐伯曰：请遂言之。

黄帝问道：五运六气各有相应的气候变化，六气的正常变化与反常变化是怎样的？

岐伯回答说：六气有正常的变化，有反常的变化，有化生、有变异，有胜气、有复气，有正常作用、有反常的病变，这么多复杂的情况，您要了解哪一方面呢？

黄帝说：我都想详细地听一听。

岐伯说：那请允许我一一为您道来。

于是岐伯从十二个方面对六气的正常变化和异常变化情况一一作了讲解。首先是六气到来时的正常气候变化——

夫气之所至也，厥阴所至为和平，少阴所至为暄，太阴所至为埃溽，少阳所至为炎暑，阳明所至为清劲，太阳所至为寒氛。时化之常也。

六气到来的表现，厥阴风木之气到来是和煦的，少阴君火之气到来是温暖的，太阴湿土之气到来是湿润的，少阳相火之气到来是炎热的，阳明燥金之气到来是清凉劲急的，太阳寒水之气到来是寒冷的。这就是六气主时的正常气候变化。

接着讲了六气主时——六气主管的一年六个阶段中，万物的正常生长情况——

厥阴所至为风府，为璺（wèn）启；少阴所至为火府，为舒荣；太

阴所至为雨府，为员盈；少阳所至为热府，为行出；阳明所至为司杀府，为庚苍；太阳所至为寒腑，为归脏，司化之常也。

厥阴风木之气来临时，风气偏盛，草木开始萌芽；少阴君火之气来临时，火气偏盛，万物舒展繁荣；太阴湿土之气来临时，雨气偏盛，万物充实盈满；少阳相火之气来临时，热气偏盛，万物生发茂盛；阳明燥金之气来临时，肃杀之气偏盛，万物成熟苍老；太阳寒水之气来临时，寒气偏盛，万物阳气潜藏。这就是六气主时万物的正常变化情况。

接着岐伯又逐一分析了六气对万物的正常影响，六气主时气候变化的一般情况，六气主时影响动物化育的情况，还有万物顺从六气变化的正常情况。一共是六种正常情况。

讲完六气带来的六种正常变化之后，岐伯又分析了六气带来的六种反常的变化情况——

厥阴所至为飘怒大凉，少阴所至为大暄寒，太阴所至为雷霆骤注烈风，少阳所至为飘风燔燎霜凝，阳明所至为散落温，太阳所至为寒雪冰雹白埃，气变之常也。

太过的厥阴风木之气来临时，狂风四起，天气转为大凉；太过的少阴君火之气来临时，天气大热继而转为大寒；太过的太阴湿土之气来临时，雷霆、暴雨、狂风交集；太过的少阳相火之气来临时，旋风火热如燎，转而凝结成霜；太过的阳明燥金之气来临时，万物散落，转而温暖；太过的太阳寒水之气来临时，寒雪冰雹，白色尘埃之气弥漫。这就是六气反常的变化情况。

六气的反常导致各种病证——

厥阴所至为里急，少阴所至为疡疹身热，太阴所至为积饮否隔，少

阳所至为嚏呕为疮疡，阳明所至为浮虚，太阳所至为屈伸不利。病之常也。

厥阴风木之气来临时会出现腹中拘急、筋脉痉挛的症状；少阴君火之气来临时会出现疮疡、皮疹、身热等症状；太阴湿土之气来临时会出现水饮积聚、壅塞不通的症状；少阳相火之气来临时，会打喷嚏、呕吐、生疮疡的疾病；阳明燥金之气来临时，会发生皮肤肿胀的疾病；太阳寒水之气来临时，会发生关节屈伸不利的疾病。这些都是六气引发的常见病证。

岐伯还分析了六气所引起的其他病证，一共六种反常变化。最后岐伯总结说——

凡此十二变者，报德以德，报化以化，报政以政，报令以令。气高则高，气下则下，气后则后，气前则前，气中则中，气外则外，位之常也，故风胜则动，热胜则肿，燥胜则干，寒胜则浮，湿胜则濡泄，甚则水闭胕肿。随气所在，以言其变耳。

六气总共十二种变化，从中可以看出，六气和万物以及人体是一种报应关系。六气为德，万物以德回报；六气为化，万物以化回报；六气为政，万物以政回报；六气为令，万物以令回报。气在上则病位高，气在下则病位低，气在后则病位在后面，气在前则病位前面，气在中则病位在中，气在外则病位在外。这就是六气发病的病位状况。所以，风气太盛则常动，热气太盛则常肿，燥气太胜则常干，寒气太胜则常虚浮，湿气太胜则常湿泻，严重者会出现水闭浮肿。可以根据六气所处的位置，来说出疾病变化的情况。

听了岐伯的分析，最后黄帝感叹道——

至哉圣人之道！天地大化运行之节，临御之纪，阴阳之政，寒暑之

令，非夫子孰能通之！请藏之灵兰之室，署曰《六元正纪》，非斋戒不敢示，慎传也。

圣人之道太伟大了！天地运行的大道理，五运六气的大规律，阴阳的职能，寒暑的节令，如果不是夫子您，那么还有谁能通晓呢！我想把它藏在灵兰之室中，命名为《六元正纪》。如果不经过斋戒沐浴，就不能轻易翻阅它，一定要慎重传授给后人。

年运与疾病治疗

六气主管的气候特征

这一讲我们开始学习《黄帝内经》运气七篇中的最后一篇《至真要大论》。

有人会问，运气七篇都在讲五运六气，它们之间究竟有什么不同?

这个问题问得很好。我简单说明一下，其实从这七篇的题目上就可以大体明白每篇重点在说什么。先看第一篇《天元纪大论》，这是运气的总论，说明运气是宇宙元气运动的总规律。这一篇告诉我们什么是五运，什么是六气。五运是把一年分为五个阶段，六气是把一年分为六个阶段。五运分为主运和客运，六气也分为主气和客气。主运和主气是不变的，每一年五个阶段的气候特征依次为木、火、土、金、水，也就是风、热、湿、燥、寒，这就是主运；每一年六个阶段的气候特征也和五运一样，只是火分为君火、相火两种，这就是主气。但每年都是有其特殊性的，是变化的，叫客运、客气，客运随着这一年的天干而变化，客气随着这一年的地支而变化。客运的口诀是：甲己之年，土运主之；乙庚之年，金运主之；丙辛之年，水运主之；丁壬之年，木运主之；戊癸之年，火运主之。客气的口诀是：巳亥之年厥阴风木司天，子午之年少阴君火司天，寅申之年少阳相火司天，丑未之年太阴湿土司天，卯酉之年阳明燥金司天，辰戌之年太阳寒水司天。记住这两个口诀，五运六气就清楚了。

第二篇《五运行大论》主要讲了一年中五运的变化规律，告诉我们五运规律来源于对天文星宿之气颜色的观察。

第三篇《六微旨大论》主要讲一年六气的变化规律。

第四篇《气交变大论》主要讲五运和六气相互交会的变化规律。

第五篇《五常政大论》主要讲五运的常规变化规律。

第六篇《六元正纪大论》则讲了六十甲子每一年的五运六气变化的规律。

这一讲我们要讲的最后一篇《至真要大论》则是五运六气的应用纲要。

我要说明一点，运气七篇大论的内容虽然各有侧重，但它们之间并没有明显的界限，不少内容是重合的、交叉的，所以可以配合起来看。

现在我们就开始学习《至真要大论》。“至”是最的意思，“至真要”就是最真实、最正确的纲要。这一篇主要讲六气的气候特征及其引起的疾病情况、用药方法、治疗原则，重点在气候对人的生理、病理影响以及怎么治疗上，所以对临床有非常实用的指导意义，为历代医家所重视。

黄帝问曰：五气交合，盈虚更作，余知之矣。六气分治，司天地者，其至何如？岐伯再拜对曰：明乎哉问也！天地之大纪，人神之通应也……此道之所主，工之所疑也。

黄帝问：五运之气的交相会合，太过和不及交替发生，这一点我已经知道了。但是风、寒、暑、湿、燥、火六气是怎样分时主治，司天和在泉之气是怎样到来的，又会引起哪些变化呢？

岐伯叩拜并回答说：您问得真是太明晰了。这是天地变化的法则，也是人和天地相互沟通对应的规则。……司天和在泉之气的上下配合，这是天地大道的关键所在，也是医生最疑惑不解的问题。

黄帝说：我希望详细地听您说一说。于是岐伯对六气一一作了解说。先是说六气最大的气化特征、气候特征——

厥阴司天，其化以风；少阴司天，其化以热；太阴司天，其化以湿；少阳司天，其化以火；阳明司天，其化以燥；太阳司天，其化以寒。以所临脏位，命其病者也。

厥阴司天，气化为风（如果是巳年亥年就是厥阴风木司天，气化当然就是风）；少阴司天，气化为热；太阴司天，气化为湿；少阳司天，气化为火；阳明司天，气化为燥；太阳司天，气化为寒。可以根据客气所对应的脏腑来判断病变所在的位置，确定疾病的名称。

接下来岐伯一一分析了六气对应的气候、味道（五味）、颜色（五色），以厥阴风木司天为例——

厥阴司天为风化，在泉为酸化，司气化苍化，间气为动化。

厥阴如果司天，那么上半年的气候就多风；厥阴如果在泉，那么下半年的气候就多风，并会产生酸味；厥阴风木如果主持年运，那么全年青苍颜色就和它对应；如果厥阴是四个间气，那么四个间气主持的四个阶段就多风，万物就动摇不定。

我们前面已经学过一年分六步，也就是六个阶段。每个阶段都是六十天八十七刻半。每个阶段都有自己的气候特征，称为六步气。六步气是司天之气、在泉之气，还有四个间气。它们之间有什么不同呢？这里岐伯说了一句话：“主岁者纪岁，间气者纪步也。”就是说司天和在泉是主管一年气候变化的，其中司天主管上半年，在泉主管下半年，而间气则只主管六十天的气候变化。岐伯在讲了厥阴风木主管司天、在泉、年运、间气的情况之后，又分析了少阴君火、太阴湿土、少阳相火、阳明燥金、太阳寒水的情况，都是从每一种气分别主管司天、在泉、年运、间气这四个方面来分析的。

在分析完六气的气化特征之后，岐伯说——

故治病者，必明六化分治，五味五色所生，五脏所宜，乃可以言盈虚病生之绪也。

所以治病的医生，必须明确六气的主治不同，五味、五色的产生及其与五脏对应的关系，只有这样才可以说六气盈虚是疾病发生的源头。

接下来，黄帝和岐伯就讨论了六气司天、在泉怎么选择不同性味的药物来治病。文中提出了一个重要观点叫“司岁备物”。什么是“司岁备物”？简单地说就是根据每一年的气候特点来储备相应的药物。比如在厥阴风木主持气化的年份就要储备酸性的药物，在少阴君火主持气化的年份就要储备苦味的药物。按照一年的气候特征采集储备药物，药物气味就醇厚，药力就精而专，否则药物气味就不醇厚，药力散而不专。“故质同而异等也。气味有薄厚，性用有躁静，治保有多少，力化有浅深。”虽然药物的形态和性质相同，但是等次是不相同的，气味有厚薄的差异，性能有静动的分别，疗效有高低的不同，药力有浅深的差异。可见“司岁备物”的重要性。

那么六气为什么能伤害五脏呢？——

帝曰：岁主脏害何谓？岐伯曰：以所不胜命之，则其要也。帝曰：治之奈何？岐伯曰：上淫于下，所胜平之；外淫于内，所胜治之。

黄帝问：主管一年的气能损害五脏，这是怎么回事？

岐伯说：所不胜之气侵害五脏就会产生疾病，这是问题的关键。所不胜之气就是克制我气，比如金克木，金就是木的所不胜之气。如果燥金之气胜，那么就会损伤肝脏。

黄帝问：怎么治疗？

岐伯说：司天之气亢盛于下的，就用克制它的药物来平调；在泉之气亢盛于内的，就用克制它的药物来治疗。

“所胜”就是所克制，要用什么来克制呢？是用特定气味的药物。比如燥金太过引起肝脏疾病，就要用克制燥金的药物，火克金，从气味上说就是热性的、苦味的药物。

那么对于岁气平和年份的疾病怎么治疗呢？

帝曰：善。平气何如？岐伯曰：谨察阴阳所在而调之，以平为期，正者正治，反者反治。

岐伯说：“谨察阴阳所在而调之，以平为期。”即详细观测阴阳所处的位置而加以调理。“阴阳所在”包含范围很广，包括司天和在泉的所在、疾病部位的所在等，要以阴阳平和、阴阳平衡为目的。“正病正治，反病反治”——正病就是疾病的症状和本质相同，要用正治的方法，也就是用寒药治热病，用热药治寒病。反病就是症状和本质相反，就要用反治法，也就是用寒药治寒病，用热药治热病。

那么司天之气和在泉之气究竟是怎样导致人体发病的？又应该用什么药物来治疗呢？请看下一讲。

在泉之气太过与疾病治疗

上一讲我们讲了《至真要大论》开篇，讲了六气不仅导致气候的异常变化，而且还可以导致人体发病，那么六气是怎样导致人体发病的呢？又应该用什么药物来治疗呢？这一讲我们就重点讲一讲六气当中的在泉之气太过会导致什么疾病，要用什么药物来治疗。

帝曰：善。天地之气，内淫而病何如？

黄帝说：好。天地之气侵入人体导致发病的情况是怎样的？

这里讲的天地之气就是司天之气与在泉之气。

于是岐伯逐一作了回答，岐伯先回答了在泉之气导致的发病情况——

岁厥阴在泉，风淫所胜，则地气不明，平野昧，草乃早秀。民病洒洒振寒，善伸数欠，心痛支满，两胁里急，饮食不下，膈咽不通，食则呕，腹胀善噫（ài），得后与气，则快然如衰，身体皆重。

厥阴风木在泉之年（寅年、申年是厥阴风木在泉），这样的年份，如果风气淫胜，那么就会克制土气，大地尘土飞扬，田野昏暗，草木提前开花。人容易患受寒的疾病，恶寒发抖，不断打哈欠，心胸疼痛胀满，两胁拘急不舒，茶饭不思，食道不通畅，一吃东西就会呕吐，腹胀多嗳气（打饱嗝），大便或排气后则感到轻快软懒，身体沉重（也就是说厥阴风木在泉的年份，木克土，容易出现肝木克伐脾胃所导致的相关疾病）。

岁少阴在泉，热淫所胜，则焰浮川泽，阴处反明。民病腹中常鸣，气上冲胸，喘不能久立，寒热皮肤痛，目瞑齿痛，䪼（zhuō）肿，恶寒发热如疟，少腹中痛，腹大，蛰虫不藏。

少阴君火在泉之年（也就是卯年和酉年），如果热气亢胜，那么热气升浮在水面上，阴暗的地方反而显得明亮。人容易患腹中时常鸣响、气上冲胸、气喘不能久站、恶寒发热、皮肤疼痛、眼花、牙痛、脸肿、寒热往来像疟疾、少腹中痛、腹胀大等病（也就是说少阴君火在泉的年份，火克金，容易出现君火克制肺和大肠所导致的相关疾病）。

岁太阴在泉，草乃早荣，湿淫所胜，则埃昏岩谷，黄反见黑，至阴之交。民病饮积心痛，耳聋浑浑焞（tūn）焞，嗌（yì）肿喉痹，阴病血见，少腹痛肿，不得小便，病冲头痛，目似脱，项似拔，腰似折，髀不可以回，腘如结，腨（shuàn）如别。

太阴湿土在泉之年（也就是辰年和戌年），草木过早繁荣，如果湿气亢胜，那么山岩峡谷中雾气大而昏暗，本应为土色之黄，反见黑色，这是湿土和水气相合的缘故。人易水饮积聚，心痛，耳聋，听力下降，咽肿喉痛，少腹肿痛，不能小便，感到气血上冲头部，头痛，眼睛胀痛像蹦出来，颈部像被拔出来，腰像折断，髀关节不能转动，膝窝像凝结住一样不灵活了，小腿疼痛欲裂等病（也就是说太阴湿土在泉的年份，湿气过盛，土克水，就会出现脾土克制肾和膀胱所导致的疾病）。

岁少阳在泉，火淫所胜，则焰明郊野，寒热更至。民病注泄赤白，少腹痛，溺赤，甚则血便。

少阳相火在泉之年（也就是巳年和亥年），如果火气亢胜，那么原野上热气四射，寒冷和炎热交替。人容易患赤白痢疾、少腹疼痛、小便红色等病，严重则血便（也就是说少阳相火在泉的年份，火气亢盛，寒热交替，出现赤白下痢的热邪之病）。

岁阳明在泉，燥淫所胜，则霿雾清暝。民病喜呕，呕有苦，善太息，心胁痛不能反侧，甚则嗌干，面尘，身无膏泽，足外反热。

阳明燥金在泉之年（也就是子年和午年），如果燥气亢胜，那么雾气迷蒙，昏暗不清。人容易患呕吐之病，呕吐苦水，常叹息，心与胁部疼痛，不能转身；严重则出现咽干，面如蒙尘，肌肤不润泽，足外侧发热的症状（也就是说，阳明燥金在泉的年份，金克木，容易出现肺金克制肝胆所导致的相关疾病）。

岁太阳在泉，寒淫所胜，则凝肃惨栗。民病少腹控睾，引腰脊，上冲心痛，血见，嗌痛颔肿。

太阳寒水在泉的年份（也就是丑年和未年），如果寒气亢胜，那么就会出现寒气凝结、肃杀凄惨的景象。人容易患少腹疼并牵引睾丸，上连腰脊，寒气上冲引起心痛，出血，咽痛，颌部（口腔上部和下部的骨头和肌肉）肿痛等病（也就是说太阳寒水在泉的年份，水克火，容易出现肾水克制心与小肠所导致的相关疾病）。

这是六种在泉之气太过的年份气候变化和所引起的疾病变化的情况，那么怎么治疗呢？

岐伯曰：诸气在泉，风淫于内，治以辛凉，佐以苦，以甘缓之，以辛散之。热淫于内，治以咸寒，佐以甘苦，以酸收之，以苦发之。湿淫于内，治以苦热，佐以酸淡，以苦燥之，以淡泄之。火淫于内，治以咸冷，佐以苦辛，以酸收之，以苦发之。燥淫于内，治以苦温，佐以甘辛，以苦下之。寒淫于内，治以甘热，佐以苦辛，以咸泻之，以辛润之，以苦坚之。

岐伯说：在泉之气太过侵入人体会导致相应的疾病，如果是风气太过导致的疾病，就要用辛味凉性的药物作为主要药物，用苦味药物作为辅佐，用甘味药物来缓和风气的急迫，用辛味药物来驱散风邪。如果是热气太过导致的疾病，就要用咸味寒性药物作为主治，用甘味苦味药物作为辅佐，用酸味药物来收敛，用苦味药物来驱散火邪。如果是湿气太过导致的疾病，就要用苦味热性的药物作为主治，用酸淡药物作为辅佐，用苦味药物来燥湿，用淡味药物渗泄湿邪。如果是火气太过导致的疾病，就要用咸味寒性药物作为主治，用苦味辛味药物作为辅佐，用酸味药物收敛，用苦味药物驱散火邪。如果是燥气太过导致的疾病，就要用苦味温性药物作为主治，用甘味辛味药物作为辅佐，用苦味药物泄下。如果是寒气太过导致的疾病，就要用甘味热性药物作为主治，用苦味辛味药物作为辅佐，用咸味药物泻泄，用辛味药物来温润，用苦味药物来使阴精坚固不流失。

总之，在泉之气偏盛的治疗方法，总体原则是克制太过之气，扶助被克制之气。比如厥阴风木之气太盛，导致脾土受伤，所以一方面要用辛味凉性这类属金的药物来克制风木，另一方面还要用甘味属土的药物来扶持脾土。也就是说要用属性相克的药物来克制太过之气，用属性相同的药物来扶持被克制、受伤之气。这样就阴阳平和了，这也就是“谨察阴阳所在而调之，以平为期”。

我们明白了在泉之气太过导致的疾病及其治疗原则，那么司天之气太过又会导致什么疾病？应当怎么治疗呢？请看下一讲。

司天之气太过与疾病治疗

上一讲我们讲到运气七篇中的最后一篇《至真要大论》，黄帝和岐伯讨论了在泉之气太过导致的疾病的情况以及治疗用药的原则。在泉之气是主管下半年气候的，那么主管上半年气候乃至对全年的气候都有重要影响的司天之气如果太过又会引起什么疾病？又应当怎么治疗呢？黄帝替我们问了这个问题——

帝曰：善。天气之变何如？

黄帝说：好。司天之气引起人体的变化情况又是怎样的呢？

岐伯把六气分别司天的情况一一作了说明，先看厥阴风木司天——

岐伯曰：厥阴司天，风淫所胜，则太虚埃昏，云物以扰。寒生春气，流水不冰。民病胃脘当心而痛，上支两胁，膈咽不通，饮食不下，舌本强，食则呕，冷泄腹胀，溏泄瘕（jiǎ）水闭。蛰虫不去。病本于脾。冲阳绝，死不治。

岐伯说：厥阴风木司天（也就是巳年和亥年），如果风气亢胜，那么天空尘埃满布而昏沉，云被风吹飘移不定。虽然是寒冷季节但还像春天一样暖和，流水也不结冰。人容易患胃脘痛、心口痛，向上支撑两胁，咽喉胸膈堵塞不通，饮食吃不下，舌根僵硬，食后则呕吐，冷泄腹胀，大便稀溏泄泻，瘕证，小便不通等疾病。疾病的根本在脾脏（因为厥阴风木太盛，木克土，脾胃为土，所以就会引起脾胃的病证）。如果足背部的冲阳脉断绝，就会不治而亡。

少阴司天，热淫所胜，怫热至，火行其政。民病胸中烦热，嗌干，右胠满，皮肤痛，寒热咳喘，大雨且至，唾血血泄，鼽衄嚏呕，溺色变，甚则疮疡胕肿，肩背臂臑（nào）及缺盆中痛，心痛肺膜，腹大满，膨膨而喘咳。病本于肺。尺泽绝，死不治。

少阴君火司天（也就是子年和午年），如果热气亢胜，那么天气闷热，火热发生作用。人容易患胸中烦热、咽干、右胁肿满、皮肤疼痛、恶热发寒、咳喘、吐血、便血、鼻出血、喷嚏、呕吐、小便颜色变化等疾病，严重则出现疮疡、浮肿，肩、背、臂、上肢及缺盆等处疼痛，心痛，肺胀，腹大胀满，咳嗽气喘。疾病的根本在肺（因为少阴君火太盛，火克金，肺为金，所以就会引起肺脏的病证）。如果肘部的尺泽脉断绝，就会不治而亡。

太阴司天，湿淫所胜，则沉阴且布，雨变枯槁。胕肿骨痛阴痹，阴痹者，按之不得，腰脊头项痛，时眩，大便难，阴气不用，饥不欲食，咳唾则有血，心如悬。病本于肾。太溪绝，死不治。

太阴湿土司天（也就是丑年和未年），如果湿气亢胜，那么阴沉之气布满天空，雨水太多，致使草木枯槁。人容易患浮肿、骨痛、肩背头项痛（即阴痹）等疾病。阴痹是肾阳不足，肾中寒气上逆导致的，按它不知道痛处，腰脊头项疼痛，经常眩晕，大便困难，阳痿不举，虽然饥饿但不想饮食，咳唾带血，心悬空不安。疾病的根本在肾（因为太阴湿土太盛，土克水，肾为水，所以就会引起肾脏的病证）。如果脚内踝处的太溪脉断绝，就会不治而亡。

少阳司天，火淫所胜，则温气流行，金政不平。民病头痛，发热恶寒而疟，热上皮肤痛，色变黄赤，传而为水，身面胕肿，腹满仰息，泄注赤白，疮疡，咳唾血，烦心、胸中热，甚则鼽衄。病本于肺。天府绝，死不治。

少阳相火司天（寅年、申年），如果火气亢胜，那么温热之气流行，金气不能发挥清肃的作用，因为火克了金。人容易患头痛，发热恶寒而为疟疾，热气向上引起皮肤疼痛、颜色黄赤，进一步会发展为水病，造成身体和面部浮肿，腹部胀满，仰面喘息，泄泻，赤白痢疾，疮疡，咳血，心烦，胸中热，严重则出现鼻中堵塞、流血。疾病的根本在肺（因为少阳相火太盛，火克金，肺为金，所以就会引起肺脏的病证）。如果腋下的天府脉断绝，就会不治而亡。

阳明司天，燥淫所胜，则木乃晚荣，草乃晚生，筋骨内变。民病左胠胁痛，寒清于中，感而疟，大凉革候，咳，腹中鸣，注泄鹜溏。名木敛，生菀（yùn）于下，草焦上首。心胁暴痛，不可反侧，嗌干面尘，腰痛，丈夫㿗（tuí）疝，妇人少腹痛，目昧（mèi）眦疡疮痤痈。蛰虫来见。病本于肝。太冲绝，死不治。

阳明燥金司天（也就是卯年和酉年），如果燥气亢胜，那么金克木，草木繁荣时间就推迟，人的筋骨会生病，容易患左侧的胁肋疼痛（左肝右肺），清寒之气侵害体内，会发生疟疾。大凉之气使天气发生变化，容易使人咳嗽、腹中鸣叫、泄泻、大便稀溏。大树枝梢枯敛，而生气郁伏于下，草梢也因之焦干，会出现心胁突发疼痛，不能转侧，咽干而面如蒙尘，腰痛，男子疝气，妇人少腹疼痛，视物昏花，眼角溃烂，疮疡痈肿、痤疖等疾病。疾病的根本在肝（因为阳明燥金太盛，金克木，肝为木，所以就会引起肝脏的病证）。如果脚上大趾后的太冲脉断绝，就会不治而亡。

太阳司天，寒淫所胜，则寒气反至，水且冰，血变于中，发为痈疡，

民病厥心痛，呕血、血泄、鼽衄，善悲，时眩仆。运火炎烈，雨暴乃雹。胸腹满，手热肘挛掖肿，心澹澹大动，胸胁胃脘不安，面赤目黄，善噫嗌干，甚则色炲（tái），渴而欲饮。病本于心。神门绝，死不治。

太阳寒水司天，也就是辰年和戌年，如果寒气亢胜，那么在不应当寒冷的季节寒气反而降临，水结冰。血液在体内发生变化，发生痈疡，厥逆心痛，呕血，便血，鼻出血，容易悲伤，容易眩晕仆倒。如果遇到年运火气太过，就会出现暴雨冰雹，人们容易患胸腹胀满，手心热，肘部痉挛，腋窝肿痛，心悸不安，胸胁胃脘不舒，面赤、目黄，不断噫气，口干，严重的出现面黑如煤烟，口渴想饮水等病。疾病的根本在心（因为太阳寒水太盛，水克火，心为火，所以就会引起心脏的病证）。如果手腕部的神门脉断绝，就会不治而亡。

那么对于司天之气亢盛引起的疾病应该怎么治疗呢？岐伯回答——

司天之气，风淫所胜，平以辛凉，佐以苦甘，以甘缓之，以酸泻之。热淫所胜，平以咸寒，佐以苦甘，以酸收之。湿淫所胜，平以苦热，佐以酸辛，以苦燥之，以淡泄之。湿上甚而热，治以苦温，佐以甘辛，以汗为故而止。火淫所胜，平以酸冷，佐以苦甘，以酸收之，以苦发之，以酸复之。热淫同。燥淫所胜，平以苦温，佐以酸辛，以苦下之。寒淫所胜，平以辛热，佐以甘苦，以咸泻之。

司天之气太过侵入人体会导致相应的疾病，如果是风气太过导致的疾病，就要用辛味、凉性的药物作为主要药物，用甘味、苦味的药物作为辅佐，用甘味药物来缓和风气的急迫，用酸味药物来泄掉风邪。如果是热气太过导致的疾病，就要用咸味、寒性药物作为主治，用苦味、甘味药物作为辅佐，用酸味药物来收敛。如果是湿气太过导致的疾病，就要用苦味、热性的药物作为主治，用酸味、辛味的药物作为辅佐，用苦味药物来燥湿，用淡味药物渗利湿邪。如果是湿气太过又加上热气导致的疾病，就要用苦味、温性的药物作为主治，用甘味、辛味药物作为辅佐，大量出汗就停止用药。如果是火气太过导致的疾病，就要用酸味、寒性药物作为主治，用苦味、甘味药物作为辅佐，用苦味药物发散火邪，用酸味药物恢复津液。热气太过和火气太过的用药原则是相同的。如果是燥气太过导致的疾病，就要用苦味、温性药物作为主治，用酸味、辛味药物作为辅佐，用苦味药物泄下。如果是寒气太过导致的疾病，就要用辛味、热性的药物作为主治，用甘味、苦味药物作为辅佐，用咸味药物泻掉寒邪。

总之司天之气偏盛的治疗方法与在泉之气偏盛的治疗方法是一样的，总体原则都是克制太过之气，扶助被克制之气，也就是说都要用属性相克的药物来克制太过之气，用属性相同的药物来扶持被克制、受伤之气。两种治疗方法都要遵循阴阳中和、“以平为期”的基本原则。除了司天之气、在泉之气太过导致疾病以外，六气还会在什么情况下导致疾病呢？请看下一讲。

胜气与疾病治疗

我们继续讲《至真要大论》，上两讲我们讲了司天之气和在泉之气如果太过会导致什么疾病，应当怎么治疗，那如果司天之气和在泉之气不足又会导致什么疾病？应当怎么治疗呢？这一讲我们就来讲讲这个问题。

帝曰：善。邪气反胜，治之奈何？

黄帝说：好，邪气反胜导致的疾病应当怎样治疗？

为什么邪气反胜？就是因为司天之气或者在泉之气不及、不足。因为自己太弱了，所以招来“敌人”过度地欺负自己，这就是邪气反胜。邪气太过，就会使人生病。

岐伯先回答了在泉之气太弱、被邪气过度克制而导致的发病，应该怎么用药治疗。

岐伯曰：风司于地，清反胜之，治以酸温，佐以苦甘，以辛平之。热司于地，寒反胜之，治以甘热，佐以苦辛，以咸平之。湿司于地，热反胜之，治以苦冷，佐以咸甘，以苦平之。火司于地，寒反胜之，治以甘热，佐以苦辛，以咸平之。燥司于地，热反胜之，治以平寒，佐以苦甘，以酸平之，以和为利。寒司于地，热反胜之，治以咸冷，佐以甘辛，以苦平之。

岐伯说：如果是厥阴风木在泉的时候，风木之气太弱了，就会被燥金的清肃之气过度克制而导致发病，那就要用酸味、温性药物作为主治（因为酸味属木，可以增补厥阴风木的不足；温性属火，可以克制过胜的燥金），然后用苦味、甘味药物作为辅佐，用辛味药物调理它。如果是少阴君火的热气在泉，反而被寒水之气过度克制而发病，那么就要用甘味、热性的药物作为主治（因为甘为土，可以克制寒水；热为火，可以增补少阴君火的热气），然后用苦味、辛味药物作为辅佐，用咸味药物调理它。如果是太阴湿土在泉，反而被热气所过度克制而发病，就要用苦味、寒性的药物作为主治，用咸味、甘味药物作为辅佐，用苦味药调理它。如果少阳相火之气在泉，反而被寒水之气所过度克制而发病，就要用甘味、热性的药物作为主治，用苦味、辛味的药物作为辅佐，用咸味药物调理它。如果是阳明燥金之气在泉，反而被火热之气过度克制而发病，那就要用平性、寒性的药物作为主治，用苦味、甘味的药物作为辅佐，用酸味药物调理它，用平和药物最为有利。如果太阳寒水之气在泉，反而被火热之气所克制而发病，就要用咸味、寒性药物作为主治，用甘味、辛味药物作为辅佐，用苦味药物调理它。

这是六气在泉不及发病用药的基本原则，那么六气司天不及而发病又应当怎样用药呢？

帝曰：其司天邪胜何如？岐伯曰：风化于天，清反胜之，治以酸温，佐以甘苦。热化于天，寒反胜之，治以甘温，佐以苦酸辛。湿化于天，热反胜之，治以苦寒，佐以苦酸。火化于天，寒反胜之，治以甘热，佐以苦辛。燥化于天，热反胜之，治以辛寒，佐以苦甘。寒化于天，热反胜之，治以咸冷，佐以苦辛。

黄帝问：司天之气不足被邪气所胜应该如何治疗呢？

岐伯说：如果厥阴风木之气司天，风木不足，反而被清凉的金气所过度克制而导致发病，就要用酸味、温性的药物作为主治（酸为木，以木补木，温热为火，以火克金），用甘味、苦味药物作为辅助。如果少阴君火司天，反而被寒水之气过度克制而发病，就要用甘味、温性药物作为主治，用苦味、酸味、辛味药物作为辅佐。如果太阴湿土之气司天，反而被热火之气过度克制而发病，就要用苦味、寒性药物作为主治，用苦味、酸味药物作为辅佐。如果少阳相火司天，反而被寒水之气过度克制而致病，就要用甘味、热性药物作为主治，用苦味、辛味药物作为辅佐。如果阳明燥金司天，反而被热火之气过度克制而致病，就要用辛味、寒性药物作为主治，用苦味、甘味药物作为辅佐。如果太阳寒水司天，反而被热火之气克制，就要用咸味、寒性药物作为主治，用苦味、辛味药物作为辅佐。

在讲完在泉之气、司天之气被邪气所胜导致发病应该采用什么药物之后，黄帝和岐伯又讨论了六气相胜的问题。

帝曰：六气相胜奈何？岐伯曰：厥阴之胜，耳鸣头眩，愦（kuì）愦欲吐，胃膈如寒……胠胁气并，化而为热，小便黄赤，胃脘当心而痛，上肢两胁，肠鸣飧泄，少腹痛，注下赤白，甚则呕吐，膈咽不通。少阴之胜，心下热，善饥，脐下反动，气游三焦；炎暑至，木乃津，草乃萎；呕逆躁烦，腹满痛，溏泄，传为赤沃。太阴之胜，火气内郁，疮疡于

中，流散于外，病在胠胁，甚则心痛，热格，头痛喉痹项强，独胜则湿气内郁，寒迫下焦，痛留顶，互引眉间，胃满；雨数至，燥化乃见；少腹满，腰脽重强，内不便，善注泄，足下温，头重，足胫胕肿，饮发于中，胕肿于上。少阳之胜，热客于胃，烦心心痛，目赤，欲呕，呕酸善饥，耳痛，溺赤，善惊谵妄；暴热消烁，草萎水涸，介虫乃屈。少腹痛，下沃赤白。阳明之胜，清发于中，左胠胁痛，溏泄，内为嗌塞，外发㿉疝；大凉肃杀，华英改容，毛虫乃殃；胸中不便，嗌塞而咳。太阳之胜，凝凓且至，非时水冰，羽乃后化；痔疟发，寒厥入胃，则内生心痛，阴中乃疡，隐曲不利，互引阴股，筋肉拘苛，血脉凝泣，络满色变，或为血泄，皮肤否肿，腹满食减，热反上行，头项囟顶脑户中痛，目如脱，寒入下焦，传为濡泻。

黄帝问：六气相胜（互有强弱，互相克制）是怎样的？

岐伯回答：如果厥阴偏胜，也就是厥阴风木成为胜气、亢盛之气，那么就会导致耳鸣头眩，心中烦乱想吐，胃脘及横膈之间感到寒凉……胁肋之气积聚不散，化而为热，小便黄赤，胃脘当心口窝处疼痛，两胁胀满，肠鸣，泄泻，少腹疼痛，赤白痢疾，严重时出现呕吐，咽喉胸膈之间不通畅。（这些病证其实在上两讲中已经提到过。上两讲分别讲了厥阴风木司天和厥阴风木在泉如果太胜，就会导致这些疾病。这些疾病的根本原因在于风木太胜：一是伤害了它所克制的脏腑，木克土，也就是脾胃；二是伤害了它所主管的脏腑，也就是肝胆，肝胆为木。）其他五气偏胜的情况也是这样：如果少阴君火偏胜，就会导致火克制的肺脏以及同属火的心脏的疾病；如果太阴湿土偏胜，就会导致土克制的肾脏以及同属土的脾胃的疾病；如果少阳相火偏胜，就会导致火克制的肺脏以及同属火的心脏的疾病；如果阳明燥金偏胜，就会导致金克制的肝脏以及同属金的肺脏的疾病；如果太阳寒水偏胜，就会导致水克制的心脏以及同属水的肾脏的疾病。

岐伯列举了六气偏胜的各种症状表现，大家可以参照前两讲，这里就不重复了。那么对于六气偏胜应该用什么药物呢？

帝曰：治之奈何？岐伯曰：厥阴之胜，治以甘清，佐以苦辛，以酸泻之。少阴之胜，治以辛寒，佐以苦咸，以甘泻之。太阴之胜，治以咸热，佐以辛甘，以苦泻之。少阳之胜，治以辛寒，佐以甘咸，以甘泻之。阳明之胜，治以酸温，佐以辛甘，以苦泻之。太阳之胜，治以甘热，佐以辛酸，以咸泻之。

黄帝问：如何治疗？

岐伯说：如果厥阴风木偏胜而发病，就要用甘味、凉性的药物作为主治（甘味属土，木太过则克土，所以要用甘味的土来扶持脾胃之土；凉性属金，木太过了，所以要用凉性的金来克制过盛的风木），然后用苦味、辛味的药物作为辅佐，用酸味药物泻它。如果少阴君火偏胜而发病，就要用辛味、寒性药物作为主治，用苦味、咸味药物作为辅佐，用甘味药物泻它。如果太阴湿土偏胜而发病，就要用咸味、热性药物作为主治，用辛味、甘味药物作为辅助，用苦味药物泻它。如果少阳相火偏胜而发病，就要用辛味、寒性药物作为主治，用甘味、咸味药物作为辅佐，用甘味药物泻它。如果阳明燥金偏胜而发病，就要用酸味、温性药物作为主治，用辛味、甘味药物作为辅佐，用苦味药物泻它。如果太阳寒水偏胜而发病，就要用甘味、热性药物作为主治，用辛味、酸味药物作为辅佐，用咸味药物泻它。

总而言之，六气偏胜所导致的疾病，用药原则都是要克制太过之气，扶助被克制之气，也就是用性味相克的药物来克制太过，用性味相同的药物来扶助不及。这些都离不开五行的相生相克。

这是六气的偏胜情况，有胜一定有复，也就是说一个东西太过了，太过霸凌了，肯定会遭到报复，所有胜气一定有复气——报复之气。那么复气又会导致什么疾病呢？请看下一讲。

复气与疾病治疗

我们都知道社会上存在一种霸凌现象，霸凌原本是指人与人之间因不平等导致的欺凌与压迫，霸凌者企图用一种强硬的欺凌手段达到使对方屈服的目的，可是结果却往往不是霸凌者所想的那样。人类社会是这样，自然界也是这样。就五运六气来说，如果一种气太过了，叫胜气，好比是胜利者、霸凌者，它要过度地克制、欺凌另一种气，结果招来了另一种气的报复。

这就是《至真要大论》说的四个字："有胜则复。"这样就使得五行相生相克保持一种动态平衡关系，当有一行太偏盛的时候，五行平衡被暂时打破了，这时就会有另一行来克制它、制约它，于是五行系统又复归于平衡，复归于协调和稳定。

上一讲我们讲的是六气出现了胜气，也就是出现了霸凌者，那么这一讲我们就来讲一讲六气的复气，也就是报复者。有一点要说明，报复者太强了、复气太过了也会导致疾病。

帝曰：六气之复何如？岐伯曰：悉乎哉问也！

黄帝问：六气的复气导致的疾病是怎样的？

岐伯说：您问得真详细啊！

接下来岐伯就对六气的复气导致的疾病情况一一作了回答。首先是——

厥阴之复，少腹坚满，里急暴痛……厥心痛，汗发呕吐，饮食不入，入而复出，筋骨掉眩清厥，甚则入脾，食痹而吐。冲阳绝，死不治。

如果厥阴风木成为复气，就会导致少腹部硬满，胸胁腹部拘急、突发疼痛……还容易发生厥逆心痛，出汗、呕吐，饮食不进，吃了之后就吐出，筋骨震颤，目眩头晕，手足厥冷，严重时则侵入脾脏（木克土，脾为土），出现食痹、呕吐等疾病。如果足背部的冲阳脉断绝，就会不治而亡。

少阴之复，燠热内作，烦躁鼽嚏，少腹绞痛，火见燔焫，嗌燥，分注时止，气动于左，上行于右，咳，皮肤痛，暴喑心痛，郁冒不知人，乃洒淅恶寒，振栗谵妄，寒已而热，渴而欲饮，少气骨痿，隔肠不便，外为浮肿，哕噫……病痱疹疮疡，痈疽痤痔，甚则入肺，咳而鼻渊。天府绝，死不治。

如果少阴君火成为复气，就会心中烦热、烦躁，鼻流血，喷嚏，少腹绞痛，身热如炭，咽喉干燥，大小便时下时止，如果活动气从左边发生并向上行影响到右侧，则出现咳嗽、皮肤痛、突然失音、心痛、神昏不明白人事，继而出现恶寒颤抖、妄言乱语，寒战后又出现高热、口渴欲饮、少气、骨头萎软无力、肠道堵塞、大便不通，在外出现浮肿、呃逆嗳气……还容易出现痱疹疮疡、痈疽、痤痔等病，严重则热邪侵袭肺脏（火克金，肺为金），表现为咳嗽，鼻流浊涕，如泉水一般，量多流不止。如果腋下的天府脉断绝，就会不治而亡。

太阴之复，湿变乃举，体重中满，食饮不化，阴气上厥，胸中不便，饮发于中，咳喘有声……头顶痛重，而掉瘛尤甚，呕而密默，唾吐清液，甚则入肾，窍泻无度。太溪绝，死不治。

如果太阴湿土成为复气，就会湿气流行，身体沉重，腹中胀满，饮食不化，寒湿之气上逆，引起胸中憋闷而不畅快，水饮发于内，咳喘有声音……还容易出现头顶痛，在震动抽搐时加重，呕吐，口吐清水，严重则侵袭肾脏（土克水，肾为水），泄泻没有节制。如果足内踝下的太溪脉断绝，就会不治而亡。

少阳之复，大热将至……惊瘛咳衄，心热烦躁，便数憎风，厥气上行，面如浮埃，目乃瞤瘛，火气内发，上为口糜，呕逆，血溢血泄，发而为疟，恶寒鼓栗。寒极反热，嗌络焦槁，渴饮水浆，色变黄赤，少气脉萎，化而为水，传为胕肿，甚则入肺，咳而血泄。尺泽绝，死不治。

如果少阳相火成为复气，那么将会有大热降临……人就会出现惊恐、咳嗽、衄血、心热烦躁、小便频数、怕风的症状。厥逆之气上行，则面色晦暗如同浮尘蒙蔽，眼睛跳动抽搐。火气入内，会出现口舌糜烂、呕吐、气逆、血溢、便血的症状，还会发生疟疾，恶寒战栗。寒到极点反而变热，咽喉干燥，口渴欲饮，面色变为黄赤，少气，脉萎弱，化为水病，转为浮肿，严重时则出现邪气侵入肺脏（火克金，肺为金），咳嗽带血。如果肘部的尺泽脉断绝，就会不治而亡。

阳明之复，清气大举，森木苍干，毛虫乃厉，病生胠胁，气归于左，善太息，甚则心痛否满，腹胀而泄，呕苦，咳哕烦心，病在膈中，头痛，甚则入肝，惊骇筋挛。太冲绝，死不治。

如果阳明燥金成为复气，就会清凉肃杀之气流行……人容易胸胁部发病，邪气常侵犯左侧，时常叹息，严重的会出现心痛、痞塞胀满、腹胀泄泻，呕出苦味、咳嗽、干哕、心烦，病在横膈的位置，头痛严重时会侵袭肝脏（金克木，肝为木），出现惊骇、筋脉痉挛等疾病。如果足部大脚趾后的太冲脉断绝，就会不治而亡。

太阳之复，厥气上行……心胃生寒，胸膈不利，心痛否满，头痛善悲，时眩仆，食减，腰脽反痛，屈伸不便……少腹控睾，引腰脊，上冲心，唾出清水，及为哕噫，甚则入心，善忘善悲。神门绝，死不治。

如果太阳寒水成为复气，那么寒冷之气就流行……人容易心胃生寒气，胸膈不通畅，心痛，头痛，容易悲伤，经常眩晕仆倒，食欲减退，腰椎疼痛，屈伸不便利……还容易出现少腹痛而牵引睾丸、牵引腰脊疼痛，寒气上逆冲心，影响心脏，唾出清水，干哕，嗳气的症状，严重的则邪气侵入心脏（水克火，心为火），容易出现健忘、易悲伤等病证。如果手腕部的神门脉断绝，就会不治而亡。

总之，六气成为复气所导致的病证，主要是复气所欺负的脏腑经络的病证。因为太霸凌了，也就是克制太过了，所以导致被欺负的脏腑之气过于柔弱、损伤过重，就出现了各种病证，严重的话就会出现死亡。同时霸凌者自己也会受伤，也就是复气对应的脏腑也会受伤。比如厥阴风木之气为复气，一方面风木欺负的土，也就是脾胃会受伤发病，另一方面风木相应的肝脏自己也会受损。

那么对于六气的复气导致的疾病，应该怎么治疗呢？

帝曰：善。治之奈何？岐伯曰：厥阴之复，治以酸寒，佐以甘辛，以酸泄之，以甘缓之。少阴之复，治以咸寒，佐以苦辛，以甘泻之，以酸收之，辛苦发之，以咸软之。太阴之复，治以苦热，佐以酸辛，以苦泻之，燥之，泄之。少阳之复，治以咸冷，佐以苦辛，以咸软之，以酸收之，辛苦发之……阳明之复，治以辛温，佐以苦甘，以苦泄之，以苦下之，以酸补之。太阳之复，治以咸热，佐以甘辛，以苦坚之。

黄帝说：好。应该怎么治疗呢？

岐伯说：如果厥阴风木为复气而发病，就要用酸味、寒性药物作为主治，用甘味、辛味药物作为辅助，用酸味药物泄掉它，用甘味药物缓和它。如果少阴君火为复气而发病，就要用咸味、寒性药物作为主治，用苦味、辛味药物作为辅佐，用甘味药物泄掉它，用酸味药物收敛它，用辛味、苦味药物发散它，用咸味药物软化它。如果太阴湿土为复气而发病，就要用苦味、热性药物作为主治，用酸味、辛味药物作为辅佐，用苦味药物泄掉湿邪。如果少阳相火为复气而发病，就要用咸味、寒性药物作为主治，用苦味、辛味药物作为辅助，用咸味药物软化它，用酸味药物收敛它，用辛味、苦味药物发散它……如果阳阴燥金为复气而发病，就要用辛味、温性药物作为主治，用苦味、甘味药物作为辅佐，用苦味药物泄掉它，用酸味药物补益它。如果太阳寒水为复气而发病，就要用咸味、热性药物作为主治，用甘味、辛味药物作为辅佐，用苦味药物来使阴精坚固。

治诸胜复，寒者热之，热者寒之，温者清之，清者温之，散者收之，抑者散之，燥者润之，急者缓之，坚者软之，脆者坚之，衰者补之，强者泻之，各安其气，必清必静，则病气衰去，归其所宗，此治之大体也。

治疗胜气和复气导致的疾病，寒病要用热药，热病要用寒药，温病要用清凉药，凉病要用温性药，气散要用收敛药，气郁要用发散药，气燥要用滋润药，气急则用缓和药，坚实要用软坚药，脆弱要用固本药，气衰要用补药，气盛要用泻药。总之，要使五脏之气安和，清静安宁，如此则病气自然衰退，阴阳气血就会各自回归正常，这就是治病用药的大法则。

本讲讲了六气的复气情况，那么主气和客气的胜复情况又是怎样的呢？请看下一讲。

年运与病证诊疗

主客之气与疾病治疗

上一讲我讲到胜气与复气好比是霸凌者与复仇者，那么一年中六气和人体是怎么对应的？六气的亢盛和报复有没有规律呢？

帝曰：善。气之上下何谓也？

黄帝问：好。气分上下，是怎么回事呢？

这个问题其实是在问，身体上下之气和上天下地之气相应是怎么回事。

岐伯曰：身半以上，其气三矣，天之分也，天气主之；身半以下，其气三矣，地之分也，地气主之。以名命气，以气命处，而言其病。

岐伯说：人体上半身，有三种气，是和天气相应的，由司天之气主管；人体下半身，有三种气，是和地气相应的，由在泉之气主管。用三阴三阳的名称来命名这六种气，用六气所配属的脏腑经络来确定部位，来说明疾病的情况。

半，所谓天枢也。故上胜而下俱病者，以地名之；下胜而上俱病者，

以天名之。所谓胜至，报气屈伏而未发也，复至则不以天地异名，皆如复气为法也。

所说的“身半”，就是指肚脐眼两旁的天枢穴。也就是说肚脐眼以上为上半身，以下为下半身。所以如果上半身的三气亢胜而下半身三气发病，就使用地气的名称来命名疾病；如果下半身的三气亢胜而上半身三气发病，就要用天气的名称来命名疾病。所谓胜气降临，是指报复之气还在潜伏，没有到来的时候；如果复气已经到来，就不用天地之气来命名疾病，而要依据复气的变化来确定病名。

帝曰：胜复之动，时有常乎？气有必乎？岐伯曰：时有常位，而气无必也。……初气终三气，天气主之，胜之常也。四气尽终气，地气主之，复之常也。有胜则复，无胜则否。

黄帝说：胜气和复气的变化，在时间上有规律吗？胜复之气的到来有一定法则吗？

岐伯说：风、暑、火、湿、燥、寒六气在一年六个阶段是有固定不变的时间和位置的，但胜气与复气的到来却是不一定的。……一般来说每一年从初之气到三之气，都是由天气也就是司天之气所主宰，是胜气经常发生的时间；从四之气到终之气，都是由地气也就是在泉之气所主宰，是复气经常发生的时间。有胜气才有复气，没有胜气则没有复气。

帝曰：善。复已而胜何如？岐伯曰：胜至则复，无常数也，衰乃止耳。复已而胜，不复则害，此伤生也。帝曰：复而反病何也？岐伯曰：居非其位，不相得也。大复其胜，则主胜之，故反病也。所谓火燥热也。

黄帝说：好。有时复气过去了又发生胜气又是什么原因？

岐伯说：只要有胜气降临，就必定会伴随复气发生，这是没有固定规律的，直到气衰才停止。如果复气停止之后又有胜气发生，又没有复气相应发生，那么就会造成危害，从而伤害人的生命。

黄帝说：复气本身发生疾病又是什么原因呢？

岐伯说：这是由于复气到来不是它主时的时位，又与主气不相合的原因。如果复气过分地报复胜气，那么复气本身必然衰弱，这时主时之气就会乘机克制它，所以复气本身会导致疾病。这种情况主要发生在火、燥、热三气为复气的时候。

对于这种因胜气和复气导致的疾病应该怎么治疗呢？

其实前两讲我们讲过了胜气和复气会导致什么疾病，应当采用什么药物进行治疗。那么有没有一个简单的治疗原则呢？有！岐伯将这个用药原则总结为四句话。

对于胜气，有两句话——

夫气之胜也，微者随之，甚者制之。

对于胜气导致的疾病，病情轻微的要随从它，也就是要顺从它的特性进行治疗；病情严重的要制止它，也就是要用克制它的药物进行治疗。

对于复气，有两句话——

气之复也，和者平之，暴者夺之。

对于复气导致的疾病，病情和缓的要平复它，也就是用和缓的药物平复它；病情紧急的要马上制服它，也就是用克制它的药物来夺取它的邪气。

总而言之——

皆随胜气，安其屈伏，无问其数，以平为期，此其道也。

一切都要随着胜气，来治疗其被抑伏之气，不要管胜气和复气更替多少次，都要以人体之气平衡调和作为目的，这就是治疗的根本原则。

帝曰：善。客主之胜复奈何？岐伯曰：客主之气，胜而无复也。……主胜逆，客胜从。天之道也。

黄帝说：好。那么客气和主气的胜气与复气是怎样的？

岐伯说：客气与主气之间，只有胜气没有复气。……主气胜过客气为逆，客气胜过主气为顺，这是天地间的大规律。

主气和客气我们前面都讲过了，这里简单地复习一下，运气学说把一年分为六个阶段，每个阶段为六十日八十七刻半，简单看成六十天，如果从二十四节气来说，是从大寒节气算起，每四个节气为一个阶段，这六个阶段的气候一般规律都是固定不变的，那就是风、热、火、湿、燥、寒，热和暑就是君火和相火，每年都是如此，这就是主气，像主人一样固定不变；但是每一年的气候又有自己的特殊性，又是可变的，像客人一样，所以叫客气。客气也不是没有规律的，它可以从一年的地支上推测出来。这样六个阶段的每一个阶段就既有主气又有客气了。

那么怎样判断这个阶段究竟是主气胜还是客气胜，也就是主气占上风还是客气占上风？各自又会导致什么疾病呢？接下来岐伯就分析了六气客气胜和主气胜分别导致什么疾病。

先是六气司天的时候，如厥阴风木司天的时候，如果是客气胜——客气太过、太亢盛，就会出现耳鸣眩晕，严重者会咳嗽；如果是主气胜——主气太过、太亢盛，就会出现胸胁疼痛，舌强不能说话。然后岐伯又逐一分析了少阴君火司天、太阴湿土司天、少阳相火司天、阳明燥金司天、太阳寒水司天等客气胜、主气胜导致的疾病。

在分析完六气司天之后，岐伯又分析六气在泉的时候主气太胜和客气太胜发病的情况。厥阴风木在泉的时候，如果客气太胜，大关节就会不灵便，在内表现为筋脉拘急痉挛，在外表现为行动不方便；如果主气太胜，就会出现筋骨强直、腰部和腹部经常疼痛等病证。然后岐伯又逐一分析了少阴君火在泉、太阴湿土在泉、少阳相火在泉、阳明燥金在泉、太阳寒水在泉等客气胜、主气胜导致的疾病。

总而言之，六气中任意一气太过所导致的疾病，都与这一气对应的脏腑有关，还与这一气所克制的脏腑有关，比如厥阴风木太胜，就会导致肝脏的疾病，还会导致脾胃的疾病，因为木克土，脾胃为土。

帝曰：善。治之奈何？

黄帝问：好。应该怎样治疗呢？

岐伯提出了治疗的总原则——

岐伯曰：高者抑之，下者举之，有余折之，不足补之。

邪气上逆的就要抑制它，邪气下陷的就要升举它，邪气有余的就要减少它，正气不足的就要补益它。

大家看了这句话是不是觉得很熟悉？老子《道德经》里就说过：“天之道，其犹张弓欤？高者抑之，下者举之；有余者损之，不足者补之。”

佐以所利，和以所宜，必安其主客，适其寒温，同者逆之，异者从之。

再用有益的药物作为辅佐，用适合的食物加以调和，安和主客之气，并且适合其寒温——就是说，是用寒性药还是温性药，既要适合病情又要适合天时气候。如果客气和主气相同，就要用逆治法；如果客气和主气不同，就要用顺治法。

治寒以热，治热以寒，气相得者逆之，不相得者从之。

治疗寒性病要用热性药物，治疗热性病要用寒性药物。主气与客气如果相同，就要用逆治法；如果相反，就要用顺治法。

具体说，主气太胜而导致的疾病，都要用不同性味的药物来补泻，比如——

木位之主，其泻以酸，其补以辛。

厥阴风木为主气太胜而致病，就要用酸性药物来泻它，用辛味药物来补它。

同样，如果客气太胜而导致的疾病，也要用不同性味的药物来补泻。比如——

少阴之客，以咸补之，以甘泻之，以咸收之。

少阴君火为客气太过而致病，就要用咸味药物来补它，用甘味药物来泻它，还要用咸味药物来收敛它。

总之，所用的补泻药物的五行属性和主客气的五行属性要么相同，要么相克，要么相生。治病都要遵循“有余折之，不足补之”“治寒以热，治热以寒”的基本原则，从而达到“阴阳中和”“以平为期”的目标，这样身体就健康了。

药物组方的君臣佐使

有人会感觉运气七篇有点烧脑，有点看不懂了。这是很正常的。别说没有学过中医的人看不懂，就是中医的硕士生、博士生，甚至大学里面的中医老师，相当多的人也看不懂。现在，运气七篇马上就要讲完了，还剩下三讲的内容，看起来应该没那么困难了。

这一讲我们要讲的是《至真要大论》关于药物方剂配伍的知识。先看一看黄帝的发问——

帝曰：气有多少，病有盛衰，治有缓急，方有大小，愿闻其约奈何？

黄帝说：阴阳之气有多有少，疾病有盛有衰，治法有缓有急，处方有大有小，希望听听它们区别的标准是什么？

气有多少是指三阴三阳。三阴三阳就是按照气的多少划分的，其中少阴、太阴分别指阴气少和阴气多，少阳、太阳分别指阳气少和阳气多，这一点大家都好理解，不好理解的是阳明和厥阴。

岐伯作了很好的解释，岐伯说，阳明就是“两阳合明也”，意思是说两阳交合而光明，也就是在两阳之间，所以三阳的排列次序是少阳、阳明、太阳。按阳气的多少排列，一阳就是少阳，二阳就是阳明，三阳就是太阳。再看“厥阴”，岐伯说厥阴就是“两阴交尽也”，也就是两阴交合即将到尽头，就是说厥阴是阴气最少的，所以三阴的排列次序是厥阴、少阴、太阴。按阴气的多少排列，一阴就是厥阴，二阴就是少阴，三阴就是太阴。万事万物总是从小到大，从弱到强，所以六气的排列是先三阴后三阳，也就是厥阴、少阴、太阴、少阳、阳明、太阳，完整地说就是厥阴风木、少阴君火、太阴湿土、少阳相火、阳明燥金、太阳寒水。这就是客气的六步气的次序。

既然气有多少之分，人所得疾病也就有盛衰之别。所以岐伯说——

气有高下，病有远近，证有中外，治有轻重，适其至所为故也。《大要》曰：君一臣二，奇之制也；君二臣四，偶之制也；君二臣三，奇之制也；君二臣六，偶之制也。

邪气有上有下，疾病有远有近，症状有在里有在表，治法有轻有重，要以药力恰好达到病变的位置为目的。古书《大要》中说：君药一味，臣药二味，这是奇数药方的组制（配方标准）；君药二味，臣药四味，这是偶数药方的组制；君药二味，臣药三味，这也是奇数药方的组制；君药二味，臣药六味，这也是偶数药方的组制。

大家觉得很奇怪吧？怎么用君和臣的概念？的确，这就是中医药物组成方剂的重要理论，叫君臣佐使。这是《黄帝内经》身国同治思想的具体表现。古人说："上医治国，中医治人，下医治病。"《黄帝内经》不仅把身体看成一个国家，心是君主，肺是宰相，肝是将军；而且把药物组方看成一个国家，一个药方里面也有君主，有大臣，有辅佐，有使者。治病如治国，用药如用兵。一个方子中君药最多一到两味，臣药肯定比君药多，可以多一到三倍。

很有意思的是方子还分为奇方和偶方。这些数字是怎么来的呢？这跟《周易》的象数有一定的关系。《周易》把数字分为天数和地数，也就是阳数和阴数，奇数为天数、阳数，偶数为地数、阴数。这里说了四种情况，两种奇数方子，两种偶数方子，好多人搞不清楚，历来有争议。其实把君药和臣药相加就明白了，君药一味，臣药二味，加起来是三，所以是奇数方；君药二味，臣药四味，加起来是六，所以是偶数方；君药二味，臣药三味，加起来是五，所以是奇数方；君药二味，臣药六味，加起来是八，所以是偶数方。

那么什么时候用奇数方，什么时候用偶数方呢？岐伯说——

故曰：近者奇之，远者偶之；汗者不以奇，下者不以偶。补上治上制以缓，补下治下制以急，急则气味厚，缓则气味薄……近而奇偶，制小其服也；远而奇偶，制大其服也。大则数少，小则数多。多则九之，少则二之。奇之不去则偶之，是谓重方。偶之不去，则反佐以取之，所谓寒热温凉，反从其病也。

所以说：病变部位近的或者发病时间短的要用奇方，病变部位远的或者发病时间长的要用偶方；发汗时不用奇方，攻下时不用偶方——就是发汗时要用偶方，攻下时要用奇方。此外，如果补上部的正气、泻上部的邪气应当用缓方——缓和的方子，补下部的正气、泻下部的邪气应当用急方——急速的方子。要组成急方就要用气味浓厚的药物，要组成缓方就要用气味淡薄的药物……病位近的，无论是用奇方还是用偶方，都要组制成小方来服用；病位远的，无论是用奇方还是偶方，都要组制成大方来服用。大方是药味少但用量重；小方是药味多但用量轻。味数多可以达到九味，味数少可以仅仅是两味。如果用了一个方子病没有治好，就再用一个方子，这叫重方。如果用重方还没治好，就要用反佐法来治疗。什么叫作反佐法？就是用和疾病相同属性的药物，也就是说这种佐药的寒热温凉和疾病寒热温凉的属性相同，其实就是反治法。

这里提到了奇方、偶方、缓方、急方、大方、小方、重方。

这一篇的后面又讲到了药物和方剂，我把它提前到这里，集中在一起讲，这样便于大家更好地理解。

后面黄帝和岐伯讨论了药物的五味和方剂的组成——

辛甘发散为阳，酸苦涌泄为阴，咸味涌泄为阴，淡味渗泄为阳。六者，或收或散，或缓或急，或燥或润，或软或坚，以所利而行之，调其气使其平也……有毒无毒，所治为主，适大小为制也……君一臣二，制之小也；君一臣三佐五，制之中也；君一臣三佐九，制之大也。

辛味、甘味有发散作用，所以属阳；酸味、苦味、咸味有催吐和泄下的作用，所以属于阴；淡味药物有渗湿、通利作用，所以属阳。这六种药物，有的是收敛、有的是发散，有的是缓和、有的是急速，有的是干燥、有的是滋润，有的是软化、有的是坚固，要按照病情的需要来选用，要能调和五脏之气使它达到平和。……对有毒或无毒的药物，要以能治好病为准则，制定合适的大方或者小方……君药一味，臣药二味，为小方；君药一味，臣药三味，佐药五味，为中方；君药一味，臣药三味，佐药九味，为大方。

《至真要大论》全篇的最后又讲到了药物的五味三品和方剂的君臣佐使——

夫五味入胃，各归所喜，故酸先入肝，苦先入心，甘先入脾，辛先入肺，咸先入肾。久而增气，物化之常也，气增而久，夭之由也。

五味进入人体，各自要先进入自己所喜欢的脏腑，酸味先入肝，苦味先入心，甘味先入脾，辛味先入肺，咸味先入肾。长期服用某一种味道的药物或食物，就会增加相应的脏气，这就是物类气化的一般规律。但如果脏气增长时间过长，就会物极必反，这就是引起疾病的根源。

黄帝听了之后说——

帝曰：善。方制君臣何谓也？岐伯曰：主病之谓君，佐君之谓臣，应臣之谓使，非上中下三品之谓也。

黄帝说：好。制方有君和臣的差异，这是什么意思呢？

岐伯说：主治疾病的药是君，辅助君药的药是臣，配合臣药并起引导作用的药是佐使。

这就是君臣佐使，君主、大臣、辅佐、使者四种人分别起着不同的作用，这里指中药处方中的各味药的不同作用。岐伯进一步强调这里讲的君臣佐使和药物三品的君臣佐使是不同的。上中下三品中的君臣佐使是用来说明药性有毒、无毒及其功效的。

关于三品君臣佐使的说法，出现在最早一部中药本草著作《神农本草经》中，《神农本草经》把三百六十五种药分为上、中、下三品，其中上品一百二十种药为君，主管养命，对应于天，无毒，久服不伤人，如人参、甘草、地黄等；中品一百二十种药为臣，主管养性，对应于人，无毒有毒，斟酌其宜，如百合、当归、黄芩等；下品一百二十五种药为佐使，主管治病，对应于地，多毒，不可久服，如大黄、巴豆、乌头等。可见《神农本草经》所说的君臣佐使是针对三品的有毒、无毒而言的，和《黄帝内经》所说的是不一样的。

《黄帝内经》说的药物组方的君臣佐使是把一个方子当成一个国家，把用药组方当成排兵布阵，充满了万物一体、身国同治的大智慧。

六气的标与本

我们每个人都知道万事万物有重要的也有次要的，有根本也有末节，这就叫本标。“本”的本义是树根，“标”的本义是树梢。两者有密切的关系，“标”是从“本”生出来的，“本”是“标”的依据，“标”是“本”的表现。“标”与“本”是互相对立、互相关联的两个方面。“本”是主要方面，“标”是次要方面；也可以说“本”是主要矛盾，“标”是次要矛盾。当然“本”是本质，“标”是现象。在日常生活中，无论我们遇到什么麻烦事，都要首先分清什么是本，什么是标，然后想一想是先解决“本”还是先解决“标”，还是标本同时解决。《标本病传论》中讲，“病有标本”，也就是说病有标病和本病之分。就疾病而言，病因为本，症状为标。从发病先后来看，原发病（先发的病）为本，继发病（后发的病）为标。从病位内外来看，内脏为本，体表为标。

其实，不仅疾病有标本，五运六气也有标本。《至真要大论》中黄帝和岐伯就讨论了六气的标本。

帝曰：善。病生于本，余知之矣。生于标者，治之奈何？岐伯曰：病反其本，得标之病。治反其本，得标之方。帝曰：善。六气之胜，何

以候之？岐伯曰：乘其至也。清气大来，燥之胜也，风木受邪，肝病生焉。热气大来，火之胜也，金燥受邪，肺病生焉。寒气大来，水之胜也，火热受邪，心病生焉。湿气大来，土之胜也，寒水受邪，肾病生焉。风气大来，木之胜也，土湿受邪，脾病生焉。所谓感邪而生病也。乘年之虚，则邪甚也。失时之和，亦邪甚也。遇月之空，亦邪甚也。重感于邪，则病危矣。有胜之气，其必来复也。

黄帝说：好。对由六气之本引起的病，我已经知道了。对那些是由标引起的疾病，应该怎样治疗？

岐伯说：和本病相反的，就是标病。治疗时用和本病相反的方法，就是治标的方法。

黄帝说：好。六气太胜导致疾病——本病，怎样观测呢？

岐伯说：要趁六气到来的时候进行观测。比如清肃之气大来，说明燥气太胜，金克木，木气就会受邪，就会导致肝病发生。热气大来，说明火气太胜，火克金，金气就会受邪，就会导致肺病发生。寒气大来，说明水气太胜，水克火，火气就会受邪，就会导致心病发生。湿气大来，说明土气太胜，土克水，水气就会受邪，就会导致肾病发生。风气大来，说明木气太胜，木克土，土气就会受邪，就会导致脾病发生。这就是五脏感受六气太胜而生病的情况。如果遇到岁气不足——岁运不及的年份，那么邪气就会更加严重；如果主气和客气不和谐，邪气就会更加严重；如果逢月亮全亏，邪气就会更加严重。如果重复地感受邪气，那么疾病就很危险。总之，有了胜气，报复之气就会随之而来。

由六气胜复引起的疾病叫本病，由三阴三阳引起的疾病是标病。也就是由于风、寒、热、湿、燥、火六气引起的疾病为本病，由三阴三阳引起的疾病为标病。介于两者之间就是“中气”有病。标本中气是运气学说十分重要的内容。在五运六气中，风、热、火、湿、燥、寒，这是天之六气，所以是“本”；少阳、太阳、阳明、少阴、太阴、厥阴，是和十二地支相配的，可以看成地之气，所以是标。天为本，地为标。而介于标本之间者，也就是在本气之下，标气之上的，叫中气。

黄帝和岐伯接着讨论了疾病发生过程中所出现的标本从属问题——

帝曰：六气标本，所从不同奈何？岐伯曰：气有从本者，有从标本者，有不从标本者也。……少阳太阴从本，少阴太阳从本从标，阳明厥阴，不从标本从乎中也。

黄帝问：六气的标本引起的疾病，所从属的标和本是不同的，这是为什么？

岐伯说：这是因为气有的是从属于本——也就是风、寒、暑、湿、燥、火六气，有的是从属于标——也就是三阴三阳六气，有的是既不从属于本也不从属于标，而从属于中气。……具体说，少阳、太阴是从属于本的，少阴、太阳是既从属于本又从属于标的，阳明、厥阴是既不从属于本也不从属于标的，当然就是从属于中气。

为什么？因为少阳为相火，少阳为阳，火也为阳，少阳是从火而化生出来的，两者是同一个属性，所以说少阳以火为本。太阴为湿土，太阴为阴，湿为阴，太阴是从湿而化生出来的，两者是同一个属性，所以太阴以湿为本。也就是说，少阳经和太阴经生病都是从属于本的，因为都是从同类中化生出来的。再看少阴、太阳，它们为什么是既从属于本又从属于标？这是因为少阴为君火，少阴是阴，火是阳，少阴是从热火而化生出来的，两者不同属性，少阴以热火为本，是阴从属于阳；太阳寒水，太阳是阳，寒水是阴，太阳是从寒水里面化生出来的，两者也是不同属性，太阳以寒为本，是阳从属于阴。这二气的标本是不同的，两经发病，有的就从属于标，有的就从属于本。那为什么阳明、厥阴是既不从属于本也不从属于标的中气呢？因为阳明为燥金，是从燥里化生出来的，所以阳明以燥为本，阳明是太阴的中气，也就是说，阳明在湿气和太阴之间；厥阴为风木，是从风里化生出来的，所以厥阴以风为本，厥阴是少阳的中气，也就是说，厥阴在火和少阳中间。

其实，六气的标本中气的分配是有规律的，那就是我们前面学过的运气七篇中的第三篇《六微旨大论》所说：“少阳之上，火气治之，中见厥阴……”就是说：少阳以火为本，以少阳为标，以厥阴为中见之气；阳明以燥为本，以阳明为标，以太阴为中见之气；太阳以寒为本，以太阳为标，以少阴为中见之气；厥阴以风为本，以厥阴为标，以少阳为中见之气；少阴以热为本，以少阴为标，以太阳为中见之气；太阴以湿为本，以太阴为标，以阳明为中见之气。总之，上之三阴三阳为六气之本，下之三阴三阳为六气之标，而兼见于标本之间者，就是中见之气。

岐伯接着说——

故从本者化生于本，从标本者有标本之化，从中者以中气为化也。

从属于本的，病邪生于本气；既从属于标又从属于本的，病的发生就有的从本、有的从标；从属于中气的，病的发生在中气上。

是故百病之起，有生于本者，有生于标者，有生于中气者。有取本而得者，有取标而得者，有取中气而得者，有取标本而得者，有逆取而得者，有从取而得者。

所以百病的发生，有发生于本气的，有发生于标气的，有发生于中气的。有治本气而痊愈的，有治标气而痊愈的，有治中气而痊愈的，有标气和本气兼治而痊愈的，有逆治而痊愈的，有从治而痊愈的。

什么叫逆治？什么叫顺治？岐伯说——

逆，正顺也。若顺，逆也。

逆治，就是和病情相逆的治疗方法，如寒病就用热性药物治，热病就用寒性药物治，这是正常的、常用的治法。所谓顺治，就是顺着病情的某些表现来治疗，比如表面上发热的疾病反而用热性药物治疗，表面上发寒反而用寒性药物治疗，这就是顺治。

为什么可以这么治？其实这种病表面和实质是相反的，表面症状是假象，表面上发热，其实是寒病，所以要用热性药物。也就是说，这种病的本是寒病，但表现出来的标却是热病，所以要透过现象看本质。

故曰：知标与本，用之不殆；明知逆顺，正行无问。此之谓也。不知是者，不足以言诊，足以乱经。

所以说：知道标本，在临证时则没有危害；明白逆治和顺治的规则，就能正确施行而不必有疑问，就是这个道理。不知道这些，就不能谈诊断，相反还会扰乱正常的诊治。

故《大要》曰：粗工嘻嘻，以为可知，言热未已，寒病复始，同气异形，迷诊乱经。此之谓也。夫标本之道，要而博，小而大，可以言一而知百病之害。言标与本，易而勿损；察本与标，气可令调。明知胜复，为万民式。天之道毕矣。

所以《大要》上说：庸医总是沾沾自喜，以为病证都熟悉了，谈论热证还没有结束，寒象就开始显现出来了。其实，同样的一种邪气却可以导致完全不同的症状，如果不明白这个道理，诊断时就必定会迷惑不清，扰乱正确的治疗，就是说的这种情况。所以说标本的道理，虽然简要但应用广泛，虽然微小但作用巨大，通过一个病例就可以明白诊治各种病的关键。如果掌握了标与本，治疗疾病就简单易行而不会发生差错；如果搞清楚了标与本，就可以调和六气变化。如果明白了六气胜与复，就可以为万民作出榜样。于是，天道规律就可以完全掌握了。

病机十九条

运气学说即使中医的专门研究人士也是很难搞懂的，而读者大部分是非专业人士，能够坚持学下来，已经非常了不起了。可能有的东西还不太懂，但没有关系，多看几遍，做一下笔记，再思考一下，一定能搞懂。

这一讲我们就讲《至真要大论》最后的“病机十九条”，这在中医学上是非常重要，也是非常有名的。病机就是疾病的机理、原理，这一段阐述了风、寒、暑、湿、燥、火六气导致疾病的机理，一共十九条。掌握这十九条机理，以后你再看到这些症状，就可以执简驭繁，大致判断出是什么病、是什么原因引起的。

帝曰：善。夫百病之生也，皆生于风寒暑湿燥火，以之化之变也。经言盛者泻之，虚者补之。余锡以方士，而方士用之尚未能十全，余欲令要道必行，桴鼓相应，犹拔刺雪污，工巧神圣，可得闻乎?

黄帝说：好。百病的发生都是由于风、寒、暑、湿、燥、火六气导致的，而疾病又会因为六气而发生各种变化。经书中说，邪气盛的要泻它，正气虚的要补它。我将这些方法教给医生，但医生却不能完全掌握。我想使重要的道理通行，收到桴鼓相应的疗效，如拔掉肉刺、洗掉污垢一样，达到工巧神圣的地步，可以听您详细地说说吗?

岐伯曰：审察病机，无失气宜，此之谓也。帝曰：愿闻病机如何。

岐伯说：要审慎观测疾病的机理，不丧失六气的规则（不违背六气的规律），说的就是这个，这样做就可以了。

黄帝说：希望您说说病机是什么。

岐伯就说出了这十九条病机。十九条病机中，有五条是属于五脏的，有四条属于热，有五条属于火，然后各有一条分别属于上焦、下焦、风、寒、湿。这样一来就把那么多复杂的病证简化为十九类，十分清晰。

先看属于五脏的病机。第一条——

诸风掉眩，皆属于肝。

凡是由风邪而引起的颤动眩晕，都和肝脏有关。

因为肝属木，木生风，风气通于肝，肝病可以生风，发生以动为特征的症候。这里所说的掉眩症状，属于内风，是由于肝脏引起的。肝风又分为虚和实两种：虚是指肝血不足，血虚生风而致手足颤动，肝阴亏虚，头目失养而致头晕目眩；实是指肝郁化火，肝的热火化成风，热极生风，神魂失藏而致头痛目赤，筋脉失养而致手足抽搐。

再看第二条——

诸寒收引，皆属于肾。

凡是由寒邪引起的筋脉拘急、关节屈伸不利，都与肾脏有关。

为什么？因为肾在地为水，在天为寒，水一旦寒冷就会结冰，肾脏最怕寒冷结冰。肾水在八卦是坎卦，坎卦是外阴内阳，是阴阳同体，肾是生命元气所藏的地方，既有元阴又有元阳，一旦阴阳失调，就会导致寒病发生。寒邪是主收引的，一旦受寒邪就会痹阻经脉，导致阳气虚，血的流行不畅，进而导致筋骨失养，经脉收缩、痉挛，关节屈伸不利。

再看第三条——

诸气膹（fèn）郁，皆属于肺。

凡是由气机不畅引起的咳嗽喘逆、胸部痞闷，都与肺脏有关。

膹指呼吸急促上逆，郁指胸部郁闷。因肺主一身之气，主管呼吸，肺在五脏中位置最高，所以它的运动是肃降，如果肺气不降反而往上逆，气结胸中，则出现胸部塞闷、呼吸急促的症状。气有虚实之分：如果气虚，那么肺失清肃，宣散无力而致咳嗽喘逆；如果气实，那么郁久化热而致胸部痞闷。

再看第四条——

诸湿肿满，皆属于脾。

凡是由湿邪而引起的浮肿胀满，都与脾脏有关。

因为脾属阴中之至阴，本性是喜温燥而恶寒湿，脾五行属性是土，居于人体中央，好像是一个枢轴，主管运化，一旦水湿停留，运化不出去，就会导致湿病的发生。

再看第五条——

诸痛痒疮，皆属于心。

凡是由热邪引起的皮肤疮疡、红肿发痒，都与心脏有关。

因为心主火，心火太亢盛就会血热，血热就会导致皮肤疮疡。热得厉害就会疮痛，热得轻微就会疮痒；实热就会局部痛而胀，虚热就会局部痒而不痛。

再看两条属于上焦和下焦的病机——

诸厥固泄，皆属于下。

凡是四肢厥冷、大小便失常，都和下焦有关。

厥指阴阳之气不相顺接，轻则厥冷，四肢发凉，重则厥逆，昏迷不知人；固指小便不通或大便秘结；泄指小便失禁或大便泄泻。尽管症状有多种，但都和“下”有关系。“下”即“下焦”。将躯干划分为三焦，就是三个部位：横膈（胸腔的底和腹腔的顶）以上为上焦，包括心、肺；横膈以下至肚脐为中焦，包括脾、胃、肝、胆等内脏；脐以下内脏器官为下焦，包括肾、膀胱、大肠、小肠。肝脏究竟属于中焦还是下焦？不同的篇章所指不同，这里下焦包括了肝和肾。肝和肾气虚会导致厥证。肾主管二阴，前后二阴之不约或不利，与肾的关系密切。

诸痿喘呕，皆属于上。

凡是肢体枯痿、气喘、呕吐，都与上焦有关。

上焦指心肺。《痿论》中将痿分为五种：皮、肉、脉、筋、骨，分属五脏。而五脏都可以由于肺热叶焦而导致痿证。肺又主气，主气下降，如果肺被痰壅堵，或者肺气大虚都会导致气喘。

以上七条虽然说病机都属于五脏上焦和下焦，其实病因都是六气——疾病发生的原因，五脏三焦只是病位——疾病发生的位置。

再看五条属于火的病机——

诸热瞀瘛，皆属于火。

凡是热邪引起的视物昏花、肢体抽搐，都属于火。

诸禁鼓栗，如丧神守，皆属于火。

凡是口噤不开、寒栗颤抖、失去神志，都属于火。

诸逆冲上，皆属于火。

凡是气逆上冲，都属于火。

诸躁狂越，皆属于火。

凡是躁动不安、发狂、精神失常，都属于火。

诸病胕肿，疼酸惊骇，皆属于火。

凡是浮肿、疼痛、酸楚、惊骇，都属于火。

这些症状虽然很多，但都是由于火所导致，火又是因为热到极点而产生的，故有“火为热之极”之说。上面这些症状有的是由于火邪侵入心包、心，扰乱神明而导致精神失常、烦躁狂妄；有的是火邪侵入肝脏，造成肝血不足，不能濡养筋脉而导致抽搐；有的是火邪侵入肝脏，造成肝火横逆，影响到胃气上逆而致呕吐上冲；有的是火邪侵入肺脏，火克肺金，导致肺失肃降而咳喘上逆；有的是火邪进入血分，导致络脉不通而四肢浮肿酸疼；等等。

接着说了四条属于热的病机——

诸胀腹大，皆属于热。

凡是腹部胀满，都属于热。

诸病有声，鼓之如鼓，皆属于热。

凡是肠鸣有声、胀满如鼓，都属于热。

诸转反戾，水液浑浊，皆属于热。

凡是转筋（抽筋、筋脉牵掣拘挛、痛如扭转）、小便浑浊，都属于热。

诸呕吐酸，暴注下迫，皆属于热。

凡是呕吐泛酸水、突发急泄下坠，都属于热。

这些症状都与热邪有关，热邪属于实证，大多急重。有的是湿热壅滞，造成气机不畅，而导致腹部胀大，大而拒按，腹胀如鼓，肠鸣辘辘；有的是热邪炽盛，导致筋脉失去濡养转筋反张，热灼阴液而致尿液浑浊；有的是胃火上逆，导致呕吐泛酸；有的是湿热下注，导致急泄下坠；等等。

刚才讲到了火、热，都是六淫——风、寒、暑、湿、燥、火六气太过变成了邪气，六淫还有风、湿、寒，所以还有三条病机——

诸痉项强，皆属于湿。

凡是痉病、颈项强直，都属于湿邪。

因为湿是阴邪，侵袭人体，阳气被遏，四肢失温而致痉证发生。

诸暴强直，皆属于风。

凡是突然发生筋脉痉挛、项背强直的，都属于风邪。

因风性善动，“风者善行而速变”，凡是发病骤急，病情进展迅速，症状变化多端，具有动的特征，大都属风邪所致，因此曰“皆属于风”。风分为外风和内风。外风如小儿脐风（破伤风）。项背强直症状则属于内风范畴，是肝肾阴虚，筋脉失去濡养，造成肝风内动而导致强直发生。

诸病水液，澄澈清冷，皆属于寒。

凡是水液清亮、寒冷，都属于寒邪。

水液指人体内排出的各种水液，如眼泪、唾液、小便等，如果呈现清稀透明、淡白冷凉，则说明是遭受寒邪了。因为寒邪可以导致凝滞、收缩，会损伤阳气而生清冷。寒也分为内寒和外寒，这里多指内寒。由于脾阳不足，命门火衰而致唾液较多、恶心呕吐、小便清冷、五更泄泻。当然也有感受外寒而导致喷嚏流泪、流清鼻涕等。

以上十九条病机可以简单地概括为两句话：“五脏上下风寒湿，四热五火十九条。”当然对十九条病机要科学对待，灵活运用。如果把“皆属于……”理解为“大多与什么有关系”可能更好一些。

最后岐伯用《大要》的话总结说——

故《大要》曰：谨守病机，各司其属，有者求之，无者求之，盛者责之，虚者责之，必先五胜，疏其血气，令其调达，而致和平。

所以《大要》中说：要谨慎遵守病机，掌握各种疾病的归属（病因），有症状的要推求，没有症状的也要推求；表现过盛的要深究，表现虚弱的也要深究。一定要先分析清楚五气的偏胜偏衰，要疏通气血，使气血调和畅达，最终回归平和的状态。

总之，病机十九条都是从风、寒、暑、湿、燥、火六气上探求出现疾病的原因和原理。六气太过就是六淫。六淫是外因，外因通过内因而起作用，于是六气又变为内在的六邪，从而导致五脏六腑出现疾病。

第五章

脉象与防病的法门

五脏要怎么养

五脏的主人是谁?

这一讲我们要学习《五脏生成》。我们先看这一篇的题目《五脏生成》，大家发现一个问题没有？前面的题目都有一个“论”字，比如《上古天真论》《四气调神大论》等，而这一篇的题目没有这个“论”字。为什么呢？只要看一看这一篇的内容就知道了，这一篇没有出现黄帝问、岐伯答的文字。不是两个人的谈论，所以没有用“论”字。这一篇是直接说理。

说什么呢？从题目上看是说五脏的生成，也就是五脏之间是怎样生成、怎样制约的。这一篇讲了五脏与五体、五味、五色、五脉的关系，尤其是讲了怎样从色、脉上观察五脏的变化。我们先看开头，讲五脏的关系——

心之合脉也，其荣色也，其主肾也。肺之合皮也，其荣毛也，其主心也。肝之合筋也，其荣爪也，其主肺也。脾之合肉也，其荣唇也，其主肝也。肾之合骨也，其荣发也，其主脾也。

“心之合脉也，其荣色也，其主肾也。”与心相配合的是脉，心的荣华体现在面部色泽上，制约心的是肾。“合”是配合之意。“荣”，是荣华之意，这里指精华在人体外部的反映。“心其华在面，其充在血脉”，就是说心的情况可以从面部表现出来，心主管血脉。“其主肾也”意思是，心的主人是肾，这是什么意思呢？主人是控制、管理、制约仆人的，心的主人是肾，心就是肾的仆人，就要受肾的管制、制约。心属火，肾属水，水能克火，火畏于水，心火被肾水所制，心要受到肾的制约。当然心和肾互相作用，互相制约，才能维持正常的生理活动。肾中真阳上升，能温养心火；心火能制肾水泛滥而助真阳；肾水又能制心火，使不致过亢而益心阴。这种关系，也称水火既济、心肾相交。否则就是“心肾不交”或“水火未济”，就会出现心悸、心烦、失眠、多梦、五心烦热，或男子梦遗、女子梦交等症状。

“肺之合皮也，其荣毛也，其主心也。”与肺相配合的是皮，肺的荣华表现在汗毛上，肺的主人是心，也就是说制约肺的是心，因为肺属金，心属火，火克金，所以心可以制约肺。

“肝之合筋也，其荣爪也，其主肺也。”与肝相配合的是筋，肝的荣华体现在爪甲上，肝的主人是肺，也就是说制约肝的是肺，因为肝属木，肺属金，金克木，所以肺可以制约肝。

“脾之合肉也，其荣唇也，其主肝也。”与脾相配合的是肉，脾的荣华表现于唇上，脾的主人是肝，也就是说制约脾的是肝，因为脾属土，肝属木，木克土，所以肝可以制约脾。

“肾之合骨也，其荣发也，其主脾也。”与肾相配合的是骨，肾的荣华在头发上，肾的主人是脾，也就是说制约肾的是脾，因为脾属土，肾属水，土克水，所以脾可以制约肾。

此段文字说的是五脏（肝、心、脾、肺、肾）的制约生成，以及五脏对应的五华（爪、面、唇、毛、发），对应的五体（筋、脉、肉、皮、骨）。

五脏与五华、五体、五主、五味的关系

项目	木	火	土	金	水
五脏	肝	心	脾	肺	肾
五华	爪	面	唇	毛	发
五体	筋	脉	肉	皮	骨
五主	肺	肾	肝	心	脾
五味	酸	苦	甘	辛	咸

这一篇出现“其主”的说法，值得注意。这种主人制约仆人的说法怎么体现呢？我们从饮食五味中可以看出来。我们已经知道《黄帝内经》将食物味道分为酸、苦、甘、辛、咸五种，分别对应肝、心、脾、肺、肾五脏。由于五味各归相应的五脏，五味中任何一味的多食、过食，都会导致五脏之间的制化平衡被打破。如果说多食的五味是主人，那么它克制的五脏就是仆人。若主人太强横了，仆人就要遭殃了——

是故多食咸，则脉凝泣而变色；多食苦，则皮槁而毛拔；多食辛，则筋急而爪枯；多食酸，则肉胝䐢（zhī zhòu）而唇揭；多食甘，则骨痛而发落，此五味之所伤也。故心欲苦，肺欲辛，肝欲酸，脾欲甘，肾欲咸，此五味之所合也。

“多食咸，则脉凝泣而变色。”过多食用咸味的食物，会使血脉凝结、流动缓慢甚至停止，颜面色泽出现变化，本来红润的脸色变得发黑或者过度发红。“泣”就是“涩”，不滑，往来不利之意。为什么？因为咸味对应的五行是水，对应的五脏是肾，血脉和面色对应的是心，心属火，水克火，可见肾是心的主人，肾制约心，吃过多的咸味，肾水过于强盛造成克制心火太过，所以心对应的血管、面色就会出现不正常的变化。按现代科学的研究，吃得过咸、吃盐过多，会引起血压增高，血管壁变脆，从而引起心脑血管疾病。

“多食苦，则皮槁而毛拔。”过多食用苦味的食物，会使皮肤枯槁不自然而且毫毛（也就是汗毛）脱落，像拔掉一样。为什么？因为苦味对应的五行是火，对应的五脏是心，皮肤和毫毛对应的是肺，肺属金，火克金，可见心是肺的主人，心制约肺，吃过多的苦味，心火过于强盛，造成克制肺金太过，所以肺对应的皮肤和毫毛出现了不正常的变化。

“多食辛，则筋急而爪枯。”过多食用辣味的食物，会使筋拘挛而不柔软，指甲干枯而不坚韧。为什么？因为辣味对应的五行是金，对应的五脏是肺，筋和指甲对应的是肝，肝属木，金克木，可见肺是肝的主人，肺制约肝，吃过多的辣味，肺金过于强盛造成克制肝木太过，所以肝对应的筋、指甲就会出现不正常的变化。

“多食酸，则肉胝腸而唇揭。”过多食用酸味的食物，会使肌肉坚硬皱缩而失去弹性，口唇干裂掀起。“胝”就是皮厚、坚硬，俗称茧子。有一个成语就叫“胼（pián）手胝足”，就是手脚都长老茧了。“腸”就是皱。为什么？因为酸味对应的五行是木，对应的五脏是肝，肌肉和嘴唇对应的是脾，脾属土，木克土，可见肝是脾的主人，肝制约脾，吃过多的酸味，肝木过于强盛造成克制脾土太过，所以脾对应的肌肉、嘴唇就会出现不正常的变化。

“多食甘，则骨痛而发落。”过多食用甜味的食物，会使骨骼疼痛而头发脱落。为什么？因为甜味对应的五行是土，对应的五脏是脾，骨骼和头发对应的五脏是肾，肾属水，土克水，可见脾是肾的主人，脾制约肾，吃过多的甜味，脾土过于强盛造成克制肾水太过，所以肾对应的骨骼、头发就会出现不正常的变化。

“此五味之所伤也。”这是因为偏食五味才造成的损害。“故心欲苦，肺欲辛，肝欲酸，脾欲甘，肾欲咸，此五味之所合也。”所以心喜好苦味，肺喜好辣味，肝喜好酸味，脾喜好甜味，肾喜好咸味，这是五味与五脏之气相配合的对应关系。关键是要适度，一旦过度就会引起对应的五脏和相克制的五脏发生病变。

脸色与五脏的变化

通过上一讲的学习，我们知道了五脏和五味的关系，五味如果太过就会损伤五脏。那么五脏功能的强弱，五脏之气的盛衰，有没有办法知道呢？《黄帝内经》时代没有解剖学，又没有现代仪器设备，没有生物化学的检验手段，那是怎么诊断五脏情况的呢？《黄帝内经》创造了一种“以象测脏”的方法，就是观察人体外表的各种现象，然后推测出五脏的生理病理变化。“有诸内者必形诸外”，人体内脏的功能变化一定会通过外在的“象”表现出来，这些“象”都是可察可感的。通过这些“象”就可以诊断人体内脏的情况。

这一篇主要提出了两种“以象测脏”的方法，一种是观察面部的颜色，一种是辨别脉象。我们看原文——

五脏之气，故色见青如草兹者死，黄如枳（zhǐ）实者死，黑如炲（tái）者死，赤如衃（pēi）血者死，白如枯骨者死，此五色之见死也。

五脏之气的盛衰变化可以反映在面部，如果面部色泽出现像死草般的青色（青中带有黑色），是死征；出现像枳实般的黄色，是死征（枳实是芸香科柑橘属，又称为酸橙）；出现像烟灰般的黑色，是死征（炲，煤烟灰）；出现干凝血一样的红色，是死征（衃，凝聚成紫黑色的瘀血）；出现像枯骨一样的白色，是死征。出现这五种面色就是死亡的征象，可以称为五死色。这五种死色共同点在于色泽都枯槁了，没有光泽。

有死色必有生色。那么哪五种面色是生的颜色呢？——

青如翠羽者生，赤如鸡冠者生，黄如蟹腹者生，白如豕膏者生，黑

如乌羽者生，此五色之见生也。

面色青得像翠鸟的羽毛（青绿而有光泽），是生色；红得像鸡冠一样（红润），是生色；黄得像蟹腹一样（明润），是生色；白得如同猪油（光亮润泽），是生色；黑得像乌鸦的羽毛（透亮），是生色。这是以五色的表现来判断生气的情况（总的特点是光亮、润泽）。

具体到五脏的生气还表现为——

生于心，如以缟（gǎo）裹朱；生于肺，如以缟裹红；生于肝，如以缟裹绀（gàn）；生于脾，如以缟裹栝（guā）蒌实；生于肾，如以缟裹紫，此五脏所生之外荣也。

心有生气，面色就像白绢包裹朱砂一样；肺有生气，面色就像白绢包裹红色的东西一样；肝有生气，面色就像白绢裹着绀色（带有紫色的深蓝色）的东西一样；脾有生气，面色像白绢裹着栝蒌（葫芦科植物）果实一样；肾有生气，面色就像白绢裹着紫色的丝绸一样。这都是五脏的生气显露于外部的表现。

这里讲的五种面色都以"缟"也就是白绢作为底色，中国人的肤色是偏黄的，如果出现白色就表示有病了，一般来说表明气血不足，也就是气虚、血虚。阳气虚弱，不能温润体肤，会脸色发白；血液不足、不能营养面部，会脸色苍白。气血不足引起的脸色泛白，如果裹着上述几种颜色就没有大问题，不会死亡。为什么？面部的颜色都像裹上了一层白绢，就像"雾里看花，水中望月"一样，白绢包裹朱砂、白绢包裹红色的东西等，说明这些颜色都是有光泽的，柔和的，不干枯的，所以虽然有病，但还有生气，是可以恢复健康的。所以我们观察面色不能只分辨属于什么颜色，而要分辨这种颜色有没有光泽，是不是滋润，是不是柔和，是不是干枯得没有一点水分了。

总的来说，死草、枳实、烟灰、干凝血、枯骨这类面色暴露的都是一种真脏色，无柔和感，无色泽，就像褪色的老照片。而像翠鸟的羽毛（青）、鸡冠（红）、蟹腹（黄）、猪的油脂（白）、乌鸦的羽毛（黑），这些东西的颜色则有光泽、明润，真色隐现不暴露。

总结一下，五脏表现在面部的颜色：肝，对应青色，脸色青如翠羽者生，如以缟裹绀者生，青如草兹者死；心，对应红色，脸色赤如鸡冠者生，以缟裹朱者生，赤如衃血者死；脾，对应黄色，脸色黄如蟹腹者生，如以缟裹栝蒌实者生，黄如枳实者死；肺，对应白色，脸色白如豕膏者生，如以缟裹红者生，白如枯骨者死；肾，对应黑色，脸色黑如乌羽者生，如以缟裹紫者生，黑如炲者死。

把颜色、味道和五脏对应起来——

色味当五脏：白当肺、辛，赤当心、苦，青当肝、酸，黄当脾、甘，黑当肾、咸。故白当皮，赤当脉，青当筋，黄当肉，黑当骨。

五色、五味与五脏是相应的：白色配合的是肺——辛味；赤色配合的是心——苦味；青色配合的是肝——酸味；黄色配合的是脾——甘味；黑色配合的是肾——咸味。所以白色还配合皮，赤色还配合脉，青色还配合筋，黄色还配合肌肉，黑色还配合骨。

五脏	五色	五味	所主
肝	青	酸	筋
心	赤	苦	脉
脾	黄	甘	肌肉
肺	白	辛	皮
肾	黑	咸	骨

这是“五行”模型的又一体现。“五行”是中医解释人体生命的分类及相互关系的模型。中医按照五行模型将人体生命作“五”的功能分类和概括，并用五行的生克乘侮、亢害承制来解释人体生理、病理现象及其变化规律，进而说

明诊断、辨证和治疗原则。在五行模型中，以五行与五脏的配属为中心，五行是个纽带，将颜色（五色）、味道（五味）、生化（五化）等纳入其中，以此说明人与自然的统一性、人本身的整体性。五行的生克乘侮是事物联系、人体功能活动联系的法则。

五行模型还用于认识疾病。疾病被分为五类，如五脏病、五邪、五逆、五实、五虚、五乱等，所有疾病被归结为五大疾病功能状态群。有人可能会怀疑，这个五行模型是不是太简单了、太落后了，难道它能反映这么复杂多变的人体情况吗？事实胜于雄辩，我们考察一下几千年中医的临床实践，会发现这种生理病理的功能状态分类，是适用的、有效的。因此，我们应该重视这种和西医不同的五行功能状态学，重视这种“以象测脏”的方法，进而了解自己的生命变化，指导自己日常的饮食养生。

四肢八溪与拍打八虚

我们已经知道，人的身体是一个内外关联的系统，不仅可以从人外部的情况去推测人体内部的情况，而且可以从气血运行的情况推测人体五脏的情况。这一篇《五脏生成》连续用了五个“皆属于”来说明这样的关联——

诸脉者皆属于目，诸髓者皆属于脑，诸筋者皆属于节，诸血者皆属于心，诸气者皆属于肺，此四肢八溪之朝夕也。

所有的经脉都从属于眼睛，也就是五脏六腑的精华都汇聚在眼睛里。这一点《灵枢·大惑论》有具体的说明，首次指出了气血筋骨的精华表现在眼睛的什么部位，后人在此基础上建立了“五轮学说”。这一点我在讲《大惑论》的时候再说，这里简单了解一下就可以了。

再看第二个方面，“诸髓者皆属于脑”，所有的髓都与大脑有关系。人身上有几种髓？有三种：骨髓、脊髓、脑髓。精髓是全身气血凝聚而成的，最后都汇注于大脑，“脑为髓海”，说明五脏六腑之气血皆可通过直接或间接的方式汇聚于脑。

第三个方面，“诸筋者皆属于节”，所有的筋都与关节有关系。现代解剖学中，韧带等同于中医说的筋，在关节处是附着于骨节之上的。运动需要关节的运动。现在有一种时髦的运动叫拉筋，将全身的筋脉拉伸，使其舒缓。有人说，《黄帝内经》上有：“筋长一寸，寿延十年。”告诉大家，这句话不在《黄帝内经》里，是后人说的。当然正确的拉筋可以使身体的血液流畅，拉筋时，五脏六腑也会跟着运动，从而使人健康、长寿，这是对的。但千万不能一味地追求把筋拉长，不能过度，因为那样不但不能起到治病的作用，还会导致筋骨损伤，甚至无法修复。《黄帝内经》中说“久行伤筋”，长久的行走会损伤人的筋膜组织。

第四个方面，“诸血者皆属于心”，所有的血液都汇注于心，都由心来统率。虽然从现代医学的角度来说，血不是心产生的，最主要的造血器官是骨骼中的红骨髓，红骨髓可以产生血细胞，但是血的正常运行依赖的最重要器官确实非心脏莫属，“血居脉内，属于心也”。“心主血脉”，所以说“诸血者皆属于心”。

第五个方面，“诸气者皆属于肺”，所有的气都从属于肺，都由肺来主管。肺主全身之气。肺不仅是呼吸器官，还可以把呼吸之气转化为全身的一种正气、清气而输布到全身。肺主皮毛，人全身表皮都有毛孔，毛孔又叫气门，是气出入的地方，直接由肺来主管。

对这五个方面做一个总结：“此四肢八溪之朝夕也。”这些气血筋脉就像潮汐一样向身体的四肢、八溪灌注。四肢就是两只手、两只脚，八溪的“溪”，就是小水沟、小山谷，人身上的八溪就是八处筋骨、肌肉之间接触的缝隙或凹陷部位，这八个部位就是肩、肘、髋、膝，也就是上肢的两个肩关节、两个肘关节，下肢的两个膝关节、两个髋关节，一共是八个部位，总称八溪。八溪，也叫八虚，因为这八个关节都是凹陷的，中间好像是虚空的，像八个窝，就是腋窝、肘窝、腘窝（膝后之曲处）、腹股沟（大腿内侧与小腹交接的地方）。

中医和道家都有一个健康养生的重要方法就是拍打八虚。为什么要拍打八虚呢？因为这八虚是八个虚弱的地方，是五脏邪气所藏匿的地方，好比一件衣服折叠、皱褶的地方，总是容易藏灰尘。所以经常拍打八虚可以增强免疫力、祛邪治病。

这里我简单地教大家做一下。拍打的次序是从上到下。

第一是拍打两个腋窝。腋窝就像排污井，有狐臭的人就是从腋窝发出难闻的气味。这个地方还是个痒痒穴，用手挠挠这个地方，有的人会笑个不停。在腋窝的顶点有一个穴位叫极泉穴，是手少阴心经的穴位。可以用四个指头在腋窝正中轻轻地拨一下，你能明显地感觉到有一条筋，这条筋的正中就是极泉穴，如果你拨一下能感觉无名指和小指发麻，那就弹拨对了。这个极泉穴是个解郁大穴，经常拍打可以化解心气郁结，还可以预防和缓解冠心病、心绞痛等心脏疾病。拍打的时候四个手指并拢对准腋窝轻轻地拍，交叉地拍，左手拍右腋窝，右手拍左腋窝。

第二是拍打两个肘窝。肘窝部位是心经、心包经、肺经三条阴经通过的地方，还藏着两个穴位，一个是肺经的尺泽穴，还有一个是心包经的曲泽穴。拍打它可以排除心肺的火气、邪气和毒素。一般心肺有热的人，拍打后就可看到肘窝局部发红，甚至能拍出痧来。也是四指并拢，交叉地拍，左手拍右肘窝，右手拍左肘窝。

第三是拍打两个腹股沟。拍打这里可以加速气血运行、健脾和胃，还能刺激两个治疗妇科病有奇效的穴位：一个叫气冲，一个叫冲门。气冲是胃经的穴位，冲门是脾经的穴位，这两个穴位具有治疗月经不调、不孕、痛经的作用，还能预防和治疗男科疾病和血脉不畅、血瘀痰湿、下肢冰凉等病证。这个地方不太好拍打，站立以后两条大腿要分开，用双手轻轻拍打两个腹股沟，逐渐加力，直至两髀微微发热为止。

第四是拍打两个膝窝，也就是两腘。两个膝窝中间有一个有名的穴位叫委中，是膀胱经的穴位。“肩背委中求”，也就是说一切肩背痛、腰腿痛都可以针刺这个穴位进行治疗。当然拍打它也可以起到治疗和减缓肩背、腰腿疼痛的毛病。同时膀胱经还是人体最大的排毒祛湿的通道，委中穴好比是这条通道上的一个排污口，如果这个排污口被堵住了，毒素、废气就排不出去了，所以要经常拍打，保持畅通。两只手可以同时拍打两个膝窝。

拍打的时候要注意，不是用实掌拍，而是四个指头并拢，拍的时候要有弹性，用力要适度，由轻到重。每个地方拍打一般五至十分钟，要微微发热。有时候会拍出瘀斑、痧点，说明这个地方有毒素、有邪气、有病气。现在把它拍出来了，是好事。但是也要注意不能太过，不能每一次都要出瘀。什么时候拍好？一般是早晨比较好，早晨拍一次或者早晚各一次都可以，看个人的情况而定。

我们再看下文，重点谈到血的情况——

故人卧血归于肝，肝受血而能视，足受血而能步，掌受血而能握，指受血而能摄。卧出而风吹之，血凝于肤者为痹，凝于脉者为泣，凝于足者为厥。此三者，血行而不得反其空，故为痹厥也。

所以，当人躺卧时，血会归藏于肝，肝受到血的滋养，目就能看见外物；脚得到血的濡养，就能行走；手掌得到血的濡养，就能握得住物品；手指得到血的濡养，就能灵巧活动。如果刚睡醒就外出受风，那么血液的循环就会在肌肤凝滞而发生痹证；凝结于经脉的，就会发生气血运行涩滞的瘀血证；凝结于脚部的，就会两脚厥冷。这三种情形，都是由于血不能顺利地回流孔窍，所以发生了痹厥等疾病（原文的“空”就是“孔”，有孔窍、间隙的意思）。

人有大谷十二分，小溪三百五十四名，少十二俞，此皆卫气之所留止，邪气之所客也，针石缘而去之。

人体有大谷十二处，小溪三百五十四处，这里没有把十二脏腑的腧穴计算进去。

“大谷”，“谷”是山谷，指两山间低凹而狭窄处，这里大多有溪涧流过。人体的大谷指人体的大关节缝隙，有十二处。哪十二处？上肢的肩、肘、腕三处，下肢的髋、膝、踝三处，就是前面说的八溪再加手脚各两处。小溪指小的凹陷处，也就是腧穴，共计三百五十四处。这些都是卫气到达和停留的地方，也是邪气侵袭和停留的地方。所以在治疗疾病的时候，可以循着这些特定部位施用针石，以祛除邪气。

如何辨别八种重要脉象

一提到中医，很多人眼前马上就会浮现出一个白头发白胡子的老者用三个指头给病人把脉的形象。的确，通过脉象来诊断一个人的身体情况，是中医的一大特色。那么究竟怎么诊脉呢？我们普通人能不能学会诊脉呢？

我们就来看一看《五脏生成》最后的论述——

诊病之始，五决为纪，欲知其始，先建其母。所谓五决者，五脉也。是以头痛巅疾，下虚上实，过在足少阴、巨阳，甚则入肾。徇蒙招尤，目冥耳聋，下实上虚，过在足少阳、厥阴，甚则入肝。腹满䐜（chēn）胀，支膈胠胁，下厥上冒，过在足太阴、阳明。咳嗽上气，厥在胸中，过在手阳明、太阴。心烦头痛，病在膈中，过在手巨阳、少阴。

开始诊断疾病的时候，要以五决作为纲领。“五决”就是以五脏之脉判决生死，所以五决就是五脏之脉。“欲知其始，先建其母。”想要了解疾病的开始，需要先确定病变的原因，“母”在这里比喻来源、原因。究竟“母”是什么？王冰认为“母”是一年四季中符合时令的旺气，李时珍则认为是脾胃：“脾乃元气之母”“土为元气之母”。

所谓“五决”，就是按照五脏脉象来判定疾病的部位和性质。比如头痛等巅顶部位的疾病，属于下虚上实，说明病变就在足少阴肾经和足太阳膀胱经（原文的“巨阳”就是指太阳），病情严重的会深入传到肾。眼花头晕，摇动不定。原文“徇蒙招尤”，“徇”通“眴”，“蒙”通“矇”，指眼睛看东西昏花不清楚，“招尤”就是身体摇晃。头昏、眼花、耳聋，这些都属于下实上虚，说明病变就在足少阳胆经和足厥阴肝经，病情严重的，就会深入传到肝。腹部胀满，胸膈胁间犹如被拄撑一般，属于下部邪气上犯，说明病变就在足太阴脾经和足阳明胃经。咳嗽气喘，胸中之气不舒畅，说明病变就在手阳明大肠经和手太阴肺经。心烦头痛，胸膈不舒服，说明病变就在手太阳小肠经和手少阴心经。这一段话，一般人掌握起来是比较困难的。

那么怎么诊断五脏脉象呢？——

夫脉之小大滑涩浮沉，可以指别；五脏之象，可以类推；五脏相音，可以意识；五色微诊，可以目察。能合脉色，可以万全。

脉象的小、大、滑、涩、浮、沉等情况，可以用手指来鉴别；五脏功能表现在外的征象，可以通过相类似的事物来推求；五脏各自的声音征象，可以凭借意来识别；五色的微小变化，可以通过眼睛来观察。在诊病的时候，能够参合面色和脉象两者来分析，就可以万无一失了。

下面我就来讲一讲这里提到的几种脉象，你会发现诊脉是有方法的，学会它其实并不难。原文说“脉之小大滑涩浮沉，可以指别”，这里提到了六种脉象，都是两两一对的。我父亲开始教我们把脉的时候，总是强调脉之四纲，就是说有四种脉象是纲领，那就是浮、沉、迟、数（shuò）。《黄帝内经》说：人一呼，脉跳两次，一吸，脉又跳两次，一呼一吸，脉一共跳四次。这样连续计数，以一分钟呼吸十八次计算，一分钟脉就跳七十二次。“迟”就是慢，迟脉就是脉跳得慢。一呼一吸脉跳四次以下（每分钟不足六十次），表明病属“寒”证，机体气血运行不足。“数”就是快，数脉就是脉跳得快，一呼一吸在五次以上（每分钟九十次以上），常见于“热”证，主要反映机体功能亢进等情况。“浮”就是脉浮在表面，用手指轻轻一按就可感觉到脉搏、重按反而减弱的脉象，主要表明病在“表”，常见于外感病初起，外邪（外界致病因素）还在肌表。“沉”就是脉沉在下面，用手指轻按不能觉察、重按才能察清脉象，主要表明病在“里”，阳气衰微了。

除了这四种脉象，这里还说了四种：小、大、滑、涩。小和大是一对，滑和涩是一对。

小脉：脉的形体细小（细如线）、脉波动幅度比较小，大多表示气血两虚，阴阳不足。大脉：脉的形体宽大（脉形饱满，满指，应指充实、明显），脉波动幅度大，大多表示阳气太盛，多由火热等邪气侵扰、阻滞所致。

再看滑脉和涩脉。滑脉就是把脉的时候感觉脉象跳得很流利、圆滑，好像铁珠滚过玉盘那样，铁珠在三个手指下依次滚过去。大多是因为代谢旺盛、血管舒张和收缩都快、血流通畅等情况所形成，这种脉常见于实热、痰饮（体内水液流动不正常，停积于某些部位）、蓄血（瘀血内蓄）等证。但妇女妊娠两三个月后，也会出现滑脉。因怀孕时血容量和排出量增加、血流加速，所以常有滑脉。我的老母亲就善于从滑脉上判断是不是怀孕。涩脉和滑脉恰好相反，是脉搏来去艰涩的脉象。如轻刀刮竹，刮到竹节的地方就要费点劲，这种脉细短，时不时停止，或者一下子散掉了，跳得不整齐，力量也不均匀，艰涩不畅，说明血少伤精，津液亏损，脉道受阻，血流不畅，气滞血瘀。

以上就是所有脉象中最常见也是最重要的八种脉：浮、沉、迟、数、小、大、滑、涩。

接下来，《五脏生成》就提出了五种面色和脉象的情况，也就是五色脉，具体就是赤脉、白脉、青脉、黄脉、黑脉。注意，五色脉并不是五种脉的颜色，而是指五种面色和五种脉象的配合——

赤脉之至也，喘而坚，诊曰有积气在中，时害于食，名曰心痹，得之外疾，思虑而心虚，故邪从之。白脉之至也，喘而浮，上虚下实，惊，有积气在胸中，喘而虚，名曰肺痹，寒热，得之醉而使内也。青脉之至也，长而左右弹，有积气在心下支胠，名曰肝痹，得之寒湿，与疝同法，腰痛足清头痛。黄脉之至也，大而虚，有积气在腹中，有厥气，名曰厥疝，女子同法，得之疾使四肢汗出当风。黑脉之至也，上坚而大，有积气在小腹与阴，名曰肾痹，得之沐浴清水而卧。

面部出现红色，脉的搏动急躁而坚实。红色反映疾病与心有关。在诊断上来说，是邪气积聚于腹中，经常表现为妨害饮食，这种疾病叫作心痹。“痹”这里指闭塞（sè），气不通达。这种病的起因是外邪的侵袭，是由于思虑过度以致心气虚弱，邪气才能乘虚而入。

面部出现白色，脉的搏动急躁而浮大。白色反映疾病与肺有关。这是上虚下实，常常出现惊恐，这是因为病气积聚于胸中，逼迫肺气上逆，气喘吁吁，但它本身是虚弱的，这种病的名称叫肺痹。这个病的起因是发热恶寒，常常因醉酒后行房事而诱发。

面部出现青色，脉的搏动长并且左右弹击手指。青色反映疾病与肝有关。这是病邪积聚在心下，并且支撑两侧肋骨，这种病的名字叫肝痹。它的起因多在于感受了寒湿，与疝气的病理相同，它的症状有腰痛、头痛、两脚冰冷等。

面部出现黄色，脉的搏动大而且虚。黄色反映疾病与脾有关。这是邪气积聚在腹中，脉大说明邪气很盛，脉虚说明脾的正气不足，脾虚肝气就会加倍克制它，所以就会感觉有气从小腹两侧向上冲，这种病叫作厥疝，不仅男子常得这个病，女子也有这种情况，它的起因多是四肢活动过度，汗出受风造成的。

面部出现黑色，脉的搏动坚实而大。黑色反映疾病与肾有关。脉象说明下部邪气太盛了，所以病气积聚在小腹和前阴的部位，这种病叫作肾痹，它的起因多在于冷水沐浴后就睡觉，寒湿侵入到体内了。

总结一下——

凡相五色之奇脉，面黄目青，面黄目赤，面黄目白，面黄目黑者，皆不死也。面青目赤，面赤目白，面青目黑，面黑目白，面赤目青，皆死也。

大凡观察五色脉，只要面色微微带黄色，眼睛出现青色、红色、白色、黑色，都是不死的征象（为什么？因为面部带有黄色这是脾胃之气的正常反应，说明还有胃气，就不会死）。如见面色青、赤、黑，再加上眼睛出现红、白、黑、青，那都是死亡的征象（因为没有黄色，说明没有胃气了）。

特殊脏腑：奇恒之腑

这一讲我们学习《黄帝内经·素问》的第十一篇《五脏别论》。其实我们前面学《五脏生成》讲到了五脏，这一篇的题目《五脏别论》，从题目上看，显然是有别于其他讲五脏的篇章。那它的特别之处在哪里呢？

让我们来看一下——

黄帝问曰：余闻方士，或以脑髓为脏，或以肠胃为脏，或以为腑。敢问更相反，皆自谓是。不知其道，愿闻其说。岐伯对曰：脑、髓、骨、脉、胆、女子胞，此六者，地气之所生也，皆藏于阴而象于地，故藏而不泻，名曰奇恒之腑。夫胃、大肠、小肠、三焦、膀胱，此五者，天气之所生也，其气象天，故泻而不藏，此受五脏浊气，名曰传化之腑。此不能久留，输泻者也。魄门亦为五脏使，水谷不得久藏。所谓五脏者，

藏精气而不泻也，故满而不能实。六腑者，传化物而不藏，故实而不能满也。所以然者，水谷入口，则胃实而肠虚；食下，则肠实而胃虚，故曰实而不满，满而不实也。

黄帝问道：我听说方士之中，有的人把脑髓称为脏，有的人把肠、胃称为脏，有的人把这些都称为腑。请问为什么他们的意见相反，却都坚持自己是正确的？我不知谁是对的，希望您谈一下这个问题。

岐伯回答说：脑、髓、骨、脉、胆、女子胞，这六种都是禀受地气而生的，都能够贮藏阴精，就如同大地厚载万物一般，所以它们的特质是“藏而不泻”（藏精气而不外泻），它们被称为“奇恒之腑”（奇，是奇异的意思；恒，恒常、正常；奇恒，即异于正常）。

这种特殊的“腑”不同于六腑中的五腑——胃、大肠、小肠、三焦、膀胱，这五种都是禀受天气所生的，它们的功用像天一样，健运不息，所以是“泻而不藏”的。它们都受纳五脏的浊气，所以被称为“传化之腑”。这是因为浊气不能久停于内，需要及时输送和排泄的缘故。魄门就是肛门。肛门也能为五脏输泻浊气，如此一来，水谷的糟粕就不会长时间积藏于体内了。（原来的六腑中有胆，这里胆归入奇恒之腑了，就剩五腑，五腑再加上魄门也就是六腑。）五脏的功能是贮藏精气而不外泻，它虽经常地保持充满，却不能被充实。（“满”是指精气充满，偏于无形的；“实”是指水谷等实物，是有形的。）而六腑的功能是将水谷进行传输和运化，而不是加以贮藏，所以它们可以充实，却不能一味地保持充满。之所以出现这种情况，是因为水谷入口以后，胃被充实了，肠中却是空虚的，食物再往下走，肠被充实了，而胃中就空了。所以说六腑是暂时地充实，不是持续地盛满，而五脏是持续充满而不是一时地充实。

概括一下五脏六腑和奇恒之腑的区别。心、肝、脾、肺、肾五脏，大体上是指内部充实的器官，它们的共同点是“藏而不泻，满而不实”，即贮藏精气而不外泄。精气是充养脏腑、维持生命活动不可或缺的物质。胆、胃、大肠、小肠、膀胱、三焦六腑，大体上是指中空有腔的器官，空腔脏器，它们的共同点是“泻而不藏，实而不满”，主要与饮食的消化有关，有消化食物、吸收营养、排泄糟粕的功能。脏和腑主要是根据形态和功能特点来区分的。

那么“奇恒之腑”是什么呢？就是在五脏六腑之外，生理功能方面不同于五脏六腑的一类器官，奇恒之腑有六个：脑、髓、骨、脉、胆、女子胞。这是指在女子为六个，而在男子为五个，其实，男女都有“胞”，不应只将女子胞规定为奇恒之腑之一。为了弥补男子的奇恒之腑只有五个的不足，明清医学家加了“精室”这一脏器。精室就是男子贮藏精液、生育繁衍的器官。

“奇恒之腑”有什么特点呢？第一，它们都是相对密闭的组织器官，与六腑的形状相似，但功能却不同，不与水谷直接接触，似腑非腑；第二，都具有类似于五脏贮藏精气的作用，但又不同于五脏，似脏非脏；第三，除胆属六腑外，都没有和五脏的表里配属关系。

我这里还要强调一下，中医学所谓的脏腑，不等于西医解剖的实质脏器，它是对人体生理功能和病理变化的高度概括。所以，即使中医学的五脏六腑与现代医学里的脏器名称大多相同，但它的概念、功能并不是一一对应的关系，不能片面地把两者等同起来。

在讲了奇恒之腑之后，黄帝突然又问了一个气口脉（也就是寸口脉）诊断的问题——

帝曰：气口何以独为五脏主？岐伯曰：胃者，水谷之海，六腑之大源也。五味入口，藏于胃以养五脏气；气口亦太阴也，是以五脏六腑之气味，皆出于胃，变见于气口。

黄帝问：为什么凭借诊察气口脉可以知道五脏的病变呢？

岐伯回答说：胃是水谷之海、六腑的泉源。五味的饮食入口，藏留在胃中，经脾运化转输，才能荣养五脏之气。气口是手太阴肺经经过的地方，属于手太阴肺经，肺朝百脉，百脉之气大多汇聚于此。五脏六腑之气，都是源自胃，它的变化反映在气口脉上。

最后岐伯强调了一段很有名的话——

凡治病必察其下，适其脉，观其志意，与其病也。

凡是治疗疾病的时候，必须观察患者的上下变化（《黄帝内经太素》作："凡治病必察其上下"），观测患者的脉象虚实（"适"，就是观测、辨别），观察患者的情志状态，从而辨别患者的疾病情况。

这是中医诊疗的四个原则。接下来，岐伯又提出了著名的"三不治"——

拘于鬼神者，不可与言至德；恶于针石者，不可与言至巧；病不许治者，病必不治，治之无功矣。

对于那些拘守鬼神迷信的人，是不能够跟他们谈论至深的医学理论的；对于那些厌恶针石治疗的人，也不能和他们讲针石技巧；有病却不让治疗的人，他的病一定是治不好的，就算勉强治疗也难以达到预期的效果。

此三句就是著名的"三不治"。一不治"拘于鬼神"，即迷信鬼神不信医者；二不治"恶于针石"，即需要针石治疗却不愿意者；三不治"病不许治"，即有疾病需要治疗却讳疾忌医者。

神气败坏了怎么办

五大方位与六大治疗方法

大家还记得吗，我曾经说过不能把《黄帝内经》看成一部简单的医书，其实它是一部教人健康快乐生活的百科全书，这里面涉及天文、地理、环境、生态、历法、音律、数术等多个领域。

我们今天要学习的这一篇，就涉及地理，是从地理生态的角度探讨生命问题和医学问题的。这一篇叫《异法方宜论》。从这个题目就可以看出它是讲在不同的方位采取各自合适的方法。异，就是不同的意思；法，就是方法、法则；方，就是指方位；宜，就是适宜、合适。居住在不同地方的人，地理环境、自然气候、生存条件是不同的，人们的生活习惯也有很大的不同，形成了生理上、体质上的不同特点，因而产生的疾病也是不同的，在治疗时就必须采取不同的方法，才能做到因地制宜、因人制宜，所以这一篇的题目叫“异法方宜论”。这一篇其实是最早的环境医学、地理医学、生态医学。

那么分几个方位呢？五个：东、南、西、北、中。为什么是五方？当然是受五行思想的指导。几大类疾病，几种治疗方法呢？下面我们就解开这个秘密——

黄帝问曰：医之治病也，一病而治各不同，皆愈，何也？岐伯对曰：地势使然也。

黄帝问道：医生治病，对同样一种病有时候治疗方法各不相同，但都能治好，这是什么原因呢？

岐伯答道：这是因为地理环境不同造成的。

接下来，岐伯分析了五大方位的地理环境、自然生态的不同情况——

故东方之域，天地之所始生也，鱼盐之地，海滨傍水，其民食鱼而嗜咸，皆安其处，美其食。鱼者使人热中，盐者胜血，故其民皆黑色疏理，其病皆为痈疡，其治宜砭（biān）石。故砭石者，亦从东方来。

东方地区，是天地之气开始生发的地方，气候温和，盛产鱼和盐，地处海滨而接近水，海水是咸的，所以那里的人们多吃鱼类而喜欢咸味。他们安居在那个地方，以鱼和盐为美食。但由于食用过多的鱼会使人体内积热，吃过多的盐会使人血液受损。因此那里的人们，皮肤颜色大都较黑，肌肉纹理也较疏松，而多发痈肿疮疡之类的疾病。对其治疗，大都适合采用砭石刺出脓血。因此，用砭石治病的方法，就是从东方传来的。

《尚书·禹贡》记载有“泗滨浮磬”，制磬的石头，就是砭石，产于山东泗水之滨。古人在没有获得炼铁术前就是靠砭来治疗伤痛、疾患，发明了砭针、砭刀等医疗工具。后来用砭石或者玉石、牛角来刮痧。

西方者，金玉之域，沙石之处，天地之所收引也。其民陵居而多风，水土刚强，其民不衣而褐荐，其民华食而脂肥，故邪不能伤其形体，其病生于内，其治宜毒药。故毒药者，亦从西方来。

西方地区，盛产金玉，所以西方属金，大地多是沙石，戈壁沙漠，是天地之气收敛的地方。那里气候干燥清凉。那里的人们都依山而居，水土之性刚硬有力，土地非常薄，非常贫瘠。(“其民不衣而褐荐，其民华食而脂肥”，“不衣”不是不穿衣服，而是指不穿绵绸一类的衣服，而是“褐荐”，“褐”是指粗布衣服，“荐”是指草席子。) 他们穿的是那种非常粗的衣服，粗布、粗麻，有的时候干脆就穿个羊皮坎肩，用来抵御刚烈的西风；吃的是肥美多脂的肉类、奶类，大多长得又壮又胖，皮下脂肪很厚，外邪不容易侵入形体，疾病多由内而生。对其治疗，宜用药物。所以药物疗法，就是从西方传来的。

这里说的“毒药”就是指一般的药物，也就是“汤药”“草药”。为什么称“毒药”？是药三分毒，“毒”是指药物的偏性。中医学利用药物的偏性以达到“以毒攻毒”治疗人体疾病的目的。中药有毒无毒，关键在于能否对证治疗。只要对证治疗，有毒的药也安全；不对证治疗，无毒的药也有害。“药之害在医不在药”。

北方者，天地所闭藏之域也。其地高陵居，风寒冰冽。其民乐野处而乳食，藏寒生满病，其治宜灸焫（ruò）。故灸焫者，亦从北方来。

北方地区，是天地之气闭藏的地区。那个地方地势高，气候严寒，寒风凛冽，冰天雪地。那里的人们喜好游牧生活，吃的多为乳类食品，因此内脏受寒，容易生脘腹胀满一类的疾病。对其治疗，宜用艾火灸治。所以艾灸的治疗方法，就是从北方传来的。

南方者，天地所长养，阳之所盛处也。其地下，水土弱，雾露之所聚也。其民嗜酸而食胕，故其民皆致理而赤色，其病挛痹，其治宜微针。故九针者，亦从南方来。

南方地区，是天地之气长养、阳气最旺盛的地区。那里地势低下，水土薄弱潮湿，雾露聚集。那里的人们，喜欢吃酸类和腐熟的食品。(“胕”，与“腐”

字通，指发酵制成的食品、带点腐臭的食品，比如南方人爱吃的豆腐乳、臭豆腐，还有我们安徽徽州人爱吃的臭鳜鱼、毛豆腐之类。）南方人皮肤腠理比较细密而带红色，肌肤水嫩、光滑，容易发生筋脉拘急、肢体麻痹一类的疾病。（“其病挛痹”中的“挛”就是痉挛，痉是那种抽筋的感觉，肌肉抽搐、整个收缩到一块儿的那种感觉。“痹”就是经脉气血不通。湿气重的地方人最容易得的就是这种关节病，就是我们中医所说的痹证。）对其治疗，宜用小针微刺，疏通经络。所以九针的治病方法，就是从南方传来的。

九针，是九种针具的总称。比如毫针、长针、大针等，这在《灵枢·九针十二原》中有记载。

中央者，其地平以湿，天地所以生万物也众。其民食杂而不劳，故其病多痿厥寒热，其治宜导引按蹻。故导引按蹻者，亦从中央出也。

中央地区，地势平坦，气候湿润，天地之气中和，物产非常丰富。这里的人吃的食物种类很多，生活比较安逸，易发生痿弱、厥逆、寒热一类的疾病。（“痿”肌肉萎缩，或者肌腱不能发力；厥叫厥逆，就是气血倒流，气血到不了四肢上，四肢厥冷。）对其治疗，宜用导引、按摩的方法。所以导引、按摩的治病方法，就是从中央地区推广出去的。

导引和按摩是有区别的，导引偏于自己做，按摩偏于别人做。这个导引之术源自先秦道家的“道气”学说，庄子曾说过导引之士“熊经鸟伸”，也就是模仿动物的一些特殊的姿势。导引其实是导气，后来叫气功。我认为导引才是养生最重要的方法。

最后，岐伯总结说——

故圣人杂合以治，各得其所宜。故治所以异而病皆愈者，得病之情，

知治之大体也。

所以，高明的医生应该综合掌握这些不同的治疗方法，并能因时、因地、因人而恰当地选择运用，进而使患者得到适宜的治疗。所以，虽然治疗方法有所不同，但疾病最终都能得到痊愈，就是因为掌握了每个患者的具体病情，并知道应该采用什么治法啊。

这一篇的开头说“一病而治各不同，皆愈”，最后说“治所以异而病皆愈”，这叫“同病异治”，就是同一种病证，可以采用不同的治法。为什么可以同病异治？这是因为“地势使然”，是由于地域不同造成的。只有全面分析外在环境与内在人体的有机联系，才能选择合适的治疗方法。

有一点需要说明的是，这一篇说的五个方位适合于五种治疗方法，也就是东方适合于砭石，西方适合于药物，南方适合于针刺，北方适合于艾灸，中央适合于导引按摩，并不是说其他方位就不能用其他的治疗方法，这里只是从地理生态、习性特征的角度说的，当然看病最主要还是要从个人得病的具体情况出发，选择合适的治疗方法。

两种可以治病的酒

我们中国是一个酒文化大国。中国制酒历史源远流长，早在三千多年前的商周时代，中国人就发明了酒曲发酵法，开始酿制黄酒。后来又发明了蒸馏法，制作白酒。酒渗透于整个中华文明史中，从饮食烹饪、养生保健，到文学创作、艺术审美等各方面，酒在中国人生活中都发挥了重要作用，占有不可或缺的位置。这一讲我们就来讲一讲酒在医疗养生方面的作用。这一篇叫《汤液醪醴论》。

先看开头——

黄帝问曰：为五谷汤液及醪醴，奈何？岐伯对曰：必以稻米，炊之稻薪，稻米者完，稻薪者坚。

黄帝问道：如何用五谷做成汤液和醪醴？

岐伯答道：必须要用稻米做原料，要用稻秆做燃料，稻米是最完好的，稻秆是最坚实的。

帝曰：何以然？岐伯曰：此得天地之和，高下之宜，故能至完；伐取得时，故能至坚也。

黄帝问道：为什么这样呢？

岐伯答道：这是因为它们得天地之和气，生长于高下适宜的平坦的地方，所以才能结出完好的稻米；又因为在合适的时间进行伐取、收割，所以才能收获坚实的稻秆。

这里我要重点讲一讲汤液和醪醴，这是指两种以五谷为原料制作而成的药酒。其中清稀味淡的叫汤液，稠浊甘甜的叫醪醴。当然有人不同意把汤液当成酒，理由是汤液是煎煮取汁而成的，不属于酒类。可是原文并没有说汤液就是煎煮取汁而成的，而是把汤液和醪醴放在一起说的，是并列关系。醪醴是发酵酝酿而成的，属于酒类，而且都是浊酒。这一点没有异议，后人看法是相同的。既然汤液和醪醴是并称的，所以汤液也应当是一种酒，相当于清酒。就“醪醴”而言，如果要进一步细分的话，又可以分成“醪”和“醴”，二者虽然都是浊酒，都是有渣有水未经过滤的酒，但又有细微区别，“醪”老而味厚，“醴”嫩而味甜。

用什么材料酿制呢？文中说用“五谷”，但重点说稻米。“五谷”是指麦、黍、稷、稻、菽，分别对应肝、心、脾、肺、肾。在此，我们完全可以理解为“五谷丰登”中的五谷，用来泛指粮食。用粮食入药治病，在中医里一点也不稀奇，比如医圣张仲景的《伤寒杂病论》里一些经方就用到了五谷，比如甘麦大枣汤用了小麦，白虎汤用了粳米，赤小豆当归散用了赤小豆，这都说明食物和药物确实是同源的，食物是有药用功能的。古人还将各种食物按照功效的不同进行配伍组合，并辅以合适的制作工艺，就形成了汤液或醪醴。

岐伯在讲到用五谷酿造汤液和醪醴的时候，重点讲的是稻米，“必以稻米，炊之稻薪”，用稻米做原料，用稻秆做燃料。为什么？岐伯说了两个原因。第一个原因：稻米是“至完”——最完好、最完备，因为稻米“得天地之和，高下之宜”，不偏寒也不偏热，营养成分又很高，所以说稻米的性味最完好、最完备。第二个原因：稻秆是“至坚”——最坚实、最坚固，因为稻秆“伐取得时”，以东北水稻为例，稻秆要深秋才收割，经过了春夏秋三季的气息滋润，具备了秋天坚韧的性质，所以说它最坚实。

需要特别强调的是，中医历来是非常注重时间和空间的，岐伯说的“高下相宜”是指食物药物适宜生长的空间，“伐取得时”是指食物药物适宜生长和收获的时间。不知道大家听说过这么几句话没有？一句话是“橘生淮南则为橘，生于淮北则为枳”，说的就是空间。还有一句是“三月茵陈四月蒿，五月六月当柴烧”，说的就是时间，同样一种植物在不同的季节有不同的功效，三月里茵陈具有祛湿热、治黄疸的药用功效，可是到了五月六月就没有这种功效了。还有中医开的处方。中医开药的时候有时要在前面加一个字，比如在桑叶前面多写个“霜”字，表示要霜冻、霜打过的桑叶。这是在强调时间。在山药前面要写个“怀”字，“怀”指怀庆府，在现在的河南焦作一带；如果写个“淮”字，那是指淮河一带，也就是现在的江苏、安徽一带。这是在强调空间。中医特别讲究“道地药材”，说明药材产地的重要性，有“四大怀药”和“八大浙药”（也叫“浙八味”）等说法。

同样，制作汤液和醪醴也要注重时间和空间。可是上古圣人制成后却不使用。所以黄帝就问了——

帝曰：上古圣人作汤液醪醴，为而不用，何也？岐伯曰：自古圣人之作汤液醪醴者，以为备耳，夫上古作汤液，故为而弗服也。中古之世，道德稍衰，邪气时至，服之万全。帝曰：今之世不必已，何也？岐伯曰：

当今之世，必齐毒药攻其中，镵（chán）石、针艾治其外也。

黄帝问道：上古时代的圣贤之人做汤液和醪醴，制成后却不使用，这是什么原因呢？

岐伯答道：上古时代的圣贤之人做汤液和醪醴，是为了防备，防患于未然，因为上古时代，人们心身康泰，很少生病，虽制成了汤液，却还是放在那里用不上。到了中古时代，“道德”渐渐衰退（这里的道德不是指个人的道德品质，而是指恬淡少欲的养生之道；“稍”是渐渐的意思；“道德稍衰”就是社会上善于养生之道的人渐渐少了），外界邪气时常能够乘虚伤人，但只要服用些汤液、醪醴，病就可以好了。

黄帝问道：当今世人，虽然服了汤液、醪醴，而病不一定好，这是什么缘故呢？

岐伯答道：当今世人，一有疾病，必定要用药物内服，用砭石和针灸外治，病才能痊愈。

这里又一次比较了上古、中古和当世之人的区别。上古之人为什么不用汤液、醪醴？因为用不上，那个时候人们恬淡少欲、善于养生，所以身心康泰，很少生病，而汤液、醪醴只是备用于万一；中古之时，欲望增加，养生之道渐渐衰退，导致人们身心容易虚弱，这个时候就需要用汤液、醪醴来治病了；到了当今之世也就是黄帝、岐伯的时代，人们心理状态不同，欲望增多，劳形伤神，一旦得病就得用药物和针灸、砭石，汤液、醪醴已经起不了作用了。

那么我们今天的情况怎么样呢？现代人已经根本想不到还可以用汤液和醪醴治病了。这究竟是进步还是退步呢？有人说现代医学在不断发展，从内治到外治，方法和工具越来越多，对疾病的认识也越来越深入了，所以当世治病方法变多，是一种进步。但有一点我们应该看到，虽然现代人彻底征服了一些疾病，但同时又产生了一些新的疾病，比如癌症、艾滋病，还有其他由于生活方式、心理压抑导致的各种现代病。现在的情况是，一方面治病的方法越来越多，另一方面疾病也越来越多，两者好像在比赛，从目前看，疾病还远远跑在前头。你说这是进步呢还是退步？

“神不使”的三种情况

上一讲讲到上古和中古之人用汤液和醪醴这两种酒来养生治病，可到了后来汤液和醪醴已经不起作用了，只能用药物、针灸来治病，可是有时药物和针灸也不起作用，这是什么原因呢？黄帝就问了——

帝曰：形弊血尽而功不立者何？岐伯曰：神不使也。帝曰：何谓神不使？岐伯曰：针石，道也。精神不进，志意不治，故病不可愈。今精坏神去，荣卫不可复收。何者？嗜欲无穷，而忧患不止，精气弛坏，荣泣卫除，故神去之而病不愈也。

黄帝问道：有些病人，用药物、针灸等方法治疗后，仍然形体弊坏、气血竭尽，不见功效，这是为什么呢？

岐伯答道：这是因为神气不能起作用了，也就是病人的神气已经败坏，药物、针灸已不能发挥作用了。

黄帝问道：那又是什么原因导致神气不能发挥应有的作用呢？

岐伯答道：针石，是用以治病的方法。但用在精神已经毁坏、志意已经散乱不定的人身上，就不能发挥其应有的作用，所以疾病就治不好，况且现在病人精气衰败、神气消失，营气和卫气已经不可以恢复了。这是为什么呢？这是因为他的嗜好和欲望无穷无尽，忧愁和烦恼无休无止，以致精气毁坏，营血枯涩（泣，停滞），卫气消亡，所以神气就离开了，疾病就无法治愈了。

帝曰：夫病之始生也，极微极精，必先入结于皮肤。今良工皆称曰：

病成名曰逆，则针石不能治，良药不能及也。今良工皆得其法，守其数，亲戚兄弟远近，音声日闻于耳，五色日见于目，而病不愈者，亦何暇不早乎？岐伯曰：病为本，工为标，标本不得，邪气不服，此之谓也。

黄帝问道：凡病在初起之时，一般都比较轻微，必定是先侵袭到皮肤等浅表部位，是易于被发现和防治的。而现在往往是在良医诊治时，就说病得已经很严重了，而且发展和预后很不好，是用针刺、砭石所不能治愈的，再好的药物也不能达到患病的地方，也不起作用了。按理说，现在的良医都已经掌握了诊治方法，掌握了针刺等技术，病人大多是兄弟亲戚或身边之人，病人的声音每天可以听到，病人的气色每天可以看见，但却依然有治不好的病，为什么良医不能为他们提早诊治呢？

岐伯答道：病人是根本，医生是枝节，病人和医生不能很好地合作，病邪就不能被制服，道理就在这里。

帝曰：其有不从毫毛而生，五脏阳以竭也，津液充郭，其魄独居，精孤于内，气耗于外，形不可与衣相保，此四极急而动中，是气拒于内，而形施于外，治之奈何？岐伯曰：平治于权衡，去宛陈莝（cuò），微动四极，温衣，缪刺其处，以复其形。开鬼门，洁净府，精以时服，五阳已布，疏涤五脏。故精自生，形自盛，骨肉相保，巨气乃平。帝曰：善。

黄帝问道：有的病不是从皮肤毫毛发生，而是由于五脏的阳气衰竭，不能化水行气，以致水湿充满于皮下、胸腹腔（“郭”通“廓”，指空的物体，在这里指胸腔、腹腔）。人体之阴精（“魄”指阴精）孤立而处，精在体内转化为废料，气在体外不断耗散，导致形体已经穿不上原来的衣服，不但四肢肿胀，而且气喘咳嗽，遇到这种水气充斥于内、形体浮肿于外的病状，应当怎样治疗呢？

岐伯答道：要权衡病情的轻重缓急而施治，要祛除郁积的陈旧水液、瘀血，稍微松动四肢的肿胀；通过穿温暖的衣服，以恢复体内的阳气；通过缪刺法即交叉针刺的方法，泄去水肿，恢复原来的体形；也可以用发汗、利小便的方法祛除水邪。（“鬼门”就是“魄门”，就是体表的汗毛孔。“净府”是指膀胱。）这样精气就日渐恢复，五脏的阳气开始提升，郁积在五脏中的水液开始疏通。因此，精气自然会产生，形体就会随之强盛，筋骨肌肉也可以保持正常状态，人的正气就平和了，又恢复为一个健康的人了。

黄帝答道：讲得非常好。

黄帝和岐伯的这一段对话从“功不立”和“神不使”开始，为什么“功不立”？原因就是“神不使”。而要搞清楚“神不使”，就有必要先弄明白中医文化里的“神”。我们中国文化中的“神”的意思非常丰富。《周易·系辞传》说“阴阳不测之谓神”。神是指阴阳的变化莫测。在《黄帝内经》中，“神”可理解为一种能够不断变化的正气。因此，这里的“神不使”就是指不断变化的神气、正气不能起作用了。比如健康的人，我们刺激身体上的某一个穴位或一条经络，一定会得到一个反应，这就是能够不断变化的正气的传递，说明能够不断变化的正气可以到达，这就叫“神能使”；而患病的人，我们刺激身体上的某一个穴位或一条经络，可能就得不到同样的反应，这就是能够不断变化的正气传递不了，不能到达了，这就叫“神不使”。

关于“神不使”的情况，黄帝在文中一共问了三次，而岐伯也就回答了三次。第一种是“神去之”，就是说这种能够不断变化的正气不复存在了，那么这种情况下任你通过各种治疗再怎么折腾也无济于事，必定还会“神不使”。第二种是“神不治”，就是说患者本身不能调度好自己这种神气、正气，那么即使医生诊治水平再高也无济于事，必定也会“功不立”。第三种是“神得治”，这是从“神不使”的反面来说明的，如果患者本身能够调度好自己的神气、正气，那么即使病情再重，医生的诊治也能发挥出理想的效果。以上三种情况层层深入，形成鲜明对比，共同说明了治病疗效与“神”的关系。“神使”还是“神不使”，这是判断疾病能不能治好的关键。病为本，医为标，而“神”为本中之本，只有标本兼治，才能取得良好的治疗效果。

神转不回，回则不转

这一讲我们要学习的是《玉版论要》，“玉版”就是用来刻写珍贵文献的玉石书版，“论要”就是讨论或理论的要点。这一篇从题目上只能看出它的重要性，但却看不出什么内容主题。“玉版论要”就是刻在玉石书版上的精要论点。毫无疑问，只有最重要的东西才刻在这么珍贵的玉版上。究竟是什么东西呢？

我们先看看黄帝的发问——

黄帝问曰：余闻揆度、奇恒，所指不同，用之奈何？岐伯对曰：揆度者，度病之浅深也。奇恒者，言奇病也。

黄帝问道：我听说《揆度》和《奇恒》这两部书，它们所讲的内容是不同的，应该怎样去掌握运用呢？

岐伯答道：《揆度》一书，是用来度量疾病的深浅的，也就是说这本书讲的是怎么判断疾病的定性与定量问题，用于指导我们衡量疾病的深浅轻重（揆，揣度，揣摩，估量。度，此处作动词读duó。就这一篇来说，“揆”就是切其脉理；“度”就是得其病处）。《奇恒》一书，说的是如何辨别疾病的异常情况（“奇”是异常，“恒”是正常。“奇恒”指疾病的正常与异常）。

请言道之至数，五色、脉变、揆度、奇恒，道在于一。神转不回，回则不转，乃失其机，至数之要，迫近以微，著之玉版，命曰合玉机。

若从道的高度来讲，《五色》《脉变》《揆度》《奇恒》这四部古书，内容虽然不同，但“道在于一”，强调人与自然的统一这一点，却是一致的。这四本古书都已经失传了，第一部叫《五色》，从题目看应该是讲人面色的五种变化，

《灵枢》现存有一篇就叫《五色》，究竟是不是这本古书，已经没办法判断了。第二部叫《脉变》，应该是一部讲脉搏变化的古书。第三部叫《揆度》，《素问》有三篇提到这个书名（除了本篇外，另外两篇是《疏五过论》和《病能论》），是讲切脉诊病的“脉法”古书。第四部叫《奇恒》，在《素问》中共有四篇提到（除了本篇外，另外三篇是《病能论》《疏五过论》《方盛衰论》），是讲奇异的、不寻常的怪病的古书。以上所说的四本书，我们现在都看不到，也许以后会被挖掘出来。不过，看不到没关系，因为岐伯说这四本书“道在于一”。

那么这个“一”究竟是什么呢？“一”是指人与自然的统一规律，具体说就是：“神转不回，回则不转，乃失其机。”请大家记住前面这八个字“神转不回，回则不转”。这是非常有名的话，看起来有点像绕口令。这是什么意思呢？意思是说神要顺时运转而不能逆时回传，如果逆时回传就不能顺时运转，那么就会失去生机。这里又一次强调了“神”，这个“神”是统领气血阴阳的，“神”要顺时运转说明气血要按照四时变化的规律有次序地运转，否则就会导致疾病，失去生命。

可见“转”指顺时运行，“回”指逆时运行。这个道理是最为重要、最为关键、最为微妙的，是有必要刻在玉版上而称为“玉机”的。原文“合玉机”的“合”是个衍文。后面专门有一篇就叫《玉机真脏论》。

那么怎么才能知道一个人的“神”统领的气血阴阳是“转”还是“回”呢？下面岐伯就从两个方面作了回答。哪两个方面？一个是面色，一个是脉象。观面色和切脉象，看它们是正常还是异常，就可以判断血气是顺行还是逆行。

第一个方面，观察面色——

容色见上下左右，各在其要。其色见浅者，汤液主治，十日已；其见深者，必齐主治，二十一日已；其见大深者，醪酒主治，百日已；色夭面脱，不治，百日尽已。

观察面部上下左右不同区域的色泽变化，有助于判断病变各自所对应的脏腑部位。通过观察面部色泽的深浅，可以预测疾病的轻重。面色浅的，病情尚轻，可以用五谷汤液治疗，大约十天就会好；面色深的，病情较重，可以用药剂来治疗，大约二十一天就会康复（原文中的“齐”同“剂”，药剂、方剂）；面色过深，病情更重，可以用醪酒（药酒）治疗，大约一百天就会痊愈；如果面色晦恶而枯槁了，没有一点水分，面瘦无肉，那就没法治了，大约一百天命尽而死。

脉短气绝死；病温虚甚死。色见上下左右，各在其要。上为逆，下为从；女子右为逆，左为从；男子左为逆，右为从。易，重阳死，重阴死。阴阳反他，治在权衡相夺，奇恒事也，揆度事也。

分析面部不同的病色是顺还是逆，有一定的要领：那就是“上为逆，下为从；女子右为逆，左为从；男子左为逆，右为从”。如果病色从下向上延伸，也就是从下巴到额头病色越来越深，说明病情是逐渐发展、加重，就是“逆”；如果从上向下延伸，也就是从额头到下巴病色延伸，说明病情逐渐减轻、减弱，这就是“顺”。

如果用男女来分别阴阳，那么男左女右，男为阳，女为阴；左为阳，右为阴。女子病色在右属于阴又加上阴，叫“重阴”，没有阳，当然就是“逆”，女子病色在左，属于阴有了阳，阴阳相和，那就是“顺”；男子病色在右，属于阳得阴，阴阳相和，是“顺”的，但如果病色在左，男人为阳，左为阳，阳上加阳，为“重阳”，没有阴，就是“逆”了。

“顺”就是“转则不回”，“逆”就是“回则不转”。

再说第二个方面，诊脉——

搏脉痹躄（bì），寒热之交。脉孤为消气，虚泄为夺血。孤为逆，虚为从。行奇恒之法，以太阴始。行所不胜曰逆，逆则死；行所胜曰从，

从则活。八风四时之胜，终而复始，逆行一过，不复可数。论要毕矣。

脉象搏击于指下，注意这个“搏”字，搏斗，说明像打架时出拳头，肯定是强劲有力，感觉像被打了一样，肯定是不太舒服，提示邪气太盛、正气衰弱，阴阳错乱，这是因为寒热邪气相交侵犯了人体，使人痹躄——肢体疼痛，下肢不能行走。如果脉洪大到极点，叫孤阳脉，说明阳热太盛了，阴精必然消耗；如果脉微弱到极点，叫孤阴脉，说明阴寒太盛，阳气必然消耗。脉象虚弱，搏动无力，提示失血，阴血脱失。上面说的孤阳脉和孤阴脉，都属于死亡的征象，称为“逆”；而单纯脉象虚弱，仅是正气不足，还是可以用补法治愈的，为“从”。《黄帝内经太素》版本“从”写作“顺”。在诊脉的时候，运用《奇恒》的方法，应当从手太阴寸口脉开始。“行所不胜曰逆，逆则死；行所胜曰从，从则活。”

我们前面已经讲过，五行相克也就是五行相胜，“所胜”就是所克，“所不胜”就是所不能克，谁不能克我，当然就是被我所克，比如水克火，火不能克水，所以水所胜就是火，火所不胜就是水。

怎么判断疾病流传的正常与反常之序，也就是顺还是逆？如果疾病流传到它“所不胜”的脏腑也就是克制自己的脏腑就是“逆”，病人就会死亡；如果疾病流传到它“所胜”的脏腑也就是被自己所克制的脏腑就是“顺”，病人就能活命。自然界的四时八风的运行是有规律的，是周而复始的，但如果四时气候反常，就难以把握了，应该按照特殊情况具体分析，不能再按常理来推断。

以上所说就是《揆度》《奇恒》诊法的全部要点。

十二消息卦与十二月脏腑

这一讲我们学习《诊要经终论》，“诊要”就是诊治疾病的要领，“经终”就是经脉的终结。这一篇主要讨论了怎样按照四时变化的规律来诊治疾病，还有十二经脉之气是怎么终结的，终结以后有什么样的表现。

先看看黄帝的提问——

黄帝问曰：诊要何如？岐伯对曰：正月二月，天气始方，地气始发，人气在肝。三月四月，天气正方，地气定发，人气在脾。五月六月，天气盛，地气高，人气在头。七月八月，阴气始杀，人气在肺。九月十月，阴气始冰，地气始闭，人气在心。十一月十二月，冰复，地气合，人气在肾。

黄帝问道：诊病的要领是什么？

岐伯回答说：正月和二月，天气开始生发，地气开始萌动，这时候人气主要在肝，就是人的肝气和它相应，也开始生发（这里说的正月二月是阴历。原文中“天气始方”的“方”字，有人说是“正”，有人解释为“刚刚”，都不符合原文之义，其实“方”是“放”的通假字，意思是“开放”“生发”）。三月和四月，天气开始旺盛，地气正华茂，这时候人气主要在脾，人的脾气和它相应。五月和六月，天气旺盛到了极点，地气升高，这时候人气主要在头部，头部和它相应。七月和八月，阴气开始上升，天地之气肃杀，这时候人气主要在肺，肺气和它相应。九月和十月，阴气开始渐盛，地气开始闭藏，这时候人气主要在心，心气和它相应。十一月和十二月，阴气旺盛到极点，地气完全闭藏，这时候人气主要在肾，肾气和它相应。

这一段将一年内的月份与身体脏腑相配，其实在《黄帝内经》中大约有二十篇都涉及这样的内容。有四时配四脏，有四时配五脏，有五时配五脏，有八时（八个节气）配八脏。只有这一篇是六时配六脏，也就是将一年十二个月平均划分为六个阶段，然后依次与肝、脾、头、肺、心、肾相配。这一篇的配法和其他各篇都不一样，因此有许多争议。

那么这一篇十二个月份与脏腑的配合，究竟是不是存在错乱呢？如果结合易学的十二消息卦就清楚了。十二消息卦形象地反映了一年十二个月阴阳二气消长变化的规律，从阴历十一月冬至开始，阳气渐渐上升，阳气上升的同时阴气肯定就渐渐下降，也就是说阳气增强的同时阴气必定减弱。阴历十月是阴气到极点，是坤卦，六根爻全是阴爻。到了十一月冬至阳气开始回复，这就是复卦，最下面一根阳爻，一阳来复；十二月阳气继续上升，下面两根阳爻了，这就是临卦；到了正月阳气继续上升，下面三根阳爻了，就是泰卦，所以说正月春节叫三阳开泰；二月是四根阳爻，叫大壮卦；三月是五根阳爻，是夬卦；四月就是六根阳爻，就是乾卦了；到了五月夏至，阳气到极点，阴气开始上升，乾卦最下面一根爻变成阴爻了，就是姤卦；六月阴气继续上升，下面两个阴爻，就是遁卦；七月阴气继续上升，下面三个阴爻，就是否卦；八月下面四个阴爻，就是观卦；九月下面五个阴爻，就是剥卦；十月六根全是阴爻，就是坤卦。

节气	冬至	大寒	雨水	春分	谷雨	小满	夏至	大暑	处暑	秋分	霜降	小雪
月份	冬月	腊月	正月	二月	三月	四月	五月	六月	七月	八月	九月	十月
卦名	复	临	泰	大壮	夬	乾	姤	遁	否	观	剥	坤
卦象	䷗	䷒	䷊	䷡	䷪	䷀	䷫	䷠	䷋	䷓	䷖	䷁

从十二消息卦的符号上我们可以非常清楚地看出一年十二个月阴阳变化的规律，再结合五行和六气，马上就知道十二个月和人体五脏的正确配合、对应的关系。阴历正月、二月，风木之气发生，因此人之气在肝。阴历三月、四月，少阴君火生长旺盛，故人气应该在心。阴历五月、六月、七月、八月这四个月属于天干中的中央戊己土，因此人之气分别在脾和胃。阴历九月、十月，阴气开始肃杀，阳明燥金收敛，故人气在肺。阴历十一月、十二月，太阳寒水封藏，故人气在肾。

接下来，岐伯说了一大段四时针刺的正确方法，针刺法选择的原则，还有误刺所造成的危害，误伤五脏的死期，以及怎样避免误伤五脏的针刺方法，等等，放在这一篇中显得有点奇怪。清代大医学家、乾隆皇帝的御医、被誉为

“黄药师”的黄元御就认为，本篇内容除了十二经之气终结以外，都应该属于《素问》另一篇《刺法论》的内容。学术界普遍认为《刺法论》的内容在唐朝王冰编纂时已经亡佚，只有一个标题记载在目录中而已。而黄元御认为《刺法论》并没有遗失，而是错误地抄在了《诊要经终论》当中。我赞成这一个说法，这一大段讲针灸刺法的内容应和《素问》后面的《刺要论》《刺齐论》《刺禁论》等在同一卷。这一篇的许多内容可以同《素问》第六十四篇《四时刺逆从论》互相参考。所以这里就不讲了。后面讲到“刺法”时再讲。

这一篇的最后讲的是“经终”——

帝曰：愿闻十二经脉之终奈何。岐伯曰：太阳之脉，其终也戴眼、反折、瘈疭（chì zòng），其色白，绝汗乃出，出则死矣。

黄帝问道：想听您讲一讲十二经脉之气终结（也就是衰绝）时是什么样的。

岐伯回答：太阳经脉气衰绝时，会出现两眼上视、身背反张、手足抽搐（原文“瘈疭”，就是“抽风”，手脚痉挛，口歪眼斜），面色发白，汗出如油、淋漓不止，绝汗一出就会死亡。

十二经脉之气终绝这部分的内容，结合《灵枢·经脉》中各条经脉的走向和功能来看就比较容易理解。以太阳脉为例，它包括手、足太阳之脉。手太阳之脉止于目内眦，而足太阳之脉则起于目内眦，因此当太阳脉经气要断绝时，会出现双目上视的现象。足太阳从目内眦开始，沿着头、背、臀、腿后侧一直到足小趾指甲外侧的至阴穴，故其太阳脉气断绝，会出现角弓反张的现象。手太阳之脉起于小拇指指甲旁的少泽穴，它循臂上肩，主水液所生病，所以太阳脉绝则液脱血亡，所以其色白。

接下来依次讲了少阳经、阳明经、少阴经、太阴经、厥阴经的脉气衰绝情况，十二经脉气绝、败坏的临床表现。三阳三阴各分手和足，一共十二条经脉，只有在搞懂了十二经脉起始、走向的基础上，才能理解清楚。

脉象有什么秘密

脉象与面象

中医给病人把脉时，三根指头按在病人手腕上，凝神静气，然后就知道你身体有什么病，你要注意什么，再给你开个处方。真是太神奇了！中医为什么要用三根指头而不是四根或五根指头号脉呢？中医究竟是怎么号脉的？什么时候号脉最好呢？我们今天要学习的《脉要精微论》，就回答了这样的问题。"脉要"就是切脉的要领，"精微"就是脉象的微妙变化。先看黄帝的发问——

黄帝问曰：诊法何如？岐伯对曰：诊法常以平旦，阴气未动，阳气未散，饮食未进，经脉未盛，络脉调匀，气血未乱，故乃可诊有过之脉。切脉动静而视精明，察五色，观五脏有余不足，六腑强弱，形之盛衰，以此参伍，决死生之分。

黄帝问：脉诊的方法是什么？

岐伯回答：脉诊的时间通常在平旦（太阳还没有升起的时候），这个时候，阴气没有扰动，阳气没有耗散，也没有进饮食，经脉之气还不充盛，络脉之气调和匀静，气血没有被扰乱，所以可以诊察出有病的脉象。诊察脉象动静的同时，也要审视眼睛的神气是否充盈，观看面部的五色，观察五脏六腑的虚实强弱，形体的盛衰，这些方法互相参照，综合分析，来决断疾病死生的情况。

这一段讲诊脉最好的时间是在平旦，也就是寅时（凌晨3：00—5：00），这在现实生活中比较困难。那怎么办呢？我们要灵活掌握，我们可以从为什么要平旦诊脉中得到启发，平旦诊脉是因为阴阳之气没有扰动，没有进食，气血没有乱，这其实已经说清了诊脉的要求，那就是要尽量避免内在因素和外在因素的干扰，比如要避免进食、运动、精神刺激等，这样才能使自己的气血不乱，才能让医生获得真实的脉象。

为什么脉象有这么大的作用呢？——

夫脉者，血之府也，长则气治，短则气病，数则烦心，大则病进，上盛则气高，下盛则气胀，代则气衰，细则气少，涩则心痛，浑浑革至如涌泉，病进而色弊，绵绵其去如弦绝，死。

脉是血液汇聚活动的场所。脉体长表示气充足流畅，脉体短表示气病，就是气弱、气虚导致血的运行无力、不流畅；数脉多见心里烦躁、烦热，大脉表示邪气太盛——脉象满指而大，大而有力表示邪气太盛，大而无力表示正气极度亏虚；上部脉盛大多见气高气急、呼吸急促，下部脉盛大多见腹部胀满。

脉象分为上中下三部，上部在头，中部在手，下部在脚。为什么要分三部？就是对应天地人三才，这在后面一篇《三部九候论》中有详细说明。手上的寸口脉为什么要用三根指头？其实也是对应天地人三才。究竟与外在的三才怎样对应，与内在的脏腑怎样对应，我们在讲后面有关篇章时再详细介绍。

岐伯接着说：代脉表示五脏之气衰弱——代脉就是脉缓慢而有规则地停止，比如每跳五次停一次，或每跳三次停一次，甚至有每跳两次停一次的，表示脏气衰微，其病危重。细脉表示气虚衰少——细脉就是手指下感觉脉管细小，就是脉窄、波动小，有的形容脉细如丝，但脉起落搏指明显，能分清次数，表示气虚、血虚、阴虚，阴血不足，脉管不充盈。涩脉多见于心脏疼痛——涩脉就是脉跳得很艰涩，如轻刀刮竹，刮到竹节的地方就要费点劲，这种脉细短，时不时停止，跳得艰涩不畅，脉道受阻，表明血少、血流不畅，津液亏损，气滞血瘀。脉来粗大急促如泉水上涌（原文“浑浑革至”的“革”有人解释为皮革，是不正确的，这个“革”字通“亟”字，是急迫的意思，在这里做副词，表示脉跳得像涌泉一样滚滚急促而来），这种脉象表示病势亢进，气血非常紊乱，常见面色晦暗无光；脉来绵软无力，脉去如琴弦断绝。这是死亡的征兆，说明阴阳分离了。

大家还记得吗，我在《五脏生成》中讲过八种重要的脉象，就是浮、沉、迟、数、小、大、滑、涩，都是一对一对的。滑脉就是把脉的时候感觉脉跳得很流利、圆滑，好像铁珠滚过玉盘那样，铁珠在三个手指下依次滚过去。八种脉象都是一对一对的，这里讲了长短，也是一对；还有代脉，代脉和结脉是一对，结脉这里没有讲，其实代脉和结脉都是脉跳得慢并且有停止，只是代脉是有规则的停止，结脉是没有规则的停止；代脉停止的时间长一些，结脉停止的时间短一些；代脉是止而不能自还，结脉是止能自还。所以说“脉代者死，脉结者生”。

那么是不是切脉就能解决一切问题呢？不是！切脉一定要和望诊结合起来。我在前面讲《五脏生成》八种脉象之后还讲到了五色脉，就是五种面色和五种脉象是怎么配合起来诊断疾病的。

这里岐伯同样在讲了脉诊之后，马上又讲到“精明五色”——

夫精明五色者，气之华也。赤欲如白裹朱，不欲如赭；白欲如鹅羽，不欲如盐；青欲如苍璧之泽，不欲如蓝；黄欲如罗裹雄黄，不欲如黄土；黑欲如重漆色，不欲如地苍。

“精明”是什么？就是眼睛。眼睛的神采和面部的五色，是五脏精气表现出来的光华。正常的面色如果偏红色应该像白帛包裹着朱砂一样隐现出红润而有光泽，而不应该像赭石一样暗红带紫没有光泽，赭是红得发紫之色，红得太过了，没有光泽；正常面色如果偏白色就应该像白鹅的羽毛一样洁白而光洁，而不应该像盐一样白而晦暗，古代的盐不像今天的精盐那样洁白明亮，而是含有许多杂质，因此盐色是白中带灰的，带有不干净、晦暗的感觉；正常面色如果偏青应该像青苍色玉璧一样有光泽，而不应该像蓼蓝一样青而晦暗，这里的"蓝"指的是蓼蓝，它是做染料的一种草本植物，颜色蓝而沉晦、不润泽；正常面色如果偏黄应该像白罗纱包裹着雄黄一样黄而明朗有光泽，而不应该像黄土一样枯黄；正常面色如果偏黑应该像重漆一样黑而透亮，而不应该像地上的黑土、炭灰一样枯暗没有一点生气。

总结一下——

五色精微象见矣，其寿不久也。

如果脸上五色精气外泄的败象显现，这个病人的寿命也就不长了（"五色精微"的"微"应该是通假字，通"危"）。

那么要用什么来观察面色变化呢？当然是眼睛。眼睛有什么秘密呢？请看下一讲。

春夏秋冬四时脉象

大家都知道，中医诊断方法有四种，就是望、闻、问、切。上一讲我讲了望和切两种方法，切就是切脉，望就是看面色，还有望眼睛，望的范围还可以扩大，扩大到望病人的形体、动作表现。闻包括两个方面，一个是听，听声音，另一个是嗅，就是闻气味，通过病人发出的各种异常声音和气味，来诊察病情。

接下来岐伯又讲了望诊和闻诊。岐伯说——

五脏者，中之守也。中盛藏满，气胜伤恐者，声如从室中言，是中气之湿也。言而微，终日乃复言者，此夺气也。衣被不敛，言语善恶，不避亲疏者，此神明之乱也。仓廪不藏者，是门户不要也。水泉不止者，是膀胱不藏也。得守者生，失守者死。

五脏是人体精气、神气内守的地方。如果腹中邪气盛满，气机壅滞，气急喘息，容易惊恐，那么讲话声音重浊不清，像在密室中说话一样，这是中焦有湿邪的表现，也就是脾脏功能失常了，脾的湿气太重了。言语轻微，说话重复停顿，要过大半天才又说一句，这是精气被夺也就是气虚的表现，反映出肺脏功能减弱了。不知道穿衣盖被，讲话不知善恶好坏，不能分辨亲疏，不知避开生人，这是神明错乱的表现，反映出心脏功能失常了。脾胃这个仓库不能储藏水谷精气，大便泄泻不止，这是因为门户——肛门不能约束，小便不禁，这是因为膀胱不能闭藏，反映出肾脏功能失常了。总之五脏是守护精气的，能守住精气，病人就能生存，不能守住精气，病人就会死亡。

这里说的都是五脏的问题，接下来岐伯又说到“五府”——

头者精明之府，头倾视深，精神将夺矣。背者胸中之府，背曲肩随，府将坏矣。腰者肾之府，转摇不能，肾将惫矣。膝者筋之府，屈伸不能，行则偻附，筋将惫矣。骨者髓之府，不能久立，行则振掉，骨将惫矣。

头是藏精气、神气的地方，如果头部低垂，目陷无光，说明精神就要衰败了。背是支撑胸腔的部位，如果背弯曲而肩下垂，说明胸中脏气将要败坏，也反映心脏和肺脏的精气虚弱了。腰是肾脏所在的地方，如果腰不能转动，说明肾气将要衰惫。膝是筋汇聚的地方，所以膝为筋之府，如果不能屈伸，走路要弓着身子，这是筋的功能将要衰败，也反映肝脏的精气虚弱了。骨头是藏髓的地方，如果不能久站，行走摇摆不稳，这是骨的功能将要衰惫，也反映肾脏的精气虚弱了。

这里讲的五府，不是五脏六腑中的五腑，而是指头、背、腰、膝、骨。这也是望诊，望人的整个形体及其动作表现。“得强则生，失强则死。”如果这五府强健，说明五脏的精气还没有衰，那么就可以复生；如果这五府不强健了，说明五脏的精气已经衰亡了，那么人就会死亡。

接下来黄帝又问了四时诊脉的方法，一口气问了五个“奈何”——

帝曰：脉其四时动奈何？知病之所在奈何？知病之所变奈何？知病乍在内奈何？知病乍在外奈何？请问此五者，可得闻乎？

黄帝问道：脉象在四季中的变动是怎么样的？怎样知道疾病所在的部位？怎样知道疾病的变化？怎样知道疾病如何在体内发作？怎样知道疾病如何在体外生成？（原文“乍”就是“作”，在西周的金文中“作”就写作“乍”。）请问这五个问题，可以讲给我听一听吗？

岐伯曰：请言其与天运转大也。万物之外，六合之内，天地之变，阴阳之应，彼春之暖，为夏之暑，彼秋之忿，为冬之怒，四变之动，脉与之上下，以春应中规，夏应中矩，秋应中衡，冬应中权。

岐伯说：请让我讲一讲脉象与天地运转相合的重大关系。（接着岐伯说了一段话，这段话读起来很有韵律，非常优美。）万物以外，六合以内，天地的变化，阴阳消长与之相应，就如春天气候开始温暖，发展为夏天气候暑热，秋天气候转凉，发展为冬天的寒冷，四时气候变动，脉象也随之发生升降浮沉的变化。春天脉象应该圆滑，符合“规”的特点；夏天脉象应该洪大势盛，符合“矩”的特点。校正圆形的工具叫“规”，校正方形的工具为“矩”，比喻标准法度。这里是指春天的脉象要和春天的自然界阳气初升相呼应，如同圆规画出来的弧线一样圆润；夏天的脉象要和夏天的阳气旺盛相呼应，如同用矩画出来的方形一样有棱角；秋天脉象应该浮沉适中，符合“衡”的特点；冬天的脉象应该下沉内伏，符合“权”的特点。权衡是称量物体轻重的器具。权，秤砣；衡，秤杆。这里是说秋天的脉象要和秋天阳气开始下降相呼应，就像秤杆一样浮沉适中；冬天的脉象要和冬天阳气开始闭藏相呼应，就像秤砣一样下坠而不浮动。

总结一下，春天气才刚生发，所以脉柔软如规之象；夏天气盛，所以脉洪大如矩之象；秋天气敛，因此像秤杆；冬天万物闭藏，因此脉中的气也收藏起来，像秤砣那样。

那么四季阴阳的变化是从什么节气开始的呢？——

是故冬至四十五日，阳气微上，阴气微下；夏至四十五日，阴气微上，阳气微下。阴阳有时，与脉为期，期而相失，知脉所分，分之有期，故知死时。微妙在脉，不可不察，察之有纪，从阴阳始，始之有经，从五行生，生之有度，四时为宜，补泻勿失，与天地如一，得一之情，以知死生。是故声合五音，色合五行，脉合阴阳。

冬至到立春的四十五天之间，阳气逐渐上升，阴气逐渐下降。夏至到立秋的四十五天之间，阴气逐渐上升，阳气逐渐下降。四季阴阳的升降是有一定时间规律的，人体脉象的变化也要和它相应。如果知道得病的脉象与正常脉象的分别，对比阴阳消长的时间规律，就可以知道病人死亡的时间。人体与四季阴阳的微妙变化都体现在脉象上，所以不能不详细诊察，诊察脉象是有纲纪的，就是要从辨别阴阳之气开始，辨别阴阳是有规律的，就是从结合五行开始，结合五行是有法度的，就是要和四季阴阳的变化相适宜，运用补法和泻法时不能与这些法则相违背，要使人体与天地自然之气保持统一，知道天人合一的道理，就能预知生死。所以诊病时，病人的声音要结合五音来分析，病人的面色要结合五行来分析，病人的脉象要结合四季阴阳来分析。

梦与健康状态

人人都有做梦的经历，都对梦境充满了好奇。大家可能都听说过《周公解梦》和弗洛伊德解梦，但可能并不知道《黄帝内经》也讲解梦。这一讲我就来讲一讲《黄帝内经》是怎么解梦的。

《黄帝内经》一共有四篇讲到解梦，其中《素问》有三篇，《灵枢》有一篇。我们正在学习的这一篇《脉要精微论》讲到了解梦，解了十一个梦，大多是一对一对说的，可以分成五组梦境。这一段解梦的描述和《灵枢》第四十三篇《淫邪发梦》的记载基本相同，我把这两篇相合起来说一下——

是知阴盛则梦涉大水恐惧，阳盛则梦大火燔灼，阴阳俱盛则梦相杀毁伤。上盛则梦飞，下盛则梦堕。甚饱则梦予，甚饥则梦取。肝气盛则梦怒，肺气盛则梦哭；短虫多则梦聚众，长虫多则梦相击毁伤。

第一对梦境："阴盛则梦涉大水恐惧，阳盛则梦大火燔灼"，阴气盛就会梦到跋涉大河而产生恐惧，阳气盛就会梦到大火燃烧。《淫邪发梦》："阴气盛，则梦涉大水而恐惧；阳气盛，则梦大火而燔焫。"晚上做梦梦到在大江大河中跋涉并且很恐惧，说明阴气太盛了。在另外一篇《素问》第八十篇《方盛衰论》中，则说这是肾气虚，结合起来应该是肾的阳气不足，阴气太盛，就会做这样的梦："肾气虚，则使人梦见舟船溺人，得其时则梦伏水中，若有畏恐。"为什么？因为肾属水，大江大河说明水太多了，阴气太盛了，阳气虚了，就会梦到水太大，人坐在船上船翻掉了，很害怕，恐惧，恐则伤肾。

如果梦到相反的情景，梦到大火燃烧，说明阳气太盛。《方盛衰论》："心气虚，则梦救火阳物，得其时则梦燔灼。"心气不足，具体说就是心阴气不足，所以心的阳气太盛，就会梦到在救火，或者梦到阳物，就是属阳的、属火的东西，比如太阳、雷电之类。为什么？因为心属火，心的阳气太过，就会做这样的梦。那么如果“阴阳俱盛，则梦相杀毁伤”，阴阳都盛就会梦到相互残杀毁伤。梦到和别人打架，甚至拿着兵器、相互残杀，说明阴阳二气都太盛了，就在梦里面发泄。

第二对梦境：“上盛则梦飞，下盛则梦堕”，人体上部气盛就会梦到飞腾，人体下部气盛就会梦到下堕。为什么？上面是阳，下面是阴。梦到向上面飞，说明人体上半部气太盛；梦到往下面坠，说明人体下半部气太盛。结合五脏，如果梦到往上飞，就是心气、肺气太盛了；如果梦到向下坠落，说明肾气、脾气太盛了。

第三对梦境：“甚饱则梦予，甚饥则梦取”，吃得太饱就会梦到给予别人，饥饿时就会梦到向他人索取。

第四对梦境：“肝气盛则梦怒，肺气盛则梦哭”，肝气偏盛就会梦到发怒，肝主怒，怒则伤肝；肺气偏盛就会梦到哭泣，肺主悲，悲则伤肺。《淫邪发梦》中是这么说的：“肝气盛，则梦怒；肺气盛，则梦恐惧、哭泣、飞扬。”《淫邪发梦》在讲完肝气和肺气之后又说了心气、脾气、肾气，五脏之气都说了，很全面，这里补充一下：“心气盛，则梦善笑恐畏；脾气盛，则梦歌乐、身体重不举；肾气盛，则梦腰脊两解不属。”

第五对梦境：“短虫多则梦聚众，长虫多则梦相击毁伤”，体内寄生很多短虫（蛲虫——像线头一样的寄生虫，身体很小，白色）就会梦到众人集聚，体内寄生很多长虫（蛔虫）就会梦到人们相互攻击损伤。

从对这五对梦境的解析，我们可以看出《黄帝内经》解梦的方法是一种取类比象—取象比类的思维方法，也就是《周易》说的“同声相应，同气相求”的方法，就是按照可以看见或者感受到的事物形象来推测、联想同样状态、同样功能、同样性质的事物。比如往上飞那就是阳气太过，天上对应人体的上半身；往下坠落就是阴气太盛，坠到地上、坠到水里，地上、水里对应人的下半身。

《黄帝内经》将不同的梦境与不同的脏腑问题联系起来。以肝为例，肝为木，肝有问题的人，往往会梦到树木，根据病情的寒热虚实，梦中的树木情况是不一样的。如果梦到树木着了火，或者梦到特别郁郁葱葱的森林，表明肝火太旺。肝火太旺当然就易发怒，“肝气盛则梦怒”。如果梦见自己在树林里面走，而且一直在转悠，走不出来，或者趴在树下起不来了，这就是肝气太虚，是虚证。《方盛衰论》说：“肝气虚，则梦见菌香生草，得其时则梦伏树下不敢起。”菌香生草就是梦到各种菌类、小草，梦见在草地上，不是树而是草，或者是稀稀拉拉几棵树，不是青葱翠绿的树，说明肝气虚了。

我们来比较一下弗洛伊德解梦。弗洛伊德1899年出版了《梦的解析》，标志着精神分析心理学的正式形成。弗洛伊德认为，人的心理包括意识和无意识现象，无意识现象又可以划分为前意识和潜意识。也可以这么说：人的意识实际上是由潜意识、前意识和显意识组成。这就像大海中的冰山，潜意识是最底层的，它是人类最原始的本能，包括性欲冲动、饥渴等，它淹没在汪洋大海之中，在无尽的海底。中层的前意识则是接近于海平面的那一层，这层偶尔出现在海面之上。上层的表层意识也就是显意识，是浮出水面的冰山，始终受到阳光照耀。浮出水面的显意识，只是冰山的一角，大约占5%，而隐藏在水面底下的潜意识才是占主导部分的，大约占95%。

梦是什么？弗洛伊德认为，梦是通往潜意识的桥梁。梦不是偶然形成的联想，而是压抑的欲望——潜意识的情欲伪装的满足。弗洛伊德认为，在人进入梦境时，平时无法实现的潜意识，例如与性相关、与道德相关等等被社会道德伦理压抑的个性就开始突破底层的限制，跑到表层意识中来，将现实中无法实现的愿望符号化为形象，然后这一个个的形象慢慢连接起来变成梦境。但是由于各个符号形象已经是经过了伪装、变形、装饰而变成了梦，也就是说潜意识的本能到了表层意识时，已经与潜意识本来的样子大相径庭了，因此，我们平时总会感觉做的梦朦朦胧胧，不知所以然。既然如此，那梦究竟能不能分析呢？怎么分析呢？弗洛伊德认为有办法分析，那就是把各个形象拆分、追溯，找到最初始的组成部分。梦境的到来并不能意味着将来要发生什么，或者过去发生过什么，但是有一点可以肯定的是，它意味着你真正在意什么。任何梦都可分为显相和隐相：显相，梦的表面现象，是指那些人们能记忆并描述出来的内容，即类似于假面具；隐相，是指梦的本质内容，即真实意思，类似于假面具所掩盖的真实欲望。

两种方法相比较，我们可以发现，《黄帝内经》是从梦境分析一个人的病理，弗洛伊德是从梦境分析一个人的心理；《黄帝内经》是从梦境分析一个人的现实身体情况，弗洛伊德是从梦境分析一个人潜在的无意识情况。

弗洛伊德对梦的解释，已深入到内心深处的潜在动机，超出前人。但他释梦的主观性、任意性和神秘性也是显而易见的。他把人的一切梦的隐义都与梦者潜意识中的本能欲望联系起来，这就显得有些牵强了。尤其是他根据性欲理论来解释梦，不是把人看作社会的人，而近乎完全看成是一种生物，故一开始就受到人们的谴责。而《黄帝内经》将人的梦境放大到自然、社会，是把一个人当成一个生理、心理、社会、自然各个层面相结合的完整的人，因而其分析更加合理。

三根指头下有秘密

我在这一篇《脉要精微论》开头替大家问了一个问题：把脉要用三根指头，不用四根或五根，其中有什么秘密？这一讲我就来解答这个问题。

首先我说一下切脉的总原则，《脉要精微论》用了八个字："持脉有道，虚静为保。"诊脉是有一定法则的，虚心静气才能确保脉诊的正确。这个"保"字也可以看作"宝"字，那就是诊脉以"虚静"作为宝贝，或者说"虚静"对诊脉是最宝贵的。老子《道德经》说："致虚极，守静笃。万物并作，吾以观复。夫物芸芸，各复归其根。归根曰静，静曰复命。"可见"虚静"才能"归根"，才能“复命”——复归根本，复归生命，使生命生生不息。因此，“虚静”是最宝贵的，是生命的根本状态。同样，要想了解生命的状态，也必须要“虚静”。首先心要放空，不能有杂念，然后平静下来，无欲无求，用三根指头去和患者的寸关尺感应、交流，不但能静静感受患者身体的信息，而且能感受大自然万物的信息，将身体和自然融为一体。

要把握六大诊脉大法。哪六大方法？就是四时加内外：“春日浮，如鱼之游在波；夏日在肤，泛泛乎万物有余；秋日下肤，蛰虫将去；冬日在骨，蛰虫周密，君子居室。故曰：知内者按而纪之，知外者终而始之。此六者，持脉之大法。”春天脉象浅浮在体表，就如鱼儿浮游在水波中；夏天脉象在皮肤，浮洪粗大，就好像万物蓬勃生长；秋天脉象在皮肤下，就好像蛰虫将要伏藏；冬天脉象沉伏在骨，就好像蛰虫闭藏不出，人们避居室内。所以说：要知道人体内部的情况，可以通过脉象是否符合纲纪来判断；要知道人体外部的情况，可通过察看五色知道其终始。这六个方面，是脉诊最重要的法则。接下来，岐伯说了心脉、肺脉、肝脉、胃脉、脾脉、肾脉这六种脉象的具体情况，讲了从脉象上反映的病因、病形与治疗方法。

最后岐伯说了一种诊断疾病的方法——尺肤诊。尺肤诊是一种非常重要但却不被现在人所重视、几乎要失传的切脉方法，实在是很可惜。这一篇记载了这一方法。尺肤是从肘窝横纹到手腕横纹的皮肤。尺肤诊就是察看这个位置的肌肤润泽、粗糙、滑涩、冷热、软硬等情况，以测知全身病情。

我这里只做一下最简单的介绍：将前臂内侧，也就是从手腕横纹到肘横纹这样一段皮肤分为三个部分，从手腕到肘，从上到下，左手外侧分别对应心、肝、肾，右手外侧分别对应肺、胃、肾；左手内侧分别对应膻中、膈、季胁（胁下小肋骨），右手内侧分别对应胸中、脾、季胁。最上段对应咽喉，最下段对应少腹、腰、股、膝、胫、足。尺肤前面，对应身前的胸腹部；尺肤后面，对应身后的背部。从尺肤特定位置脉象的变化可以诊断出所对应的内脏和身体部位的病变情况。岐伯说了一大段，据不同脉象可诊断出不同疾病，说明各种疾病都可以通过切脉得知。比如在把脉的时候只能摸到上部的脉象，摸不到下部的脉象，就说明腰部和足部清冷。只能摸到下部的脉象，摸不到上部的脉象，就说明头部及颈项疼痛。

这一段没有讲到现代中医把脉的寸口脉，现在我们看到的是三个指头把脉，把的是手腕那个位置，这个位置叫寸口。尺肤脉是不是寸口脉呢？历史上不少《黄帝内经》注家，还有一些脉学著作认为《素问》的《脉要精微论》这段经文其实是论述寸口脉。比如明代医学家吴昆、马莳、张介宾，清代医学家张志聪、高士宗等都这么认为。我认为这是古人全息思维的反映。全息思维就是任何一个部分都是整体的缩影，部分包含着整体的信息，并且有着整体的性质与功能。尺肤也好，寸口也好，都是相对独立的部分，都能反映整个身体的信息，并且它们反映的规律都是一样的。尺肤分三个部分，寸口也分三个部分。

现在我就来说一说寸口脉。寸口就在大拇指下方、后方手腕处，寸口又称“气口”“脉口”，分为寸、关、尺三部。这里有一个高一点的骨头，叫手桡骨茎突处，此处好比一个关口，所以叫“关”。把中指按在这里，然后把食指按上去，无名指按上去，这样食指、中指、无名指分别按在上中下三个位置，这三个位置就分别叫寸、关、尺。为什么要分为三个部位，且用三根指头？这与天地人三才的思维是分不开的。从经络上看，寸口属于手太阴肺经，肺主气而朝百脉，肺的经脉起于中焦脾胃，脾胃为脏腑气血营养的来源，所以全身脏腑、经脉、气血的情况，都可以从寸口脉上反映出来，另外依据气口的状态可以判断人的生死。《素问》的《经脉别论》：“权衡以平，气口成寸，以决死生。”

左手和右手的寸、关、尺三个部位恰好反映了五脏的信息，有一句口诀，大家一看就明白了，叫“左为心肝肾，右为肺脾命”。也就是左手的寸、关、尺分别对应心、肝、肾，右手的寸、关、尺分别对应肺、脾、命，命就是命门，在这里其实也就是肾。大家发现了没有，寸口脉的这种对应和尺肤脉的对应是一致的。

这是一种生命全息的结构，早在《周易》的时代也就是距今三千年到二千三百年期间，我们的古圣先贤就发现了一个宇宙生命全息的结构规律，那就是文王八卦方位规律，文王八卦方位表面上看是讲自然地理的方位结构，其实也讲了人身体的方位结构，人的结构和天地结构是相同的，也是相通的。我在20世纪90年代曾写过一本书叫《易学与中医》，就将文王八卦的结构和寸口脉的结构作了对比，发现两者完全相同，文王八卦最上面是离卦为火，为心，左边从上到下依次为巽卦、震卦、艮卦，巽卦、震卦为木，为肝，最下面为坎卦，为水，为肾——这就是左为心肝肾。再看右边，右边从上到下依次为坤卦、兑卦、乾卦，因为右边的坤卦和左边的艮卦都为土，居于中央的位置，所以右边从上到下是兑卦、乾卦、坎卦，兑卦、乾卦为金，为肺，加上中央土为脾，最下方的坎卦为肾——这就是右为肺脾肾。古人很了不起吧？他们已经发现了天地和人体结构统一的规律了。为什么？很简单！因为他们没有电脑，没有手机，完全靠自己的心灵、意念来体悟生命、体悟宇宙。所以古人的体悟思维、灵感思维是现代人达不到的。这就是“持脉有道，虚静为保”。

脉象与五脏调养

正常人的脉象特点

我们谁都不想做一个不健康、不正常的人，都想做一个健康、正常的人——《黄帝内经》称为“平人”，平平常常、没有病痛的人。那么“平人”有什么特点，怎么判断自己是不是一个“平人”呢？这一讲我们就来学习《平人气象论》。学了这一篇，你就可以判断自己是不是一个“平人”了。这一篇我尽量讲得通俗一点，讲要点，你看了以后自己就会判断了。

先说一下什么是“平人”——

黄帝问曰：平人何如？岐伯对曰：人一呼脉再动，一吸脉亦再动，呼吸定息脉五动，闰以太息，命曰平人。

黄帝问道：平人的脉象是什么样的？

岐伯答说：人一呼气脉搏跳动两次，一吸气脉搏也跳动两次，一呼一吸一共跳动四次，如果呼吸间有一次跳动，那么一共就是跳动五次，有时候偶尔有一次长呼吸，脉搏又会多跳动一次（“闰以太息”，“闰”是盈余的意思，也就是多出来的意思，“太息”就是长呼吸、深呼吸），这样平均起来，在人的一呼一吸的时间里，脉搏跳动五到六次，都属于正常的范围，这就是“平人”的脉搏。

一呼一吸叫“一息”。呼吸还是脉搏的动力之一。呼吸不同于其他运动的地方就在于，它是一个“半自主”的运动，因此古代的养生家发明了许多调息养练之术来延年益寿。通过呼吸还可以判断一个人中气是不是足，身体是不是健康。一般来说人的呼吸间隔时间大致相同，所以可以把一呼一吸作为标准来确定脉搏跳动是快还是慢。

人一呼脉一动，一吸脉一动，曰少气。人一呼脉三动，一吸脉三动而躁，尺热曰病温，尺不热脉滑曰病风，脉涩曰痹。人一呼脉四动以上曰死，脉绝不至曰死，乍疏乍数曰死。

如果呼气一次脉搏跳动一下，吸气一次脉搏跳动一下，表示正气衰少。如果呼气一次脉搏跳动三下，吸气一次脉搏跳动三下而且躁动不安，尺部（小臂内侧）皮肤发热，表示患温热病，尺部皮肤不热但脉象圆滑流利的，表示感受风邪发病，也就是脉七动以上还躁、滑，就是风，风为阳邪，受风后也容易出现数脉。脉象滞涩不畅的——脉涩说明气血不通，表示患了痹病。如果呼气一次脉搏跳动四次以上，就必死（表明阳邪到极点了，阴精枯竭了）；如果脉搏跳动停止，中断了不再来了，那也必死（正气衰竭了）；如果脉搏跳动忽慢忽快，混乱无序，那也必死（表明体内阴阳二气错乱、气血衰败了）。

一个正常人的能量是靠什么呢？是靠胃气。岐伯说：“平人之常气禀于胃，胃者平人之常气也，人无胃气曰逆，逆者死。”正常人的脉气来源于胃，胃气就是平人的正常脉气。人的脉象如果没有胃气，叫作逆，出现逆就会死亡。岐伯接着分析了在春夏秋冬四季中胃气的多少，是否引起五脏变化，怎样根据胃气的有无、多少判断五脏的平脉、病脉、死脉。

为什么胃气这么重要？岐伯说：“人以水谷为本，故人绝水谷则死，脉无胃气亦死。”人是把水谷作为根本的，所以人一旦断绝水谷就会死亡，脉象没有胃气也会死亡。胃，是个会意字。“田”指“承受五谷之土”；“田”与“肉”联合起来表示肉身中的土地，是贮存五谷食物的农田。如果没有胃气了，会出现什么情况呢？“所谓无胃气者，但得真脏脉不得胃气也。”无胃气就是只能诊得真脏脉而不能诊得胃气了。真脏脉我们前面提到过，后面的《玉机真脏论》就专门讲真脏脉。

胃气实在是太重要了，胃气实际上包含了脾胃之气，脾胃是“后天之本”。人从脱离母体以后，整个生命活动的物质基础可以说几乎都来自脾胃所生化的水谷精微，所以说有胃气，就意味着身体具备收纳、运化的功能，意味着人身还存着一股正气。遇到这样的脉象，病就有治愈的希望。所以一个人的脉象从容和缓，也就说明这个人的胃气充足，全身的正气也就很旺盛，人的身心就很健康。

最后岐伯分析了五脏每一脏的平脉、病脉、死脉三种情况。其中在讲到五脏的平脉时，都强调了“以胃气为本”这五个字。比如肝对应春天，“春以胃气为本”；心对应夏天，“夏以胃气为本”；脾对应长夏，“长夏以胃气为本”；肺对应秋天，“秋以胃气为本”；肾对应冬天，“冬以胃气为本”。

下面我就以心脉为例讲一下心的平脉、病脉、死脉三种情况——

平心脉来，累累如连珠，如循琅玕，曰心平，夏以胃气为本。病心脉来，喘喘连属，其中微曲，曰心病。死心脉来，前曲后居，如操带钩，曰心死。

正常心脉来时，像一颗颗串连的珠子连续不断地跳动，如同玉珠一样滑润（琅玕：像珠子一样的玉石），这是心的平脉。心脏与夏天相应，夏天要以胃气为根本，脉象是和缓的。有病的心脉来时，急促而不稳定，像连续不断地喘气，并且其中有轻微弯曲、低陷，这是心脏有病。死亡的心脉来时，脉象前面盛大高亢后面突然停止，如同抚摸衣带上的弯钩一样，这是心的死脉。

总结一下，这一篇主要讲述脉诊，首先介绍了平人的脉象，点明平人之脉

“以胃气为本”，脉象有无胃气是临诊时判断生死的重要标准；然后讲述了四时相应的脉象、真脏脉对应的死亡日期，以及五脏的平脉、病脉与死脉三种不同的情况。那么真脏脉究竟是怎么一回事呢？请看下一讲。

真脏脉的辨别方法

这一讲我们学习《玉机真脏论》。什么叫“玉机”？就是刻写在玉版上的重要机密；什么是“真脏”？就是“真脏脉”。从题目上就可以看出这一篇主要是讲了两个大问题，一个是“玉机”，一个是“真脏”。

大家还记得吧，前面有一篇叫《玉版论要》，也是刻在玉版上的要领，这里又是《玉机真脏论》，都是表示太重要、太珍贵了。究竟是什么东西这么重要，非要刻在玉版上并珍藏在内府呢？黄帝在听了岐伯关于四时五脏脉法的分析之后，有一段非常生动的描写——

帝瞿然而起，再拜而稽首曰：善。吾得脉之大要，天下至数，五色脉变，揆度奇恒，道在于一，神转不回，回则不转，乃失其机，至数之要，迫近以微，著之玉版，藏之脏腑，每旦读之，名曰《玉机》。

黄帝惊异地站起来，再次恭敬地施礼说：您讲得太好了！我懂得了脉诊的根本要领和天下最重要的道理，考察面部五色和脉象的变化，揣测度量它们的异常与正常，道理只在于一个：“神转不回，回则不转，乃失其机”——这句话在《素问》中的《玉版论要》也出现过，但本篇的论述更为详细。神要运转——按照天地四时运动规律运转，不能逆转、不能乱转、不能停止，如果神“回”了，就是逆转或者停止不运转了，就会失去生机。这是极其重要的道理，接近天机，十分微妙，要把这些道理刻在玉板上，珍藏在内府，每天早晨拿出来诵读，所以取名为《玉机》。

请大家再一次记住这句话："神转不回，回则不转，乃失其机。"

这句话是黄帝在听了岐伯说的四时五脏脉法之后领悟到的，是"脉之大要""天下至数"。那么岐伯究竟说了什么能使黄帝如此感动、如此钦佩，以至于"瞿然而起，再拜而稽首"？岐伯说的是四时五脏脉法，简单地说就是春脉、夏脉、秋脉、冬脉。春夏秋冬分别对应肝心肺肾，所以就是肝脉、心脉、肺脉、肾脉，再加上脾脉，就是四时五脏脉。对四时脉的每一种脉，岐伯都用了一个形象的比喻："春脉如弦""夏脉如钩""秋脉如浮""冬脉如营"。什么意思？"春脉如弦"就是说春天的脉也就是肝脉，要像琴弦一样，要长长的、直直的、滑滑的，要软弱而饱满；"夏脉如钩"，夏天的脉也就是心脉，要像钩一样，来的时候充实而旺盛，去的时候轻松而细微；"秋脉如浮"，秋天的脉也就是肺脉，像浮在水面上，轻虚，来的时候很急速，去的时候好像树叶飘落；"冬脉如营"，冬天的脉也就是肾脉，像军队的营垒，沉静，但内藏有生动的力量。四时的每一种脉都要恰到好处，不能太过，也不能不及，否则就是有病了。

四时四脏之脉讲完之后，又讲了脾脏的脉象，脾脉像土，"孤脏以灌四傍"，脾脉属土，位居于中央，是孤脏，有灌溉滋养四周脏腑的功能。什么是"孤脏"？是不是孤单、孤立的脏器的意思？我认为不是，因为这里岐伯的意思不是说脾脏是孤脏，而是说它没有配属时间，不主管四季中的某一季，是指它位居中土，在四季中与肝、心、肺、肾一起"主时"，所以这个"孤"是"独尊"、地位最尊大的意思。因为五行之中土独为尊，在四季称王。古时候的帝王就常常称"孤"。脾脉还有一个特点，那就是脾的平脉是看不见的，而其病脉的表现可以体察到。怎么体察、把握四时五脏之脉？关键就在于一个"神"字，所以才说"神转不回，回则不转，乃失其机"。当然这种"神转"的功夫是需要长期的临床实践的。我的父亲母亲都有70年的临床经验，晚年每一次给病人把脉都是凝神静气、全神贯注，不敢大意。我认识一位老中医，他的左手长年戴个手套，从不用左手干粗活儿，只用来给人把脉，为的就是不失去神机。

接下来，岐伯说了一大段五脏病气怎样传变的话。五脏病气的传变是有规律的。什么规律？就是五行相生相克的规律。疾病一般是按照五行相克的规律传变的，比如风邪，“风者百病之长也”，风邪是引起各种疾病的祸首，被称为百病之长。如果风邪侵害人体，会使人毫毛竖直，皮肤毛孔紧闭而出现发热症状，如果没有及时治疗，病邪深入停留在肺，就会咳嗽、呼吸急促，再不及时治疗，病邪从肺（金）传变转行到肝（木），会出现胁肋疼痛、呕吐等症状，进一步病邪从肝传变转行到脾（土），会出现黄疸、腹中发热、心情烦躁、小便发黄的症状，再进一步病邪从脾传变转行到肾（水），会出现小腹郁热疼痛、小便色白混浊的症状。

最后岐伯重点讲了“真脏脉”。什么是真脏脉？其实前面已经提到过，就是没有真气、真气败露的脉象。如果出现真脏脉，人就会死亡。什么叫没有真气？就是没有胃气了。为什么胃气这么重要？岐伯曰：“五脏者皆禀气于胃，胃者五脏之本也。”

五脏的真脏脉是一种什么情况呢？正常的肝脉应该是“春脉如弦”，一旦肝的真脏脉到来，脉象内外劲急，如同按压琴弦一样端直而长，过于紧急，就像循摸着刀刃一样锋利，加上面色发青发白，不润泽，表示人就要死亡了。正常的心脉应该是“夏脉如钩”，一旦心的真脏脉到来，这个钩就变得坚实搏手，感觉有点刺到手了，如同循摸着薏苡仁一样圆小坚硬，加上面色红黑无光泽，毫毛焦枯，表示人就要死亡了。正常的肺脉应该是“秋脉如浮”，一旦肺的真脏脉到来，盛大虚浮，如同用羽毛抚摸人的皮肤一样轻虚软弱，加上面色白红无光泽，毫毛枯焦，表示人就要死亡了。正常的肾脉应该是“冬脉如营”，一旦肾的真脏脉到来，搏击手指断绝欲停，如同用手指弹击石头一样坚实，加上面色黑黄无光泽，毫毛焦枯，表示人就要死亡了。正常的脾脉应该是像大地上的水缓缓浇灌四方，一旦脾的真脏脉到来，软弱无力忽快忽慢，加上面色黄青无光泽，毫毛焦枯，表示人就要死亡了。五脏的真脏脉一旦出现，就是死症，说明已经无法救治。

黄帝曰：见真脏曰死，何也？岐伯曰：五脏者皆禀气于胃，胃者五脏之本也，脏气者，不能自至于手太阴，必因于胃气，乃至于手太阴也，故五脏各以其时，自为而至于手太阴也。故邪气胜者，精气衰也，故病甚者，胃气不能与之俱至于手太阴，故真脏之气独见，独见者病胜脏也，故曰死。帝曰：善。

黄帝问道：为什么见到真脏脉就是死症呢？

岐伯回答说：真脏脉就是没有胃气的脉象。五脏的精气都禀赋于胃中水谷精微来滋养，胃是五脏的根本。五脏之气不能自行到达手太阴经寸口位置，必须要依赖胃气的推动，才能到达手太阴经寸口位置。五脏之气在各自所主导的时辰，以不同脉象和胃气一起到达手太阴经寸口位置。如果邪气亢盛，精气衰弱，导致发病严重，耗伤胃气，胃气虚衰，不能和五脏之气一起到达手太阴经寸口上，就只能单独见到没有胃气的真脏脉。所以说，单独见到真脏脉时说明邪气太盛，脏气受损，所以就会死亡。

黄帝说：讲得好。

这一篇讲的内容还有很多，但主要就是讲了正常的四时五脏脉象和不正常的真脏脉象的情况。

全身诊脉的方法

在中华文化中，“三”是个非常重要的数字，我在20世纪90年代曾发表过一篇文章，名为《生命的“二体三用”模型》，我认为中国人的生命哲学是以“二”为本体，以“三”为作用。“二”就是阴阳，“三”其实代表的是“中”，是阴阳加上中，阴阳中和才能产生万事万物，“三生万物”。“三”在中华文化里面是一个意蕴丰富的数字。“三”蕴含的天、地、人——“三才”的思想，反映了天人合一、阴阳中和的宇宙观、生命观。《易经》用阴阳两个符号三次组合就是八卦，六次组合就是六十四卦；老子《道德经》说“道生一，一生二，二生三，三生万物”，“三”既是有限的终点，又是无限的起点，“三”所体现的中和思想是万事万物生生不息的根源。

这一讲我们要学习的这一篇叫《三部九候论》，“三部九候”就是三才思想在诊断中的具体应用。我们今天所说的“三部九候”通常指的是《难经》关于寸口脉的诊法，三部指的是“寸”“关”“尺”，这三部在按脉时各以“浮”“中”“沉”三种取法，共九候。我们这一篇《三部九候论》说的不是这个三部九候，而是人体身上的三个部位九个地方。东汉医圣张仲景在《伤寒论》序中提到了《黄帝内经》中的三部，可见其在早期临床中具有重要作用。为什么要分三部九候呢？我们先来看一看黄帝和岐伯的对话——

帝曰：愿闻天地之至数，合于人形血气，通决死生，为之奈何。岐伯曰：天地之至数，始于一，终于九焉。一者天，二者地，三者人，因而三之，三三者九，以应九野。故人有三部，部有三候，以决死生，以处百病，以调虚实，而除邪疾。

黄帝对岐伯说：我希望听闻天地之间最为深奥的理论，与人的形体气血如何相通，如何决断死生。

岐伯说：天地之间最为深奥的理论、最为精深的道理、最为精妙的数字，开始于一，终止于九。一代表天，二代表地，三代表人，天地人又各分为三，三三为九，来对应九野。所以人体分为三部，每部分为三候，可以用来决断生死，治疗百病，调治虚实，从而祛除邪气疾病。

岐伯说人体的三部九候就是一种天地之至数。三来源于三才，九是三与三的乘积。这与《易经》和《道德经》不无关系。《易经》以“六”为阴爻数，以“九”为阳爻数，“九”和“六”分别成为“阳”和“阴”的代称。《道德经》说

“三生万物”。《素问》有一篇《六节藏象论》说“天以六六之节，人以九九制会”。三部九候究竟在哪个地方呢？——

帝曰：何谓三部？岐伯曰：有下部，有中部，有上部，部各有三候，三候者，有天有地有人也，必指而导之，乃以为真。上部天，两额之动脉；上部地，两颊之动脉；上部人，耳前之动脉。中部天，手太阴也；中部地，手阳明也；中部人，手少阴也。下部天，足厥阴也；下部地，足少阴也；下部人，足太阴也。

黄帝问：什么叫作三部？

岐伯说：人体部位划分有下部（下肢），有中部（上肢），有上部（头部），每一部各有三候，三候用天、地、人来代表，必须有人当面指导，才能准确掌握部候的位置。头部的天候（上），是额头两旁的动脉（两额动脉，太阳穴）；头部的地候（下），是面颊两旁的动脉（大迎——下颌角前方）；头部的人候（中），是耳前的动脉（耳门）。上肢的天候，是手太阴肺经的动脉（寸口）；上肢的地候，是手阳明大肠经的动脉（合谷）；上肢的人候，是手少阴心经的动脉（神门——在手腕上，靠近小指的下方）。下肢的天候，是足厥阴肝经的动脉（足五里——在大腿内侧，大腿根部的下方；妇女取太冲——在足背，当第一、二跖骨结合部前方凹陷处）；下肢的地候，是足少阴肾经的动脉（太溪——在足内侧，内踝后方，当内踝尖与跟腱之间的凹陷处）；下肢的人候，是足太阴脾经的动脉（箕门——在大腿内侧，当两腿分开，席地而坐，其形如簸箕，穴在大腿内侧，左右对称）。

依据这上中下三部可以诊断哪些疾病呢？——

故下部之天以候肝，地以候肾，人以候脾胃之气。帝曰：中部之候奈何？岐伯曰：亦有天，亦有地，亦有人。天以候肺，地以候胸中之气，

人以候心。帝曰：上部以何候之？岐伯曰：亦有天，亦有地，亦有人。天以候头角之气，地以候口齿之气，人以候耳目之气。三部者，各有天，各有地，各有人。三而成天，三而成地，三而成人。三而三之，合则为九，九分为九野，九野为九脏。故神脏五，形脏四，合为九脏。五脏已败，其色必夭，夭必死矣。

因此，下部下肢的天候可以诊察肝的病变，下肢的地候可以诊察肾的病变，下肢的人候可以诊察脾胃的病变。黄帝问：中部的情况怎么样呢？岐伯说：中部也有天地人三部。中部上肢的天候可以诊察肺的病变，上肢的地候可以诊察胸中的病变，上肢的人候可以诊察心脏的病变。黄帝问：上部的情况又怎样呢？岐伯说：上部也有天地人三部。上部头部的天候可以诊察头部的病变，头部的地候可以诊察口齿的病变，头部的人候可以诊察耳目的病变。人体的三部，各有天候，各有地候，各有人候。一共三个天候，三个地候，三个人候，三乘以三，合成九候，九候分别对应九野，九野对应人的九脏。所以人有五个神脏——心、肝、脾、肺、肾，四个形脏——膀胱、胃、大肠、小肠，合成九个脏腑。五脏已经败坏，面色必然枯槁，面色枯槁的病人就必死无疑。

帝曰：以候奈何？岐伯曰：必先度其形之肥瘦，以调其气之虚实，实则泻之，虚则补之。必先去其血脉而后调之，无问其病，以平为期。

黄帝问：怎样用九候诊断疾病呢？

岐伯回答：必须先度量病人形体的肥瘦，调节病人气的虚实，实证用泻法，虚证用补法。必须先去除血脉中的瘀滞，然后再调补气血，不论治疗什么疾病，都以达到气血阴阳平和为准则。

用“三部九候”的方法还可以判断生死，怎么判断？岐伯说了几句重要的话，可以作为法则——

形盛脉细，少气不足以息者危。形瘦脉大，胸中多气者死。形气相得者生，参伍不调者病。三部九候皆相失者死。

形体肥胖，脉象反而细小，气短不足以维持呼吸，病危。形体瘦弱，脉象反而盛大，胸中气塞胀满的，是死症。形体与脉象一致的病人能够生存，形体与脉象不协调、脉搏参差不齐，表示有疾病。三部九候的脉象都与疾病不相对应的，是死症。

所以三部九候的脉象要相互对应——

九候之相应也，上下若一，不得相失。一候后则病，二候后则病甚，三候后则病危。

九候的脉象相互对应，上下一致，不应该不相调和。九候中有一候脉象不一致的，就会生病；两候脉象不一致的，病情就会加重；三候脉象不一致的，就会病危。

三部九候体现了《黄帝内经》三才合一的整体思维，可惜现代很少有人使用了。

怎么按时调养五脏

这一讲我们学习《脏气法时论》。一看这个题目就知道这一篇是讲什么的，脏气就是五脏之气，法时就是效法时间的变化规律。这一篇就是讲五脏之气与时间是怎样的对应关系，五脏怎么按照时间来调养。先看看黄帝的提问——

黄帝问曰：合人形以法四时五行而治，何如而从？何如而逆？得失

之意，愿闻其事。岐伯对曰：五行者，金、木、水、火、土也，更贵更贱，以知死生，以决成败，而定五脏之气、间甚之时、死生之期也。

黄帝问道：结合人的形体情况，效法四时五行的变化规律来治疗疾病，什么是“从”——顺从这个变化规律？什么是“逆”——违背这个变化规律？治法的得和失的意旨，我希望了解一下。

岐伯回答：五行就是金、木、水、火、土，它有生克衰旺的更迭变化，依据这些变化，可以推测病人的死生，决定治疗的成败，进而确定五脏之气的盛衰、疾病轻重的时间（“间甚”就是轻重），以及死生的日期。

大家还记得吗？我在开篇就说过，整部《黄帝内经》的理论基础就是阴阳五行。这里讲治疗人体疾病要效法四时五行，四时五行其实就是五时五行，依据五行之间的相生相克关系来预测疾病治疗的成与败。这里提到了一个前面从来没有出现过的五行的贵贱：“更贵更贱，以知死生，以决成败。”什么是五行的贵贱？贵就是旺，贱就是衰。五行在一年四季中的强弱情况是不同的，依其旺衰程度，中国古人归纳出五种情景：旺、相、休、囚、死。旺——最旺，又写作“王”；相——次旺；休——小衰；囚——中衰；死——最衰。旺者为贵，死者为贱。比如木旺于春——春季木当令，木为旺，为贵；木灭于秋——秋天里木为死，因为秋天为金，金克木，故秋天里木为贱。

帝曰：愿卒闻之。

黄帝说：我希望能听您详尽地讲一讲。

岐伯曰：肝主春，足厥阴、少阳主治，其日甲乙；肝苦急，急食甘以缓之。心主夏，手少阴、太阳主治，其日丙丁；心苦缓，急食酸以收之。脾主长夏，足太阴、阳明主治，其日戊己；脾苦湿，急食苦以燥之。

肺主秋，手太阴、阳明主治，其日庚辛；肺苦气上逆，急食苦以泄之。肾主冬，足少阴、太阳主治，其日壬癸；肾苦燥，急食辛以润之。开腠理，致津液，通气也。

于是岐伯就详细地说了五脏所对应的季节、日子以及五脏容易发生什么病变、适合用什么药物。按照五行木火土金水的次序，对肝心脾肺肾的意义作了说明。

首先是肝，“肝主春，足厥阴、少阳主治，其日甲乙；肝苦急，急食甘以缓之”。岐伯说：肝最旺盛的季节是春天。春天以足厥阴肝经和足少阳胆经为主治（肝胆为表里关系），肝胆对应的日子是甲日和乙日（春天、肝胆、甲乙都属于五行的木）。肝容易为拘急所苦——容易发生拘急类疾病（“拘急”指四肢拘挛难以伸展的症状，多由于风邪所致），应该马上食用甘味药来缓解它。

药物的五味作用：酸收、苦坚、甘缓、辛散、咸软。比如甘草，被称为国老——掌管教化的官职，国之重臣，李时珍说甘草是“调和众药有功，故有国老之号”，有清热解毒，祛痰止咳，缓解胃腹挛急疼痛等功效，比如芍药甘草汤治疗挛急疼痛，疗效非常明显。

心最旺盛的季节是夏天。夏天要以手少阴心经和手太阳小肠经作为主治，它的旺日是丙日和丁日。心容易为缓散所苦——容易发生缓散一类疾病，应该马上食用酸味药来收敛它。

脾最旺盛的季节是长夏。长夏要以足太阴脾经和足阳明胃经作为主治，它的旺日是戊日和己日。脾容易为湿所苦——容易被湿邪困扰，脾失运化，水湿郁内，饮食不化，痰浊内生，应该马上食用苦味药来燥湿健脾。

肺最旺盛的季节是秋天。秋天要以手太阴肺经和手阳明大肠经作为主治，它的旺日是庚日和辛日。肺容易为气息上逆所苦，应该马上食用苦味药来宣发降泄上逆之气。

肾最旺盛的季节是冬天。冬天要以足少阴肾经与足太阳膀胱经作为主治，它的旺日为壬日和癸日。肾容易为干燥所苦——容易发生干燥的症状，应该马上食用辛味药来润养它。这样就可以开发腠理——发汗，运行津液，通畅气道——使脏腑之气运行通畅。

接下来，岐伯分别阐述了五脏病在一年、一月、一日中的轻重、死愈的变化情况，药物五味的补泻规则——

病在肝，愈于夏；夏不愈，甚于秋；秋不死，持于冬，起于春，禁当风。肝病者，愈在丙丁；丙丁不愈，加于庚辛；庚辛不死，持于壬癸，起于甲乙。肝病者，平旦慧，下晡甚，夜半静。肝欲散，急食辛以散之，用辛补之，酸泻之。

肝脏有疾病，到了夏天可以痊愈（木生火）——为什么？“肝木畏金，火能平之。子制其鬼，故愈。”子脏帮助母脏战胜疾病（子脏能够战胜克制母脏的五行）。如果夏天好不了，到秋天病情就会加重（金克木）；如果秋天不恶化，会维持到冬天（水生木），到来年春天病情就会有起色（木旺），需注意不能遭受风邪。患有肝病的人，在丙丁日就会出现好转（木生火）；如果丙丁日不能痊愈，到了庚辛日病就会加重（金克木）；如果庚辛日没有恶化，会维持到壬癸日（水生木），到了甲乙日病情就会有好转（木旺）。患有肝病的人，在早上（寅卯为木）会感觉精神较好，到了傍晚（申酉为金）状态变差（晡，音bū，即申时，午后三点至五点），到半夜（亥子为水）就会较为平静——旦慧、昼安、夕加、夜静。因为肝性条达发散而恶抑郁，所以使用辛味药来发散它，用辛味药来补益它——增加肝的发散功能，就用酸味来泻它——用酸味的收敛来减轻肝的发散功能。

下面接着说了心脏、脾脏、肺脏、肾脏的疾病，也都是遵循了这个“愈、甚、持、起”四步变化模式：我生时而愈，克我时而甚，生我时而持，本我时有起色。

夫邪气之客于身也，以胜相加，至其所生而愈，至其所不胜而甚，至于所生而持，自得其位而起。必先定五脏之脉，乃可言间甚之时，死生之期也。

总之，邪气侵袭人身体的时候，是以强凌弱的，疾病到了它所生的时间就可以治愈，到了它所不胜，也就是克制它的时间，就会加重，到了它所生的时间就可以维持，到了它自身脏腑所旺的时间病情就会有起色。但必须先明确五脏各自的平脉，才能推测疾病的轻重时间和死生的日期。

那么要用什么食物、药物来调理呢？有一个原则就是“顺其性者为补，逆其性者为泻”，就是顺应五脏的属性来补它，逆反它的属性来泻它，如：“肝欲散，急食辛以散之，用辛补之，酸泻之。”木不宜郁，故欲以辛散之。顺其性者为补，逆其性者为泻，肝喜散而恶收，故辛为补、酸为泻。

除了药物，还有针灸，对五脏病要取和这一脏相应的经络上的穴位，比如治疗肝病，要取足厥阴肝经和足少阳胆经的穴位；治疗心病要取手少阴心经和手太阳小肠经的穴位。

对于五脏还可以进行饮食的调养。怎么调养呢？请看下一讲。

五脏与饮食调理

通过上一讲的学习，我们知道了五脏和一年、一个月、一天的时间有密切关系，五脏病可以用不同味道的药物来进行补泻治疗。当然五脏也可以通过不同颜色、不同味道的食物来调理。《脏气法时论》最后讲到了五脏适合利用不同味道的食物来调理。

那么食物调理有没有方法呢？有！岐伯说——

肝色青，宜食甘，粳米、牛肉、枣、葵皆甘。心色赤，宜食酸，小豆、犬肉、李、韭皆酸。肺色白，宜食苦，麦、羊肉、杏、薤（xiè）皆苦。脾色黄，宜食咸，大豆、豕肉、栗、藿皆咸。肾色黑，宜食辛，黄黍、鸡肉、桃、葱皆辛。辛散，酸收，甘缓，苦坚，咸软。

先看肝，肝对应的颜色是青色，适宜食用甘甜味的食物，粳米、牛肉、枣、葵的属性都是甘。因为肝苦急，急食甘以缓之。“肝欲散，急食辛以散之”。

心对应的颜色是红色，适宜食用酸味的食物，小豆、狗肉、李子、韭菜都是酸的。心苦缓，宜酸物收之。“心欲软，急食咸以软之”。

肺对应的颜色是白色，适宜食用苦味的食物，小麦、羊肉、杏、薤（薤，根白如小蒜，似韭而无实）都是苦的。肺苦气上逆，宜食苦物泻之。“肺欲收，急食酸以收之”。

脾对应的颜色是黄色，适宜食用咸味的食物，大豆、猪肉、栗、豆叶都是咸的。脾贵在平和，为土，苦于干枯、坚硬，咸能润下、软坚。“脾欲缓，急食甘以缓之”。

肾对应的颜色是黑色，适宜食用辛味的食物，黄黍、鸡肉、桃、葱都是辛的。肾苦燥，宜辛物润之。“肾欲坚，急食苦以坚之”。

请大家注意，上面提到的五脏适合吃什么食物，是从五脏的特性和不同需要说的，不能太机械。还有每种味道列举的食物也不一定完全准确，我们使用的时候要灵活掌握。但有一点是肯定的，那就是五种味道的作用：辛散，酸收，甘缓，苦坚，咸软。辛味发散，酸味收敛，甘味缓和，苦味坚燥（坚固和干燥），咸味有软化硬块的作用。

酸，“能收、能涩”，一般来说，固表止汗、敛肺止咳、涩肠止泻、固精缩尿、固崩止带这类药物多具有酸味。酸味药多用于治疗体虚多汗、肺虚久咳、久泻肠滑等证。例如五味子固表止汗，乌梅敛肺止咳，五倍子涩肠止泻等。

苦，“能泄、能燥、能坚”，例如清热泻火、通利大便、清热燥湿等药物多具有苦味。苦味药可以治疗热证、火证、便秘、阴虚火旺等证。例如黄芩、栀子清热泻火，大黄、枳实泻热通便。

甘，“能补、能和、能缓”，滋养补虚、调和药性等药物多具有甘味。甘味药可治疗正气虚弱、身体诸痛、中毒解救等证。例如人参大补元气，饴糖缓急止痛，甘草调和药性并解药食中毒等。

辛，“能散、能行”，例如解表药、行气药、活血药等多具有辛味。辛味药可治疗表证、气血阻滞之证。例如苏叶发散风寒、木香行气除胀等。例如款冬花润肺止咳，菟丝子滋养补肾等。

咸，“能下、能软”，泻下、润下通便，消散结块的药物多是咸味的，咸味药可治疗大便燥结、痰核、瘿瘤等证。例如芒硝泻热通便，海藻、牡蛎消散瘿瘤等。

最后岐伯强调——

毒药攻邪，五谷为养，五果为助，五畜为益，五菜为充，气味合而服之，以补精益气。此五者，有辛、酸、甘、苦、咸，各有所利，或散或收，或缓或急，或坚或软，四时五脏，病随五味所宜也。

毒药是可以用来攻逐病邪的，五谷是用来充养五脏之气的，五果是用来帮助五谷濡养人体的，五畜是用来补益脏腑的，五菜是用来充养脏腑的，和合食物的气味之后服食，可以补益精气。这五类食物具有辛、酸、甘、苦、咸的五种不同气味，各有作用，或散，或收，或缓，或急，或坚，或软。在治病防病的时候，需要根据具体情况合理选用五味。

这里所说的“毒药”泛指药物，因为药物都是有偏性的，如干姜偏热，黄芩偏寒，人有疾病就应该用有偏性的药物，才能调整阴阳偏盛，纠偏扶正。“药以治病，因毒为能。”当然不少药物的确是有毒性的，关键是要对证，还要注意用量。我的基本态度是不能因噎废食，要在正确辨证基础上，适当用“毒药”。

但同时一定要加强“毒药”的科学实验研究，搞清楚它的作用机理。

接下来讲饮食养生的四大法则——

五谷为养，五果为助，五畜为益，五菜为充。

五谷指五种谷物：稻、黍、稷、麦、菽，也就是粳米、黄黍、小豆、麦、大豆；五果指五种果实：桃、李、杏、栗、枣；五畜指五种动物：牛、羊、猪、狗、鸡；五菜指五种蔬菜：葵、韭、藿、薤、葱。

为什么每一类都要分为五种？当然是按照五行。其实每一类的五种食物基本都符合木火土金水五种属性。那每一类食物是不是只有五种呢？当然不是。这就是由《易经》开创的中国人的思维，就是把复杂的问题简单化，把一个一个的事物分成一类一类的事物，分两类就是阴阳，分四类就是四象，分五类就是五行，分八类就是八卦。按什么分类、归类呢？是按照属性、功能分类和归类的。每一类食物有很多很多，但按照五行的思维模式，所有食物按各自的属性都可以归纳成五种。每一类的五种食物都具有酸、苦、甘、辛、咸的五种不同气味，有各自的属性作用，有的发散，有的收敛，有的缓和，有的急促，有的坚固。所以就有了五谷、五果、五畜、五菜。

我们再来看看这四类食物对人体所起的作用：“五谷为养，五果为助，五畜为益，五菜为充。”五谷是用来营养身体的，五果是用来辅助营养的，五畜是用来补益身体的，五菜是用来补充身体的。显然这里说了两个意思。第一，不能偏食，要荤素搭配，粗细搭配，谷物、水果、肉类、蔬菜都要吃，因为人类是需要各种营养的。第二，谷物是主食，是最重要的，水果、蔬菜、肉类是辅助的。我们来看一看现在，不少人觉得自己很懂养生，在饮食上，他们不吃垃圾食品，很少吃肉，不吃辛辣东西，做菜很少放油，吃饭的时候先吃水果，再喝汤，再吃菜，菜是以蔬菜为主，只吃一点点肉，最后问要不要主食，头摇得像拨浪鼓。其实最后这一点步入了一个误区，《黄帝内经》讲了“五谷为养”，五谷才是营养我们身体的主食，是一定要吃的。很多人为了减肥而不吃主食，只吃蔬菜、水果，副食吃了不少，结果减肥效果往往很差，也是这个原因。希望大家按照“五谷为养”的法则来调节饮食。

正邪之气的补与泻

这一讲我们一起来学习《离合真邪论》，这一篇所讨论的是真气与邪气分离与结合的情况。它开篇先从天地人之间的相应变化，引出人体经气脉象的变化。先看黄帝的发问——

黄帝问曰：余闻九针九篇，夫子乃因而九之，九九八十一篇，余尽通其意矣。经言气之盛衰，左右倾移，以上调下，以左调右，有余不足，补泻于荥输，余知之矣。此皆荣卫之倾移，虚实之所生，非邪气从外入于经也。余愿闻邪气之在经也，其病人何如？取之奈何？

黄帝问道：我听闻关于九针有九篇论述，先生又从九篇上加以引申，演绎成九九八十一篇，我已经完全通晓其中的意义。《针经》上说气的盛衰，左右偏盛，治疗上部来调理下部，治疗左边来调理右边，气的有余和不足，用补泻的方法调理荥穴输穴，这些我都知道了。这些都是由于营气和卫气的偏盛、气血虚实的变化所引发的，并不是邪气从外界入侵经脉造成的。我现在希望听闻邪气入侵经脉，病人的情况是怎样的？又怎样取穴治疗？

岐伯对曰：夫圣人之起度数，必应于天地，故天有宿度，地有经水，人有经脉。天地温和，则经水安静；天寒地冻，则经水凝泣；天暑地热，则经水沸溢；卒风暴起，则经水波涌而陇起。夫邪之入于脉也，寒则血凝泣，暑则气淖泽，虚邪因而入客，亦如经水之得风也。经之动脉，其

至也亦时陇起，其行于脉中循循然，其至寸口中手也，时大时小，大则邪至，小则平。其行无常处，在阴与阳，不可为度，从而察之，三部九候，卒然逢之，早遏其路。

岐伯回答说：圣人在制定治疗法则时，必须与天地的变化相对应，因此天有星宿度数，地有江河，人有经脉。天地气候温暖和煦，那么江河水流就安静平稳；天气寒冷大地冰冻，那么江河水流就凝结留滞；天气大暑大地炎热，那么江河水流就沸腾满溢；天地暴风骤起，那么江河水流就波涛汹涌、大浪澎湃。（这里要注意风的影响。风为百病之长，虚邪因风而入。）病邪侵入经脉，寒邪侵入就会使血行凝结留滞，暑邪侵入就会使气血沸腾、流动加快，虚邪贼风侵入留滞人体，也就如江河水流遭遇暴风一样，经脉的气血也会出现波涛汹涌一样的情景。虽然气血依次运行于脉中，但到达寸口脉处，脉象就会时大时小，脉象盛大就表示邪气旺盛，脉象细小就表示病情平稳。邪气的运行没有常规，有时在阴经有时在阳经，很难估量，需要诊察三部九候的脉象才能确定病情，一旦察觉病位，就要尽早治疗阻遏病情发展。

那么怎么阻止病情发展呢？岐伯接着说：要用针刺补泻的方法。什么时候补？什么时候泻？《素问》有一篇《八正神明论》说“泻必用方，补必用圆”，就是说在“方”时用泻法，在“圆”时用补法。“方”就是方刚，正气方盛，“泻必用方”指正气过于旺盛的时候，要用泻法。“补必用圆”，“圆”就是正气运行畅通的时候，这时候要用补法。在邪气旺盛的时候要用泻法，正气不足的时候要用补法，这就是“有余者泻之，不足者补之”。

泻法怎么用针？“吸则内针，无令气忤，静以久留，无令邪布，吸则转针，以得气为故，候呼引针，呼尽乃去，大气皆出，故命曰泻。”在病人吸气时进针，进针时不能使气逆——不使气与针产生抵触，进针后要长时间留针，不要让邪气散发开来，吸气时转针，以“得气”为目的，等候病人呼气时捻针，呼气完毕再把针全部取出，这样，大的邪气都随针排出体外，所以命名叫泻法。

从进针出针来说，就是在病人吸气时进针，呼气时拔针。当人吸气的时候，气血运动是加速的，并伴有力量的增强，呼气时则相反，气血运动是减退的，并伴有力量的减弱。这里提到一个词“得气”，很重要。得气就是有气感。病人出现酸、麻、重、胀、蚁行、触电等感觉；医生觉得针下沉紧，针就像被吸住一样，说明经气感应了，叫得气。相反，在气还没到来的时候，针下的感觉是空空荡荡的。

帝曰：不足者补之奈何？岐伯曰：必先扪而循之，切而散之，推而按之，弹而怒之，抓而下之，通而取之，外引其门，以闭其神，呼尽内针，静以久留，以气至为故，如待所贵，不知日暮，其气以至，适而自护，候吸引针，气不得出，各在其处，推阖其门，令神气存，大气留止，故命曰补。

黄帝问：对于正气不足的虚证怎样用补法？

岐伯说：必须先用手循经抚摸穴位，然后用手按压布散经气，再用手推揉周围肌肤按压穴位，用手指弹击穴位使经脉怒张，一手抓按穴位一手进针，脉气通畅后就可以出针，出针要按住针孔，使真气闭守在内，在呼气将尽时进针，进针后要长时间留针静候其气，以得气为目的，留针候气就像等待贵客，忘掉时间早晚，得气时不失时机小心守护，等候吸气时出针，真气就得泄出，出针后要在各个针孔上揉按使针孔闭合，真气内存，经气留止体内，所以命名叫补法。（从进针出针来说，就是在病人呼气的时候进针，在病人吸气的时候拔针。）

我们已经知道了邪气盛的时候要用泻法，正气虚的时候要用补法，那么怎么才能知道邪气和正气的盛衰时机然后用针补泻呢？黄帝替我们问了这个问题，岐伯回答——

夫邪去络入于经也，舍于血脉之中，其寒温未相得，如涌波之起也，

时来时去，故不常在。故曰方其来也，必按而止之，止而取之，无逢其冲而泻之。真气者，经气也，经气太虚，故曰其来不可逢，此之谓也。故曰候邪不审，大气已过，泻之则真气脱，脱则不复，邪气复至，而病益蓄，故曰其往不可追，此之谓也。不可挂以发者，待邪之至时而发针泻矣，若先若后者，血气已尽，其病不可下，故曰知其可取如发机，不知其取如扣椎，故曰知机道者不可挂以发，不知机者扣之不发，此之谓也。

邪气离开络脉进入经脉，就会留舍在血脉中，正邪相争，出现时寒时温的症状，脉象波动如波涛汹涌，起伏不定，时来时去，所以没有定处。所以说等到邪气刚好到来，必须按压阻止，阻止邪气发展后才开始进针，但不要在邪气最旺盛的时候用泻法。真气就是经脉正常之气，也就是正气，当邪气猖狂时正气就会虚弱，所以说邪气正冲时——最旺的时候，不能用泻法。但是如果等到猖狂的邪气已经过去了，再用泻法也是不行的，因为这时真气已经虚脱了，真气一旦虚脱就不能恢复，邪气再次到来时，疾病就会加重，所以说邪气退去后也不可再用泻法。那么什么时候用泻法呢？用泻法一定要掌握时机，间不容发，要等待邪气刚刚来的时候就立即用泻法将邪气泻掉。一定要把握好"邪气初至"这个时机，如果先于邪气初至或后于邪气初至，不但不能去邪反使血气受伤，疾病就不可能除去，所以说要知道用针就像发动弩箭一样敏捷，不会用针的就像扣击木椎一样迟钝，也就是说，知道时机的人针刺时毫不迟疑，不知时机的人时机已经到了还在犹豫不决。

岐伯还介绍了一种放血的攻邪方法——

疾出以去盛血，而复其真气，此邪新客，溶溶未有定处也，推之则前，引之则止，逆而刺之，温血也。刺出其血，其病立已。

针刺时出针要快，放出瘀血，去除邪气，以恢复真气。因为这个时候邪气刚刚侵入经脉，还在到处流动没有定处，推动它就前进，牵引它就停止，所以要逆着邪气到来的方向针刺，刺出毒血，邪气随着血排泄出来，疾病立即就痊愈了。

这些都还是真气、邪气相离，也就是真邪未合、未有定处时的情况，如果二者相合，邪气就进入脏腑了。那应该怎么做呢？在本篇的最后岐伯说一定要用三部九候之法仔细地诊断，然后要结合天地阴阳来分析病情、依法治疗。总之治病在于保养真气，驱逐邪气。

虚证和实证的判断

大家听说过中医的“八纲辨证”没有？中医辨证治病有八大纲领，两两一对，那就是阴阳、寒热、表里、虚实。其中阴阳是总纲，寒热是定性，表里是定位，那么虚实是定什么呢？这一讲我们要学习的《通评虚实论》就回答了这个问题，是对虚实的全面系统讨论。

这一篇一开头黄帝就问了——

黄帝问曰：何谓虚实？岐伯对曰：邪气盛则实，精气夺则虚。

黄帝问道：什么叫虚实？

岐伯答说：邪气旺盛就是实证，精气衰弱就是虚证。

这里的精气就是正气，“夺”就是夺去，也就是减少了，衰弱了。所以“实”就是邪气多，“虚”就是正气少。大家想一想，这是确定疾病的什么啊？对了，是定量。当然把握这种虚实的量不是一件很容易的事，因为正气和邪气是相互交叉的，是一种你消我长的关系，正气多则邪气少，正气少则邪气多。

帝曰：虚实何如？岐伯曰：气虚者肺虚也，气逆者足寒也。

黄帝进一步问：虚实的情况是什么样的？

岐伯说：气虚首先是肺虚引起的（肺主一身之气），气机上逆会导致足部寒冷。

气逆又叫“厥逆”，如果气虚不能达到四肢末端，就会出现手脚冰凉的情况。那这里为什么只说“足寒”呢？这是因为足相对手来说离身体中心更远一些，因此中国有句老话叫“寒从脚下起”，就是这个意思。

非其时则生，当其时则死。余脏皆如此。

“非其时则生，当其时则死”是什么意思？有两种理解。一是“非其所克之时就会活，正当其所克之时就会死”。比如肺属金，肺虚不是出现在克制它的季节里人就能活，出现在克制它的季节（夏季为火）里人就会死亡。二是“非其所对应之时就会活，正当其所对应之时就会死”。比如肺所对应的时间是秋天，秋天里肺气是最旺的，如果这时反而气虚了，说明无可救药，人就会死，其他季节则能活。这两种理解都有道理。其他各脏的情况也是如此。

一般来说，虚证最大的表现是面色苍白或萎黄，精神萎靡，身疲乏力，气短音低，自汗盗汗。实证最大的表现是面赤，气粗，痰壅，痞块症结，肿胀，腹痛拒按。但从临床来看，任何一个病证都可能是虚证，也可能是实证，更可能是虚实兼有，如体虚之人又招了外邪，就是虚实兼有。比如腹痛，既可能是实证，也可能是虚证。那怎么来区别呢？一般来说，虚证必然身体虚弱，实证大多身体强壮；虚证者声息低微，实证者声高息粗；久病多虚，暴病多实。内在因素引起的比如体内阴阳失衡、体质虚弱大多是虚证，外在因素引起的比如外邪侵犯大多是实证。当然还要四诊合参，如果舌质淡嫩、胖大，脉象无力为虚；舌质苍老、厚腻，脉象有力为实。

在讨论了“虚实”之后，黄帝又问了两个概念“重实”“重虚”——这个“重”究竟应该怎么读？《内经》教科书读为zhòng，明代大医家张介宾就说读平声，是重叠之义。我认为读chóng更好，是重叠、重复的意思。所以《阴阳应象大论》说的相应的几句名言中的重也应该读chóng，“重阳必阴，重阴必阳”“重寒则热，重热则寒”。

那么“重实”是什么意思呢？岐伯回答——

所谓重实者，言大热病，气热脉满，是谓重实。

所谓重实，就是患大热病，邪气炽热，脉象盛满，这就叫重实。（张介宾解释：“证脉皆实，是重实也。”）

帝曰：经络俱实何如？何以治之？

黄帝道：经脉和络脉都实的情况是什么样？怎么治疗？

经脉和络脉好比大河和小溪，“经”是路径的意思，是经络系统中的主要路径，比如手足三阴三阳——十二条正经，在机体内部，贯穿上下，沟通内外；“络”就是“网络”，简单说就是主路分出的辅路，在机体的表面，纵横交错，遍布全身。经脉和络脉都“实”也是“重实”的一种表现。

岐伯曰：经络皆实，是寸脉急而尺缓也，皆当治之，故曰滑则从，涩则逆也。夫虚实者，皆从其物类始，故五脏骨肉滑利，可以长久也。

岐伯说：经脉和络脉都实的情况，就是寸口脉急促而尺肤脉缓慢，都应当治疗，因此说脉象滑利为顺证，脉象滞涩为逆证。虚实的情况，都开始于万物的比类，所以五脏骨骼肌肉润滑流利的，生命就可以长久。

那么什么是“重虚”呢？——

帝曰：何谓重虚？岐伯曰：脉气上虚尺虚，是谓重虚。帝曰：何以治之？岐伯曰：所谓气虚者，言无常也。尺虚者，行步恇（kuāng）然。脉虚者，不象阴也。如此者，滑则生，涩则死也。

黄帝问：什么叫重虚？

岐伯回答：脉象虚弱、气虚、尺肤虚弱，就叫重虚。（《针灸甲乙经》这一句写作"脉虚气虚尺虚"。）

黄帝问：怎样治疗呢？

岐伯回答：所谓气虚，就是出现声音低微、说话不能连续的非正常情况。尺肤虚，就是指络脉虚，就会出现两足发软，行步怯弱无力的情况（恇然就是怯弱，虚弱）。脉虚，就是寸口脉虚，表示手太阴肺经虚弱。出现了这种情况，如果脉象滑利就能活，如果脉象滞涩就会死亡。

帝曰：寒气暴上，脉满而实何如？岐伯曰：实而滑则生，实而逆则死。帝曰：脉实满，手足寒，头热，何如？岐伯曰：春秋则生，冬夏则死。脉浮而涩，涩而身有热者死。帝曰：其形尽满何如？岐伯曰：其形尽满者，脉急大坚，尺涩而不应也，如是者，故从则生，逆则死。帝曰：何谓从则生，逆则死？岐伯曰：所谓从者，手足温也。所谓逆者，手足寒也。

黄帝问：寒气突然攻上，脉象实满盛大，将会如何？

岐伯回答：脉象坚实而滑利就能生还，脉象坚实但逆行就会死亡。

黄帝问：脉象坚实盛满，手足寒冷，头部发热，将会怎样？

岐伯回答：春秋季节就能生还，冬夏季节就会死亡——因为春季秋季为少阳、少阴，阴阳比较均衡，所以还有希望治愈；而夏季和冬季是太阳、太阴，阴阳太偏盛了，所以很难治愈。脉象浅浮、滞涩，加上身体发热的就会死亡。

黄帝问：整个形体肿胀将会如何？

岐伯说：形体肿胀的，脉象急促，盛大坚实，尺脉滞涩，像这样的情况，顺从就能生还，逆反就会死亡。

黄帝问：什么叫从就能生还，逆就会死亡？

岐伯回答：所谓从，就是手足温暖。所谓逆，就是手足寒冷。

从这一大段对话中，可以看出大部分都是说“脉满而实”，就是实证。脉中流动的是气血，脉虚则气血虚，为虚证；脉实则邪气盛，为实证。怎样判断同样是实证，有的可以治愈有的无法治愈呢？关键的一点在脉象是滑还是涩，是柔和还是僵硬。脉以胃气为本，胃气最大的特点就是柔和，滑就是柔和的表现，涩就是不柔和，涩表明胃气已经没有了，因此死期就要到了。有胃气则生，无胃气则败。大家还记得吗？没有胃气的脉象叫什么脉？真脏脉。

最后黄帝和岐伯讨论了痢疾、癫狂、消瘅（dān，消渴病）、痈疽、黄疸等十几种虚实病证的病因、病理表现以及针刺治疗方法，用这些病例进一步解释虚实的概念。所以学完了这一篇，你基本上就懂得怎么判断病证的虚实了。

第六章 针刺与治病方法

肠胃与热病

脾胃是气血生化的根本

这一讲我们学习《太阴阳明论》。从题目就可以看出是专门对太阴与阳明这两条经脉的论述。太阴脉有手太阴肺经和足太阴脾经，阳明脉有手阳明大肠经与足阳明胃经，这一篇主要讲足太阴脾经和足阳明胃经。为什么要单独讲它们两个呢？因为脾胃是“后天之本”，是“气血生化之源”，可以说人从呱呱坠地后，成长发育所需要的营养物质，都要靠脾胃的输送运化。所以《黄帝内经》中第一篇关于脏腑的专论，就是从脾胃开始的。

黄帝问曰：太阴阳明为表里，脾胃脉也，生病而异者何也？岐伯对曰：阴阳异位，更虚更实，更逆更从，或从内，或从外，所从不同，故病异名也。

黄帝问道：足太阴经与足阳明经互为表里，是脾胃所属的经脉，而发病却是不同的，这是什么原因呢？

岐伯回答说：足太阴脾经属于阴经，足阳明胃经属于阳经，各自循行部位不同，它们虚实的更替不同，顺逆的更替也不同，疾病有的从体内发生，有的从体外进入，内外病因不同，所生的病也就不同，病名当然也不同。

这两条经是怎么运行的呢？大体上说，足太阴脾经从足大趾内侧端的隐白穴开始，沿小腿内侧正中线、大腿内侧前缘上行，进入腹部，属脾，络胃，向上沿食道两旁，一直到舌下。足阳明胃经从眼部下边的承泣穴开始向下走，经过胸部、乳房，往下穿过膈肌（位于胸腔与腹腔之间的肌肉），属胃，络脾，继续往下行，沿大腿前侧、小腿外侧前缘下行，到达足第二趾外侧端的厉兑穴，再和足太阴脾经的隐白穴相交。可见它们的循行路线是不同的。

帝曰：愿闻其异状也。岐伯曰：阳者，天气也，主外；阴者，地气也，主内。故阳道实，阴道虚。故犯贼风虚邪者，阳受之；食饮不节起居不时者，阴受之。阳受之则入六腑，阴受之则入五脏。入六腑则身热不时卧，上为喘呼；入五脏则瞋（chēn）满闭塞，下为飧（sūn）泄，久为肠澼（pì）。故喉主天气，咽主地气。故阳受风气，阴受湿气。故阴气从足上行至头，而下行循臂至指端；阳气从手上行至头，而下行至足。故曰阳病者上行极而下，阴病者下行极而上。故伤于风者，上先受之；伤于湿者，下先受之。

黄帝说：我希望听闻它们不同的状态。

岐伯说：阳气，就像天气，负责护卫人体外部；阴气，就像地气，负责滋养人体内部。所以阳气性质刚实固守于外，阴气性质柔虚守于内。（天地分阴阳，人体亦分阴阳，足太阴脾经是阴经，与地相应；足阳明胃经是阳经，与天相应。）如果贼风虚邪侵犯人体，那么阳气就先受侵害；如果饮食没有节制、起居没有规律，那么阴气就先受损伤。阳气受侵害，邪气会传入六腑；阴气受损伤，邪气会传入五脏。邪气传入六腑，会出现身体发热不得安卧的症状，气机上逆引发气喘；邪气传入五脏，会出现脘腹胀满闭塞不通的症状，向下引起飧（sūn）泄（完谷不化，大便泄泻），日久发病为肠澼（痢疾）。所以喉主司呼吸，与天气相通；咽饮食水谷，与地气相连。因此阳经容易感受风邪，阴经容易感受湿邪。所以阴经之气从足（足三阴）上行至头，再下行沿手臂内侧到达指端

（手三阴），阴经都是从内侧走的；阳经之气从手（手三阳）上行至头，再下行到达足部（足三阳），阳经都是从外侧走的。所以说，阳经的病邪，先上行到达头顶再向下行；阴经的病邪，先下行到达趾端，再向上行。所以感伤风邪的，人体上部首先感受邪气；感伤湿邪的，人体下部首先感受邪气。

岐伯的解释非常巧妙，他没有单独叙述某一经的治病特点，而是从足太阴脾经和足阳明胃经入手，揭示了全部阴经与阳经的生理特点、病理特性、致病特点，我们由此举一反三，就可以了解其他脏腑与天地之气的联系。

接着黄帝问了三个问题。第一个问题——

帝曰：脾病而四肢不用何也？岐伯曰：四肢皆禀气于胃，而不得至经，必因于脾，乃得禀也。今脾病不能为胃行其津液，四肢不得禀水谷气，气日以衰，脉道不利，筋骨肌肉，皆无气以生，故不用焉。

黄帝问：脾病会引起四肢痿废不用，这是为什么？

岐伯说：四肢的营养都禀赋于胃中水谷精气，但胃中水谷精气不能直接到达四肢经脉，必须依赖脾的转输，才能濡养四肢。如今脾病了，不能为胃运行水谷精气，四肢得不到水谷精气的濡养，四肢经气日益衰减，脉道不流利通畅，筋骨肌肉都没有精气的生养，所以四肢就痿废不用了。

脾，主肌肉，主四肢，要想维持四肢的正常生理活动，必须依靠脾胃运化水谷精微与津液来滋养。脾胃健运，则四肢营养充足，活动轻劲有力；脾失健运，转输无力，则四肢营养匮乏，倦怠无力，甚至痿废不用。所以《素问·痿论》中就提出“治痿独取阳明”——治疗痿证唯独从脾胃的基本原则。

黄帝问的第二个问题——

帝曰：脾不主时何也？岐伯曰：脾者土也，治中央，常以四时长四

脏，各十八日寄治，不得独主于时也。脾脏者常著胃土之精也，土者生万物而法天地，故上下至头足，不得主时也。

黄帝问：脾不主宰四时，这是为什么？

岐伯说：脾五行属土，治理中央，通常在四时里分别长养四脏，四季的最后十八日都是脾土主管的，所以脾不单独主管某个季节。脾脏经常为胃土转输水谷精气滋养全身，就如土地生养万物效法天地一样，所以脾可以运输精气从上到下，从头到足布散全身，而不单独主旺某个季节。

前面学过的《脏气法时论》中已经提过五脏的主时：肝主春，心主夏，脾主长夏，肺主秋，肾主冬。什么是长夏？《黄帝内经》一种说法是季夏，也就是夏天的最后一个月，阴历的六月。这里提出是春夏秋冬四季的最后十八日，四季的最后十八天加起来七十二天，这七十二天为长夏，都属土，是脾土旺盛和主管的时候。这说明脾土不单独主一个季节，而长旺于四季，并滋养其他四脏，肝、心、肺、肾得脾胃转输的精气，才能维持正常的生理活动。在八卦中，脾属坤卦，坤为大地，大地养育万事万物。就人体生命而言，脾胃是后天的根本。所以在日常生活中，我们要特别注意养护脾胃之气。

好，我们再来说黄帝问的第三个问题——

帝曰：脾与胃以膜相连耳，而能为之行其津液何也？岐伯曰：足太阴者三阴也，其脉贯胃属脾络嗌（yì），故太阴为之行气于三阴。阳明者表也，五脏六腑之海也，亦为之行气于三阳。脏腑各因其经而受气于阳明，故为胃行其津液。四肢不得禀水谷气，日以益衰，阴道不利，筋骨肌肉无气以生，故不用焉。

黄帝问：脾与胃只用一层膜相连，而脾能为胃运行津液，这是为什么？

岐伯说：足太阴脾是三阴——厥阴是一阴，少阴是二阴，太阴是三阴。它的经脉可以贯穿胃，连属脾，环绕咽喉，所以脾能把胃中水谷精气，也就是食物的营养运送到手足三条阴经。足阳明胃经与足太阴脾经互为表里，它们互相配合负责营养五脏六腑，也能将太阴经之气运行到手足三条阳经。五脏六腑各通过足太阴脾经接受来自足阳明胃经的水谷精气，所以脾可以为胃运行津液。如果四肢得不到水谷精气的营养，四肢的经气就会日益衰减，脉道不通畅，筋骨肌肉都没有气血的滋养，就会失去正常的功能了。

所以说脾胃的关系，是脏腑关系中最密切的一对，不单因为它们之间位置相近，同属中焦，更因为它们同为气血生化之源，功能相互配合，彼此依靠，缺一不可。它们的关系可以归纳为三点：第一，一纳一运，纳运相合。胃主受纳腐熟水谷，脾主运化吸收水谷，转输水谷精微，它们密切合作，才能维持饮食正常的消化、吸收与转运，保证人体能量的来源。第二，一升一降，升降相因。脾气主升，胃气主降，相反相成，所以说脾胃是脏腑气机上下升降的枢纽。第三，一燥一湿，燥湿相济。脾喜燥恶湿，因为脾属阴，需要阳气的温煦推动，脾阳健才能运化升清；胃喜润恶燥，因为胃属阳，需要阴气的凉润通降，胃阴足才能受纳腐熟。

金元四大家之一的李杲就提出“人以胃气为本”“百病皆由脾胃衰而生也”，可见脾胃的重要性。

胃经引起的怪病

这一讲我们学习《阳明脉解》，本篇专门解释足阳明胃经。上一篇《太阴阳明论》是论述足太阴脾经和足阳明胃经的，这一篇则是专门论述足阳明胃经的。

黄帝问曰：足阳明之脉病，恶人与火，闻木音则惕然而惊，钟鼓不为动，闻木音而惊何也？愿闻其故。岐伯对曰：阳明者胃脉也，胃者土

也，故闻木音而惊者，土恶木也。

黄帝问道：足阳明胃经出现病变，会厌恶看见人和火，听闻木头碰撞发出的声音就会惊骇，但听闻钟鼓的声音却不为所动。为什么听到木头声音就惊恐害怕呢？希望听闻其中的缘故。

岐伯回答说：足阳明经是胃的经脉，五行属土，之所以听闻木头碰撞发出的声音就会惊骇，是因为土惧怕木的克制。——足阳明胃经热盛，是实火，胃火亢盛，则胃腑气虚，功能下降，胃属土，木克土，一旦听闻属木的声音，就会进一步挫伤胃气，使胃腑更为虚弱。而钟声属金，土生金，所以不会畏惧钟鼓声。

我个人认为，这里的“木音”，并不单纯指木头碰撞发出的声音，还应该包括五行属木的声音，比如五音中的角音。

帝曰：善。其恶火何也？岐伯曰：阳明主肉，其脉血气盛，邪客之则热，热甚则恶火。

黄帝说：讲得好。那厌恶火是什么原因呢？

岐伯说：足阳明胃经主全身的肌肉，其经脉气血旺盛，邪气侵犯就会发热，发热严重就会厌恶火。

帝曰：其恶人何也？岐伯曰：阳明厥则喘而惋，惋则恶人。

黄帝问：厌恶人是什么原因呢？

岐伯说：足阳明胃经气厥逆就会出现气喘和心中郁闷，心中烦闷不舒就会厌恶见人。

帝曰：或喘而死者，或喘而生者，何也？岐伯曰：厥逆连脏则死，连经则生。

黄帝道：足阳明胃经厥逆发生气喘，有的病人会导致死亡，有的病人却不会死亡，这是什么原因呢？

岐伯说：阳明胃经的经气发生厥逆，如果连累五脏就会死亡，如果连累经脉就能生还。

帝曰：善。病甚则弃衣而走，登高而歌，或至不食数日，逾垣上屋，所上之处，皆非其素所能也，病反能者何也？岐伯曰：四肢者诸阳之本也，阳盛则四肢实，实则能登高也。

黄帝说：讲得好。病情严重会导致病人丢弃衣服乱跑，登到高处唱歌，有的几乎数日不饮食，却能跳越墙壁、爬上屋顶，他能登上的地方，都不是他平时所能够登上去的，生病后反而能够上去，这是什么原因呢？

岐伯回答：人体四肢是全部阳气的根本，阳气亢盛就能充实四肢，四肢充实就能登高。

帝曰：其弃衣而走者何也？岐伯曰：热盛于身，故弃衣欲走也。

黄帝问：病人丢弃衣服乱跑，这是什么原因呢？

岐伯说：身体发热非常厉害，所以丢弃衣服乱跑。

帝曰：其妄言骂詈不避亲疏而歌者何也？岐伯曰：阳盛则使人妄言骂詈不避亲疏而不欲食，不欲食故妄走也。

黄帝问：病人胡言乱语、大肆叫骂，不避讳亲人和陌生人随便唱歌，这是什么原因呢？

岐伯说：这是因为阳气亢盛，阳气亢盛就会使人胡言乱语、大肆叫骂，不避讳亲人和陌生人，也不想饮食，不想吃饭，就会到处乱跑。

这里说的几种怪病都是由胃经热盛引起的。为什么这么说呢？在《素问》的《血气形志》中提到足阳明胃经是多气多血的经脉，而且胃为阳土，所以邪气容易化热，一旦发病就会热盛引发狂乱。足阳明胃经是阳经，其实三条阳经之气，都是主管皮肤肌肉的，邪气如果侵犯三阳经就会郁积而化热，当邪气中伤人体后，如果不及时治疗，就会先中伤皮毛，然后损伤肌肉，最后深入经脉、脏腑。而足阳明胃经又多血多气，比其他两条阳经更容易受邪发热，热甚就会恶火，身体热就会弃衣而走，四肢热就会登高妄走，热盛到胃就会不想吃饭。胃又与心相通，胃的热气上逆于肺就会喘，上逆于心就会惊恐怕人，阳热太盛就会导致心神昏乱，病人就会妄言骂詈，不避亲疏，这些症状都与胃经的循行与性质有关。

这一篇黄帝围绕足阳明胃经一连问了七个问题，岐伯一一作了回答。从他们君臣问答中可以看出，黄帝问的都是足阳明胃经热邪亢盛所表现出来的病证，岐伯一一分析了原因。为什么《黄帝内经·素问》在第一次专门论述足太阴脾经和足阳明胃经之后，还要单独列一篇来叙述足阳明胃经呢？这显然说明了胃的重要性。

我曾在上一篇的最后，引用了金元四大家之一李杲的话："人以胃气为本""百病皆由脾胃衰而生也"。李杲十分强调脾胃在人体生命活动中的重要作用，认为脾胃为元气之本，是人生命活动的动力来源。他说："夫元气、谷气、荣气、清气、卫气、生发诸阳上升之气，此六者，皆饮食入胃，谷气上行，胃气之异名，其实一也。"我们前面说过，元气就是肾气，来源于先天，所以说肾为先天之本，而脾胃是后天之本。可是在李杲看来，元气、肾气也要依赖于后天水谷之气的不断补充，才能保持不断充盛，保持生命健康。如果脾胃之气充盛，化生有源，那么元气随之得到补充亦充盛；如果脾胃之气衰弱，那么元气也得不到充养而随之衰退。所以说胃气是元气之异名，"其实一也"。在这个观点指导下，李杲诊断内伤虚损病证，多从脾胃入手，强调以调治脾土为中心。脾胃在五行当中属于中央土，因此他的学说也被称作"补土派"。这一观点对后世影响很大，比如清代名医王旭高就说："胃气一虚，则百病丛生。"

我们今天讲养生也要高度重视脾胃的保养，既不能使脾胃受热邪，又不能使脾胃虚寒，所以就必须从饮食、起居、运动、情志等方面来调养。

热病传变的六个阶段

这一讲我们学习《热论》，顾名思义，这一篇是专门讨论热病的。这也是《素问》对一种病的第一篇专论，接下来还有两篇也是专论热病的，可见热病多么重要。热病，就是发热性的疾病。这一篇是《黄帝内经》中讨论热病最全面、最系统的篇目，它讲了热病的成因、症状、传变、治疗、预后、禁忌等。

先看黄帝的发问——

黄帝问曰：今夫热病者，皆伤寒之类也，或愈或死，其死皆以六七日之间，其愈皆以十日以上者何也？不知其解，愿闻其故。

黄帝问岐伯说：如今那些外感发热的疾病，大都属于伤寒一类，有的可以痊愈，有的却会死亡。死亡都在六七日之间就会发生，而痊愈的都在十日以上，这是为什么呢？我不明白这其中的道理，希望听您讲一讲。

“热病者，皆伤寒之类也”，这是非常重要的一个命题，即只要是发热的病，大都是伤寒一类。为什么？因为热和寒是相互对立、互相依存的，正常的人寒热是适当的，现在寒受损了，那么热就会加倍表现出来。我们可以想象一下太极图，太极图有白鱼有黑鱼，如果黑的部分少了，那么白的部分肯定就多了。

岐伯对曰：巨阳者，诸阳之属也，其脉连于风府，故为诸阳主气也。人之伤于寒也，则为病热，热虽甚不死；其两感于寒而病者，必不免于死。

岐伯回答：巨阳，就是太阳，这里指的是太阳经。人体感受寒邪首先受累的就是太阳经，足太阳膀胱经是全身阳气的统领。因为足太阳膀胱经和风府穴相连——风府穴在后脑勺中间开始长头发的地方往上1寸的位置，这个地方最容易招受风邪，所以治疗和风有关的疾病，也是首选此穴。风府穴是督脉的穴位，督脉是阳脉之海。足太阳膀胱经和风府穴相连，所以主全身的阳气。人体受寒邪侵袭后，就会发为热病。有的热病看似厉害却不会导致死亡——因为不是表里两经同时感受寒邪；但如果表里两经同时感受寒邪而发病，就容易导致死亡。

人感受寒，就会发生热病。这是临床上一种普遍现象。所以伤寒就成为外感热病的总称。

帝曰：愿闻其状。岐伯曰：伤寒一日，巨阳受之，故头项痛腰脊强。二日阳明受之，阳明主肉，其脉侠鼻络于目，故身热目疼而鼻干，不得卧也。三日少阳受之，少阳主胆，其脉循胁络于耳，故胸胁痛而耳聋。三阳经络皆受其病，而未入于脏者，故可汗而已。

黄帝说：我想听听感受寒邪后的发病症状。

岐伯说：人体受到寒邪侵袭之后，第一天是太阳经感受寒邪，表现为头项部疼痛，腰和脊柱僵硬不舒。第二天病邪传入阳明经，阳明主管肌肉，阳明经脉挟鼻上行与两目相连，所以会出现身热、眼睛痛、鼻腔干燥、睡眠不安的症状。第三天病邪传入少阳经，“少阳主胆”（《针灸甲乙经》《黄帝内经太素》都写作“少阳主骨”），少阳经脉循胸胁而上络于耳，所以出现胸胁痛和耳聋的症状。如果三阳经脉都受到邪气侵袭而生病，邪气还在体表而没有入里入阴时，都可以通过发汗来治愈。

三条阳经感受寒邪的发病次序是太阳、阳明、少阳，在《素问》的《阴阳别论》中讲，太阳是三阳，阳明是二阳，少阳是一阳，也就是三阳到二阳到一阳，从多传到少，简单地记一下就是“太阳少”。

再看三条阴经——

四日太阴受之，太阴脉布胃中络于嗌（yì），故腹满而嗌干。五日少阴受之，少阴脉贯肾络于肺，系舌本，故口燥舌干而渴。六日厥阴受之，厥阴脉循阴器而络于肝，故烦满而囊缩。三阴三阳，五脏六腑皆受病，营卫不行，五脏不通，则死矣。

第四天病邪传入太阴经，因为太阴经脉散布在胃中，上络于咽，会出现腹胀和咽干的症状。第五天病邪传入少阴经，少阴经脉贯肾，络肺，上系舌根部，会出现口燥舌干而渴的症状。第六天病邪传入厥阴经，厥阴经脉环绕生殖器而连接着肝，所以会出现心情烦闷和阴囊收缩的症状。如果三阴三阳经脉和五脏六腑均受病，会使全身的营卫气血运行紊乱，五脏的精气闭塞不通，人就会死亡。

三条阴经感受寒邪的发病次序是太阴、少阴、厥阴，太阴是三阴，少阴是二阴，厥阴是一阴，也就是三阴到二阴到一阴，也是从多传到少，简单地记一下就是“太少厥”。

合起来六经的传变次序是“太阳少，太少厥”，也就是太阳—阳明—少阳—太阴—少阴—厥阴。阳为表，阴为里，寒邪先侵害外面，然后侵害里面。这种六经传变的次序对东汉张仲景影响极大，张仲景的《伤寒论》就是按照这个次序来辨证分型的。不过区别在于，本篇所论述的六经都是寒邪侵入而导致的热证、实证，而《伤寒论》所说三阴证却是寒证、虚证。

三阳三阴六日传变之后呢？——

其不两感于寒者，七日巨阳病衰，头痛少愈；八日阳明病衰，身热少愈；九日少阳病衰，耳聋微闻；十日太阴病衰，腹减如故，则思饮食；十一日少阴病衰，渴止不满，舌干已而嚏；十二日厥阴病衰，囊纵少腹微下，大气皆去，病日已矣。

如果不是阴阳表里同时感受寒邪，到了第七天，太阳经病气会衰退，头痛会减轻；第八天阳明经病气会衰退，身热就逐渐退去了；第九天少阳经病气会衰退，耳聋好转，逐渐能听到声音；第十天太阴经病气会衰退，腹胀的症状会消失，恢复正常，食欲好转；第十一天少阴经病气会衰退，口舌不干了，烦闷不安的症状消失；第十二天厥阴经病气会衰退，收缩的阴囊松弛了，小腹的拘急也舒缓了，各条经脉的邪气都已经消退，所以病也逐渐痊愈了。

这一节论述了人体感受寒邪后发为热病的症状及传变次序。本篇提到的一日、二日、三日……不能简单看成天数，而要看成疾病传变次序。

帝曰：治之奈何？岐伯曰：治之各通其脏脉，病日衰已矣。其未满三日者，可汗而已；其满三日者，可泄而已。帝曰：热病已愈，时有所遗者何也？岐伯曰：诸遗者，热甚而强食之，故有所遗也。若此者，皆病已衰而热有所藏，因其谷气相薄，两热相合，故有所遗也。

黄帝说：那么应该怎么治疗呢？

岐伯说：治疗的原则是“各通其脏脉”，各自使受邪的脏腑经脉气血通畅。这样就会使病邪逐渐衰退，病情好转。对这类病的治疗原则，一般来说，受病邪未满三日，病邪犹在体表，发汗治疗即可；受病已满三日，病邪已经进入人体内部，可泻热治疗。

黄帝说：有时热病已经痊愈，但还是有余热不退的情况发生，这是为什么呢？

岐伯说：凡是余热不退的，大多是因为在发热严重的时候勉强进食造成的，所以才有余热留在体内。像这样的情况，都是病势已经衰退但尚有余热蕴藏在内，如果勉强让患者进食，一定会因为水谷不化而生热，与体内残留的余热相合，所以会出现余热不退的情况。

那么热病的患者在饮食上有什么禁忌吗？岐伯说：当病人热病稍好转的时候，“食肉则复，多食则遗”，吃了肉食，病就会复发；如果饮食过多，就会出现余热不退的症状，这都是热病的禁忌。

以上讲的都是热病轻证——“不两感于寒者”（不是表里两条经同时感受寒邪），是可以治愈的。如果是表里两经同时感受寒邪又会怎样呢？

岐伯曰：两感于寒者，病一日则巨阳与少阴俱病，则头痛口干而烦满；二日则阳明与太阴俱病，则腹满身热，不欲食谵（zhān）言；三日则少阳与厥阴俱病，则耳聋囊缩而厥，水浆不入，不知人，六日死。帝曰：五脏已伤，六腑不通，营卫不行，如是之后，三日乃死何也？岐伯曰：阳明者，十二经脉之长也，其血气盛，故不知人，三日其气乃尽，故死矣。

岐伯说：阴阳两经表里同时感受寒邪，第一天是太阳和少阴两经同时受邪而发病，会出现太阳病的头痛，还会出现少阴病的口干、烦闷；第二天是阳明和太阴两经同时受病，会出现阳明病的身热、胡言乱语，还会出现太阴病的腹满、无食欲；第三天是少阳和厥阴两经同时受病，会出现少阳病的耳聋，还会出现厥阴病的阴囊收缩和四肢发冷。如果病情进一步发展，出现饮水不能下咽、神志不清等情况，到了第六天就会死亡。

黄帝说：如果病邪已经造成五脏精气损伤，六腑不通畅，营卫气血不能正常循行，像这样的病，为什么在三天以后才会死亡呢？

岐伯说：阳明经是十二经脉之长，这个经脉多气多血，所以病人容易昏迷，但阳明经中的气血仍能维持一段时间，三天以后阳明经的气血被耗尽，所以就会死亡。

大家可能会有疑问，为什么再过三天才死呢？这就要引出一个很重要的观点，就是“保胃气”。“保胃气”是治疗热病的根本，这个观点对后人启发颇多，《伤寒论》制方处处注意“保胃气，存津液”，对后来温病的发展也有很深的影响。

“凡病伤寒而成温者，先夏至日为病温，后夏至日为病暑”，凡是感受寒邪而引起的温热疾病，在夏至以前发病的就叫温病，在夏至以后发病的就叫暑病。也就是说，温病和暑病皆属伤寒之类，这是指广义的伤寒。夏至在阳历的6月21日前后。

那么对热病怎么治疗呢？请看下一篇《刺热》。

治疗热病的针刺方法

这一讲我们学习《刺热》，这一篇是接着上一篇《热论》讲的，主要讲对各种热病的针刺方法，所以叫《刺热》。

首先是讲了五脏热病的表现和针刺方法——

肝热病者，小便先黄，腹痛多卧身热，热争则狂言及惊，胁满痛，手足躁，不得安卧，庚辛甚，甲乙大汗，气逆则庚辛死，刺足厥阴少阳，其逆则头痛员员，脉引冲头也。

肝发热病的，会出现小便先发黄、腹中疼痛、喜欢静卧、身体发热的症状，热邪与正气相争就会出现言语狂乱、惊骇不止、胸胁胀满疼痛、手足躁动、不能安卧的症状，遇到庚日辛日就会病情加重（庚辛为金，肝为木，金克木），遇到甲日乙日就会大汗淋漓而发热减退（甲乙为木）。如果病邪严重，肝气逆乱就会在庚日辛日死亡，治疗时要针刺足厥阴肝经和足少阳胆经的穴位。肝气逆乱就会头痛眩晕，这是因为热邪循肝脉上冲头部。

心热病者，先不乐，数日乃热，热争则卒心痛，烦闷善呕，头痛面

赤无汗，壬癸甚，丙丁大汗，气逆则壬癸死，刺手少阴太阳。

心发热病的，先感觉心里闷闷不乐，过几天后才开始身体发热，热邪与正气相争就会出现突然心痛、烦躁郁闷、恶心、头痛、面色发红、无汗的症状，遇到壬日癸日就会病情加重，遇到丙日丁日就会大汗淋漓而发热减退。如果心气逆乱就会在壬日癸日死亡，治疗时要针刺手少阴心经和手太阳小肠经。

脾热病者，先头重颊痛，烦心颜青，欲呕身热，热争则腰痛不可用俯仰，腹满泄，两颔痛，甲乙甚，戊己大汗，气逆则甲乙死，刺足太阴阳明。

脾发热病的，先感觉头部沉重，面颊疼痛，心中烦躁，额头发青，想要呕吐，身体发热，热邪与正气相争就会出现腰部疼痛不能俯仰、腹部胀满泄泻、两颌疼痛的症状，遇到甲日乙日就会病情严重，遇到戊日己日就会大汗淋漓，脾气逆乱就会在甲日乙日死亡，治疗时要针刺足太阴脾经和足阳明胃经。

肺热病者，先淅然厥，起毫毛，恶风寒，舌上黄身热，热争则喘咳，痛走胸膺背，不得大息，头痛不堪，汗出而寒，丙丁甚，庚辛大汗，气逆则丙丁死，刺手太阴阳明，出血如大豆，立已。

肺发热病的，先感觉寒冷颤抖，毫毛竖起，厌恶风寒，舌苔发黄，身体发热，热邪与正气相争就会出现气喘咳嗽、胸膺背部走窜疼痛、不能深呼吸、头痛剧烈不堪忍受、出汗怕冷的症状，遇到丙日丁日就会病情加重，遇到庚日辛日就会大汗淋漓发热减退。如果肺气逆乱就会在丙日丁日死亡，治疗时要针刺手太阴肺经和手阳明大肠经，针刺出血像黄豆大小，病情立即就会好转。

肾热病者，先腰痛胻（héng）酸，苦渴数饮身热，热争则项痛而强，胻寒且酸，足下热，不欲言，其逆则项痛员员澹澹然，戊己甚，壬癸大汗，气逆则戊己死，刺足少阴太阳。诸汗者，至其所胜日汗出也。

肾发热病的，先感觉腰部疼痛、脚胫酸软，口渴难耐频繁饮水，身体发热，热邪与正气相争就会出现颈项疼痛强硬、脚胫寒冷酸困、足底发热、不想说话的症状，肾气逆乱就会出现颈项疼痛、头晕目眩、摇晃不定的情况，遇到戊日己日就会病情加重，遇到壬日癸日就会大汗淋漓、发热减退。如果肾气逆乱就会在戊日己日死亡，治疗要针刺足少阴肾经和足太阳膀胱经。各脏热病大汗淋漓的时候，都是到了各脏旺盛的日子，所以能大汗出而热退。

总结一下，五脏热病要选取和这一脏相应的经脉穴位，还有与这条经相表里的经脉上的穴位。

五脏热病有什么表现呢？——

肝热病者，左颊先赤，心热病者，颜先赤，脾热病者，鼻先赤，肺热病者，右颊先赤，肾热病者，颐先赤，病虽未发，见赤色者刺之，名曰治未病。热病从部所起者，至期而已；其刺之反者，三周而已；重逆则死。诸当汗者，至其所胜日，汗大出也。

肝发热病的左脸颊先发红，心发热病的额头先发红，脾发热病的鼻子先发红，肺发热病的右脸颊先发红，肾发热病的两腮先发红。虽然热病还没发作，见到脸部显示出红色就应该针刺治疗，这叫“治未病”。热病发作先表现为面部五脏所主的位置发红，如果及时治疗，到了脏气旺盛的时日就能痊愈；如果刺法用反了，要到第三个脏气旺盛的时日才能痊愈；“重逆”就是严重误治、一误再误，就会死亡。各脏热病应当出汗的，到了发病的脏正气旺盛的时日，就会大汗淋漓、发热减退。

这里所讲的五脏热病都属于实热，所以要用发汗把它排泄出来。

那对于这种热病应当如何调治呢？——

诸治热病，以饮之寒水乃刺之，必寒衣之，居止寒处，身寒而止也。

各种治疗热病的方法，都是要先给病人喝些凉水再针刺治疗，病人必须穿凉快的衣服，居住在凉爽的地方，这样就能使病人发热减退，病就容易好了。

这是非药物疗法，和现代医学的物理降温法有些类似，所不同的是，现代物理降温法常用温水擦拭身体，用冰袋敷在身体表面，甚至是卧于冰床，这是到了比较严重的阶段，需更追求降温的速度而采用的方法。而《黄帝内经》说的这种寒饮、寒衣、寒居的生活方式，常运用于体温没有明显增高、局部出现实热证的现象。这体现出中医治未病的优势。另外我们现代医学所说的炎症，所对应的大多是热证，对付炎症现在往往用消炎药。而在中医看来，这些消炎药，无论是西药、中药饮片还是中成药，大多性质寒凉，过度服用容易伤及脾胃的正气。而采取寒饮、寒衣、寒居的生活方式调整，一来能够平衡火热的征象，二来可以激发人体免疫力，在外邪不盛、正气未虚时是更好的选择。

接下来是讲根据热病的先发症状怎么进行针刺——

热病先胸胁痛，手足躁，刺足少阳，补足太阴，病甚者为五十九刺。热病始手臂痛者，刺手阳明太阴而汗出止。热病始于头首者，刺项太阳而汗出止。热病始于足胫者，刺足阳明而汗出止。热病先身重骨痛，耳聋好瞑，刺足少阴，病甚为五十九刺。热病先眩冒而热，胸胁满，刺足少阴少阳。

热病先出现胸胁疼痛、手足躁动的症状，治疗针刺时要泻足少阳胆经，补足太阴脾经，病情严重的用“五十九刺”的方法。热病刚开始先手臂疼痛的，针刺手阳明大肠经和手太阴肺经，病人汗出后就停针。热病刚开始在头部的，针刺颈项的足太阳膀胱经，病人汗出后就停针。热病刚开始在足胫部的，针刺足阳明胃经，病人汗出后就停针。热病先出现身体发重、骨节疼痛、耳聋喜欢闭目的，针刺足少阴肾经，病情严重的用五十九刺法。热病先出现头晕目眩、身体发热、胸胁胀满的，针刺足少阴肾经和足少阳胆经。

五十九刺：针刺五十九个穴位。说法不一，《素问·水热穴论》有一种说法，唐代王冰有一种说法，那就是包括手三阴经和手三阳经的井穴（穴位都位于手指的末端处。手三阴经之井穴：少商、少冲、中冲；手三阳经之井穴：商阳、少泽、关冲），还有头部、颈部、胸部、背部、四肢上的腧穴。针刺不同地方的穴位可以泻不同部位的实热。

本篇最后讲了治疗热病的特定穴位，都在脊椎上——

热病气穴：三椎下间主胸中热，四椎下间主膈中热，五椎下间主肝热，六椎下间主脾热，七椎下间主肾热，荣在骶也，项上三椎，陷者中也。

治疗热病的穴位：第三节脊椎下的穴位主治胸中热病，第四节脊椎下的穴位主治膈中热病，第五节脊椎下的穴位主治肝热病，第六节脊椎下的穴位主治脾热病，第七节脊椎下的穴位主治肾热病，营血有热可针刺尾骶部的穴位——长强穴，以及颈项上第三椎中央凹陷处的穴位——大椎穴。

可以看出这些穴位在脊椎上是从上到下排列，分别对应的内脏也是从上往下排列的。

那么热病有什么不同的表现方式吗？有。请看下一讲。

四种热病的病因和治法

这一讲我们学习《评热病论》，从题目上就可以看出这一篇是对热病的评论，它评论了热病的病理变化和预后吉凶，主要是对四种热病进行评论。哪四种热病呢？我们来看一看黄帝的发问——

黄帝问曰：有病温者，汗出辄复热，而脉躁疾不为汗衰，狂言不能食，病名为何？岐伯对曰：病名阴阳交，交者死也。帝曰：愿闻其说。岐伯曰：人所以汗出者，皆生于谷，谷生于精，今邪气交争于骨肉而得汗者，是邪却而精胜也，精胜则当能食而不复热。复热者邪气也，汗者精气也，今汗出而辄复热者，是邪胜也，不能食者，精无俾也，病而留者，其寿可立而倾也。且夫《热论》曰：汗出而脉尚躁盛者死。今脉不与汗相应，此不胜其病也，其死明矣。狂言者是失志，失志者死。今见三死，不见一生，虽愈必死也。

黄帝问道：有得温热病的人，出汗后身体又立即发热，脉象躁乱疾速，并没有因为出汗而减退，言语狂乱不能吃食物，这种病的名字叫什么？

岐伯回答道：病名叫阴阳交，是死症。（在这一篇中，阴就是食物、精气，而阳就是热。）

黄帝说：希望听闻其中的道理。

岐伯说：人之所以出汗，是因为水谷入胃，再化生精微形成汗液。如今邪气与正气在骨肉间交结相争而出汗，是邪气退却精气胜利的表现，精气胜利就应当能吃食物不再发热。再次发热是邪气引起的，汗是精气形成的，如今出汗后身体又立即发热的原因，是邪气战胜了正气，不能吃食物的病人，精气匮乏，无力抗邪造成病邪留滞体内，病人的生命就危在旦夕了。而且《热论》中说：汗出后脉象仍旧躁乱盛大的病人，就会死亡。如今的脉象不与出汗后的正常脉象相应，这是正气不能战胜病邪，很明显病人就会死亡。言语狂乱的病人是神志失常，神志失常也会死亡。如今见到了三种死亡情况，见不到一线生机，虽然病人暂时痊愈也必定会死亡。（到了“阴阳交”这个地步的时候，明显是阳热过亢了，阴精马上就要衰竭，这就是所谓的“阴阳离决，精气乃绝”，因此情况就很危险了。）

帝曰：有病身热汗出烦满，烦满不为汗解，此为何病？岐伯曰：汗

出而身热者风也，汗出而烦满不解者厥也，病名曰风厥。帝曰：愿卒闻之。岐伯曰：巨阳主气，故先受邪，少阴与其为表里也，得热则上从之，从之则厥也。帝曰：治之奈何？岐伯曰：表里刺之，饮之服汤。

黄帝问：有病人出现身体发热出汗、烦躁郁闷的症状，但是烦闷却没有因为汗出而缓解，这是什么病呢？

岐伯回答：出汗但身体发热是感受了风邪，出汗后烦闷没有缓解是气机上逆，病名叫风厥（“厥”，这里指气逆）。

黄帝说：希望全部听闻其中的道理。

岐伯说：太阳经主宰一身阳气（《热论》说：“巨阳者，诸阳之属也。”足太阳膀胱经是全身阳气的统帅），所以最先感受邪气，少阴经（足少阴肾经）和太阳经（足太阳膀胱经）互为表里，少阴经感受到太阳经的热邪就会随之上逆，随之上逆就成为厥证。

黄帝问：应该怎样治疗？

岐伯回答：针刺表里两经，饮用内服的汤药。——不足者补之，有余者泻之，以平为期，无论何病。之所以要饮药，在于病邪已经入里，光用针法已经不够了。

帝曰：劳风为病何如？岐伯曰：劳风法在肺下，其为病也，使人强上冥视，唾出若涕，恶风而振寒，此为劳风之病。帝曰：治之奈何？岐伯曰：以救俯仰。巨阳引精者三日，中年者五日，不精者七日。咳出青黄涕，其状如脓，大如弹丸，从口中若鼻中出，不出则伤肺，伤肺则死也。

黄帝问：劳风病是什么样的？

岐伯回答：劳风病的受邪部位在肺部，会出现头颈强直僵硬、目视不明、唾黏稠、厌恶吹风、寒冷颤抖，这就是劳风病（劳风病的起因大多在于过劳伤精，是风邪侵犯到肺部的一种热病）。

黄帝问：怎样治疗？

岐伯回答：先要救治头项强直僵硬不能俯仰的情况——先要调治肺气，使呼吸通畅，头颈能够自由俯仰。在足太阳膀胱经上取穴针刺引动经气，如果是精力充沛的青壮年三天就能痊愈，中年人五天就能痊愈，精气不足的人七天就能痊愈。劳风病人咳出青黄黏痰，痰如同脓液，大小如同弹丸，应该从口中或鼻中排出，不能排出就会损伤肺，肺受损伤就会死亡。

帝曰：有病肾风者，面胕（fū，同“肤”）痝（máng）然壅，害于言，可刺不？岐伯曰：虚不当刺，不当刺而刺，后五日其气必至。帝曰：其至何如？岐伯曰：至必少气时热，时热从胸背上至头，汗出手热，口干苦渴，小便黄，目下肿，腹中鸣，身重难以行，月事不来，烦而不能食，不能正偃，正偃则咳甚，病名曰风水，论在《刺法》中。帝曰：愿闻其说。岐伯曰：邪之所凑，其气必虚，阴虚者阳必凑之，故少气时热而汗出也。小便黄者，少腹中有热也。不能正偃者，胃中不和也。正偃则咳甚，上迫肺也。诸有水气者，微肿先见于目下也。

黄帝说：有患肾风病的，面部皮肤浮肿壅起（痝然：肿大、浮肿的样子），导致言语不利，这样的情况可以针刺吗？（肾风是什么病呢？肾主水，风动肾水，则使水液代谢失常，因此面部、脚部水肿。）

岐伯说：这是虚证，不应当针刺。不应当针刺却进行了针刺，五天后病气必然到来。

黄帝问：病气到来会怎样？

岐伯回答：病气到来必然会出现气短，时常发热，发热时从胸背部向上行至头部，出汗，手心发热，口干多渴，小便色黄，眼睑下浮肿，腹中鸣响，身体沉重难以行动，女子则月经不来，烦闷不能进食，不能仰卧，一旦仰卧就会咳嗽加重，这种病名叫“风水”，在《刺法》中有详细论述。

黄帝道：希望听闻其中的缘故。

岐伯说：邪气能够侵袭的地方，正气必定虚弱。肾阴亏虚，阳邪必定趁虚而入，所以出现气短、时时发热、出汗的症状。小便色黄，是因为小腹中有热。不能仰卧，是因为胃中不和。仰卧时咳嗽就会加重，是因为水气向上压迫肺。各种有水气的病人，目下先出现微肿的情况。

《灵枢·口问》里有“邪之所在，皆为不足”，《素问·刺法论》中有“正气存内，邪不可干”，都是强调外因通过内因起作用。

接着岐伯还详细解释了水邪到腹部、胃肠，侵害到心肺的情况，对女子来说就导致月经不来。

以上就是黄帝和岐伯对阴阳交、风厥、劳风、肾风这四种热病的病因、症状、治法、预后的讨论。

阴阳失调的五种情况

这一讲我们学习《逆调论》。“逆调”就是失调，不协调、不正常的意思。什么失调？当然就是“阴阳失调”。这一篇讨论了阴阳失调引起的五种病证。

一开头黄帝就向岐伯发问——

黄帝问曰：人身非常温也，非常热也，为之热而烦满者何也？岐伯对曰：阴气少而阳气胜，故热而烦满也。帝曰：人身非衣寒也，中非有寒气也，寒从中生者何？岐伯曰：是人多痹气也，阳气少，阴气多，故身寒如从水中出。

黄帝问道：人的身体不是正常的温度（温度不正常），不是正常的发热（一说“常”通“裳”，人体不是穿很多衣裳而温度升高、发热），这种体内感到发热而且烦闷的情况究竟是什么原因呢？

岐伯回答：这是因为阴气衰少、阳气亢盛，所以身体发热、心中烦闷。

黄帝问：人的身体感到寒冷并不是衣服单薄，也没有被寒气中伤，寒冷从体内生成，这是什么原因呢？

岐伯回答：这种人多气机阻痹不通，阳气衰少，阴气盛多，所以感觉身体寒冷如同从冷水中出来一样。

这里讨论的两个问题都是与衣物多少无关的，是内热、内寒之证，是阴阳失调的一种表现。内生之病必有相应的内在原因。例如，有的人特别怕冷，穿衣服明显比别人多，但是穿了很多衣服也不觉得暖和；有的人怕热，到了夏天必须开空调，否则就受不了，不是穿得少了就能感到凉快。这些表现都是因为人偏离了阴阳中和的状态，体内阳盛就会怕热，阴盛就会怕寒。

帝曰：人有四肢热，逢风寒如炙如火者何也？岐伯曰：是人者阴气虚，阳气盛，四肢者阳也，两阳相得而阴气虚少，少水不能灭盛火，而阳独治，独治者不能生长也，独胜而止耳，逢风而如炙如火者，是人当肉烁也。

黄帝问：有的人四肢发热，遇到风寒就感觉身热得像烤炙和火烧一样，是什么原因？

岐伯回答：这种人是阴气虚衰，阳气亢盛，四肢属于阳，亢盛的阳气充实四肢，所以四肢发热。阳气更加亢盛，阴气更加虚少，衰少的阴水不能熄灭旺盛的阳火，造成阳气单独统治人体，阳气独旺，阴气就不能生长，阳气独胜导致阴气停止化生，遇到风邪，四肢就发热得像烤炙和火烧一样，这种人会出现肌肉消瘦干枯。

这是阴阳失调的第二种表现：“肉烁”。阳盛阴虚导致四肢发热和肌肉消瘦，常常手心热、脚心热，手掌、脚底的肌肉就会消瘦，还伴有汗多而干燥的现象。

帝曰：人有身寒，汤火不能热，厚衣不能温，然不冻栗，是为何病？岐伯曰：是人者，素肾气胜，以水为事，太阳气衰，肾脂枯不长。一水不能胜两火，肾者水也，而生于骨，肾不生则髓不能满，故寒甚至骨也。所以不能冻栗者，肝一阳也，心二阳也，肾孤脏也，一水不能胜二火，故不能冻栗，病名曰骨痹，是人当挛节也。

黄帝说：有的人全身寒冷，即用热水温熨、烤火都不能使身体变热，穿厚衣服也不感觉温暖，但又不出现恶寒发抖，这是什么病？

岐伯说：这种人平常肾水气盛，经常接触水湿，导致太阳经阳气虚衰，肾中的阴精由于得不到阳气的温暖而枯竭不能生长。肾为水脏，主统骨头，肾阴精不能生长就导致骨髓不能充满，因此就会寒冷至骨，但却不会出现恶寒发抖。这叫“一水不能胜两火”，一水就是肾水，两火就是肝火和心火。因为肝是第一个阳脏，心是第二个阳脏，肝中有“相火”，心为“君火”，只有一个独阴的肾水，一个独阴的肾脏——水脏不能战胜两个火脏，所以不出现恶寒发抖，这种病名叫骨痹，病人会出现骨节拘挛——收缩，不能屈伸。

这是阴阳失调的第三种病证，叫骨痹。其内因是肾阳虚衰，外因则是寒邪入骨。可见阳虚不能制阴，导致阴寒太盛，再加上感受风寒湿之外邪，就会造成“骨痹”。由于肝肾同源，肾水不足则不能生木，肾主骨，肝主筋，因此而出现筋失濡润、肢节挛缩的症状。

黄帝又问了第四种病“肉苛”——

帝曰：人之肉苛者，虽近衣絮，犹尚苛也，是谓何疾？岐伯曰：荣气虚，卫气实也，荣气虚则不仁，卫气虚则不用，荣卫俱虚，则不仁且不用，肉如故也。人身与志不相有，曰死。

黄帝问：有的人肌肉麻木沉重（“苛”是麻木沉重），虽然穿上棉衣，仍然感觉麻木沉重，这叫什么病？

岐伯回答：这是因为营气和卫气都虚弱，营气虚弱就会出现皮肉麻木不仁，卫气虚弱就会出现肢体不能举动。如果营气和卫气都虚弱，就会出现皮肉既麻木不仁又不能举动（原文的“肉如故”《黄帝内经太素》作“肉如苛”，肌肉麻木沉重）。如果又出现神志不能支配身体活动，人的身体与神志不能相互为用的情况，病人就会死亡。

肉苛的原因也是营卫之气虚弱，导致自身阴阳失去平衡，造成皮肉麻木不仁、四肢不能举动。

最后黄帝又问了阴阳失调的第五种病证：喘息——

帝曰：人有逆气不得卧而息有音者，有不得卧而息无音者；有起居如故而息有音者，有得卧行而喘者；有不得卧不能行而喘者，有不得卧卧而喘者，皆何脏使然？愿闻其故。

黄帝说：有的人气逆不能安卧而呼吸有声音，有的人不能安卧而呼吸没有声音；有的人起居跟往常一样可以安卧但呼吸有声音，有的人能够安卧呼吸没有声音但行动时会有气喘的声音；有的人不能安卧也不能行动而且气喘，有的人不能安卧，一旦躺下就会气喘，这些都是哪些脏腑导致的？希望听闻其中的缘故。

这里黄帝问了三种状态下六种“喘息”的情况。岐伯作了回答——

岐伯曰：不得卧而息有音者，是阳明之逆也，足三阳者下行，今逆而上行，故息有音也。阳明者胃脉也，胃者六腑之海，其气亦下行，阳明逆不得从其道，故不得卧也。《下经》曰：胃不和则卧不安。此之谓也。夫起居如故而息有音者，此肺之络脉逆也，络脉不得随经上下，故留经而不行，络脉之病人也微，故起居如故而息有音也。夫不得卧卧则

喘者，是水气之客也，夫水者循津液而流也，肾者水脏，主津液，主卧与喘也。帝曰：善。

岐伯说：不能安卧而呼吸有声音的，是足阳明胃经之气上逆，足三阳经应该是从头到足下行，如今足阳明经脉气逆向上行，所以呼吸有声音。足阳明经是胃脉，胃是六腑之海，胃气也是顺胃脉下行，如今足阳明经脉气上逆，胃气不能循脉道下行，所以就不能平卧。《下经》中说："胃不和则卧不安。"胃气不调和睡眠就不安宁，说的就是这种情况。起居跟往常一样而呼吸有声音的，是肺的络脉之气上逆——经络是气血的通道，包括经脉和络脉两部分，经脉是纵行的主干道，络脉是从经脉分出来的分支、岔道。肺络脉之气不能随经气上下运行，所以留滞在经脉中不能循行，就会气喘，但因为络脉发病比较轻微，所以起居跟往常一样，只是呼吸有气喘的声音。不能安卧，一旦躺下就会气喘的，这是肾水之气被侵犯所导致，水气是按津液循行的道路来流动的，肾是水脏，主统全身的津液，肾病不能主水液运行，就会出现不能平卧与气喘。

黄帝说：讲得好。

这里岐伯只解释了六种情况中的三种，都是比较严重的情况，有气喘声的，有人说有脱简，我看未必，因为他把三种状态下严重的气喘情况都讲了，所以不严重的、不气喘的情况就没必要再解释了。总之，它们的原因涉及胃、肺、肾三个脏。

《逆调论》所讲的五种阴阳失调的情况——内寒内热、肉烁、骨痹、肉苛、气喘，其病因就是阴阳失调，具体表现为水火失调、气血失调、营卫失调、脏腑和经络功能失调。由此说明人体的阴阳必须保持平衡协调。让我们再记一下《生气通天论》中的名言："阴平阳秘，精神乃治；阴阳离决，精气乃绝。"

疟疾与咳嗽

疟疾的治疗（附屠呦呦发现青蒿素）

大家都知道我国第一位获得诺贝尔生理学或医学奖的本土科学家是屠呦呦，她发现了青蒿素，挽救了千百万人的生命。青蒿素是专门治疗疟疾的药物。疟疾是一种传染病，按现代科学的研究，是由于蚊子叮咬而感染疟原虫所引起的虫媒传染病，也可以是输入带疟原虫者的血液而引起的。主要表现是全身发冷、发热、多汗，长期多次发作后，可引起贫血和脾肿大。疟疾的发作是有规律的，是周期性的。我们今天要学习的《疟论》，就是专门讲疟疾的。

疟疾是什么原因引起的呢？又应该怎么治疗呢？——

黄帝问曰：夫痎（jiē）疟皆生于风，其蓄作有时者，何也？岐伯对曰：疟之始发也，先起于毫毛，伸欠乃作，寒栗鼓颔，腰脊俱痛，寒去则内外皆热，头痛如破，渴欲冷饮。

黄帝问道：疟疾都是由风邪引起的——痎疟，是疟疾的通称。它的休止和发作有固定的时间，这是为什么呢？

岐伯回答：疟疾开始发作时，先出现毫毛竖起，然后伸懒腰，打呵欠，继而寒冷战栗，两颌骨抖动，腰脊疼痛，等到寒冷过去以后又感觉全身内外都在发热，头痛剧烈像要破裂，口渴喜欢冷饮。

帝曰：何气使然？愿闻其道。岐伯曰：阴阳上下交争，虚实更作，阴阳相移也。阳并于阴，则阴实而阳虚，阳明虚则寒栗鼓颔也；巨阳虚则腰背头项痛；三阳俱虚则阴气胜，阴气胜则骨寒而痛；寒生于内，故中外皆寒；阳盛则外热，阴虚则内热，外内皆热则喘而渴，故欲冷饮也。此皆得之夏伤于暑，热气盛，藏于皮肤之内，肠胃之外，此荣气之所舍也。此令人汗空疏，腠理开，因得秋气，汗出遇风，及得之以浴，水气舍于皮肤之内，与卫气并居。卫气者，昼日行于阳，夜行于阴，此气得阳而外出，得阴而内薄，内外相薄，是以日作。

黄帝问：这是什么邪气引起的？希望听闻其中的道理。

岐伯说：这是因为阴阳上下相互交争，虚实交替更作，阴阳相互移动转化。阳气转移到阴气所在的地方，和阴气合并，就会使阴气相对充实而阳气相对虚衰。如果阳明经气亏虚就会寒冷战栗、鼓动两颌——阳明经经过两颌；如果太阳经气亏虚就会腰背和头项疼痛——太阳经经过头部、背部；如果三条阳经之气都亏虚就会阴气偏胜，阴气偏胜就会骨节寒冷疼痛。这种偏胜的寒气从体内生成，因此内外都感觉寒冷。阳气盛实就感觉外热，阴气亏虚也会感觉内热，内外都发热就会气喘口渴，所以想喝冷饮。这都因在夏天感伤暑气，暑热邪气亢盛，潜藏在皮肤内和肠胃外——这是营气停留的地方。这会使人的汗孔打开，出汗，等到秋天天气转凉，汗出时遭遇风邪，或者沐浴时水气侵袭，水气停留在皮肤内，风邪、水邪和卫气合并在一起了。卫气白昼运行于阳经——三阳经，黑夜运行于阴经——三阴经，邪气随卫气循行于体表，阳经就会向体外发散而发作疟疾，循行于里面，阴经就会潜伏在体内向里面侵犯。阴阳相互搏斗，因为卫气的运行是有规律的，每天到达体表，所以疟疾每日发作一次。

这里岐伯说的疟疾的发病原因是“阴阳之上下交争，虚实更作，阴阳相移”。虽然没有说出疟原虫，但却明确说出了是“邪气”引起的，这种外来的邪气，显然包含疟原虫。这里岐伯用阴阳交替、卫气昼夜运行，解释了每天发作一次的疟疾。

帝曰：其间日而作者何也？岐伯曰：其气之舍深，内薄于阴，阳气独发，阴邪内著，阴与阳争不得出，是以间日而作也。

黄帝问：疟疾隔日发作是为何？

岐伯说：这是邪气停留的部位较深，向内迫近人体阴的地方（体内较深的地方），运行较慢，而阳气运行较快，邪气与阳气运行不同步，所以阳气独自运行于外，而邪气留驻在内，阳气每两天能到达阴的地方（体内较深的地方）与邪气相争一次，而邪气在阴处（体内较深的地方）不能外出与阳气相争，所以隔日才发作。

接下来，黄帝和岐伯又讨论了疟疾发作的特殊情况：“其作日晏与其日早者”，有的疟疾发作的时间一天比一天推迟，有的一天比一天提前；有的疟疾“先寒而后热”、有的“先热而后寒”。先寒而后热的叫寒疟：“先伤于寒而后伤于风，故先寒而后热也，病以时作，名曰寒疟。”先热而后寒的叫温疟：“此先伤于风而后伤于寒，故先热而后寒也，亦以时作，名曰温疟。”此外还有只热而不寒的叫瘅（dān）疟：“但热而不寒者，阴气先绝，阳气独发，则少气烦冤，手足热而欲呕，名曰瘅疟。”瘅的意思是“热”。

对疟疾怎么治疗呢？且看黄帝发问——

帝曰：夫经言有余者泻之，不足者补之。今热为有余，寒为不足。夫疟者之寒，汤火不能温也；及其热，冰水不能寒也，此皆有余不足之类。当此之时，良工不能止，必须其自衰乃刺之。其何故也？

黄帝说：医经上说邪气盛实有余的应当用泻法，正气亏虚不足的应当用补法。如今发热是邪气盛实有余的表现，寒战是正气亏虚不足的表现。疟疾发病寒冷时，即使是用热水温熨和烤火都不能使之温暖；等到发热时，即使是冰水也不能使之寒凉，这些症状都属于邪气有余和正气不足的一类表现。一旦遇到这种情况，就是再高明的医生也不能阻止病情，必须等到病势自行衰退后才能针刺治疗。这是什么原因呢？

岐伯也引用医经回答——

方其盛时必毁，因其衰也，事必大昌。此之谓也。夫疟之未发也，阴未并阳，阳未并阴，因而调之，真气得安，邪气乃亡。故工不能治其已发，为其气逆也。

等到邪气盛极时如果用针刺攻邪必定会损伤正气，应该趁邪气衰退时针刺，治疗必然获得显著效果。在疟疾未发病时，阴气和阳气还没有合并，还在相对平静的状态下运行，这个时候给予适当的调治，正气就能安定，邪气就会消亡。所以医生不能在疟疾已经发病时进行治疗，是因为已经到了正邪交争逆乱的时候。

这里提出了用针刺方法治疗疟疾的总原则，那就是要在邪气衰退时和邪气未发时进行治疗。到了病势正盛的时候，高热、大汗、脉乱，这时是不可以针刺治疗的。这是《黄帝内经》“不治已病治未病”的具体体现。

具体怎么用针刺来治疗疟疾呢？下一篇《刺疟》作了详细的介绍。

这里我来介绍一下屠呦呦是怎么发现用青蒿素来治疗疟疾的。

在20世纪60年代，在氯喹抗疟失效、人类遭受疟疾的侵害而无能为力的情况下，屠呦呦接受了抗疟研究任务。当时的基本思路是收集整理中医药典籍、民间验方，走访名老中医，最终汇集了640余种治疗疟疾的中药单秘验方，整理了多达808种可能有效的中药。一开始并未考虑使用青蒿，因为它的抑制率极不稳定，在12%~80%。后来屠呦呦看到了东晋葛洪《肘后备急方》的记载：

“青蒿一握，以水二升渍（zì），绞取汁，尽服之。”取一把新鲜青蒿，用二升水浸泡，用洁净的白细布或纱布包裹，绞取过滤出汁液，然后一次全部服下。屠呦呦看到“绞取”两个字一下子眼睛一亮，是“绞取”而不是“煎煮”，说明不能加热，高温会使青蒿的活性成分受损。于是她马上改用沸点只有35℃的乙醚作为溶剂从黄花蒿中提取得到青蒿素。青蒿素的治疗效果由30%多一下子提高到95%，对疟原虫的抑制率达到100%。

青蒿素救了千百万人的生命，世界卫生组织称它是“世界上唯一有效的疟疾治疗药物”。2015年屠呦呦荣获诺贝尔生理学或医学奖，她是第一位也是至今为止唯一获得诺贝尔科学奖的中国本土科学家，是第一位也是至今为止唯一获得诺贝尔生理学或医学奖的华人科学家。中国人为之骄傲！中医人为之骄傲！

疟疾的针刺法

我在上一讲《疟论》中介绍了疟疾的发病原因和治疗原则，还附带介绍了屠呦呦是怎样发现青蒿素治疗疟疾的，这一讲我来讲一讲《刺疟》，从题目上就知道这一篇是讲怎么用针刺治疗疟疾的。这一篇主要讲了十二种疟疾的症状和针刺方法。

首先是六经疟疾——

足太阳之疟，令人腰痛头重，寒从背起，先寒后热，熇（hè）熇暍（yē）暍然，热止汗出，难已，刺郄（xì）中出血。足少阳之疟，令人身体解㑊（yì），寒不甚，热不甚，恶见人，见人心惕惕然，热多汗出甚，刺足少阳。足阳明之疟，令人先寒，洒淅洒淅，寒甚久乃热，热去汗出，喜见日月光火气乃快然，刺足阳明跗（fū）上。

足太阳膀胱经的疟疾，会令人腰部疼痛，头部沉重，寒冷从背部起始，先寒后热，热势猛烈，高热停止后汗出，难以治愈，治疗时针刺委中穴出血。足少阳胆经的疟疾，会令人身体倦怠无力（“解㑊”即倦怠、懈惰），恶寒不严重，发热也不严重（少阳主枢，居半表半里），病人厌恶见人，见到人就会感到心中恐惧，发热时间长，出汗很厉害，治疗时针刺足少阳胆经。足阳明胃经的疟疾，会令人先感觉寒冷（阳明者，两阳合明，阳热光明之气也，病则反其本，故寒冷），恶寒逐渐加重，恶寒很久后才发热，热势退去时出汗……治疗时针刺足阳明胃经足背上的冲阳穴——足背最高处，脚拇趾二趾后足背动脉跳动的地方。

足太阴之疟，令人不乐，好大息，不嗜食，多寒热汗出，病至则善呕，呕已乃衰，即取之。足少阴之疟，令人呕吐甚，多寒热，热多寒少；欲闭户牖而处，其病难已。足厥阴之疟，令人腰痛少腹满，小便不利如癃（lóng）状，非癃也，数便，意恐惧，气不足，腹中悒悒，刺足厥阴。

足太阴脾经的疟疾，会令人闷闷不乐，病人喜好长叹息，不想进食（脾主化谷，脾病则不嗜食），多发寒热，出汗也多，疾病发作时经常呕吐，呕吐后病势减轻，治疗时针刺足太阴脾经。足少阴肾经的疟疾，会令人剧烈呕吐，多发寒热，热多寒少，病人想要关闭门窗而居。这种病难以治愈，治疗时针刺足少阴肾经。足厥阴肝经的疟疾，会令人腰部疼痛，小腹胀满，小便不利，如同癃闭病的症状——癃闭病就是小便不通，尿闭病。为什么？因为肝主疏泄水液。但实际上不是癃闭病。小便频数不畅，病人心中恐惧，正气不足，腹中郁滞不畅，治疗时针刺足厥阴肝经。

讲完了六经的疟疾，接着讲六脏的疟疾——

肺疟者，令人心寒，寒甚热，热间善惊，如有所见者，刺手太阴阳明。心疟者，令人烦心甚，欲得清水，反寒多，不甚热，刺手少阴。肝疟者，令人色苍苍然，太息，其状若死者，刺足厥阴见血。脾疟者，令

人寒，腹中痛，热则肠中鸣，鸣已汗出，刺足太阴。肾疟者，令人洒洒然，腰脊痛宛转，大便难，目眴眴然，手足寒，刺足太阳少阴。胃疟者，令人且病也，善饥而不能食，食而支满腹大，刺足阳明太阴横脉出血。

肺疟，会令人心中寒冷，冷极就会转为发热，发热时容易受惊，如同见到可怕的东西，治疗时针刺手太阴肺经和手阳明大肠经。心疟，会令人心中非常烦躁，想喝清凉的水，外表症状反而恶寒多，发热不严重，治疗时针刺手少阴心经。肝疟，会令人面色发青，经常叹息，状如死人——肢体僵直不柔和，治疗时针刺足厥阴肝经，刺出血。脾疟，会令人寒冷，腹中疼痛，发热时伴有肠中鸣响，然后出汗，治疗时针刺足太阴脾经。肾疟，会令人畏寒怕冷，腰脊疼痛难以转侧，大便困难，目眩眼花，手足寒冷，治疗时针刺足太阳膀胱经和足少阴肾经。胃疟，发作时人容易饥饿，但不能进食，进食就会感觉腹部胀满膨大，治疗时针刺足阳明胃经，再针刺足太阴脾经的络脉，刺出血。

接下来从脉搏和病证的角度讲了治疗疟疾的各种针刺方法。比如——

疟发，身方热，刺跗上动脉，开其空，出其血，立寒。疟方欲寒，刺手阳明太阴、足阳明太阴。疟脉满大急，刺背俞，用中针，傍伍胠俞各一，适肥瘦出其血也。疟脉小实急，灸胫少阴，刺指井。

疟疾发作身体刚要发热时，要针刺足背上的动脉，开其孔穴（原文“开其空”的空就是孔），刺出血，立刻就热退转寒。刚要发寒时，针刺手阳明大肠经和手太阴肺经、足阳明胃经和足太阴脾经。疟疾病人脉象盛满洪大急促，立即针刺背部的腧穴，用中等针，靠近五胠俞各取一穴，根据病人的胖瘦，确定其出血量。疟疾病人脉象细小坚实急促，立即艾灸少阴经在小腿上的穴位，针刺趾端的井穴。

针刺的时机非常重要——

凡治疟，先发如食顷乃可以治，过之则失时也。

凡治疗疟疾，其最佳时机是在发病前大约一顿饭的时间内，过了这个时候就会失去时机。

十二疟者，其发各不同时，察其病形，以知其何脉之病也。先其发时如食顷而刺之，一刺则衰，二刺则知，三刺则已，不已刺舌下两脉出血，不已刺郄中盛经出血，又刺项已下侠脊者必已。

上述十二种疟疾，它们发作的时间各有不同，观察病人的症状，就知道是哪一条经脉发病。在发作前约一顿饭的时间内就立刻针刺，第一次针刺病情就会衰减，第二次针刺病情就会显著好转，第三次针刺病情就会痊愈。如果不能痊愈，就针刺舌下的两脉也就是廉泉穴，直至出血，再不痊愈，就针刺委中穴位充血的经脉，刺出血，并针刺项部以下挟着脊柱两旁的穴位，疟疾必然痊愈。

总而言之，“刺疟者，必先问其病之所先发者，先刺之”，针刺治疗疟疾，必须先询问病人最先发作的部位，然后对这个地方先进行针刺。比如“先头痛及重者，先刺头上及两额两眉间出血。先项背痛者，先刺之”，先感觉头痛头重的，就先针刺头上以及两额、两眉间的穴位——头顶百会穴、两额之间的悬颅穴、两眉之间的攒竹穴，刺出血；先感觉项背疼痛的，就先针刺颈项和背部。有的则要针刺相应的关键穴位，比如“先腰脊痛者，先刺郄中出血”，先感觉腰脊疼痛的，就先针刺委中穴，刺出血。“先手臂痛者，先刺手少阴阳明十指间”，先感觉手臂疼痛的，就先针刺手少阴经和手阳明经十指间的井穴。“先足胫酸痛者，先刺足阳明十指间出血”，发病时先感觉脚和小腿酸痛的，就先针刺足阳明经十趾间的井穴，刺出血。

总结一下，这一篇主要讲述六经疟、六脏疟的症状与具体治法，提出了治疗疟疾的针刺要领、最佳针刺时机、最先针刺部位，是一篇非常实用的治疟指南。

寒热邪气的传变

我曾经讲过,《黄帝内经》出现频率最高的一个词就是“气”。中国人讲话离不开“气”字，一个人高兴了喜气洋洋，不高兴了会生气；一个人顺利是气顺，不顺利是气不顺；人活一口气，人死断了气。气是生命的能量，是生命的本源。从哲学意义上说，中医是气本论，西医是原子论；中医是讲整体动态的，西医是讲分析还原的。《黄帝内经》将人的生命看成气的生命，阴阳是两种气，五行是五种气。脏腑是气的组织，经络是气的道路，如果气足，那么这个人就健康，气虚就生病。

那么“气厥”会怎样呢?《气厥论》就专门讲了这个问题。气厥的意思很多，表示气闭、昏倒、昏厥，也表示气逆、气乱。气厥病就是由于气机逆乱，升降不正常，阴阳之气不相顺接，而致手足厥冷、突然昏倒而能复苏的一种病证。

本篇讲述了由于气机逆乱而导致寒邪和热邪在五脏六腑之间互相传变，进而产生各种疾病，说明寒热邪气厥逆发病变化多端，也说明脏腑间联系密切，脏腑发病会彼此影响、互相传变。病邪之所以传变，就是因为脏腑气机的逆乱，所以本篇名“气厥”。

先看寒邪是怎么传变的——

黄帝问曰：五脏六腑，寒热相移者，何？岐伯曰：肾移寒于肝（脾），痈肿少气。脾移寒于肝，痈肿筋挛。肝移寒于心，狂隔中。心移寒于肺，肺消，肺消者饮一溲二，死不治。肺移寒于肾，为涌水，涌水者，按腹不坚，水气客于大肠，疾行则鸣濯濯如囊裹浆，水之病也。

黄帝问道：五脏六腑之间寒邪热邪是怎样相互转移的？

岐伯回答说：肾脏的寒邪转移到肝——应该是“脾”，《黄帝内经太素》《针灸甲乙经》都写作“脾”，会发生肿痛、气虚。脾脏的寒邪转移到肝，会发病为痈疡肿痛和筋脉拘挛。肝脏的寒邪转移到心，会发生癫狂和胸中隔塞不畅。心脏的寒邪转移到肺，会发生“肺消”病，“肺消”病会出现饮水一分，小便要排二分的症状，是无法治疗的死症。肺脏的寒邪转移到肾，会发生“涌水”，涌水病会出现腹部胀满，但按压它并不坚硬，这是因为水气停留在大肠，所以在快步走路时会听到腹中肠鸣，声音就像皮袋里装了水一样，这是水邪泛滥——津液代谢不正常引发的疾病。

这里讲的是五脏寒邪的转移变化。再看五脏热邪的转移变化——

脾移热于肝，则为惊衄（nǜ）。肝移热于心，则死。心移热于肺，传为膈消。肺移热于肾，传为柔痓（zhì）。肾移热于脾，传为虚，肠澼（pì）死，不可治。

脾脏的热邪转移到肝，会发病为惊骇和鼻衄（流鼻血）。肝脏的热邪转移到心，可能会导致死亡。心脏的热邪转移到肺，会发生为膈消病——也叫上消，上焦燥热，津液干少，口渴多饮，是消渴病的一种。肺脏的热邪转移到肾，会发病为柔痓——主要症状是骨强直、筋柔无力，肢体举动困难。肾脏的热邪转移到脾，会发病为虚损，重者导致肠澼（就是暴痢，起病急骤、高热、腹痛下痢），就成为无法治疗的死症。

这部分讲了五脏热邪的转移变化。接下来讲“腑”的热邪的转移变化——

胞移热于膀胱，则癃（lóng）溺血。膀胱移热于小肠，膈肠不便，上为口糜。小肠移热于大肠，为伏瘕（jiǎ），为沉。大肠移热于胃，善食而瘦入，谓之食亦。胃移热于胆，亦曰食亦。胆移热于脑，则辛頞（è）

鼻渊，鼻渊者，浊涕下不止也，传为衄蔑瞑目，故得之气厥也。

胞宫的热邪转移到膀胱，会发病为小便不利和尿血。膀胱的热邪转移到小肠，会发病为肠道隔塞、大便不通，热邪上炎发病为口舌糜烂、口腔溃疡。小肠的热邪转移到大肠，会发病为伏瘕——腹中有潜伏的包块（瘕：腹部的积块），下行发病为痔疮。大肠的热邪转移到胃，会发病为饮食增加、身体消瘦，病名叫食亦——虽多食但仍然消瘦。胃的热邪转移到胆，也会发病为食亦。胆的热邪转移到脑，会引起鼻根辛辣疼痛（頞，鼻梁、鼻根），造成鼻渊病，鼻渊病会出现鼻流浊涕不止的症状，日久会传变为鼻中出血，目暗不明。以上各种症状，都是因为脏腑之气逆乱造成的。

本篇文字不足三百，主要论述五脏六腑（包括奇恒之腑的胞宫、大脑）之间的寒热相移。这里有一个难解之谜，就是传变的次序，以五脏为例，肾—脾—肝—心—肺—肾，这个次序中既有五行相生又有五行相克，还有五行反侮，乍一看令人摸不着头脑。其实，这其中的奥秘就在先天、后天八卦图当中，脏腑相移的次序就是后天八卦转向先天八卦的次序。

先看肾转移到脾，肾为水，为坎卦；脾为土，为坤卦。肾在后天八卦中是北方，脾在先天八卦中是北方，刚好是在北方的位置从后天之肾转到先天之脾。再看从脾转到肝，刚好是在西南方的位置，后天之脾转到先天之肝（肝为木，为巽卦）；从肝转到心，刚好是在东方的位置，后天之肝转到先天之心（肝为木，为震卦；心为火，为离卦）；从心转到肺，刚好是在南方的位置，后天之心转到先天之肺（肺为金，为乾卦）；从肺转到肾，刚好是在西方的位置，后天之肺转到先天之肾（肺为金，为兑卦；肾为水，为坎卦）。

所以只要你懂得先天、后天八卦，这个秘密一下子就解开了。所以说医易同源，“不知易不足以言大医”。当然前提是要学习《易经》，要懂得先天、后天八卦，如果大家有兴趣，还请大家看看我的书《张其成讲易经》。

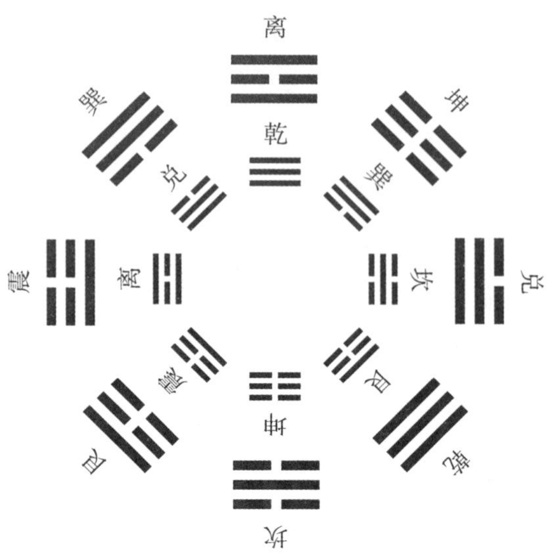

后天八卦（外层）与先天八卦（内层）

咳嗽的治疗

我们很多人都有过咳嗽的经历，咳嗽起来十分难受。你知道咳嗽是什么原因引起的吗？我们平常应该怎样预防咳嗽呢？这一讲我们就来学习《咳论》。黄帝一上来就替我们问了这个问题——

黄帝问曰：肺之令人咳何也？岐伯对曰：五脏六腑皆令人咳，非独肺也。

黄帝问道：肺病会引起咳嗽，这是为什么呢？

岐伯回答说：五脏六腑生病都会令人咳嗽，不单单是肺病。

这个命题非常重要，一直作为中医治疗咳嗽的依据被遵守。咳嗽的病因，不单单是肺病造成的，五脏六腑受邪发病都可能引起咳嗽，为什么呢？岐伯接着说——

皮毛者肺之合也，皮毛先受邪气，邪气以从其合也。其寒饮食入胃，从肺脉上至于肺则肺寒，肺寒则外内合邪因而客之，则为肺咳。

肺外合于皮毛，皮毛先感受邪气，邪气会从皮毛影响肺。寒冷的饮食进入胃中，寒邪在胃中会循从肺脉上行至肺引发肺寒，肺寒就导致外邪与内寒相合，一起侵客于肺，发病为肺咳。——说明肺咳是最常见的咳嗽，并且常常与脾胃联系在一起。

五脏各以其时受病，非其时各传以与之。人与天地相参，故五脏各以治时感于寒则受病，微则为咳，甚者为泄为痛。乘秋则肺先受邪，乘春则肝先受之，乘夏则心先受之，乘至阴则脾先受之，乘冬则肾先受之。

五脏各自在其所主管的时令中受病——如肝主春，心主夏，肺主秋，肾主冬，这并不是在肺的所主时令受病，而是其他脏腑把病邪传给了肺导致咳嗽。人和天地自然是相参的——相合相应的，所以五脏在各自所主的时令里感受寒邪，就会生病，发病轻微就咳嗽，发病严重就泄泻腹痛。在秋天肺先感受邪气，在春天肝先感受邪气，在夏天心先感受邪气，在长夏至阴之时脾先感受邪气，在冬天肾先感受邪气。

本节讲述五脏的咳嗽与各脏主时的受邪有关，说明咳嗽的发病与四时之气的变化关系密切，这对临床治疗也有一定意义。

提到咳嗽，我们一般都会认为是肺系的病证，然而本篇告诉我们，“五脏六腑皆令人咳”，并对各种病因的咳嗽作了讨论——

帝曰：何以异之？岐伯曰：肺咳之状，咳而喘息有音，甚则唾血。

心咳之状，咳则心痛，喉中介介如梗状，甚则咽肿喉痹。肝咳之状，咳则两胁下痛，甚则不可以转，转则两胠下满。脾咳之状，咳则右胁下痛阴阴引肩背，甚则不可以动，动则咳剧。肾咳之状，咳则腰背相引而痛，甚则咳涎。

黄帝问：五脏咳嗽有什么差异？

岐伯回答：肺咳的症状，咳嗽而且气喘，呼吸有声音，严重的甚至唾血。心咳的症状，咳嗽时会心痛，咽喉不畅如同有东西梗塞一样，严重的甚至咽喉肿痛喉痹。肝咳的症状，咳嗽就出现两侧胁肋下部疼痛，严重的甚至疼痛不能转侧，转侧就会两胁下胀满难忍。脾咳的症状，咳嗽就会右胁下隐隐作痛牵引肩背，严重的甚至不可以行动，行动就会咳嗽加剧。肾咳的症状，咳嗽就会腰背部相互牵引疼痛，严重的甚至咳吐涎水。

帝曰：六腑之咳奈何？安所受病？岐伯曰：五脏之久咳，乃移于六腑。脾咳不已，则胃受之，胃咳之状，咳而呕，呕甚则长虫出。肝咳不已，则胆受之，胆咳之状，咳呕胆汁。肺咳不已，则大肠受之，大肠咳状，咳而遗失（矢）。心咳不已，则小肠受之，小肠咳状，咳而失气，气与咳俱失。肾咳不已，则膀胱受之，膀胱咳状，咳而遗溺。久咳不已，则三焦受之，三焦咳状，咳而腹满，不欲食饮，此皆聚于胃，关于肺，使人多涕唾而面浮肿气逆也。

黄帝问：六腑咳嗽是什么样的？从哪里感受病邪？

岐伯说：五脏咳嗽日久，就会转移到六腑。脾咳不愈，就会使胃受病，胃咳的症状，是咳嗽而且呕吐，呕吐严重甚至能吐出蛔虫。肝咳不愈，就会使胆受病，胆咳的症状，是咳嗽并且吐出胆汁。肺咳不愈，就会使大肠受病，大肠咳的症状，是咳嗽并且大便失禁（“遗失”就是“遗矢”，矢，大便）。心咳不愈，就会使小肠受病，小肠咳的症状，是咳嗽时放屁。肾咳不愈，就会使膀胱受病，膀胱咳的症状，是咳嗽时遗尿。以上各种咳嗽日久不愈，就会使三焦受病，三焦咳的症状，是咳嗽腹满，不想进食饮水，这些咳嗽邪气都会聚集在胃，循肺脉上行影响肺，则使人涕唾增多，面部浮肿，咳嗽气逆。

关于“六腑咳”，最常见的是胃咳。有研究表明，慢性咳嗽的四大主因之一，就与胃食管反流相关，中医称为胃气上逆，常见的症状如嗳气、泛酸、恶心、呕吐、痰涎等，这就是文中说的“咳而呕”。这种咳嗽应当治疗胃病，胃病痊愈则咳嗽自然痊愈。此外，肺久咳传之于大肠在老年人中也比较常见，可以出现脏腑同病的现象。如患慢性阻塞性肺部疾病引起的咳嗽，由于肺气的虚衰，久而久之，子病及母，母病及子，造成脾肾两衰，脾虚则大肠失约，肾虚则膀胱无力，因此咳嗽时管不住大小便。总的来说，虽然五脏六腑的疾病都会令人咳，但肺、胃两个脏腑最为重要，是咳嗽的根本内因，而咳嗽的外因则常是寒邪。

帝曰：治之奈何？岐伯曰：治脏者治其俞，治腑者治其合，浮肿者治其经。帝曰：善。

黄帝问：怎样治疗呢？

岐伯说：治疗五脏的咳嗽应当取俞穴，治疗六腑的咳嗽应当取合穴，咳嗽导致浮肿的，治疗相关脏腑的经穴。

黄帝说：讲得好。

岐伯提到的俞（输）穴、合穴、经穴是什么穴位呢？是五输穴中的三种穴位。五输穴是肘关节以下、膝关节以下的五个特定穴位，从手指、脚趾往上分别有井、荥、输、经、合五个特定穴位，好比木、火、土、金、水五行。在十二经脉上，每条经脉都有自己的五输穴，合计六十个穴位。井穴多位于手指端、脚趾端，好比水的源头；荥穴多位于指（趾）、掌（跖）关节附近，好比萦绕的泉水；输穴多位于掌指或跖趾关节之后，好比大的水流输出了；经穴多位于手腕、脚踝关节以上，好比水流变大，经气旺盛，畅通无阻到达的部位；合穴位于肘、膝关节附近，好比江河水流汇入湖海，经气由此深入会合于脏腑的部位。

治疗咳嗽常取的穴位是五输穴中的第三穴输穴、第四穴经穴、第五穴合穴。这一点在临床上应该引起重视。在刚刚受寒的时候按摩这三个穴位，可以预防咳嗽。

一些复杂病证

十四种疼痛和九种气机变化

我想我们每一位朋友都有过疼痛的体验。有各种各样的疼痛，我们今天学习的这一篇《举痛论》就列举了十四种疼痛的不同表现，并一一分析了它们的病因病机。

黄帝问曰：余闻善言天者，必有验于人；善言古者，必有合于今；善言人者，必有厌于己。如此，则道不惑而要数极，所谓明也。今余问于夫子，令言而可知，视而可见，扪而可得，令验于己而发蒙解惑，可得而闻乎？

黄帝问道：我听说善于谈论天道的人，一定能在人事中得到应验；善于谈论历史的人，一定能与当前的实际联系在一起；善于谈论人事的人，一定能与自己的实际情况结合起来。——这里一连提出三个重要命题：言天验人，言古合今，言人厌己（厌：合）。只有这样，才能透彻地掌握事物的规律而不被表象所迷惑，这就是所谓的明晓通达。现在我想请教先生，能否将您问诊所知、望诊所见、切诊所得的情况告诉我，以使我有所体会，解除疑惑，可否听听您的见解呢？

岐伯再拜稽首对曰：何道之问也？帝曰：愿闻人之五脏卒痛，何气使然？岐伯对曰：经脉流行不止，环周不休，寒气入经而稽迟，泣而不行，客于脉外则血少，客于脉中则气不通，故卒然而痛。

岐伯行两次叩拜礼后回答说：不知您想问的是哪些方面的道理呢？

黄帝说：我想听听人体的五脏突然发生疼痛，是什么邪气导致的呢？

岐伯回答说：人体经脉中的气血运行周流，循环不息，如果寒邪侵入经脉，停留不去，那么经脉的气血就会运行不畅。如果寒邪侵袭了经脉的外面，那么经脉就会收缩变细，气血就会减少；如果寒邪停留于经脉中，那么气血就不通畅。这两种情况都会突然发生疼痛。

岐伯指出导致卒痛的主要外邪是寒邪，病机是寒邪使气血凝滞，不能在经脉中顺畅运行，所以导致疼痛。疼痛的机制有两方面，一个是“不通则痛”，一个是“气虚则痛”。不通则痛，是指气血堵塞了会引起疼痛，中医有句非常有名的话“痛则不通，通则不痛”。气血虚了也会痛。气血虚了，不能滋养肢体、筋脉、肌肉，都会引起疼痛。这里讲的是以寒实引起疼痛为主。寒为阴邪，属性主收引凝滞，侵袭人体后，最易损伤阳气，气血得寒则凝，得温则行，使疼痛缓解。

接下来，黄帝一口气说了十四种疼痛——

帝曰：其痛或卒然而止者，或痛甚不休者，或痛甚不可按者，或按之而痛止者，或按之无益者，或喘动应手者，或心与背相引而痛者，或胁肋与少腹相引而痛者，或腹痛引阴股者，或痛宿昔而成积者，或卒然痛死不知人有少间复生者，或痛而呕者，或腹痛而后泄者，或痛而闭不通者，凡此诸痛，各不同形，别之奈何？

黄帝说：有的疼痛会突然停止，有的疼痛非常剧烈而持续不止，有的疼痛很剧烈而不可按压，有的疼痛按压后就会停止，有的疼痛按压也不见缓解，有的疼痛按压时跳动应手，有的疼痛是心和背部牵引作痛，有的胁肋和小腹部牵引作痛，有的腹痛牵引到大腿内侧，有的腹痛长时间不止而形成积块，有的突然疼痛导致昏厥，不知人事，过一会儿又苏醒过来，有的疼痛伴有呕吐，有的腹痛兼有泄泻，有的腹痛时大便闭塞不通。这些疼痛的情况，症状表现各不相同，应该怎样区别它们呢？

岐伯一一作了回答，分析了十四种疼痛的病因病机。总的来说，疼痛的病因主要是寒邪，寒多热少，寒为阴邪，气血受寒以后就凝结不通，不通则痛。具体地说有“寒气客于脉外”（客是侵犯、停留）、“寒气客于经脉之中”、“寒气客于肠胃之间”、“寒气客于侠脊之脉”、“寒气客于背俞之脉”、“寒气客于厥阴之脉”、“寒气客于小肠膜原之间”、“寒气客于五脏”、“寒气客于肠胃”、“寒气客于小肠”等情况。比如经脉受寒，经脉拘急而牵引、疼痛，如果得热则寒散，经脉舒展，疼痛也就停止了。就像腹痛的时候，我们习惯拿热水袋暖肚子，临床上常常用香附丸来理气散寒止痛。如果持续疼痛是因为重复感受寒邪，经脉不再通畅了，病程也就延长了，就成了虚寒证，临床上常用附子理中丸温里散寒止痛。又比如疼痛按了不会减轻也不会加重，这是因为寒气停留在背部深层的经脉，按它也达不到寒气的那个位置，所以触按它并不会改变疼痛。

在讨论了疼痛的病因病机后，黄帝和岐伯又讨论了九种气机的变化——

帝曰：善。余知百病生于气也，怒则气上，喜则气缓，悲则气消，恐则气下，寒则气收，炅则气泄，惊则气乱，劳则气耗，思则气结，九气不同。何病之生？

黄帝说：说得好！我已知道各种疾病都是由于气的变化引起的（“百病生于气也”是一个十分重要的观点）。暴怒会使气上逆，大喜会使气涣散，大悲会使气消除，恐惧会使气下沉，遇寒会使气收敛，受热会使气外泄，受惊会使气紊乱，过度劳累会使气耗散，思虑会使气郁结。这九种气的变化是各不相同的。

临床上会发生什么样的疾病呢？

岐伯曰：怒则气逆，甚则呕血及飧（sūn）泄，故气上矣。喜则气和志达，荣卫通利，故气缓矣。悲则心系急，肺布叶举，而上焦不通，荣卫不散，热气在中，故气消矣。恐则精却，却则上焦闭，闭则气还，还则下焦胀，故气不行矣。寒则腠理闭，气不行，故气收矣。炅则腠理开，荣卫通，汗大泄，故气泄。惊则心无所倚，神无所归，虑无所定，故气乱矣。劳则喘息汗出，外内皆越，故气耗矣。思则心有所存，神有所归，正气留而不行，故气结矣。

岐伯说：大怒会使肝气上逆，血液也会随气上逆，严重的会造成呕血，如果肝气影响到脾胃的消化功能，还会发生飧泄，所以说怒则气上。高兴时气和顺而情志畅达，营卫之气通畅，所以说是喜则气缓。大悲会使心联系其他器官的经脉拘急，还会影响到肺，使肺叶张大抬高，而上焦闭塞不通，营卫之气不能布散全身，热气停留于胸中，时间长了会转化为热，耗损肺气，所以说悲则气消。恐惧会使肾脏的精气受损，而精气受损会导致人体的上焦闭塞不通，下部的气无法上行，使人体的下部胀满，所以说恐则气下。寒冷之气侵袭人体，会使汗孔闭塞，阳气不能向外通行而收敛于内，所以说寒则气收。火热之气会使人的汗孔舒张开，营卫之气随着汗液大量外泄，所以说热则气泄。受惊会使人心悸而精神无所依附，心神不安，疑虑不定，所以说惊则气乱。过度劳累会使人气喘汗出，气喘会耗损体内的气，汗出过多会损耗体表的气，内外的气都受到损耗，所以说劳则气耗。思虑过多，精神过度集中，就会使体内的正气停留于某一处，导致正气郁结而不能正常循行，所以说思则气结。

本段主要论述了一个观点："百病生于气"。任何疾病都是气机的逆乱和失调引起的。九气为病基本上都是情志引起的疾病，所谓的七情六欲都可以归结为五类，那就是怒、喜、思、忧、恐，这叫五志。这个五志分别对应的是五行，也就分别影响到人的五脏，那就是肝、心、脾、肺、肾。这里是从气的角度总体来说，提出情志对人体健康的影响，提醒我们要良好地管理自己的情绪。这给我们今天所有人敲响了警钟，要想健康，首先要管理好自己的情绪，情绪不舒畅是百病之源。

六种腹部疾病

你们是不是有过肚子疼的体验？人的肚子——腹部，好比一座城堡，里面住着肝、脾、肾等脏腑。怎样区分和治疗腹部的疾病呢？我们今天就来学习《腹中论》，这一篇一共讲了六种腹部疾病。其中第一种叫鼓胀——

黄帝问曰：有病心腹满，旦食则不能暮食，此为何病？岐伯对曰：名为鼓胀。帝曰：治之奈何？岐伯曰：治之以鸡矢醴，一剂知，二剂已。帝曰：其时有复发者何也？岐伯曰：此饮食不节，故时有病也。虽然其病且已，时故当病，气聚于腹也。

黄帝问道：有一种病心腹胀满，早晨进食后晚上就不能进食，这是什么病？

岐伯回答：病名是鼓胀。

黄帝问：如何治疗？

岐伯说：用鸡矢醴来治疗，一剂就能见效，两剂病就能痊愈。

黄帝问：有时会复发的原因是什么？

岐伯说：这是饮食不节制，所以有时疾病会复发。虽然有时疾病看起来快要痊愈，实际上病根还没根除，一旦饮食不节制，使邪气又聚集在腹中，鼓胀就会复发。

鼓胀病的病因是腹中脾土气虚，不能消化五谷，导致早上、中午吃了饭，晚上就吃不下了，引发腹部虚胀如鼓。而饮食不节则是鼓胀病复发的主要因素，这就提醒患者一定要谨遵医嘱，即使病愈也要养成良好的生活习惯，避免复发。

针对鼓胀病的治疗，这里提出了一个药方，这是在《黄帝内经》中第一次出现药方。这是个单方，只有一味药——鸡矢醴，药少而精专。鸡矢醴是用干净的鸡屎晒干后炒黄，放在米酒中发酵制成的。鸡在八卦中是巽卦，属于风木，由于脾土难以运化导致胀满不食，风木可克制土气；“醴”，是用稻米酿造而成的甜米酒，《汤液醪醴论》提到过。后世医生有用鸡矢醴治疗鼓胀成功的案例。

第二种腹中病叫“血枯”——

帝曰：有病胸胁支满者，妨于食，病至则先闻腥臊臭，出清液，先唾血，四肢清，目眩，时时前后血，病名为何？何以得之？岐伯曰：病名血枯，此得之年少时，有所大脱血，若醉入房中，气竭肝伤，故月事衰少不来也。帝曰：治之奈何？复以何术？岐伯曰：以四乌鲗（zéi）骨一藘（lǘ）茹二物并合之，丸以雀卵，大如小豆，以五丸为后饭，饮以鲍鱼汁，利肠中及伤肝也。

黄帝说：有一种病胸胁胀满，妨碍饮食，发病时会先闻到腥臊气味，口出清液，先唾血，四肢清冷，双目昏花，看不清，时常大小便出血，病名叫什么？病因是什么？

岐伯说：病名叫血枯，这是因为在年少时出现过大失血，才得的血枯病，或者醉后恣行房事，肾气衰竭，肝血损伤，女子月经就会衰少不来。

黄帝说：怎样治疗？用什么方法恢复？

岐伯说：用四份乌贼骨，一份藘茹，二种药物混合，用麻雀蛋制成药丸，做成像小豆那么大小的药丸，饭前服用五丸，用鲍鱼汤送服，可以缓解胸胁胀满，通利肠道，还可以补益被损伤的肝。

这就是《黄帝内经》记载的第二个古方：“乌鲗骨藘茹丸”。乌鲗骨即乌贼骨，也叫海螵蛸（piāo xiāo），有补肾益精、收敛止血、疏通血脉的功效。藘茹就是茜（qiàn）草，有凉血止血、祛瘀通经的功效。所以可以治疗血枯。为什么要用鲍鱼汁服下？这是因为鲍鱼味咸气臭，主利下行，可以利肠中。

第三种腹中病叫“伏梁”——

帝曰：病有少腹盛，上下左右皆有根，此为何病？可治不？岐伯曰：病名曰伏梁。帝曰：伏梁何因而得之？岐伯曰：裹大脓血，居肠胃之外，不可治，治之每切按之致死。帝曰：何以然？岐伯曰：此下则因阴，必下脓血，上则迫胃脘，生膈，侠胃脘内痈，此久病也，难治。居脐上为逆，居脐下为从，勿动亟夺。论在《刺法》中。帝曰：人有身体髀（bì）股胻（héng）皆肿，环脐而痛，是为何病？岐伯曰：病名伏梁，此风根也。其气溢于大肠而著于肓，肓之原在脐下，故环脐而痛也。不可动之，动之为水溺涩之病。

黄帝问：有一种病小腹盛实胀满，按压上下左右部位都坚硬不移，如同有根，这是什么病？可以治疗吗？

岐伯回答：病名叫伏梁。

黄帝问：伏梁是什么原因所致？

岐伯回答：少腹包裹大量脓血，留滞在肠胃外部，不可能治愈，治疗时不能重按，重按就会致死。

黄帝问：为什么会这样？

岐伯回答：病在下腹位置靠近二阴，大小便会排下脓血；病在上腹位置迫近胃脘，就会使横膈与胃脘间发生内痈，这是因发病日久，难以治愈。伏梁部位在脐上为逆证，在脐下为顺证，不能急切按摩治疗夺伤真气。关于伏梁病的论治在《刺法》中。

黄帝问：有的人大腿、小腿都发肿，并且环绕脐部周围疼痛，是什么病？

岐伯回答：病的名字叫伏梁，这是感受风寒邪气所致。风寒邪气侵犯大肠后留滞在肓膜——心脏以下、膈膜以上的部位，肓膜的根源在脐下气海处，所以环绕肚脐疼痛。不可以用攻下法治疗，误用攻下就会导致小便涩滞不利。

伏梁病是腹中有坚硬的积块，是血气实引发的肿胀。为什么叫伏梁？“伏梁，如梁之横伏于内也。”这里提到了两种伏梁病，一种是腹部的肿胀，一种是腿部疼痛连累肚脐疼痛。虽然都叫伏梁，但要区别对待。

第五种叫“热中消中”——

帝曰：夫子数言热中消中，不可服高梁芳草石药，石药发瘨（diān），芳草发狂。夫热中消中者，皆富贵人也，今禁高梁，是不合其心，禁芳草石药，是病不愈，愿闻其说。岐伯曰：夫芳草之气美，石药之气悍，二者其气急疾坚劲，故非缓心和人，不可以服此二者。帝曰：不可以服此二者，何以然？岐伯曰：夫热气慓悍，药气亦然，二者相遇，恐内伤脾，脾者土也而恶木，服此药者，至甲乙日更论。

消中，属于消渴病，也就是今天说的糖尿病的一种，热中和消中病有两个禁忌：一是忌食肥甘厚腻的食物，二是忌用芳香类药物和金石类药物。“石药发瘨，芳草发狂”，金石类药物会使人发癫，芳香类药草会使人发狂。“夫热中消中者，皆富贵人也”——患热中消中病的人，都是家境富裕的人，你要让他不吃肥甘厚腻食物，他们是不愿意的，是不合他们心意的。可是又不能使用芳草类和金石类药物，因为“芳草之气美，石药之气悍，二者其气急疾坚劲，故非缓心和人，不可以服此二者”。芳草气味馨香发散，金石气味猛悍，这两类药物气味都是坚劲猛烈的，所以不是心平气和的人是不能服用这两类药的。为什么呢？因为这两种病都是热气留中，如果再吃肥甘厚腻生热的食物，服用芳香悍热的药物，二者相遇，如同火上浇油，就会大伤脾气，加重病情。脾属土，木克土，再遇到木旺的甲日、乙日，恐怕会更加严重。

第六种腹中病叫“厥逆”——

帝曰：善。有病膺肿颈痛胸满腹胀，此为何病？何以得之？岐伯曰：名厥逆。帝曰：治之奈何？岐伯曰：灸之则瘖（yīn），石之则狂，须其气并，乃可治也。帝曰：何以然？岐伯曰：阳气重上，有余于上，灸之则阳气入阴，入则瘖；石之则阳气虚，虚则狂；须其气并而治之，可使全也。

黄帝说：好。有一种病膺肿——胸肿、颈痛、胸腹胀满，是什么病？怎样得病的？

岐伯说：病名叫厥逆。

黄帝问：如何治疗？

岐伯回答：“灸之则瘖，石之则狂”，“瘖”即“喑”，大家都知道龚自珍有一首诗“九州生气恃风雷，万马齐喑究可哀”，“喑”就是哑。如果用灸法就会失音，如果用针石就会发狂，要等到阴气和阳气上下相互合并时，才可以治疗。

黄帝问：为什么？

岐伯回答：人的阳气亢盛往上升，阳气在上部已经是有余的，再用灸法就是以火助火，阳气更加亢盛，耗损阴液，阴液不能滋养，喉咙就会失音；用砭石针刺，阳气随之外泄，会导致阳气亏虚，阳气无法滋养，心神就会发狂；要等到阴气阳气上下互相合并时治疗，才可以使病人痊愈。

以上讲了六种腹中病，最后讲到怀孕，怀孕并不是腹中病。怎么才能知道妇女怀孕呢？岐伯说：身体看似有病，但不见病脉。当妇人腹中血气和平，就不是生病，而是怀孕了。这是正常情况。《周易》的说法，“至哉坤元……万物资生”，腹中之气，好比坤土之气。如果腹中血气和平，就是怀孕了；如果腹中胀痛发热，就是三阳经的病变。

所以只要知道了气血的流行规律，也就明白气血是正常还是不正常，判断疾病也就容易了。

腰痛的针刺方法

腰痛是几乎每个人都会发生的一种常见症状，这一篇专门讲腰痛的针刺治疗方法，所以叫《刺腰痛》。从经络上来分析腰痛，可分为足三阳脉病变引起的腰痛、足三阴脉病变引起的腰痛，还有经络支脉病变引起的腰痛。先看足三阳脉病变引起的腰痛——

足太阳脉令人腰痛，引项脊尻（kāo）背如重状，刺其郄（xì）中。太阳正经出血，春无见血。少阳令人腰痛，如以针刺其皮中，循循然不可以俯仰，不可以顾，刺少阳成骨之端出血，成骨在膝外廉之骨独起者，夏无见血。阳明令人腰痛，不可以顾，顾如有见者，善悲，刺阳明于䯒（héng）前三痏（wěi），上下和之出血，秋无见血。

足太阳膀胱经病变引起的腰痛，疼痛牵引颈部、背脊、臀部，如同负重的状态，治疗时应针刺委中穴，要刺出血，但在春季就不要刺出血。——委中穴在足太阳膀胱经上，膝盖弯曲时膝盖后凹陷的地方，朋友们可以自己摸一下，把腿弯曲起来，后面形成一个窝，叫腘窝，这就是委中穴，也叫腘中穴，针灸“四总穴歌”中有一句就是“腰背委中求”。足少阳胆经引起的腰痛，疼痛如同用针刺入皮肤中，逐渐加重使身体既不能前后俯仰，又不能左右转动，要针刺足少阳经成骨首端——就是阳陵泉穴，在膝外侧高骨突起处，也就是在小腿外侧、腓骨头前下方凹陷处，刺出血，但在夏季就不要刺出血。足阳明胃经病变引起的腰痛，不可以左右转动，如果转动就会出现幻觉，容易悲伤，治疗时针刺足阳明经胫骨前的足三里穴，要刺“三痏”，就是针刺三次。“痏”指针刺的次数。要刺出血，使上下气血调和，但在秋季就不要刺出血。——足三里是个非常有名的穴位，在小腿外侧，在外膝眼下三寸的地方，膝眼长得有点像牛鼻子，也叫犊鼻，在它的下方三寸就是足三里。这个穴位也是非常有名的，针灸“四总穴歌”中有一句就是“肚腹三里留”，就是说一切肚子、腹部的毛病都可以针刺足三里。

再看足三阴脉引起的腰痛——

足少阴令人腰痛，痛引脊内廉，刺少阴于内踝上二痏，春无见血，出血太多，不可复也。厥阴之脉令人腰痛，腰中如张弓弩弦，刺厥阴之脉，在腨（shuàn）踵鱼腹之外，循之累累然，乃刺之，其病令人善言默默然不慧，刺之三痏。

足少阴肾经病变令人腰痛，疼痛牵引脊柱内侧，治疗时针刺足少阴经内踝上复溜穴两次，刺出血，但在春季不要刺出血，出血太多，就会损伤肾气，不易恢复。足厥阴肝经病变令人腰痛，腰部拘紧如同张开的弓弦一样，治疗时针刺足厥阴肝经，在小腿肚和足跟之间，会摸到一串串硬结，就用针刺这个部位，这个病会使人多言语或沉默郁闷不乐，需要针刺三次。

以上讲了足三阳、足二阴（没有讲足太阴）引起的腰痛。接着讲十种特殊的脉引起的腰痛，这些特殊的脉其实都是十二经脉的支脉，比如解脉，就是足太阳膀胱经分散在膝关节后的小分支。解脉病变引起的腰痛，会牵引肩部，眼睛视物模糊，时常遗尿，治疗时针刺解脉，也就是在膝后筋肉分界处、委中穴外侧的横脉，刺出血。另外还讲了同阴之脉、阳维之脉、衡络之脉、会阴之脉、飞阳之脉等引起的腰痛。

最后再一次讲述不同腰痛的针刺部位——

腰痛侠脊而痛至头，几几然，目䀮（huāng）䀮然欲僵仆，刺足太阳郄中出血。腰痛上寒，刺足太阳阳明；上热，刺足厥阴；不可以俯仰，

刺足少阳；中热而喘，刺足少阴，刺郄中出血。腰痛，上寒不可顾，刺足阳明；上热，刺足太阴；中热而喘，刺足少阴。大便难，刺足少阴。少腹满，刺足厥阴。如折不可以俯仰，不可举，刺足太阳。引脊内廉，刺足少阴。腰痛引少腹控胁（miǎo），不可以仰，刺腰尻交者，两髁（kē）胂（shèn）上。

腰痛挟连脊背疼痛，到达头部拘急不舒，双目视物模糊，好像要跌倒，治疗时针刺足太阳经委中穴，刺出血。腰痛时感觉身体上部寒冷，治疗时针刺足太阳经和足阳明经；感觉身体上部发热，治疗时针刺足厥阴经；腰痛不能前后俯仰，治疗时针刺足少阳经；胸中发热气喘，治疗时针刺足少阴经，针刺委中穴，刺出血。腰痛时，感觉身体上部寒冷，头项强直不能回顾，治疗时针刺足阳明经；感觉身体上部发热，治疗时针刺足太阴经；胸中发热气喘，治疗时针刺足少阴经。大便困难的，治疗时针刺足少阴经。小腹胀满，治疗时针刺足厥阴经。腰痛如同折断一样不可前后俯仰，四肢不能举动，治疗时针刺足太阳经。腰痛牵引脊柱内侧，治疗时针刺足少阴经。腰痛牵引小腹季胁下部，不能后仰，治疗时针刺腰臀交会处，部位在两踝胂上的下髎穴。

以上一共讲了十三种腰痛的针刺方法。总的来说，就是什么经脉引起的腰痛就针刺这条经脉上的穴位。作为普通人来说，要搞清楚各种腰痛针刺不同经脉的什么穴位，是很困难的。有一点大家搞清楚就可以了，那就是腰痛主要是足太阳膀胱经的问题，或者说足太阳膀胱经引起的腰痛病居多，治疗最常用的穴位就是腘窝之中的委中穴，“腰背委中求”。

这一篇的最后几句话很重要，我要再说一下。原文是：“以月生死为痏数，发针立已。左取右，右取左。”根据月亮的盈亏计算针刺次数，针刺后会立即痊愈。取穴时左侧疼痛针刺右侧穴位，右侧疼痛针刺左侧穴位。这是针刺的一条重要原则，在《八正神明论》中有三句话“月生无泻，月满无补，月郭空无治”，月亮初生时候不能用泻法，月亮圆满时不能用补法，月亮黑暗时不要治疗。这就是要按照天时的变化来调理血气，说明人和天时自然是一个整体。还有“左取右，右取左”，说明人体生命本身也是一个整体。可见《黄帝内经》天人合一的整体思维是中医学的灵魂。

风为百病之长

一个人为什么会得病？宋代名医陈无择依据《黄帝内经》的理论将一个人得病的原因归结为三种，也就是内因、外因、不内外因。内因就是七情——喜、怒、忧、思、悲、恐、惊；外因就是六淫——风、寒、暑、湿、燥、火；不内外因就是除了七情内因和六淫外因以外的原因，包括饮食、劳倦、仆伤、虫毒等。其中外因中排第一位的就是“风”。什么是风呢？是不是我们平常感受到的自然界刮的风呢？我们来学习《风论》。

先看黄帝的发问——

黄帝问曰：风之伤人也，或为寒热，或为热中，或为寒中，或为疠风，或为偏枯，或为风也，其病各异，其名不同，或内至五脏六腑，不知其解，愿闻其说。

黄帝问：风邪损伤人体，有时发病为寒热，有时发病为热中，有时发病为寒中，有时发病为疠风，有时发病为偏枯，有时发病为其他风证，发病各有不同，病名也不同，有时内侵到五脏六腑，我不知道应该怎么解释，希望听听您的高见。

黄帝一连问了感受风邪的六种情况：寒热、热中、寒中、疠风、偏枯和其他风证。

岐伯一一作了解释。什么是“寒热”，为什么会“寒热”？

岐伯对曰：风气藏于皮肤之间，内不得通，外不得泄，风者善行而数变。腠理开则洒然寒，闭则热而闷，其寒也则衰食饮，其热也则消肌肉，故使人怢（tū）栗而不能食，名曰寒热。

岐伯回答说：风邪侵犯人体后潜藏在皮肤间，向内不能进一步侵入，向外也不能宣泄排出。风邪善于行动，变化多端，腠理开泄，人就会感觉寒冷，腠理闭塞，人就会身体发热烦闷。寒冷就会引起饮食衰减，发热就会引起肌肉消瘦，所以使人寒战而不能进食，这种病名叫寒热病。

什么是热中，什么是寒中呢？——

风气与阳明入胃，循脉而上至目内眦，其人肥则风气不得外泄，则为热中而目黄；人瘦则外泄而寒，则为寒中而泣出。

风邪从足阳明胃经侵入胃，沿着经脉向上到内眼角，如果病人形体肥胖，毛孔紧密，风邪不能外泄，留滞体内郁久化热，就会发病为热中，出现眼珠发黄；如果病人形体消瘦，毛孔疏松，阳气外泄就会感觉寒冷，发病为寒中，出现双目流泪。

什么是“偏枯”？——

风气与太阳俱入，行诸脉俞，散于分肉之间，与卫气相干，其道不利，故使肌肉愤䐜（chēn）而有疡，卫气有所凝而不行，故其肉有不仁也。

风邪从太阳经——足太阳膀胱经、手太阳小肠经侵入，行走到所有经脉的穴位，散布在肌肉之中，与卫气结合在一起，经脉不通畅，因此使肌肉肿胀高起形成疮疡，卫气凝滞不能运行，因此肌肉麻木不仁（有的导致半身不遂，就是偏枯。如果从寒热的角度说，偏枯就是身体半边热半边寒）。

什么是"疠风"？——

疠者，有荣气热胕（fú），其气不清，故使其鼻柱坏而色败，皮肤疡溃，风寒客于脉而不去，名曰疠风。

"疠风"即我们今天说的麻风病，是风邪化热郁阻荣气，日久血脉溃乱不清所致，因此会使鼻柱败坏、面色枯槁，皮肤疮疡溃烂，主要病因是风寒侵犯经脉滞留不去，病名叫疠风。

在解释完风邪导致的五种病证以后，岐伯又讲了风邪在不同的季节、不同的日期会损伤不同的脏腑——

以春甲乙伤于风者为肝风，以夏丙丁伤于风者为心风，以季夏戊己伤于邪者为脾风，以秋庚辛中于邪者为肺风，以冬壬癸中于邪者为肾风。

春季甲日、乙日感受风邪发病为肝风——因为春天在五行为木，甲日、乙日也为木，春季甲日、乙日被风邪所伤害，自然就影响到肝木，形成肝风。夏季丙日、丁日感受风邪发病为心风，长夏戊日、己日感受风邪发病为脾风，秋季庚日、辛日感受风邪发病为肺风，冬季壬日、癸日感受风邪发病为肾风。

风中五脏六腑之俞，亦为脏腑之风，各入其门户所中，则为偏风。风气循风府而上，则为脑风。风入系头，则为目风，眼寒。饮酒中风，则为漏风。入房汗出中风，则为内风。新沐中风，则为首风。久风入中，则为肠风飧（sūn）泄。外在腠理，则为泄风。

风邪中伤五脏六腑的俞穴，也发病为脏腑风，俞穴是进入机体的门户，各脏腑俞穴被风邪中伤，就会发病为偏风——就是偏枯，半身不遂。风邪循行风府穴向上入侵脑部，就发病为脑风。风邪侵入头部连带双目，就发病为目风，出现眼睛畏寒。饮酒后感受风邪，就发病为漏风。行房汗出时感受风邪，就发病为内风——

“内”通“纳”，指交媾。刚洗头后感受风邪，就发病为首风。风邪留滞人体中日久，内犯肠胃，就发病为肠风飧泄。风邪停留在体外腠理毛孔，就发病为泄风。

这里又列举了八种不同的风邪。

故风者百病之长也，至其变化，乃为他病也，无常方，然致有风气也。

“风者百病之长”这句话非常重要，《黄帝内经》多次提到。风邪是引发多种疾病的首要因素，至于风邪侵入人体后产生的变化，能引发其他的疾病，就没有常规了，然而致病因素都有风邪。为什么“风者百病之长”？这是由风邪具有“善行而数变”的特点所决定的。风性主动，变化最快，风邪致病不仅导致疾病变化多端，而且导致疾病没有一定的部位。

听了岐伯对各种风邪的介绍后，黄帝进一步发问——

帝曰：五脏风之形状不同者何？愿闻其诊及其病能。

黄帝说：五脏风的症状有何不同？希望听您说说对五脏风的诊断要点以及病态表现。

岐伯曰：肺风之状，多汗恶风，色皏（pěng）然白，时咳短气，昼日则差，暮则甚，诊在眉上，其色白。心风之状，多汗恶风，焦绝善怒吓，赤色，病甚则言不可快，诊在口，其色赤。肝风之状，多汗恶风，善悲，色微苍，嗌（yì）干善怒，时憎女子，诊在目下，其色青。脾风之状，多汗恶风，身体怠堕，四肢不欲动，色薄微黄，不嗜食，诊在鼻上，其色黄。肾风之状，多汗恶风，面痝（máng）然浮肿，脊痛不能正立，其色炲（tái），隐曲不利，诊在肌上，其色黑。

岐伯回答说：肺风的症状，出汗多，厌恶风，面色淡白，时常咳嗽气短，白天减轻，晚上加重，诊察时注意两眉间，颜色发白。心风的症状，出汗多，厌恶风，口干舌燥，容易发怒，易受惊吓，面色发红，病情严重就会言语不利，诊察时注意舌部，舌质颜色发红。肝风的症状，出汗多，厌恶风，容易悲伤，面色轻微发青，咽喉干燥，容易发怒，男性会因病而厌恶异性，诊察时注意目下方，颜色发青。脾风的症状，出汗多，厌恶风，身体倦怠沉重，四肢不想动，面色微黄，不想进食，诊察时注意鼻部，颜色发黄。肾风的症状，出汗多，怕风，面部浮肿，腰脊疼痛不能直立，面色发黑如煤烟灰，小便不利，诊察时注意两颧，颜色发黑。

在讲完五脏风以后，岐伯接着还讲了胃风、首风、漏风、泄风的病态表现。虽然不同风证的表现千差万别，但均有恶风汗出这一特点，这对风证的鉴别具有重要意义。

总结一下，“风者百病之长”，风邪可以在各个时间侵入人体各个部位，从而产生各种疾病。但风邪毕竟是外因，外因要通过内因才能起作用。如果把身体比作一台计算机，那么身体的组织结构、器官这些“硬件”，人与人之间是差不多的；但由于每台计算机所安装的软件不一样，所以输入同样的信息，输出的结果却大不相同。一个人体质虚弱、正气不足，好比软件出了问题，程序设置有疏漏，邪气就会从疏漏的地方进入，就会导致人生病；如果正气足，软件没有问题，那么邪不可干，风邪就进入不到人体，也就形成不了疾病。所以我们每个人都要注意增强自身体质。

从五体痹到五脏痹

这一讲我们学习《痹论》，这是对痹病的专论。痹病是个什么病呢？“痹”就是“闭”，气血闭住了，不通畅了，不能濡养筋脉关节，导致肢体关节及肌肉酸痛、麻木，有的关节不能屈伸，有的关节肿大灼热。这一类的病就叫痹病，类似于我们今天所说的风湿病。

我的父亲李济仁专门研究这个病，他以这一篇《痹论》的理论为指导，结合多年的临床经验，写过一本书《痹证通论》，对这一篇做了研究发挥。

痹病是怎样发生的呢？——

黄帝问曰：痹之安生？岐伯对曰：风寒湿三气杂至，合而为痹也。其风气胜者为行痹，寒气胜者为痛痹，湿气胜者为著痹也。

黄帝问：痹病是怎样发生的？

岐伯回答：是由风寒湿三种邪气混杂而至，相合侵犯人体形成的（这一句点明了痹病的病因，说明导致痹病的原因是一种复合邪气，涉及六淫中的三种邪气）。其中风邪偏胜的称为行痹——感受风邪出现肢体关节疼痛，痛处游走不定；寒邪偏胜的称为痛痹——感受寒邪出现肢体关节疼痛，痛处相对固定，得热就减轻；湿邪偏胜的称为著痹——“著”通“着”，执着，这里指感受湿邪以后肢体关节疼痛，痛点固定。

这是按照痹病的症状特点将痹病分为三类：行痹、痛痹、着痹。如果按照发病部位对痹病进行分类，则可分为五类：骨痹、筋痹、脉痹、肌痹、皮痹，可以称为“五体痹”。

帝曰：其有五者何也？岐伯曰：以冬遇此者为骨痹，以春遇此者为筋痹，以夏遇此者为脉痹，以至阴遇此者为肌痹，以秋遇此者为皮痹。

黄帝问：痹病又可分为五种，为什么？

岐伯回答：在冬天遭遇邪气（“此”指风寒湿三种邪气）得病的称为骨痹——因为冬天五行为水，对应肾脏，肾主骨；在春天遭遇邪气得病的称为筋痹——因为春天为木，对应肝脏，肝主筋；在夏天遭遇邪气得病的称为脉痹——因为夏天为火，对应心脏，心主血脉；在长夏遭遇邪气得病的称为肌痹——“至阴”就是长夏，长夏为土，对应脾脏，脾主肌肉；在秋天遭遇邪气得病的称为皮痹——秋天为金，对应肺脏，肺主皮毛。

帝曰：内舍五脏六腑，何气使然？岐伯曰：五脏皆有合，病久而不去者，内舍于其合也。

黄帝问：痹病向内侵犯停留在五脏六腑，是什么邪气造成的？

岐伯回答：五脏都有与它表里相合的五体，病邪日久不能除去，就会向内侵犯停留在与五体相合的五脏中。

骨、肉、筋、皮、脉如果长时间感受到风寒湿邪气的侵犯，旧病还没有好，又感受了新的邪气，就会通过五体入侵五脏，就会从五体痹病演变为五脏痹病。

怎么演变呢？——

故骨痹不已，复感于邪，内舍于肾。筋痹不已，复感于邪，内舍于肝。脉痹不已，复感于邪，内舍于心。肌痹不已，复感于邪，内舍于脾。皮痹不已，复感于邪，内舍于肺。

所以骨痹日久不愈，重复感受邪气，就会内侵留舍在肾。筋痹日久不愈，重复感受邪气，就会内侵留舍在肝。脉痹日久不愈，重复感受邪气，就会内侵留舍在心。肌痹日久不愈，重复感受邪气，就会内侵留舍在脾。皮痹日久不愈，重复感受邪气，就会内侵留舍在肺。

如果按照木、火、土、金、水五行的次序，可以简单地归纳一下：筋、脉、肌、皮、骨五体痹会分别演变为肝、心、脾、肺、肾五脏痹。

那么五脏痹的症状有什么不同呢？——

所谓痹者，各以其时重感于风寒湿之气也。凡痹之客五脏者，肺痹

者，烦满喘而呕。心痹者，脉不通，烦则心下鼓……

痹病是各脏在所主时令里重复感受风寒湿的邪气引发的。凡是痹病侵犯五脏，症状是各不相同的。比如肺痹的症状是烦闷胀满，气喘呕吐。心痹的症状是血脉不通，心烦心悸就像敲鼓……

总之——

阴气者，静则神藏，躁则消亡，饮食自倍，肠胃乃伤。淫气喘息，痹聚在肺；淫气忧思，痹聚在心；淫气遗溺，痹聚在肾；淫气乏竭，痹聚在肝；淫气肌绝，痹聚在脾。诸痹不已，亦益内也。其风气胜者，其人易已也。

"阴气"（这里是指五脏精气），安静就精神内藏，躁动就容易消散，饮食过量，肠胃就会受伤。邪气侵犯引起呼吸喘促，是痹邪内聚在肺；邪气侵犯引起忧愁思虑，是痹邪内聚在心；邪气侵犯引起遗尿，是痹邪内聚在肾；邪气侵犯引起疲乏衰竭，是痹邪内聚在肝；邪气侵犯引起肌肉瘦削，是痹邪内聚在脾。各种痹病日久不愈，就会日益内侵。其中风邪偏盛的痹病，病人是容易治愈的。

帝曰：痹，其时有死者，或疼久者，或易已者，其故何也？岐伯曰：其入脏者死，其留连筋骨间者疼久，其留皮肤间者易已。

黄帝问：同患痹病，有的人死亡，有的人疼痛日久，有的人容易痊愈，是什么缘故？

岐伯回答：邪气侵入五脏就会死亡，邪气留连在筋骨间就会疼痛日久，邪气停留在皮肤间就容易痊愈。

有一点要注意，就是痹病发生的原因除了感受风寒湿外在的邪气以外，还和饮食不节、起居无常有关。

帝曰：其客于六腑者何也？

黄帝问：痹邪侵犯六腑是什么原因呢？

岐伯回答——

此亦其食饮居处，为其病本也。六腑亦各有俞，风寒湿气中其俞，而食饮应之，循俞而入，各舍其腑也。

这也是饮食不节、起居无常导致的，是痹病的根本原因。六腑也各有俞穴，一旦风寒湿邪气中伤六腑俞穴，再加上饮食不节造成的损伤，内外相应，邪气就会循着俞穴侵入体内，各自留舍在相应的六腑中。

那么对痹病怎么治疗呢？——

帝曰：以针治之奈何？岐伯曰：五脏有输，六腑有合；循脉之分，各有所发，各随其过，则病瘳（chōu）也。

黄帝问：用针刺如何治疗？

岐伯回答：五脏各有输穴，六腑各有合穴——输穴和合穴是五输穴中的两个，井、荥、输、经、合，输穴是五输穴中的第三穴，合穴是第五穴。经脉循行的部位，各有发病的征兆，应该根据各自发病的部位选取相应的穴位进行针刺治疗，痹病就能痊愈（瘳，病愈）。

这里只讲了针刺的方法，没有讲药物治疗。后世医家按照《黄帝内经》的理论，不断探索，不断研发，积累了治疗各种痹病的宝贵经验，研制了很多有效的方剂。当然痹病的病因、病理是复杂的，一定要区分不同类型——证候，搞清楚不同的病因病理，有针对性地用药才能起作用。

最后黄帝和岐伯讨论了痹病的不同症状产生的病因病理——

帝曰：善。痹或痛，或不痛，或不仁，或寒，或热，或燥，或湿，其故何也？岐伯曰：痛者，寒气多也，有寒故痛也。其不痛不仁者，病久入深，荣卫之行涩，经络时疏，故不通，皮肤不营，故为不仁。其寒者，阳气少，阴气多，与病相益，故寒也。其热者，阳气多，阴气少，病气胜阳遭阴，故为痹热。其多汗而濡者，此其逢湿甚也，阳气少，阴气盛，两气相感，故汗出而濡也。

黄帝说：好。痹病有的疼痛，有的不痛，有的麻木不仁（没有感觉），有的感觉寒冷，有的感觉发热，有的皮肤干燥，有的皮肤湿润，这是什么缘故？

岐伯回答：痹病疼痛的是寒气多，有寒邪所以才痛。痹病不痛但麻木不仁的，是疾病日久，邪气深入，营气卫气运行滞涩不畅，经络气血空虚，所以不通，皮肤得不到营养，所以麻木不仁。痹病感觉寒冷的，是因为病人本来就阳气衰少，阴气偏多，阴气与寒邪相和，所以感觉寒冷。痹病发热的，是因为病人本来就阳气偏多，阴气衰少，病邪与阳气相合侵犯阴气，所以就会发热。出汗多而且皮肤湿润，这是感受湿邪太重，身体阳气衰少，阴气偏盛，湿邪与阴气相互感应，所以出汗多，皮肤湿润。

最后岐伯总结说："凡痹之类，逢寒则虫，逢热则纵。"凡是痹病一类的疾病，遇到寒气就会筋脉痉挛拘急（"虫"在《黄帝内经太素》《针灸甲乙经》都写作"急"），遇到热就会筋脉弛缓。这是痹病的一个特点。

五种痿病

上一讲讲了《痹论》，这一讲要讲《痿论》，《痿论》紧接在《痹论》之后。痹病和痿病是什么关系呢？我的父亲李济仁提出"痹痿统一论"，他以《黄帝内经》这两篇专论为指导，总结历代医家治疗痹病和痿病的经验，结合他自己对痹病和痿病的认识以及临床体会，在撰写《痹证通论》以后，又撰写了《痿证通论》。痹与痿是统一的，临床上往往痹痿同病，诊断治疗这一类病，主要是要调肝肾——养血舒筋；其次是要调脾胃——健脾和胃。当然痿病和痹病毕竟是有区别的，痹病主要表现为肢体关节闭阻不通、疼痛麻木，痿病主要表现为身体某部位萎缩、失去功能。

这一篇的开头，黄帝就单刀直入地发问——

黄帝问曰：五脏使人痿何也？岐伯对曰：肺主身之皮毛，心主身之血脉，肝主身之筋膜，脾主身之肌肉，肾主身之骨髓。故肺热叶焦，则皮毛虚弱急薄，著则生痿躄（bì）也。心气热，则下脉厥而上，上则下脉虚，虚则生脉痿，枢折挈，胫纵而不任地也。肝气热，则胆泄口苦筋膜干，筋膜干则筋急而挛，发为筋痿。脾气热，则胃干而渴，肌肉不仁，发为肉痿。肾气热，则腰脊不举，骨枯而髓减，发为骨痿。

黄帝问：五脏都能使人发生痿病，这是为什么？

岐伯回答：肺主管全身的皮毛，心主管全身的血脉，肝主管全身的筋膜，脾主管全身的肌肉，肾主管全身的骨髓。因此如果肺感受热邪损伤津液，肺叶焦枯，就会皮肤干燥、毫毛焦枯，时间长久了就会发病为痿躄（躄，原指下肢痿软无力、脚不能行走，这里指四肢痿软无力）。如果心感受热邪，会使下部血脉气逆上行，气血上逆就会引起下部血脉空虚，血脉空虚就会发病为脉痿，膝关节就像折断了一样使不上力，腿筋松弛而不能在地上行走。如果肝感受热邪，就会胆汁外泄，口中发苦，筋膜得不到营养而干枯，导致筋脉拘急痉挛，发病为筋痿。如果脾感受热邪，就会胃中津液耗干而口渴，肌肉得不到营养而麻木不仁，发病为肉痿。如果肾感受热邪，灼伤肾精就会腰脊痿软不能举动，发病为骨痿。

人的五脏如果感受热邪就会发生五种痿病——五体痿，按照木、火、土、金、水五行的次序，五脏肝、心、脾、肺、肾分别对应五体：筋、脉、肉、皮、骨，发为五痿：筋痿、脉痿、肉痿、痿躄、骨痿。

五种痿病是怎么形成的呢？——

帝曰：何以得之？岐伯曰：肺者，脏之长也，为心之盖也，有所失亡，所求不得，则发肺鸣，鸣则肺热叶焦。故曰：五脏因肺热叶焦，发为痿躄，此之谓也。

黄帝问：痿病是怎么引起的？

岐伯回答：肺是各脏之长，在五脏中位置最高，覆盖在心脏上，如果精神上受到刺激，欲望得不到满足，那么肺气就不舒畅，呼吸喘鸣有声，日久气郁化热，会使肺叶枯焦。所以说，五脏因为肺热叶焦得不到滋养，才发病为痿躄的。

可见精神因素是起始原因，“肺热叶焦”是关键原因。由于精神欲望得不到满足，最终引起肺叶枯焦，无法将津液输送到全身，就会得痿躄病。

后面岐伯又分别回答了脉痿、筋痿、肉痿和骨痿的发病原因。如悲哀太过，气机郁结使心包络隔绝不通，发病为心血向下溢出脉外，经脉空虚，最终发为脉痿。如果无穷无尽地胡思乱想，愿望又得不到满足，意志浮游在外不能安定，加上房事太过劳累，就会造成筋弛阳痿，发病为筋痿。如果感受湿邪，长期处在潮湿环境中，水湿停留在体内，肌肉受湿邪侵害而麻木不仁，就会发病为肉痿。如果长途跋涉，劳累疲倦过度，遇到天气酷热而感到口渴，就会阳气化热内侵，导致热邪留舍在肾，造成肾水亏虚不能克制火热，就会灼伤阴精，骨头枯槁、骨髓空虚，发病为骨痿。

总之，五种痿病都是由于精神情志不舒畅、生活起居不规律引起，然后造成五脏受损伤，最后引起相对应的痿病：肺热导致痿躄，心包阻隔和心血下溢导致脉痿，肝肾亏虚导致筋痿，脾湿化热导致肉痿，耗伤肾精导致骨痿。

还有一点要注意，就是五种痿病都与热相关，但热的来源各有不同，肺、心、肝的痿病都是由于个人情志不能抒发而郁积成热造成的，脾的痿病是因为外感水湿化热造成的，肾的痿病是身体疲劳，外感热邪、耗散肾阴造成的。

那么五种痿病怎么区别呢？——

岐伯曰：肺热者色白而毛败，心热者色赤而络脉溢，肝热者色苍而爪枯，脾热者色黄而肉蠕动，肾热者色黑而齿槁。

岐伯回答：肺热引发的痿病，会出现面色发白，毛发枯败；心热引发的痿病，会出现面色发红，体表血络充盈——体表小络脉充血；肝热引发的痿病，会出现面色发青，指甲枯槁，还有前面说的筋脉痉挛紧缩；脾热引发的痿病，会出现面色发黄，肌肉软弱无力；肾热引发的痿病，会出现面色发黑，牙齿枯槁松动。

那么，对于痿病应该怎样治疗呢？这一篇的最后提出了“治痿独取阳明”的根本大法。“独取阳明”就是只需要选取足阳明胃经。对针灸来说就是选取足阳明胃经上的穴位，对用药来说就是要使用调理脾胃的药物。“治痿独取阳明”是强调脾胃在治疗痿证中的作用。

帝曰：如夫子言可矣，论言治痿者独取阳明何也？岐伯曰：阳明者，五脏六腑之海，主润宗筋，宗筋主束骨而利机关也。冲脉者，经脉之海也，主渗灌溪谷，与阳明合于宗筋，阴阳总宗筋之会，会于气街，而阳明为之长，皆属于带脉，而络于督脉。故阳明虚则宗筋纵，带脉不引，故足痿不用也。帝曰：治之奈何？岐伯曰：各补其荥而通其俞（输），调其虚实，和其逆顺，筋脉骨肉。各以其时受月，则病已矣。帝曰：善。

为什么“治痿独取阳明”？岐伯从两个方面做了分析：第一，“阳明者，五脏六腑之海，主润宗筋，宗筋主束骨而利机关也。”足阳明胃经是五脏六腑营养的源泉，主宰滋润濡养宗筋——宗筋是三阴三阳的经筋。宗筋是诸筋之会，主管约束关节；第二，阳明脉是诸脉之长，可以统领每条经脉。比如阳明脉与冲脉会合，冲脉是十二经脉之海，阳明脉可以将水谷精微运送到冲脉滋养诸经；阳明脉还与带脉、督脉有密切联系，带脉有约束各经脉的作用，督脉有调节所有阳气的作用。所以如果阳明胃经气不足，那么这些经脉都得不到营养，就会导致宗筋松弛，无法约束关节，带脉也不能约束收引诸脉，就会导致肌肉萎缩，软弱不能行动。可见阳明脉是导致痿病的关键，所以说“治痿独取阳明”。针刺阳明脉可以补益气血，使气血充足，筋脉得养，痿病则缓。常用的治疗痿证所选穴位：上肢的肩髃、曲池、合谷、阳溪皆为手阳明经穴位，下肢的髀关、梁丘、足三里、解溪皆为足阳明经的腧穴。

此外还要兼取五脏的荥穴和输穴——

各补其荥而通其俞（输），调其虚实，和其逆顺，筋脉骨肉。

荥穴和输穴是五输穴井、荥、输、经、合中的第二穴和第三穴。补其荥穴，可以补五脏的真气，通其输穴，可以疏通五脏的热邪，从而调节五脏的虚实，使五脏的气血运行平和畅通，那么五脏对应的筋脉肌皮骨五体也就正常了。还要注意“各以其时受月”，在各脏所主管的月份进行治疗，“则病已矣”，五体痿病也就治愈了。各脏所主管的月份在《诊要经终论》中说得明白：阴历正月二月在肝，三月四月在脾，五月六月在头，七月八月在肺，九月十月在心，十一月十二月在肾。

最后讲一个故事。明末清初有位名医叫李中梓，曾给一患者治疗两足痿软、神气不足的疾病，先是开了安神壮骨的药，没有效果，又改用滋养肝肾、通脉利湿的二妙散，还是没有效果，重新诊断发现脉象都正常，按之也不甚虚，只有脾部的脉象重按才能取得，涩而无力，断定是脾虚气陷，不能制水，湿气坠于下焦，所以才出现两足痿软无力，于是采用补中益气汤（黄芪、人参、白术、陈皮、升麻、柴胡、甘草、当归)，并加大一倍升麻的用量以升举阳气，结果数日即愈。由此可见“治痿独取阳明”的大法，是非常有实用价值的。

寒厥与热厥

这一讲我们学习《厥论》。“厥”是什么意思呢?《说文解字》的解释是“发石也”，意思是憋足力气在山崖上采石头，引申为憋气用力、喘不过气来而昏倒。所以“厥”就是昏厥、昏倒的意思。历代医家多把“厥”解释为气机逆乱，阴阳之气不顺、不接而昏厥。《黄帝内经》“厥”字出现了三百多次，作病名的有“薄厥”“大厥”“煎厥”“暴厥”“尸厥”等，这些“厥”都是昏倒的意思。前面我们学过一篇叫《气厥论》，是指脏腑之气厥逆，也就是气运行逆乱不顺。

我们今天要学的这一篇讲的寒厥、热厥、六经厥，又是什么意思呢?我们先来看看黄帝的发问——

黄帝问曰：厥之寒热者何也?岐伯对曰：阳气衰于下，则为寒厥；阴气衰于下，则为热厥。

黄帝问：厥病分寒热，这是为什么?

岐伯回答：阳气从人体下部开始衰弱，就发病为寒厥；阴气从人体下部开始衰弱，就发病为热厥。

这个“下”究竟是什么地方呢?就是足下、脚下。接着黄帝就问了——

帝曰：热厥之为热也，必起于足下者何也?岐伯曰：阳气起于足五指之表，阴脉者集于足下而聚于足心，故阳气胜则足下热也。

黄帝问：热厥发病感觉发热，必定起始于脚下，这是为什么?

岐伯说：阳气的运行从脚的五个趾头外侧开始，阴经之气汇集在脚下，聚结在脚心，如果阴气不足、阳气偏胜，就会脚下发热。

帝曰：寒厥之为寒也，必从五指而上于膝者何也？岐伯曰：阴气起于五指之里，集于膝下而聚于膝上，故阴气胜则从五指至膝上寒，其寒也，不从外，皆从内也。

黄帝问：寒厥发病感觉寒冷，必定是从脚的五个趾头上行到膝盖，这是为什么？

岐伯回答：阴气从脚的五个趾头的内侧开始，集中在膝下而聚结在膝上，如果阳气不足、阴气偏胜，阴寒就会从脚的五个趾头开始上行到膝盖，这种阴寒，不是从外面侵入人体的，而是体内阳气不足、寒从内生。

可见热厥的原因是身体下部阳胜阴虚，寒厥的原因是身体下部阳虚阴胜。正如《阴阳应象大论》中所说："阴胜则阳病，阳胜则阴病；阳胜则热，阴胜则寒。"

黄帝进一步发问，寒厥和热厥是什么过失造成的呢？"寒厥何失而然也？""热厥何失而然也？"也就是说在日常生活中哪些不当的行为方式导致了寒厥和热厥？岐伯分别作了回答，造成寒厥的原因主要是秋冬季节不知保养肾精，导致寒邪内生，损伤阳气，体内阴盛阳虚。"此人者质壮，以秋冬夺于所用，下气上争，不能复，精气溢下，邪气因从之而上也。"有人仗着自己体质健壮，在秋冬阳气渐衰时，劳累过度或纵欲，损伤肾精，导致肾向脾胃争夺精气，即使这样也不能使肾精恢复，肾失于固摄，造成精气向下溢出，阴寒邪气就从足向上逆行，所以手足就会感觉寒冷，这就是寒厥。

造成热厥的原因，主要是酒醉食饱、房事过度，从而损伤肾阴，导致阳盛阴衰。

酒入于胃，则络脉满而经脉虚……阴气虚则阳气入，阳气入则胃不和，胃不和则精气竭，精气竭则不营其四支也。此人必数醉若饱以入房，气聚于脾中不得散，酒气与谷气相薄，热盛于中，故热遍于身，内热而溺赤也。夫酒气盛而慓悍，肾气有衰，阳气独胜，故手足为之热也。

酒进入胃里，就会使体表络脉气血充满，体内经脉空虚（饮酒过度会损伤脾阴）……阴气虚衰就使阳气趁虚而入，阳气偏胜导致胃气不和，胃无法受纳腐熟水谷就不能化生精气，造成精气衰竭，不能营养四肢。这种病人必定是屡次酒醉或饱食后行房事，酒食之气聚集在脾中不能运化布散，酒气与谷气相互搏结，日久化热蕴结中焦，所以全身发热，因为是内热，所以小便红。因为酒性是热的而且剽悍猛烈，酒醉饱食行男女房事就会导致肾阴受损，阴虚则阳胜，阳气独胜在内，所以手足就会发热，这就是热厥。

厥病有不同的表现——

帝曰：厥或令人腹满，或令人暴不知人，或至半日远至一日乃知人者何也？岐伯曰：阴气盛于上则下虚，下虚则腹胀满，阳气盛于上则下气重上而邪气逆，逆则阳气乱，阳气乱则不知人也。

黄帝说：厥病有的令人腹部胀满，有的令人突然不能认人，有的半天甚至一天后才认识人，这是为什么？

岐伯说：阴气偏盛在上部就会使阳气虚衰在下，阳气下虚就会出现腹部胀满，阳气偏盛在上就使下部阴气向上逆行，邪气上逆造成阳气紊乱，导致病人突然不能认人。

在讲完寒厥和热厥之后，黄帝和岐伯又讨论了六经厥病，六经是三阴三阳。先看足三阳厥病——

岐伯曰：巨阳之厥，则肿首头重，足不能行，发为眴（xuàn）仆。阳明之厥，则癫疾欲走呼，腹满不得卧，面赤而热，妄见而妄言。少阳之厥，则暴聋颊肿而热，胁痛，不可以运。

岐伯说：足太阳膀胱经发生厥病，就会头部肿胀沉重，两足不能行走，发病时眩晕昏倒。足阳明胃经发生厥病，就会发为癫疾——精神失常病，想要奔走呼叫，且腹部胀满，不能躺卧，面部发红发热，出现幻觉，胡言乱语。足少阳胆经发生厥病，就会突然耳聋，脸颊红肿发热，两胁疼痛，不能行动。

再看足三阴厥病——

太阴之厥，则腹满䐜（chēn）胀，后不利，不欲食，食则呕，不得卧。少阴之厥，则口干溺赤，腹满心痛。厥阴之厥，则少腹肿痛，腹胀泾溲不利，好卧屈膝阴缩肿，内热。

足太阴脾经发生厥病，就会腹部胀满，大便不畅，不想进食，进食就会呕吐，不能安卧。足少阴肾经发生厥病，就会口干，小便色赤，腹部胀满，心痛。足厥阴肝经发生厥病，就会小腹肿胀疼痛，腹部胀满，二便不通利，喜欢躺卧屈膝蜷腿，阴囊萎缩肿痛，腿内侧发热。

在讲完足三阳三阴厥病以后，岐伯还简要分析了手三阳三阴厥逆的情况。

那么怎么治疗六经厥病呢？岐伯提出了总的原则是："盛则泻之，虚则补之，不盛不虚，以经取之。"实证用泻法，虚证用补法，不实不虚的，取发病经脉的穴位。要"治主病者"，就是治疗时要选取发病经脉的穴位进行针刺。

总之，本篇所讲的"厥病"，都与经脉有关。"寒厥"是由于足三阳脉气衰于下部，导致阴盛而寒；"热厥"则是因足三阴之气衰于下部，导致阳盛而热。

所以，在学习这部分内容的时候，最好要参看《灵枢·经脉》，这一篇后面我们会讲到，把这两篇结合起来理解，就会很清晰了。

原穴应用与五味宜忌

十二原穴的妙用和养生法

这一讲我们讲《灵枢》的《九针十二原》，先讲讲人体的十二原穴，九针放到后面讲。

黄帝曰：愿闻五脏六腑所出之处。岐伯曰：五脏五腧，五五二十五腧；六腑六腧，六六三十六腧。

黄帝说：我想听听五脏六腑经气所出来的地方在哪里。

岐伯说：五脏经脉，各有井、荥、输、经、合五个腧穴，共五五二十五个腧穴，这二十五个穴位都在五脏的阴经上，也就是在手脚的内侧，在手上肘关节和足上膝关节以下。六腑经脉，各有井、荥、输、原、经、合六个腧穴，共六六三十六个腧穴，这三十六个穴位在六腑的三阳经上，也就是在手足的外侧，在肘关节和膝关节以下。

十二经脉的五输穴、六输穴都在肘关节和膝关节以下。六条阴脉都有自己的五输穴，一共三十个五输穴，也就是这里讲的五脏再加一脏就是心包，一共是六脏，六脏对应的六条阴经各有五个输穴，一共三十个五输穴；六条阳脉都有自己的六输穴，一共三十六个六输穴，两者合计六十六个穴位。

经脉十二，络脉十五，凡二十七气，以上下。所出为井，所溜为荥，所注为腧，所行为经，所入为合。二十七气所行，皆在五腧也。

人体脏腑有十二经脉，每经各有一条络脉，加上任脉之络脉、督脉之络脉、脾之大络，便有十五络脉了。这二十七脉之气周行全身，出入于上下手足之间。“所出为井”，经气刚刚出来的孔穴，叫作“井”，好像刚流出的山间泉水，水量不大，是水的源头，好像井水，所以叫井；“所溜为荥”，经气所流过的孔穴，叫作“荥”，大多位于手掌指或足跖趾关节之前，好像刚从泉源流出来的细小水流，还在萦绕迂回，还没有成为大流，所以叫作“荥”，说明经气还很微弱；“所注为输”，经气所灌注的孔穴，叫作“输”，多位于手掌指或足跖趾关节之后，好像水流汇聚，而能够转输运行，这时水流由小而大，由浅注深，是经气渐盛，由此注彼的部位，所以叫作“输”，表明经气逐渐盛大了；“所行为经”，经气所行走的孔穴，叫作“经”，多位于手腕、脚踝关节以上，像水流已成渠，水流变大，畅通无阻，是经气正当旺盛运行经过的部位；“所入为合”，经气所进入的地方，叫作“合”，像百川归流进入大海，经气由此深入，进而会合进入体内，进入脏腑了。“二十七气所行，皆在五输也”，二十七条经脉之气所出入流注的地方，都在五输穴上，是昼夜不息的。

岐伯接着说——

节之交，三百六十五会，知其要者，一言而终，不知其要，流散无穷。所言节者，神气之所游行出入也，非皮肉筋骨也。

全身关节相交合的地方，共有三百六十五处，也就是三百六十五个穴位，都是经络之气聚集的地方，叫作气穴。知道这些奥妙所在，一句话就可说明白，否则就不能把握住头绪。这里所说的关节部位，是血气游行出入的部位，而不是皮肉筋骨的局部形态。

那么，在全身三百六十五个穴位、肘关节和膝关节以下的五输穴中，究竟哪十二个穴位是原穴呢？原穴究竟有什么作用呢？岐伯说——

五脏有六腑，六腑有十二原。十二原出于四关，四关主治五脏，五脏有疾，当取之十二原。十二原者，五脏之所以禀三百六十五节气味也。五脏有疾也，应出十二原，十二原各有所出。明知其原，睹其应，而知五脏之害矣。

五脏有在外的六腑相应，表里相应，五脏和六腑相应的还有十二原穴，十二原穴出于四肢关节部位。四肢关节的穴位——肘关节和膝关节以下的穴位都可以用来主治五脏的疾病，这就是远道取穴，治病效果反而很好的缘故。而在肘关节和膝关节以下的五输穴中，原穴又是十分重要的。所以五脏有病，就应取十二原穴。因为十二原穴是五脏禀受三百六十五节经气集中的部位，也就是说十二原穴是三百六十五个穴位中最重要的穴位。五脏发生病变，就会反映到十二原穴上，而十二原穴各有所属的内脏。只有明确了各原穴的特性，观察原穴上反映出来的问题，才能知道五脏受病的情况。

那么，五脏的原穴究竟是什么穴位呢？岐伯说——

阳中之少阴，肺也，其原出于太渊，太渊二。阳中之太阳，心也，其原出于大陵，大陵二。阴中之少阳，肝也，其原出于太冲，太冲二。阴中之至阴，脾也，其原出于太白，太白二。阴中之太阴，肾也，其原出于太溪，太溪二。膏之原，出于鸠尾，鸠尾一。肓之原，出于脖胦（yāng），脖胦一。凡此十二原者，主治五脏六腑之有疾者也。

肺和心位于胸膈以上，属于阳位。其中肺是阳中的少阴，它的原穴是太渊穴，太渊穴在手腕掌横纹上靠前侧的位置，左右手各一个，共两个穴。心是阳中的太阳，它的原穴是大陵，大陵穴在手腕掌横纹的中点处，左右二穴。肝、脾、肾位于胸膈以下，属于阴位。肝是阴中的少阳，它的原穴是太冲穴，太冲穴在脚背上，第一、第二跖骨结合部凹陷的地方，左右脚上各一个，共两个。脾是阴中的至阴，它的原穴是太白穴，太白穴在脚大踇趾内侧第一跖骨后下方凹陷的地方，左右脚各一个。肾是阴中的太阴，它的原穴是太溪穴，太溪穴在足内侧，在脚的内踝与跟腱之间凹陷的地方，左右脚各一个，共两个。五脏的原穴加起来是十个。还有两个原穴是膏和肓的原穴。大家都听说过有一个成语叫"病入膏肓"。膏就是心尖的脂肪，肓指心脏与膈膜之间的部位。膏的原穴是鸠尾，鸠尾穴在胸前，胸壁前下端的剑突下半寸，属任脉，只有一个穴。肓的原穴为脖胦，就是气海穴，下气海，在肚脐下一寸半，两个手指并拢横放的地方，属任脉，只有一个穴。这十二原穴，是脏腑之气输送到体表的地方，所以能够治疗五脏六腑的各种疾病。

值得注意的是，这一篇讲的十二原穴和后一篇《本输》所讲的十二原穴不同，后面一篇主要讲六腑的原穴。后世医家将两者结合起来，将六脏（五脏加上心包为六脏）的原穴、六腑的原穴，合起来称为十二原穴。

原穴在所有穴位中是十分重要的穴位，是脏腑的原气经过和留止的部位。原气也就是元气，原，是本原、真元之义。原气来源于肾，这种肾间的动气，是人体生命的本源，是维持生命活动最基本的动力，也就是生命的最根本的能量。原气由先天之精所化生，发源于肾，通过三焦的通路传遍全身，推动脏腑等一切组织器官的活动。因此脏腑发生疾病时，就会反映到相应的原穴上来。通过原穴的各种异常变化，既可以推知脏腑的疾病，又可推知脏腑的盛衰。

我们按照十二脏腑对应的十二原穴的说法，可以发现十二原穴和五输穴关系十分密切，原来六脏的原穴就是五输穴的输穴，也就是井、荥、输、经、合五输穴中的第三个穴位，而六腑的原穴则在输穴之外另外有一个原穴，也就是井、荥、输、原、经、合六输穴中的第四个穴位。原穴基本分布在腕关节、踝关节附近，在手掌指和足跖趾关节之后。

在临床上，针刺原穴能使原气强盛，并通达相应的脏腑，调节脏腑功能，从而达到维护生命的正能量、抵抗治愈病邪的作用。这里我教大家一种简单的拍打原穴的养生方法：先拍打手上的原穴，用右手掌拍打左手手腕的内侧和外侧，然后再用左手掌拍打右手手腕的内侧和外侧。这样就基本上把每只手上的六个原穴都拍打到了；拍打完手上的原穴，再拍打脚上的原穴，用手掌拍打脚的内踝骨和外踝骨周围的地方，还有脚趾后方，范围可以大一些，这样就基本上把每只脚上的六个原穴拍打到了。拍打到皮肤微微泛红，有的人还会出痧。拍打了之后有点微微的痛，但会觉得很舒服，那就是合适的。如果觉得很痛，不舒服，那就是太过用力了。拍打十二原穴能调动全身的原气，提高人体免疫力。希望大家坚持。

经脉的起点和终点

如果你学过儒家经典《大学》，你一定知道这两句话："物有本末，事有终始。知所先后，则近道矣。"万事万物都是有根本有末梢、有开始有终结的，人体的经脉也不例外。这一讲我们要学习的《灵枢》的《根结》就是讲经脉的本末终始的。"根"是经脉之气开始发生的地方，"结"就是经脉之气终结的地方。

经脉的根穴和结穴在哪里呢？这些穴位在治疗上有什么作用呢？请看岐伯的回答——

岐伯曰：天地相感，寒暖相移，阴阳之道，孰少孰多，阴道偶，阳道奇。发于春夏，阴气少，阳气多，阴阳不调，何补何泻？发于秋冬，

阳气少，阴气多，阴气盛而阳气衰，故茎叶枯槁，湿雨下归，阴阳相移，何泻何补？奇邪离经，不可胜数，不知根结，五脏六腑，折关败枢，开阖而走，阴阳大失，不可复取。九针之玄，要在终始。故能知终始，一言而毕；不知终始，针道咸绝。

岐伯说：天地相互感应，寒热相互推移。阴阳大道，谁多谁少？——是阴多阳少还是阳多阴少？阴阳的象数各不相同，阴的法则是偶数，阳的法则是奇数。疾病发生在春夏之季，因春夏属阳，夜短昼长，是阴气少而阳气多的季节，故疾病的病性一般也是阴气少、阳气多，对于这一类阴阳不调的疾病，应该怎样使用补法和泻法呢？疾病发生在秋冬之季，因秋冬属阴，夜长昼短，是阳气少而阴气多的季节，故疾病的病性一般也是阴气多、阳气少，由于此时阴气旺盛而阳气偏衰，所以草木会因为茎叶得不到阳气的温煦而枯萎凋落，水湿会下渗到根部滋养它的根，因此根部就会变得粗壮，这样就顺应了自然界的阴阳消长而完成了阴阳的相互转化。根据这种阴阳盛衰相移的情况，发生在秋季的疾病又该如何使用补法和泻法呢？不正的邪气侵入经络而导致的疾病真是数不胜数，这主要是因为“不知根结”，即不懂经脉的起点和终点，才使异常的邪气侵入脏腑，使脏腑功能失调，枢机败坏，开阖不正常，精气走泻，最终体内的阴阳之气极大地耗损，正气也不能再起而抗邪。九针运用的玄妙关键就在于了解经脉的起点和终点——也就是根结。如果了解经脉的起点和终点，那么针刺的道理一说就清楚了；如果不了解经脉的起点和终点，针刺的理论也就要消亡了。

那么，十二经脉的根和结——起点和终点究竟在什么地方呢？岐伯首先说了足三阳经的根和结——

太阳根于至阴，结于命门，命门者目也。阳明根于厉兑，结于颡大，颡大者钳耳也。少阳根于窍阴，结于窗笼，窗笼者耳中也。太阳为开，

阳明为阖，少阳为枢。

足太阳膀胱经的起点在足小趾外侧的至阴穴，终点在面部的命门。命门就是内眼角的睛明穴。足阳明胃经的起点在足第二趾末节外侧的厉兑穴（距趾甲角0.1寸），终点在额角处的颡大（额头的大角）入发际0.5寸的地方，也就是头维穴。足少阳胆经的起点在足窍阴穴——第四趾末节外侧，距趾甲角0.1寸处，终点在耳部的窗笼。所谓窗笼就是耳孔前面凹陷的听会穴（张口时呈凹陷处）。总的来说，足三阳经的起点都在脚趾上，终点都在头面部。

太阳为开，因为太阳是三阳的最外表（最后边），负责表面的疾病，称作开。阳明为阖，因为阳明是三阳最里边（最前边），负责身体内部的疾病，称作阖。少阳为枢，因为少阳介于表里之间，可转输内外，如门户之枢纽。

足三阳经	根部	穴位	结部	穴位
足太阳膀胱经	足小趾	至阴穴	命门（目）	睛明穴
足阳明胃经	足次趾	厉兑穴	颡大	头维穴
足少阳胆经	足四趾	足窍阴穴	窗笼（耳中）	听会穴

再看足三阴经的根和结——

太阴根于隐白，结于太仓。少阴根于涌泉，结于廉泉。厥阴根于大敦，结于玉英，络于膻中。太阴为开，厥阴为阖，少阴为枢。

足太阴脾经的起点在足大趾内侧端的隐白穴，终点在上腹部的太仓，即中脘穴（胸骨下端和肚脐连接线的中点）。足少阴肾经的起点在足心的涌泉穴，终点在咽喉部的廉泉穴（结喉上方，舌骨上缘凹陷处）。足厥阴肝经的起点在足大趾外侧端的大敦穴，终点在胸部的玉英穴，即玉堂穴（在胸部正中线上，第3肋间），络于膻中穴。总的来说，足三阴的起点都在脚趾或脚心，终点都在胸腹部或咽喉部。

太阴是三阴之表而为开，厥阴为三阴之里而为阖，少阴介于表里之间为枢。

足三阴经	根部	穴位	结部	穴位
足太阴脾经	足大趾内侧	隐白穴	太仓（上腹）	中脘穴
足厥阴肝经	足大趾外侧	大敦穴	玉英（胸）	玉堂穴
足少阴肾经	足心	涌泉穴	廉泉（颈喉）	廉泉穴

讲完足三阳、足三阴的根结以后，岐伯并没有说手三阳和手三阴的根结，而是接着说了足三阳、手三阳的根、溜、住、入。

足太阳根于至阴，溜于京骨，注于昆仑，入于天柱、飞扬也。足少阳根于窍阴，溜于丘墟，注于阳辅，入于天容、光明也。足阳明根于厉兑，溜于冲阳，注于下陵，入于人迎、丰隆也。

足太阳膀胱经起源于至阴穴（井穴），流入京骨穴（原穴），注入昆仑穴（经穴），上面到达颈部的天柱穴，下面到达足部的飞扬穴（络穴）。

足少阳胆经起源于足窍阴穴（井穴），流入丘墟穴（原穴），注入阳辅穴（经穴），上面到达颈部的天容穴，下面到达足部的光明穴（络穴）。

足阳明胃经起源于厉兑穴（井穴），流入冲阳穴（原穴），注入足三里穴（合穴），上面进入颈部的人迎穴，下面进入足部的丰隆穴（络穴）。

总的来说，足三阳都是起源于六输穴的第一个穴位井穴（都在脚趾），流于六输穴的第四个穴位原穴（基本上都在脚踝骨周围），注于六输穴的第五个穴位经穴或者第六个穴位合穴（大都在脚踝骨以上或者膝关节附近），上面到达颈部，下面到达足部。

再看手三阳的根、溜、注、入——

手太阳根于少泽，溜于阳谷，注于小海，入于天窗、支正也。手少阳根于关冲，溜于阳池，注于支沟，入于天牖、外关也。手阳明根于商

阳，溜于合谷，注于阳溪，入于扶突、偏历也。

手太阳小肠经起源于少泽穴（井穴，在手小指末节外侧，距指甲角0.1寸），流入阳谷穴（经穴），注入小海穴（合穴），上面进入头部的天窗穴，下面进入前臂外侧的支正穴。

手少阳三焦经起源于关冲穴（井穴，在手无名指尺侧端，距指甲角0.1寸），流入阳池穴（原穴），注入支沟穴（经穴），上面进入头部的天牖穴，下面进入前臂外侧的外关穴。

手阳明大肠经起源于商阳穴（井穴，在手食指末节外侧，距指甲角0.1寸），流入合谷穴（原穴），注入阳溪穴（经穴），上面进入颈部的扶突穴，下面进入前臂外侧的偏历穴。

总之，手三阳都是起源于井穴，流注于经穴、原穴、合穴，然后上到达头颈部，下到达前臂。

六阳经	根	溜	注	上入	下入
足太阳膀胱经	至阴穴	京骨穴	昆仑穴	天柱穴	飞扬穴
足少阳胆经	足窍阴穴	丘墟穴	阳辅穴	天容穴	光明穴
足阳明胃经	厉兑穴	冲阳穴	足三里穴	人迎穴	丰隆穴
手太阳小肠经	少泽穴	阳谷穴	小海穴	天窗穴	支正穴
手少阳三焦经	关冲穴	阳池穴	支沟穴	天牖穴	外关穴
手阳明大肠经	商阳穴	合谷穴	阳溪穴	扶突穴	偏历穴

要注意的是，这些经脉虽然都有起点和终点，但并不是断开的，而是互相连接的，一般都在手指、足趾和头面部相互连接，如环无端，经气就在这个网络系统中不断运行。那么经气在经脉中是怎样运行的呢？岐伯说——

一日一夜，五十营，以营五脏之精，不应数者，名曰狂生。所谓五十营者，五脏皆受气，持其脉口，数其至也，五十动而不一代者，五

脏皆受气。四十动一代者，一脏无气；三十动一代者，二脏无气；二十动一代者，三脏无气；十动一代者，四脏无气；不满十动一代者，五脏无气。予以短期，要在终始。所谓五十动而不一代者，以为常也，以知五脏之期。予之短期者，乍数乍疏也。

经脉之气一昼夜在人体内运行五十周，以此来运行五脏的精气。如果运行太过或不及，不能恰好达到五十次的话，人就会生病，称作狂生。运行五十周的主要作用就是要使五脏都能得到精气的营养。经脉之气是否运行够五十周是可以从脉象上表现出来的，只要通过计算其搏动的次数就可以知晓。如果在切按寸口脉时，脉搏在五十次的跳动中未停止，说明五脏都能接受精气而健全。（“五十动而不一代”的“代”字，在《难经》中作“止”，意为脉动五十次中没有一次停止。）如果脉搏在四十次跳动中有一次停止，就说明其中有一脏衰败了。如果脉搏在三十次跳动中有一次停止，说明有两脏衰败了。如果在二十次跳动中有一次停止，说明有三脏衰败了。如果十次中便有一次停止，说明有四脏衰败了。如果脉跳不足十次就有停止，就说明五脏精气都衰败了。因此，根据脉搏的跳动停止就可以预测出患者的死期。这些要点在《终始》这篇已经详细地阐述过。脉搏跳动五十次而不歇止是五脏正常的脉象，可以借此预测五脏的精气情况。预测一个人在短期内是否会死亡，是可以从脉搏跳动是否有停止或出现忽快忽慢不规律的情况来断定的。

经气一昼夜周行体内五十次，这一点我们在后面的《灵枢·五十营》这一篇中还会再说。还有一个按照五十营调呼吸的养生方法，我后面再详细介绍。

这一篇的最后讲了形气与病气有余不足的四种不同临床表现，告诫我们针刺要领在于调和阴阳、合于形气：“用针之要，在于知调阴与阳。调阴与阳，精气乃光；合形与气，使神内藏。”

五味食物的宜忌

这一讲我们重点讲一讲《灵枢》的《五味》，这一篇是讲饮食的，对食疗——饮食治疗、饮食养生都具有重要的指导意义。我先简单介绍一下《逆顺》，是讲气的逆和顺的情况，以及针刺的逆和顺的方法。所谓气的逆顺，是与天地阴阳、四时五行的变化规律相对应的。

如何根据气机的顺与逆进行针刺呢？伯高借用《兵法》来论述刺法——

兵法曰：无迎逢逢之气，无击堂堂之阵。刺法曰：无刺熇（hè）熇之热，无刺漉漉之汗，无刺浑浑之脉，无刺病与脉相逆者。

《兵法》上讲：不要去迎接气势强盛的敌人，不要去出击整齐盛大的方阵。《刺法》上说：不要针刺热气炽盛的，不要针刺汗水淋漓的，不要针刺脉象浑浊不清的，不要针刺病势与脉气相逆的。

那应该在什么情况下针刺呢？伯高说——

上工刺其未生者也。其次刺其未盛者也。其次刺其已衰者也。下工刺其方袭者也，与其形之盛者也，与其病之与脉相逆者也。故曰：方其盛也，勿敢毁伤，刺其已衰，事必大昌。故曰：上工治未病，不治已病，此之谓也。

高明的医生首先考虑在疾病还未发生时针刺，其次在疾病还未严重时针刺，再次在病气衰弱、正气恢复时针刺。低层次的医生却是在疾病刚刚袭击人体、病形正盛之时以及病势与脉象相反的时候针刺。……这就叫作“上工治未病，不治已病”，高明的医生治疗未发生的疾病，不治病邪正盛的疾病。

这是《逆顺》。下面我就重点讲一下《五味》。五味就是酸、苦、甘、辛、咸五种味道。为什么要分五种味道？显然是按照五行分类的。

黄帝曰：愿闻谷气有五味，其入五脏，分别奈何？伯高曰：胃者，五脏六腑之海也，水谷皆入于胃，五脏六腑皆禀气于胃。五味各走其所喜，谷味酸，先走肝；谷味苦，先走心；谷味甘，先走脾；谷味辛，先走肺；谷味咸，先走肾。谷气津液已行，营卫大通，乃化糟粕，以次传下。

黄帝说：我想知道五种味道的谷类，其谷气是如何进入五脏的？

伯高回答说：一个人的胃就像五脏六腑营养汇聚的海洋，水谷都要进入胃中，五脏六腑都靠胃消化所得的气——营养物质来滋养。饮食的五味各自先进入它所喜受的脏腑：酸味的食物先进入肝，苦味的食物先进入心，甘味的食物先进入脾，辛味的食物先进入肺，咸味的食物先进入肾。食物所化生的营养物质在全身运行，营气和卫气运行通畅，余下的废物变成糟粕向下依次传化，最后排出体外。

黄帝曰：营卫之行奈何？伯高曰：谷始入于胃，其精微者，先出于胃之两焦，以溉五脏，别出两行，营卫之道。其大气之抟而不行者，积于胸中，命曰气海，出于肺，循喉咽，故呼则出，吸则入。天地之精气，其大数常出三入一，故谷不入，半日则气衰，一日则气少矣。

黄帝问：营气卫气是如何运行的？

伯高回答说：食物先进入胃中，其中精微的部分从胃出来先到达中焦和上焦，然后灌溉五脏，另外又分出两条道路，一条在血脉当中运行，就是营气，一条在血脉以外运行，就是卫气。又有大气抟聚——宗气积聚在胸中，称为气海。宗气出自肺，沿着咽喉上行，呼则气出，吸则气入。天地的精气，大致上是“出三入一”——有多种解释，莫衷一是，我认为应该是指天地之精气化生出三份，吸收进一份。化生出哪三份？就是前面说的营气、卫气、宗气。吸收哪一份？就是谷气。所以若不吃食物，半天就会气衰，一天就会气短。

黄帝曰：谷之五味，可得闻乎？伯高曰：请尽言之，五谷：粳（jīng）米甘，麻酸，大豆咸，麦苦，黄黍辛。五果：枣甘，李酸，栗咸，杏苦，桃辛。五畜：牛甘，犬酸，猪咸，羊苦，鸡辛。五菜：葵甘，韭酸，藿咸，薤（xiè）苦，葱辛。

黄帝问：可以讲讲谷物的五味吗？

伯高回答说：我愿详尽地说明。在五种谷物中，粳米味甘，麻籽味酸，大豆味咸，小麦味苦，黄黍味辛；在五种水果中，枣味甘，李子味酸，栗子味咸，杏味苦，桃味辛；在五种家畜肉类中，牛肉味甘，狗肉味酸，猪肉味咸，羊肉味苦，鸡肉味辛；在五种蔬菜中，葵菜味甘，韭菜味酸，豆叶味咸，薤白（野蒜）味苦，葱味辛。

食物种类繁多，《黄帝内经》一般是分为四类：五谷、五果、五畜、五菜，每一类都分为五种味道。它的五味是如何划分的呢？主要有三种方法：一是食用过程中尝到的滋味，比如粳米味甘、葱味辛都属于这一类；二是这种食物——动物对应的地支五行，比如牛在十二地支对应的是丑，丑属土，所以牛肉是甘味；猪在十二地支对应亥，亥属水，所以猪肉味咸；三是这种食物成熟的季节，比如杏在夏季成熟，夏属火，所以杏的五味为苦，苦味对应的就是火。

五色：黄色宜甘，青色宜酸，黑色宜咸，赤色宜苦，白色宜辛。凡此五者，各有所宜。五宜：所言五色者，脾病者，宜食粳米饭牛肉枣葵；心病者，宜食麦羊肉杏薤；肾病者，宜食大豆黄卷猪肉栗藿；肝病者，宜食麻犬肉李韭；肺病者，宜食黄黍鸡肉桃葱。五禁：肝病禁辛，心病禁咸，脾病禁酸，肾病禁甘，肺病禁苦。

在五色中，黄色适宜甘，青色适宜酸，黑色适宜咸，赤色适宜苦，白色适宜辛。这五种颜色，各有其所适宜的味道。五脏病所适宜的饮食——适合食用符合该脏五行的食物：患有脾病的人，适宜食粳米饭、牛肉、枣、葵菜——这些食物都是甘味的，五行属土；患有心病的人，适宜食小麦、羊肉、杏、薤白——这些食物都是苦味的，五行属火；患有肾病的人，适宜食大豆黄卷、猪肉、栗子、豆叶——这些食物都是咸味的，五行属水；患有肝病的人，适宜食麻籽、狗肉、李子、韭菜——这些食物都是酸味的，五行属木；患有肺病的人，适宜食黄黍、鸡肉、桃、葱——这些食物都是辛味的，五行属金。

我再强调一下，这里说的食物的味道并不都是吃到嘴里尝到的味道，有很多是按照五行属性归类的味道。

五禁：肝病禁辛，心病禁咸，脾病禁酸，肾病禁甘，肺病禁苦。

五种禁忌——禁忌五行相克的食物：肝病禁食辛味——因为辛味在五行中属金，肝属木，金克木；心病禁食咸味——咸味属水，心属火，水克火；脾病禁食酸味——酸味属木，脾属土，木克土；肾病禁食甘味——甘味属土，肾属水，土克水；肺病禁食苦味——苦味属火，肺属金，火克金。

最后，伯高又说了一种五脏适合饮食的规则——

肝色青，宜食甘，粳米饭牛肉枣葵皆甘。心色赤，宜食酸，犬肉李韭皆酸。脾色黄，宜食咸，大豆豕肉栗藿皆咸。肺色白，宜食苦，麦羊肉杏薤皆苦。肾色黑，宜食辛，黄黍鸡肉桃葱皆辛。

肝属木，颜色为青色，适合食用甘味，粳米饭、牛肉、枣、葵都是甘味的。心属火，颜色为赤，适合食用酸味，狗肉、李子、韭菜都是酸味的。脾属土，颜色为黄，适合吃咸味，大豆、猪肉、栗子、豆叶都是咸味的。肺属金，颜色为白，适合食用苦味，麦子、羊肉、杏、薤都是苦味的。肾属水，颜色为黑色，适合吃辛味的，黄黍、鸡肉、桃、葱都是辛味。

这里伯高再次提出了五脏适合食用的食物，但和上文有所不同，这里伯高认为肝宜食甘，心宜食酸，脾宜食咸，肺宜食苦，肾宜食辛。如果从各自五行归属来看，这段话并不具有典型的规律，为什么伯高会这样说？王冰认为，这里应当从脏器与气味自身的性质来理解。五味具有辛开、苦降、甘缓、酸收、咸软坚的特点。肝性喜急，因此应当用甘味食物来和缓；心性喜缓，因此需要用酸味的食物来收敛；气逆会影响到肺的功能，因此这时需要用苦味的食物取其苦泻降气的特性；肾苦燥，以燥为病态，需要用辛味的食物来开散腠理，使气通畅，促进津液润下；而脾病之所以适宜吃咸味的食物，是由于在中医理论当中，肾为胃之关，掌控着人体的大小便，而大小便是胃中水谷在精微吸收完毕后形成的糟粕，因此肾的健康，决定着糟粕排出的顺利，同时脾与胃相合，使用咸味的食物，可以滋养肾，也就能起到通顺脾胃之气的作用了。因此脾病适宜吃具有咸味的食物。

总之，水谷饮食，具有不同的五味。它们进入胃腑后，其气总会首先趋向与自身五味属性相合的脏腑。当五脏生有疾患时，适合食用符合该脏五行气味的食物，不可以食用在五行上克制患病脏器的食物。这些原则在今天也应该作为食疗、食养的方法。

多食五味与疾病

这一讲我们还要讲饮食五味，其实关于饮食五味前面已经讲得很多了，而《灵枢》的《五味论》则偏重于讲过食五味会导致什么疾病。

现在我们就重点讲《五味论》。这一篇的开头黄帝和少俞讨论了五味和经络、脏腑的关系——

黄帝问于少俞曰：五味入于口也，各有所走，各有所病。酸走筋，多食之，令人癃（lóng）；咸走血，多食之，令人渴；辛走气，多食之，令人洞心；苦走骨，多食之，令人变呕；甘走肉，多食之，令人悗（mán）心。余知其然也，不知其何由，愿闻其故。

黄帝问少俞说：饮食五味吃到嘴里，各有它行走的路线——脏腑经络，也各有它导致的疾病。酸味走筋，吃太多酸味会让人小便不通；咸味走血，吃太多咸味会让人口渴；辛味走气，吃太多辛味会让人心中悬吊如空洞；苦味走骨，吃太多苦味会让人呕吐；甘味走肉，吃太多甘味会让人心中烦闷。我知道这样的现象，但不知道其中的道理，希望听听它的原由。

少俞答曰：酸入于胃，其气涩以收，上之两焦，弗能出入也，不出即留于胃中，胃中和温，则下注膀胱，膀胱之胞薄以懦，得酸则缩绻，约而不通，水道不行，故癃。阴者，积筋之所终也，故酸入而走筋矣。

少俞回答说：酸味进入胃里，它的气是涩的，具有收敛作用，只能上行至上中二焦，不能随气机出入而吸收转化，只能停留在胃中，胃中温和，就会向下注到膀胱，膀胱的外壁薄而且软，遇到酸味就会收缩蜷曲，膀胱口被约束而不通，影响水液通行，所以就会小便不通。前阴部，是宗筋汇聚的地方，肝主管筋，对应酸味，所以说酸入于胃而走筋。

酸味入胃走筋，其性收涩，会约束经筋，自然对阴器也会有所约束，所以酸味造成小便不通的原因体现在对膀胱和阴器两方面的约束上。

关于酸味使人癃，讲一个故事，这个故事记载在清代医家汪昂《本草备要》中：有一位大官的船经过金陵，因为喜爱木瓜的香气，就买了几百颗放在船上，结果整条船上的人都小便不通，医生用通利小便的药治疗，但是都没有效果。后来请汪昂前去诊治，汪昂上船后闻到四面都是木瓜的香气，哈哈大笑后对众人说：把木瓜扔掉，小便就能通了，不用吃药。于是人们把木瓜全都扔到了江中，一会儿工夫，小便就都畅通如常了。当然，我们平时食用的水果木瓜是原产于热带美洲的一种植物，学名番木瓜，是没有收涩之性的；《本草备要》中所提到的木瓜及平时中药中用的木瓜是我国的传统植物，以安徽宣城所产为佳，故又称宣木瓜，其味酸性温，有收敛之功。

这是解释了“酸走筋，多食之，令人癃”，那么“咸走血，多食之，令人渴”又是什么原因呢？——

少俞曰：咸入于胃，其气上走中焦，注于脉，则血气走之，血与咸相得则凝，凝则胃中汁注之，注之则胃中竭，竭则咽路焦。故舌本干而善渴。血脉者，中焦之道也，故咸入而走血矣。

少俞说：咸味进入胃里，它的气向上走在中焦，灌注在脉道里，血气就会同它一起运行，血与咸味相遇就会凝滞，需要胃中的津液不断补充调和。这样胃中的津液就会减少，胃液不足，咽部就会干燥，所以会感到口渴。血脉是中焦精微运行的道路，血液也出于中焦，咸味上行到中焦，所以咸味入于胃中就会进入血液。

黄帝曰：辛走气，多食之，令人洞心，何也？少俞曰：辛入于胃，其气走于上焦，上焦者，受气而营诸阳者也，姜韭之气熏之，营卫之气不时受之，久留心下，故洞心。辛与气俱行，故辛入而与汗俱出。

黄帝说：辛味走气，多吃辛味，会令人心中空洞洞的，为什么？

少俞说：辛味进入胃里，它的气走上焦，上焦是禀受水谷精微之气来供养体表阳气的，葱、姜、蒜、韭菜的气味常常熏蒸上焦，使营卫之气也不时地受到影响，如果辛味长时间留在“心下”——胃脘部，就会有心中空洞的感觉。辛味与卫气一起运行，就会和汗一同散发出来，因为卫气是在体表运行的。

食入辛味就会发汗，汗为心之液，汗出必有心气泄出而心中空虚。

我想起小时候，有一日清晨在菜园中拔葱玩，那时还没有用早餐，因为顽皮就空着肚子把葱吃掉了，马上感觉心中空洞洞的，难受，吃了东西以后才好转。

黄帝曰：苦走骨，多食之，令人变呕，何也？少俞曰：苦入于胃，五谷之气，皆不能胜苦，苦入下脘，三焦之道皆闭而不通，故变呕。齿者，骨之所终也，故苦入而走骨，故入而复出，知其走骨也。

黄帝说：苦味走骨，吃太多苦味会让人呕吐，为什么？

少俞说：苦味进入胃中，五谷的气味都不能胜过苦味，苦味之气进入下脘后，那么三焦的通道都会闭塞不通，所以会呕吐。齿为骨之余——牙齿是露在外面的骨头，苦味经过牙齿进入胃中而走骨，又从齿门吐出来，所以说苦味是走骨的。

苦味的作用偏于沉降，故苦能沉入下脘。苦味吃多了能使三焦之道闭塞；苦味可以坚固肾精，多食苦就会坚之太过，所以三焦之道闭塞不通，下不通只能走上焦呕出，这是过食苦味导致呕吐的第一个原因；另一个原因，过食苦则脾燥太过，太过则涵养之力不足，又因脾主升清，故上逆为呕。

黄帝曰：甘走肉，多食之，令人悗心，何也？少俞曰：甘入于胃，其气弱小，不能上至于上焦，而与谷留于胃中者，令人柔润者也。胃柔则缓，缓则虫动，虫动则令人悗心。其气外通于肉，故甘走肉。

黄帝说：甘味走肉，多吃甘味会让人烦闷，为什么？

少俞说：甘味进入胃中，它的气比较弱小，不能向上运行到上焦，而是会与水谷一同留在胃里，甘味是让人胃变柔润的，胃柔润了气机运行就会缓慢，气行缓慢就会化湿生虫，寄生虫吃了甘味就在胃中扰动，扰动不安就会令人烦闷。甘味在外通于肌肉，因为甘味入脾，脾主肌肉，所以说甘味走肉。

总结一下，《五味论》主要讲的是过食五味会导致不同疾病：过食酸，会导致小便不通；过食咸，会导致口渴；过食辛，会导致洞心；过食苦，会导致呕吐；过食甘，会导致心中烦闷。五味导致发病的机理都与五味的功能、五味进入三焦五脏的路线有关系。值得注意的是“五味入于口也，各有所走，各有所病”，千万不能偏食、多食，否则就会导致疾病。

针刺的秘密

九种针具的神奇作用

我在开始介绍《黄帝内经》的时候就说过，《黄帝内经》分为《素问》和《灵枢》两部分，《素问》主要讲人体生命的基本理论及治病的基本原则，而《灵枢》主要讲针灸、经络等。《灵枢》最早叫《九卷》，到三国西晋时期皇甫谧把它叫作《针经》，直到唐代王冰才把它改为《灵枢》。灵枢是什么意思？字面意思是主宰生命的枢纽，也就是神气、灵气运行的通道，这个通道就叫经络。由此可见《灵枢》是讲经络和针灸的。

说到这里，你可能就问了：我又不能给人针灸，为什么要学经络和针灸呢？其实虽然很多人都不是医生，但是学一学还是很有好处的。第一，你可以了解自己生命的秘密，尤其是经络的秘密，这是西医里学不到的。第二，你可以了解一种特殊的、不用吃药就能治病的方法，就是针灸。千百年来的临床实践证明，针灸的疗效是可靠的、确切的。远的不说，就说最近几年，有关针灸治疗尿失禁、治疗偏头痛、治疗心绞痛的研究论文陆续在国际顶级医学期刊《美国医学会杂志》（*JAMA*）上发表，为国际科学界所认同。第三点，对我们普通朋友来说也是最重要的一点，就是学了以后可以养生、可以获得健康，我们自己可以按照经络、穴位进行艾灸、按摩、刮痧、导引，这些非药物疗法，不仅是治病的，更可以养生。如果说《素问》偏于理论，那么《灵枢》就是偏于应用的，学了《灵枢》我们自己是可以应用、可以实践的。

这一讲我们重点介绍九针，看一看是哪九种针，它们是什么形状，有什么用途，有什么疗效。还有针刺的时候要用什么手法，有什么注意事项，有什么禁忌。首先我们还是看原文——

黄帝问于岐伯曰：余子万民，养百姓，而收其租税。余哀其不给，而属有疾病。余欲勿使被毒药，无用砭石，欲以微针通其经脉，调其血气，营其逆顺出入之会。令可传于后世，必明为之法，令终而不灭，久而不绝，易用难忘，为之经纪，异其章，别其表里，为之终始。令各有形，先立《针经》。愿闻其情。

黄帝向岐伯发问：我将万民当作自己的子女，养育百姓，而向他们征收田赋税金。我哀怜他们生活不能自给，还不断生病。我想采用不服用药物、不使用砭石的治法，只用细小的针就可以疏通经脉，调理气血，使气血在经脉中能够顺利运行、出入往来，从而畅通融合，健康无病。为了让这种疗法在后世能代代相传，就必须制定出法则，使它永不失传；并且这个方法应该是容易运用又难以忘记的，要做到这一点，必须建立起纲纪，分出章节，区别表里，以确定气血周而复始的循环规律。同时还要把各种针具的形状及相应的用途加以说明，所以应该首先编写一部《针经》。我想听您说说这方面的想法。

岐伯答曰：臣请推而次之，令有纲纪，始于一，终于九焉。请言其道。小针之要，易陈而难入。粗守形，上守神。神乎神，客在门。

岐伯答道：请允许我按次序来一一陈述，使它条理分明，从一到九，我来说说九针的道理。——为什么要从一到九？因为这是天地万物的数理变化的次序规律，所以九针其实就是取了天地之极数。小针的要诀，说起来容易，但要达到精微的境界却很难。低劣的医生只是拘守有形的东西，高明的医生却能把握无形的神气。

“神乎神，客在门。”对这六个字，有很多种解释，但我认为这里主要是讲神的重要性，是说“神”是神奇的、神妙的，虽然没有形体，却是无所不在的，它会客居在人体的所有地方，在人体所有门户出入自如。《黄帝内经》讲的神不是神仙，也不是鬼怪，而是主宰人生命的精神、意念、意识、思维。如果这个神受伤了，那么人体的门户就关不住了，外邪就会侵入，人就会生病。所以高明的医生一定能体察出神妙的变化，看出疾病的本质。

刺之微，在速迟。粗守关，上守机。机之动，不离其空。空中之机，清静而微。

针刺的微妙，在于怎样运用快慢的手法。一般的医生仅仅死守四肢关节附近的固定穴位，而高明的医生却能观察经脉穴位的气机变化。经脉气机的循行，是不会离开孔穴的。孔穴所反映的气机变化，是至清至静、极其微妙的。

岐伯说的这段话主要是讲运用九针的关键是要用神。一般的医生只懂得在患者形体的穴位上下功夫，高明的医生却非常注重神志的专一。请大家记住：“粗守形，上守神”。

岐伯接着说——

凡用针者，虚则实之，满则泄之，宛陈则除之，邪胜则虚之。《大要》曰：徐而疾则实，疾而徐则虚。

大凡用针时，正气虚弱就要用补法，邪气盛实就要用泻法，有长久瘀血就要用泄血法，邪气亢胜就要用攻下法。《大要》说：慢慢进针而快速出针，并急按针孔是补法，能够使正气充实；反过来，快速进针而慢慢出针，不按住针孔是泻法。

虚实之要，九针最妙。补泻之时，以针为之。泻曰必持内之，放而出之，排阳得针，邪气得泄。按而引针，是谓内温，血不得散，气不得出也。补曰随之，随之意，若妄之，若行若按，如蚊虻止，如留如还。去如弦绝，令左属右，其气故止，外门已闭，中气乃实。

虚实补泻的要领，就在于九种针具的不同妙用。补或泻都可用针刺手法实现。所谓泻法，指的是要很快地持针刺入，得气之后，摇大针孔，转而出针，排出表阳，使邪气随针而出。针拔出来后不要按住针孔，如果出针时按闭针孔，邪气就会蕴积在里面，血气就不得疏散，起不到泻的作用。所谓补法，就是指顺着经脉循行的方向施针，要轻微，仿佛无其事，行针导气就像有蚊子停在皮肤上一样，似有似无。留针和出针时，更要像蚊子叮完皮肤悄然飞去，而感觉它仍停留在那一样。出针时，又如箭离弦，右手出针，左手马上按住针孔，让经气留住，等针孔闭合，中气就会充实了。这样就起到补充正气的作用。

“持针之道，坚者为宝。”持针的准则，以握针具坚实有力最为可贵。那么，到底是哪九种针具呢？岐伯说——

九针之名，各不同形。一曰镵（chán）针，长一寸六分；二曰员针，长一寸六分；三曰鍉（dí）针，长三寸半；四曰锋针，长一寸六分；五曰铍（pī）针，长曰四寸，广二分半；六曰员利针，长一寸六分；七曰毫针，长三寸六分；八曰长针，长七寸；九曰大针，长四寸。

九针之名，依据形状的不同而各有不同。第一种叫镵针，长一寸六分；第二种叫圆针，长一寸六分；第三种叫作鍉针，长三寸半；第四种叫锋针，长一寸六分；第五种叫作铍针，长四寸，宽二分半；第六种叫圆利针，长一寸六分；第七种叫毫针，长三寸六分；第八种叫作长针，长七寸；第九种叫作大针，长四寸。

九针如果按长短排列，最长的是长针（七寸），然后依次是大针、铍针（都是四寸）、毫针（三寸六分）、锃针（三寸半），还有四种针都是一寸六分，分别是镵针、圆针、锋针、圆利针。

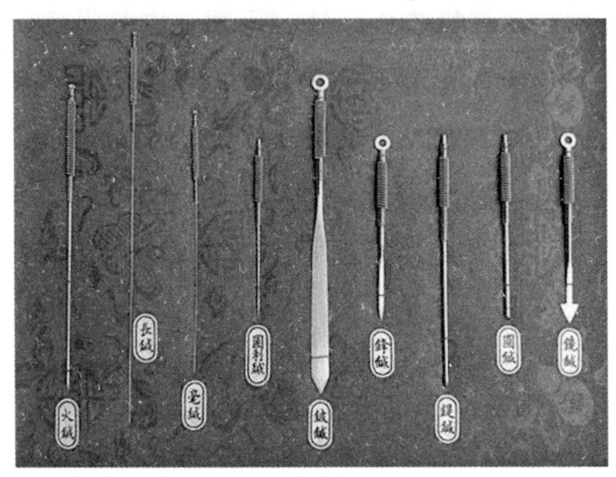

现代复原古代九针模型

九针的起源很早，传说是七千年以前的伏羲氏创造的。如三国西晋时期著名针灸学家皇甫谧在《帝王世纪》中就记载说："伏羲氏……乃尝味百药而制九针。"从历代古籍的记载和出土的古代针具可以看出，九种针具是随着人们对疾病认识的不断深入和冶炼技术的逐渐提高而不断改进的。

这九种针具有什么作用呢？——

镵针者，头大末锐，去泻阳气。员针者，针如卵形，揩摩分间，不得伤肌肉，以泻分气。锃针者，锋如黍粟之锐，主按脉勿陷，以致其气。锋针者，刃三隅，以发痼疾。铍针者，末如剑锋，以取大脓。员利针者，大如氂（máo），且员且锐，中身微大，以取暴气。毫针者，尖如蚊虻喙，静以徐往，微以久留之而养，以取痛痹。长针者，锋利身薄，可以取远痹。大针者，尖如梃，其锋微员，以泻机关之水也。九针毕矣。

镵针，针头大而针尖锐利，适于浅刺以泻肌表阳热。圆针，针形如卵，针尖是椭圆形的，适合于按摩肌肉，不会损伤肌肉，却能够疏泄肌肉的邪气。鍉针，针尖像黍粟米粒圆而微尖，适用于按压经脉，不会陷入皮肤内，可以导引正气，排除邪气。锋针，三面有刃，就是今天说的三棱针，可以用来治疗积久难治的疾病。铍针，针尖锐利如剑锋，可以用来刺痈排脓。圆利针，针尖如牦牛尾，圆而锐利，针的中部比较粗，可以用来治疗急性病。毫针，针尖很细像蚊子嘴，轻缓地刺入皮肉，轻微地持久留针，可以使正气得到补养，还可以治疗痹痛。长针，针尖锐利，针体细长，可以治疗时间已久的痹证。大针，针体较粗，针尖微圆，可用来泻去关节积水。九针的情况，大致就是如此了。

最后我要提一下，随着针灸学的发展，现代针灸学家在古代九针的基础上研制出了"新九针"，即镵针、铍针、锋钩针、三棱针、火针、梅花针、磁圆梅针、鍉针、圆利针、毫针、长针，丰富发展了九针的内容。有的是新研制的针具，比如梅花针、火针，有的虽然还用原来的名字，但实际已经改制成新型针具了，如毫针，和古代的毫针完全不同，它的针尖很细，一般可避开血管，针刺时少有出血。

用针的守神与补泻

这一讲我们讲《灵枢》的第三篇《小针解》，这一篇是对第一篇《九针十二原》中关于小针的内容的解释，所以叫"小针解"。它主要解释了四点内容：一是针刺的关键——守神与守机；二是针刺的原则——补不足而损有余；三是针刺的方法——根据邪气侵入人体不同部位针刺不同经脉；四是全面诊断，正确用针。

因为这一篇是解释，所以就没有用黄帝和岐伯问答的形式，而是直接进入主题。

首先是解释针刺的守神与守机，《九针十二原》说："小针之要，易陈而难入。粗守形，上守神。”

所谓易陈者，易言也。难入者，难著于人也。粗守形者，守刺法也。上守神者，守人之血气有余不足，可补泻也。神客者，正邪共会也。神者，正气也。客者，邪气也。在门者，邪循正气之所出入也。

所谓“易陈”，就是容易陈说。“难入”，就是难以深入。运用小针容易说却难以深入。“粗守形者，守刺法也。”粗浅的医生只能遵守刺法的形式。“上守神者，守人之血气有余不足，可补泻也。”高明的医者，可以根据病人的气血虚实情况来分别采用补法和泻法。“神乎神，客在门”是什么意思？这句是说正气与邪气共处于血脉之中，互相交争。“神”指正气，“客”指邪气。“在门”是指邪气循着正气所出入的门户侵入人体，内外上下，无所不至。

什么是“粗守关，上守机”？——

刺之微在数迟者，徐疾之意也。粗守关者，守四肢而不知血气正邪之往来也。上守机者，知守气也。机之动不离其空中者，知气之虚实，用针之徐疾也。空中之机清净以微者，针以得气，密意守气勿失也。

“刺之微在数迟者”是说针刺的微妙之处在于掌握进针出针的速度快慢。“粗守关”是指水平低的医者在针刺时仅仅会依据症状而在关节附近选取与症状相对应的穴位来治疗，却不懂气血盛衰和正邪的进退胜负情况。“上守机”是指高明的医者，能够观察并把握气机的变化规律，并顺势进行补泻治疗。“机之动不离其空中”是指气机的活动都会在腧穴中有所反映，所以可以根据诊察出来的气机变化采用徐疾补泻的手法。“空中之机清静以微”是指针下已经产生“得气”的感觉，此时要仔细地感受气的往来运行情况，要守住这个“气”，只有这样才不致错过针刺的时机。

这一篇提出了针灸中的一个重要概念“得气”。“得气”这个概念最早就出现在这篇文章中。那么得气是什么意思呢？“得气”又称“气至”，就是现在我们说的“有针感”。这是针刺有效的关键。那么医者与患者如何判断是否得气了呢？针刺穴位后，患者如果有酸、麻、胀、痛或有蚁走样、触电样、烧灼样、温热样、吹风样的感觉，部分患者还会有不同程度的感应扩散与传导，这些就说明已经得气了。医者进针后，如果感觉针下沉紧，针处皮肤略紧、微微凸起，如鱼上钩的感觉，就证明得气了。临床表明，如果得气迅速，则疗效较好；如果得气缓慢或不明显，则疗效较差；如果感觉没有得气，一般就没有效果。

什么是补？什么是泻呢？接着往下看——

其来不可逢者，气盛不可补也。其往不可追者，气虚不可泻也。不可挂以发者，言气易失也。扣之不发者，言者不知补泻之意也，血气已尽而气不下也。

“其来不可逢”是指邪气正盛时，切不可迎其势采用补的手法。“其往不可追”是指邪气已去正气仍虚时，不可使用泻法，以免真气泄脱。“不可挂以发”是指针下产生得气的感觉，就应该及时地运用针刺手法且不能有差池，因为这种得气的感觉是很容易消失的。“扣之不发”是指不懂得要根据气机的虚实变化抓住时机进行补泻，而使得血气耗损，邪气不能被祛除。——也就是说，邪气旺盛时要用泻法，正气虚弱时要用补法。

这是说要按照虚实来补泻，而虚实往往是和逆顺连在一起的——

知其往来者，知气之逆顺盛虚也。……往者为逆者，言气之虚而小，小者逆也。来者为顺者，言形气之平，平者顺也。明知逆顺，正行无问者，言知所取之处也。迎而夺之者，泻也。追而济之者，补也。

“知其往来”就是能够知道气的往来运行，了解气机的逆顺盛衰情况。“往者为逆”是指经气已去，脉中的气就变得虚弱，虚弱叫作逆。“来者为顺”是指经气渐来时，形气平和，平和的叫作顺。“明知逆顺，正行无问”是指倘若明白了气机的顺逆就可以毫无疑问地选穴针刺了。“迎而夺之，泻也”是说迎着来的方向而进针，这是泻法。“追而济之，补也”是说追着去的方向而下针，这是补法。

所谓虚则实之者，气口虚而当补之也。满则泄之者，气口盛而当泻之也。宛陈则除之者，去血脉也。邪胜则虚之者，言诸经有盛者，皆泻其邪也。

徐而疾则实者，言徐内而疾出也。疾而徐则虚者，言疾内而徐出也。言实与虚若有若无者，言实者有气，虚者无气也。察后与先若亡若存者，言气之虚实，补泻之先后也，察其气之已下与常存也。为虚与实若得若失者，言补者佖（bì）然若有得也，泻则怳（huǎng）然若有失也。

所谓“虚则实之”是说当寸口部位（就是我们看到中医把脉的部位）出现了虚弱的脉象时，就当用补的针法，以充实正气。“满则泄之”是说当寸口出现满盛的脉象时，应当用泻的针法，以泻除邪气。“宛陈则除之”是指用泻法来排除血脉中久积的病邪。“邪胜则虚之”是说经脉中邪气亢盛应当用泻法，使邪气外泄。

“徐而疾则实”是说缓慢地进针而快速地出针，这属于补法，可以补益正气。“疾而徐则虚”是说疾速地进针而缓慢地出针，这属于泻法，可以泄除邪气。“言实与虚若有若无”是说所谓虚与实，指的是针下有得气感的属于实，没有得气感的属于虚。“察后与先若亡若存”是指必须根据各条经脉的虚实以及邪气是退了还是尚存，来决定针刺时先用补法还是先用泻法。“为虚与实若得若失者，言补者佖然若有得也，泻则怳然若有失也”，是指用补法就要使患者感觉到正气充实似有所得（佖然，满足的样子），用泻法就要使患者感到轻松而似其病状有所失（怳然，失落的样子）。

要注意的是，补泻手法在《黄帝内经》中说了很多种，这些在上文中已经提到过。本篇主要讲的是徐疾补泻法。从文中可以知道，“徐而疾则实者，言徐内而疾出也。疾而徐则虚者，言疾内而徐出也”，就是进针慢、出针快为补，进针快、出针慢为泻。但是《素问·针解》却认为“徐而疾则实者，徐出针而疾按之；疾而徐则虚者，疾出针而徐按之”，意思是慢慢出针，出针后立马按压住穴位的属于补法；很快出针而不用按压的属于泻法。看似两者有些矛盾，但因第二种是属于开阖补泻法，因此两者实际上并不冲突。

到底什么可以称为补，什么可以称为泻？本文中也给出了明确的衡量标准，即“补者佖然若有得也，泻则怳然若有失也”。要以患者的感觉作为标准。无论是使用哪一种方法，只有患者主观可以感受到“有得”时，才可以称为是补法，患者自觉“有失”时才能称为是泻法。这也是检验医者手法是否准确的金标准。

接着解释了不同的邪气侵犯人体的不同部位，应该针刺不同的经脉。比如——

夫气之在脉也，邪气在上者，言邪气之中人也高，故邪气在上也。浊气在中者，言水谷皆入于胃，其精气上注于肺，浊溜于肠胃，言寒温不适，饮食不节，而病生于肠胃，故命曰浊气在中也。清气在下者，言清湿地气之中人也，必从足始，故曰清气在下也。针陷脉则邪气出者，取之上。针中脉则浊气出者，取之阳明合也。

所谓“气之在脉，邪气在上”，就是说邪气侵入人体经脉后，风寒邪气一般先在头部发作，所以说邪气在上。“浊气在中”是说人食水谷，都是先入于胃，胃消化后经脾上输于肺，然后借着肺宣发肃降的功能，供应全身精微，其中一些浊气就滞留在肠胃，如果此时对寒温变化无法适应，或者饮食不节，就会导致肠胃发生疾病，所以说浊气在中。“清气在下”是指清冷潮湿的地气侵入人体后，多从足部开始发病，所以说“清气在下”。“针陷脉则邪气出”意思是风热等邪气侵袭人体上部，在头部发病时，应该根据外邪所侵的经脉在头部取穴治疗。“针中脉则浊气出”是指肠胃中的浊气引发的疾病，应该取用中土阳明胃经上的穴位进行治疗。

这一篇的最后还解释了要全面诊断疾病、正确运用针刺，否则就会误诊误治，带来严重的后果。

邪气侵入脏腑的针刺治疗

我们都知道当外在的邪气侵入人体就会导致发病，那么邪气侵入人体的不同部位会导致什么样的疾病呢？这一讲我们要学习《灵枢》的《邪气脏腑病形》就回答了这个问题。从题目上我们可以看出这一篇是讲邪气侵入人体脏腑，五脏六腑受到邪气侵袭以后的疾病形态。全篇可以分为三大部分，第一部分讲邪气侵入脏腑会发什么病，第二部分讲了怎么诊断，第三部分讲了怎么用针刺治疗，逻辑非常清晰。

我们先看第一部分——

黄帝问于岐伯曰：邪气之中人也奈何？岐伯答曰：邪气之中人高也。黄帝曰：高下有度乎？岐伯曰：身半已上者，邪中之也；身半已下者，湿中之也。故曰，邪之中人也，无有常，中于阴则溜于府，中于阳则溜于经。

黄帝问岐伯说：外邪侵袭人体的情况是怎样的呢？

岐伯回答说：外邪伤人，大多数会侵袭人体的上部。

黄帝说：邪气侵袭人体部位的高低上下，有一定的规律吗？

岐伯说：上半身发病的，是受了风寒等外邪侵袭所致；下半身发病的，是受湿邪侵袭所致。——风邪伤人时多伤于上部，这个我们在生活中也都有体会，比如洗澡后，头发未干又遇上刮风的天气，就容易犯头疼病。而湿邪就不同了，因为湿性重浊黏滞，侵犯人体后就会表现在人体的下部，生活中常见的有双脚水肿的情况。一般的规律如此，但也不是绝对的，因为邪气的传变还需要一个过程，所以说：外邪侵袭人体，没有固定的部位。外邪侵袭阴经，会流传到属阳的六腑；外邪侵袭阳经，会流传到本条经脉循行的通路上，引起发病。

黄帝曰：阴之与阳也，异名同类，上下相会，经络之相贯，如环无端。邪之中人，或中于阴，或中于阳，上下左右，无有恒常，其故何也?

黄帝说：阴经和阳经，虽然在名称上有所不同，但是都属于同样的经络系统，是运行气血的通道，它们在人体的上部或下部相交接，经络之间彼此贯通，好像圆环一样没有端点，循环往复。外邪侵袭人体，有的侵入阴经，有的侵入阳经，或上、或下、或左、或右，没有固定的部位，这是什么道理呢?

岐伯曰：诸阳之会，皆在于面。中人也方乘虚时，及新用力，若饮食汗出腠理开，而中于邪。中于面则下阳明，中于项则下太阳，中于颊则下少阳，其中于膺背两胁亦中其经。

岐伯说：手足三阳经的会合之处，都聚集在头面部。邪气侵袭人体，往往是在人体有虚可乘的时候，如人劳累过度，或者因吃饭而出汗以致腠理开泄，就容易被邪气侵袭。邪气侵袭面部，就由此下行到足阳明胃经；邪气侵袭项部，就由此下行到足太阳膀胱经；邪气侵袭颊部，就由此下行到足少阳胆经。如果外邪直接侵袭前面的胸部、后面的脊背以及两侧的胁肋部，也会分别下行到上述的三阳经，并在这些经络上发病。

黄帝曰：其中于阴奈何？岐伯答曰：中于阴者，常从臂胻（héng）始。夫臂与胻，其阴皮薄，其肉淖泽，故俱受于风，独伤其阴……故中

阳则溜于经，中阴则溜于腑。

黄帝问：外邪侵袭阴经的情况是怎样的？

岐伯回答说：外邪侵袭阴经，常常从手臂或小腿的内侧开始。因为手臂和小腿的内侧皮肤较薄，肌肉也比较柔润，所以全身各处同样受到风邪侵袭，而这些部位却最容易受到伤害。……如果邪气侵袭阳经，会直接在本经上发病；而邪气侵入阴经，如果五脏之气充实，邪气会传到与五脏相表里的六腑而发病。

黄帝进一步发问——

黄帝曰：邪之中人，其病形何如？岐伯曰：虚邪之中身也，洒淅动形。正邪之中人也微，先见于色，不知于身，若有若无，若亡若存，有形无形，莫知其情。

黄帝问：外邪侵袭人体，其表现出来的病情是怎样的？

岐伯说：虚邪侵袭人体，病人会有恶寒颤栗的病象。正邪侵袭人体，发病比较轻微，刚开始会表现在气色上和正常人有所不同，而身体上没有什么感觉，好像有病，又好像没病，好像病邪已经消失，又好像能感受到病邪的存在，表面上有一些病象表现出来，但又好像毫无形迹，所以说不容易知道他的病情。

什么是正邪？就是指正常的自然气候。本来正常气候是不会使人生病的，可是如果是在人体劳累出汗的时候侵入人体，也会造成人体的不适，不过不会导致什么严重的病，所以称为“正邪”。与正邪相对的是“虚邪”，也就是虚邪贼风。虚邪是指四时不正常的邪气，虚邪导致的疾病就比较严重了。

接下来黄帝和岐伯就讨论第二个大问题：怎样才能诊断脏腑的疾病？岐伯提出来“色脉与尺相应”的方法，也就是观察面色、切寸口脉和观察尺肤三者相配合进行诊断的方法。尺肤在哪里？我们前面已经讲过，就是前臂内侧，也就是从手腕横纹到肘横纹这样一段皮肤。三者结合起来诊断疾病就会收到立竿见影的效果，是不会出差错的。

接下来黄帝和岐伯重点讨论了五脏之脉出现缓、急、小、大、滑、涩六种脉象分别对应的病证。以心脉为例——

心脉急甚者为瘛疭（chì zòng），微急为心痛引背，食不下。缓甚为狂笑，微缓为伏梁，在心下，上下行，时唾血。大甚为喉吤（jiè），微大为心痹引背，善泪出。小甚为善哕（yuě），微小为消瘅（dān）。滑甚为善渴，微滑为心疝引脐，小腹鸣。涩甚为喑；微涩为血溢、维厥、耳鸣、颠疾。

心脉很急的，会手足抽搐；心脉微急的，会心痛而牵引后背，饮食不下。心脉很缓的，会神散而狂笑不休；心脉微缓的，是气血凝滞成形伏于心胸之下而发生的伏梁病，会出现滞塞感，或上或下，能升能降，有时会唾血。心脉很大的，喉中会感觉有物阻塞；心脉微大的，会发生心痹病，心痛牵引肩背，并常常流泪。心脉很小的，会感觉呃逆时作；心脉微小的，是多食善饥的消瘅病。心脉很滑的，血热而燥，会经常口渴；心脉微滑的，会出现热在于下的心疝，牵引肚脐周围疼痛，并且会有小腹部的肠鸣。心脉很涩的，会嗓子喑哑而不能说话；心脉微涩的，会出现血溢、四肢逆厥、耳鸣以及癫疾等头部疾病。

岐伯还对肺、肝、脾、肾的六种脉象对应的病证一一作了分析。总的来说——

诸急者多寒；缓者多热；大者多气少血；小者血气皆少；滑者阳气盛，微有热；涩者多血少气，微有寒。

凡是脉象急的大多是寒性病；脉象缓的大多是热性病；脉象大的病证，多属于气有余而血不足；脉象小的病证，多属于气血都不足；脉象滑的病证，多属于阳气盛实而微有热；脉象涩的病证，多属于血有余，阳气不足而微有寒。

最后黄帝和岐伯讨论了对疾病的针刺治疗问题。对六种脉象对应的疾病，应该怎样针刺呢？——

是故刺急者，深内而久留之。刺缓者，浅内而疾发针，以去其热。刺大者，微泻其气，无出其血。刺滑者，疾发针而浅内之，以泻其阳气而去其热。刺涩者，必中其脉，随其逆顺而久留之，必先按而循之，已发针，疾按其痏（wěi），无令其血出，以和其脉。诸小者，阴阳形气俱不足，勿取以针，而调以甘药也。

所以在针刺治疗脉象急的病证时，要深刺并长时间留针。在针刺治疗脉象缓的病证时，要浅刺并迅速出针，从而使热邪随针外泄。在针刺治疗脉象大的病证时，要微泻其气，但不能出血。在针刺治疗脉象滑的病证时，进针后要迅速出针，且进针也要较浅，以疏泄体表的阳气而宣散热邪。在针刺治疗脉象涩的病证时，针刺必须刺中病人的经脉，并且随着经气的运行方向行针，还要长时间留针，在针刺前先按摩经脉的循行通路，使其气血流通，从而有利于经气的运行，出针后，更要迅速地按住针孔，不使其出血，这样可使经脉中的气血调和。至于各种脉象小的病证，因其阳虚阴弱，气血都不足，所以不适宜用针法治疗，应使用甘药来进行调治。

对脏腑疾病应该选用什么穴位针刺呢？这一篇提出来一个重要方法："荥治外经，合治内府。"就是说五输穴中的荥穴、输穴适合治疗体表和经脉上的病变，合穴适合治疗内腑的病变。为什么？因为荥穴、输穴是五输穴中的第二、第三个穴位，脉气比较浮；合穴是五输穴中的最后一个穴位，脉气比较深。所以六腑疾病多"取之于合"。"合治内腑"这是一个非常重要的针刺选穴的方法。

六腑的合穴在哪里呢？胃的合穴在足三里穴，大肠的合穴在曲池穴，小肠的合穴在小海穴，三焦的合穴在天井穴，膀胱的合穴在委中穴，胆的合穴在阳陵泉穴。

最后岐伯强调针刺这些穴位，“必中气穴，无中肉节”，一定要刺中它们的穴位，不可刺到皮肉或骨节相连的地方。

体质与针刺

这一讲我们来学习《灵枢》第六卷最后的三篇，这三篇都是有关针灸治疗的。先看《逆顺肥瘦》，这一篇黄帝和岐伯讨论了不同年龄、不同体质的人所适用的针刺方法。“逆顺”，就是人体经脉气血循行的顺正和邪逆；“肥瘦”，就是胖瘦，是指不同体质的人。岐伯说——

圣人之为道者，上合于天，下合于地，中合于人事，必有明法，以起度数，法式检押，乃后可传焉。

圣人所总结的道理，对上符合天道，对下符合地道，对中符合社会人事，一定要有明确的法则来确立分寸标准、程序规范，然后才能传之后世。

就针刺之道而言，针刺要有法则、规矩，针刺之道要根据经脉的顺和逆，以及各人气血情况的不同来采取最佳的治疗方法。针刺之道必须遵从自然之道。自然之道是什么呢？岐伯做了如下比喻——

临深决水，不用功力，而水可竭也；循掘决冲，而经可通也。此言气之滑涩，血之清浊，行之逆顺也。

在水的深处决堤放水，不必耗费大的气力，就能把水放完。循着地下洞穴疏通地道，就能使水流通畅无阻。这个道理在人体就是：气有滑涩之分，血有清浊之别，而气血运行有逆有顺，治疗时应当顺应人体气血运行的自然规律。

黄帝曰：愿闻人之白黑肥瘦小长，各有数乎？岐伯曰：年质壮大，血气充盈，肤革坚固，因加以邪，刺此者，深而留之，此肥人也。广肩腋项，肉薄厚皮而黑色，唇临临然，其血黑以浊，其气涩以迟，其为人也，贪于取与，刺此者，深而留之，多益其数也。

黄帝说：希望听您讲讲人的肤色黑白、形体胖瘦、年龄长幼，在针刺时，是否有不同的标准？

岐伯说：身体强壮的壮年人，气血充盛，皮肤致密，由于感受病邪而治疗，所以针刺时应采用深刺法并且留针时间要长，这是肥壮的人的标准。肩腋部宽阔，肌肉薄、皮肤厚且颜色偏黑，口唇肥大的人，他们的血液发黑而浑浊，气的运行滞涩缓慢，性格争强好胜，对这种人，针刺时应刺得深而留针时间长，并增加针刺的次数。

这是形体太过之人、肥胖之人的针刺方法。形体太过，往往与水湿泛滥有关。水气太过，气的运行滞涩，气道不通畅，得气就缓慢，所以针刺时间要长，要深刺、久刺，还要增加针刺次数。

那么，针刺瘦人又要用什么方法呢？岐伯回答——

瘦人者，皮薄色少，肉廉廉然，薄唇轻言，其血清气浊，易脱于气，易损于血，刺此者，浅而疾之。

瘦的人，皮肤薄而血色浅淡，肌肉消瘦，嘴唇薄，说话声音轻，他的血液清稀而气机滑利，气容易虚脱，血容易消耗，因此针刺这样的人应浅刺而快速出针。

这是气血不足之人的针刺方法。针刺作为一种治疗方法，它也会对人体之气造成一定的消耗。因此对这种人针刺，需要浅刺并且快速出针。

那么，针刺常人——普通人又要采用什么方法呢？岐伯说——

视其白黑，各为调之，其端正敦厚者，其血气和调，刺此者，无失常数也。

要根据其肤色的黑白分别进行调治，对于端正敦厚的人，因其血气调和，针刺时别违背常规。

对于骨骼坚实、肌肉结实的壮士，如果是稳重不好动的，说明他的气机运行比较滞涩缓慢，所以要深一点针刺而长时间留针，并增加次数；如果是轻劲好动的，说明他的气血流动比较滑利、血液清稀，所以应当浅刺并且迅速出针。

对于婴儿怎么针刺呢？岐伯说——

婴儿者，其肉脆血少气弱，刺此者，以毫针，浅刺而疾发针，日再可也。

婴儿的肌肉脆薄，血少气弱，应当用毫针浅刺而迅速出针，一天可以针刺两次。

总之，针刺之道就是要随其自然——顺应气血的强弱来调整针刺的用法。

再看《血络论》，血络就是瘀血的络脉。这一篇主要讲述了对瘀血的络脉进行针刺所出现的八种不同情况，并分析了产生这些情况的原因。

一开篇黄帝就问了“愿闻其奇邪而不在经者”，他希望听岐伯讲讲奇邪不在经脉的情况。岐伯说：这就是血络。什么意思？我们都知道络脉在外面，经脉在里面。血络就是在皮肤表面的络脉瘀血，被堵住了，外邪停滞在这里，不能深入到经脉了。

那么，针刺瘀血的络脉，病人会发生哪些情况呢？岐伯一一做了分析。简单说主要有八种情况：

针刺放血有的使病人昏厥，有的血出呈喷射状，有的血量少但色黑浓稠，有的血质清稀且其中一半像水液，有的起针后局部肿起，有的无论出血多少都面色苍白，有的拔针后面色虽然不变但胸中烦闷，有的虽然出血很多但没有什么不适应。岐伯主要是从经脉之气血的盛和虚、阴阳的相合和相离的角度进行分析。

最后，我们看《阴阳清浊》，这一篇主要讲述了人体清气与浊气的生成来源、具体分类、输注部位，还有针对清浊属性的不同应当采用什么针刺方法。

黄帝曰：余闻十二经脉，以应十二经水者，其五色各异，清浊不同，人之血气若一，应之奈何？岐伯曰：人之血气，苟能若一，则天下为一矣，恶有乱者乎。黄帝曰：余问一人，非问天下之众。岐伯曰：夫一人者，亦有乱气，天下之众，亦有乱人，其合为一耳。

黄帝说：我听说人体的十二经脉，与地上的十二条河流对应，这十二条河流的颜色有青、赤、黄、白、黑五种颜色，有的清，有的浊，但人的气血却是一样的，怎么说二者相应呢？

岐伯说：如果人的气血都是一样的，那么天下万物也可以说是一样的了，怎么还会混乱呢？

黄帝说：我问的是一个人的气血情况，并不是问天下的众人。

岐伯说：一个人体内有逆乱之气，和天下众人有逆乱之人是一样的，都是一个道理。

岐伯说“人有乱气，众有乱人”，乱气指的是人体内清气与浊气升降间出现的异常，是一种反常状况。具体地说——

受谷者浊，受气者清。清者注阴，浊者注阳。浊而清者，上出于咽。清而浊者，则下行。清浊相干，命曰乱气。

饮食谷物所化生的是浊气，呼吸的空气所化生的是清气。清气注入属性为阴的五脏，浊气注入属性为阳的六腑；浊气中的清气，向上出于咽部；清气中的浊气，则向下运动。如果清气和浊气相互扰乱而不能正常地升降，就叫乱气。

可见清气在这里指的是人呼吸所化生的人身之气，浊气指的是食物所化生的人身之气。古人在将事物进行阴阳的划分时，往往将趋向上的、趋向大的、趋向光明的事物划分为阳，而将趋向下的、趋向小的、趋向阴暗的事物划分为阴，呼吸是与天之气有关的，空气是轻的、透明的，与阳的性质一致，因此称它所化生的气为清气；而饮食吃下的谷物，是与大地有关的，是实质的，更偏向阴的性质，因此称它化生的气为浊气。清气注入五脏，为五脏所收藏；浊气注入六腑，为六腑所排泄。

夫阴清而阳浊，浊者有清，清者有浊。

清者上注于肺，浊者下走于胃。胃之清气，上出于口，肺之浊气，下注于经，内积于海。

清气注入阴，浊气注入阳，浊气中有清气，清气中有浊气。

清气向上输送到肺，浊气向下进入到胃。胃中水谷化生的清气部分，上出于口；肺中清气所含的浊气部分，可向下注入经脉之中，并且在内积聚于气海。

这是对人体之气的清浊做了进一步划分，好像阳中又分出阴阳，阴中又分出阴阳，也就是两仪分出四象。其中，浊气的轻清部分，会上行至口；清气的重浊部分，积聚在气海。

气海究竟指哪里？气海有两个，一上一下，也就是上气海膻中穴，下气海下丹田关元穴，我认为这里应该指下气海下丹田。

在六腑中，手太阳小肠接受的浊气最多；在五脏中，手太阴肺接受的清气最多。那么，对于清浊之气，应当怎样治疗呢？岐伯说——

清者其气滑，浊者其气涩，此气之常也。故刺阴者，深而留之；刺

阳者，浅而疾之；清浊相干者，以数调之也。

清气的性质是滑利的，浊气的性质是滞涩的，这是清浊气的属性。因此针刺浊气引起的病变，应当深刺而长时间留针；针刺清气引起的病变，应当浅刺而快速出针。要是清气与浊气相互干扰而导致升降失常，就应当根据具体情况采取适当的方法进行治疗了。

人的针刺感有不同

不知道大家扎过针灸没有，扎针时你有没有胀、麻、酸等感觉？有的人有明显的感觉，不仅扎针的这个地方发麻，而且延伸出去一道线都会发麻，这道线就是经络。但有的人就没有胀、麻的感觉。这究竟是怎么回事呢？我们今天要学习的这一篇就告诉你这个秘密。这一篇就是《灵枢》的《行针》，它主要讲述了针刺出现的六种情况：有的人先于针刺就得气，有的人针刺之后马上得气，有的人起针后得气，有的人多次针刺后才得气。这是四种得气的情况，还有两种针刺的不良反应：一种是气机紊乱，一种是疾病加剧。

这些究竟是什么原因造成的呢？请听黄帝的发问——

黄帝问于岐伯曰：余闻九针于夫子，而行之于百姓，百姓之气血各不同形，或神动而气先针行，或气与针相逢，或针已出气独行，或数刺乃知，或发针而气逆，或数刺病益剧。凡此六者，各不同形，愿闻其方。

黄帝向岐伯请教说：我从您那里学习了九针，并在百姓身上运用，百姓的气血有盛有衰，体质各不相同，有的人心神敏感，还没下针就有了针感；有的一进针马上就有针感；有的出针后获得针感；有的需要多次针刺才有针感；有的下针后出现气逆的不良反应；有的经过多次针刺，病情反而加重。这六种情况，各不相同，希望听您讲解一下其中的道理。

这里说的针感，也叫“得气”。得气，就是针刺部位产生经气的感应。得气之时，医者手下的针会有沉紧之感，如鱼咬钩，而患者会在被刺的部位产生酸、麻、胀、痛等感觉。这里讨论的六种得气现象，主要是指患者自身的感觉，其中前四种从还没有下针就有针感，到下针当时就有针感，到出针后有针感，到下针多次才有针感，其针感的灵敏程度是逐渐降低的。产生针感的源头是人体之气的运动，气不可触摸，无形无色，在经隧通道中循环流转不休，气之中有阴有阳，而正是阴阳之气的多寡之不同，决定了个体对针刺的灵敏程度：阳气多的，气行就迅速流利，得气就快；阴气多的，气行就相对滞涩，得气就慢，甚至起针之后，因针刺而抟聚的气还需要一定时间来散开。这前四种情况是病人自身原因，但后两种情况“或发针而气逆，或数刺病益剧”，有的下针后出现气逆、气机紊乱；有的经过多次针刺，病情反而加重，则是医生造成的，是针刺不正确的原因。

岐伯曰：重阳之人，其神易动，其气易往也。黄帝曰：何谓重阳之人？岐伯曰：重阳之人，熇（hè）熇高高，言语善疾，举足善高，心肺之脏气有余，阳气滑盛而扬，故神动而气先行。

岐伯回答：重阳的人，他的心神灵敏，针感容易出现。

黄帝说：什么是重阳的人？

岐伯回答：重阳的人，勇武气盛，言语迅速，走路高抬足，这是心肺脏气有余，阳气运行滑利、充沛、激扬的表现，所以心神稍有触动，就会出现反应。

这里讨论了重阳之人得气敏锐的原因。重阳之人，指的是阳气旺盛之人。心肺在五脏中属阳，阳盛之人心肺之气有余，阳主动，阴主静，因为阳气盛，所以他的神思与气行也十分敏捷迅速。这种敏捷也反映在得气的速度上，当医者选好穴位，还未下针之时，他的心神就已经萌动，而气也就随之流行到了将要针刺的穴位，因此针刺前，自身就会有得气感。

黄帝曰：重阳之人而神不先行者，何也？岐伯曰：此人颇有阴者也。

黄帝说：有的重阳的人，并没有心神灵敏的表现，这是为什么呢？

岐伯回答：这类人阳气中有少许阴气。

这些人虽然同样属于阳盛之体，心思却并不十分敏锐，那是因为其阴气相对纯阳盛之人来说偏多，阴气迟滞钝缓，从而影响了阳气迅捷的性质。心为阳中之阳，心藏神，在志为喜，重阳之人多喜悦；肝为阴中之阳，肝藏魂，在志为怒，所以阴气多就会容易愤怒。对于有一些阴气的重阳之人来说，阴阳自相结合而难以分离，那么阳气就无法十分快速地作出反应。

黄帝曰：何以知其颇有阴者也？岐伯曰：多阳者多喜，多阴者多怒，数怒者易解，故曰颇有阴，其阴阳之离合难，故其神不能先行也。

黄帝问：怎样才能知道有阴气呢？

岐伯回答：阳气多的人常常喜悦，阴气多的人经常发怒。总爱发怒但怒气容易消解，这就是阳中有阴气的表现，阳中有阴，难免阳受阴滞，阴阳不容易分开，所以心神不能有灵敏的表现。

黄帝曰：其气与针相逢奈何？岐伯曰：阴阳和调，而血气淖泽滑利，故针入而气出，疾而相逢也。

黄帝问：一进针马上就有针感是怎么回事呢？

岐伯回答：阴阳调和的人，其血气湿润滑利，所以进针后气感就出现了，迅速地随针而至。

下针便有针感的人，其气血特征是阴阳之气调和。有一点值得我们注意，针感的产生，并不只靠阳气的运动，而是有“气”到了针刺部位。这个气可以是阳气，也可以是阴阳结合之气。那么为什么不能只是阴气呢？因为阴气的性质是下降的、安静的，所以必须靠阳气带动它上升。阴阳调和的人，阳气不会过分活跃，阴气不会过分沉潜，所以针感会在下针之时，适时出现。

黄帝曰：针已出而气独行者，何气使然？岐伯曰：其阴气多而阳气少。阴气沉而阳气浮。沉者内藏，故针已出，气乃随其后，故独行也。黄帝曰：数刺乃知，何气使然？岐伯曰：此人之多阴而少阳，其气沉而气往难，故数刺乃知也。

黄帝问：有的人出针后获得针感，是什么气促使他这样的呢？

岐伯回答：这类人是阴气多而阳气少，阴气主沉潜，阳气主上浮。阴气多的，气多沉潜收敛，因此针刺反应缓慢，出针后，阳气才随针上浮，单独出现针感。

黄帝问：多次针刺才有反应，是什么气促使他这样的呢？

岐伯回答：这类人阴气重而阳气少，阴气沉缓滞涩，阳气沉伏在内，很难向上升，所以气血难以往复，就很难出现针感，所以需要多次针刺才有反应。

这一节讨论了两种阴多阳少所引起的针感迟缓，一是起针之后才有针感，二是多次针刺才有针感。第一种阴多阳少，造成阴阳难以结合，所以要在起针之后才有微阳之气随针外泄，产生针感。第二种阴多阳少，造成阴阳都深深潜伏在体内，气机难以升浮，所以要多次针刺才会获得针感。

还有两种不良反应又是怎么回事呢？——

黄帝曰：针入而气逆者，何气使然？岐伯曰：其气逆与其数刺病益甚者，非阴阳之气浮沉之势也，此皆粗之所败，工之所失，其形气无过焉。

黄帝问：进针后发生气逆，是什么气促使这样的呢？

岐伯回答：针刺后发生气逆与多次针刺造成病情加重的，并不是由阴阳的盛衰和浮沉状态引起的，这都是那些医术不精、技艺不纯的人治疗失误造成的，与形气无关。

岐伯指出针刺后不良反应的出现，究其原因在于医生而不在于患者。如果针刺的医生水平低下，没有采取正确的治疗或者运针方法，那么针刺反而会伤害到患者的身体。像重阳之人，其阴气本来就少，如果针刺不当，就容易伤害到其阴气，造成阴气的亡失；阴多阳少的人，微阳容易自针孔外泄，如果不懂得防护，就会造成阳气的流失。这些情况，都会导致患者疾病的进一步加重，或者导致患者出现气机的紊乱。

总之，这一篇《行针》是《黄帝内经》讲针刺反应最全面、最深入的一篇。除了医生误治导致的两种不良反应外，这一篇明确解答了患者在针刺后出现的四种不同反应，根本的原因就是不同体质的人体内阴阳之气有着多与少的差异。阳气盛的人，气行迅疾，容易得气，往往在下针之前，要针刺的部位就会获得针感；阴气盛于阳气的人，阳气升浮腾跃之性被压制，因此得气就缓慢。无论是得气太快还是得气太慢都不是最佳状态，只有阴阳调和，气血平顺，“适时得气”，才是最佳状态。

用针的理与法

这一讲我们开始学习《灵枢》的第十一卷，这一卷有五篇文章，其中有两篇是讲针刺的，那就是第七十三篇《官能》和第七十五篇《刺节真邪》。这一讲就讲一讲这两篇。

先讲《官能》，这一篇主要讲了“用针之理”和“用针之法”，也就是针灸治病的道理和方法。

这一篇讲针灸之理，内容很多，我把它概括一下，主要有四个“明”，第一是“明人体”，要明白人体的结构功能，包括脏腑、经络、腧穴、气血运行等。

用针之理，必知形气之所在，左右上下，阴阳表里，血气多少，行之逆顺，出入之合，谋伐有过。知解结，知补虚泻实，上下气门，明通于四海，审其所在，寒热淋露，以输异处，审于调气，明于经隧，左右支络，尽知其会。

用针灸治病的道理，一定要知道形气所处的位置，身体上下左右都是什么，还要明白阴阳表里关系，气血的多少，经脉运行的顺逆方向，出入离合的位置，这样才能攻克病邪。还要知道如何解除积聚，虚证如何补，实证如何泻，了解气机的上下，明通四海之理（《海论》：髓海、血海、气海、水谷之海），审察虚实所在，辨别寒热久病，了解荥输区别，还要详细审察，调节气机，对于经脉、左右的支络，也都要知道其关键所在。

明于五输，徐疾所在，屈伸出入，皆有条理。言阴与阳，合于五行，五脏六腑，亦有所藏。

要明白五输穴的位置所在、脉气运行的徐急、经络的屈伸出入，这些都是有条理的。要明白阴阳五行的对应关系，五脏六腑各有所藏。

第二是“明诊断”，要能区分寒热、虚实——

寒与热争，能合而调之，虚与实邻，知决而通之，左右不调，把而行之，明于逆顺，乃知可治，阴阳不奇，故知起时。审于本末，察其寒热，得邪所在，万刺不殆。

寒热相争，要有能力去调和它；虚实夹杂，要抓住要点去解决它；左右不协调，要把握机会治疗；明白疾病的逆顺，才知道能否治疗；阴阳不偏，才知道疾病何时产生。详细地审察疾病的本末、寒热、病邪所在，再去针刺治疗才不会发生错误。

察其所痛，左右上下，知其寒温，何经所在。审皮肤之寒温滑涩，知其所苦。膈有上下，知其气所在。

要根据疼痛部位，是在左还是在右，在上还是在下，来了解疾病的寒热属性，知道是哪一条经脉发生了问题。审察皮肤的温度是寒是温，表面是光滑还是滞涩，以便知道疾病的原因。再审察膈膜的上下，以便知道病气所在的位置。

第三是“明治则”——

先得其道，稀而疏之，稍深以留之，故能徐入之。大热在上，推而下之；从下上者，引而去之；视前痛者，常先取之。大寒在外，留而补之；入于中者，从合泻之。针所不为，灸之所宜。上气不足，推而扬之；下气不足，积而从之；阴阳皆虚，火自当之。厥而寒甚，骨廉陷下，寒过于膝，下陵三里。阴络所过，得之留止，寒入于中，推而行之；经陷下者，火则当之；结络坚紧，火所治之。不知所苦，两跷之下，男阴女阳，良工所禁。针论毕矣。

要先了解经脉运行的通路，如果正气不足的，取穴要少而精，进针要慢，进到一定深度要留针，以等待正气慢慢恢复。如果病人上部出现热证，应当用“推而下之”的针法——把热慢慢往下推；如果病邪是从下向上发展的，就用“引而去之”的针法——把往上逆行的邪气引出来去除掉。（中略）

如果是寒邪侵袭肌表，在针刺时，采用“留而补之”的针法——留针以补阳气；如果寒邪侵入体内，要采用“从合泻之”的针法——选用五输穴中的合穴将寒邪泻出来。（下略）

第四是“明天时”，要明白阴阳五行、四时八风、天光八正等内容——

用针之服，必有法则，上视天光，下司八正，以辟奇邪，而观百姓，审于虚实，无犯其邪。是得天之露，遇岁之虚，救而不胜，反受其殃。故曰：必知天忌，乃言针意。法于往古，验于来今，观于窈冥，通于无穷。四时八风，尽有阴阳，各得其位，合于明堂，各处色部，五脏六腑。

学习用针，一定要有法则。上要观察日月星辰之运行规律，下要了解八个时令之正常情况，避免四时不正之气，要提示百姓审察虚实，预防邪气侵袭。遇到风雨不时，或时令不正时，医生如果不能掌握气候胜复变化情况，就会用错针法而伤害病人。所以说必须知道天时的禁忌，然后才可以讨论针法的要义。取法于古人，用现实来检验，内视人体细微不可见的东西，才能通晓变化无穷的道理。四时八风之气，也是有阴阳属性的，有相应的季节方位与之对应，明堂阙庭等面部的色泽，都与内在五脏六腑相对应。

以上是用针之理，接着讲用针之法，《官能》重点讲了针灸的补法和泻法，有一句非常有名的话就是“泻必用员（圆），补必用方”。古人说天圆地方，天道为乾，地道为坤，《象传》解释乾卦：“天行健，君子以自强不息。”解释坤卦：“地势坤，君子以厚德载物。”所以“用员”就是说行针像天道一样，不断行针，圆活流利。“用方”就是说用针法要像地道一样，厚重沉稳，不快不慢，柔和细致。原文说——

泻必用员，切而转之，其气乃行；疾而徐出，邪气乃出；伸而迎之，遥大其穴，气出乃疾。

泻法要用圆活的手法，将针刺入病处并转动针，经气就可以正常运行。进针快，出针慢，邪气就会随针而出；进针时，伸而迎其气之来，出针时，摇大针孔，就更促使邪气极快外出。

补必用方，外引其皮，令当其门，左引其枢，右推其肤，微旋而徐推之，必端以正，安以静，坚心无解，欲微以留，气下而疾出之，推其皮，盖其外门，真气乃存。

补法用端正的手法，外引皮肤，使正当其穴，左手持针，右手推针进入皮肤，轻微捻转，缓缓进针，针身一定要端正，人要心神安静，坚持不懈，略微留针，等气到以后，就要极快出针，随即按压皮肤，扪住针孔，真气就内存不泻。

讲完了“泻必用员，补必用方”，最后岐伯说“用针之要，无忘其神”，用针的关键，千万不要忘了“神”。这一句是针灸治疗中最重要的一点，也可以说是中医治疗、中医思维、中医体系中最重要的一点。“神”这个字太重要了，哪里都不能缺少它，这里的“神”是什么意思？是指用神、得神、调神。前面说的针灸的“得气”本质就是“得神”，得神才能得气。

下面我们来看一看第七十五篇《刺节真邪》，这一篇主要讲针刺的五种方法。针刺有哪五种方法呢？——

一曰振埃，二曰发蒙，三曰去爪，四曰彻衣，五曰解惑。……振埃者，刺外经去阳病也。发蒙者，刺腑输去腑病也。去爪者，刺关节支络也。彻衣者，尽刺诸阳之奇输也。解惑者，尽知调阴阳补泻，有余不足相倾移也。

第一种叫作振埃，第二种叫作发蒙，第三种叫作去爪，第四种叫作彻衣，第五种叫作解惑。……针刺中振埃的方法是指针刺浅表的经脉，用以治疗阳病。发蒙的方法是指针刺六腑的腧穴，用以治疗腑病。去爪的方法是指刺关节的支络。彻衣的方法是指遍刺六腑的别络。解惑的方法是指根据阴阳的变化机理，补其不足，泻其有余，使偏颇的阴阳归于平衡，达到治愈疾病的目的。

这里概括性地提出了五节针法，因为解释得太笼统，因此下文逐一做了详尽解释。

第一种振埃，就是振落尘埃，是打比喻，表示治病收效极快，像抖掉尘埃一样。这是指治疗阳气暴逆的疾病，针刺手太阳小肠经的天容穴和任脉的廉泉穴，浅刺马上就能取得效果。

第二种是发蒙，就是启蒙，也是打比喻，比如针刺手太阳小肠经的听宫穴治疗耳鸣、耳聋。

第三种是去爪，就是去掉多余的指甲。按照经文的意思是针刺关节的肢络的穴位以去除多余的积水，好比去掉指甲一样。

第四种是彻衣，本指脱去衣物，这里指发散阳气就像脱去衣服一般。如针刺手太阴肺经的天府穴、足太阳膀胱经的大杼穴以及膀胱经上的中膂俞可以马上泻热退烧，就像脱掉衣服一样。

第五种是解惑，就是解除迷惑，此处是指对于那些颠倒无常、虚实迷乱的疾病，比如对于中风一类的病，必须泻其有余的邪气，补其不足的正气，使之达到阴阳的平衡。

在讨论完五节针法以后，黄帝和岐伯又讨论了对五邪的针刺方法，哪五邪？就是痈肿、实邪、虚邪、寒邪、热邪；还讨论了结刺法、推引法以及真气和邪气等问题，其中有几句论述非常重要。

第一句是——

与天地相应，与四时相副，人参天地，故可为解。

人与天地相互适应，与四季的气候变化相联系。只有搞清楚人体与自然界相互参合的道理，才可以“解结”——“解结”本是指一种针法，也可以引申为解除所有疑惑。

第二句是——

用针之类，在于调气。

用针灸治病，关键在于调节气机。

第三句是——

六经调者，谓之不病。虽病，谓之自已矣。

只要三阴三阳六经调和，人体就不会生病。即使生病，也能够自愈。

希望大家记住以上这几句话。

后记

掌握自己生命的主导权，关键在践行

这本书终于被你学完了。你可能没有医学的背景，没有学过中医，你能把《黄帝内经》这部博大的经典学完，真的为你骄傲，为你点赞！也特别感谢你！此时此刻，除了说感激的话，还真有点不舍。我相信只要有缘，一定还会有各种形式的相遇。在这最后一讲，我想给《黄帝内经》作一个总结。

一、《黄帝内经》的核心是生命

我曾经给《黄帝内经》作出三个界定:《黄帝内经》是第一部中医学的经典，第一部养生学的宝典，第一部生命的百科全书。

是的,《黄帝内经》告诉我们生命的真谛，我们每一个人的生命就掌握在我们自己手里，我们可以用自己的手、自己的眼睛、自己的体悟去把握自己的生命。《黄帝内经》的内容虽然涵盖了天地万物，但核心只有一个，那就是自己的生命，它教我们认知自己的身体、自己的情志、自己的疾病、自己和天地宇宙的关系，目的就是护持好自己的生命，延长生命的长度，增加生命的厚度，提高生命的维度。

那么,《黄帝内经》博大精深的内容究竟可以分为几类呢？明代伟大的医学家张景岳对《黄帝内经》作了三十多年的研究，把《黄帝内经》分为十二类。张景岳为什么要下这么大的功夫为《黄帝内经》作分类、作注释呢？那是因为当时有一种不好的风气，一般人“目医为小道”，把《黄帝内经》视为无用之物，而从医的人也往往置《黄帝内经》于不顾。张景岳意识到这种情况的严重性，发展下去势必“遗人夭殃，致邪失正，而绝人长命”。他认为《黄帝内经》是医学至高经典，学医者必应学习。但《黄帝内经》“经文奥衍，研阅诚难”，确有注释的必要。于是他专心研究《黄帝内经》。一开始他是把《黄帝内经》中的重要章句摘录下来作为个人学习之用。日子久了，摘录多了，反而觉得《黄帝内经》中所言句句是金石，字字如珠玑，结果竟不知要摘录哪句、舍弃哪句。于是他决定全方位地重新整理、注释《黄帝内经》。他花了三十多年的时间，四易其稿，结合自己的体会，将《黄帝内经》分成十二个大类，撰成《类经》三十二卷。后又以图解形式解释《黄帝内经》，撰写成《类经图翼》十一卷；又用《易经》来解释《黄帝内经》，以“医易同源”为指导写成《类经附翼》四卷。在明代天启四年（1624年）刊行，距今已四百年了。世人称张景岳为“仲景以后，千古一人”。我认为就中医理论而言，张景岳是《黄帝内经》之后的第一人。如果说《黄帝内经》是对中医理论的第一次伟大的整合，那么张景岳就是第二次伟大的整合。其最大的特点就是以易解医——用《易经》的原理解释《黄帝内经》。

二、《黄帝内经》的纲目

现在我们来看一下，张景岳的《类经》把《黄帝内经》分了哪十二类。这十二类是：摄生、阴阳、藏象、脉色、经络、标本、气味、论治、疾病、针刺、运气、会通。这十二类是对《黄帝内经》——《素问》《灵枢》一百六十二篇的最好的分类总结。让我们按照这十二类简单地回顾一下：

第一类是摄生（养生），把养生排在第一类，说明《黄帝内经》重视养生、重视治未病，比如《黄帝内经·素问》第一篇《上古天真论》就提出了养生的一条总原则“法于阴阳，和于术数”，四大方法，三大要素；第二篇《四气调神大论》提出春夏养阳、秋冬养阴，也就是春天养生、夏天养长、秋天养收、冬天养藏的原则和方法。

第二类是阴阳，阴阳五行是《黄帝内经》的理论基础，正如《阴阳应象大论》所说：“阴阳者，天地之道也，万物之纲纪，变化之父母，生杀之本始，神明之府也，治病必求于本。”阴阳是天地宇宙、万事万物的总纲领、总源头，是生命的根本，也是治病的根本。

第三类是藏象，五脏六腑是《黄帝内经》生命科学的核心，它将那么复杂的人体功能结构按照阴阳五行的天地规律分为五大功能系统，不仅将人体内在各组织器官和四肢百骸、五官七窍等有机结合在一起，而且将人体和天地自然、宇宙万物有机结合在一起，构成了一个宇宙生命的互动系统。

第四类是脉色，主要是讲诊断的，中医有四种诊断方式——望闻问切，脉色的脉就是切脉，《黄帝内经》不仅讲了寸口脉，还讲了人迎脉、趺阳脉，讲了三部九候。色主要指望面色，还有望舌头。

第五类是经络，《灵枢》中很多篇章讲经络，经络是气血的通道，也是联系脏腑和体表及全身各部分的通道。“经”和“络”是有区别的，经是大路，是主要路径，是纵向的，存在于身体内部，贯穿上下，沟通内外；“络”就是网络，是从主路分出的支路，存在于身体的表面，纵横交错，遍布全身。“经”主要有十二正经和奇经八脉，“络”主要是十五络脉。

第六类是标本，就是疾病的枝节和根本，首先要区分什么是标病，什么是本病，然后再确定是先治标还是先治本，还是标本兼治。

第七类是气味，主要是指食物和药物的四气五味，四气就是寒热温凉，五味是酸苦甘辛咸。中国古人对药物的分析不是讲有效成分，而是讲四气五味。

第八类是论治，主要讲了治疗思想、治疗原则及治疗大法。

第九类是疾病，《黄帝内经》不少篇章都讲到了病因、病机，还有很多专病专论，比如对热病、痹证、痿证、风证、十二经病等都做了论述，这一部分内容比较多。

第十类是针刺，有九针，有四时刺法，以及对不同疾病的针灸方法。

第十一类是运气，就是五运六气，“运气”有七篇大论。自然界五运六气的变化与人体五脏六经之气的运动是内外相通相应的，也就是说自然界的五运六气影响到人体的生理、病理变化。可以根据一年的天干推测出这一年五个阶段五运——也就是木、火、土、金、水的气候变化规律，可以根据一年的地支推测出这一年六个阶段六气——也就是厥阴风木、少阴君火、少阳相火、太阴湿土、阳明燥金、太阳寒水的气候变化情况，进而推测出这一年人的疾病流行情况。

第十二类是会通，就是总论，是对上述十一类进行综合论述。

总之，《黄帝内经》这十二类又可以简单概括为六大类内容，那就是：阴阳五行、藏象经络、病因病机、诊法治则、预防养生和运气学说。

三、学习《黄帝内经》要知行合一

我在自己撰写的《中医生命哲学》专著和主编的《中医哲学基础》规划教材中，将以《黄帝内经》为代表的中医生命哲学概括为三个特征：以“气”为本体、以“阴阳五行”为模型、以“取象运数”为思维方法。《黄帝内经》“天人合一”的整体思想、“阴阳变化”的辩证思想、“顺应自然”的生态思想、“调和致平”的中道思想，凝聚着中国人民的博大智慧，是中华民族的伟大创造，是中国古代科学的瑰宝，是打开中华文明宝库的钥匙！

怎么学好《黄帝内经》呢？我想要两个结合。第一是学思结合，“学而不思则罔，思而不学则殆”，在学习的过程中要思考，思考什么？思考古人为什么这么说，可以怀疑，但不要轻易否定，要想一想古人这么说道理何在。还要和《易经》，和儒家、道家甚至佛家的经典联系起来思考一下，对比一下，看看有什么相同点，“智者察同，愚者察异”。

第二是学练结合，学了之后立即实践，“学而时习之，不亦说乎？”这个“习”就是练习、实践，比如我说到某一个穴位、某一条经络，你就在自己身上立即去找。学了之后要去练，要持之以恒，坚持下去。这样知行合一，理论和实践相结合，你就能真正领悟《黄帝内经》的大智慧。

最后，衷心地祝福大家在人生的旅途上健康、快乐、智慧，幸福美满！

天喜文化

出品人　陈小雨　杨　政
监　　制　陈　德
项目统筹　李　博
策　　划　王业云
营　　销　胡媛媛

从声音到文字，分享人类智慧